U0216147

吉林人民出版社

一卷——卷三一〇

目　　录

北史卷一五 列传第三

北史

北史卷一
魏本纪第一

序　纪

**魏先世　神元帝　文帝　章帝
平帝　思帝　昭帝　桓帝　穆帝
平文帝　惠帝　炀帝　烈帝
昭成帝**

太祖道武帝　太宗明元帝

魏之先出自黄帝轩辕氏，黄帝子曰昌意，昌意之少子受封北国，有大鲜卑山，因以为号。其后世为君长，统幽都之北，广漠之野。畜牧迁徙，射猎为业，淳朴为俗，简易为化，不为文字，刻本结绳而已。时事远近，人相传授，如史官之纪录焉。黄帝以土德王，北俗谓土为托，谓后为跋，故以为氏。其裔始均，仕尧时，逐女魃于弱水，北人赖其勋，舜命为田祖。历三代至秦、汉，獯鬻、猃狁、山戎、匈奴之属，累代作害中州，而始均之裔不交南夏，是以载籍无闻。

积六七十代，至成皇帝讳毛立，统国三十六，大姓九十九，威振北方。成帝崩，节皇帝贷立。节帝崩，庄皇帝观立。庄帝崩，明皇帝楼立。明帝崩,安皇帝越立。安帝崩,宣皇帝推寅立。宣帝南迁大泽,方千余里,厥土昏冥沮洳,谋更南徙,未行而崩。景皇帝利立。景帝崩,元皇帝俟立。元帝崩,和皇帝肆立。和帝崩,定皇帝机立,定帝崩,僖皇帝盖立。僖帝崩,威皇帝侩立。威帝崩,献皇帝邻立。

　　时有神人,言此土荒遐,宜徙建都邑。献帝年老,乃以位授子圣武皇帝,命南移。山谷高深,九难八阻,于是欲止。有神兽似马,其声类牛,导引历年乃出,始居匈奴故地。其迁徙策略,多出宣、献二帝,故时人并号曰推寅,盖俗云钻研之义。

　　圣武皇帝讳诘汾。尝田于山泽,欻见辎轺自天而下,即至。见美妇人,自称天女,受命相偶。旦日请还,期年周时复会于此。言终而别。及期,帝至先田处,果见天女,以所生男授帝,曰:“此君之子也,当世为帝王”。语讫而去。即始祖神元皇帝也。故时人谚曰:“诘汾皇帝无妇家,力微皇帝无舅家”。帝崩,神元皇帝立。

　　神元皇帝讳力微。元年,岁在庚子。先是,西部内侵,依于没鹿回部大人窦宾。神元有雄杰之度。后与宾攻西部,宾军败,失马步走,神元使以所乘骏马给之。宾归,求马主,帝隐而不言。宾后知,大惊,将分国之半奉帝,帝不受,乃进其爱女。宾犹思报恩,乃从帝所欲,徙所部北居长川。积数年,旧部人咸来归附。及宾临终,戒其二子,使谨奉神元。其子不从,乃阴谋逆。帝召杀之,尽并其众,诸部大人悉服,控弦之士二十余万。

　　三十九年,迁于定襄之盛乐。四月祭天,诸部君长皆来助祭,唯白部大人观望不至,征而戮之,远近肃然。帝乃告诸大人,为与魏和亲计。四十二年,遣子文帝如魏,且观风土。是岁,魏景元二年也。

　　文帝讳沙漠汗,以国太子留洛阳。后文帝以神元春秋已高,求归,晋武帝具礼护送。五十六年,文帝复如晋,其冬还国。晋征北将军卫瓘,以文帝雄异,恐为后患,请留不遣。复请以金锦赂国之大人,令致间隙。五十八年,方遣帝。神元使诸部大人诣阴馆迎帝。酒酹,帝仰视飞鸟,飞丸落之。时国俗无弹,众大惊,相谓曰:"太子被服同南夏,兼奇术绝人,若继国统,变易旧俗,吾等必不得志"乃谋危害帝。并先驰还,曰:"太子引空弓而落飞鸟,似得晋人异法"。自帝在晋后,诸子爱宠,神元颇有所惑。及闻诸大人请,因曰:"当便除之。"于是诸大人驰诣塞南,矫害帝。其年,神元不豫。乌丸王库贤亲近任势,先受卫瓘之货,欲沮动诸部,因于庭中砺钺斧,曰:"上恨汝曹谗杀太子,欲尽收诸大人长子杀之"。大人皆信,各各散走。神元寻崩,凡飨国五十八年,年一百四岁。道武即位,尊为始祖。

子章皇帝悉鹿立,时诸部离叛。帝九年而崩。弟平皇帝绰立,七年而崩。文帝少子思皇帝立。思皇帝讳弗。政崇宽简,百姓怀服。一年而崩。神元子昭帝禄官立。帝元年,分国为三部。一居上谷北,濡源西,东接宇文部,自统之;一居代郡之参合陂北,使文帝长子桓帝讳猗㐌统之;一居定襄之盛乐故城,使桓帝弟穆帝猗卢统之。

自神元以来,与晋和好。是岁,穆帝始出并州,迁杂胡北徙云中、五原、朔方。又西度河,击匈奴、乌丸诸部。自杏城以北八十里迄长城原,夹道立碣,与晋分界。二年,葬文帝及皇后封氏。初,思帝欲改葬,未果而崩,至是述成前意焉。三年,桓帝度漠北巡,因西略诸国,凡积五岁,诸部降附者三十余国。桓帝英杰魁岸,马不能胜,常乘安车,驾大牛,牛角容一石。帝曾中蛊,呕吐之地仍生榆。参合陂土无榆,故时人异之。十年,匈奴别种刘元海反晋于离石,自号汉王。并州刺史司马腾来乞师,桓帝与帝大举以助之,大破元海众于西河、上党。桓帝与腾盟于汾东而还,乃使辅相卫雄、段繁于参合陂西累石为亭,竖碑以记行焉。十一年,晋假桓帝大单于金印紫绶。是岁,桓帝崩。桓帝统部凡十一年。后定襄侯卫操竖碑于大邗城,以颂功德。子普根代立。十三年,昭帝崩。穆帝遂总摄三部为一统。

帝天姿英峙,勇略过人。元年,刘元海僭帝号,自称大汉。三年,晋并州刺史刘琨遣子导为质,乞师。帝使弟子平文皇帝助琨,破白部大人,次攻铁弗刘武。晋怀帝进帝大单于,封代公。帝以封邑去国悬远,从琨求句注陉北地。琨大喜,乃徙马邑、阴馆、楼烦、繁畤、崞五县人于陉南,更立城邑,尽献其地。东接代郡,西连西河、朔方数百里。帝乃徙十万家以充之。六年,城盛乐以为北都,修故平城以为南都。帝登平城西山,观望地势,乃更南百里,于温水之阳黄瓜堆筑新平城,晋人谓之小平城。使子六修镇之,统领南部。八年,晋愍帝进帝为代王,置官属,食代、常山二郡。先是国俗宽简,至是明刑峻法,诸部人多以违命得罪。凡后期者皆举部戮之,或有室家相携,悉赴死所,人问何之,曰当就诛。其威严若此。九年,帝召六修不至,怒,讨之失利,遂崩。

普根先守外境,闻难,来攻六修,灭之。普根六月余薨。普根子始生,桓帝后立之,又薨,思帝子平文皇帝立。

平文皇帝讳郁律。姿质雄壮,甚有威略。元年,岁在丁丑。二年,刘武据朔方,来侵西部,帝大破之。西兼乌孙故地,东吞勿吉以西,控弦上马将百万。是岁,晋元帝即位于江南,刘曜僭帝位。帝闻晋愍帝为曜所害,顾谓大臣曰:“今中原无主,天其资我乎”。曜遣使请和,帝不纳。三年,石勒自称赵王,遣使乞和请为兄弟,帝斩其使以绝之。五年,晋元帝遣韩畅加崇爵服,帝绝之。讲武,有平南夏志。桓帝后以帝得众心,恐不利己子,害帝,遂崩,大人死者数十人。天兴初,追尊曰太祖。

桓帝中子惠帝贺傉立,以五年为元年。帝未亲政事,太后临朝,遣使与石勒通和,时人谓之女国使。四年,帝始临朝,以诸部人情未悉款顺,乃筑城于东木根山,徙都之。五年,帝崩。

弟炀帝纥那立,以五年为元年。三年,石勒遣石季龙寇边部,帝御之,不利,迁于大宁。时平文帝长子烈帝居于舅贺兰部,帝遣使求之,贺兰部帅蔼头拥护不遣。帝怒,召宇文部并力击蔼头。宇文众败,帝还大宁。五年,帝出居于宇文部,贺兰及诸部大人共立烈帝。

烈皇帝讳翳槐，以五年为元年。石勒遣使求和，帝遣弟昭成帝如襄国，徙者五千余家。七年，蔼头不修臣职，召而戮之，国人复贰。于是炀帝自宇文部还入，诸部大人复奉之。炀帝以烈帝七年为后元年。时烈帝出居于邺。三年，石季龙纳烈帝于大宁。国人六千余家部落叛，炀帝出居于慕容部。烈帝复立，以炀帝三年为后元年。城盛乐城，在故城东南十里。一年而崩，弟昭成皇帝立。

昭成皇帝讳什翼犍，平文皇帝之次子也。生而奇伟，宽仁大度，身长八尺，隆准龙颜，立发委地，卧则乳垂至席。烈帝临崩，顾命迎帝，曰："立此人则社稷乃安。"故帝弟孤自诣邺奉迎，与帝俱还。

建国元年十一月，帝即位于繁畤北，时年十九。二年春，始置百官，分掌众职。东自秽貊，西及破落那，莫不款附。五月，朝诸大人于参合陂，议定都灅源川，连日不决，乃从太后计而止。娉慕容晃妹为皇后。三年春，移都云中之盛乐宫。四年，筑盛乐城于故城南八里。皇后慕容氏崩。十月，刘武寇西境，帝遣军大破之。武死，子务桓立，始来归顺，帝以女妻之。七年二月，遣大人长孙秋迎后慕容氏于和龙，晃送女于境。七月，慕容晃遣使来聘，求交婚，帝许之，以烈帝女妻焉。十四年，帝以中州纷梗，将亲率六军，乘石氏之乱，廓定中原，诸大人谏，乃止。十八年，太后王氏崩。十九年正月，刘务桓死，其弟阏头立，潜谋反。二十一年，阏头部人多叛，惧而东走，度河半济而冰陷。后众尽归其兄子悉勿祈。初，阏头之叛，悉勿祈兄弟十二人在帝左右，尽遣之归，欲其自相猜离。至是，悉勿祈夺其众，阏头穷而归命，帝待之如初。二十二年春，帝东巡桑乾川。四月，悉勿祈死，弟卫辰立。二十三年六月，皇后慕容氏崩。七月，卫辰来会葬，因求婚，许之。二十五年，帝南巡君子津。二十八年正月，卫辰谋反，度河东，帝讨之，卫辰惧，遁走。三十年十月，帝征卫辰。时河冰未成，帝乃以苇絙约渐，俄然冰合，乃散苇于上，冰草相结若浮桥，众军利涉。卫辰与宗族西走，收其部落而还。三十四年春，长孙斤谋反，伏诛。斤之反也，拔刃向御坐，太子寔格之，伤胁，五月薨，后追谥焉，是为献明皇帝。七月，皇孙珪生，大赦。三十九年，苻坚遣其大司马苻洛帅众二十万，及其将朱彤、张蚝、邓羌等诸道来寇，王师不利。帝时不豫，乃率国人避于阴山之北。高车杂种尽叛，四面寇抄，不得刍牧，复度漠南。坚军稍退，乃还。十二月，至云中。旬有二日，皇子寔君作乱，帝暴崩，时年五十七。道武即位，尊曰高祖。

帝性宽厚，时国少缯帛，代人许谦盗绢二匹，守者以告，帝匿之，谓燕凤曰：“吾不忍视谦之面，卿勿泄之，谦或惭而自杀，为财辱士，非也。”帝尝击西部叛贼，流矢中目。贼破后，诸大臣执射者，各持锥刀欲屠割之。帝曰：“各为其主，何罪也。”释之。其仁恕若此。

太祖道武皇帝讳珪，昭成皇帝之嫡孙，献明帝之子也。母曰献明贺皇后，初因迁徙，游于云泽，寝，梦日出室内，寤而见光自牖属天，欻然有感，以建国三十四年七月七日生帝于参合陂北，其夜复有光明。昭成大悦，群臣称庆，大赦，告于祖宗。保者以帝体重倍于常儿，窃独奇怪。明年有榆生于藏胞之坎，后遂成林。帝弱而能言，目有光曜，广颡大耳。六岁而昭成崩，苻坚遣将内侮，将迁帝长安，赖燕凤乃免。坚军即还，国众离散，坚使刘库仁、刘卫辰分摄国事。南部大人长孙嵩及元他等尽将故人众南依库仁，帝于是转在独孤部。

元年，葬昭成帝皇帝于金陵，营梓宫木材尽生成林。帝虽冲幼，而嶷然不群。刘库仁常谓其子曰帝有高天下之志，必兴复洪业。七年十月，晋败苻坚于淮南。慕容文等杀刘库仁，弟眷代摄国部。八年，慕容晖弟冲僭立。姚苌自称大单于、万年秦王。慕容垂僭称燕王。九年，刘库仁子显杀眷而代之，乃将谋逆，商人王霸知之，履帝足于众中，帝乃弛还。是时，故大人梁盆子六眷为显谋主，尽知其计，密使部人穆崇驰告。帝乃阴结旧臣长孙犍、元他等，因幸贺兰部。其日，显果使人杀帝，不及。语在《献明太后传》。是岁，乞伏国仁私署秦、河二州牧、大单于。姚苌杀苻坚，坚子丕僭即皇帝位于晋阳。

　　登国元年春正月戊申，帝即代王位，郊天建元，大会于牛川。夏以长孙嵩为南部大人，以叔孙普洛为北部大人。是月，慕容垂僭即皇帝位于中山，国号燕。二月，幸定襄之盛乐，息众课农。慕容冲为其部下所杀。夏四月，改称魏王。姚苌僭即皇帝位于长安，国号大秦。秋八月，刘显遣弟亢泥迎皇叔父窟咄于慕容永，以兵随之，来逼南境。帝左右于桓等与诸部大人谋应之，事泄，诛造谋者五人，余悉不问。帝虑内难，乃北逾阴山，幸贺兰部，阻山为固。遣行人安同、长孙贺征师于慕容垂，垂令其子贺麟率师随同等。军未至而寇逼，于是北部大人叔孙普洛等十三人及诸乌丸亡奔卫辰。帝自弩山幸牛川，屯于延水，南出代谷，会贺麟于高柳，大破窟咄，悉收其众。冬十月符丕为晋将冯该所杀。慕容永僭即皇帝位于长子。十一月，符登僭即皇帝位于陇东。十二月，慕容垂遣使奉帝西单于印绶，封上谷王，帝不纳。

　　二年夏五月，遣安同征兵于慕容垂，垂遣子贺麟率众来会。六月，帝亲征刘显，显奔慕容永，尽收其部落。冬十二月，巡松漠，还幸牛川。

　　三年夏五月癸亥，北征库莫奚，大破之。六月，乞伏国仁死，其弟乾归立，私署河南王。秋七月，库莫奚部帅鸠集遗散，夜犯行宫，纵骑扑讨，尽灭之。八月，使九原公仪于慕容垂。冬十月，垂遣使朝贡。

　　四年正月甲寅，袭高车诸部落。二月癸巳，遂至女水，讨叱突邻部，并大破之。是月，吕光自称三河王。夏五月，使陈留公虔于慕容垂。冬十月，垂遣使朝贡。

　　五年春三月甲申，西征，次鹿浑海，袭高车袁纥部，大破之。慕容垂遣子贺麟来会。夏四月丙寅，行幸意辛山，与贺麟讨贺兰、纥奚诸部落，大破之。秋八月，还幸牛川。使秦王觚于慕容垂。九月壬申，讨叱奴部襄曲水，破之。冬十月，讨高车豆陈部于狼山，破之。十二月，帝还次白漠。

六年春正月,幸纽垤川。三月,遣九原公仪、陈留公虔等西讨黜弗部,大破之。夏四月,祭天。秋七月壬申,讲武于牛川。慕容垂止秦王觚而求名马,帝绝之。乃遣使于慕容永,永使其大鸿胪慕容钧奉表劝进尊号。九月,帝袭五原,屠之,收其积穀,还纽垤川,于椆阳塞北树碑记功。冬十月戊戌,北征蠕蠕,追破之于大碛南商山下。十一月戊辰,还幸纽垤川。戊寅,卫辰遣子直力鞮寇南部。壬午,帝大破之于铁歧山南,卫辰父子奔遁,十二月,灭之,卫辰少子屈丐亡奔薛于部。自河以南,诸部悉平。收卫辰子弟宗党无少长五千余人,尽杀之。是岁,起河南宫。

七年春正月,幸木根山,遂次黑盐池,飨群臣,北之美水。三月,还幸河南宫。秋七月,行幸漠南,仍筑巡台。冬十二月,慕容永遣使朝贡。

八年春正月,南巡。二月,幸殺羊原,赴白楼。夏六月,北巡。秋七月,临幸新坛。先是卫辰子屈丐奔薛于部,征之不送。八月,帝南征薛于部,屠其城。九月,还幸河南宫。

九年春三月,北巡。使东平公元仪屯田于河北五原,至于椆阳塞外。夏五月,田于河东。秋七月,还幸河南宫。冬十月,蠕蠕社崘等率部落西走。是岁,姚苌子兴僭立,杀苻登。慕容垂灭永。

十年秋七月,慕容垂遣其子宝来寇五原。八月,帝亲兵于河南。冬十月辛未,宝烧船夜遁。己卯,帝进军济河。乙酉夕,至参合陂。丙戌,大破之,禽其王公以下文武将吏数千人。于俘虏中擢其才识者贾彝、贾闰、晁崇等参谋议,宪章故实。十二月,还幸云中之盛乐。

皇始元年春正月,大蒐于定襄,因东幸善无北陂。三月,慕容垂寇桑乾川,陈留公虔死之。垂遂至平城西北,闻帝将至,乃筑城自守,疾甚,遂遁,死于上谷。子宝秘丧,还至中山乃僭立。夏六月丁亥,皇太后贺氏崩。是月,葬献明太后。吕光僭称天王,国号凉。秋七月,左司马许谦上书劝进尊号,于是改元,始建天子旌旗,出警入跸。八月己亥,大举讨慕容宝。帝亲勒六军四十余万南出马邑,逾句注,旌旗络绎二千余里,鼓行而前,人屋皆震。别诏将军封真等从东道袭幽州,围蓟。九月戊午,次阳曲,乘西山,临观晋阳。宝并州牧、辽西王农弃城遁,并州平。

初建台省,置百官,封拜公、侯、将军,刺史、太守、尚书郎以下悉用文人。帝初拓中原,留心慰纳,诸士大夫诣军门者,无少长皆引入,人得尽言。苟有微能,咸蒙叙用。己未,诏辅国将军奚牧略地晋川,护慕容宝丹杨王买得等于平陶城。九月,晋孝武帝殂。冬十一月庚子朔,帝至真定,自常山以东,守宰或捐城奔窜,或稽颡军门,唯中山、邺、信都三城不下。别诏东平公仪攻邺,冠军将军王建、左军将军李栗等攻信都,军所行不得伤桑枣。戊午,进军中山。己未,围之。帝曰:“朕量宝不能出战,必凭城自守,急攻则伤士,久守则费粮,不如先平邺、信都,然后还取中山,”诸将称善。丁卯,车驾幸鲁口城。

二年春正月壬戌,帝引骑围信都。其夜,宝冀州刺史、宜都王慕容凤逾城奔中山。癸亥,宝辅国将军张骧、护军将军徐超举城降。是月,鲜卑秃发乌孤私署大单于、西平王。

二月丁丑,帝军于钜鹿之栢肆坞,临滹沱水。其夜,宝悉众犯营,燎及行宫,兵人骇散。帝惊起,不及衣冠,跣出击鼓。俄而左右及中军将土稍集。帝设奇阵,列烽营外,纵骑冲之。宝众大败,走还中山,获其器械数十万计。宝尚书闵亮、秘书监崔逞等降者相属,赐拜职爵各有差。

三月己酉,车驾次卢奴。宝求和,请送秦王觚,割常山以西奉魏,乞守中山以东。帝许之。已而宝背约。辛亥,车驾次中山,命将围之。是夜,宝弟贺麟将妻子走西山。宝恐贺麟先据和龙,壬子夜,北遁。城内共立慕容普邻为主。夏四月,帝以军粮不继,诏东平公仪罢邺围,徙屯钜鹿。五月庚子,帝以中山城内为普邻所胁,乃招喻之。甲辰,曜兵扬威,以示城内。命诸军罢围南徙,以待其变。甲寅,以东平公仪为左丞相,封卫王。进襄城公题爵为王。

秋七月,普邻遣乌丸张骧率五千余人出城求食,寇灵寿。贺麟自丁零中入骧军,因其众,复入中山,杀普邻而自立。八月丙寅朔,帝进军九门。时大疫,人马牛死者十五六,中山犹拒守,群下咸思北还。帝知之,谓曰:"斯固天命,将若之何!四海之人皆可与为国,在吾所以抚之耳,何恤乎无人!"群臣乃不敢言。九月,贺麟饥穷,率三万余人寇新市。甲子晦,帝进军讨之。太史令晁崇奏曰:"不吉"帝曰:"何也?"对曰:"纣以甲子亡,兵家忌之。"帝曰:"周武不以甲子胜乎?"崇无以对。

冬十月丙寅,帝进军新市,贺麟退阻泒水,依渐沼泽以自固。甲戌,帝临其营,战于义台坞,大破之。贺麟单马走邺,慕容德杀之。甲申,贺麟所署公卿尚书将吏士卒降者二万余人。其将张骧、李沈、慕容文等先来降,寻皆亡还,是日复获之,皆赦而不问。获其所传皇帝玺授、图书、府库珍宝。中山平。乙酉,襄城王题薨。

天兴元年春正月,慕容德走保滑台,卫王仪克邺。庚子,行幸真定,遂幸邺。百姓有老病不能自存者,诏郡县振恤之。帝至邺,巡登台榭,遍览宫城,将有定都之志,乃置行台。遂还中山,所过存问百姓。诏大军所经州郡皆复赀租一年,除山东人租赋之半。车驾将北还,发卒万人通直道,自望都铁关凿恒岭至代五百余里。帝虑还后山东有变,乃于中山置行台,诏卫王仪镇之,使略阳公遵镇勃海之合口。右军将军尹国先督租于冀州,闻帝将还,谋反,欲袭信都,安南将军长孙嵩执送,斩之。辛酉,车驾发中山,至于望都尧山。徙山东六州人吏及徒何、高丽新夷、三十六署百工伎巧十余万口以充京师。车驾次于恒山之阳。博陵、勃海、章武诸郡群盗并起,略阳公遵等讨之。是月,慕容德自称燕王,据广固。

二月,车驾至自中山。幸繁畤宫。更选屯卫。诏给内徙新户耕牛,计口受田。三月,征左丞相、卫王仪还京师,诏略阳公遵代镇中山。夏四月壬戌,以历阳公穆崇为太尉,钜鹿公长孙嵩为司徒,进封略阳公遵为常山王,南安公顺为毗陵王。祭天于西郊,旗帜有加焉。广平太守、辽西公意列谋反,与郡人韩奇矫假谶图,将袭邺城。诏反者就郡赐死。是月,兰汗杀慕容宝而自立为大单于、昌黎王。六月丙子,诏有司议定国号。群臣奏曰:"昔周、秦以前,帝王居所生之土,及王天下,即承为号。今国家启基云、代,应以为号。"诏曰:"昔朕远祖总御幽都,控制遐国,虽践王位,未定九州。逮于朕躬,扫平中土,凶逆荡除,遐迩率服,宜仍先号为魏。"秋七月,迁都平城,始营宫室,建宗庙,立社稷。慕容宝子盛杀兰汗而自立为长乐王。八月,诏有司正封畿,制郊甸,端径术,树道里,平五权,较五量,定五度。遣使循行郡国,举奏守宰不法者,亲览察黜陟之。冬十月,起天文殿。十一月辛亥,尚书吏部郎中邓彦海典官制,立爵品,定律吕,协音乐;仪曹郎中董谧撰郊庙、社稷、朝觐、飨宴之仪;三公郎中王德定律令,申科禁;太史令晁崇造浑仪,考天象;吏部尚书崔宏总裁之。

　　闰月,左丞相卫王仪及王公卿士诣阙上书曰:"臣等闻宸极居中,则列宿齐其晷;帝王顺天,则群后仰其度。伏惟陛下德协二仪,道隆三五,仁风被于四海,盛化塞于天区,泽及昆虫,恩沾行苇,讴歌所属,八表归心;而躬履谦虚,退身后己,宸仪未彰,衮服未御,非所以上允皇天之意,下副乐推之心。臣等谨昧死以闻。"帝三让乃许之。十二月己丑,帝临天文殿,太尉、司徒进玺绶,百官咸称万岁。大赦,改元,追尊成帝以下及后号谥,乐用《皇始》之舞。诏百司议定行次,尚书崔宏等奏从土德,服色尚黄,数用五,祖以未,腊以辰,牺牲用白,五郊立气,宣赞时令,敬授人时,行夏之正。徙六州二十二郡守宰豪杰吏人二千家于代都。

　　二年春正月甲子,初祀上帝于南郊,以始祖神元皇帝配,降坛视燎,成礼而反。乙丑,赦京师。始制三驾之法。庚午,北巡。分命诸将大袭高车,常山王遵三军从东道出长川,高凉王乐真等七军从西道出牛川,车驾亲勒六军从中道自驳𪕽水西北出。二月丁亥朔,诸军同会,破高车杂种三十余部。卫王仪督三将别从西北绝漠千余里,破其遗迸七部。还次牛川,及薄山,并刻石纪功。以所获高车众起鹿苑于南台阴,北距长城,东苞白登,属之西山,广轮数十里。凿渠引武川水,注之苑中,疏为三沟,分流宫城内外。又穿鸿雁池。三月己未,车驾至自北伐。甲子,初令《五经》群书各置博士,增国子太学生员三千人。是月,氐人李辩叛慕容德,求援于邺。行台尚书和跋以轻骑应之,克滑台,收德宫人府藏。

秋七月,起天华殿。辛酉,大阅于鹿苑。八月,增启京城十二门,作西武库。除州郡人租赋之半。辛亥,诏礼官备撰众仪,著于新令。范阳人卢溥聚众海滨,称幽州刺史,攻掠郡县,杀幽州刺史封沓于。是月,秃发乌孤死,其弟利鹿孤立,遣使朝贡。冬二月,太庙成,迁神元、平文、昭成、献明皇帝神主于太庙。十二月,天华殿成。吕光立其子绍为天王,自称太上皇,及死,庶子纂杀绍而僭立。

三年春正月戊午,材官将军和突破卢溥于辽西,获之。及其子焕传送京师,辕之。癸亥,祀北郊。分命诸官循行州郡,观风俗,察举不法。二月丁亥,诏有司祀日于东郊。始耕籍田。壬寅,皇子聪薨。三月戊午,立皇后慕容氏。是月,穿城南渠通于城内,作东西鱼池。

夏四月,姚兴遣使朝贡,五月戊辰,诏谒者仆射张济使于兴。已巳,东巡,遂幸涿鹿,遣使者以太牢祀帝尧、帝舜庙。西幸马邑,观灅源。六月庚辰朔,日有蚀之。秋七月,乞伏乾归大为姚兴所破。壬子,车驾还宫。起中天殿及云母堂、金华室。

时太史屡奏天文错乱,帝亲览览经占,多云宜改王易政,于是数革官号,欲以防塞凶灾,消弥灾变,已而虑臣下疑惑,冬十二月丙申,下诏述成败之理,鉴殷、周之失,革秦、汉之弊,以喻臣下。是岁,河右诸郡奉凉武昭王李玄盛为秦凉二州牧、凉公,肇兴霸业,年号庚子。

四年春二月丁亥,命乐师入学习舞,释菜于先圣、先师。丁酉,分命使者巡行州郡,听察辞讼,纠劾不法。是月,吕光弟子隆弑吕纂而自立。三月,帝亲渔,荐于寝庙。夏四月辛卯,罢邺行台。诏有司明扬隐逸。五月,起紫极殿、玄武楼、凉风观、石池、鹿苑台。六月,卢水胡沮渠蒙逊私署凉州牧、张掖公。秋七月,诏兖州刺史长孙肥南徇许昌、彭城。诏赐天下镇戍将士布帛各有差。八月,段兴杀慕容盛,叔父熙尽诛段氏,僭即皇帝位。冬十二月,集博士儒生比众经文字,义类相从,凡四万余字,号曰《众文经》。是岁,凉武昭王、沮渠蒙逊并遣使朝贡。

五年春正月,帝闻姚兴将寇边。庚寅,大简舆徒,诏并州诸军积谷于平阳乾壁。三月,秃发利鹿孤死。夏五月,姚兴遣其弟义阳公平来侵平阳,攻陷乾壁。秋七月戊辰朔,车驾西讨。八月乙巳,至乾壁,平固守,进军围之。姚兴悉举其众来救。甲子,帝度蒙坑,逆击兴军,大破之。冬十月,平赴水而死,俘其余众三万余人,获兴尚书左仆射狄伯支以下四品将军以上四十余人。获前亡臣王次多、靳勒,并斩以徇。兴频使请和,帝不许。群臣请进平蒲坂,帝虑蠕蠕为难,戊申,班师。十一月,车驾次晋阳。征相州刺史庚岳为司空。十二月辛亥,至自西征。越勒莫弗率其部万余家内属。

六年春正月辛末,朔方尉迟部别帅率万家内属,入居云中。夏四月癸巳朔,日有蚀之。五月,大简舆徒,将略江淮。秋七月,镇西大将军、司隶校尉、毗陵王顺有罪,以王还弟。戊子,北巡,筑离宫于豺山,纵士校猎,东北逾厱岭,出参合、代谷。九月,行幸南平城。规度涩南夏屋山,背黄瓜堆,将建新邑。辛末,车驾还宫。冬十月,起西昭阳殿。乙卯,立皇子嗣为齐王,加车骑大将军,位相国;绍为清河王,加征南大将军;熙为阳平王;曜为河南王。封故秦愍王子巎为豫章王,陈留桓王子悦为朱提王。丁巳,晋人来聘。十一月庚午,将军伊谓大破高车。十二月,晋桓玄发其主司马德宗为平固王而自立,僭号楚。

天赐元年春二月,晋刘裕起兵诛桓玄。三月,初限县户不满百罢之。夏五月,置山东诸冶,发州郡徒谪造兵甲。秋九月,帝临昭阳殿,分置众职,引朝臣文武亲自简擢,量能叙用;制爵四等,曰王、公、侯、子,除伯、男之号;追录旧臣,加封爵各有差。是秋,江南大乱,流人襁负奔淮北者行道相寻。冬十月辛巳,大赦,改元。筑西宫。十一月,幸西宫,大选臣僚,令各辨宗党,保举才行,诸部子孙失业赐爵者二千余人。

二年春正月,晋主司马德宗复位。夏四月,祀西效,车旗尽黑。

冬十月,慕容德死。

三年春正月甲申,北巡,幸豺山宫,校猎,还至屋孤山。二月乙亥,幸代圆山。建五石亭。三月庚子,车驾还宫。夏四月庚申,复幸豺山宫。占授著作郎王宜弟造《兵法孤虚立成圆》三百六十时。遂登定襄角史山,又幸马城。甲戌,车驾还宫。六月,发八部五百里内男丁筑灅南宫,门阙高十余丈;引沟穿池,广苑囿;规立外城方二十里,分置市里,经途洞达。三十日罢。秋七月,太尉穆崇薨。八月甲辰,行幸豺山宫,遂至青牛山。丙辰,西登武要北原,观九十九泉,造石亭,遂之石漠。九月甲戌朔,幸漠南盐池。壬午,至漠中,观天盐池。度漠北,之吐盐池。癸巳,南还长川。丙申,临观长陂。冬十月庚申,车驾还宫。

四年春二月,封皇子修为河间王,处文为长乐王,连为广平王,黎为京兆王。夏五月,北巡,自参合陂东过蟠羊山,大雨,暴水流辒车数百乘,杀百余人。遂东北逾石漠,至长川,幸濡源。常山王遵有罪,赐死。六月,赫连屈丐自称大单于、大夏天王。秋七月,西幸参合陂。筑北宫垣,三旬而罢,乃还宫。慕容宝养子高云杀慕容熙而自立,僭号天王。八月,诛司空庾岳。

五年春正月,行幸豺山宫,遂如参合陂,观渔于延水,至宁川。三月,姚兴遣使朝贡。秋七月戊戌朔,日有蚀之。冬十月,秃发傉檀僭即凉王位。

六年夏,帝不豫。初,帝服寒食散,自太医令阴羌死后,药数动发,至此愈甚。而灾变屡见,忧懑不安,或数日不食,或不寝达旦,归咎群下,喜怒乖常,谓百僚左右不可信,虑如天文之占,或有肘腋之虞。追思即往成败得失,终日竟夜独语不止,若傍有鬼物对扬者。朝臣至前,追其旧恶,便见杀害;其余或以颜色变动,或以喘息不调,或以行步乖节,或以言辞失措,帝以为怀恶在心,变见于外,乃手自殴击。死者皆陈天安殿前。于是朝野人情各怀危惧,有司废息,莫相督摄,百工偷劫,盗贼公行,巷里之间,人为稀少。帝亦闻之,曰:"朕故纵之使然,幸过灾年,当更清整之耳。"秋七月,慕容氏支属百余家谋欲外奔,发觉,伏诛死者三百余人。八月,卫王仪谋叛,赐死。十月戊辰,清河王绍作乱,帝崩于天安殿,时年三十九。永兴二年九月甲寅,上谥曰宣武皇帝,葬于盛乐金陵,庙号太祖,泰常五年改谥曰道武。

太宗明元皇帝讳嗣,道武皇帝之长子也,母曰刘贵人,登国七年,生于云中宫。道武晚有男,闻而大悦,乃大赦。帝明睿宽毅,非礼不动。天兴六年,封齐王,拜相国。初,帝母即赐死,道武召帝告曰:“昔汉武将立其子而杀其母,不令妇人与国政,汝当继统,故吾远同汉武。”帝素纯孝,哀不自胜。道武怒。帝还宫,哀不自止,道武知而又召帝。帝欲入,左右谏,请待和解而进,帝从之。及元绍之逆,帝还而诛之。

永兴元年冬十月壬午,皇帝即位,大赦改元,追尊皇妣为宣穆皇后。公卿大臣先罢归第者,悉复登用之。诏南平公长孙嵩、北新侯安同对理人讼,简贤任能。是月,冯跋弑其主高云,僭号天王,国号北燕。闰十月丁亥,朱提王悦谋反,赐死。诏都兵将军山阳侯奚斤巡诸州,问人疾苦。十二月戊戌,封卫王仪子良为南阳王,进阴平公列爵为王,改封高凉王乐真为平阳王。己亥,帝始居西宫,御天文殿。蠕蠕犯塞。是岁,乞伏乾归自称秦王。

二年春正月甲寅朔,诏南平公长孙嵩等北征蠕蠕,因留屯漠南。夏五月,嵩等自大漠还,蠕蠕追围之于牛川。壬申,帝北伐,蠕蠕闻而遁走。车驾还幸参合陂。六月,晋将刘裕灭慕容超。秋七月丁巳,立射台于陂西,仍讲武。乙丑,至自北伐。

三年春二月戊戌,诏简宫人非御及技巧者,悉以赐鳏人。己亥,诏北新侯安同等持节巡行并、定二州及诸山居杂胡、丁零,部其疾苦,察举守宰不法者。辛丑,简宫人工伎之不急者出,赐人不能自存者。三月己未,诏待臣常佩剑。夏五月丙寅,复出宫人赐鳏人。辛卯,车驾谒金陵于盛乐。己巳,昌黎王慕容伯儿谋反,伏诛。六月,姚兴遣使朝贡。秋七月戊申,赐卫士酺三日。冬十一月丁未,大阅于东郊。

　　四年春二月癸未，登兽圈，射猛兽。夏四月乙未，宴群臣于西宫，使各献直言，勿有所讳。六月，乞伏乾归为兄子公府所弑。闰月丙辰，大阅于东郊。秋七月己巳朔，东巡。置四厢大将，又放十二时，置十二小将。以山阳侯奚斤、元城公屈行左右丞相。己卯，大狝于石会山。戊子，临去畿陂观渔。庚寅，至于濡源，西巡，幸北部诸落。八月壬子，幸西宫，临板殿，大飨群臣，命百姓大酺二日。乙卯，赐王公以下至宿卫将士布各有差。冬十一月己丑，赐宗室近属南阳王良以下至于缌麻亲布帛各有差。是月，沮渠蒙逊僭称河西王。十二月丁巳，北巡，至长城而旋。

　　五年春正月己巳，大阅畿内，男年十二以上悉集。己卯，幸西宫。颁拨大渠帅四十余人诣阙奉贡，赐以缯帛锦罽各有差。乙酉，诏诸州，六十户出戎马一匹。庚寅，大阅于东郊，署将帅，以山阳侯奚斤为前军，众三万；阳平王熙等十二将各一万骑；帝临白登，躬自校览。二月庚戌，幸高柳川。癸丑，穿鱼池于北苑。庚午，姚兴遣使朝贡。己卯，诏使者巡行天下，招延俊彦，搜扬隐逸。夏四月乙卯，西巡。五月乙亥，行幸云中旧宫之大室。丙子，大赦。六月，西幸五原，校猎于骨罗山，获兽十万。秋七月己巳，还幸薄山。帝登观宣武游幸刻石颂德之处，乃于其旁起石坛而荐飨焉，赐从者大酺于山下。前军奚斤等破越勒倍泥部落于跋那山西，徙二万余家而旋。丙戌，车驾自大室西南巡诸部落，遂南次定襄大洛城，东逾七岭山，田于善无川。八月癸卯，车驾还宫。癸丑，奚斤等班师。甲寅，帝临白登山，观降人，数军实。置新人于大宁，给农器，计口受田。冬十一月癸酉，大飨于西宫。姚兴遣使朝贡，请进女，帝许之。

　　神瑞元年春正月辛酉，以祯瑞频集，大赦改元。辛巳，行幸繁畤。赐王公以下至于士卒百工布帛各有差。二月戊戌，车驾还宫。乙卯，起丰宫于平城东北。夏六月，乞伏炽盘灭秃发傉檀。秋七月，晋将朱龄石灭蜀。八月戊子，诏马邑侯元陋孙使于姚兴。姚兴遣使朝贡。九月丁巳朔，日有食之。冬十一月壬午，诏使者巡行诸州，校阅守宰资财,非自家所赍,悉簿为赃。守宰不如法,听百姓诣阙告之。十二月丙戌朔,蠕蠕犯塞。丙申,车驾北伐。

二年春正月丙辰,车驾至自北伐。二月丁亥,大飨于西宫。甲辰,立宣武庙于白登西。三月丁丑,诏以刺史守宰率多通惰,今年赀调悬违者,谪出家财以充,不听征发于人。夏四月,晋人来聘。己卯,北巡。五月丁亥,次于参合,东幸大宁。丁未,田于四岬山。六月戊午,临去畿陂观渔。辛酉,次于濡源,立蚌台。遂射白熊于颓牛山,获之。丁卯,幸赤城,亲见长老,问人疾苦,复租一年。南次石亭,幸上谷,问百年,访贤俊,复田租之半。壬申,幸涿鹿,登峤山,观温泉,使以太牢祠黄帝、唐尧庙。癸酉,幸广宁,事如上谷。己卯,登广宁之历山,以太牢祠舜庙,帝亲加礼焉。庚辰,幸代。秋七月癸未,车驾还宫,复所过田租之半。八月庚辰晦,日有食之。九月,京师人饥,听就食山东。冬十月壬子,姚兴使奉其西平公主至,帝以后礼纳之。辛酉,行幸沮洳城。癸亥,车驾还宫。丙寅,诏以频遇霜旱,年谷不登,命出布帛仓谷以振贫穷。

泰常元年春二月丁未,姚兴死。三月己丑,长乐王处文薨。夏四月壬子,大赦改元。庚申,河闲王修薨。五月甲申,彗星二见。六月丁巳,北巡。秋七月甲申,大狝于牛川,登釜山,临殷繁水,南观于九十九泉。戊戌,车驾还宫。辛亥晦,日有蚀之。九月,晋刘裕溯河伐姚泓,遣部将王仲德从陆道至梁城。兖州刺史尉建畏懦,弃守北渡,仲德遂入滑台。诏将军叔孙建等度河曜威,斩尉建于城下。冬十一月戊寅,起蓬台于北苑。十二月,南阳王良薨。

二年春正月甲戌朔,日有蚀之。二月丙午,诏使者巡行天下,观风俗,问其所苦。是月,凉武昭王薨。五月,西巡至云中,遂济河,田于大漠。秋七月乙亥,车驾还宫。乙酉,起白台于城南,高二十丈。是月,晋刘裕灭姚泓。冬十月癸丑,豫章王夔薨。十二月巳酉,诏河东、河内购泓子弟播越人间者。

三年春三月,晋人来聘。庚戌,幸西宫。以勃海、范阳郡去年水,复其租税。夏四月己巳,徙冀、定、幽三州徒何于京师。五月壬子,东巡至濡源,及甘松。遣征东将军长孙道生帅师袭冯跋,遂至龙城,徙其居人万余家而还。秋七月戊午,车驾至京师。八月,雁门、河内大雨水,复其租税。冬十月戊辰,筑宫于西苑。十一月,赫连屈丐克长安。十二月,晋安帝殂。

四年春正月壬辰朔,车驾临河,大蒐于犊渚。癸卯,还宫。三月,赫连屈丐僭即皇帝位。癸丑,筑宫于蓬台北。夏四月庚辰,享东庙,远蕃助祭者数百国。辛巳,南巡,幸雁门,赐所过无出今年租赋。五月庚寅朔,观渔于灅水。己亥,车驾还宫。秋八月辛未,东巡,遣使祠恒岳。甲申,车驾还宫,赐所过无出今年田租。九月甲寅,筑宫于白登山。冬十一月丁亥朔,日有蚀之。十二月癸亥,西巡,至云中,逾白道,北猎野马于辱孤山,至于黄河,从君子津西度,大狩于薛林山。

五年春正月丙戌朔,自薛林东还,至屋窦城,飨劳将士,大酺二日,班禽以赐之。己亥,车驾还宫。三月丙戌,南阳王意文薨。夏四月丙寅,起灅南宫。五月乙酉,诏曰:“宣武皇帝体得一之玄远,应自然之冲妙,大行大名,未尽盛美。今启纬图,始睹尊号,其更上尊谥曰道武皇帝,以章灵命之先启,圣德之玄同。”庚戌,淮南侯司马国璠、池阳侯司马道赐等谋反,伏诛。六月丙寅,幸翳犊山。是月,晋恭帝禅位于宋。秋七月丁酉,西至五原。丁未,幸云中大室,赐从者大酺。八月癸亥,车驾还宫。闰月甲午,阴平王烈薨。是岁,西凉亡。

六年春二月己亥,诏天下户二十输戎马一匹、大牛一头。三月甲子,阳平王熙薨。乙亥,制六部人羊满百口者调戎马一匹。发京师六千余人筑苑,起自旧苑,东苞白登,周回四十余里。夏六月乙酉,北巡,至于蟠羊山。秋七月乙卯,车驾还宫。癸酉,西巡。猎于祚山,亲射猛兽,获之。逐至于河。八月庚子,大狝于犊渚。九月庚戌,车驾还宫。壬申,宋人来聘。冬十月己亥,行幸代。十二月丙申,西巡于云中。

七年春正月甲辰朔,自云中西幸屋窦城,赐从者大酺三日。二月丙戌,车驾还宫。三月乙丑,河南王曜薨。夏四月甲戌,封皇子焘为太平王,拜相国,加大将军;丕为乐平王,加车骑大将军;弥为安定王,加卫大将军;范为乐安王,加中军大将军;健为永昌王,加抚军大将军;崇为建宁王,加辅国大将军;俊为新兴王,加镇军大将军;献怀长公主子稽敬为长乐王,拜大司马、大将军。初,帝服寒食散,频年发动,不堪万机。五月,立太平王焘为皇太子,临朝听政。是月,宋武帝殂。秋九月,诏司空奚斤等帅师伐宋。乙巳,辛灅南宫,遂如广宁。己酉,诏皇太子率百国以法驾田于东苑,车乘服物皆以乘舆之副。辛亥,筑平城外郭,周回三十二里。辛酉,幸峤山,遣使者祠黄帝、唐尧庙。因东幸幽州,见耆年,问其所苦,赐以爵号。分遣使者巡行州郡,观察风俗。冬十月甲戌,车驾还宫,复所过田租之半。奚斤等济河,攻滑台不拔,求济师,帝怒不许。议亲南征,为其声援。壬辰,南巡,出自天门关,逾恒岭,四方蕃附大人各帅所部从者五万余人。十一月,皇太子亲统六军镇塞上,安定王弥与北新公安同居守。丙午,曲赦司州殊死以下。丙辰,次于中山,问人疾苦。十二月丙戌,行幸冀州,存问人俗。遣寿光侯叔孙达等率众自平原东度,徇下青、兖诸郡。

八年春正月丙辰,行幸邺,存问人俗。司空奚斤既平兖、豫,还围武牢,宋守将毛德祖距守不下。蠕蠕犯塞。二月戊辰,筑长城于长川之南,起自赤城,西至五原,延袤二千余里,备置戍卫。三月乙卯,济自灵昌。夏四月丁卯,幸成皋,观武牢。而城内乏水,悬绠汲河。帝令连舰,上施轒辒,绝其汲路;又穿地道,以夺其井。丁丑,幸洛阳,观石经。闰月丁未,还幸河内,北登太行,幸高都。己未,武牢溃。士众大疫,死者十二三。辛酉,幸晋阳,班赐王公以下至于厮役。五月丙寅,还次雁门,皇太子率留台王公迎于句注之北。庚寅,车驾至自南巡。六月己亥,太尉、宜都公穆观薨。丙辰,北巡,至参合陂。秋七月,幸三会屋侯泉,诏皇太子率百官以从。八月,幸马邑,观于灅源。九月乙亥,车驾还宫。冬十月癸卯,广西宫,起外墙,周回二十里。是岁饥,诏所在开仓振给。十一月己巳,帝崩于西宫,时年三十二。遗诏以司空奚斤所获军实赐大臣自司徒长孙嵩以下,至于士卒各有差。十二月庚子，上谥曰明元皇帝，葬于云中金陵，庙称太宗。

帝兼资文武，礼爱儒生，好览史传，以刘向所撰《新序》、《说苑》于经典正义多有所阙，乃撰《新集》三十篇，采诸经史，该洽古义云。

论曰：自古帝王之兴，诚有天命，亦赖累功积德，方契灵心。有魏奄宅幽方，代为君长。神元生自天女，桓、穆勤于晋室，冥符人事，夫岂徒然。

昭成以雄杰之姿，苞君人之量，征伐四克，威被遐荒，乃改都立号，恢隆大业，终百六十载，光宅区中，其原固有由矣。

道武显晦安危之中，屈申潜跃之际，驱率遗黎，奋其灵武，克翦方难，遂启中原，垂拱人神，显登皇极。虽冠履不暇，栖遑处土，而制作经谟，咸出长久，所谓大人利见，百姓与能，抑不世之神武也。而屯厄有期，祸生非虑，将人事不足，岂天实为之乎？

明元承运之初，属廓定之始，于时狼顾鸱峙，犹有窥觎加以天赐之末，内难尤甚。帝孝心睿略，权正兼运，纂业固基，内和外抚，终能周、郑款服，声教南被，祖功宗德，其义良已远矣。

北史卷二
魏本纪第二

世祖太武帝　恭宗景穆帝
高宗文成帝　显祖献文帝

世祖太武皇帝讳焘，明元皇帝之长子也，母曰杜贵嫔。天赐五年，生于东宫。体貌瑰异，道武奇之曰："成吾业者，必此儿也。"泰常七年四月，封太平王。五月，立为皇太子。及明元帝疾，命帝总摄百揆。帝聪明大度，意豁如也。八年十一月己巳，明元帝崩。壬申，太子即皇帝位，大赦天下。十二月，追尊皇妣为密皇太后，进司徒长孙嵩爵为北平王，司空奚斤为宜城王，蓝田公长孙翰为平阳王，其余普增爵位各有差。于是除禁锢，释嫌疑，开仓库，振穷乏。河南流人相率内属者甚众。

始光元年春正月丙寅，安定王弥薨。夏四月甲辰，东巡，幸大宁。六月，宋徐羡之弑其主义符。秋七月，车驾还宫。八月，蠕蠕六万骑入云中，杀略人吏，攻陷盛乐。帝帅轻骑讨之，虏乃退走。九月，大简舆徒于东郊，将北讨。冬十二月，遣平阳王长孙翰等讨蠕蠕，车骑次柞山，蠕蠕北遁，诸军追之，大获而还。

二年春正月己卯，车驾至自北伐。三月丙辰，尊保母窦氏曰保太后。丁巳，以北平王长孙嵩为太尉，平阳王长孙翰为司徒，宜城王奚万为司空。庚申，营故东宫为万寿宫，起永安安乐二殿、临望观、九华堂。初造新字千余。夏四月，诏龙骧将军步堆使宋。五月，诏天下十家发大牛一头运粟塞上。秋八月，赫连屈丐死。九月，永安、安乐二殿成,丁卯,大飨以落之。冬十月癸卯,车驾北伐,东西五道并出。平阳王长孙翰等绝漠追寇,蠕蠕北走。

三年春正月壬申,车驾至自北伐。乞伏炽盘遣使朝贡,请讨赫连昌。二月,起太学于城东,祀孔子,以颜回配。夏五月辛卯,进中山公纂爵为王,复南安公素先爵常山王。六月,幸云中旧宫,谒陵庙,西至五原,田于阴山,东至和兜山。秋七月,筑马射台于长川,帝亲登台走马。王公诸国君长驰射中者,赐金锦缯絮各有差。八月,车驾还宫。宋人来聘。帝以赫连屈丐死,诸子相攻,冬十月丁巳,车驾西伐,幸云中,临君子津。会天暴寒,数日冰合。十一月戊寅,率轻骑袭赫连昌。壬午,徙万余家而还。至祚山,班虏获以赐将士各有差。十二月,诏奚斤西据长安。秦、陇氐羌皆叛昌诣斤降。武都王阳玄及沮渠蒙逊等使使内附。

四年春正月乙酉,车驾至自西伐,赐留台文武各有差。从人在道多死,到者才十六七。己亥,行幸幽州。赫连昌遣其弟定向长安。帝闻之,遣就阴山伐木造攻具。二月,车驾还宫。三月丙午,诏执金吾桓贷造桥于君子津。丁丑,广平王连薨。夏四月丁未,诏员外散骑常侍步堆使于宋。五月,车驾西讨赫连昌,次拔邻山,筑城舍辎重,以轻骑三万先行。戊戌,至黑水。帝亲祈天,告祖宗之灵而誓众。六月癸卯朔,日有蚀之。甲辰,大破赫连昌,昌奔上邽。乙巳,车驾入城,虏昌群弟及其母妹妻妾宫人万数,府库珍宝车旗器物不可胜计。辛酉,班师。留常山王素、执金吾桓贷镇统万。秋七月己卯,筑坛于祚岭,戏马驰射,赐中者金帛缯絮各有差。蠕蠕寇云中,闻破赫连昌,惧而逃。八月壬子,车驾至自西伐,饮至策勋,告宗庙,班军以赐留台百僚各有差。冬十一月,以氐王杨玄为假征南大将军、都督、梁州刺史、南秦王。十二月。行幸中山,守宰贪污免者十数人。癸卯,车驾还宫,复所过田租之半。

神䴥元年春正月,以天下守令多非法,精选忠良悉代之。辛未,京兆王黎薨。二月,改元。司空奚斤进军安定。监军待御史安颉出战,禽昌。其余众立昌弟定为主,走还平凉。三月辛巳,待中古弼送赫连昌至于京师。司空奚斤追赫连定于平凉马髦岭，为定所禽。将军丘惟先在安定，闻斤败，东走长安。帝大怒，诏颉令斩之。夏四月，赫连定遣使朝贡。壬子，西巡。戊午，田于河西，大赦。南秦王杨玄遣使朝贡。五月，乞伏炽盘死。秋八月，东幸广宁，临观温泉。以大牢祭黄帝、尧、舜庙。九月，车驾还宫。冬十一月乙未朔，日有蚀之。是月，行幸河西，大校猎。十二月甲申，车驾还宫。

二年夏四月，宋人来聘。庚寅，车驾北伐。五月丁未，次于沙漠，舍辎重，轻骑兼冀马至栗水，蠕蠕震怖，焚庐舍，绝迹西走。冬十月，振旅凯旋于京师，告于宗庙。列置新人于漠南，东至濡源，西暨五原、阴山，竟三千里。十一月，西巡。田于河西，西至祚山而还。

三年春正月庚子，车驾还宫。壬寅，大赦。癸卯，行幸广宁，临温泉，作《温泉歌》。二月丁卯，司徒、平阳王长孙翰薨。戊辰，车驾还宫。三月壬寅，进会稽公赫连昌为秦王。夏四月甲子，行幸云中。敕勒万余落叛走，诏尚书封铁追灭之。五月戊午，论讨敕勒功，大明赏罚。秋七月己亥，诏诸征镇将军、王公杖节边远者，听开府辟召，其次增置吏员。庚子，诏大鸿胪卿杜超假节都督冀定相三州诸军事、行征南大将军、太宰，进爵为王，镇邺，为诸军节度。八月，宋将到彦之自清水入河，溯流西行。丙寅，彦之遣将度河，攻冶坂。冠军将军安颉督诸军击破之。九月癸卯，立密皇太后庙于邺。甲辰，行幸统万，遂征平凉，是月，冯跋死。冬十月乙卯，冠军将军安颉济河攻洛阳，丙子，拔之。辛巳，安颉平武牢。十一月乙酉，车驾至平凉。己亥，行幸安定。庚子，帝自安西还临平凉，遂掘堑围守之。行幸纽城，安慰初附，赦秦、陇之人，赐复七年。辛酉，安颉帅诸军攻滑台。沮渠蒙逊遣使朝贡。壬寅，封寿光侯叔孙建为丹杨王。十二月丁卯，赫连定弟社于度洛孤面缚出降，平凉，收其珍宝。定长安、临晋、武功守将皆奔走，关中平，壬申，车驾还东，留巴东公延普等镇安定。

四年春正月壬午，车驾次木根山，大飨群臣。丙申，宋将檀道济、王仲德从清水救滑台。丹阳王叔孙建、汝阴公长孙道生拒之，道济等不敢进。是月，赫连定灭乞伏慕末。二月辛酉，安颉、司马楚之平滑台。癸酉，车驾还宫，饮至策勋，告于宗庙，赐留台百官各有差。战士赐复十年。定州人饥，诏开仓以振之。宋将檀道济、王仲德东走。三月庚戌，冠军将军安颉献宋俘万余人，甲兵三万。夏六月，赫连定北袭沮渠蒙逊，为吐浑慕璝所执。闰月乙未，蠕蠕国遣使朝贡。诏散骑侍郎周绍使于宋。秋七月己酉，行幸河西。起承华宫。八月乙酉，沮渠蒙逊遣子安周入侍。吐谷浑慕璝遣使奉表，请送赫连定。己丑，以慕璝为大将军封，秦王。九月癸丑，车驾还宫。庚申，加太尉长孙嵩柱国大将军，以左光禄大夫崔浩为司徒，征西大将军长孙道生为司空。癸亥，诏兼太常李顺持节拜河西王沮渠蒙逊为假节、加侍中、都督凉州诸军事及西域羌戎诸军事、行征西大将军、太傅、凉州牧、凉王。壬申，诏曰："范阳卢玄、博陵崔绰、赵郡李灵、河间邢颖、勃海高允、广平游雅、太原张伟等皆贤俊之冑，冠冕州邦，有羽仪之用。《易》曰：'我有好爵，吾与尔縻之。'如玄之比，隐迹衡门，不曜名誉者，尽敕州郡以礼发遣。"遂征玄等。州郡所遣至者数百人，皆差次叙用。冬十月戊寅，诏司徒崔浩改定律令。行幸漠南。十一月丙辰，北部敕勒莫弗库若于率其部数万骑驱鹿兽数百万诣行在所。帝因而大狩，以赐从者，勒石漠南，以记功德。宜城王奚斤坐事降爵为公。十二月，车驾还宫。

延和元年春正月丙午，尊保太后为皇太后，立皇后赫连氏，以皇子晃为皇太子，谒于太庙，大赦改元。三月丁未，追赠夫人贺氏为皇后。壬申，西秦王吐谷浑慕璝送赫连定于京师。夏五月，宋人来聘。六月庚寅，车驾伐和龙。诏尚书左仆射安原等屯于漠南，以备蠕蠕。辛卯，诏兼散骑常侍邓颖使于宋。秋七月己巳，车驾至和龙，穿堑以守之。是月，筑东宫。九月乙卯，车驾西还。徙营丘、成周、辽东、乐浪、带方、玄菟六郡人三万家于幽州，开仓以振之。冬十月，吐谷浑慕璝遣使朝贡。十一月己巳，车驾至自和龙。十二月己丑，冯弘子长乐公崇及其母弟朗、朗弟邈以辽西内属，先是辟召贤良，而州郡多逼遣之，诏以礼申喻，任其进退。

二年春二月庚午，诏兼鸿胪卿李继持节假冯崇车骑大将军、辽西王,承制,听置尚书已下。壬午,诏兼散骑常待宋宣使于宋。夏四月,沮渠蒙逊死,以其子牧犍为车骑将军,改封西河王。六月,遣永昌王健、尚书左仆射安原督诸军讨和龙。辛巳,诏乐安王范发秦、雍兵一万筑小城于长安城内。秋八月,辽西王冯崇上表求说降其父,帝不听。九月,宋人来聘,并献驯象一。戊午,诏兼大鸿胪卿崔赜持节拜征虏将军杨难当为征南大将军、仪同三司,封南秦王。冬十二月己巳,大赦天下。辛未,幸阴山北。诏兼散骑常侍卢玄使于宋。

三年春正月乙未,车驾次于女水,大飨群臣。戊戌,冯弘遣使求和,帝不许。丙辰,南秦王杨难当克汉中,送雍州流人七千家于长安。二月戊寅,诏以频年屡征,有事西北,运输之役,百姓勤劳,令郡县括贫富以为三级,富者租赋如常,中者复二年,下穷者复三年。辛卯,车驾还宫。三月甲寅,行幸河西。闰月甲戌,秦王赫连昌叛走,丙子,河西候将格杀之,验其谋反,群弟皆伏诛。己卯,车驾还宫。进彭城公粟爵为王。秋七月辛巳,东宫成,备置屯卫,三分西宫之一。壬午,行幸美稷,遂至隰城。命诸军讨山胡白龙于河西。九月戊子,克之,斩白龙及其将帅,屠其城。冬十一月,车驾还宫。十二月甲辰,行幸云中。

太延元年春正月乙未朔,日有蚀之。壬午,降死罪刑已下各一等。癸未,出道武、明元宫人,令得嫁。甲申,大赦改元。二月庚子,蠕蠕、焉耆、车师各遣使朝贡。诏长安及平凉人徙在京师其孤老不能自存者,听还乡里。丁未,车驾还宫。夏五月庚申,进宜都公穆寿为宜都王,汝阴公长孙道生为上党王,宜城公奚斤为恒农王,广陵公娄伏连为广陵王。遣使者二十辈使西域。甲戌,行幸云中。六月甲午,诏曰:"去春小旱,东作不茂,忧勤克己,祈请灵祇。岂朕精诚有感,何报应之速。云雨震洒,流泽沾渥。有鄗妇人持方寸玉印诣潞县侯孙家,既而亡去,莫知所在。印有三字,为龙鸟之形,要妙奇巧,不类人迹,文曰"旱疫平"。推寻其理,盖神灵之报应也。比者以来,祯瑞仍臻,甘露流液,降于殿内;嘉瓜合蒂,生于中山;野木连理,殖于魏郡;在先后载诞之乡,白燕集于盛乐旧都,玄鸟随之,盖有千数；嘉禾频岁合秀于恒农；白兔并见于勃海；白雉三只又集于平阳太祖之庙。天降嘉贶，将何德以酬之？其令天下大酺五日，礼报百神，守宰祭界内名山大川，上答天意。"丙午，高丽、鄯善国并遣使朝贡。秋七月，田于栖阳。己卯，乐平王丕等五将东伐，至和龙，徙男女六千口而还。八月丙戌，行幸河西。粟特国遣使朝贡。九月，车驾还宫。冬十月癸卯，尚书左仆射安原谋反，伏诛。甲辰，行幸定州，次于新城宫。十一月己巳，校猎于广州。丙子，行幸邺，祀密太后庙。诸所过亲问高年，褒礼贤俊。十二月癸卯，遣使者以太牢祀北岳。

二年春正月甲寅，车驾还宫。二月戊子，冯弘遣使朝贡，求送侍子，帝不许。壬辰，遣使者十余辈诣高丽、东夷诸国，诏喻之。三月丙辰，宋人来聘。辛未，遣平东将军娥清、安西将军古弼讨冯弘。弘求救于高丽，高丽遣其大将葛蔓卢迎之。夏四月甲申，皇子小儿、苗儿并薨。五月乙卯，冯弘奔高丽。戊午，诏散骑常侍封拨使高丽，征送冯弘。丁卯，行幸河西。赫连定之西也，杨难当窃据上邽，秋七月庚戌，命乐平王丕等讨之。诏散骑常侍游雅使于宋。八月丁亥，遣使六辈使西域。帝校猎于河西，诏广平公张黎发定州七郡一万二千人通莎泉道。甲辰，高车国遣使朝贡。九月庚戌，乐平王丕等至略阳，公难当奉诏摄上邽守。高丽不送冯弘，帝将伐之。纳乐平王丕计而止。冬十一月己酉，幸栖阳。驱野马于云中，置野马苑。闰月壬子，车驾还宫。乙丑，改封颍川王提为武昌王。河西王沮渠牧犍遣使朝贡。是岁，吐谷浑慕璝死。

三年春正月癸未，中山王纂薨。戊子，太尉、北平王长孙嵩薨。乙巳，丹杨王叔孙建薨。二月乙卯，行幸幽州，存恤孤老，问人疾苦。还幸上谷，遂至代，所过复田租之半。三月己卯，车驾还宫。丁酉，宋人来聘。夏五月己丑，诏天下吏人得举告守令不如法者。丙申，行幸云中。秋七月戊子，使永昌王健、上党王长孙道生讨山胡白龙余党于西河，灭之。八月甲辰，行幸河西。九月甲申，车驾还宫。丁丑，遣使者拜西秦王慕璝弟慕利延为镇西大将军、仪同三司，改封西平王。冬十月癸卯，行幸云中，十一月壬申，车驾还宫。是岁，河西王沮渠牧犍世子封坛来朝，高丽、契丹、龟兹、悦般、焉耆、车师、粟特、疏勒、乌孙、渴盘陁、鄯善、破洛、者舌等国各遣使朝贡。

四年春三月庚辰，鄯善王弟素延耆来朝。癸未，罢沙门年五十年以下。江阳王根薨。是月，高丽杀冯弘。夏五月戊寅，大赦。秋七月壬申，车驾北伐。冬十一月丁卯朔，日有蚀之。十二月，车驾至自北伐。上洛巴泉蕈等相帅内附。诏兼散常侍高雅使于宋。

五年春正月庚寅，行幸定州。三月辛未，车驾还宫。庚寅，以故南秦王世子杨保宗为征南大将军、秦州牧、武都王，镇上邽。夏五月癸未，遮逸国献汗血马。六月甲辰，车驾西讨沮渠牧犍。侍中、宜都王穆寿辅皇太子决留台事，大将军长乐王嵇敬、辅国大将军建宁王崇二万人屯漠南，以备蠕蠕。秋七月己巳，车驾至上都属国城，大飨群臣，讲武马射。壬午，留辎重，分部诸军。八月丙申，车驾至姑臧，牧犍兄子祖逾城来降。乃分军围之。九月丙戌，牧犍与左右文武五千人面缚军门，帝解其缚，待以藩臣之礼。收其城内户口二十余万，仓库珍宝不可称计。进张掖公秃发保周爵为王，与龙骧将军穆罴、安远将军源贺分略诸郡。牧犍弟张掖太守宜得西奔酒泉，太守无讳，后奔晋昌；乐都太守安周南奔吐谷浑。戊子，蠕蠕犯塞，遂至七介山，京都大骇。皇太子命上党王长孙道生等拒之。冬十月辛酉，车驾还宫。徙凉州人三万余家于京师。留乐平王丕、征西将军贺多罗镇凉州。癸亥，遣张掖王秃发保周喻诸部鲜卑，保周因率诸叛于张掖。十一月乙巳，宋人来聘，并献驯象一。十二月壬午，车驾至自西伐，饮至策勋，告于宗庙。杨雄当寇上邽，镇将元勿头讨走之。是岁，鄯善、龟兹、疏勒、焉耆、高丽、粟特、渴盘陁、破那、悉半居等国并遣使朝贡。

太平真君元年春正月己酉，沮渠无讳寇酒泉。辛亥，分遣侍臣巡行州郡，观察风俗，问人疾苦。二月己巳，诏假通直常侍邢颖使于宋。发长安人五千浚昆明池。三月，酒泉陷。夏四月戊午朔，日有蚀之。庚辰，沮渠无讳寇张掖。秃发保周屯删丹。六月丁丑，皇孙浚生，大赦改元。秋七月，行幸阴山。己丑，永昌王健大破秃发保周，走之。丙申，保太后窦氏崩于行宫。癸丑，保周自杀，传首京师。八月甲申，沮渠无讳降。九月壬寅，车驾还宫。是岁，州镇十五饥，诏开仓振恤之。以河南王曜子羯儿为河间王，后改封略阳王。

二年春正月癸卯，拜沮渠无讳为征西大将军、凉州牧、酒泉王。三月辛卯，葬惠太后于崞山。庚戌，新兴王俊、略阳王羯儿有罪，黜为公。辛亥，封蠕蠕郁久闾乞归为朔方王，沮渠万年为张掖王。夏四月丁巳，宋人来聘。秋八月辛亥，诏散骑侍郎张伟使于宋。九月戊戌，永昌王健薨。冬十一月庚子，镇南大将军奚眷平酒泉。十二月丙子，宋人来聘。

三年春正月甲申，帝至道坛，亲受符录，备法驾，旗帜尽青。三月壬寅，北平王长孙颓有罪，削爵为侯。夏四月，酒泉王沮渠无讳走渡流沙，据鄯善，凉武昭王孙李宝据敦煌，遣使内附。五月，行幸阴山北。六月丙戌，杨难当朝于行宫。先是，起殿于阴山北，殿成而难当至，因曰广德焉。秋八月甲戌晦，日有蚀之。冬十月己卯，封皇子伏罗为晋王，翰为秦王，谭为燕王，建为楚王，余为吴王。十二月辛巳，太保、襄城公卢鲁元薨。丁酉，车驾还宫。李宝遣使朝贡，以宝为镇西大将军、开府仪同三司、沙州牧、敦煌公。

四年春正月庚午，行幸中山。二月丙子，次于恒山之阳，诏有司刊石勒铭。是月，克仇池。三月庚申，车驾还宫。夏四月，武都王杨保宗谋反，诸将禽送京师。氐、羌复推保宗弟文德为主，围仇池。六月庚寅，诏复人赀赋三年，其田租岁输如常，牧守不提妄有征发。癸巳，大阅于西郊。九月辛丑，行幸漠南。甲辰，舍辎重，以轻骑袭蠕蠕，分军为四道。冬十一月甲子，车驾还至朔方。诏曰："夫阴阳有往复，四时有代谢，授子任贤，盖古今不易之令典也。其令皇太子副理万机，总统百揆。诸功臣勤劳日久，皆当以爵归第，随时朝请，飨宴朕前，论道陈谟而已，不宜复烦以剧职。更举贤俊，以备百官，明为科制，以称朕心。"十二月辛卯，车驾至自北伐。

五年春正月壬寅，皇太子始总百揆。侍中中书监宜都王穆寿、司徒东都公崔浩、侍中广平公张黎、侍中建兴公古弼辅太子以决庶政。诸上书者皆称臣，上疏仪与表同。戊申，诏自王公已下至于庶人，私养沙门、巫及金银工巧之人在其家者，皆遣诣官曹，限今年二月十五日。过期不出，巫、沙门身死，主人门诛。庚戌，诏自三公已下至于卿士，其子息皆诣太学，其百工伎巧驺卒子息当习其父兄所业，不听私立学校，违者师身死，主人门诛。二月辛未，中山王辰等八人以北伐后期，斩于都南。癸酉，乐平王丕薨。庚辰，行幸庐。三月戊辰，大会于那南。遣使者四辈使西域。甲辰，车驾还宫。夏四月乙亥，太宰、阳平王杜超为帐下所杀。五月丁酉，行幸阴山北。六月，西平王吐谷浑慕利延杀其兄子纬代，立纬弟叱力延等来奔，乞师，以叱力延为归义王。秋八月乙丑，田于河西。壬午，诏员外散骑常侍高济使于宋。九月，帝自河西至于马邑，观于㟃川。己亥，车骑还宫。丁未，行幸漠南。冬十月癸未，晋王伏罗大破慕利延，慕利延走奔白兰，其部一万三千内附。十一月，宋人来聘。十二月丙戌，车驾还宫。

六年春正月辛亥，行幸定州，引见长老，存问之。诏兼员外散骑常侍宋愔使丁宋。二月，遂四幸上党，观连理树于玄氏。至吐京，讨徙叛胡，出配郡县。三月庚申，车驾还宫。诏诸有疑狱皆付中书，以经义量决。夏六月戊子朔，日有蚀之。壬辰，北巡。秋八月壬辰，散骑常侍成周公万度归以轻骑至鄯善，执其王真达，与诣京师。帝大悦，厚待之。车驾幸阴山北，次于广德宫。诏发天下兵三取一，各当戒严，以须后命。徙诸种杂人五千余家于北边。令人北徙畜牧至广漠，以饵蠕蠕。壬寅，征西大将军、高凉王那等讨吐谷浑慕利延。军到曼头城，慕利延驱其部落西度流沙，那急追，故西秦王慕璝世子被囊逆军拒战，那击破之。中山公杜丰追度三危，至雪山，禽被囊及慕利延元子什归、炽盘子成龙，送于京师。慕利延遂西入于阗国。九月，卢水胡盖吴聚众反于杏城。冬十一月，高凉王那振旅还京师。庚申，辽东王窦漏头薨。河东蜀薛永宗聚党入汾曲，西通盖吴，受其位号。盖吴自号天台王，署百官。辛未，车驾还宫。选六州兵勇猛者，使永昌王仁、高凉王那分领为二道,南略淮、泗以北。徙青、徐之人以实河北。癸未,西巡。

　　七年春正月戊辰,车驾次东雍,禽薛永宗,斩之。其男女无少长皆赴水死。辛未,南幸汾阴,盖吴退走北地。二月丙戌,幸长安,存问父老。丁亥,幸昆明池,遂田于岐山之阳。所过诛与盖吴通谋反害守将者。三月,诏诸州坑沙门,毁诸佛像,徙长安城内工巧二千家于京师。夏四月甲申,车驾至自长安。戊子,毁邺城五层佛图,于泥像中得玉玺二,其文皆曰“受命于天,既寿永昌”。其一刻其旁曰“魏所受汉传国玺”。五月,盖吴复聚杏城,自号秦地王。丙戌,发司、幽、定、冀四州十万人筑畿上塞围,起上谷,西至于河,广袤皆千里。六月癸未朔,日有蚀之。秋八月,盖吴为其下人所杀,传首京师。复略阳公羯儿王爵。

　　八年春正月癸未,行幸中山。三月,河西王沮渠牧犍谋反,伏诛。夏五月,车驾还宫。六月,西征诸将扶风公处真等八将坐盗没军资,所在虏掠,赃各千万计,并斩之。秋八月,乐安王范薨。冬十一月,侍中、中书监、宜都王穆寿薨。十二月,晋王伏罗薨。

　　九年春正月,宋人来聘。二月癸卯,行幸定州。山东人饥,诏开仓振之。罢塞围作。遂西幸上党。诏于壶关东北大王山累石为三封,又斩其凤皇山南足以断之。三月,车驾还宫。夏五月甲戌,以交趾公韩拔为假征西将军、领护西戎校尉、鄯善王,镇鄯善,赋役其人比之郡县。六月辛酉,行幸广德宫。丁卯,悦般国遣使求与王师俱讨蠕蠕。帝许之。秋八月,诏中外诸军戒严。九月乙酉,练兵于西郊。丙戌,幸阴山。是月,成周公万度归千里驿上:大破焉耆国,其王鸠尸卑那奔龟兹。冬十月辛丑,恒农王奚斤薨。癸卯,以婚姻奢靡,丧葬过度,诏有司更为科限。癸亥,大赦。十二月,诏成周公万度归自焉耆西讨龟兹。皇太子朝于行宫,遂从北讨。至受降城,不见蠕蠕,因积粮城内,留守而还。北平王长孙敦坐事降爵为公。

　　十年春正月戊辰朔,帝在漠南,大飨百僚。甲戌,蠕蠕吐贺真惧,远遁。三月,蒐于河西。庚寅,车驾还宫。夏四月丙申朔,日有蚀之。九月，阅武于碛上，遂北伐。冬十月庚子，皇太子及群官奉迎于行宫。十二月戊申，车驾至自北伐。己酉，以平昌公托真为中山王。

十一年春正月乙丑，行幸洛阳，所过郡国，皆亲对高年，存恤孤寡。二月甲午，大蒐于梁川。皇子真薨。是月，大修宫室，皇太子居于北宫。车驾遂征悬瓠。夏四月癸卯，车驾还宫，赐从者及留台郎吏已上生口各有差。六月己亥，诛司徒崔浩。辛丑，北巡阴山。秋七月，宋将王玄谟攻滑台。八月辛亥，田于河西。癸未，练兵于西郊。九月辛卯，车驾南伐。癸巳，皇太子北伐，屯于漠南。吴王余留守京都。庚子，曲赦定、冀、相三州死罪已下。冬十月乙丑，车驾济河，玄谟弃军而走，乃命诸将分道并进。车驾自中道，十一月辛卯，至邹山。使使者以太牢祀孔子。是月，颎盾国献师子一。十二月丁卯，车驾至淮。诏刘蠚苇作筏数万而济，淮南皆降。癸未，车驾临江，起行宫于瓜步山。诸军同日皆临江，所过城邑，莫不望尘奔溃，其降附者不可胜数。甲申，宋文帝使献百牢，贡其方物，又请进女于皇孙，以求和好。帝以师婚非礼，许和而不许婚，使散骑侍郎夏侯野报之。帝诏皇孙为书，致马通问焉。

正平元年春正月丙戌朔，大会群臣于江上，文武受爵者二百余人。丁亥，车驾北旋。二月癸未，次于鲁口。皇太子朝于行宫。三月己亥，车驾至自南伐，饮至策勋，告于宗庙，以降人五万余家分置近畿，赐留台文武所获军资生口各有差。夏五月壬寅，大赦。六月壬戌，改元。车师国王遣子入侍。诏以刑网太密，犯者更众，命有司其案律令，务求厥中，自余有不便于人者，依比增损。诏太子少傅游雅、中书侍郎胡方回等改定律制。略阳王羯儿、高凉王那有罪赐死。戊辰，皇太子薨。壬申，葬景穆太子于金陵。秋七月丁亥，行幸阴山。省诸曹吏员三分之一。九月癸巳，车驾还宫。冬十月庚申，行幸阴山。宋人来聘。诏殿中将军郎法佑使于宋。己巳，司空、上党王长孙道生薨。十二月丁丑，车驾还宫。封皇孙浚为高阳王，寻以皇孙世嫡，不宜在藩，乃止。改封秦王翰为东平王，燕王谭为临淮王，楚王建为广阳王,吴王余为南安王。

二年春正月庚辰朔,南来降人五千余家中山谋叛,州军讨平之。冀州刺史、张掖王沮渠万年与降人通谋,赐死。三月甲寅,中常侍宗爱构逆,帝崩于永安宫,时年四十五。秘不发丧。爱又矫皇后令,杀东平王翰,迎南安王余立,大赦,改元为承平。尊谥曰太武皇帝,葬于云中金陵,庙号世祖。

帝生不逮密太后,及有所识,言则悲恸,哀感傍人,明元闻而嘉叹。及明元不豫,衣不释带。性清俭率素,服御饮膳,取给而已,不好珍丽,食不二味,所幸昭仪、贵人,衣无兼彩。群臣白帝,更峻京邑城隍以从《周易》设险之义,又陈萧何壮丽之说。帝曰:“古人有言,在德不在险。屈丐蒸土筑城,而朕灭之,岂在城也?今天下未平,方须人力,土功之事,朕所未为。萧何之对,非雅言也。”每以财者军国之本,无所轻费。至于赏赐,皆是勋绩之家,亲戚爱宠,未尝权有所及。

临敌,常与士卒同在矢石间,左右死伤者相继,而帝神色自若,是以人思效命,所向无前。命将出师,指授节度,从命者无不制胜,违爽者率多败失。性又知人,拔士于卒伍之中,唯其才效所长,不论本末。兼甚严断,明于刑赏,功者赏不遗贱,罪者刑不避亲,虽宠爱之,终不亏法。常曰:“法者,朕与天下共之,何敢轻也。”故大臣犯法,无所宽假。

雅长听察,瞬息之间,下无以措其奸隐。然果于诛戮,后多悔之。司徒崔浩死后,帝北伐,时宣城公李孝伯疾笃,传者以为卒,帝闻而悼之,谓左右曰:“李宣城可惜。”又曰:“朕向失言,崔司徒可惜,李宣城可哀。”褒贬雅意,皆此类也。

景穆皇帝讳晃,太武皇帝之长子也,母曰贺夫人。延和元年正月丙午,立为皇太子,时年五岁。明慧强识,闻则不忘。及长,好读经史,皆通大义。太武甚奇之。及西征凉州,皇太子监国。

初,太武之伐河西,李顺等咸言姑臧无水草,不可行师。太子有疑色。及车驾至姑臧，乃诏太子曰："姑臧城东西门外涌泉，合于城北，其大如河，泽草茂盛，可供大军数年。人之多言，亦可恶也。"太子谓宫臣曰："为人臣不实若此，岂是忠乎！吾初闻有疑，但帝决行耳。几误人大事，言者复何面目见帝也。"

真君四年，从征蠕蠕，至鹿浑谷，与贼遇。虏惶怖扰乱，太子言于太武曰："宜速进击，掩其不备。"尚书令刘洁固谏，以为尘盛贼多，须军大集。太子曰："此由贼恇扰，何有营上而有此尘？"太武疑之，遂不急击，蠕蠕远遁。即而获虏候骑，乃云不觉官军卒至，上下惶惧，北走经六七日，知无追者，乃徐行。帝深恨之。自是太子所言军国大事，多见纳用，遂知万机。及监国，命有司使百姓有牛家以人牛相贸，又禁饮酒杂戏弃本沽贩者，于是垦田大增。

正平元年六月戊辰，薨于东宫。时年二十四。庚午，命持节兼太尉张黎、兼司空窦瑾奉策即柩谥景穆太子。文成即位，追尊为景穆皇帝，庙号恭宗。

高宗文成皇帝讳浚，景穆皇帝之长子也，母曰闾氏。真君元年六月，生于东宫。帝少聪达，太武常置左右，号世嫡皇孙。年五岁，太武北巡，帝从在后，逢虏帅桎一奴，将加罚。帝谓曰："奴今遭我，汝宜释之。"帅奉命解缚。太武闻之曰："此儿虽小，欲以天子自处。"意奇之。及长，风格异常，每参决大政可否。正平二年三月，中常侍宗爱杀逆，立南安王余。十月丙午朔，又贼余。于是殿中尚书长孙渴侯与尚书陆丽奉迎世嫡皇孙。

兴安元年冬十月戊申，皇帝即位于永安前殿，大赦，改元正平二年为兴安。以骠骑大将军元寿乐为太宰、都督中外诸军、录尚书事，以尚书长孙渴侯为尚书令、仪同三司。十一月丙子，二人争权，并赐死。癸未，广阳王建、临淮王谭薨。甲申，皇妣闾氏薨。进平南将军、宋子侯周忸爵为乐陵王，南部尚书、常安子陆丽为平原王，文武各加位一等。壬寅，追尊皇考景穆太子为景穆皇帝，妣闾氏为恭皇后，尊保母常氏为保太后。

　　十二月戊申，祔葬恭皇后于金陵。乙卯，初复佛法。丁巳，以乐陵王周忸为太尉，平原王陆丽为司徒，镇西将军杜元宝为司空。保达、沙猎等国各遣使朝贡。戊寅，进建业公陆俟爵为东平王，进广平公杜遗爵为王。癸亥，诏以营州蝗，开仓振恤。甲子，太尉、乐陵王周忸有罪赐死。进濮阳公闾若文爵为王。

　　二年春正月辛巳，进司空杜元宝爵为京兆王。广平王杜遗薨。进尚书仆射、东安公刘尼爵为王。封建宁王崇子丽为济南王。癸未，诏与百姓杂调十五。丙戌，进尚书、西平公源贺爵为王。二月己未，司空、京兆王杜元宝谋反，伏诛。建宁王崇、崇子济南王丽为元宝所引，各赐死。乙丑，发京师五千人穿天泉池。是月，宋太子劭杀文帝。三月，尊保太后为皇太后。进安丰公闾武皮爵为河间王。夏五月，宋孝武帝杀太子劭而自立。闰月乙亥，太皇太后赫连氏崩。秋七月辛亥，行幸阴山。濮阳王闾若文、永昌王仁谋反。乙卯，仁赐死，若文伏诛。己巳，车驾还宫。是月，筑马射台于南郊。八月戊戌，诏曰："朕即位以来，风雨顺序，边方无事，众瑞兼呈，又于苑内获方寸玉印，其文曰'子孙长寿'。群公卿士咸曰休哉，岂朕一人，克臻斯应，实由天地祖宗降祐之所致也。思与兆庶，共兹嘉庆，其令百姓大酺三日，降殊死已下囚。"九月壬子，阅武于南郊。冬十一月辛酉，行幸信都、中山，观察风俗。十二月甲午，车驾还宫。复北平公长孙敦王爵。是岁，疏勒、渴盘陁、库莫奚、契丹、罽宾等国各遣使朝贡。

　　兴光元年春正月乙丑，以侍中、河南公伊馛为司空。二月甲午，帝至道坛，登受图箓。礼毕，曲赦京师。夏六月，行幸阴山。秋七月丙申朔，日有蚀之。庚子，皇子弘生。辛丑，大赦改元。八月甲戌，赵王深薨。乙亥，车驾还宫。乙丑，皇叔武头、龙头薨。九月，库莫奚国献名马，有一角，状如麟。闭都门，大索三日，获奸人亡命数百人。冬十一月戊戌，行幸中山，遂幸信都。十二月丙子，还幸灵丘，至温泉宫。庚辰，车驾还宫。出于、叱万单等国各遣使朝贡。

　　太安元年春正月辛酉，奉太武、景穆神主于太庙。乐平王拔有罪，赐死。二月癸未，武昌王提薨。三月己亥，以太武、景穆神主入太庙,改元,曲赦京师死囚已下。夏六月壬戌,诏名皇子弘,曲赦。癸酉,诏尚书穆真等二十人巡行州郡,观察风俗,大明赏罚。冬十月庚午,以辽西公常英为太宰,进爵为王。是岁,遮逸、波斯、疏勒等国各遣使朝贡。

二年春正月乙卯,立皇后冯氏。二月丁巳,立皇子弘为皇太子,大赦。夏六月,羽林中郎于判、元提等谋逆,诛。秋八月,田于河西。平西将军、渔阳公尉眷北击伊吾,克其城,大获而还。九月辛巳,进河东公间毗、零陵公间纥爵,并为王。冬十月甲申,车驾还宫。甲午,曲赦京师。十一月,改封西平王源贺陇西王。㖄哒、普岚等各国遣使朝贡。

三年春正月,征渔阳公尉眷拜太尉,进爵为王,录尚书事。夏五月,封皇弟新成为阳平王。六月癸卯,行幸阴山。秋八月,田于阴山之北。己亥,还宫。冬十月,将东巡,诏太宰常英起行宫于西黄山。十二月,州镇五蝗,百姓饥,使开仓振给之。是岁,粟特、于阗等五十余国并遣使朝贡。

四年春正月丙午朔,初设酒禁。乙卯,行幸广宁温泉宫,遂东巡。庚午,至辽西黄山宫,游宴数日,亲对高年,劳问疾苦。二月丙子,登碣石山,观沧海,大飨群臣于山上,班赏进爵各有差。改碣石山为乐游山。筑坛记行于海滨。戊寅,南幸信都,田于广川。三月丁未。观马射于中山。所过郡国赐复一年。丙辰,车驾还宫。起太华殿。乙丑,东平王陆俟薨。夏五月壬戌,诏曰:“比年以来,杂调减省,而所在州郡咸有逋悬,非在职之官绥导失所,贪秽过度,谁使之然?自今常调不充,人不安业,宰人之徒,加以死罪。”六月丙申,田于松山。秋七月庚午,行幸河西。九月丁巳,还宫。辛亥,太华殿成。丙寅,飨群臣,大赦。冬十月甲戌,北巡,至阴山。有故冢毁废,诏曰:“昔姬文葬枯骨,天下归仁。自今有穿坟垅者,斩之。”辛卯,次于车轮山,累石记行。十一月,车驾渡漠,蠕蠕绝迹远遁。十二月,中山王托真薨。

五年春二月己酉,司空、河南公伊馛薨。三月庚寅,曲赦京师死罪已下。夏四月乙巳，封皇弟子推为京兆王。五月，常居国遣使朝贡。六月戊申，行幸阴山。秋八月庚戌，遂幸云中。壬戌，还宫。九月戊辰，仪同三司、敦煌公李宝薨。冬十二月戊申，诏以六镇、云中、高平、二雍、秦州遍遇灾旱，年谷不收，开仓廪振之。有徙流者，喻还桑梓。

和平元年春正月甲子朔，大赦改元。庚午，诏散骑侍郎冯阐使于宋。夏四月戊戌，皇太后常氏崩于寿安宫。五月癸酉，葬昭太后于广宁鸣鸡山。六月甲午，诏征西大将军、阳平王新成等讨吐谷浑什寅。崔浩之诛也，史官遂废，至是复置。秋七月，西征诸军至西平，什寅走保南山。九月庚申朔，日有蚀之。是月，诸军济河，追什寅。遇瘴气，多病疫，乃引还。庚午，车驾还宫。冬十月，居常王献驯象三。十一月，诏散骑侍郎卢度世使于宋。

二年春正月乙酉，诏曰：“刺史牧人，为万里之表。自顷每因发调，逼人假贷，大商富贾，要射时利，上下通同，分以润屋。为政之弊，莫过于此，其一切禁绝。犯者，十疋以上皆死。布告天下，咸令知禁。”二月，行幸中山，遂幸信都。三月，宋人来聘。车驾所过，皆亲封高年，问疾苦。诏年八十，一子不从役。灵丘南有山高四百余丈，乃诏群臣仰射山峰，无能逾者。帝弯弧发矢，出三十余丈，过山南二百二十步。遂刊石勒铭。是月，发并、肆州五千余人修河西猎道。辛巳，车驾还宫。夏四月乙未，河东王闾毗薨。五月癸未，诏南部尚书黄卢头、李敷业考课诸州。秋七月戊寅，封皇弟小新成为济阴王，天赐为汝阴王，万寿为乐良王，洛侯为广平王。八月，波斯国遣使朝贡。冬十月，诏假员外散骑常侍游明根使于宋。广平王洛侯薨。

三年春正月壬午，以东郡公乙浑为太原王。癸未，乐良王万寿薨。二月壬子朔，日有蚀之。癸酉，田于崞山，遂观渔于旋鸿池。三月甲申，宋人来聘。高丽、莚王、契啮、思厌于师、疏勒、石那、悉居半、渴盘陁等国并遣使朝贡。夏六月庚申，行幸阴山。秋七月壬寅，幸河西。九月壬辰，常山王素薨。冬十月，诏员外散骑常侍游明根使于宋。十一月壬寅,车驾还宫。十二月乙卯,制战阵之法十有余条,因大傩曜兵,有飞龙腾蛇鱼丽之变,以示威武。戊午,零陵王闾拔薨。

四年春三月乙未,赐京师人年七十以上官厨食,以终其年。皇子胡仁薨,追封乐陵王。夏四月癸亥,上幸西苑,亲射猛兽三头。五月壬辰,侍中、渔阳王尉眷薨。壬寅,行幸阴山。秋七月壬午,诏曰:"朕每岁闲月,命群臣讲武,所幸之处,必立宫坛。糜费之功,劳损非一,宜仍旧贯,何必改作也。"八月丙寅,遂田于河西。九月辛巳,车驾还宫。冬十月,以定、相二州霣霜伤稼,免其田租。诏员外散骑常侍游明根使于宋。十二月辛丑,诏以丧葬嫁娶,大礼未备,命有司为之条格,使贵贱有章,上下咸序,著之于令。壬寅,诏曰:"婚姻者,人道之始。比者以来,贵族之门多不率法,或贪利财赂,或因缘私好,在于苟合,无所择选。尘秽清化,亏损人伦,将何以宣示典谟,垂之来裔。令制皇族肺腑王公侯伯及士庶之家,不得与百工伎巧卑姓为婚,犯者加罪。

五年春正月丁亥,封皇弟云为任城王。二月,诏以州镇十四去岁虫水,开仓振恤。夏四月癸卯,讲封顿丘公李峻为王。闰月戊了,帝以旱故,减膳责身。是夜,澍雨大降。五月,宋孝武帝殂。六月丁亥,行幸阴山。秋七月壬寅,行幸河西。九月辛丑,车驾还宫。冬十月,琅邪侯司马楚之薨。十二月,南秦王杨难当薨。吐呼罗国遣使朝贡。

六年春正月丙申,大赦。二月丁丑,行幸楼烦宫。高丽、蠕王、对曼等国各遣使朝贡。三月戊戌,相州刺史、西平郡王吐谷浑权薨,乙巳,车驾还宫。夏四月,破洛那国献汗血马,普岚国献宝剑。五月癸卯,帝崩于太华殿,时年二十六。六月丙寅,奉尊谥曰文成皇帝,庙号高宗。八月。葬云中之金陵。

显祖献文皇帝讳弘,文成皇帝之长子也,母曰李贵人。兴光元年七月生于阴山之北。太安二年二月,立为皇太子。和平六年五月

甲辰，即皇帝位，大赦，尊皇后曰皇太后。车骑大将军乙浑矫诏杀尚
书杨保年、平阳公贾爱仁、南阳公张天度于禁中。戊申，司徒公、平
原王陆丽自汤泉入朝，又杀之。己酉，以浑为太尉公，以录尚书事、
东安王刘尼为司徒公，以尚书左仆射和其奴为司空公。六月，封繁
阳侯李嶷为丹杨王，征东大将军冯熙为昌黎王。秋七月癸巳，以太
尉乙浑为丞相，位居诸王上，事无大小皆决焉。九月庚子，曲赦京
师。丙午，诏曰：“先朝以州牧亲人，宜置良佐，故敕有司班九条之
制，使前政选吏以待后人。然牧司举非其人，愆于典度。今制刺史
守宰到官之日，仰自举人望忠信，以为选官，不论前政，共相平置。
若简任失所，以罔上论。”是月，宋义阳王刘昶自彭城来奔。冬十月，
征阳平王新成、京兆王子推、济阴王小新成、汝阴王天赐、任城王云
入朝。十一月，宋湘东王彧杀其主子业而自立。

　　天安元年春正月己丑朔，大赦改元。二月庚申，丞相、太原王乙
浑谋反，伏诛。乙亥，以侍中元孔雀为濮阳王，侍中陆定国为东郡
王。三月庚子，以陇西王源贺为太尉公。辛丑，高宗文成皇帝神主
祔于太庙。辛亥，帝幸道坛，亲受符箓。曲赦京师。秋九月己酉，初
立乡学，郡置博士二人，助教二人，学生六十人。冬十二月，皇弟安
平王霓。是岁，州镇十一旱，人饥，开仓振恤。

　　皇兴元年春正月癸巳，镇南大将军尉元大破宋将张永、沈攸之
于吕梁东。宋人来聘。庚子，东平王道符谋反于长安，其司马段太
阳斩之，传首京师。道符兄弟皆伏诛。闰月，以顿丘王李峻为太宰。
二月，济阴王小新成薨。宋东平太守申纂戍无盐，遏绝王使，诏征南
大将军慕容白曜督诸军往讨，三月甲寅，克之。秋八月丁酉，幸武州
山石窟寺。戊申，皇子宏生，大赦改元。九月己巳，进冯翊公李白为
梁郡王。冬十月己亥朔，日有蚀之。癸卯，田于那男池。濮阳王孔
雀坐息慢降为公。

　　二年春二月癸未，田于西山，亲射武豹。三月，慕容白曜进围东
阳。戊午，宋人来聘。夏四月丙子朔，日有蚀之。辛丑，进南郡公李
惠爵为王。五月乙卯，田于崞山，遂幸繁畤。辛酉，车驾还宫。六月

庚辰，以河南辟地，曲赦京师殊死已下，以昌黎王冯熙为太傅。秋九月辛亥，封皇叔桢为南安王，长寿为城阳王，太洛为章武王，休为安定王。冬十月癸酉朔，日有蚀之。辛丑，田于冷泉。十一月，州镇二十七水旱，诏开仓振恤。十二月甲午，诏曰："顷张永敢拒王威，暴骨原隰。天下之人一也，其永军残废之士，听还江南。露骸草莽者，敕州县收瘗之。"

三年春正月乙丑，东阳溃，虏沈文秀。戊辰，司空、平昌公和其奴薨。二月己卯，进上党公慕容白曜爵为济南王。夏四月壬辰，宋人来聘。丙申，名皇子宏，大赦。丁酉，田于崞山。五月，徙青、齐人于京师。六月辛未，立皇子宏为皇太子。冬十月丁酉朔，日有蚀之。是月，太宰、顿丘王李峻薨。十一月，进襄城公韩颓爵为王。

四年春正月，州镇大饥，诏开仓振恤。二月，以东郡王陆定国为司空公。诏征西大将军、上党王长孙观讨吐谷浑什寅。广阳王石侯薨。三月丙戌，诏天下人病者，所在官司遣医就家诊视，所须药任医所量给之。夏四月辛丑，大赦。戊申，长孙观军至曼头山，大破什寅。五月，封皇弟长乐为建昌王。六月，宋人来聘。秋八月，蠕蠕犯塞。九月丙寅，车驾北伐，诸将聚会于女水，大破虏军。司徒、东安王刘尼坐事免。壬申，车驾至自北伐，饮至策勋，告于宗庙。冬十月，诛济南王慕容白曜、高平公李敷。十一月，诏弛山泽禁。十二月甲辰，幸鹿野苑、石窟寺。阳平王新成薨。

五年春二月乙亥，诏假员外散骑常侍邢祐使于宋。夏四月，北平王长孙敦薨。六月丁未，行幸河西。秋七月丙寅，遂至阴山。八月丁亥，车驾还宫。

帝幼而神武，聪睿机悟，有济人之规。仁孝纯至，礼敬师友。及即位，雅薄时务，常有遗世之心，欲禅位于叔父京兆王子推，群臣固请，乃止。丙午，使太保建安王陆馥、太尉源贺奉皇帝玺绶，册命皇太子升帝位，于是群公奏上尊号太上皇帝。己酉，太上皇帝徙御崇光宫，采椽不斫，土阶而已。国之大事咸以闻。承明元年，文明太后有憾，帝崩于永安殿，年二十三。上尊谥曰献文皇帝，庙号显祖，葬云中金陵。

论曰：太武聪明雄断，威灵杰立，藉二世之资，奋征伐之气，遂戎轩四出，周旋夷险，平秦、陇，扫统万，翦辽海，荡河源，南夷荷担，北蠕绝迹，廓定四表，混一华戎，其为武功也大矣。遂使有魏之业，光迈百王，岂非神睿经纶，事当命世。至于初则东储不终，末乃竖成所忽，固本贻防，殆弗思乎。

景穆明德令闻，夙世徂夭，其戾园之悼欤。

文成属太武之后，内颇虚耗，既而国衅时艰，朝野楚楚。帝与时消息，静以镇之。养威布德，怀缉中外，自非机悟深裕，矜济为心，亦何能若此？可谓有君人之度矣。

献文聪睿夙成，兼资雄断，故能更清漠野，大启南服。而早有厌世之心，终致宫闱之变，将天意也。

北史卷三
魏本纪第三

高祖孝文帝

高祖孝文皇帝讳宏,献文皇帝之太子也。母曰李夫人。皇兴元年八月戊申,生于平城紫宫,神光照室,天地氤氲,和气充塞。帝洁白有异姿,褓褓岐嶷,长而弘裕仁孝,绰然有人君之表,献文尤爱异之。三年六月辛未,立为皇太子。五年受禅。

延兴元年秋八月丙午,皇帝即位于太华前殿,改皇兴五年为延兴。丁未,宋人来聘。九月壬戌,诏在位及人庶进直言。壬午,青州高阳人封辨聚党白号齐王,州军讨平之。冬十月丁亥,沃野、统万二镇敕勒叛,诏太尉、陇西王源贺追击至枹罕灭之,徙其遗进于冀、定、相三州为营户。十二月乙酉,封驸马都尉穆亮为赵郡王。壬辰,诏求舜后,获东莱人妫苟之,复其家毕世,以彰盛德之不朽。复前濮阳王孔雀本封。辛丑,徙赵郡王穆亮为长乐王。癸卯,日有蚀之。

二年春正月,大阳蛮酋桓诞率户内属,拜征南将军,封襄阳王。曲赦京师及河西,南至秦、泾,西至枹罕,北至凉州及诸镇。诏假员外散骑常侍邢祐使于宋。二月丁巳,诏曰:"顷者,淮徐未宾,尼父庙隔非所,致令祠典寝顿,礼章殄灭,遂使女巫妖觋淫进非礼。自今有祭孔庙,制用酒脯而已,不听妇女杂合,以祈非望之福。犯者以违制论。其公家有事,自如常礼。"蠕蠕犯塞,太上皇帝次于北郊,诏诸将讨之,悉皆遁走。北部敕勒叛,奔蠕蠕。太上皇帝追至石碛,不及而还。三月戊辰,以散骑常侍、驸马都尉万安国为大司马、大将军,封安城王。庚午,亲耕籍田。连川敕勒谋叛,徙配青、徐、齐、兖四州为户。夏四月庚子,诏工商杂伎,尽听赴农。诸州课人益种菜果。辛亥,宋人来聘。癸酉,诏沙门不得去寺,行者以公文。是月宋明帝殂。五月丁巳,诏军警给玺印传符,次给马印。六月,安州遭水雹,诏丐租振恤。丙申,诏:“今年贡举,尤为猥滥。自今所遣,皆可门尽州郡之高,才极乡闾之选。”戊午,行幸阴山。秋七月壬寅,诏州郡县各遣二人才堪专对者,赴九月讲武,当亲问风俗。八月,百济遣使请兵伐高丽。九月辛巳,车驾还宫。戊申,统万镇将、河间王闾武皮坐贪残赐死。己酉,诏以州镇十一水旱,丐其田租,开仓振恤。又诏流进之人,皆令还本,违者徙边。冬十月,蠕蠕犯塞,及五原。十一月,太上皇帝亲讨之,将度漠,蠕蠕闻之,北走数千里。丁亥,封皇叔略为广川王。壬辰,分遣使者巡省风俗,问人疾苦。帝每月一朝崇光宫。十二月庚戌,诏曰:“顷者以来,官以劳升,未久而代,牧守无恤人之心,竞为聚敛,送故迎新,相属于路,非所以固人志、隆政道也。自今牧守温良仁俭克己奉公者,可久于其任,岁积有成,迁位一极,其贪残非道,侵削黎庶者,虽在官甫尔,必加黜罚,著之于令,以为彝准。”诏以代郡事同丰沛,代人先配边戍者免之。是岁,高丽、地豆干、库莫奚、高昌等国并遣使朝贡。

三年春正月庚辰,诏员外散骑常侍崔演使于宋。丁亥,改崇光宫为宁光宫。二月戊午,太上皇帝至自北讨,饮至策勋,告于宗庙。甲戌,诏县令能静一县劫盗者,兼理二县,即食其禄;能静三县者,三年迁为郡守。二千石能静二郡上至三郡,亦如之,三年迁为刺史。三月壬午,诏诸仓屯谷麦充积者,出赐贫人。夏四月戊申,诏假司空、上党王长孙观等讨吐谷浑拾寅。壬子,诏以孔子二十八世孙鲁郡孔乘为崇圣大夫,给十户以供洒扫。六月甲子,诏曰:“往年县召秀才二人,问守宰善恶,而赏者未几,罪者众多,肆法伤生,情所未忍。诸为人所列者,特原其罪,尽可代之。”秋七月,诏河南六州人,户收绢一匹、绵一斤、租三十石。乙亥,行幸阴山。八月庚申,帝从太上皇帝幸河西。拾寅谢罪请降,许之。九月辛巳,车驾还宫。乙亥,宋人来聘。己亥,诏曰:"今京师及天下囚未判,在狱致死,无近亲者,给衣衾棺椟葬之,不得暴露。"辛丑,诏遣十使,循行州郡,检括户口。冬十月,太上皇帝将南巡,诏州郡之人,十丁取一,充行;户租五十石,以备军粮。十一月戊寅,诏以河南州郡牧守多不奉法,致新邦百姓莫能上达,遣使者观风察狱,黜陟幽明,搜扬振恤。癸巳,太上皇帝南巡至怀州,所过问人疾苦,赐高年孝悌力田布帛。十二月癸卯朔,日有蚀之。庚戌,诏关外苑囿,听人樵采。是岁,高丽、契丹、库莫奚、悉万斤等国并遣使朝贡。州镇十一水旱,丐人田租,开仓振恤。相州人饿死者二千八百四十五人。妖人刘举自称天子,齐州刺史、武昌王平原捕斩之。

四年春正月癸酉朔,日有蚀之。丁丑,太尉、陇西王源贺以病辞位。二月甲辰,太上皇帝至自南巡。辛未,禁寒食。三月丁亥,诏员外散骑常侍许赤武使于宋。夏四月丁卯,诏:"自今非谋反大逆,干纪外奔,罪止其身而已"。秋七月己卯,曲赦仇池。八月戊申,大阅于北郊。九月,以宋乱故,诏将军元兰等伐蜀汉。冬十月庚子,宋人来聘。十一月,分遣侍臣循河南七州,观察风俗,抚慰初附。是岁,粟特、敕勒、吐谷浑、高丽、曹利、阗悉、契丹、库莫奚、地豆干等国并遣使朝贡。州镇十三大饥,丐人田租,开仓振之。

五年春二月癸丑,诏定考课,明黜陟。夏四月,诏禁畜鹰鹞,开相告之制。五月丙午,诏员外散骑常侍许赤武使于宋。丁未,幸武州山。辛酉,幸车轮山。六月庚午,禁杀牛马。壬申,曲赦京师死罪,遣备蠕蠕。秋九月癸卯,洛州入贾伯奴称恒农王,豫州人田智度称上洛王,郡讨平之。冬十月,太上皇帝大阅于北郊。十二月丙寅,改封建昌王长乐为安乐王。己丑,城阳王长寿薨。庚寅,宋人来聘。是岁,高丽、吐谷浑、龟兹、契丹、库莫奚、地豆干、蠕蠕等国并遣使朝贡。

承明元年春二月,司空、东郡王陆定国坐事免官爵为兵。夏五月,冀州人宋伏龙聚众自称南平王。郡县捕斩之。六月甲子,诏中外戒严。分京师见兵为三等,第一军出,遣第一兵,二等亦如之。辛未，太上皇帝崩。壬申，大赦改元。大司马、大将军、安城王万安国坐法赐死。戊寅，以征西大将军、安乐王长乐为太尉；尚书左仆射、南平公目辰为司徒，进封宜都王；以南部尚书李䜣为司空。尊皇太后为太皇太后，临朝称制。秋七月甲辰，追尊皇妣李贵人为思皇后。濮阳王孔雀有罪赐死。八月甲子，诏群公卿士，有便人益国者，具状以闻。甲戌，以长安二蚕多死，丐人岁赋之半。九月丁亥，曲赦京师。冬十月丁巳，起七宝永安行殿。乙丑，进假东阳王丕爵为王。己未，诏群官卿士下及吏人，各听上书，直言极谏，勿有所隐。诸有益政利人可以正风俗者，有司以闻。辛未，幸建明佛寺，大宥罪人。进济南公罗拔为王。是岁，蠕蠕、高丽、库莫奚、波斯、契丹、宕昌、悉万斤等国并遣使朝贡。

太和元年春正月乙酉，改元。辛亥，起太和、安昌二殿。己酉，秦州略阳人王元寿聚众，自号冲天王。云中饥，开仓振恤。二月辛未，秦益二州刺史、武都公尉洛侯讨破王元寿。三月庚子，以雍州刺史、东阳王丕为司徒。丙午，诏曰："去年牛疫，死伤太半。今东作既兴，人须肄业，其敕在所督课田农，有牛者加勤于常岁，无牛者倍庸于余年。一夫制田四十亩，中男二十亩，无令人有余力，地有遗利。"夏四月，乐安王良薨。诏复前东郡王陆定国官爵。五月，车驾祈雨于武州山，俄而澍雨大洽。秋七月壬辰，京兆王子推薨。庚子，定三等死刑。己酉，起朱明、思贤门。是月，宋人杀其主昱。八月壬子，大赦。丙子，诏曰："工商皂隶，各有厥分，而有司纵滥，或染清流。自今户内有工役者，唯止本部丞已下准次而授。若阶藉元勋以劳定国者，不从此制。"戊寅，宋人来聘。九月乙酉，诏群臣定律令于太华殿。庚子，起永乐游观殿于北苑，穿神泉池。冬十月辛亥朔，日有蚀之。癸酉，宴京邑耆老年七十已上于太华殿，赐以衣服。诏七十已上一子不从役。宋葭戍主杨文度遣弟鼠袭陷仇池。十一月丁亥，怀州人伊祁苟自称尧后，应王，聚众于重山。洛州刺史冯熙讨平之。闰月庚午，诏员外散骑常侍李长仁使于宋。十二月壬寅，征西将军皮喜攻陷葭庐，斩杨文度，传首京师。丁未，州郡八水旱蝗，人饥，诏开仓振恤。是岁,高丽、契丹、库莫奚、蠕蠕、车多罗、西天竺、舍卫、叠伏罗、粟杨婆、员阔等国并遣使朝贡。

二年春正月丁巳,封昌黎王冯熙第二子始兴为北平王。二月丁亥,行幸代之汤泉,所过问人疾苦,以宫女赐贫人无妻者。癸卯,车驾还宫。乙酉晦,日有蚀之。三月丙子,以河南公梁弥机为宕昌王。夏四月己丑,宋人来聘。京师旱。甲辰,祈天灾于北苑,亲自礼焉,减膳避正殿。丙午,澍雨大洽,曲赦京师。五月,诏曰:"乃者人渐奢尚,婚葬越轨。又皇族贵戚及士庶之家,不惟氏族高下,与非类婚偶。先帝亲发明诏,为之科禁。而百姓习常,仍不肃改。朕念宪章旧典,永为定准,犯者以违制论。"六月庚子,皇叔若薨。秋八月,分遣使者,考察守宰,问人疾苦。丙戌,诏罢诸州禽兽之贡。九月乙巳朔,日有蚀之。丙辰,曲赦京师。冬十月壬辰,诏员外散骑常侍郑义使于宋。十二月癸巳,诛南郡王李惠。是岁,龟兹国献名驼龙马珍宝甚众。吐谷浑、蠕蠕、勿吉等国并遣使朝贡。州镇二十余水旱,人饥,诏开仓振恤。

三年春正月癸丑,坤德六合殿成。庚申,诏罢行察官。二月辛巳,帝、太皇太后幸代郡汤泉,问人疾苦。鳏寡贫者妻以宫女。己亥,还宫。三月癸卯朔,日有蚀之。甲辰,曲赦京师。夏四月壬申,宋人来聘。癸未,乐良王乐平薨。甲午,宋顺帝禅位于齐。庚子,进淮阳公尉元爵为王。宜都王目辰有罪赐死。五月丁巳,帝祈雨于北苑,闭阳门,是日澍雨大洽。六月辛未,以雍州人饥,开仓振恤,起文石室灵泉殿于方山。秋七月壬寅,诏免宫人年老及病者。八月壬申,诏群臣进直言。乙亥,幸方山,起思远佛寺。丁丑,还宫。九月壬子,以司徒、东阳王丕为太尉;赵郡公陆建为司徒,进爵魏郡王;河南公苟颓为司空,进爵河东王。进太原公王睿中山王,陇东公张祐新平王。乙未,定州刺史、安乐王长乐有罪赐死。庚申,陇西王源贺薨。冬十月己巳朔,大赦。十一月癸卯,赐京师贫穷高年疾患不能自存衣服帛各有差。癸丑,进假梁郡公元嘉爵为假王,督二将出淮阴;陇西公元琛三将出广陵;河东公薛豹子三将出广固,至寿春。是岁,吐谷浑、高丽、蠕蠕、地豆干、契丹、库莫奚、龟兹、粟特、州逸、河龚、叠伏罗、员阔、悉万斤等国各遣使朝贡。

四年春正月癸卯，乾象六合殿成。乙卯，广川王略薨。丁巳，罢畜鹰鹞之所，以其地为报德佛寺。戊午，襄城王韩颓有罪，削爵徙边。二月癸巳，以旱故，诏天下祀山川群神及能兴云雨者，修饰祠堂，荐以牲璧。人有疾苦，所在存问。夏四月乙卯，幸廷尉、籍坊二狱，引见诸囚。诏随轻重决遣，以赴耕耘。甲申，赐天下贫人一户之内无杂财谷帛者廪一年。六月丁卯，以澍雨大洽，曲赦京师。秋七月辛亥，行幸太山。壬子，诏会京师耆老，赐锦彩衣服几杖稻米蜜面，复家人不徭役。闰月丁亥，幸兽圈，亲录囚徒，轻者皆免之。壬辰，顿丘王李钟葵有罪赐死。八月乙卯，诏诸州置冰室。九月乙亥，思义殿成。壬午，东明观成。戊子，诏曰：“隆寒雪降，可遣侍臣诣廷尉狱及囚所，察饥寒者给以衣食，桎梏者代以轻锁。”是岁，郡镇十八水旱，人饥，诏开仓振恤。蠕蠕、悉万斤等国并遣朝贡。

五年春正月己卯，南巡。丁亥，至中山，亲见高年，问人疾苦。二月辛卯朔，大赦。赐孝悌力田孤贫不能自存者，谷帛各有差。免宫人之老者，还其亲。丁酉，至信都，存问如中山。癸卯，还中山。己酉，讲武于唐水之阳。庚戌，车驾还宫。沙门法秀谋反，伏诛。假梁郡王嘉大破齐，俘获三万余口，送京师。三月辛酉朔，幸肆州。癸亥，讲武于云水之阳。所经考察守宰，黜陟之。己巳，车驾还宫。诏曰：“法秀妖诈乱常，妄说符瑞。兰台御史张求等一百余人招结奴隶，谋为大逆。有司科以族诛，诚合刑宪。但矜愚重命，犹所不忍。其五族者降止同祖，三族止一门，门诛止身。”夏四月己亥，行幸方山。建永固石室，于山立碑焉，铭太皇太后终制于金册。又起鉴玄殿。甲寅，以旱故，诏所在掩骸骨，祈祷神祇。任城王云薨。五月庚申，以农月时要，诏天下勿使有留狱。六月甲辰，中山王睿薨。戊午，封皇叔简为齐郡王，猛为安丰王。秋七月庚申朔，日有蚀之。甲子，齐人来聘。九月庚午，阅武于南郊，大飨群臣。齐使车僧朗以班在宋使殷灵诞后，辞不就席。宋降人解奉君刃僧朗于会中。诏诛奉君等。

乙亥,封昌黎王冯熙世子诞为南平王。冬十二月癸巳,州镇十二饥,诏开仓振恤。是岁,邓至、蠕蠕等国并遣使朝贡。

六年春正月甲戌,大赦。二月辛卯,诏以灵丘郡土即褊瘠,又诸州路冲,复其人租十五年。癸巳,白兰王吐谷浑翼世以诬罔伏诛。乙未,诏曰:"萧道成逆乱江淮,戎旗频举。七州之人既有征运之劳,深乖轻徭之义,其复常调三年"。癸丑,赐王公已下清勤著称者,谷帛有差。三月庚辰,幸兽圈。诏曰:"武狼猛暴,食肉残生,从今勿复捕贡。"辛巳,幸武州山石窟寺,赐贫老衣服。是月,齐高帝殂。夏四月甲辰,赐畿内鳏寡孤独不能自存者,粟帛各有差。秋七月,发州郡五万人修灵丘道。八月癸未朔,分遣大使巡行天下遭水之处,丐其租赋,贫俭不自存者,赐以粟帛。庚子,罢山泽禁。九月辛酉,以氏杨后起为武都王。是岁,地豆干、吐谷浑等国并遣使朝贡。

七年春正月庚申,诏曰:"朕每思知百姓疾苦以增修宽政,故具问守宰苛虐之状于州郡使者。今秀孝计掾对多不实。甚乖朕虚求之意。宜案以大辟,明罔上必诛。然情犹未忍,可恕罪听归,申下天下,使知后犯无恕。"丁卯,诏青、齐、光、东徐四州户,运仓粟二十万石送瑕丘、琅邪,复租算一年。三月甲戌,以冀、定二州饥,诏郡县为粥于路以蚀之,又弛关津之禁。夏四月庚子,幸崞山,赐所过鳏寡不能自存者衣服粟帛。壬寅,车驾还宫。闰月癸丑,皇子生,大赦。六月,定州上言,为粥所活九十四万七千余口。秋七月甲申,诏假员外散骑常侍李彪使于齐。改封济南王罗拔为赵郡王。九月壬寅,诏求谠言。冀州上言,为粥所活七十五万一千七百余口。冬十月戊午,皇信堂成。十一月辛丑,齐人来聘。十二月乙巳朔,日有食之。癸丑,诏曰:"夏、殷不嫌一族之婚,周世始绝同姓之娶。斯皆教随时设,政因事改者也。皇运初基,日不暇给,古风遗朴,未遑厘改,自今悉禁绝之,有犯者以不道论。"庚午,开林虑山禁,与人共之。州镇十三饥,诏开仓振恤。

八年春正月,诏陇西公琛、尚书陆睿为东西二道大使,褒善罚恶。夏五月己卯,诏振赐河南七州戍兵。甲申,诏员外散骑常侍李彪使于齐。六月丁卯,诏曰:"置官班禄,行之尚矣,自中原丧乱,兹制中绝。先朝因循,未遑厘改。朕顾宪章旧典,始班俸禄,罢诸商人,以简人事。户增调三匹、谷二斛九斗,以为官府之禄。均预调为二匹之赋,即兼商用。虽有一时之烦,终克永逸之益。禄行之后,赃满一匹者死。变法改度,宜为更始,其大赦天下,与之惟新。"戊辰,武州水坏人居。秋八月甲辰,诏以班制俸禄,更兴刑书,宽猛未允,人或异议。制百辟卿士工商吏人各上便宜,勿有所隐。九月甲午,齐人来聘。戊戌,诏俸制十月为首,每季一请。于是内外百官,受禄有差。冬十一月乙未,诏员外散骑常侍李彪使于齐。十二月,州镇十五水旱,人饥,诏使者开仓振恤。是岁,蠕蠕、高丽等国各遣使朝贡。

　　九年春正月戊寅,诏禁图谶秘纬及名《孔子闭房记》,留者以大辟论。又诸巫觋假称神鬼,妄说吉凶,及委巷诸非坟典所载者,严加禁断。癸未,大飨群臣于太华殿,班赐皇诰。二月己亥,制皇子封王者、皇孙皇曾孙绍封者、皇女封者,岁禄各有差。封广阳王建第二子嘉为广阳王。乙巳,诏百辟卿士工商吏人各上书极谏,靡有所隐。三月丙申,封皇弟禧为咸阳王,幹为河南王,羽为广陵王,雍为颍川王,勰为始平王,详为北海王。夏五月,齐人来聘。秋七月丙午朔,新作诸门。癸未,遣使拜宕昌王梁弥机兄子弥承为宕昌王。八月庚申,诏曰:"数州灾水,饥馑荐臻,致有卖鬻男女者,天谴在予一人,百姓横罹艰毒。今自太和六年已来,买定、冀、幽、相四州饥人良口者,尽还所亲。虽娉为妻妾,遇之非理,情不乐者,亦离之。"冬十月丁未,诏使者循行州郡,与牧守均给天下之田,还受以生死为断。劝课农桑,兴富人之本。辛酉,司徒、魏郡王陈建薨。诏员外散骑常侍李彪使于齐。十二月乙卯,以侍中、淮南王他为司徒。是岁,京师及州镇十三水旱伤稼。宕昌、高丽、吐谷浑等国并遣使朝贡。

　　十年春正月癸亥朔,帝始服衮冕,朝飨万国。二月甲戌,初立党、里、邻三长,定人户籍。三月庚戌,齐人来聘。夏四月辛酉朔,始制五等公服。甲子,帝初法服御辇祀西郊。六月己卯,名皇子曰恂,大赦。秋八月乙亥,给尚书五等品爵已上朱衣玉佩大小组绶。九月

辛卯,诏起明堂辟雍。冬十月癸酉,有司议依故事配始祖于南郊。十
一月,议定州郡县官依口给俸。十二月乙酉,汝南、颍川饥,诏丐人
田租,开仓振恤。是岁,蠕蠕、高丽、吐谷浑、勿吉等国并遣使朝贡。

　　十一年春正月丁亥朔,诏定乐章,非雅者除之。二月甲子,肆州
之雁门及代郡人饥,诏开仓振恤。夏五月癸巳,南平王浑薨。甲午,
诏复七庙子孙及外戚缌服已上,赋役无所与。六月辛巳,秦州人饥,
诏开仓振恤。秋七月己丑,诏今年谷不登,听人出关就食。遣使者
造籍,分遣去留,所在开仓振恤。八月壬申,蠕蠕犯塞,遣平原王陆
睿讨之。庚辰,大议北伐。辛巳,罢山北苑,以其地赐贫人。冬十月
辛未,诏罢起部无益之作,出宫人不执机杼者。甲戌,诏曰:"乡饮之
礼废,则长幼之序乱。孟冬十月,人闲岁隙,宜于此时,导以德义。可
下诸州,党里之内,推贤而长者,教其里人父慈、子孝、兄友、弟顺、
夫和、妻柔。不率长教者,具以名闻。"十一月丁未,诏罢尚方锦绣绫
罗之工,百姓欲造,任之无禁。其御府衣服金银珠玉绫绸锦、太官杂
器、太仆乘具、内库弓矢,出其太半,班赉百官及京师人庶,下至工
商皂隶,逮于六镇戍士,各有差。戊申,诏今寒气劲切,杖筮难任。自
今月至来年孟夏,不听栲问罪人,又岁饥,轻囚宜速决了,无令薄罪
久留狱犴。十二月,诏秘书丞李彪、著作郎崔光改析国记,依纪传
体。是岁大饥,诏所在开仓振恤。吐谷浑、高丽、悉万斤等国并遣使
朝贡。

　　十二年春正月辛巳朔,初建五牛旌旗。乙未,诏镇戍流徙之人。
年满七十,孤单穷独,无成人子孙,旁无期亲者,具状以闻。二月辛
亥朔,日有蚀之。三月丁亥,中散梁众保等谋反,伏诛。夏四月甲子,
大赦。己巳,齐将陈显达功陷沔阳,长乐王穆亮率骑讨之。五月丁
酉,诏六镇、云中、河西及关内郡,各修水田,通渠溉灌。壬寅,增置
彝器于太庙。秋九月甲午,诏曰:"日蚀修德,月蚀修刑。乃者癸巳
夜,月蚀尽,公卿已下,宜慎刑罚,以答天意。"丁酉,起宣文堂、经武
殿。癸卯,淮南王他薨。冬闰十月甲子,帝观筑圆丘于南郊。十一
月,雍、豫二州人饥,诏开仓振恤。梁州刺史、临淮王提坐贪纵,配北

镇。是岁，高丽、宕昌、吐谷浑、勿吉、武兴等国并遣使朝贡。

十三年春正月辛亥，祀圆丘，初备大驾。乙丑，兖州人王伯恭聚众劳山，自称齐王，东莱镇将孔伯孙讨斩之。戊辰，齐人寇边，淮南太守王僧俊击走之。二月庚子，引群臣访政道得失损益之宜。三月，夏州刺史章武王彬以贪财削封。夏四月丁丑，诏曰："升楼散物，以赉百姓，至使人马腾践，多有毁伤。今可断之。以本所之费之物赐穷老贫独者。"州镇十五大饥，诏所在开仓振恤。五月庚戌，祀方泽。六月，汝阴王天赐、南安王桢并坐赃贿，免为庶人。秋七月，立孔子庙于京师。八月乙亥，诏兼员外散骑常侍邢产使于齐。九月，出宫人赐北镇人贫鳏者。冬十一月己未，安丰王猛薨。十二月丙子，司空、河东王苟颓薨。甲午，齐人来聘。己亥，以尚书令尉元为司徒，左仆射穆亮为司空。是岁，高丽、吐谷浑、阴平、中赤、武兴、宕昌等国各遣使朝贡。

十四年春正月己巳朔，日有蚀之。三月戊寅，初诏定起居注制。诏遣侍臣巡行州郡，问人疾苦。夏四月，地豆干频犯塞。甲戌，征西大将军、阳平王熙击走之。甲午，诏兼员外散骑常侍邢产使于齐。五月己酉，库莫奚犯塞，安州都将楼龙儿击走之。沙门司马御惠自言圣王，谋破平原郡，禽获伏诛。秋七月甲辰，诏罢都牧杂制。八月，诏议国之行次。九月癸丑，太皇太后冯氏崩。诏听藩镇曾经内侍者，前后奔赴。冬十月戊辰，诏将亲侍龙舆，奉诀陵隧，诸常从之具，悉可停之。其武卫之官，防侍如法。癸酉，葬文明太皇太后于永固陵。甲戌，车驾谒永固陵。群臣固请公除，帝不许。己卯，车驾谒永固陵。庚辰，帝居庐，引见群僚于太和殿。太尉、东阳王丕等据权制固请。帝引古礼往复，群臣乃止。京兆王太兴有罪，免官削爵。诏曰："公卿屡依金册遗旨，中代权制，式请过葬即吉，朕思遵远祖，终三年之制。依礼，即虞卒哭。此月二十一日授服，以葛易麻。即以衰服在上，公卿不得独释于下，故于朕之授服，变从练礼。已下复为节降，斟酌古今，以制厥衷。且取遗旨速除之一端，粗申臣子罔极之巨痛。"癸未，诏曰："朕远遵古式，欲终三年之礼。百辟群臣，据金册顾命,将夺朕心,从先朝之制。朕仰惟金册,俯自推省,取诸二衷,不许众议。以衰服过期,终四节之慕。又奉遵圣训,聿修诰旨,不敢暗默自居,以旷机政。庶不愆遗令之意,差展哀慕之情。并下州镇,长至、三元,绝告庆之礼。"甲申,车驾谒永固陵。十一月甲寅,诏内外职人先朝班次及诸方杂客,冬至之日,尽听入临。三品已下衰服者,至夕复临。其余唯旦临而已。其拜哭之节,一依别仪。丁巳,齐人来聘。十二月壬午,诏依准丘井之式,遣使与州郡宣行条制。隐户漏丁,即听附实。若朋附豪势,陵抑孤独,罪有常刑。是岁,吐谷浑、宕昌、武兴、阴平、高丽等国并遣使朝贡。

十五年春正月丁巳,帝始听政于皇信东室。初分置左右史官。癸亥晦,日有蚀之。二月己丑,齐人来聘。三月甲辰,车驾谒永固陵。夏四月癸亥,帝始进蔬食。乙丑,谒永固陵。自正月不雨至于癸酉,有司奏祈百神。诏曰:"何宜四气未周,便行礼事,唯当考躬责已,以待天谴。"甲戌,诏员外散骑常侍李彪使于齐。己卯,经始明堂,改营太庙。五月己亥,议改律令。于东明观折疑狱。乙卯,枹罕镇将长孙百年攻吐谷浑所置洮阳、泥和二戍克之,俘获三万余人。诏悉免归。丙辰,诏造五辂。六月丁未,济阴王郁以贪残赐死。秋七月乙丑,谒永固陵。规建寿陵。乙卯,诏议祖宗,以道武皇帝为太祖。乙酉,车驾巡省京邑,听讼而还。八月壬辰,议养老;又议肆类上帝、禋于六宗礼,帝亲临决。诏郡国有时物可以荐宗庙者,贡之。戊戌,移道坛于桑乾之阴,改曰崇虚寺。己亥,诏诸州举秀才,先尽才学。乙巳,亲定禘祫礼。丁巳,议律令事,仍省杂祀。九月辛巳,齐人来聘。冬十月庚寅,车驾谒永固陵。是月,明堂太庙成。十一月丁卯,迁七庙神主于新庙。乙亥,大定官品。戊寅。考诸牧守。诏假通直散骑常侍李彪聘于齐。丙戌,初罢小岁贺。丁亥,诏二千石考上上者,假四品将军,赐乘黄马一匹;上中者,五品将军;上下者,衣一袭。十二月壬辰,迁社于内城之西。癸巳,班赐刺史已下衣冠。以安定王休为太傅,齐郡王简为太保。帝为高丽王琏举哀于城东行宫。己酉,车驾迎春于东郊。辛卯,诏简选乐官。是岁,吐谷浑、悉万斤、高丽、邓至、宕昌等国并遣使朝贡。

十六年春正月戊午朔,朝飨群臣于太华殿。帝始为王公兴县而
不乐。己未,宗祀显祖献文皇帝于明堂,以配上帝。遂升台以观云
物,降居青阳左个,布政事。每朔依以为常。辛酉,始以太祖配南郊。
壬戌,诏定行次,以水承金。甲子,诏罢祖裸。乙丑,制诸远属非太
祖子孙及异姓为王者,皆降为公,公为侯,侯为伯,子男仍旧。皆除
将军之号。戊辰,帝临思义殿,策问秀、孝。丙子,始以孟月祭庙。二
月戊子,帝移御永乐宫。庚寅,坏太华殿,经始太极殿。辛卯,罢寒
食享。壬辰,幸北部曹,历观诸省。巡省京邑,听理冤讼。甲午,车
驾初朝日于东郊,遂以为常。丁酉,诏祀唐尧于平阳,虞舜于广宁,
夏禹于安邑,周文于洛阳。丁未,改谥宣尼曰文圣尼父,告谥孔庙。
三月丁卯,巡省京邑,癸酉,省西郊郊天杂事。乙亥,车驾初迎气于
南郊,自此为常。辛巳,以高丽王琏孙云为其国王。齐人来聘。夏
四月丁亥朔,颁新律命,大赦。甲寅,幸皇宗学,亲问博士经义。五
月癸未,诏群臣于皇信堂更定律条,流徒限制,帝亲临决之。秋七月
壬戌,诏曰:“自今选举,每以季月,本曹与吏部铨简。”甲戌,诏兼员
外散骑常侍宋弁使于齐。八月庚寅,车驾初祀夕月于西郊,遂以为
常。乙未,诏阳平王颐、左仆射陆睿督十二将北讨蠕蠕。丙午,宕昌
王梁弥承来朝。司徒尉元以老逊位。己酉,以尉元为三老,游明根
为五更。又养国老、庶老,将行大射之礼。雨,不克成。癸丑,诏曰:
“国家虽宗文以怀九服,修武以宁八荒,然于习武之方,犹为未尽。
将于马射之前,先行讲武之式。可敕有司豫修场埒。其列阵之仪,
五戎之数,别俟后敕。”九月甲寅朔,大序昭穆于明堂,祀文明太皇
太后于玄堂。辛未,帝以文明太皇太后再周忌日,哭于陵左,绝膳三
日,哭不辍声。辛巳,武兴王杨集始来朝。冬十月己亥,以太傅、安
定王休为大司马,特进冯诞为司徒。甲辰,诏以功臣配飨太庙。庚
戌,太极殿成,飨群臣。十一月乙卯,依古六寝,权制三室,以安昌殿
为内寝,皇信堂为中寝,四下为外寝。十二月,赐京邑老人鸠杖。齐
人来聘。是岁,高丽、邓至、契丹啜、吐谷浑等国并遣使朝贡。

十七年春正月壬子朔,飨百僚于太极殿。乙丑,诏大赐诸蕃君长车、旗、衣、马、锦采、缯纩,多者一千,少者三百,各以命数为差。诏兼员外散骑常侍邢峦使于齐。丙子,以吐谷浑伏连筹为其国王。庚辰,镯大司马安定王休、太保齐郡王简朔望之朝。二月乙酉,诏赐议律令之官各有差。己酉,车驾始籍田于都南。三月戊辰,改作后宫。夏四月戊戌,立皇后冯氏。是月,齐直阁将军蛮酋田益宗率部落内属。五月壬戌,宴四庙子孙于宣文堂,帝亲与之齿,行家人礼。甲子,帝临朝堂,引见公卿以下,决疑政,录囚徒。丁丑,以旱撤膳。襄阳蛮酋雷婆思等率其部内徙,居于太和川。六月庚辰朔,日有蚀之。丙戌,帝将南伐,诏造河桥。乙未,讲武。乙巳,诏曰:“此百秩虽陈,事典未叙。自八元树位,躬加省览,作职员令二十一卷。事迫戎期,未善周悉,须待军回,更论所阙。权可付外施行。”立皇子恂为皇太子。秋七月癸丑,以皇太子立,诏赐人为父后者爵一级,为公士;曾为吏属者爵二级,为上造。鳏寡孤独不能自存者,人粟五斛。戊午,中外戒严。是月,齐武帝殂。八月乙酉,三老山阳郡公尉元薨。丙戌,车驾类于上帝,遂临尉元丧。丁亥,帝辞永固陵。己丑,发京师南伐,步骑三十余万。太尉丕奏请以宫人从,诏以临戎不语内事,不许。壬寅,车驾至肆州。人年七十已上,赐爵一级。路见眇跛,停驾亲问,赐衣食,复终身。戊申,幸并州,亲见高年,问疾苦。九月壬子,诏兼、员外散骑常侍高聪聘于齐。丁巳,诏车驾所经,伤人秋稼者,亩给谷五斛。戊辰,济河。诏洛、怀、并、肆所过四州,赐高年爵,恤鳏寡孤独各有差;孝悌廉义文武应求者,皆以名闻。又诏厮养户不得与庶士婚,有文武之才积劳应进者,同庶族例,听之。庚午,幸洛阳,周巡故宫基迹。帝顾谓侍臣曰:“晋德不修,荒毁至此!”遂咏《黍离诗》,为之流涕。壬申,观河桥。幸太学。观石经。丙子,六军发轸。丁丑,帝戎服执鞭,御马而出。群臣稽颡于马前,请停南伐,帝乃止。仍议迁都计。冬十月戊寅朔,幸金墉城。诏征司空穆亮与尚书李冲、将作大匠董爵经始洛京。己卯,幸河南城。乙酉,幸豫州。癸巳,次于石济。乙未,解严。设坛于滑台宫。诏京师及诸州从戎者,赐爵一级;应募者,加二级;主将加三级。癸卯,幸邺城。乙巳,诏安定王休率从官迎家口于代,车驾送于漳水上。初,帝之南伐,起宫殿于邺西。十一月癸亥,宫成,徙御焉。十二月戊寅,巡省六军。乙未,诏隐恤军士,死亡疾病,务令优给。是岁,勿吉、吐谷浑、宕昌、阴平、契丹、库莫奚、高丽、邓至等国并遣使朝贡。

十八年春正月丁未朔,朝群臣于邺宫澄鸾殿。癸亥,南巡。诏相、兖、豫三州赐高年爵,恤鳏寡孤老者各有差,孝悌廉义文武应求者,皆以名闻。戊辰,经殷比干墓,祭以太牢。乙亥,幸洛阳西宫。二月己丑,行幸河阴,规建方泽之所。丙申,徙封河南王幹为赵郡王,颍川王雍为高阳王。壬寅,北巡。癸卯,齐人来聘。甲辰,诏喻天下以迁都意。闰月癸亥,次勾注陉南。皇太子朝于蒲地。壬申,至平城宫。癸酉,临朝堂,部分迁留。甲戌,谒永固陵。三月庚辰,罢西郊祭天。壬辰,帝临太极殿,喻在代群臣迁移之略。夏五月甲戌朔,日有蚀之。乙亥,诏罢五月五日、七月七日飨。六月己巳,诏兼员外散骑常待卢昶使于齐。秋七月乙亥,以宋王刘昶为大将军。壬辰,北巡。戊戌,谒金陵。辛丑,幸朔州。是月,齐萧鸾杀其主昭业。八月癸亥,皇太子朝于行宫。甲辰。行幸阴山,观云川。丁未,幸阅武台,临观讲武。因幸怀朔、武川、抚冥、柔玄等四镇。乙丑,南还。所过皆亲见高年,问人疾苦,贫窭孤老者,赐以粟帛。丙寅,诏六镇及御夷城人年老孤贫废疾者,赐粟宥罪各有差。戊辰,车驾次旋鸿池。庚午,谒永固陵。辛未,还平城宫。九月壬申朔,诏曰:"三载考绩,自古通经,三考黜陟,以彰能否。朕今三载一考,考即黜陟。欲令愚滞无妨于贤者,才能不拥于下位。各令当曹,考其优劣为三等。六品已下,尚书重问;五品已上,朕将亲与公卿论其善恶。上上者迁之,下下者黜之,中中者守其本任。"壬午,帝临朝堂,亲加黜陟。壬辰,阴平王杨炅来朝。冬十月甲辰,以太尉、东阳王丕为太傅。戊申,亲告太庙,奉迎神主。辛亥,车驾发平城宫。壬戌,次于中山之唐湖。乙丑,分遣侍臣,巡问疾苦。己巳,幸信都。庚午,诏曰:"比闻缘边之蛮,多有窃掠,致有父子乖离,室家分绝。可诏荆、郢、东荆三州,勒诸蛮人,勿有侵暴。"是月,齐萧鸾杀其主昭文而自立。十一月辛未朔,诏冀、定二州,赐高年爵,恤鳏寡孤老各有差,孝义廉贞文武应求者,具以名闻,丁丑,幸邺。甲申,经比干墓,亲为吊文,树碑刊之。己丑,车驾至洛阳。十二月辛丑朔,分命诸将南征。壬寅,革衣服之制。癸卯,诏中外戒严。戊申,复代迁户租赋三岁。己酉,诏王、公、侯、伯、子、男开国食邑者:王食半,公三分食一,侯、伯四分食一,子、男五分食一。辛亥,车驾南伐。丁卯,诏郢、豫二州赐高年爵,恤孤寡鳏老各有差;缘路之丁,复田租一岁;孝悌廉贞文武应求者,具以名闻。戊辰,车驾至悬瓠。己巳,诏寿阳、钟离、马头之师所获男女口皆放还南。是岁,高丽国遣使朝贡。

十九年春正月辛未朔,朝飨群臣于悬瓠。癸酉,诏禁淮北人不得侵掠,犯者以大辟论。壬午,讲武于汝水西,大赉六军。平南将军王肃、左将军元丽并大破齐军。己亥,车驾济淮。二月甲辰,幸八公山。路中雨甚,诏去盖。见军士病者,亲隐恤之。戊申,车驾巡淮南,东人皆安堵,租运属路。丙辰,幸钟离。戊午,军士禽齐人三千。帝曰:"在君为君,其人何罪?"于是免归。辛酉,发钟离,将临江水。司徒冯诞薨。壬戌,诏班师。丁卯,遣使临江,数齐主罪恶。三月戊子,太师冯熙薨。夏四月丁未,曲赦徐、豫二州,其运转之士,复租三年。辛亥,诏赐高年爵,恤孤寡老疾各有差;德著丘园者,具以名闻;齐人降者,给复十五年。癸丑,幸小沛。使以太牢祭汉高祖庙。己未,幸瑕丘。使以太牢祠岱狱。诏宿卫武官增位一级。庚申,幸鲁城。亲祠孔子庙。辛酉,诏拜孔氏四人,颜氏二人为官。诏兖州刺史举部内士人堪军国及守宰政绩者,具以名闻。诏赐兖州人爵及粟帛如徐州。又诏选诸孔宗子一人封崇圣侯,邑一百户,以奉孔子祀。命兖州为孔子起园柏,修饰坟陇,更建碑铭,褒扬圣德。戊辰,行幸碻磝。太和庙成。五月己巳,城阳王鸾赭阳失利,降为定襄县王。广川王谐薨。庚午,迁文成皇后冯氏神主于太和庙。甲戌,行幸滑台,丙子,次于右济。庚辰,皇太子朝于平桃城。癸未,车驾至自南伐。甲申,减闲官禄以裨军国之用。乙酉,行饮至礼,班赐各有差。甲午,皇太子冠于庙。

六月己亥,诏不得以北俗之语,言于朝廷。违者免所居官。辛丑,诏复军士从驾渡淮者租赋三年。癸卯,诏皇太子赴平城宫。壬子,诏济州、东郡、荥阳及河南诸县车驾所经者,赐高年爵,恤孤寡老疾各有差;孝悌廉义文武应求者,具以名闻。癸丑,求天下遗书。秘阁所无,有裨时用者,加以厚赏。乙卯,曲赦梁州,复人田租三岁。丙辰,诏迁洛人,死葬河南,不得还北。于是代人南迁者,悉为河南洛阳人。戊午,诏改长尺大斗,依《周礼》制度,班之天下。秋八月,幸西宫。路见坏冢露棺,驻辇埋之。乙巳,诏选天下勇士十五万人为羽林、武贲,以充宿卫。丁巳,诏诸从兵从征被伤者,皆听还本。金墉宫成。甲子,引群臣历宴殿堂。九月,六宫及文武尽迁洛阳。丙戌,行幸邺。丁亥,诏诸墓旧铭记见存昭然为时人所知者,三公及位从公者,去墓三十步;尚书令仆、九列,十五步;黄门、五校,十步:各不听垦殖。壬辰,遣黄门郎以太牢祭比干墓。乙未,车驾还宫。冬十月甲辰,曲赦相州,赐高年爵,恤孤老痼疾各有差。丙辰,车驾至自邺。辛酉,诏州郡举士。壬戌,诏州牧考属官为三等之科以闻,将加亲览,以定升降。诏徐、兖、光、南青、荆、洛六州严纂戎备,应须赴集。十一月,行幸委粟山。议定圆丘。甲申,祀圆丘。丙戌,大赦。十二月乙未朔,引见群臣光极堂,宣下品令,为大选之始。辛酉,以咸阳王禧为长兼太尉,复前南安王祯本爵。甲子,引见群臣光极堂,班赐冠服。是岁,高丽、邓至、吐谷浑等国各遣使朝贡。

二十年春正月丁卯,诏改姓元氏。壬辰,封始平王勰为彭城王,复封定襄王鸾为城阳王。二月辛丑,幸华林,听讼于都亭。壬寅,诏自非金革,皆听终三年丧。丙午,诏畿内七十已上,暮春赴京师,将行养老礼。庚戌,幸华林,听讼于都亭。癸丑,诏介山之邑,听为寒食,自余禁断。三月丙寅,宴群臣及国老、庶老于华林园。诏国老黄耇以上,假中散大夫、郡守;耋年以上,假给事中,县令。庶老直假郡县。各赐鸠杖衣裳。丁丑,诏诸州中正各举其乡人望,年五十已上,守素衡门者,授以令长。夏五月丙子,诏敦劝农功,令畿内严加课

督,堕业者申以楚挞,力田者具以名闻。丙戌,初营方泽于河阴,遣
使以太牢祭汉光武及明、章三帝陵,又诏汉、魏、晋诸帝陵各禁方百
步不得樵苏践藉。丁亥,祀方泽。秋七月,废皇后冯氏。戊寅,帝以
久旱,咸秩群神。自癸未不食至于乙酉。是夜,澍雨大洽。八月壬
辰朔,幸华林园,亲录囚徒,咸降本罪二等决遣之。丁巳,南安王祯
薨。幸华林园听讼。九月戊辰,车驾阅武于小平津。癸酉,还宫。丁
亥,将通洛水入穀,帝亲临观。庚寅晦,日有蚀之。冬十月戊戌,以
代迁之士,皆为羽林、武贲。司州之人,十二夫调一吏,为四年更卒,
岁开番假,以供公私力役。己酉,曲赦京师。十一月乙酉,复封前汝
阴王天赐孙景和为汝阴王,前京兆王太兴为西河王。十二月甲子,
以西北州郡旱俭,遣侍臣巡察,开仓振恤。乙丑,开盐池禁。丙寅,
废皇太子恂为庶人。戊辰,置常平仓。乐陵王思誉知恒州刺史穆泰
谋反不告,削爵为庶人。

二十一年春正月丙申,立皇子恪为皇太子,赐天下为父后者爵
一级。己亥,遣侍臣巡方省察,问人疾苦,黜陟守宰。乙巳,北巡。二
月壬戌,次于太原。亲见高年,问所不便。乙丑,诏并州士人年六十
以上,假以郡守。先是,定州人王金钩讹言自称应王。丙寅,州郡捕
斩之。癸酉,车驾至平城。甲戌,谒永固陵。乙未,南巡。甲寅,诏
汾州赐高年爵各有差。丙辰,次平阳。使以太牢祭唐尧。夏四月庚
申,幸龙门。使以太牢祭夏禹。癸亥,幸蒲坂。使以太牢祭虞舜。修
尧、舜、夏禹庙。辛未,幸长安。壬申,武兴王杨集始来朝。乙亥,亲
见高年,问所疾苦。丙子,遣侍臣分省县邑,振赐谷帛,戊寅,幸未央
殿、阿房宫,遂幸昆明池。癸未,宋王刘昶薨。丙戌,使以太牢祀汉
帝诸陵。五月丁亥朔,卫大国遣使朝贡。己丑,车驾东旋,泛渭入河。
庚寅,诏雍州士人百年以上,假华郡太守;九十以上,假荒郡;八十
以上,假华县;七十以上,假荒县。庶老以年各减一等,七十已上,赐
爵三级。其营船夫,赐爵一级。孤寡鳏贫,各赐谷帛。其孝友德义
文武才干,悉仰贡举。壬辰,使以太牢祭周文王于酆,祭周武王于
镐。癸卯,遣使祭华岳。六月庚申,车驾至自长安。壬戌,诏冀、定、

瀛、相、济五州发卒士二十万,将以南讨。癸亥,司空穆亮逊位。秋七月甲午,立昭仪冯氏为皇后。甲寅,帝亲为群臣讲《丧服》于清徽堂。八月丙辰,诏中外戒严。壬戌,立皇子愉为京兆王,怿为清河王,怀为广平王。戊辰,讲武于华林园。庚辰,车驾南讨。九月丙申,诏司州洛阳人年七十以上无子孙,六十以上无期亲,贫不自存者,给以衣食。及不满六十而有废痼之疾,无大功亲,穷困无以自疗者,皆于别坊,遣医救护,给太医师四人,豫请药物疗之。辛丑,帝留诸将攻赭阳,引师南讨。丁未,车驾发南阳,留太尉咸阳王禧、前将军元英攻之。己酉,车驾至新野。冬十月丁巳,四面进攻不克,诏左右军筑长围以守之。乙亥,追废贞皇后林氏为庶人。十一月丁酉,大破齐军于沔北。于是人皆复业。九十以上,假以郡守;六十五以上,假以县令。十二月丁卯,诏流、徒之囚,皆勿决遣,登城之际,令其先锋自效。庚午,车驾临沔,遂东还。戊寅,还新野。己卯,亲行营垒,恤六军。以齐郡王子琛绍河间王若后,高昌国遣使朝贡。

　　二十二年春正月癸未朔,飨群臣于新野行宫。丁亥,拔新野,斩其太守刘忌于宛。庚午,至自新野。辛未,诏以穰人首归大顺始终若一者,给复三十年,标其所居曰归义乡;次降者,给复十五年。三月壬午朔,大破齐将崔慧景、萧衍军于邓城。庚寅,行幸樊城,观兵襄沔,耀武而还。曲赦二荆、鲁阳。辛亥,行幸悬瓠。夏四月,赵郡王幹薨。秋七月壬午,诏后之私府损半;六宫嫔御、五服男女恒恤恒供,亦令减半;在戎之亲,三分省一:以供赏。是月,齐明帝殂。八月辛亥,皇太子自京师来朝。壬戌,高丽国遣使朝贡。九月己亥,帝以礼不伐丧,诏反斾。丙午,车驾发悬瓠。冬十月己酉朔,曲赦二豫州殊死已下,复人田租一岁。十一月辛巳,幸邺。

　　二十三春正月戊寅朔,朝飨群臣于邺。先是,帝不豫,至是有瘳。庚辰,群臣上寿,大飨于澄鸾殿。壬午,幸西门豹祠,遂历漳水而还。戊戌,车驾至自邺。癸卯,行饮至策勋之礼。甲辰,大赦。太保、齐郡王简薨。二月辛亥,以长兼太尉、咸阳王禧为太尉。癸亥,以中军大将军、彭城王勰为司徒。复乐陵王思誉本封。癸酉,齐将陈显达攻陷马圈戍。三月庚辰，车驾南伐。癸未，次梁城。丙戌，帝不豫。丁酉，车驾至马圈。戊戌，频战破之。己亥，收其戎资亿计。诸将追奔汉水，斩获及赴水死者十八九。庚子，帝疾甚，车驾北次穀塘原。甲辰，诏赐皇后冯氏死。诏司徒勰征太子于鲁阳践阼。以北海王详为司空，王肃为尚书令，广阳王嘉为左仆射，尚书宋弁为吏部尚书，与太尉咸阳王禧、右仆射任城王澄等六人辅政。夏四月丙午朔，帝崩于穀塘原之行宫，时年三十三。秘讳至鲁阳发丧，还京师。上谥曰孝文皇帝，庙曰高祖。五月丙申，葬长陵。

帝幼有至性。年四岁时，献文患痈，帝亲自吮脓。五岁受禅，悲泣不自胜。献文问其故，对曰："代亲之感，内切于心。"献文甚叹异之。文明太后以帝聪圣，后或不利冯氏，将谋废帝，乃于寒月，单衣闭室，绝食三朝，召咸阳王禧将立之。元丕、穆泰、李冲固谏乃止。帝初不有憾，唯深德丕等。抚念诸弟，始终曾无纤介。惇睦九族，礼敬俱深。虽于大臣，持法不纵。然性宽慈，进食者曾以热羹覆帝手，又曾于食中得虫秽物，并笑而恕之。宦者先有谮帝于太后，太后杖帝数十，帝默受，不自申明。太后崩后，亦不以介意。

听览政事，从善如流。哀矜百姓，恒思所以济益。天地、五郊、宗庙、二分之礼，常必躬亲，不以寒暑为倦。尚书奏案，多自寻省。百官大小，无不留心，务于周洽。每言凡为人君，患于不均，不能推诚遇物。苟能均诚，胡越之人，亦可亲如兄弟。常从容谓史官曰："直书时事，无讳国恶。人君威福自己，史复不书，将何所惧！"南北征巡，有司奏请修道。帝曰："粗修桥梁，通舆马便止，不须去草划令平也。"凡所修造，不得已而为之，不为不急之事，重损人力。巡幸淮南，如在内地。军事须伐人树者，必留绢以酬其直。人苗稼无所伤践。诸有禁忌禳厌之方非典籍所载者，一皆除罢。

雅好读书，手不释卷。《五经》之义，览之便讲。学不师受，探其精奥，史传百家，无不该涉。善谈庄、老，尤精释义。才藻富赡，好为文章，诗赋铭颂，在兴而作。有大文笔，马上口授，及其成也，不改一字。自太和十年已后，诏册皆帝文也。自余文章，百有余篇。

爱奇好士,情如饥渴。待纳朝贤,随才轻重。常寄以布素之意,悠然玄迈,不以世务婴心。又少善射,有膂力,年十余,能以指弹碎羊髀骨,射禽兽,莫不随行所至而毙之。至十五,便不复杀生,射猎之事悉止,性俭素,常服浣濯之衣,鞍勒铁木而已。帝之雅志,皆此类也。

论曰:有魏始基代朔,廓平南夏,辟土经世,咸以威武为业,文教之事,所未遑也。孝文纂承洪绪,早著睿圣之风。时以文明摄事,优游恭已,玄览独得,著自不言,神契所标,固以符于冥化。及躬总大政,一日万机,十许年间,曾不暇给,殊途同归,百虑一致。夫生灵所难行,人伦之高迹,虽尊居黄屋,尽蹈之矣。若乃钦明稽古,协御天人,帝王制作,朝野轨度,斟酌用舍,焕乎其有文章。海内黔黎,咸受耳目之赐。加以雄才大略,爱奇好士,视下如伤,役己利物,亦无得而称之。其经纬天地,岂虚谥也!

北史卷四
魏本纪第四

世宗宣武帝　肃宗孝明帝

世宗宣武皇帝讳恪,孝文皇帝第二子也。母曰高夫人,初,梦为日所逐,避于床下,日化为龙,绕己数匝,寤而惊悸,遂有娠。太和七年闰四月,生帝于平城宫。二十一年正月丙申,立为皇太子。

二十三年四月丙午,孝文帝崩。丁巳,太子即皇帝位,谅闇,委政宰辅。五月,高丽国遣使朝贡。六月乙卯,分遣侍臣,巡行州郡,问人疾苦,考察守令,黜陟幽明,褒礼名贤。戊辰,追尊皇妣曰文昭皇后。秋八月戊申,遵遗诏,孝文皇帝三夫人已卜,悉免归家。癸丑,增宫臣位一级。冬十月癸未,邓至国王象舒彭来朝。丙戌,谒长陵。丁酉,享太庙。十一月,幽州人王惠定聚众反,自称明法皇帝。刺史李肃捕斩之。是岁,州镇十八水饥,分遣使者,开仓振恤。

景明元年春正月辛丑朔,日有蚀之。壬寅。谒长陵。乙巳,大赦改元。丁未,齐豫州刺史裴叔业以寿春内属。二月戊戌,复以彭城王勰为司徒。齐将胡松、李居士军屯宛,陈伯之水军逼寿春。夏四月丙申,司徒彭城王勰、车骑将军王肃大破之。己亥,皇弟恌薨。五月甲寅。北镇饥,遣兼侍中杨播巡抚振恤。六月丙子,以司徒、彭城王勰为大司马。秋七月己亥朔,日有蚀之。齐将陈伯之寇淮南。八月乙酉,彭城王勰破伯之于肥口。九月,齐州人柳世明聚众反。冬十月丁卯朔,谒长陵。庚寅,齐、兖二州讨世明平之。丁亥,改授彭城王勰司徒、录尚书事。十一月丁巳,阳平王颐薨。是岁,州镇十七大饥,分遣使者,开仓振恤。高丽、吐谷浑等国并遣使朝贡。

二年春正月丙申朔,谒长陵。庚戌,帝始亲政。遵遗诏,听司徒、彭城王勰以老归第,进太尉、咸阳王禧位太保,以司空、北海王详为大将军、录尚书事。丁巳,引见群臣于太极前殿,告以览政之意。壬戌,以太保、咸阳王禧领太尉,以大将军、广陵王羽为司空。分遣大使,黜陟幽明。二月庚午,进宿卫之官位一级。甲戌,大赦。三月乙卯朔,诏以比年连有军旅,正调之外,皆蠲罢。壬戌,青、齐、徐、兖四州大饥,人死者万余口。是月,齐雍州刺史萧衍奉其南康王宝融为主,东赴建邺。夏五月壬子,广陵王羽薨。壬戌,太保、咸阳王禧谋反,赐死。六月丁亥,考诸州刺史,加以黜陟。秋七月癸巳朔,日有蚀之。乙巳,蠕蠕犯塞。辛酉,大赦。九月丁酉,发畿内夫五万五千人筑京师三百二十坊,四旬罢。己亥,立皇后于氏。乙卯,免寿春营户,并隶扬州。冬十一月丙申,以骠骑大将军穆亮为司空。丁酉,以大将军、北海王详为太傅,领司徒。壬寅,改筑圆丘于伊水之阳,乙卯,仍有事焉。十二月,齐直后张齐杀其主萧宝卷以降萧衍。是岁,高丽、吐谷浑等国并遣使朝贡。

三年春二月戊寅,以旱故,诏州郡掩骸骨。三月,齐建安王宝寅来奔。夏四月,诏抚军将军李崇讨鲁阳反蛮。齐主萧宝融逊位于梁。闰四月丁巳,司空穆亮薨。秋七月丁巳朔,日有蚀之。八月乙卯,以前太傅、平阳公元丕为三老。九月丁巳,行幸邺。丁卯,诏使者吊比干墓。戊寅,阅武于邺南。冬十月庚子,帝躬御弧矢射,远及一里五十步,群臣勒铭于射所。甲辰,车驾还宫。十二月壬寅,以太极前殿初成,飨群臣,赐布帛有差。是岁,河州大饥,死者二千余口。西域二十七国并遣使朝贡。

四年春正月乙亥,亲耕籍田。三月己巳,皇后先蚕于北郊。四月癸未朔,以萧宝寅为东扬州刺史,封丹杨郡公、齐王。庚寅,南天竺国献辟支佛牙。戊戌,为旱故,命鞫冤狱。己亥,减膳彻悬。辛丑,澍雨大洽。五月甲戌,行梁州事杨椿大破反氐。六月壬午朔,封皇弟悦为汝南王。秋七月乙卯,三老平阳公元丕薨。庚午,诏复收盐

池利。辛未，以彭城王勰为太师。八月，勿吉国贡楛矢。冬十一月
己未，封武兴国世子杨绍先为武兴王。

正始元年春正月丙寅，大赦改元。夏五月丁未朔，太傅、北海王
详以罪废为庶人。六月，以旱故，彻乐减膳。癸巳，诏有司修案旧典，
祗行六事。甲午，帝以旱故，亲荐享于太庙。戊戌，诏立周旦、夷、齐
庙于首阳山。庚子，以旱故，公卿以下，引咎责躬。又录京师见囚，
殊死以下皆减一等；鞭杖之坐，悉原之。秋七月丙子，假镇南将军李
崇大破诸蛮。八月丙子，假镇南王将军元英破梁将马仙琕于义阳。
诏洛阳令有大事，听面敷奏。乙酉，元英攻拔义阳。辛卯，英又大破
梁军，仍清三关。丁酉，封英为中山王。九月，诏诸州蠲停徭役，不
得横有征发。蠕蠕犯塞，诏左仆射源怀讨之。冬十月乙未，诏断群
臣白衣募吏。十一月戊午，诏有司依汉、魏旧章，营缮国学。十二月
丙子，以苑牧公田分赐代迁户。己卯，诏群臣议定律令。闰月癸卯
朔，行梁州事夏侯道迁据汉中来降。乙丑，以高阳王雍为司空。是
岁，高丽遣使来朝贡。

二年春正月丙子，封宕昌世子梁弥博为宕昌王。二月，梁州氐、
蜀反，绝汉中运路，州刺史邢峦频大破之。夏四月己未，城阳王鸾
薨。乙丑，诏曰："中正所铨，但为门第，吏部彝伦，仍不才举。八坐
可审议往代擢贤之体，必令才学并申，资望兼致。"邢峦遣统军王足
西伐，频破梁诸军，遂入剑阁。秋七月戊子，王足击破梁军，因逼涪
城。八月壬寅，诏中山王英南讨襄沔。冬十一月戊辰朔，武兴王杨
绍先叔父集起谋反，诏光禄大夫杨椿讨之。王足围涪城，益州诸郡
戍降者十二三，送编籍者五万余户。既而足引军退。是岁，邓至国
遣使朝贡。

三年春正月丁卯朔，皇子昌生，大赦。壬申，梁、秦二州刺史邢
峦连破氐贼，克武兴。秦州人王智等聚众，自号王公，寻推秦州主簿
吕苟儿为主，年号建明。己卯，杨集起兄弟相率降。二月丙辰，诏求
谠言。戊午，诏右卫将军元丽等讨吕苟儿。三月己巳，以戎旅兴，诏
停诸作。己卯，乐良王长命坐杀人，赐死。庚寅，平南将军、曲江县

公陈伯之自梁城南奔。夏四月丁未,诏罢盐池禁。五月丙寅,诏以
时泽未降,春稼已旱,或有孤老馁疾,无人赡救,因以致死,暴露沟
堑者,令洛阳部尉,依法棺埋。秋七月庚辰,元丽大破秦贼,降吕苟
儿及其王公三十余人,秦、泾二州平。戊子,中山王英大破梁徐州刺
史王伯敖于阴陵。已丑,诏发定、冀、瀛、相、并、肆六州卒十万,以济
南军。八月壬寅,安东将军邢峦破梁将桓和于孤山。诸将所在克捷,
兖州平。壬戌,曲赦泾、秦、岐、凉、河五州。九月癸酉,邢峦大破梁
军于淮南,遂攻钟离。冬十一月甲子,帝为京兆王愉、清河王怿、广
平王怀、汝南王悦讲《孝经》于式乾殿。是岁,高丽、蠕蠕国并遣使朝
贡。

四年夏四月戊戌,钟离大水,中山王英败绩而还。六月已丑朔,
诏有司准前式,置国子,立太学,树小学于四门。秋八月已亥,中山
王英、齐王萧宝夤坐钟离败,除名。辛丑,敦煌人饥,诏开仓振恤。九
月已未,诏以徙正宫极,庸绩未酬,以司空、高阳王雍为太尉,尚书
令、广阳王嘉为司空,百官悉进位一级。庚申,夏州长史曹明谋反,
伏诛。甲子,开斜谷旧道。丙戌,司州人饥,诏开仓振恤。闰月甲午,
禁大司马门不得车马出入。冬十月丁卯,皇后于氏崩。自碣石至于
剑阁,东西七千里,置二十二郡尉。是岁,西域、东夷四十余国并遣
使朝贡。

永平元年春三月戊子,皇子昌薨。丙午,以去年旱俭,遣使者所
在振恤。夏五月辛卯,帝以旱故,减膳彻悬。六月壬申,诏依洛阳旧
图,修听讼观。秋七月甲午,立夫人高氏为皇后。八月壬子朔,日有
蚀之。癸亥,冀州刺史、京兆王愉据州反。丁卯,大赦改元。九月丙
戌,复前中山王英本封。戊戌,杀太师、彭城王勰。癸卯,假镇北将
军李平克信都,冀州平。冬十月,豫州彭城人白早生杀刺史司马悦,
据城南叛。十二月已未,尚书邢峦克悬瓠,斩早生,禽梁将齐苟儿
等。是岁,北狄、东夷、西域十八国并遣使朝贡。高昌国王麴嘉表求
内徙。

二年春正月,泾州沙门刘慧汪聚众反,诏华州刺史奚康生讨

之。夏四月己酉，武川镇饥，诏开仓振恤，甲子，召缘边州镇，自今一
不听寇盗境外，犯者罪同境内。五月辛丑，帝以旱故减，减膳彻悬，
禁断屠杀。甲辰，幸华林都亭录囚徒，死罪以下，降一等。六月辛亥，
诏曰："江海方同，车书宜一，诸州轨辙，南北不等。今可申敕四方，
远近无二。"秋八月丙午朔，日有蚀之。戊申，以邓至国世子像览蹄
为其国王。九月辛巳，封故北海王子颢为北海王。壬午，诏定诸门
阃名。冬十月癸丑，以司空、广阳王嘉为司徒。庚午，郢州献七宝床，
诏不纳。十月甲申，诏禁屠杀含孕，以为永制。己丑，帝于式乾殿为
诸僧、朝臣讲《维摩诘经》。十二月，诏五等诸侯，其同姓者出身：公，
正六下；侯，从六上；伯，从六下；子，正七上；男，正七下。异族出身：
公，从七上；侯，从七下；伯，正八上；子正八下；男，从八上。清修出
身：公，从八下；侯，正九上；伯，正九下；子，从九上；男，从九下。是
岁，西域、东夷二十四国并遣使朝贡。

　　三年春二月壬子，秦州沙门刘光秀谋反，州郡捕斩之。癸亥，秦
州陇西羌杀镇将赵俊反，州军讨平之。三月丙戌，皇子诩生，大赦。
夏四月，平阳郡之禽昌、襄陵二县大疫，自正月至此月，死者二千七
百三十人。五月 亥，冀、定二州旱俭，诏开仓振恤。六月甲寅，诏
重求遗书于天下。冬十月辛卯，中山王英薨。丙申，诏太常立馆，使
京畿内外疾病之徒，咸令居处，严敕医署分师救疗，考其能否而行
赏罚。又令有司集诸医工，惟简精要，取三十卷以班九服。十二月
辛巳，江阳王继坐事除名。甲申，诏于青州立孝文皇帝庙。殿中侍
御史王敞谋反，伏诛。是岁，西域、东夷、北狄十六国并遣使朝贡。

　　四年春正月丁巳，汾州刘龙驹聚众反，诏谏议大夫薛和讨之。
二月壬午，青、齐、徐、兖四州人饥甚，遣使振恤。三月壬戌，司徒、广
阳王嘉薨。夏四月，梁遣其镇北将军张稷及马仙琕寇朐山。诏徐州
刺史卢昶率众赴之。五月己亥，迁代京铜龙置天泉池西。丙辰，诏
禁天文学。冬十一月，朐山城陷，卢昶大败而还。十二月壬戌朔，日
有蚀之。是岁，西域、东夷、北狄二十九国并遣使朝贡。

　　延昌元年春正月乙巳，以频年水旱，百姓饥弊，分遣使者，开仓

振恤。丙辰，以尚书令高肇为司徒，清河王怿为司空。三月甲午，州郡十一大水，诏开仓振恤。以京师谷贵，出仓粟八十万石以振恤贫者。己未，安乐王诠薨。夏四月，诏以旱故，断食粟之畜。丁卯，诏曰："迁京嵩县，年将二纪，博士端然虚禄。靖言念之，有兼愧慨。可严敕有司，国子学，孟冬使成；太学、四门，明年暮春令就。"戊辰，以旱故，诏尚书与群司鞫理狱讼。辛未，诏饥人就谷六镇。丁丑，帝以旱故，减膳彻悬。癸未，诏曰："肆州地震陷裂，死伤甚多，亡者不可复追，生病宜加疗救。可遣太医、折伤医并给所须药就疗。"乙酉，大赦改元。诏立理诉殿、申讼车，以尽冤穷之理。五月丙午，诏天下有粟之家，供年之外，悉贷饥人。自二月不雨，至于是月。乙未晦，日有蚀之。六月壬申，澍雨大洽。戊寅，通河南牝马之禁。庚辰，诏出太仓粟五十万石，以振京师及州郡饥人。冬十月乙亥，立皇子诩为皇太子。十一月丙申，诏以东宫建，赐天下为父后者爵一级。孝子顺孙廉夫节妇旌表门闾，量给粟帛。十二月己巳，诏守宰为御史弹赦免者，及考在中第，皆代之。是岁，西域、东夷十国并遣使朝贡。

二年春正月戊戌，帝御申讼车，亲理冤讼。二月丙辰朔，振恤京师贫人。甲戌，以六镇大饥，开仓拯赡。己卯，进太尉、高阳王雍位太保。闰月辛丑，以苑牧地赐代迁人无田者。是春，人饥，死者数万口。夏四月庚子，以绢十五万疋振河南郡人。五月甲寅朔，日有蚀之。是月，寿春大水，遣平东将军奚康生等步骑数千赴之。六月乙酉，青州人饥，诏使者开仓振恤。甲午，曲赦扬州。辛亥，帝御申讼车，亲理冤讼。是夏，十三郡大水。秋八月辛卯，诏以水旱饥俭，百姓多陷罪辜，降死以下刑。九月丙辰，以贵族豪门，崇习奢侈，诏尚书严立限级，节其流宕。冬十月，诏以恒、肆地震，人多死伤，重丐一年租赋。十二月丙戌，丐洛阳、河阴二县租赋。乙巳，诏以恒、肆地震，人多离灾，其有课丁没尽，老幼单立，家无受复者，各赐廪粟，以接来稔。是岁，东夷、西域十余国并遣使朝贡。

三年春二月乙未，诏曰："肆州秀容郡敷城县、雁门郡原平县并自去年四月以来山鸣地震，于今不已。告谴彰咎，朕甚惧焉。可恤

瘼宽刑,以答灾谴。"夏四月,青州人饥。辛巳,开仓振恤。乙巳,上
御申讼车,亲理冤讼。秋八月甲申,帝临朝堂,考百司而加黜陟。冬
十一月辛亥,诏司徒高肇为大将军、平蜀大都督,步骑十五万,西伐
益州。丁巳,幽州沙门刘僧绍聚众反,自号净居国明法王。州郡捕
斩之。十二月庚寅,诏立明堂。是岁,东夷、西域八国并遣使朝贡。

　　四年春正月甲寅,帝不豫。丁巳,崩于式乾殿,时年三十三。二
月甲戌朔,上尊谥曰宣武皇帝,庙号世宗。甲午,葬景陵。帝幼有大
度,喜怒不形于色,雅性俭素。初,孝文欲观诸子志尚,大陈宝物,任
其所取。京兆王愉等皆竞取珍玩,帝唯取骨如意而已。孝文大奇之。
及庶人恂失德,孝文谓彭城王勰曰:"吾固疑此儿有非常志相,今果
然矣!"乃见立为储贰。雅爱经史,尤长释氏之义,每至讲论,连夜忘
疲。善风仪,美容貌,临朝深嘿,端严若神,有人君之量矣。

　　肃宗孝明皇帝讳诩,宣武皇帝之第二子也。母曰胡充华。永平
三年三月丙戌,生于宣光殿之东北,有光照于庭中。延昌元年十月
乙亥,立为皇太子。

　　四年正月丁巳,宣武帝崩。是夜,太子即皇帝位。戊午,大赦。
己未,征下西讨东防诸率。庚申,诏太保、高阳王雍入居西柏堂决庶
政,以任城王澄为尚书令,百官总己以听二王。二月庚辰,尊皇后高
氏为皇太后。辛巳,司徒高肇至京师,以罪赐死。癸未,进太保、高
阳王雍位太傅,领太尉,以司空、清河王怿为司徒,以骠骑大将军、
广平王怀为司空。乙亥,尊胡充华为皇太妃。三月甲辰朔,皇太后
出俗为尼,徙御金墉城。丙辰,诏进宫臣位一级。乙丑,进文武群官
位一级。夏六月,沙门法庆聚众反于冀州,杀阜城令,自称大乘。秋
八月乙亥,领军于忠矫诏杀左仆射郭祚、尚书裴植,免太傅、高阳王
雍官,以王还第。丙子,尊皇太妃为皇太后。戊子,帝朝太后于宣光
殿。大赦。己丑,进司徒、清河王怿为太傅,领太尉;以司空、广平王
怀为太保,领司徒;任城王澄为司空。庚寅,以车骑大将军于忠为尚
书令,特进崔光为车骑大将军,并仪同三司。壬辰,复江阳王继本

国，复济南王彧先封为临淮王。群臣奏请皇太后临朝称制。九月乙巳，皇太后亲览万机。甲寅，征西大将军元遥破斩法庆，传首京师。安定王燮薨。冬十二月辛丑，以高阳王雍为太师。己酉，镇南将军崔亮破梁将赵祖悦军，遂围硖石。丁卯，帝、皇太后谒景陵。是岁，东夷、西域、北狄十八国并遣使朝贡。

熙平元年春正月戊辰朔，大赦改元。荆沔都督元志大破梁军。以吏部尚书李平等为行台，节度讨硖石诸军。二月乙巳，镇东将军萧宝寅大破梁将于淮北。癸亥，初听秀才对策，第中上已上叙之。乙丑，镇南崔亮、镇军李平等克硖石，斩赵祖悦，传首京师，尽俘其众。三月戊辰朔，日有蚀之。夏四月戊戌，以瀛州人饥，开仓振恤。五月丁卯朔，以炎旱，命厘察狱讼，权停作役。庚午，诏放华林野兽于山泽。秋七月庚午，重申杀牛禁。八月丙午，诏古帝诸陵四面各五十步，勿听耕稼。九月丁丑，淮堰破，梁缘淮城戍村落十余万口，皆漂入海。是岁，吐谷浑、宕昌、邓至、高昌、阴平等国并遣使朝贡。

二年春正月，大乘余贼，复相聚攻瀛州，刺史宇文福讨平之。甲戌，大赦。庚寅，诏遣大使巡行四方，问疾苦，恤孤寡，黜陟幽明。二月丁未，封御史中尉元匡为东平王。三月丁亥，太保、领司徒、广平王怀薨。夏四月丁酉，诏京尹所统年高者，板赐郡各有差。戊申，以开府仪同三司胡国珍为司徒。乙卯，皇太后幸伊阙石窟寺，即日还宫。改封安定王超为北平王。五月庚辰，重申天文禁，犯者以大辟论。秋七月乙亥，仪同三司、汝南王悦坐杀人免官，以王还第。己巳，享太庙。八月戊戌，宴道武以来宗室年十五以上于显阳殿，申家人礼。己亥，诏庶族子弟年未十五，不听入仕。庚子，诏咸阳、京兆二王子女，还附属籍。丁未，诏太师、高阳王雍入居门下，参决尚书奏事。冬十月，以幽、冀、沧、瀛、光五州饥，遣使巡抚，开仓振恤。是岁，东夷、西域、氐、羌等十一国并遣使朝贡。

神龟元年春正月甲子，诏以氐酋杨定为阴平王。壬申，诏给京畿及诸州老人板郡县各有差，及赐鳏寡孤独粟帛。庚辰，诏以杂役户或冒入清流，所在职人，皆令五人相保。无人任保者，夺官还役。

乙酉，秦州羌反。幽州大饥，死者三千七百九十人。诏刺史开仓振
恤。二月己酉，诏以神龟表瑞，大赦改元。东益州氐反。三月，南秦
州氐反。夏四月丁酉，司徒胡国珍薨。甲辰，改封江阳王继为京兆
王。六月，自正月不雨，是月辛卯，澍雨乃降。秋七月，河州人却铁
匆聚众反，自称水池王。闰月甲辰，开恒州银山禁。八月癸丑朔，诏
京师见囚殊死以下，悉减一等。甲子，却铁匆诣行台源子恭降。九
月戊申，皇太后高氏崩于瑶光寺。冬十月丁卯，以尼礼葬高太后于
芒山。十二月辛未，诏曰："人生有终，下归兆域。京邑隐振，口盈亿
万，贵贱修凭，未有定所。今制乾脯山以西，拟为九原。"是岁，东夷、
西域、北狄十一国并遣使朝贡。

　　二年春正月辛巳，日有蚀之。丁亥，诏曰："皇太后扬抎自居，称
号弗备。宜遵旧典，称诏宇内，以副黎蒸元元之望。"是月，改葬文昭
皇太后高氏。二月乙丑，齐郡王祐薨。庚午，羽林千余人焚征西将
军张彝第，殴伤彝，烧杀其子均。乙亥，大赦。丁丑，诏求直言。壬
寅，诏以旱故，命依旧雩祈，察理冤狱，掩胔埋骼，振穷恤寡。三月甲
辰，澍雨大洽。夏五月戊戌，以司空、任城王澄为司徒，京兆王继为
司空。秋八月乙未，御史中尉、东平王匡坐事削除官爵。九月庚寅，
皇太后幸嵩高山。癸巳，还宫。冬十二月癸丑，司徒、任城王澄薨。
庚申，大赦。诏除淫祀，焚诸杂神。是岁，吐谷浑、宕昌、哒哒等国并
遣使朝贡。

　　正光元年正月乙亥朔，日有蚀之。夏四月丙辰，诏尚书长孙承
业巡抚北蕃，观察风俗。五月辛巳，以炎旱故，诏八坐鞫见囚，申枉
滥。秋七月丙子，侍中元义、中常侍刘腾奉帝幸前殿，矫皇太后诏，
归政逊位。乃幽皇太后北宫。杀太傅、清河王怿，总勒禁旅，决事殿
中。辛卯，帝加元服，大赦改元。内外百官进位一等。八月甲寅，相
州刺史、中山熙举兵欲诛腾，不果，见杀。九月壬辰，蠕蠕主阿那瓌
来奔。戊戌，以太师、高阳王雍为丞相。冬月乙卯，以仪同三司、汝
南王悦为太尉。十一月己亥，封阿那瓌为朔方郡公、蠕蠕王。十二
月壬子，诏送蠕蠕王阿那瓌归北。辛酉，以司空、京兆王继为司徒。

二年春正月,南秦州氐反。二月,车驾幸国子学,讲《孝经》。三月庚午,幸国子学,祠孔子,以颜回配。甲午,右卫将军奚康生于禁中将杀元叉,不果,为叉所害。以仪同三司刘腾为司空。夏四月庚子,进司徒、京兆王继位太保。壬寅,以仪同三司崔光为司徒。五月丁酉朔,日有蚀之。秋七月己丑,以旱故,诏有司修案旧典,祗行六事,八月己巳,蠕蠕后主郁久闾侯匿伐来奔怀朔镇。十二月甲戌,诏司徒崔光、安丰王延明等议定服章。庚辰,以东益、南秦州氐反,诏河间王琛讨之,失利。是岁,焉耆、居密、波斯、高昌、勿吉、伏罗、高车等国并遣使朝贡。

三年春正月辛亥,耕籍田。夏四月庚辰,以高车国主覆罗伊匐为镇西将军、西海郡公、高车国王。五月壬辰朔,日有蚀之。六月己巳,以旱故,诏分遣有司驰祈岳渎及诸山川百神能兴云雨者。命理冤狱,止土功,减膳彻悬,禁止屠杀。冬十一月己丑朔,日有蚀之。乙巳,祀圆丘。丙午,诏班历,大赦。十二月癸酉,以太保、京兆王继为太傅,司徒崔光为太保。是岁,波斯、不溪、龟兹、吐谷浑并遣使朝贡。

四年春二月壬申,追封故咸阳王禧为敷城王,京兆王愉为临洮王,清河王怿为范阳王,以礼加葬。丁丑,河间王琛、章武王融并以贪污,削爵除名,己卯,蠕蠕主阿那瓌率众犯塞,遣尚书左丞元孚为北道行台,持节喻之。蠕蠕后主郁久闾侯匿伐来朝。司空刘腾薨。夏四月,阿那瓌执元孚北遁。秋八月癸未,追复故范阳王怿为河间王。九月丁酉,诏太尉、汝南王悦入居门下,与丞相、高阳王雍参决尚书奏事。冬十一月癸未朔,日有蚀之。丙申,赵郡王谧薨。丁酉,太保崔光薨。十二月,以太尉、汝南王悦为太保。徐州刺史、北海王颢坐贪污,削爵除官。是岁,宕昌、库莫奚国并遣使朝贡。

五年春正月辛丑,祀南郊。三月,沃野镇人破六韩拔陵反,聚众杀镇将,号真王元年。夏四月,高平酋长胡琛反,自称高平王,攻镇以应拔陵。别将卢祖迁击破之。五月,都督北征诸军事、临淮王彧攻讨,败于五原,削除官爵。壬申,诏尚书令李崇为大都督,率广阳王深等北讨。六月，秦州城人莫折大提据城反，自称秦王，杀刺史李彦。大提寻死。子念生代立，僭称天子，年号天建，置立百官。丁酉，大赦。秋七月戊午，复河间王琛、临淮王彧本封。是月，凉州幢帅于菩提、呼延雄执刺史宋颖，据州反。念生遣其兄高阳王天生下陇东寇。八月甲午，雍州刺史元志西讨，大败于陇东，退守岐州。丙申，诏诸州镇军元非犯配者，悉免为编户。改镇为州，依旧立称。九月壬申，诏尚书左仆射、齐王萧宝夤为西道行台、大都督；复抚军、北海王颢官爵，为都督。并率诸将西讨。乙亥，帝幸明堂，饯宝夤等。吐谷浑主伏连筹遣兵讨凉州，于菩提走，追斩之。城人赵天安复推宋颖为刺史。冬十月，营州城人刘安定、就德兴据城反，执刺史李仲遵。城人王恶儿斩安定以降。德兴东走，自号燕王。十二月，诏太傅、京兆王继为太师、大将军，率诸将西讨。汾州正平、平阳胡叛逆，诏复征东将军、章武王融封爵，为大都督，率众讨之。莫折念生遣兵攻凉州，城人赵天安复执刺史以应。是岁，嚈哒、契丹、地豆干、库莫奚等国遣使朝贡。

孝昌元年春正月庚申，徐州刺史元法僧据城反，自称宋王，年号天启。遣其子景仲归梁，梁遣其将豫章王综入守彭城。法僧拥其僚属南入。诏临淮王彧、尚书李宪为都督，安丰王延明为东道行台，俱讨徐州。癸亥，萧宝夤及征西将军崔延伯大破贼于黑水。天生退走入陇，泾、岐及陇悉平。以太师、大将军、京兆王继为太尉。二月，诏追复故乐良王长命爵，以其子忠绍之。戊戌，大赦。三月甲戌，诏五品以上，各荐所知。夏四月辛卯，皇太后复临朝摄政，引群臣面陈得失。壬辰，征西将军、都督崔延伯大败于泾川，战殁。六月癸未，大赦改元。蠕蠕主阿那瓌大破拔陵。是月，诸将逼彭城，萧综夜潜出降，梁诸将奔退，众军追蹑，免者十一二。秋八月癸酉，诏断远近贡献珍丽，违者免官。柔玄镇人杜洛周反于上谷，年号真王。九月乙卯，诏减天下诸调之半。壬戌，诏五品以上，各举所知。辛未，曲赦南北秦州。冬十月，蠕蠕遣使朝贡。十一月辛亥，诏父母年八十以上者，皆听居官。时四方多事，诸蛮复反。十二月，山胡刘蠡升反，自称天子。

二年春正月庚戌，封广平王怀长子诲为范阳王。壬子，以太保、汝南王悦领太尉。是月，五原鲜于修礼反于定州，年号鲁兴。二月甲申，帝及皇太后临大夏门，亲览冤讼。三月庚子，追复中山王熙本爵，以其子叔仁绍之。夏四月，大赦。戊申，北讨都督河间王琛、长孙承业失利奔还，诏并免官爵。五月丁未，车驾将北讨，内外戒严。前给事黄门侍郎元略自梁还朝，封义阳王。以丞相、高阳王雍为大司马。六月己巳，曲赦齐州。绛蜀陈双炽聚众反，自号始建王。曲赦平阳、建兴、正平三郡。诏假镇西将军、都督长孙承业讨双炽，平之。丙子，改封义阳王略为东平王。戊寅，诏复京兆王继本封江阳王。戊子，诏曰："自运属艰棘，历载于兹。朕威德不能遐被，经略无以及远，何以苟安黄屋，无愧黔黎！今便避居正殿，蔬食素服。当亲自招募，收集忠勇。其有直主正谏之士，敢决徇义之夫，二十五日，悉集华林东门，人别引见，共论得失。"秋八月丙子，进封广川县公元邵为常山王。戊子，进武城县公子攸为长乐王。癸巳，贼帅元洪业斩鲜于修礼请降，为贼党葛荣所杀。九月辛亥，葛荣败都督广阳王深、章武王融于博野白牛逻。融殁于阵。荣自称天子，国号齐，年称广安。冬十一月戊戌，杜洛周攻陷幽州，执刺史王延年及行台常景。丙午，税京师田租，亩五升；借赁公田者，亩一斗。闰月，税市，人出入者，各一钱，店舍为五等。梁将元树逼寿春，扬州刺史李宪力屈而降。初留州县及长史、司马、戍主副质子于京师。诏："顷旧京沦覆，中原丧乱，宗室子女属籍在七庙内为杂户滥门拘辱者，悉听离绝。"是岁，叠伏罗、库国并遣使朝贡。

三年春正月甲戌，以司空皇甫度为司徒，仪同三司萧宝夤为司空。辛巳，葛荣陷殷州，刺史崔楷固节死之。甲申，诏峻铸钱之制。萧宝夤大败于泾州，北海王颢寻亦败走。曲赦关西及正平、平阳、建兴。戊子，以司徒皇甫度为太尉。己丑，以四方未平，诏内外戒严，将亲征。二月丁酉，诏开输赏格。输粟入瀛、定、岐、雍四州者，官斗二百斛赏一阶；入二华州者，五百石赏一阶。不限多少，粟毕授官。

虏贼据潼关。三月甲子,诏将西讨,中外戒严。虏贼走,复潼关。秋七月,相州刺史、安乐王鉴据州反。己丑,大赦、八月,都督源子邕、李神轨、裴衍攻邺。丁未,斩鉴,相州平。九月己未,东豫州刺史元庆和以城南叛。秦州城人杜粲杀莫折念生,自行州事。冬十月戊申,曲赦恒农巴西河北、正平、平阳、邵郡及关西诸州军。甲寅,雍州刺史萧宝夤据州反,自号齐,年称隆绪。十一月己丑,葛荣攻陷冀州,执刺史元孚,逐出居人,冻死者十六七。十二月戊申,都督源子邕、裴衍与荣战,败于阳平东北,并殁。是月,杜粲为骆超所杀。超遣使归罪。是岁,蠕蠕遣使朝贡。

武泰元年春正月乙丑,生皇女,秘言皇子。丙寅,大赦改元。丁丑,雍州人侯终德相率攻萧宝夤。宝夤度渭走,雍州平。二月癸丑,帝崩于显阳殿,时年十九。甲寅,皇子即位,大赦。皇太后诏曰:“皇家握历受图,年将二百,祖宗累圣,社稷载安。高祖以文思先天,世宗以下武继世,大行在御,重以宽仁奉养,率由温明恭顺。实望穹灵降祐,麟趾众繁,自潘充华有孕椒宫,冀诞储两,而熊罴无兆,唯虺遂彰。于时直以国步未康,假称统胤,欲以底定物情,系仰宸极。何图亘弓剑莫追!皇曾孙故临洮王宝晖世子钊,体自高祖,天表卓异。大行平日养爱特深,义齐若子,事符当璧,允膺大宝。即日践祚。可班宣远迩,咸使知之。”乙卯,幼主即位。仪同三司、大都督尔朱荣抗表请入奔赴,勒兵而南。是月,杜洛周为葛荣所并。三月甲申,上尊谥曰孝明皇帝。乙酉,葬于定陵,庙号肃宗。四月戊戌,尔朱荣济河。庚子,皇太后、幼主崩。

论曰:宣武承圣考德业,天下想望风化,垂拱无为,边徼稽服。而宽以摄下,从容不断,太和之风替矣。比之汉世安、顺。宣武之后,继以元成。孝明冲龄统业,灵后妇人专制,任用非人,尝罚乖舛。于是衅起宇内,祸延邦畿,卒于享国不长,抑亦沦胥之始也。

北史卷五
魏本纪第五

敬宗孝庄帝　节闵帝　废帝
孝武帝　西魏文帝
西魏废帝　西魏恭帝
东魏孝静帝

敬宗孝庄皇帝讳子攸,彭城王勰之第三子也。母曰李妃。明帝初,以勰有鲁阳翼卫之勋,封帝武城县公。幼侍明帝书于禁中,及长,风神秀慧,姿貌甚美,雅为明帝亲待。孝昌二年八月,进封长乐王,历位侍中、中军将军。以兄彭城王劭事,转为卫将军、左光禄大夫、中书监,实见出也。武泰元年二月,明帝崩,大都督尔朱荣谋废立,以帝家有忠勋,且兼人望,阴与帝通,率众来赴。帝与兄弟夜北度河,会荣于河阳。

永安元年夏四月戊戌,帝南济河,即皇帝位。以皇兄彭城王劭为无上王,皇弟霸城公子正为始平王,以尔朱荣为使持节、侍中、都督中外诸军事、大将军、尚书令、领军将军、领左右,封太原王。己亥,百僚相率,有司奉玺绶,备法驾,奉迎于河梁。西至陶渚,荣以兵权在己,遂有异志,乃害灵太后及幼主,次害无上王劭、始平王子正,又害丞相、高阳王雍已下王公卿士二千人,列骑卫帝,迁于便幕。荣寻悔,稽颡谢罪。

辛丑，车驾入宫，御太极殿，大赦，改武泰为建义元年。壬寅，荣表请追谥无上王为皇帝；余死河阴者，诸王、刺史赠三司，三品者令仆，五品者刺史，七品已下及庶人，郡、镇。诸死者子孙，听立后，授封爵。诏从之。癸卯，以前太尉、江阳王继为太师、司州牧；相州刺史、北海王颢为太傅、开府，仍刺史；封光禄大夫、清泉县侯李延实为阳平王，位太保，迁太傅；以并州刺史元天穆为太尉，封上党王；以仪同三司杨椿为司徒；以仪同三司、顿丘郡公穆绍为司空，领尚书令，进爵为王；以雍州刺史长孙承业为开府仪同三司，进封冯翊王；以殿中尚书元谌为尚书右仆射，封魏郡王；以给事黄门侍郎元瑱为东海王。甲辰，以敷城王坦为咸阳王，以谏议大夫元贵平为东莱王，以直阁将军元肃为鲁郡王，以秘书郎中元晔为长广王，以冯翊郡公源绍景复先爵陇西王，扶风郡公冯冏、东郡公陆子彰、北平公长孙悦并复先王爵，以北平王超还复为安定王。丁未，诏中外解严。庚戌，封大将军尔朱荣次子义罗为梁郡王。诏蠕蠕王阿那瓌赞拜不名，上书不称臣。是月，汝南王悦、北海王颢、临淮王彧前后奔梁。

五月丁巳朔，以右仆射元罗为东道大使，光禄勋元欣副之，循方黜陟，先行后闻。辛酉，大将军尔朱荣还晋阳，帝饯于邙阴。六月癸卯，以高昌王世子光为平西将军、瓜州刺史，袭爵泰临县伯、高昌王。帝以寇难未夷，避正殿，责躬撤膳。又班募格，收集忠勇。有直言正谏之士者，集华林园，面论时事。幽州平北府主簿河间邢杲率河北流移人万余户，反于北海，自署汉王，年号天统。秋七月乙丑，加大将军尔朱荣柱国大将军、录尚书事。壬子，光州人刘举聚众反于濮阳，自称皇武大将。是月，高平镇人万俟丑奴僭称大位。临淮王彧自江南还朝。八月，太山太守羊侃据郡反。甲辰，诏大都督宗正珍孙讨刘举，平之。九月己巳，以齐州刺史元欣为沛郡王。壬申，柱国大将军尔朱荣率骑七千讨葛荣于滏口，破禽之，冀、定、沧、瀛、殷五州平。乙亥，以葛荣平，大赦，改元为永安。辛巳，以尔朱荣为大丞相，进荣子平昌郡公文殊、昌乐郡公文畅爵并为王，以司徒杨椿为太保,城阳王徽为司徒。冬十月丁亥,尔朱荣槛送葛荣于京师。
帝临闾阖门,荣稽颡谢罪,斩于都市。戊戌,江阳王继薨。癸丑,复
胶东县侯李侃希祖爵南郡王。是月,大都督费穆大破梁军,禽其将
曹义宗,槛送京师。梁以北海王颢为魏主,年号孝基,入据南兖之铚
城。十一月戊午,以无上王世子韶为彭城王,陈留王子宽为陈留王,
宽弟刚为浮阳王,刚弟质为林虑王。癸亥,行台于晖等大破羊侃于
瑕丘,侃奔梁。戊寅,封前军元凝为东安王。是岁,葛荣余党韩楼复
据幽州反。

　　二年春二月甲午,追尊皇考为文穆皇帝,庙号肃祖。皇妣为文
穆皇后。夏四月癸未,迁文穆皇帝及文穆皇后神主于太庙,降畿内
死罪已下刑。辛丑,上党王天穆大破邢杲于济南,杲降,送于京师,
斩于都市。五月壬子朔,元颢克梁国。乙丑,内外戒严。癸酉,元颢
陷荥阳。甲戌夜,车驾北巡。乙亥,幸河内。丙子,元颢入洛。丁丑,
进封城阳县公元祉为平原王,安昌县公元鸷为华山王。戊寅,太原
王尔朱荣会车驾于长子,即日反斾。上党王天穆北度,会车驾于河
内。秋七月戊辰,都督尔朱兆、贺拔胜从硖石夜济,破颢子冠受及安
丰王延明军,元颢败走。庚午,车驾入居华林园,升大夏门大赦。壬
申,以柱国大将军、太原王尔朱荣为天柱大将军。癸酉,临颍县卒江
丰斩元颢,传首京师。甲戌,以大将军、上党王天穆为太宰,以司徒、
城阳王徽为大司马、太尉。己卯,以南青州刺史元旭为襄城王,南兖
州刺史元暹为汝阳王。闰月辛巳,帝始居宫内。辛卯,以兼吏部尚
书杨津为司空。八月己未,以太傅李延实为司徒。丁卯,封瓜州刺
史元太宗为东阳王。九月,大都督侯深破韩楼于蓟,斩之,幽州平。
冬十月己酉朔,日有蚀之。丁丑,以前司空、丹杨王萧赞为司徒。十
一月己卯,就德兴自荣州遣使请降。丙午,以大司马、太尉、城阳王
徽为太保,以司徒、丹杨王萧赞为太尉,以雍州刺史长孙承业为司
徒。

　　三年夏四月丁卯,雍州刺史尔朱天光讨万俟丑奴、萧宝夤于安
定,破禽之,囚送京师。甲戌,以关中平,大赦。斩丑奴于都市,赐宝

贲死。六月戊午，哒国献师子一。是月，白马龙涸胡王广云僭称帝号于永洛城。秋七月丙子，尔朱天光平永洛城，禽庆云。九月辛卯，天柱大将军尔朱荣、上党王天穆自晋阳来朝。戊戌，帝杀荣、天穆于明光殿，及荣子菩提。乃升闾阖门大赦。遣武卫将军奚毅、前燕州刺史侯深率众镇北中。是夜，左仆射尔朱世隆、荣妻乡郡长公主率荣部曲，自西阳门出屯河阴，己亥，攻河桥，禽毅等，屠害之，据北中城，南逼京师。冬十月癸卯朔，封大鸿胪卿宝炬为南阳王，汝南县公修为平阳王，新阳伯诞为昌乐王，琅邪公为太原王。甲辰，徙封魏郡王谌为赵郡王，谌弟子赵郡王宣为平昌王。戊申，皇子生，大赦。乙卯，通直散骑常侍李苗以火船焚河桥，尔朱世隆退走。壬申，世隆停建兴之高都，尔朱昶自晋阳来会之，共推长广王晔为主，大赦所部，年号建明。徐州刺史尔朱仲远反，率众向京师。十一月乙亥，以司徒长孙承业为太尉，以临淮王彧为司徒。丙子，进雍州刺史、广宗郡公尔朱天光爵为王。十二月甲辰，尔朱昶、尔朱度律自富平津上率骑涉度以袭京城。事出仓卒，禁卫不守。帝步出云龙门。兆逼帝幸永宁寺，杀皇子。乱兵杀司徒临淮王彧、左仆射范阳王诲。戊申，尔朱度律自镇京师。甲寅，尔朱兆迁帝于晋阳。甲子，帝遇弑于城内三级佛寺，时年二十四。并害陈留王宽。中兴二年，废帝泰谥为武怀皇帝。及孝武立，又以庙讳故，改谥孝庄皇帝，庙号敬宗，葬静陵。

　　节闵皇帝讳恭，字修业，广陵惠王羽之子也。母曰王氏。帝少有志度，事祖母、嫡母以孝闻。正始中，袭爵。位给事黄门侍郎。帝以元乂擅权，托称喑病，绝言垂一纪。居于龙花佛寺，无所交通。永安末，有白庄帝，言帝不语，将有异图。人间游声，又云常有天子气。帝惧祸，遂逃匿上洛。寻见追蹑，送京师，拘禁多日，以无状获免。及庄帝崩，尔朱世隆等以元晔疏远，又非人望所推；以帝有过人之量，将谋废立。恐实不语，乃令帝所亲申意，兼迫胁。帝曰："天何言哉。"世隆等大悦。及元晔至邙南，世隆等奉帝东郭外，行禅让礼。太尉尔朱度律奉路车,进玺绂。服衮冕,百官侍卫,入自建春、云龙门。

　　普泰元年春二月己巳,皇帝即位于太极前殿,群臣拜贺。礼毕,遂登阊阖门大赦。以魏为大魏,改建明二年为普泰元年。罢税市及税盐之官。庚午,诏曰:“自秦之末,竞为皇帝,忘负乘之深殃,垂贪鄙于万叶。予今称帝,已为褒矣!可普告令知。”是月,镇远将军清河崔祖螭聚青州七郡之众围东阳。幽州刺史刘灵助起兵于蓟。河北大使高乾及其弟昂夜袭冀州,执刺史元嶷,共推前河内太守封隆之行州事。三月癸酉,封长广王晔为东海王;以青州刺史、鲁郡王肃为太师;沛郡王欣为太傅、司州牧,改封淮阳王;以徐州刺史彭城王朱仲远、雍州刺史陇西王尔朱天光并为大将军;以柱国大将军、并州刺史、颍川王尔朱兆为天柱大将军;封晋州刺史、平阳郡公高欢为勃海王;以特进、清河王亶为太傅;以尚书令、乐平王尔朱世隆为太保;以赵郡王谌为司空。丙申,定州刺史侯深破刘灵助于安国城,斩之,传首京师。夏四月壬子,享太庙。癸亥,陇西王尔朱天光破宿勤明达,禽送京师,斩之。丙寅,以侍中尔朱彦伯为司徒。诏有司不得复称伪梁,罢细作之条,无禁邻国还往。五月丙子,尔朱仲远使其都督魏僧勖等讨崔祖螭于东阳,斩之。六月己亥朔,日有蚀之。庚申,勃海王高欢起兵信都,以诛尔朱氏为名。秋七月壬申,尔朱世隆等害前太保杨椿、前司空杨津。丙戌,司徒尔朱彦伯以旱逊位。九月,以彭城王尔朱仲远为太宰。庚辰,以陇西王尔朱天光为大司马。癸巳,追尊皇考为先帝,皇妣王氏为先太妃。封弟永业为高密王,皇子子恕为勃海王。冬十月壬寅,高欢推勃海太守元朗即皇帝位于信都。

　　二年春闰二月,高欢败尔朱天光等于韩陵。夏四月辛巳,高欢与废帝至芒山,使魏兰根慰喻洛邑,且观帝之为人。兰根忌帝雅德,还致毁谤,竟从崔㥄议,废帝于崇训佛寺,而立平阳王修,是为孝武帝。

　　帝既失位,乃赋诗曰:“朱门久可患,紫极非情玩,颠覆立可待,一年三易换。时运正如此,唯有修真观。”五月丙申,帝遇弑,殂于门下外省,时年三十五。孝武帝诏百司赴会,葬用王礼,加九旒、銮辂、黄屋、左纛,班剑百二十人。后西魏追谥节闵皇帝。

废帝讳朗字仲哲,章武王融第三子也。母曰程氏。帝少称明悟。元晔建明二年正月戊子,为勃海太守。普泰元年十月,勃海王高欢奉帝以主号令。

中兴元年冬十月壬寅,皇帝即位于信都西,大赦,改普泰元年为中兴。以勃海王高欢为丞相、都督中外诸军事,以河北大使高乾为司空。辛亥,高欢大破尔朱兆于广阿。十一月,梁将元树入据谯城。

二年春二月甲子,以勃海王高欢为大丞相、柱国大将军、太师。及欢败尔朱氏于韩陵,四月辛巳,帝于河阳逊位于别邸。五月,孝武封帝为安定郡王。十一月,殂于门下外省。时年二十。永熙二年,葬于邺西南野马岗。

孝武皇帝讳修,字孝则,广平武穆王怀之第三子也。母曰李氏。帝性沈厚,学涉,好武事,遍体有鳞文。年十八,封汝阳县公。梦人有从讳谓己曰:“汝当大贵,得二十五年。”永安三年,封平阳王。普泰中,为侍中、尚书左仆射。

中兴二年,高欢既败尔朱氏,废帝自以疏远,请逊大位。欢乃与百僚议,以孝文不可无后,时召汝南王悦于梁,至,将立之,宿昔而止。又诸王皆逃匿,帝在田舍。先是,嵩山道士潘弥望见洛阳城西有天子气,候之乃帝也。于是造第密言之。居五旬而高欢使斛斯椿求帝。椿从帝所亲王思政见帝,帝变色曰:“非卖我耶?”椿遂以白欢。欢遣四百骑奉迎帝入毡帐,陈诚,泣下沾襟。让以寡德。欢再拜,帝亦拜。欢出,备服御,进汤沐。达夜严警。昧爽,文武执鞭以朝。使斛斯椿奉劝进表。椿入帷门,磬折延首而不敢前。帝令思政取表,曰:“视,便不得不称朕矣。”于是假废帝安定王诏策而禅位焉。即位于东郭之外,用代都旧制,以黑毡蒙七人,欢居其一,帝于毡上西向拜天讫,自东阳、云龙门入。

永熙元年夏四月戊子,皇帝御太极前殿,群臣朝贺,礼毕,升闻阖门大赦。改中兴二年为太昌元年。壬辰,高欢还邺。五月丙申,节闵帝殂。以太傅、淮阳王欣为太师,改封沛郡王,以司徒、赵郡王谌为太保,以司空、南阳王宝炬为太尉,以太保长孙承业为太傅。辛丑,复前司空高乾位。己酉,以仪同三司、清河王亶为司徒。乙卯,内外解严。六月癸亥朔,帝于华林园纳讼。丁卯,南阳王宝炬坐事,降为骠骑大将军,开府,以王归第。己卯,临显阳殿纳讼。丙戌,诏曰:“间者,凶权诞恣,法令变常,遂立夷貊轻赋,冀收天下之意。随以箕敛之重,终纳十倍之征,掩目捕雀,何能过此!今岁租调,且两收一亏,明年复旧。”秋七月庚子,以南阳王宝炬为太尉。乙卯,帝临显阳殿,亲理冤狱。是月,东南道大行台樊子鹄大破梁军于谯城,禽其将元树。八月丁卯,封西中郎将元宁为高平王。九月癸卯,进燕郡公贺拔允爵为王。癸丑,改封沛郡王欣为广陵王,节闵子勃海王子恕为沛郡王。冬十月辛酉朔,日有蚀之。十一月丁酉,祀圆丘。甲辰,杀安定王朗及东海王晔。己酉,以汝南王悦为侍中、大司马,开府。葬太后胡氏。十二月丁亥,杀大司马、汝南王悦。大赦,改元为永兴。以同明元时年号,寻改为永熙。是岁,蠕蠕、哒、高丽、契丹、库莫奚、高昌等国并遣使朝贡。

二年春正月庚寅朔,朝飨群臣于太极前殿。丁酉,勃海王高欢大败尔朱氏,山东平,罢诸行台。丁巳,追尊皇考为武穆皇帝,太妃冯氏为武穆皇后,皇姒李氏曰皇太妃。二月,以咸阳王坦为司空。三月甲午,太师、鲁郡王肃薨。丁巳,以太保、赵郡王谌为太尉,以太尉、南阳王宝炬为尚书令、太保,开府。是月,阿至罗十万户内附。诏复以勃海王高欢为大行台,随机裁处。夏四月己未朔,日有蚀之。秋七月壬辰,以太师、广陵王欣为大司马,以太尉、赵郡王谌为太师,并开府。庚戌,以前司徒、燕郡王贺拔允为太尉。冬十月癸未,以卫将军、瓜州刺史、泰临县伯、高昌王赵子坚为仪同三司,进爵郡公。十二月丁巳,狩于嵩阳,士卒寒苦。己巳,遂幸温汤。丁丑,还宫。

三年春二月壬戌,大赦。壬午,封左卫将军元斌之为颍川王。夏四月癸丑朔,日有蚀之。辛未,高平王宁坐事降爵为公。五月丙戌,置勋府庶子,箱别六百人;骑官,箱别二百人;阁内部曲,数千人。帝内图高欢,乃以斛斯椿为领军,使与王思政等统之,以为心膂。军谋朝政,咸决于椿。分置督将及河南、关西诸刺史。辛卯,下诏戒严,扬声伐梁,实谋北讨。是夏,契丹、高丽、吐谷浑并遣使朝贡。

秋七月己丑,帝亲总六军十余万,次河桥。高欢引军东度。丙午,帝率南阳王宝炬、清河王亶、广阳王湛、斛斯椿以五千骑宿于瀍西杨王别舍,沙门都维那惠臻负玺持千牛刀以从。有牛百头,尽杀以食军士。众知帝将出,其夜亡者过半。清河、广阳二王亦逃归。略阳公宇文泰遣都督骆超、李贤和各领数百骑赴。骆超先至。甲戌,贤和会帝于崤中。己酉,高欢入洛,遣娄昭及河南尹元子思领左右侍官追帝,请回驾。高昂率劲骑及帝于陕西。帝鞭马长骛至湖城,饥渴甚,有王思村人以麦饭壶浆献帝,帝甘之,复一村十年。是岁二月,荧惑入南斗,众星北流,群鼠浮河向邺。梁武跣而下殿,以禳星变,及闻帝之西,惭曰:“虏亦应天乎?”帝至稠桑,潼关大都督毛洪宾迎献食。

八月,宇文泰遣大都督赵贵、梁御甲骑二千来赴,乃奉迎。帝过河谓御曰:“此水东流而朕西上,若得重谒洛阳庙,是卿等功也。”帝及左右皆流涕。宇文泰迎帝于东阳,帝劳之,将士皆呼万岁。遂入长安,以雍州公廨为宫,大赦。甲寅,高欢推司徒、清河王亶为大司马,承制总万机,居尚书省。欢追车驾至潼关。

九月己酉,欢东还洛阳。帝亲督众攻潼关,斩其行台华长瑜,又克华州。其冬十月,高欢推清河王亶子善见为主,徙都邺,是为东魏。魏于此始分为二。

帝之在洛也,从妹不嫁者三:一曰平原公主明月,南阳王同产也;二曰安德公主,清河王怿女也;三曰蒺梨,亦封公主。帝内宴,令诸妇人咏诗,或咏鲍照乐府曰:“朱门九重门九闺,愿逐明月入君怀。”帝既以明月入关,蒺梨自缢。宇文泰使元氏诸王取明月杀之。

帝不悦,或时弯弓,或时推案,君臣由此不安平。

　　闰十二月癸巳,潘弥奏言:“今日当甚有急兵。”其夜,帝在逍遥
园宴阿至罗,顾侍臣曰:“此处仿佛华林园,使人聊增凄怨。”命取所
乘波斯骝马,使南阳王跃之,将攀鞍,蹶而死,帝恶之。日晏还宫,至
后门,马惊不前,鞭打入。谓潘弥曰:“今日幸无他不?”弥曰:“过夜
半则大吉。”须臾,帝饮酒,遇鸩而崩,时年二十五。谥曰孝武。殡于
草堂佛寺,十余年乃葬云陵。始宣武、孝明间谣曰:“狐非狐,貉非
貉,焦梨狗子啮断索。”识者以为索谓本索发,焦梨狗子指宇文泰,
俗谓之黑獭也。

　　文皇帝讳宝炬,孝文皇帝之孙,京兆王愉之子也。母曰杨氏。帝
正始初坐父愉罪,兄弟皆幽宗正寺。及宣武崩,乃得雪。正光中,拜
直阁将军。时胡太后多嬖宠,帝与明帝谋诛之,事泄,免官。武泰中,
封邵县侯。永安三年,进封南阳王。孝武即位,拜太尉,加侍中。永
熙二年,进位太保、开府、尚书令。三年,孝武与高欢构难,以帝为中
军四面大都督。及从入关,拜太宰、录尚书事。孝武崩,丞相、略阳
公宇文泰率群公卿士奉表劝进,三让乃许焉。

　　大统元年春正月戊申,皇帝即位于城西,大赦改元。追尊皇考
为文景皇帝,皇妣杨氏为皇后。己酉,进丞相、略阳公宇文泰都督中
外诸军、录尚书事、大行台,改封安定郡公。以尚书令斛斯椿为太
保,广平王赞为司徒。乙卯,立妃乙氏为皇后,立皇子钦为皇太子。
甲子,以广陵王欣为太傅,以仪同三司万俟寿乐干为司空。东魏将
侯景攻陷荆州。二月,前南青州刺史大野拔斩兖州刺史樊子鹄,以
州降东魏。夏五月,降罪人。加安定公宇文泰位柱国。秋七月,以
开府仪同三司念贤为太尉,以司空万俟寿乐干为司徒,以开府仪同
三司越勒肱为司空。梁州刺史元罗以州降梁。九月,有司诏煎御香
泽,须钱万贯。帝以军旅在外,停之。冬十月,太师、上党王长孙承
业薨。十二月,以太尉念贤为太傅,以河州刺史梁景睿为太尉。

　　二年春正月辛亥,祀南郊,改以神元皇帝配。东魏攻陷夏州。二

月,仪同三司段敬讨叛羌梁仚定平之。三月,以凉州刺史李叔仁为司徒,以司徒万俟寿乐干为太宰。夏五月,司空越勒肱薨。秦州刺史、建忠王万俟普拨及其子太宰寿乐干率所部奔东魏。秋九月,以扶风王孚为司空,以太保斛斯椿为太傅。冬十一月,追改始祖神元皇帝为太祖,道武皇帝为烈祖。是岁,关中大饥,人相食,死者十七八。

三年春二月,槐里获神玺,大赦。夏四月,太傅斛斯椿薨。五月,以广陵王欣为太宰,贺拔胜为太师。六月,以司空、扶风王孚为太保,以太尉梁景睿为太傅,以司徒、广平王赞为太尉,以开府仪同三司王盟为司空。冬十月,安定公宇文泰大破东魏军于沙苑,拜泰柱国大将军。十二月,司徒李叔仁自凉州通使于东魏,建昌太守贺兰植攻斩之。

四年春正月辛酉,拜天于清晖室,终帝世遂为常。二月,东魏攻隐南汾、颍、豫、广四州。废皇后乙氏。三月,立蠕蠕女郁久闾氏为皇后,大赦。以司空王盟为司徒。秋七月,东魏将侯景等围洛阳,帝与安定公宇文泰东伐。九月,车驾至自东伐。以抚军将军梁仚定为南洮州刺史,安西蕃。

五年春二月,赦京城内。夏五月,以开府仪同三司李弼为司空。免妓乐杂役之徒,皆从编户。秋七月,诏自今恒以朔望亲阅京师见禁囚徒。以司空、扶风王孚为太尉。冬十月,于阳武门外县鼓,置纸笔,以求得失。

六年春正月庚戌,朝群臣。自西迁至此,礼乐始备。太尉、扶风王孚薨。二月,铸五铢钱。降罪人。冬十一月,太师念贤薨。

七年春二月,幽州刺史、顺阳王仲景以罪赐死。三月,夏州刺史刘平谋反,大都督于谨讨禽之。秋九月,诏班政事之法六条。冬十一月,叛羌梁仚定徒党屯于赤水城,秦州刺史独孤信击平之。尚书奏班十二条制。十二月,御凭云观,引见诸王,叙家人之礼,手诏为宗诫十条以赐之。

八年春三月,初置六军。夏四月,鄯善王兄鄯朱那率众内附。秋八月，以太尉王盟为太保。冬十月，诏皇太子镇河东。十二月，行幸华州，起万寿殿于沙苑北。

九年春正月，降罪人。禁中外及从母兄弟姊妹为婚。闰月，车驾至自华州。二月，东魏北豫州史高仲密据武牢内附，以仲密为侍中、司徒，封勃海郡公。秋七月，大赦。以太保王盟为太傅，以太尉、广平王赞为司空。冬十二月，以司空李弼为太尉。

十年春正月甲子，诏公卿已下，每月上封事三条，极言得失。刺史二千石铜墨已上，有谠言嘉谋，勿有所讳。夏五月，太师贺拔胜薨。秋七月，更权衡度量。

十一年夏五月，太傅王盟薨，诏诸鞫大辟狱，皆命三公覆审，然后加刑。冬，始筑圆丘于城南，封皇子俭。

十二年春二月，凉州刺史宇文仲和反，秦州刺史独孤信讨平之。三月，铸五铢钱。夏五月，诏女年不满十三以上，勿得以嫁。秋九月，东魏勃海王高欢攻玉壁，晋州刺史韦孝宽力战御之。冬十二月，欢烧营而退。

十三年春正月，开白渠以溉田。二月，诏自今应宫刑者，直没官，勿刑。亡奴婢应黥者，止科亡罪。以开府仪同三司若干惠为司空。东魏勃海王高欢薨。其司徒侯景据颍川率河南六州内附，授景太傅、河南大行台、上谷郡公。三月，大赦。夏五月，以太傅侯景为大将军，以开府仪同三司独孤信为大司马。晋王谨薨。秋七月，司空若干惠薨。大将军侯景据豫州叛。封皇子宁为赵王。

十四年春正月，赦颍、豫、广、北、洛、东荆、襄等七州。以开府仪同三司赵贵为司空。皇孙生，大赦。夏五月，以安定公宇文泰为太师，广陵王欣为太傅，太尉李弼为大宗伯，前太尉赵贵为大司寇，以司空于谨为大司空。

十五年己巳五月，侯景杀梁武帝。初诏诸代人太和中改姓者，并令复旧。六月，东魏勃海王高澄攻陷颍川。秋八月，盗杀东魏勃海王高澄。冬十二月，封梁雍州刺史、岳阳王萧詧为梁王。

十六年夏四月，封皇子儒为燕王，公为吴王。五月，东魏静帝逊位于齐。秋七月，安定公宇文泰东伐，至恒农，齐师不出，乃还。九月，大赦。

十七年春三月庚戌，帝崩于乾安殿，时年四十五。夏四月庚辰，葬于永陵，上谥曰文皇帝。

帝性强果，始为太尉时，侍中高隆之恃勃海王高欢之党，骄狎公卿。因公会，帝劝酒不饮，怒而殴之，骂曰："镇兵，何敢尔也！"孝武以欢故，免帝太尉，归第，命羽林守卫，月余复位。及欢将改葬其父，朝廷追赠太师，百僚会吊者尽拜，帝独不屈，曰："安有生三公而拜赠太师耶！"

及跻大位，权归周室。尝登逍遥观望嵯峨山，因谓左右曰："望此，令人有脱屣之意。若使朕年五十，便委政储宫，寻山饵药，不能一日万机也。"即而大运未终，竟保天禄云。

废帝讳钦，文皇帝之长子也。母曰乙皇后。大统元年正月乙卯，立为皇太子。十七年三月，即皇帝位。是月，梁邵陵王萧纶侵安陆，大将军杨忠讨禽之。

元年冬十一月，梁湘东王萧绎讨侯景，禽之。遣其舍人魏彦来告，仍嗣位于江陵。

二年秋八月，大将军尉迟迥克成都，剑南平。冬十一月，安定公宇文泰杀尚书元烈。

三年春正月，安定公宇文泰废帝而立齐王廓。帝自元烈之诛，有怨言。淮安王育、广平王赞等并垂泣谏，帝不听，故及于辱。

恭皇帝讳廓，文皇之第四子也。大统十四年，封为齐王。废帝三年正月，即皇帝位，改元。

元年夏四月，蠕蠕乙旃达官寇广武。五月，柱国李弼追击之，斩首数千级，收辎重而还。冬十一月，魏师灭梁，戕梁元帝。梁太尉王僧辩奉元帝子方智为王，承制，居建业。

二年秋七月，梁太尉王僧辩纳贞阳侯萧明于齐，奉以为主。梁王方智为太子。九月,梁司空陈霸先杀僧辩,废萧明,复奉方智为帝。是岁,梁广州刺史王琳寇边,大将军豆庐宁帅师讨之。

三年春正月丁丑,初行《周礼》,建六官,以安定公宇文泰为太师、冢宰,以柱国李弼为大司徒,赵贵为太保、大宗伯,以尚书令独孤信为大司马,以于谨为大司寇,以侯莫陈崇为大司空。冬十月乙亥,安定公宇文泰薨。十二月庚子,帝逊位于周。

周闵帝元年正月,封帝为宋公,寻殂。

东魏孝静皇帝讳善见,清河文宣王亶之世子也。母曰胡妃。永熙三年八月,拜开府仪同三司。孝武帝既入关,勃海王高欢乃与百僚会议,推帝以奉明帝之后,时年十一。

天平元年冬十月丙寅,皇帝即位于城东北,大赦改元。庚午,以太师、赵郡王谌为大司马,以司空、咸阳王坦为太尉,以开府仪同三司高盛为司徒,以开府仪同三司高昂为司空。壬申,享太庙。丙子,车驾北迁于邺。诏勃海王高欢留后部分。改司州为洛州,以尚书令元弼为仪同三司、洛州刺史,镇洛阳。十一月,兖州刺史樊子鹄、南青州刺史大野拔据瑕丘反。庚寅,车驾至邺,居北城相州之廨。改相州刺史为司州牧,魏郡太守为魏尹。徙邺旧人西径百里,以居新迁人。分邺置临漳县。以魏郡、林虑、广平、阳丘、汲郡、黎阳、东濮阳、清河、广宗等郡为皇畿。十二月丁卯,燕郡王贺拔允薨。庚午,诏内外戒严,百司悉依旧章,从容雅服,不得以务衫从事。丙子,进侍中封隆之等五人为大使,巡喻天下。丁丑,赦畿内。闰月,梁以元庆和为魏王,入据平濑乡。孝武崩于长安。初置四中郎将,于礓石桥置东中,蒲泉置西中,济北置南中,洛水置北中。

二年春正月乙亥,兼尚书右仆射、东南道行台元晏讨元庆和,破走之。二月壬午,以太尉、咸阳王坦为太傅,以司州牧、西河王悰为太尉。已丑,前南青州刺史大野拔斩樊子鹄以降,兖州平。戊戌,梁司州刺史陈庆之寇豫州,刺史尧雄击走之。三月辛酉,以司徒高盛为太尉,以司空高昂为司徒,济阴王晖业为司空。勃海王高欢讨平山胡刘蠡升。辛未，以旱故，诏京邑及诸州郡县收瘗骸骨。是春，高丽、契丹并遣使朝贡。夏四月，前青州刺史侯梁反，攻掠青、齐。癸未，济州刺史蔡俊讨平之。壬辰，降京师见囚。夏五月，大旱，勒城门殿门及省府寺署坊门浇人，不简王公，无限日，得雨乃止。六月，元庆和寇南顿，豫州刺史尧雄大破之。秋七月甲戌，封汝南王悦孙绰为琅耶王。八月辛卯，司空、济阴王晖业坐事免。甲午，发众七万六千人，营新宫。九月丁巳，以开府仪同三司、襄城王旭为司空。冬十月丁未，梁柳仲礼寇荆州，刺史王元击破之。癸丑，祀圆丘。甲寅，阊阖门灾。龙见并州人家井中。十二月壬午，车驾狩于邺东。甲午，文武百官量事各给禄。是岁，西魏文帝大统元年也。

三年春正月癸卯朔，飨群臣于前殿。戊申，诏百官举士不称才者，两免之。二月丁未，梁光州刺史郝树以州内附。丁酉，加勃海王世子澄为尚书令、大行台、大都督。三月甲寅，以开府仪同三司、华山王鸷为大司马。丁卯，赐夏太守庐公纂据郡南叛，大都督元整破之。夏四月丁酉，昌乐王诞薨。五月癸卯，赐鳏寡孤独贫穷者衣物各有差。丙辰，以录尚书事、西河王悰为司州牧。戊辰，大尉高盛薨。六月辛巳，赵郡王谌薨。秋七月庚子，大赦。梁夏州刺史田独鞞、颍川防城都督刘鸾庆并以州内附。八月，并、肆、涿、建四州霜賨，大饥。九月壬寅，以定州刺史侯景兼尚书右仆射、南道行台，节度诸军南讨。丙辰，平阳人路季礼聚众反。辛酉，御史中尉窦泰讨平之。冬十一月戊申，诏遣使巡检河北流移饥人。侯景攻克梁楚州，获刺史桓和。十二月，以并州刺史尉景为太保。辛未，遣使者板假老人官，百岁已下，各有差。壬申，大司马、清河王亶薨。癸未，以太傅、咸阳王坦为太师。是岁，高丽、勿吉并遣使朝贡。

四年春正月，以汝阳王暹为录尚书事。夏四月辛未，迁七帝神主入新庙，大赦，内外百官普进一阶。先是，荥阳人张俭等聚众反于大騩山，通西魏，壬辰，武卫将军高元咸讨破之。六月己巳，幸华林园理讼。辛未，诏尚书掩骼埋胔，推录囚徒。壬午，阊阖门灾。秋七月甲辰，遣兼散骑常侍李楷聘于梁。八月，西魏克陕州，刺史李徽伯

死之。九月，侍中元子思与其弟子华谋西入，并赐死。闰月乙丑，卫
将军、右光禄大夫蒋天乐谋反，伏诛。禁京师酤酒。冬十月，以咸阳
王坦为录尚书事。壬辰，勃海王高欢西讨，败于沙苑。己酉，西魏行
台宫景寿、都督杨白驹寇洛州，大都督韩贤大破之。西魏又遣其大
行台元季海、大都督独孤信逼洛州，刺史广阳王湛弃城归阙，季海、
信遂据金墉。十一月丙子，以骠骑大将军、仪同三司万俟普为太尉。
十二月甲寅，梁人来聘。河间人邢磨纳、范阳人卢仲礼等各聚众反。
是岁，高丽、蠕蠕并遣使朝贡。

元象元年春正月辛酉朔，日有蚀之。有巨象自至砀郡陂中，南
兖州获送于邺。丁卯，大赦改元。二月丙辰，遣兼散骑常侍郑伯猷
聘于梁。夏四月庚寅，曲赦畿内，开酒禁。六月壬辰，帝幸华林都堂，
听讼。秋七月乙亥，高丽遣使朝贡。是夏，山东大水，虾蟆鸣于树上。
秋八月辛卯，大败西魏于河阴。九月，大都督贺拔仁击邢磨纳、卢仲
礼等破平之。冬十月，梁人来聘。十二月庚寅，遣陆操聘于梁。

兴和元年春正月辛酉，以尚书令孙腾为司徒。三月甲寅朔，封
常山郡王劭第二子曜为陈郡王。五月甲戌，立皇后高氏。乙亥，大
赦。是月，高丽遣使朝贡。六月乙酉，以尚书左仆射司马子如为山
东黜陟大使，寻为东北道行台，差选勇士。庚寅，前颍州刺史奚思业
为河南大使，简发勇士。丁酉，梁人来聘。戊申，开府仪同三司、汝
阳王暹薨。秋八月壬辰，遣兼散骑常侍王元景聘于梁。九月甲子，
发畿内十万人城邺，四十日罢。辛未，曲赦畿内死罪已下，各有差。
冬十一月癸亥，以新宫成，大赦改元。八十已上赐绫帽及杖；七十旁
无期亲及有疾废者，各赐粟帛。筑城之夫，给复一年。

二年春正月壬申，以太保尉景为太傅，以骠骑大将军、开府仪
同三司库狄干为太保。丁丑，徙御新宫，大赦。内外百官普进一阶，
营构主将别优一阶。三月乙卯，梁人来聘。夏五月己酉，西魏行台
宫延和、陕州刺史宫元庆率户内属，置之河北马场，振廪各有差。壬
子，遣兼散骑常侍李象聘于梁。闰月丁丑朔，日有蚀之。己丑，封皇
兄景植为宜阳王，皇弟威为清河王，谦为颍川王。六月壬子，大司

马、华山王鸷薨。冬十月丁未，梁人来聘。十二月乙卯，遣兼散骑常侍崔长谦聘于梁。是岁，高丽、蠕蠕、勿吉并遣使朝贡。

三年春二月甲辰，阿至罗出吐拔那浑大率部来降。三月乙酉，梁州人公孙贵宾聚众反，自号天王，阳夏镇将讨禽之。夏四月戊申，阿至罗国主副伏罗越君子去宾来降，封为高车王。六月乙丑，梁人来聘。秋七月己卯，宜阳王景植薨。八月甲子，遣兼散骑常侍李骞聘于梁。先是，诏群官于麟趾阁议定新制，冬十月甲寅，班于天下。己巳，发夫五万人筑漳滨堰，三十五日罢。癸亥，车驾狩于西山。十一月戊寅，还宫。丙戌，以开府仪同三司、彭城王韶为太尉，以度支尚书胡僧敬为司空。是岁，蠕蠕、高丽、勿吉国并遣使朝贡。

四年春正月丙辰，梁人来聘。夏四月丙寅，遣兼散骑常侍李绘聘于梁。乙酉，以侍中、广阳王湛为太尉，以尚书右仆射高隆之为司徒，以太尉、彭城王韶为录尚书事。丁亥，太傅尉景坐事，降为骠骑大将军、开府仪同三司。辛卯，以太保库狄干为太傅，以领军将军娄昭为大司马，封祖裔为尚书右仆射。六月丙申，复前侍中、乐良王忠爵。丁酉，复陈留王景皓、常山王绍宗、高密王永业爵。秋八月庚戌，以开府仪同三司、吏部尚书侯景为兼尚书仆射、河南行台，随机讨防。冬十月甲寅，梁人来聘。十一月壬午，骠骑大将军、开府仪同三司、青州刺史、西河王悰死。十二月辛亥，使兼散骑常侍阳斐使于梁。是岁，蠕蠕、高丽、吐谷浑并遣使朝贡。

武定元年春正月壬戌朔，大赦改元。己巳，车驾蒐于邯郸之西山。癸酉，还宫。二月壬申，北豫州刺史高仲密据武牢西叛。三月丙午，帝亲纳讼。戊申，勃海王高欢大败西魏师于邙山，追奔至恒农而还，豫、洛二州平。夏四月，封彭城王韶弟袭为武安王。五月壬辰，以克复武牢，降天下死罪已下囚。乙未，以吏部尚书侯景为司空。六月乙亥，梁人来聘。戊寅，封前员外散骑侍郎元长春为南郡王。八月乙丑，以汾州刺史斛律金为大司马。壬午，遣兼散骑常侍李浑聘于梁。冬十一月甲午，车驾狩于西山。乙巳，还宫。是岁，吐谷浑、高丽、蠕蠕并遣使朝贡。

　　二年春二月丁卯,徐州人刘乌黑聚众反,遣行台慕容绍宗讨平
之。三月,梁人来聘。以旱故,宥死罪已下囚。丙午,以开府仪同三
司孙腾为太保。壬子,以勃海王世子高澄为大将军,领中书监,元弼
为录尚书事,以尚书左仆射司马子如为尚书令,以太原公高洋为左
仆射。夏五月甲午,遣散骑常侍魏季景聘于梁。丁酉,太尉、广阳王
谌薨。秋八月癸酉,尚书令司马子如坐事免。九月甲申,以开府仪
同三司、济阴王晖业为太尉。太师、咸阳王坦坐事免,以王还第。冬
十月丁巳,太保孙腾、大司马高隆之各为括户大使,凡获逃户六十
余万。十一月,西河地陷,有火出。甲申,以司徒高隆之为尚书令,
以前大司马娄昭为司徒。庚子,祀圆丘。辛丑,梁人来聘。是岁,吐
谷浑、地豆干、室韦、高丽、蠕蠕、勿吉等并遣使朝贡。

　　三年春正月丙申,遣兼散骑常侍李奖聘于梁。二月庚申,吐谷
浑国奉其从妹以备后庭,纳为容华嫔。夏五月甲辰,大赦。秋七月
庚子,梁人来聘。冬十月,遣中书舍人尉瑾聘于梁。十二月,以司空
侯景为司徒,以中书令韩轨为司空。戊子,以太保孙腾为录尚书事。
是岁,高丽、吐谷浑、蠕蠕并遣使朝贡。

　　四年夏五月壬寅,梁人来聘。六月庚子,以司徒侯景为河南大
行台,应机讨防。秋七月壬寅,遣兼散骑常侍元廓聘于梁。八月,移
洛阳汉魏石经于邺。是岁,室韦、勿吉、地豆干、高丽、蠕蠕并遣使朝
贡。

　　五年春正月己亥朔,日有蚀之。丙午,勃海王高欢薨。辛亥,司
徒侯景降于西魏以求救,西魏遣其将李弼、王思政赴之。思政等入
据颍川,景乃出走豫州。乙丑,梁人来聘。二月,侯景复背西魏归梁。
夏四月壬申,大将军高澄来朝。甲午,遣兼散骑常侍李纬聘于梁。五
月丁酉朔,大赦。戊戌,以尚书右仆射、襄城王旭为太尉。甲辰,以
太原公高洋为尚书令,领中书监,以青州刺史尉景为大司马,以开
府仪同三司库狄干为太师,以录尚书事孙腾为太傅,以汾州刺史贺
拔仁为太保,以司空韩轨为司徒,以领军将军可朱浑道元为司空,
以司徒高隆之录尚书事,以徐州刺史慕容绍宗为尚书左仆射,高阳

王斌为右仆射。戊午，大司马尉景死。六月乙酉，帝为勃海王举哀于东堂，服缌衰。秋九月辛丑，梁贞阳侯萧明寇徐州，堰泗水于寒山，灌彭城，以应侯景。冬十一月乙酉，以尚书左仆射慕容绍宗为东南道行台，与大都督高岳、潘相乐大破禽之，及其二子瑪、道。十二月乙亥，萧明至，帝御闾阖门，让而宥之。岳等回师讨侯景。是岁，高丽、勿吉并遣使朝贡。

六年春正月己亥，大都督高岳等于涡阳大破侯景，俘斩五万余人，其余溺死于涡水，水为不流。景走淮南。二月己卯，梁遣使求和，许之。三月癸巳，以太尉、襄城王旭为大司马，以开府仪同三司高岳为太尉。辛亥，以冬春亢旱，赦罪人各有差。夏四月甲子，吏部令史张永和、青州人崔阔等伪假人官，事觉纠检，首者六万余人。甲戌，太尉高岳、司徒韩轨、大都督刘丰等讨王思政于颍川，引洧水灌其城。九月乙酉，梁人来聘。冬十月戊申，侯景济江，推梁临贺王正德为主，以攻建业。是岁，高丽、室韦、蠕蠕、吐谷浑并遣使朝贡。

七年春正月戊辰，梁北徐州刺史、中山侯萧正表以镇内附，封兰陵郡公、吴郡王。三月丁卯，侯景克建业。夏五月丙辰，侯景杀梁武帝。戊寅，勃海王高澄帅师赴颍川。六月，克之，获西魏大将军王思政等。秋八月辛卯，立皇子长仁为太子。盗杀勃海王高澄。癸巳，大赦，内外百官并进二级。甲午，太原公高洋如晋阳。冬十月癸未，以开府仪同三司、咸阳王坦为太傅。甲午，以开府仪同三司潘相乐为司空。十二月甲辰，吴郡王萧正表薨。己酉，以并州刺史彭乐为司徒。是岁，蠕蠕、地豆干、室韦、高丽、吐谷浑并遣使朝贡。

八年春正月辛酉，帝为渤海王高澄举哀于东堂。戊辰，诏太原公高洋嗣事，徙封齐郡王。甲戌，地豆干、契丹并遣使朝贡。二月庚寅，以尚书令高隆之为太保。三月庚申，进齐郡王高洋爵为齐王。夏四月乙巳，蠕蠕遣使朝贡。五月甲寅，诏齐王为相国，总百揆，备九锡之礼。以齐国太妃为王太后，王妃为王后。丙辰，逊帝位于齐。

天保元年己未，封帝为中山王，邑一万户，上书不称臣，答不称诏，载天子旌旗，行魏正朔，乘五时副车。封王诸子为县公，邑各一千户。奉绢一万疋,钱一万贯,粟二万石,奴婢三百人,水碾一具,田百顷,园一所,于中山国立魏宗庙。二年十二月己酉,中山王殂,时年二十八。

三年二月,奉谥曰孝静皇帝。葬于邺西漳北。其后发之,陵崩,死者六十人。

帝好文,美容仪,力能挟石师子以逾墙,射无不中。嘉辰宴会,多命群臣赋诗,从容沉雅,有孝文风。渤海王高澄嗣事,甚忌焉,以大将军中兵参军崔季舒为中书、黄门侍郎,令监察动静,小大皆令季舒知。澄与季舒书曰:“痴人复何似?痴势小差未?”帝尝与猎于邺东,驰逐如飞。监卫都督乌那罗受工伐从后呼帝曰:“天子莫走马,大将军怒!”澄尝侍帝饮,大举觞曰:“臣澄劝陛下。”帝不悦曰:“自古无不亡之国,朕亦何用此活!”澄怒曰:“朕,朕,狗脚朕!”澄使季舒殴帝三拳,奋衣而出。明日,澄使季舒劳帝,帝亦谢焉。赐绢,季舒未敢受,以启澄,澄使取一段。帝束百匹以与之,曰:“亦一段尔。”

帝不堪忧辱,咏谢灵运诗曰:“韩亡子房奋,秦帝鲁连耻,本自江海人,志义动君子。”常侍、侍讲荀济知帝意,乃与华山王大器、元瑾密谋于宫中,伪为山而作地道向北城。至千秋门,门者觉地下响动,以告澄。澄勒兵入宫,曰:“陛下何意反耶?臣父子功存社稷,何负陛下耶?”及将杀诸妃嫔,帝正色曰:“王自欲反,何关于我?我尚不惜身,何况妃嫔!”澄下床叩头,大啼,谢罪。于是酣饮,夜久乃出。居三日,幽帝于含章堂。大器、瑾等皆见烹于市。

及将禅位于文宣,襄城王旭及司徒潘相乐、侍中张亮、黄门郎赵彦深等求入奏事。帝在昭阳殿见之。旭曰:“五行递运,有始有终。齐王圣德钦明,万姓归仰,臣等昧死闻奏,愿陛下则尧禅舜。”帝便敛容答曰:“此事推挹已久,谨当逊避。”又云:“若尔,须作诏书。”侍郎崔劼、裴让之奏云:“诏已作讫。”即付杨愔进于帝,凡十条。书讫,曰:“将安朕何所?复若为而去?”杨愔对曰:“在北城,别有馆宇,还备法驾,依常仗卫而去。”帝乃下御座,步就东廊,口咏范蔚宗《后汉书赞》云:"献生不辰,身播国屯,终我四百,永作虞宾。"所司奏请发,帝曰:"古人念遗簪弊履,欲与六宫别,可乎?"高隆之曰:"今天下犹陛下之天下,况在后宫!"乃与夫人嫔以下诀,莫不歔嘘掩涕。嫔赵国李氏诵陈思王诗云:"王其爱玉体,俱享黄发期。"皇后已下皆哭。直长赵德以故犊车一乘,候于东上阁。帝上车,德超上车,持帝。帝肘之,曰:"朕畏天顺人,授位相国,何物奴,敢逼人!"赵德尚不下。及出云龙门,王公百僚衣冠拜辞,帝曰:"今日不灭常道乡公、汉献帝。"众皆悲怆,高隆之泣洒。遂入北城,下司马子如南宅。

及文宣行幸,常以帝自随。帝后封太原公主,常为帝尝食,以护视焉。竟遇鸩而崩。

论曰:庄帝运接父丧,招纳勤王,虽时事孔棘,而卒有四海。猾逆剪除,权强擅命,神虑独断,芒刺未除,而天未忘乱,祸不旋踵。自兹之后,魏室土崩,始则制屈强胡,终乃权归霸政。主祭祀者不殊于寄坐,遇黜辱者有甚于弈棋。虽以节闵之明,孝武之长,只以速是奔波。文帝以刚强之质,终以守雌自宝。静、恭运终天禄,高蹈唐、虞,各得其时也。

北史卷六
齐本纪上第六

高祖神武帝　世宗文襄帝

　　齐高祖神武皇帝姓高氏，讳欢，字贺六浑，勃海蓚人也。六世祖隐，晋玄菟太守。隐生庆，庆生泰，泰生湖，三世仕慕容氏。及慕容宝败，国乱，湖率众归魏，为右将军。湖生四子，第三子谧，仕魏，位至侍御史，坐法徙居怀朔镇。谧生皇考树生，性通率，不事家业，住居白道南，数有赤光紫气之异，邻人以为怪，劝徙居以避之。皇考曰：“安知非吉？”居之自若。

　　及神武生而皇妣韩氏殂，养于同产姊姊婿镇狱队尉景家。神武既累世北边，故习其俗，遂同鲜卑。长而深沉有大度，轻财重士，为豪侠所宗。目有精光，长头高权，齿白如玉，少有人杰表。家贫，及娉武明皇后，始有马，得给镇为队主。镇将辽西段长常奇神武貌，谓曰：“君有康济才，终不徒然。”便以子孙为托。及贵，追赠长司空，擢其子宁而用之。

　　神武自队主转为函使。尝乘驿过建兴，云雾昼晦，雷声随之，半日乃绝，若有神应者。每行道路，往来无风尘之色。又尝梦履众星而行，觉而内喜。为函使六年，每至洛阳，给令史麻祥使。祥尝以肉啖神武，神武性不立食，坐而进之，祥以为慢己，笞神武四十。

　　及自洛阳还，倾产以结客。亲故怪问之，答曰：“吾至洛阳，宿卫羽林相率焚领军张彝宅，朝廷惧其乱而不问，为政若此，事可知也。财物岂可常守邪？”自是乃有澄清天下之志。与怀朔省事云中司马子如及秀容人刘贵、中山人贾显智为奔走之友,怀朔户曹史孙腾、外兵史侯景亦相友结。刘贵尝得一白鹰,与神武及尉景、蔡俊、子如、贾显智等猎于沃野,见一赤兔,每搏辄逸,遂至迥泽。泽中有茅屋,将奔入,有狗自屋中出噬之,鹰兔俱死。神武怒,以鸣镝射之,狗毙。屋中乃有二人出,持神武襟甚急。其母两目盲,曳杖,呵其二子,曰:"何故触大家!"出瓮中酒,烹羊以待客。因自言善暗相,遍扪诸人,言皆贵,而指麾俱由神武。又曰:"子如历位显,智不善终。"饮竟,出行数里,还更访之,则本无人居,乃向非人也。由是诸人益加敬异。

孝昌元年,柔玄镇人杜洛周反于上谷,神武乃与同志从之。丑其行事,私与尉景、段荣、蔡俊图之,不果而逃,为其骑所追。文襄及魏永熙后皆幼,武明后于牛上抱负之。文襄屡落牛,神武弯弓将射之以决去,后呼荣求救,赖荣透下取之以免。遂奔葛荣,又亡归尔朱荣于秀容。先是刘贵事荣,盛言神武美,至是始得见。以憔悴故,未之奇也,贵为神武更衣,复求见焉。因随荣之厩,厩有恶马,荣命剪之,神武乃不加羁绊而剪,竟不蹄啮。已而起曰:"御恶人亦如此马矣。"荣遂坐神武于床下,屏左右而访时事。神武曰:"闻公有马十二谷,色别为群,将此竟何用也?"荣曰:"但言尔意。"神武曰:"方今天子愚弱,太后淫乱,孽宠擅命,朝政不行,以明公雄武,乘时奋发,讨郑俨、徐纥而清帝侧,霸业可举鞭而成。此贺六浑之意也。"荣大悦,语自日中至夜半乃出。自是每参军谋。

后从荣徙据并州,抵扬州邑人庞苍鹰,止团焦中。每从外归,主人遥闻行响动地。苍鹰母数见团焦上赤气赫然属天。又苍鹰尝夜欲入,有青衣人拔刀叱曰:"何故触王?"言讫不见。始以为异,密觇之,唯见赤蛇蟠床上,乃益惊异,因杀牛分肉,厚以相奉。苍鹰母求以神武为义子。及得志,以其宅为第,号为南宅。虽门巷开广,堂宇崇丽,其本所住团焦,以石垩涂之,留而不毁。至文宣时,遂为宫。

既而荣以神武为亲信都督。于时魏明帝衔郑俨、徐纥,逼灵太后,未敢制,私使荣举兵内向。荣以神武为前锋。至上党,明帝又私诏停之。及帝暴崩，荣遂入洛。因将篡位，神武谏恐不听，请铸像卜之，铸不成，乃止。孝庄帝立；以定策勋，封铜鞮伯。及尔朱荣击葛荣，令神武喻下贼别称王者七人。后与行台于晖破羊侃于太山。寻与元天穆破邢杲于济南。累迁第三镇人酋长。

尝在荣帐内，荣尝问左右曰："一日无我，谁可主军？"皆称尔朱兆。荣曰："此正可统三千骑以还。堪代我主众者，唯贺六浑耳。"因诫兆曰："尔非其匹，终当为其子穿鼻。"乃以神武为晋州刺史。于是大聚敛，因刘贵货荣下要人，尽得其意。时州库角无故自鸣，神武异之，无几而孝庄诛荣。

及尔朱兆自晋阳将举兵赴洛，召神武，神武使长史孙腾辞以绛蜀、汾胡欲反，不可委去，兆恨焉。腾复命，神武曰："兆举兵犯上，此大贼也，吾不能久事之。"自是始有图兆计。及兆入洛，执庄帝以北，神武闻之大惊，又使孙腾伪贺兆，因密觇孝庄所在，将劫以举义，不果，乃以书喻之，言不宜执天子以受恶名于海内。兆不纳，杀帝而与尔朱世隆等立长广王晔，改元建明，封神武为平阳郡公。

及费也头纥豆陵步藩入秀容，逼晋阳，兆征神武。神武将往，贺拔焉过儿请缓行以毙之。神武乃往逗留，辞以河无桥，不得渡。步藩军盛，兆败走。初，孝庄之诛尔荣，知其党必有逆谋，乃密敕步藩，令袭其后。步藩即败兆等，以兵势日盛，兆又请救于神武。神武内图兆，复虑步藩后之难除，乃与兆悉力破之，藩死。深德神武，誓为兄弟。时世隆、度律、彦伯共执朝政，天光据关右，兆据并州，仲远据东郡，各拥兵为暴，天下苦之。

葛荣众流入并、肆者二十余万，为契胡陵暴，皆不聊生，大小二十六反，诛夷者半，犹草窃不止。兆患之，问计于神武。神武曰："六镇反残，不可尽杀，宜选王素腹心者，私使统焉，若有犯者，罪其帅，则所罪者寡。"兆曰："善！谁可行也？"贺拔允时在坐，请神武，神武拳殴之，折其一齿，曰："生平天柱时，奴辈伏处分如鹰犬，今日天下安置在王，而阿鞠泥敢诬下罔上，请杀之。"兆以神武为诚，遂以委焉。神武以兆醉，恐醒后或致疑贰，遂出，宣言"受委统州镇兵，可集汾东受令"。乃建牙阳曲川，陈部分。有款军门者，绛巾袍，自称梗杨驿子，愿厕左右。访之，则以力闻，尝于并州市扼杀人者，乃署为亲信。兵士素恶兆而乐神武，于是莫不皆至。

居无何，又使刘贵胜请兆，以并、肆频岁霜旱，降户掘黄鼠而食之，皆面无谷色，徒污人国土。请令就食山东，待温饱而处分之。兆从其议。其长史慕容绍宗谏曰："不可，今四方扰扰，人怀异望，况高公雄略，又握大兵，将不可为。"兆曰："香火重誓，何所虑邪？"绍宗曰："亲兄弟尚难信，何论香火！"时兆左右已受神武金，因谮绍宗与神武旧隙，兆乃禁绍宗而催神武发。

神武乃自晋阳出滏口。路逢尔朱荣妻乡郡长公主自洛阳来，马三百匹，尽夺易之。兆闻，乃释绍宗而问焉。绍宗曰："犹掌握中物也。"于是自追神武，至襄垣。会漳水暴长，桥坏，神武隔水拜曰："所以借公主马，非有他故，备山东盗耳。王受公主言，自来赐追，今渡河而死，不辞，此众便叛。"兆自陈无此意，因轻马渡，与神武坐幕下，陈谢，遂授刀引头，使神武斫己。神武大哭，曰："自天柱薨背，贺六浑更何所仰！愿大家千万岁，以申力用。今旁人构间至此，大家何忍复出此言？"兆投刀于地，遂刑白马而盟，誓为兄弟，留宿夜饮。尉景伏壮士欲执兆，神武啮臂止之，曰："今杀之，其党必奔归聚结。兵饥马瘦，不可相支。若英雄屈起，则为害滋甚。不如且置之。兆虽劲捷，而凶狡无谋，不足图也。"旦日，兆归营，又召神武，神武将上马诣之，孙腾牵衣乃止。隔水肆骂，驰还晋阳。兆心腹念贤领降户家累别为营，神武伪与之善，观其佩刀，因取之以杀其从者，尽散。于是士众咸悦，倍愿附从。

初，魏真君中，内学者奏言上党有天子气，云在壶关大王山。武帝于是南巡以厌当之，累石为三封，斩其北凤皇山以毁其形，后上党人居晋阳者号上党坊，神武实居之。及是行，舍大王山。六旬而进。将出滏口，倍加约束，纤毫之物，不听侵犯。将过麦地，神武辄步牵马。远近闻之，皆称高仪同将兵整肃，益归心焉，遂前行屯邺北，求粮于相州刺史刘诞，诞不供。有军营租米，神武自取之。

魏普泰元年二月,神武军次信都,高乾、封隆之开门以待,遂据冀州。是月,尔朱度律废元晔而立节闵帝。欲羁縻神武,三月,乃白节闵帝,封神武为勃海王,征使入觐。神武辞。四月癸巳,又加授东道大行台、第一镇人酋长。庞苍鹰自太原来奔,神武以为行台郎,寻以为安州刺史。

神武自向山东,养士缮甲,禁兵侵掠,百姓归心。乃诈为书,言尔朱兆将以六镇人配契胡为部曲,众皆愁。又为并州符,征兵讨步落稽,发万人将遣之,孙腾、尉景伪请留五日,如此者再。神武亲送之郊,雪涕执别。人号恸,哭声动地。神武乃喻之,曰:"与尔俱失乡客,义同一家,不意在上乃尔征召!直向西已当死,后军期又当死,配国人又当死,奈何?"众曰:"唯有反耳!"神武曰:"反是急计,须推一人为主。"众愿奉神武。神武曰:"尔乡里难制,不见葛荣乎?虽百万众,无刑法,终自灰灭。今以吾为主,当与前异,不得欺汉儿,不得犯军令,生死任吾,则可。不尔,不能为取笑天下。"众皆顿颡,死生唯命。神武曰若不得已。明日。椎牛飨士,喻以讨尔朱兆之意。封隆之进曰:"千载一时,普天幸甚。"神武曰:"讨贼,大顺也,拯时,大业也,吾虽不武,以死继之,何敢让焉,"

六月庚子,建义于信都,尚未显背尔朱氏。及李元忠与高乾平殷州,斩尔朱羽生首来谒,神武抚膺曰:"今日反决矣!"乃以元忠为殷州刺史。是时,兵威即振,乃抗表罪状尔朱氏,世隆等秘表不通。八月,尔朱兆攻陷殷州,李元忠来奔。

孙腾以为朝廷隔绝,不权立天子,则众望无所系。十月壬寅,奉章武王融子勃海太守朗为皇帝,年号中兴,是为废帝。时度律、仲远军次晋阳,尔朱兆会之。神武用窦泰策,纵反间,度律、仲远不战而还,神武乃败兆于广阿。十一月,攻邺,相州刺史刘诞婴城固守。神武起土山,为地道,往建大柱,一时焚之,城陷入地。麻祥时为汤阴令,神武呼之曰麻都,祥惭而逃。

永熙元年正月壬午,拔邺城,据之。废帝进神武大丞相、柱国大将军、太师。是时,青州建义大都督崔灵珍,大都督耿翔皆遣使归附,行汾州事刘贵弃城来降。闰三月,尔朱天光自长安,兆自并州,度律自洛阳,仲远自东郡,同会邺,众号二十万,挟洹水而军。节闵以长孙承业为大行台,总督焉,神武令封隆之守邺,自出顿紫陌。时马不满二千,步兵不至三万,众寡不敌。乃于韩陵为圆阵,连牛驴以塞归道。于是将士皆为死志,四面赴击之。尔朱兆责神武以背己。神武曰:"本戮力者,共辅王室,今帝何在?"兆曰:"永安枉害天柱,我报仇耳。"神武曰:"我昔日亲闻天柱计,汝在户前立,岂得言不反邪?且以君杀臣,何报之有?今日义绝矣。"乃合战,大败之。尔朱兆对慕容绍宗叩心曰:"不用公言,以此。"将轻走,绍宗反旗鸣角,收聚散卒,成军容而西上。高季式以七骑追奔,度野马岗,与兆遇。高昂望之不见,哭曰:"丧吾弟矣!"夜久,季式还,血满袖。斛斯椿倍道先据河桥。初,普泰元年十月,岁星、荧惑、镇星、太白聚于觜、参,色甚明。太史占云,当有王者兴。是时,神武起于信都,至是而破兆等。

四月,斛斯椿执天光、度律以送洛阳。长孙承业遣都督贾显智、张欢入洛阳,执世隆、彦伯斩之。兆奔并州。仲远奔梁州,遂死焉。时凶蠹既除,朝廷庆悦。初,未战之前月,章武人张绍夜中忽被数骑将逾城至一大将军前,敕绍为军导向邺,云佐受命者除残贼。绍回视之,兵不测,整疾无声。将至邺,乃放焉。及战之日,尔朱氏军人见阵外士马四合,盖神助也。

既而神武至洛阳,废节闵及中兴主而立孝武。孝武即位,授神武大丞相、天柱大将军、太师,世袭定州刺史,增封并前十五万户。神武辞天柱,减户五万。壬辰,还邺,魏帝饯于乾脯山,执手而别。

七月壬寅,神武师次北伐尔朱兆。封隆之言,侍中斛斯椿、贺拔胜、贾显智等往事尔朱,普皆反噬,今在京师宠任,必构祸隙。神武深以为然。乃归天光、度律于京师,斩之。遂自滏口入。尔朱兆大掠晋阳,北保秀容,并州平。神武以普阳四塞,乃建大丞相府而定居焉。

尔朱兆既至秀容,分兵守险,出入寇抄。神武扬声讨之,师出止者数四,兆意怠。神武揣其岁首当宴会,遣窦泰以精骑驰之,一日一夜行三百里,神武以大军继之。

二年春正月,窦泰奄至尔朱兆庭。军人因宴休惰,忽见泰军,惊走,追之于赤洪岭。兆自缢,神武亲临,厚葬之。慕容绍宗以尔朱荣妻子及余众自保焉突城,降,神武以义故待之甚厚。

神武之入洛也,尔朱仲远部下都督桥宁、张子期自滑台归命,神武以其助乱,且数反覆,皆斩之。斛斯椿由是内不自安,乃与南阳王宝炬及武卫将军元毗、魏光、王思政构神武于魏帝。舍人元士弼又奏神武受敕大不敬,故魏帝心贰于贺拔岳。初,孝明之时,洛下以两拔相击,谣言"铜拔打铁拔,元家世将末",好事者以二拔谓拓拔、贺拔,言俱将衰败之兆。

时司空高乾密启神武,言魏帝之贰。神武封呈,魏帝杀之。又遣东徐州刺史潘绍业密敕长乐太守庞苍鹰,令杀其弟昂。昂先闻其兄死,以稍刺柱,伏壮士执绍业于路,得敕书于袍领,遂来奔。神武抱其首哭曰:"天子枉害司空。"遽使以白武幡劳其家属。时乾次弟慎在光州,为政严猛,又纵部下取纳,魏帝使代之。慎闻难,将奔梁,其属曰:"公家勋重,必不兄弟相及。"乃弊衣推鹿车归勃海,逢使者,亦来奔。于是魏帝与神武隙矣。

阿至罗虏正光以前常称藩,自魏朝多事,皆叛。神武遣使招纳,便附款。先是,诏以寇贼平,罢行台,至是以殊俗归降,复授神武大行台,随机处分。神武赍其粟帛,议者以为徒费无益,神武不从,抚慰如初。其酋帅吐陈等感恩,皆从指麾,救曹泥,取万俟受洛干,大收其用。河西费也头虏纥豆陵伊利居苦池河,恃险拥众,神武遣长史侯景屡招不从。

天平元年正月壬辰,神武西伐费也头虏纥豆陵伊利于河西,灭之,迁其部落于河东。二月,永宁寺九层浮屠灾。既而人有从东莱至,云及海上人咸见之于海中,俄而雾起,乃灭。说者以为天意若曰:"永宁见灾。魏不宁矣,飞入东海,勃海应矣。"

魏帝既有异图,时侍中封隆之与孙腾私言,隆之丧妻,魏帝欲妻以从妹，腾亦未之信，心害隆之，泄其言于斛斯椿，椿以白魏帝，又孙腾带仗入省，擅杀御史。并亡来奔。称魏帝挝舍人梁续于前，光禄少卿元子干攘臂击之，谓腾曰："语尔高王，元家儿拳正如此。"领军娄昭辞疾归晋阳。魏帝于是以斛斯椿兼领军，分置督将及河南、关西诸刺史。华山王鸷在徐州，神武使邸珍夺其管籥。建州刺史韩贤、济州刺史蔡俊皆神武同义，魏帝忌之，故省建州以去贤，使御史中尉綦俊察俊罪，以开府贾显智为济州，俊拒之。

魏帝逾怒，五月，下诏，云将征句吴，发河南诸州兵，增宿卫，守河桥。六月丁巳，密诏神武曰："宇文黑獭自平破秦、陇，多求非分，脱有变非常，事资经略。但表启未全背戾，进讨事涉匆匆。遂召群臣，议其可否。佥言假称南伐，内外戒严，一则防黑獭不虞，二则可威吴楚。"时魏帝将伐神武，神武部署将帅，虑疑，故有此诏。神武乃表曰："荆州绾接蛮左，密迩畿服，关陇恃远，将有逆图。臣今潜勒兵马三万，拟从河东而渡；又遣恒州刺史库狄干、瀛州刺史郭琼、汾州刺史斛律金、前武卫大将军彭乐拟兵四万，从其来违津渡；遣领军将军娄昭、相州刺史窦泰、前瀛州刺史尧雄、并州刺史高隆之拟兵五万，以讨荆州，遣冀州刺史尉景、前冀州史高敖曹、济州刺史蔡俊、前侍中封隆之拟山东兵七万、突骑五万，以征江左。皆约勒所部，伏听处分。"魏帝知觉其变，乃出神武表，命群官议之，欲止神武诸军。

神武乃集在并僚佐，令其博议。还以表闻，仍以信誓自明忠款曰："臣为嬖佞所间，陛下一旦赐疑，令猖狂之罪，尔朱时计。臣若不尽诚竭节，敢负陛下，则使身受天殃，子孙殄绝。陛下若垂信赤心，使干戈不动，佞臣一二人，愿斟量废出。"

辛未，帝复录在京文武议意，以答神武。使舍人温子升草敕，子升逡巡未敢作，帝据胡床拔剑作色，子升乃为敕曰：

前持心血，远以示王，深冀彼此共相体悉，而不良之徒，坐生间贰。近孙腾仓卒向彼，致使闻者疑有异谋。故遣御史中尉綦俊，具申朕怀。今得王启，言誓恳恻，反覆思之，犹所未解。以朕眇身,遇王武略,不劳尺刃,坐为天子。所谓生我者父母,贵我者高王。今若无事背王,规相攻讨,则使身及子孙,还如王誓,皇天后土,实闻此言。

近虑宇文为乱,贺拔胜应之,故纂严,欲与王俱为声援。宇文今日使者相望,观其所为,更无异迹。贺拔在南,开拓边境,为国立功,念无可责。君若欲分讨,何以为辞?东南不宾,为日已久,先朝已来,置之度外,今天下户口减半,未宜穷兵极武。

朕即暗昧,不知佞人是谁,可列其姓名,令朕知也。如闻库狄干语王云:"本欲取懦弱者为主,无事立此长君,使其不可驾御。今但作十五日行,自可废之,更立余者。"如此议论,自是王间勋人,岂出佞臣之口?去岁封隆之背叛,今年孙腾逃走,不罪不送,谁不怪王?腾既为祸始,曾无愧惧,王若事君尽诚,何不斩送二首?王虽启图西去,而四道俱进,或欲南度洛阳,或欲东临江左,言之者犹应自怪,闻之者宁能不疑?王若守诚不贰,晏然居北,在此虽有百万之众,终无图彼之心。王脱信邪弃义,举旗南指,纵无匹马只轮,犹欲奋空拳而争死。朕本寡德,王已立之,百姓无知,或谓实可。若为化所图,则彰朕之恶,假令还为王杀,幽辱葅粉,了无遗恨,何者?王既以德见推,以义见举,一朝背德舍义,便是过有所归。

本望君臣一体,若合符契,不图今日,分疏到此!古语云:"越人射我,笑而道之;吾兄射我,泣而道之。"朕即亲王,情如兄弟,所以投笔拊膺,不觉嘘欷。

初,神武自京师将北,以为洛阳久经丧乱,王气衰尽,虽有山河之固,土地褊狭,不如邺,请迁都。魏帝曰:"高祖定鼎河洛,为永永之基,经营制度,至世宗乃毕。王既功在社稷,宜遵太和旧事。"神武奉诏。至是,复谋焉。遣兵千骑镇建兴,益河东及济州兵,于白沟虏船,不听向洛,诸州和籴粟,运入邺城。魏帝又敕神武曰:"王若厌伏人情,杜绝物议,唯有归河东之兵,罢建兴之戍,送相州之粟,追济州之军,令蔡俊受代,使邸珍出徐,止戈散马,各事家业。脱须粮廪,别遣转输。则谗人结舌,疑悔不生。王高枕太原,朕垂拱京洛,终不举足渡河,以干戈相指。王若马首南向,问鼎轻重,朕虽无武,欲止不能,必为社稷宗庙,出万死之策。决在于王,非朕能定,为山止篑,相为惜之。"

魏帝时以任祥为兼尚书左仆射,加开府。祥弃官走至河北,据郡待神武。魏帝乃敕文武官,北来者任去留。下诏罪状神武,为北伐经营。神武亦勒马宣言曰:"孤遇尔朱擅权,举大义于四海,奉戴主上,义贯幽明。横为斛斯椿谗构,以诚节为逆首。昔赵鞅兴晋阳之甲,诛君侧恶人。今者南迈,诛椿而已。"以高昂为前锋,曰:"若用司空言,岂有今日之举!"司马子如答神武曰:"本欲立小者,正为此耳。"

魏帝征兵关右,召贺拔胜赴行在所,遣大行台长孙承业、大都督颍川王斌之、斛斯椿共镇武牢,汝阳王暹镇石济,行台长孙子彦帅前恒农太守元洪略镇陕,贾显智率豫州刺史斛斯元寿伐蔡俊。神武使窦泰与左箱大都督莫多娄贷文逆显智,韩贤逆遑。乙寿军降泰。贷文与显智遇于长寿津,显智阴约降,引军退。军司元玄觉之,弛还请益师。魏帝遣大都督侯几绍赴之,战于滑台东,显智以军降,绍死之。

七月,魏帝躬率大众屯河桥。神武至河北十余里,再遣口申诚款,魏帝不报。神武乃引军度河,魏帝问计于君臣,或云南依贺拔胜,或云西就关中,或云守洛口死战,未决。而元斌之与斛斯椿争权不睦,斌之弃椿径还,绐帝云神武兵至。即日,魏帝逊于长安。

己酉,神武入洛,停于永宁寺。八月甲寅,召集百官谓曰:"为臣奉主,匡救危乱。若处不谏争,出不陪随,缓则耽宠争荣,急便窜失,臣节安在!"遂收开府仪同三司叱列延庆、兼尚书左仆射辛雄、兼吏部尚书崔孝芬、都官尚书刘廞兼度支尚书杨机、散骑常侍元士弼,并杀之,诛其贰也。士弼籍没家口。

神武以万机不可旷废,乃与百僚议,以清河王亶为大司马,居尚书下舍而承制决事焉。王称警跸,神武丑之。神武寻至弘农,遂

西克潼关,执毛洪宾;进军长城,龙门都督薛崇礼降。神武退舍河
东,命行台尚书长史薛瑜守潼关;大都督库狄温守封陵;于蒲津西
岸筑城守华州,以薛绍宗为刺史;高昂行豫州事。神武自发晋阳至
此,凡四十启,魏帝皆不答。

九月庚寅,神武还至洛阳,乃遣僧道荣奉表关中,又不答。乃集
百僚沙门耆老,议所推立。以为自孝昌衰乱,国统中绝,神主靡依,
昭穆失序,永安以孝文为伯考,永熙迁孝明于夹室,业丧祚短,职此
之由。遂议立清河王世子善见。议定,白清王河。王曰:“天子无父,
苟使儿立,不惜余生。”乃立之,是为孝静帝。魏于是始分为二。

神武以孝武即西,恐逼崤陕,洛阳复在河外,接近梁境,如向晋
阳。形势不能相接,依议迁邺。护军祖莹赞焉。诏下三日,车驾便
发,户四十万,狼狈就道。神武留洛阳部分,事毕还晋阳。自是军国
政务,皆归相府。先是童谣曰:“可怜青雀子,飞来邺城里,羽翮垂欲
成,化作鹦鹉子。”好事者窃言,雀子谓魏帝清河王,鹦鹉谓神武也。

初,孝昌中,山胡刘蠡升自称天子,年号神嘉,居云阳谷,西土
岁被其寇,谓之胡荒。

二年正月,西魏渭州刺史可朱浑道元拥众内属,神武迎纳之。
壬戌,神武袭击刘蠡升,大破之。己巳,魏帝褒诏,以神武为相国,假
黄钺,剑履上殿,入朝不趋,神武固辞。三月,神武欲以女妻蠡升太
子,候其不设备,辛酉,潜师袭之。其北部王斩蠡升首以送,其众复
立其子南海王。神武进击之,又获南海王,及其弟西海王、北海王、
皇后公卿已下四百余人,胡、魏五万户。壬申,神武朝于邺。四月,
神武请给迁人廪各有差。九月甲寅,神武以州、郡、县官多乖法,请
出使问人疾苦。

三年正月甲子,神武帅库狄干等万骑袭西魏夏州。身不火食,
四日而至,缚稍为梯,夜入其城,擒其刺史费也头斛拔俄弥突,因而
用之。留都督张琼以镇守,迁其部落五千户以归。西魏灵州刺史曹
泥与其婿凉州刺史刘丰遣使请内属。周文围泥,水灌其城,不没者
四尺。神武命阿至罗发骑三万,径度灵州,绕出西军后,获马五十

匹,西师乃退。神武率骑迎泥、丰生,拔其遗户五千以归,复泥官爵。魏帝诏加神武九锡,固让乃止。二月,神武令阿至罗逼西魏秦州刺史建忠王万俟普拨,神武以众应之。六月甲午,普拨与其子太宰受洛干、幽州刺史叱于宝乐、右卫将军破六韩常及督将三百余人,拥部来降。八月丁亥,神武请均斗尺,班于天下。九月辛亥,汾州胡王迢触、曹贰龙聚众反,署立百官,年号平都,神武讨平之。十二月丁丑,神武自晋阳西讨,遣兼仆射行台汝阳王暹、司徒高昂等趣上洛,大都督窦泰入自潼关。

四年正月癸丑,窦泰军败自杀。神武军次蒲津,以冰薄不得赴救,乃班师。高昂攻克上洛。二月乙酉,神武以并、肆、汾、建、晋、东雍、南汾、秦、陕九州霜旱,人饥流散,请所在开仓振给。六月壬申,神武如天池,获瑞石,隐起成文曰:“六王三川”。十一月壬辰,神武西讨,自蒲津济,众二十万。周文军于沙苑。神武以地厄少却,西人鼓噪而进。军大乱,弃器甲十有八万,神武跨橐驼,候船以归。

元象元年三月辛酉,神武固请解丞相,魏帝许之。四月庚寅,神武朝于邺。壬辰,还晋阳,请开酒禁,并振恤宿卫武官。七月壬午,行台侯景、司徒高昂围西魏将独孤信于金墉,西魏帝及周文并来赴救。大都督库狄干帅诸将前驱,神武总众继进。八月辛卯,战于河阴,大破西魏军,俘获数万。司徒高昂、大都督李猛、宋显死之。西师之败,独孤信先入关,周文留其都督长孙子彦守金墉,遂烧营以遁。神武遣兵追奔至崤,不及而还。初,神武知西师来侵,自晋阳率众驰赴,至孟津,未济,而军有胜负。既而神武渡河,子彦亦弃城走。神武遂毁金墉而还。十一月庚午,神武朝于京师。十二月壬辰,还晋阳。

兴和元年七月丁丑,魏帝进神武为相国、录尚书事,固让乃止。十一月乙丑,神武以新宫成,朝于邺。魏帝与神武谯射,神武降阶下称贺。又辞勃海王及都督中外诸军事,诏不许。十二月戊戌,神武还晋阳。

二年十二月,阿至罗别部遣使请降,神武帅众迎之,出武州塞,不见,大猎而还。

三年五月,神武巡北境,使使与蠕蠕通和。

四年五月辛巳,神武朝于邺。请令百官,每月面敷政事;明扬仄陋,纳谏屏邪,亲理狱讼,褒黜勤怠;牧守有愆,节级相坐;椒掖之内,进御以序;后园鹰犬,悉皆弃之。六月甲辰,神武还晋阳。九月,神武西征,十月己亥,围西魏仪同三司王思政于玉壁城,欲以至致敌,西师不敢出。十一月癸未,神武以大雪,士卒多死,乃班师。

武定元年二月壬申,北豫州刺史高慎据武牢西叛。三月壬辰,周文率众援高慎,围河桥南城。戊申,神武大败之于芒山,禽西魏督将以下四百余人,俘斩六万计,是时军士有盗杀驴者,军令应死,神武弗杀,将至并州决之。明日,复战,奔西军,告神武所在,西师尽锐来攻。众溃,神武失马,赫连阳顺下马,以授神武,与苍头冯文洛扶上,俱走。从者步骑六七人。追骑至,亲信都督尉兴庆曰:“王去矣,兴庆腰边百箭,足杀百人。”神武勉之曰:“事济,以尔为怀州;若死,则用尔子。”兴庆曰:“儿小,愿用兄。”许之。兴庆斗,矢尽而死。西魏太师贺拔胜以十三骑逐神武,河州刺史刘洪徽射中其二。胜稍将中神武,段孝先横射胜马毙,遂免。豫、洛二州平,神武使刘丰追奔徇地,至恒农而还。七月,神武贻周文书,责以杀孝武之罪。八月辛未,魏帝诏神武为相国、录尚书事、大行台,余如故,固辞乃止,是月,神武命于肆州北山筑城,西自马陵戍,东至土磴,四十日罢。十二月己卯,神武朝于京师。庚辰,还晋阳。

二年三月癸巳,神武巡行冀、定二州,因朝京师。以冬春亢旱,请蠲县责,振穷乏,宥死罪以下。又请授老人板职各有差。四月丙辰,神武还晋阳。十一月,神武讨山胡,破平之,俘获一万余户,分配诸州。

三年正月甲午,开府仪同三司尔朱文畅、开府司马任胄、都督郑仲礼、中府主簿李世林、前开府参军房子远等谋贼神武,因十五日夜打簇,怀刃而入。其党薛季孝以告,并伏诛。丁未,神武请于并州置晋阳宫,以处配口。三月乙未,神武朝邺。丙午,还晋阳。十月丁卯，神武上言，幽、安、定三州北接奚、蠕蠕，请于险要修立城戍以防之。躬自临履，莫不严固。乙未，神武请释芒山俘桎梏，配以人间寡妇。

四年八月癸巳，神武将西伐，自邺会兵于晋阳。殿中将军曹魏祖曰：“不可，今八月西方王，以死气逆生气，为客不利，主人则可。兵果行，伤大将。”神武不从。自东西魏构兵，邺下每先有黄黑蚁阵斗。占者以为黄者东魏戎衣色，黑者西魏戎衣色，人间以此候胜负。是时黄蚁尽死。九月，神武围玉壁以挑西师，不敢应。西魏晋州刺史韦孝宽守玉壁。城中出铁面，神武使元盗射之，每中其目。用李业兴孤虚术，萃其北，北，天险也。乃起土山，凿十道，又于东面凿二十一道，以攻之。城中无水，汲于汾，神武使移汾，一夜而毕。孝宽夺据土山。顿军五旬，城不拔，死者七万人，聚为一冢。有星坠于神武营，众驴并鸣，士皆耆惧。神武有疾。十一月庚子，舆疾班师。庚戌，遣太原公洋镇邺。辛亥，征世子澄至晋阳。有恶鸟集于亭树，世子使斛律光射杀之。己卯，神武以无功，表解都督中外诸军事，魏帝优诏许焉。是时，西魏言神武中弩，神武闻之，乃勉坐见诸贵。使斛律金敕勒歌，神武自和之，哀感流涕。

侯景素轻世子，尝谓司马子如曰：“王在，吾不敢有异；王无，吾不能与鲜卑小儿共事。”子如掩其口。至是，世子为神武书，召景。景先与神武约，得书，书背微点，乃来。书至，无点，景不至。又闻神武疾，遂拥兵自固。神武谓世子曰：“我虽疾，尔面更有余忧色，何也？”世子未对。又问曰：“岂非忧侯景叛邪？”曰：“然。”神武曰：“景专制河南十四年矣，常有飞扬跋扈志，顾我能养，岂为汝驾御也。今四方未定，勿遽发哀。库狄干鲜卑老公，斛律金敕勒老公，并性遒直，终不负汝。可朱浑道元、刘丰生远来投我，必无异心。贺拔焉过儿朴实无罪过，潘相乐今本作道人，心和厚，汝兄弟当得其力。韩轨少戆，宜宽借之。彭相乐心腹难得，宜防护之。少堪敌侯景者，唯有慕容绍宗，我故不贵之，留以与汝，宜深加殊礼，委以经略。”

五年正月朔，日蚀。神武曰：“日蚀其为我邪？死亦何恨。”丙午，

陈启于魏帝。是日,崩于晋阳,时年五十二。秘不发丧。六月壬午,
魏帝于东堂举哀三日,制缌衰,诏凶礼依汉大将军霍光、东平王苍
故事,赠假黄钺、使持节、相国、都督中外诸军事、齐王玺绂、辒辌
车、黄屋左纛、前后羽葆鼓吹、轻车介士、兼备九锡殊礼,谥献武王。
八月甲申,葬于邺西北漳水之西,魏帝临送于紫陌。天保初,追崇为
献武帝,庙号太祖,陵曰义平。天统元年,改谥神武皇帝,庙号高祖。

　　神武性深密高岸,终日俨然,人不能测,机权之际,变化若神。
至于军国大略,独运怀抱,文武将吏,罕有预之。经驭军众,法令严
肃,临敌制胜,策出无方。听断昭察,有可欺犯,知人好士,全护勋
旧,性周给,每有文教,常殷勤款悉,指事论心,不尚绮靡。擢人授
任,在于得才,苟其所堪,乃至拔于厮养,有虚声无实者,稀见任用。
诸将出讨,奉行方略,罔不克捷,违失指画,多致奔亡。雅尚俭素,刀
剑鞍勒无金玉之饰。少能剧饮,自当大任,不过三爵。居家如官。仁
恕爱士。始范阳卢景裕以明经称,鲁郡韩毅以工书显,咸以谋逆见
禽,并蒙恩置之第馆,教授诸子。其文武之士,尽节所事见执获而不
罪者甚多,故遐迩归心,皆思效力。至南和梁国,北怀蠕蠕,吐谷浑、
阿至罗咸所招纳,获其力用,规略远矣。

　　世宗文襄皇帝讳澄,字子惠,神武长子也,母曰娄太后。生而岐
嶷,神武异之。魏中兴元年,立为渤海王世子,就杜询讲学,敏悟过
人,询甚叹服。二年,加侍中、开府仪同三司,尚孝静帝妹冯翊长公
主时年十二,神情俊爽,便若成人,神武试问以时事得失,辨析无不
中理。自是军国筹策皆预之。

　　天平元年,加使持节、尚书令、大行台、并州刺史。三年,入辅朝
政,加领军左右、京畿大都督。时人虽闻器识,犹以少年期之,而机
略严明,事无疑滞,于是朝野振肃。

　　元象元年,摄吏部尚书。魏自崔亮以后,选人常以年劳为制。文
襄乃厘改前式,铨擢唯在得人。又沙汰尚书郎,妙选人地以充之。至
于才名之士,咸被荐擢。假有未居显位者,皆致之门下,以为宾客。

每山园游宴,必见招携,执射赋诗,各尽其所长,以为娱适。

兴和二年,加大将军,领中书监,仍摄吏部尚书。自正光已后,天下多事,在任群官,廉洁者寡。文襄乃奏吏部崔暹为御史中尉,纠劾权豪,无所纵舍,于是风俗更始,私枉路绝。乃榜于街衢,具论经国政术,仍开直言之路,有论事上书苦言切至者,皆优容之。

武定四年十一月,神武西讨,不豫,班师。文襄驰赴军所,侍卫还晋阳。五年正月丙午,神武崩,秘不发丧。辛亥,司徒侯景据河南反,颍州刺史司马世云以城应之。景诱执豫州刺史高元成、襄州刺史李密、广州刺史暴显等。遣司空韩轨率众讨之。四月壬申,文襄朝于邺。六月己巳,韩轨等自颍州班师。丁丑,文襄还晋阳,乃发丧,告喻文武,陈神武遗志。

七月戊戌,魏帝诏以文襄为使持节、大丞相、都督中外诸军、录尚书事、大行台、勃海王。文襄启辞位,愿停王爵。壬寅,魏帝诏太原公洋摄理军国,遣中使敦喻。

八月戊辰,文襄启申神武遗令,请减国邑,分封将督各有差。辛未,朝于邺,固辞丞相。魏帝诏曰:“既朝野攸冯,安危所系,不得令遂本怀,须有权夺。可复前大将军,余如故。”壬辰,尚书祠部郎中元瑾、梁降人苟济、长秋卿刘思逸及淮南王宣洪、华山王大器、济北王徽等谋害文襄,事发伏诛。

九月己亥,文襄请旧勋灼然未蒙齿录者,悉求旌赏;朝士名行有闻,或以年耆疾满告谢者,准其本秩,授以州郡,不得莅事,听荫子孙;自天平元年以来,遇事亡官者,听复本资。豪贵之家,不得占护山泽。其第宇车服婚姻送葬奢僭无限者,并令禁断。从太昌元年以来,将帅有殊功异效者,其子弟年十岁以上,请听依第出身。其兵士从征,身殒阵场者,蠲其家租课。若有藏器避世者,以礼招致,随才擢叙,罢营构之官。在朝百司,怠惰不勤,有所旷废者,免所居官。若清干克济,皎然可知者,即宜超叙,不拘常式。辛丑,文襄还晋阳。

武定六年正月己未,文襄朝于邺。二月己卯,梁遣使慰文襄,并请通和。文襄许其和而不答书。侯景之叛也,南兖州刺史石长宣颇相影响，诸州刺史、守、令、佐史多被诖误。景破后，悉被禽获，尚书咸处极刑，文襄并请减降。于是斩长宣，其余并从宽宥。三月戊申，文襄请朝臣及牧、守、令、长各举贤良及骁武胆略堪守边城者，务在得才，不拘职素。其称事六品、散官五品以上，朝廷所悉，不在举限。其称事七品、散官六品以下，并及州、郡、县杂白身，不限在官、解职，并任举之，随才进擢。辛亥，文襄南临黎阳，济于武牢，自洛阳，从太行而反晋阳。于路遗书朝士，以相戒厉。于是朝野承风，莫不震肃。六月，文襄巡北边城戍，振赐各有差。七月乙卯，文襄朝于邺。八月庚寅，还晋阳。使大行台慕容绍宗与太尉高岳、大都督刘丰讨王思政于颍川。先是，文襄遣行台尚书辛术率诸将略江淮之北，至是，凡所获二十三州。七年四月甲辰，魏帝进文襄位相国，封齐王，录绲绶，赞拜不名，入朝不趋，剑履上殿；食冀州之勃海、长乐、安德、武邑、瀛州之河间五郡，邑十五万户，使持节、都督中外诸军事、录尚书、大行台并如故。丁未，文襄入朝，固让，魏帝不许。五月戊寅，文襄帅师自邺赴颍川。六月丙申，克颍川，禽西魏大将军王思政，以忠于所事，释而待之。七月，文襄朝于邺，请魏帝立皇太子，复辞爵位殊礼，未报。八月辛卯，遇盗而崩。初，梁将兰钦子京见虏，文襄以配厨，钦求赎之，不许。京再诉，文襄使监厨苍头薛丰洛杖之曰：“更诉，当杀汝。”京与其党六人谋作乱。时文襄将受魏禅，与陈元康、崔季舒屏左右谋于北城车柏堂。太史启言宰辅星甚微，变不一月。时京将进食，文襄却之，谓人曰：“昨夜梦此奴斫我。”又曰：“急杀却。”京闻之，寔刀于盘下，冒言进食。文襄见之，怒曰：“我未索食，何遽来？”京挥刀曰：“将杀汝！”文襄自投，伤足，入床下。贼党至，去床因见弑，时年二十九。秘不发丧。明年正月辛酉，魏帝举哀于太极东堂，诏赠物八万段，凶事依汉大将军霍光、东平王苍故事，赠假黄钺、使持节、相国、都督中外诸军事、齐王玺绂，辒辌车、黄屋左纛、后部羽葆鼓吹、轻车介士，备九锡礼，谥曰文襄王。二月甲申，葬于义平陵之北。天保初，追尊曰文襄皇帝，庙号世宗，陵曰峻成。

文襄美姿容，善言笑，谈谑之际，从容弘雅。性聪警，多筹策，当朝作相,听断如流。爱士好贤,待之以礼,有神武之风焉。然少壮气猛,严峻刑法,高慎西叛,侯景南翻,非直本怀狼戾,兼亦有惧威略。情欲奢淫,动乖制度。尝于宫西造宅,墙院高广,听事宏壮,亚太极殿,神武入朝,责之,乃止。

论曰:昔魏氏失驭,中原荡析,齐神武爰从晋部,大号冀方,屡战而夷凶徒,一麾以清京洛,尊主匡国,功济天下。既而魏武帝规避权逼,历数既尽,适所以速关、河之分焉。

文襄嗣膺霸道,威略昭著,内除奸逆,外拓淮夷,摈斥贪残,存情人物。而志在峻法,急于御下,于前王之德,有所未同。盖天意人心,好生恶杀,虽吉凶报应,未皆影响,总而论之,积善多庆。然文襄之祸生所忽,盖有由焉。

北史卷七
齐本纪中第七

显祖文宣帝　废帝　孝昭帝

　　显祖文宣皇帝讳洋,字子进,神武第二子,文襄之母弟也。武明太后初孕帝,每夜有赤光照室,太后私怪之。及产,命之曰侯尼于。鲜卑言有相子也。以生于晋阳,一名晋阳乐,时神武家徒壁立,后与亲姻相对,共忧寒馁。帝生始数月,尚未能言,歘然曰:“得活。”太后及左右大惊,不敢言。及长,黑色,大颊兑下,鳞身重踝,瞻视审定,不好戏弄,深沈有大度。晋阳有沙门,乍愚乍智,时人不测,呼为阿秃师。太后见诸子焉,历问禄位。至帝,再三举手指天而已,口无所言,见者异之。神武尝从诸子过凤阳门,有龙在上,唯神武与帝见之。

　　内虽明敏,貌若不足,文襄每嗤之曰:“此人亦得富贵,相法亦何由可解。”神武以帝貌陋,神彩不甚发扬,曾问以时事,帝略有所辨,倘语一事,必得事衷。又尝令诸子,各使理乱丝,帝独抽刀斩之,曰:“乱者须斩。”神武以为然。又各配兵四出,而使彭乐率甲骑伪攻之,文襄等怖挠,帝勒众与彭乐相格,乐免胄言情,犹禽之以献。由是神武称异之,谓长史薛琡曰:“此儿意识过吾。”琡亦私怪之。幼时,师事范阳卢景裕,默识过人,未尝有所自明,景裕不能测也。天平二年,封太原郡公,累迁尚书左仆射。后从文襄行过辽阳山,独见天门开,余无人见者。

　　武定五年,神武崩,犹秘凶事,众情疑骇。帝虽内婴巨痛,外若平常，人情颇安。魏帝授帝尚书令、中书监、京畿大都督。

七年八月，文襄遇贼，帝在城东双堂，事出仓卒，内外震骇。帝神色不变，指麾部分，自脔斩群贼而漆其首，秘不发丧。徐言奴反，大将军被伤，无大苦也。当时内外，莫不惊异。乃讽魏朝立皇太子，因以大赦。乃赴晋阳总庶政。帝内虽明察，外若不了，老臣宿将皆轻帝。于是帝推诚接下，务从宽厚，事有不便者咸蠲省焉，群情始服。

八年正月辛酉，魏帝为文襄举哀于东堂。戊辰，诏进帝位使持节、丞相、都督中外诸军、录尚书事、大行台、齐郡王，食邑一万户。三月庚申，又进封齐王，食冀州之勃海、长乐、安德、武邑、瀛州之河间五郡，邑十万户。帝自居晋阳，寝室每夜有光如昼。即为王，梦人以笔点己额。旦日，以语馆客王昙晰，曰：“吾其退乎？”昙晰拜贺曰：“王上加点为主，当进也。”五月辛亥，帝如邺。光州获九尾孤以献。甲寅，魏帝遣兼太尉彭城王韶、司空潘相乐奉册，进帝位相国，总百揆，以冀州之勃海、长乐、安德、武邑、瀛州之河间、高阳、章武、定州之中山、常山、博陵十郡，邑二十万户，加九锡殊礼，齐王如故。丙辰，魏帝逊位别宫，又使兼太尉彭城王韶、兼司空敬显俊奉册禅位，致玺书于帝，并奉皇帝玺绶，禅代之礼，一依唐、虞、汉、魏故事。帝累表固辞，诏不许。于是尚书令高隆之率百僚劝进。

天保元年夏五月戊午，皇帝即位于南郊，升坛，柴燎告天。是日，邺下获赤雀，献于郊所。事毕还宫，御太极前殿，大赦改元。百官进两大阶。六州缘边职人三大阶。自魏孝庄已后，百官绝禄，至是复给焉。已未，诏封魏帝为中山王。追尊皇祖文穆王为文穆皇帝，皇祖妣为文穆皇后，皇考献武王为献武皇帝，皇兄文襄王为文襄皇帝。命有司议祖宗以闻。辛酉，尊王太后为皇太后。乙酉，降魏朝封爵各有差；其信都从义，及宣力霸朝者，又西来人，并武定六年以来南来投化者，不在降限。辛未，遣大使于四方观察风俗，问人疾苦。甲戌，迁神主于太庙。

六月辛巳，诏改封崇圣侯孔长为恭圣侯，邑一百户，以奉孔子

祀,并下鲁郡,以时修葺庙宇。又诏:吉凶车服制度,各为等差,具立
条式,使俭而获中。分遣使人致祭于五岳、四渎,其尧祠、舜庙下及
孔父、老君等载于祀典者,咸秩罔遗。又诏:"冀州之勃海、长乐二
郡,先帝始封之国,义旗初起之地;并州之太原、青州之齐郡,霸朝
所在,王命是基。君子有作,贵不忘本,齐郡、勃海,可并复一年,长
乐复二年,太原复三年。

壬午,诏故太傅孙腾、故太保尉景、故大司马娄昭、故司徒高敖
曹、故尚书左仆射慕容绍宗、故领军万俟干、故定州刺史段荣、故御
史中尉刘贵、故御史中尉窦泰、故殷州刺史刘丰、故济州刺史蔡俊
等,并左右先帝,经赞皇基,或不幸早殂,或陨身王事,可遣使者就
墓致祭,并抚问妻子。又诏封宗室,太尉高岳为清河王,太保高隆之
为平原王,开府仪同三司高归彦为平秦王,徐州刺史高思宗为上洛
王,营州刺史高长弼为广武王,兼武卫将军高普为武兴王,兼武卫
将军高子瑗为平昌王,兼北中郎将高显国为襄乐王,前太子庶子高
睿为赵郡王,扬州县开国公高孝绪为修城王。又诏封功臣,太师库
狄干为章武王,大司马斛律金为咸阳王,并州刺史贺拔仁为安定
王,殷州刺史韩轨为安德王,瀛州刺史可朱浑道元为扶风王,司徒
公彭乐为陈留王,司空公潘相乐为河东王。癸未,诏封诸弟,青州刺
史浚为永安王,尚书左仆射淹为平阳王,定州刺史浟为彭城王,仪
同三司演为常山王,冀州刺史涣为上党王,仪同三司淯为襄城王,
仪同三司湛为长广王,湝为任城王,湜为高阳王,济为博陵王,凝为
新平王,润为冯翊王,洽为汉阳王。丁亥,诏立王子殷为皇太子,王
后李氏为皇后。庚寅,诏以太师库狄干为太宰,司徒彭乐为太尉,司
空潘相乐为司徒,开府仪同三司司马子如为司空。己亥,以皇太子
初入东宫赦畿内及并州死罪已下,降余州死罪已下囚。

秋七月辛亥,尊文襄妃元氏为文襄皇后,宫曰静德。又封文襄
子孝琬为河间王,孝瑜为河南王。乙卯,以尚书令、平原王封隆之为
录尚书事,尚书左仆射、平阳王淹为尚书令,改御史中尉还为中丞。
诏魏御府所有珍奇杂彩常所不给人者,悉送内后园,以供七日宴

赐。

八月，诏郡国修立黉序，广延髦俊，敦述儒风。其国子学生，亦依旧铨补。往者文襄皇帝所运蔡邕石经五十二枚，移置学馆，依次修立。又诏求直言正谏之士，待以不次；命牧人之官，广劝农桑。庚寅，诏曰："朕以虚薄，嗣弘王业，思所以赞扬盛绩，播之万古。虽史官执笔，有闻无坠，犹恐绪言遗美，时或未书。在位王公、文武大小，降及庶人，爰至僧徒，或亲奉音旨，或承传旁说，凡可载之文籍，悉条封上。"甲午，诏曰："魏世议定《麟趾格》，遂为通制，官司施用，犹未尽善。群官可更论讨新令。未成之间，仍以旧格从事。"

九月癸丑，以领东夷校尉、辽东郡开国公、高丽王成为使持节、侍中、骠骑大将军、领护东夷校尉，王、公如故。丁卯，诏以梁侍中、使持节、假黄钺、都督中外诸军事、大将军、承制邵陵王萧纶为梁王。庚午，幸晋阳。是日，皇太子入居凉风堂，监国。

冬十月己卯，法驾，御金辂，入晋阳宫，朝皇太后于内殿。辛巳，曲赦并州太原郡晋阳县及相国府四狱囚。乙酉，以特进元绍为尚书左仆射，并州刺史段韶为右仆射。壬辰，罢相国府，留骑兵、外兵曹，各立一省，别掌机密。

十一月，周文帝师师至陕城，分骑北度至建州。甲寅，梁湘东王萧绎遣使朝贡。丙寅，帝亲戎出次城东，周文帝见军容严盛，叹曰："高欢不死矣！"遂班师。

十二月辛丑，车驾至自晋阳。是岁，高丽、蠕蠕、吐谷浑、库莫奚并遣使朝贡。

二年春正月丁未，梁湘东王萧绎遣使朝贡。辛亥，祀圆丘，以神武皇帝配。癸亥，亲耕籍田。乙丑，享太庙。二月壬辰，太尉彭乐谋反，伏诛。三月丙午，襄城王淯薨。己未，诏梁承制湘东王绎为梁使持节、假黄钺、相国，建梁台，总百揆，承制梁王。庚申，司空司马子如坐事免。是月，梁交、梁、义、新四州刺史，各以地内附。西魏文帝崩。夏四月壬辰，梁王萧绎遣使朝贡。六月庚午，以前司空司马子如为太尉。秋七月己卯，改显阳殿还为昭阳殿。辛卯，改殷州为赵州以避太子之讳。是月,侯景废梁简文帝,立萧栋为主。九月壬申,免诸伎作屯牧杂色役隶之徒为白户。癸巳,行幸赵、定二州,因至晋阳。冬十月戊申,起宣光、建始、嘉福、仁寿诸殿。庚申,萧绎遣使朝贡。丁卯,文襄皇帝神主入于庙。十一月,侯景废梁主栋,僭即位于建邺,自称曰汉。十二月,中山王湝。是岁,蠕蠕、室韦、高丽并遣使朝贡。

三年春正月丙申,帝亲讨库莫奚于代郡,大破之,以其口配山东为百姓。二月,蠕蠕主阿那瓌为突厥所破,瓌自杀。其太子庵罗辰及瓌从弟登注俟刑、登注子库提并拥众来奔。蠕蠕余众立注次子铁伐为主。辛丑,契丹遣使朝贡。三月戊子,诏清河王岳、司徒潘相乐、行台辛术帅师南伐。癸巳,诏进梁王萧绎为梁主。夏四月壬申,东南道行台辛术于广陵送传国八玺。甲申,以吏部尚书杨愔为尚书右仆射。六月己亥,清河王岳等班师。乙卯,车驾幸晋阳。冬十月乙未,次黄栌岭。仍起长城,北至社于戍,四百余里,立三十六戍。十一月辛巳,梁主萧绎即位于江陵,是为元帝,遣使来聘。十二月壬子,车驾还宫。戊午,幸晋阳。是岁,西魏废帝元年。

四年春正月丙子,山胡围离石戍,帝亲讨之,未至而逃,因巡三堆戍,大狩而旋。戊寅,库莫奚遣使朝贡。自魏末用永安钱,又有数品,皆轻滥,己丑,铸新钱,文曰常平五铢。二月,送蠕蠕铁伐父登注及子库提还北。铁伐寻为契丹所杀,国人复立登注为主,仍为其大人阿富提等所杀,国人复立库提为主。夏四月,车驾还宫。戊午,西南有大声如雷。五月庚午,校猎于林虑山。戊子,还宫。六月甲辰,章武王库狄干薨。秋,北巡冀、定、幽、安,仍北讨契丹。冬十月丁酉,车驾至平州,遂西道趣长堑。甲辰,帝步逾山岭,为士卒先,指麾奋击,大破契丹。是行也,帝露头袒身,昼夜不息,行千余里,唯食肉饮水,气色弥厉。丁巳,登碣石山,临沧海。十一月己未,帝自平州还,遂如晋阳。闰月壬寅,梁人来聘。十二月己未,突厥复攻蠕蠕,蠕蠕举国来奔。癸亥,帝北讨突厥,迎纳蠕蠕,乃废其主库提,立阿那瓌子庵罗辰为主,置之马邑川,追突厥于朔方,突厥请降,许之而还。

自是贡献相继。

五年春正月癸丑,帝讨山胡大破之,男子十二已上皆斩,女子及幼弱以赏军士,遂平石楼。石楼绝险,自魏代所不能至。于是远近山胡,莫不慑伏。是役也,有都督战伤,其什长路晖礼不能救,帝命刳其五藏,使九人分食之,肉及秽恶皆尽。自是始行威虐。是月,周文帝废西魏帝而立齐王廓,是为恭帝。三月,蠕蠕庵罗辰叛,帝亲讨大破之,辰父子北遁。太保贺拔仁坐违缓,拔其发,免为庶人,使负炭输晋阳宫。夏四月,蠕蠕寇肆州。丁巳,帝自晋阳讨之,至恒州。时虏骑散走,大军已还,帝帅麾下二千余骑为殿,夜宿黄瓜堆。蠕蠕别部数万骑,扣鞍而进,四面围逼,帝安睡,平明方起,神色自若,指画军形,溃围而出。虏走,追击之,伏尸二十里,获庵罗辰妻子、生口三万余。五月丁亥,地豆干、契丹并遣朝贡。丁未,北讨蠕蠕,又大破之。六月,蠕蠕远遁。秋七月戊子,肃慎遣使朝贡。壬辰,降罪人。庚戌,至自北伐。八月庚午,以司州牧、清河王岳为太保,以安德王轨为大司马,以扶风王可朱浑道元为大将军,以司空尉粲为司徒,以太子少师侯莫陈相为司空,以尚书令、平阳王淹为录尚书事、以常山王演为尚书令,以上党王涣为尚书右仆射。丁丑,行幸晋阳,辛巳,录尚书事、平原王高隆之薨。封冀州刺史段韶为平原王。是月,诏常山王演、上党王涣、清河王岳、平原王段韶率众于洛阳西南筑伐恶城、新城、严城、河南城四镇。九月,帝亲自临幸,欲以致西师。西师不出,乃如晋阳。冬十月,西魏攻陷江陵,杀梁元帝。梁将王僧辩在建业,推其晋安王萧方智为太宰、都督中外诸军事、承制置百官。十二月庚申,车驾北巡,至达速岭,亲览山川险要,将起长城。是岁,西魏恭帝元年。

六年春正月壬寅,清河王岳度江,克夏首。梁司徒、郢州刺史陆法和请降,诏以梁贞阳侯萧明为梁主,遣尚书右仆射,上党王涣送之江南。二月甲子,以陆法和为使持节、都督十州诸军事、太尉、大都督、西南道大行台。三月丙戌,上党王涣克东关,斩梁将裴之横。丙申,车驾至自晋阳,封文襄二子,孝珩为广宁王,延宗为安德王。

戊戌，帝临昭阳殿决狱。是月，发寡妇以配军士筑长城。夏五月，萧明入于建业。六月甲子，河东王潘相乐薨。壬申，帝亲讨蠕蠕。甲戌，诸军大会祁连池。乙亥，出塞，至库狄谷，百余里无水泉，六军渴乏，俄而大雨。秋七月己卯，帝顿白道，留辎重，亲率轻骑五千，追蠕蠕。壬午，及之怀朔镇。帝躬犯矢石，频大破之，遂至沃野。壬辰，还晋阳。九月己卯，车驾至自晋阳。冬十月，梁将陈霸先袭杀王僧辩，废萧明，复立萧方智为主。辛亥，行幸晋阳。十一月，梁秦州刺史徐嗣徽、南豫州刺史任约等袭据石头城，并以州内附。壬辰，大都督萧轨帅众至江，遣都督柳达摩等度江，镇石头。己亥，太保、清河王岳薨。柳达摩为霸先攻逼，以石头降。是岁，高丽、库莫奚并遣使朝贡。诏发夫一百八十万人筑城，自幽州北夏口，西至恒州，九百余里。

七年春正月辛丑，封司空侯莫陈相为白水郡王。车驾至自晋阳。于邺城西马射，大集众庶观之。二月辛未，诏常山王演等于凉风堂读尚书奏案，论定得失，帝亲决之。三月丁酉，大都督萧轨等帅众济江。夏四月乙丑，仪同三司娄睿讨鲁阳蛮，大破之。丁卯，造金华殿。五月，汉阳王洽薨。帝以肉为断慈，遂不复食。六月乙卯，萧轨等与梁师战于钟山西，遇霖雨失利，轨及都督李希光、王敬宝、东方老、军司裴英起并没，士卒还者十二三。乙丑，梁湘州刺史王琳献驯象。秋七月，乙亥，周文帝殂。是月，发山东寡妇二千六百人配军士，有夫而滥夺者十二三。十一月壬子，并省州三，郡一百五十三，县五百八十九，镇三，戍二十六。十二月庚子，魏恭帝逊位于周。是岁，库莫奚、契丹遣使朝贡。修广三台宫殿。先是，自西河总秦戍筑长城东至海，前后所筑，东西凡三千余里，六十里一戍，其要害置州镇凡二十五所。

八年春三月。大热，人或暍死。夏四月庚午，诏禁取虾蟹蚬蛤之类，唯许私家捕鱼。乙酉，诏公私禁取鹰鹞，以太师、咸阳王斛律金为右丞相，以前大将军、扶风王可朱浑道元为太傅，以开府仪同三司贺拔仁为太保，尚书令、常山王演为司空，以录尚书事、长广王湛为尚书令,以尚书右仆射杨愔为左仆射,以并省尚书右仆射崔暹为右仆射,以上党王涣为录尚书事。是月,帝在城东马射,敕京师士女悉赴观,不赴者,罪以军法,七日乃止。五月辛酉,冀州人刘向于邺谋逆,党与皆伏诛。秋八月己巳,库莫奚遣使朝贡。庚辰,诏丘郊禘祫时祭,皆市取少牢,不得刲割,有司监视,必令丰备;农社、先蚕,酒肉而已;雩、禖、风、雨、司人、司禄、灵星杂祀,果饼酒脯。唯当务尽诚敬,义同如在。辛巳,制榷酤。自夏至九月,河北六州、河南十三州、畿内八郡大蝗,飞至邺,蔽日,声如风雨。甲辰,诏今年遭蝗处,免租。冬十月乙亥,梁主萧方智逊位于陈。陈武帝遣使称藩朝贡。是岁,周闵帝元年。周冢宰宇文护杀闵帝而立明帝,又改元焉。初于长城内筑重城,自库洛拔而东,至于坞纥戍,凡四百余里。

九年春二月丁亥,降罪人。己丑,诏燎野限以仲冬,不得他时行火,损昆虫草木。三月丁酉,车驾至自晋阳。夏四月辛巳,大赦。是月,北豫州刺史司马消难以城叛于周。大旱,帝以祈雨不降,毁西门豹祠,掘其冢。五月辛丑,以尚书令、长广王湛为录尚书事,以骠骑大将军、平秦王归彦为右仆射。甲辰,以前左仆射杨愔为尚书令。六月乙丑,帝自晋阳北巡。己巳,至祁连池。戊寅,还晋阳。是夏,山东大蝗,差人夫捕而坑之。秋七月辛丑,给畿内老人刘奴等九百四十三人版职及杖帽,各有差。戊申,诏赵、燕、瀛、定、南营五州,及司州广平、清河二郡,去年螽涝损田,兼春夏少雨,苗稼薄者,免今年租税。八月乙丑,车驾至自晋阳。甲戌,行幸晋阳。先是,发丁匠三十余万人营三台于邺,因其旧基而高博之,大起宫室及游豫园。至是,三台成。改铜爵曰金凤,金武曰圣应,冰井曰崇光。冬十一月甲午,车驾至自晋阳。登三台,御乾象殿,朝宴群臣。以新宫成,丁酉,大赦内外,文武官并进一大阶。丁巳,梁相州刺史王琳遣使请立萧庄为王,仍以江州内属,令庄居之。十二月癸酉,诏以梁王萧庄为梁主,进居九派。戊寅,以太傅可朱浑道元为太师,以司徒尉粲为太尉,以冀州刺史段韶为司空,以录尚书事、常山王演为大司马,以录尚书事、长广王湛为司徒。起大庄严寺。是岁,杀永安王浚、上党王涣。

十年春正月戊戌,以司空侯莫陈相为大将军。辛丑,太尉长乐郡公尉粲、肆州刺史濮阳公娄仲远并进爵为王。甲寅,行幸辽阳甘露寺。二月丙戌,帝于甘露寺禅居深观,唯军国大政奏闻。三月戊戌,以侍中高德正为尚书右仆射。丙辰,车驾至自辽阳。是月,梁主萧庄至郢州,遣使朝贡。夏闰四月丁酉,以司州牧、彭城王浟为兼司空,以侍中、高阳王湜为尚书左仆射。乙巳,以兼司空、彭城王浟为兼太尉,摄司空事,封皇子绍廉为长乐王。五月癸未,诛始平公元世、东平公元景式等二十五家,禁止特进元韶等十九家。寻并诛之,男子无少长皆斩,所杀三千人,并投漳水。六月,陈武帝殂。秋八月戊戌,封皇子绍义为广阳王。以尚书右仆射、河间王孝琬为左仆射。癸卯,诏诸军人,或有父祖改姓貔元氏,或假托携认,妄称姓元者,不问世数远近,悉听改复本姓。是月,杀左仆射高德正。九月己巳,行幸晋阳。冬十月甲午,帝暴崩于晋阳宫德阳堂,时年三十一。遗诏,凶事一从俭约,丧月之断,限以三十六日,嗣子百僚,内外遐迩,奉制割情,悉从公除。癸卯,发丧,敛于宣德殿。十一月辛未,梓宫还邺。十二月乙酉,殡于太极前殿。

乾明元年二月丙申,葬于武宁陵,谥曰文宣帝,庙号显祖。

帝沈敏有远量,外若不远,内鉴甚明。文襄年长英秀,神武特所爱重,百僚承风,莫不震惧。而帝善自晦迹,言不出口,恒自贬退,言咸顺从,故深见轻,虽家人亦以为不及。文襄嗣业,帝以次长见猜嫌,帝后李氏色美,每预宴会,容貌远过靖德皇后,文襄弥不平焉。帝每为后私营服玩,小佳,文襄即令逼取。后惠,有时未与。帝笑曰:"此物犹应可求,兄须,何容吝。"文襄或愧而不取,便恭受,亦无饰让。每退朝远第,辄闭阁静坐,虽对妻子,能竟日不言。或袒跣奔跃,后问其故,对曰:"为尔漫戏。"此盖习劳而不肯言也。所寝至夜曾有光,巨细可察,后惊告帝,帝曰:"慎勿妄言。"自此唯与后寝,侍御皆令出外。

文襄崩,秘不发丧,其后渐露,魏帝窃谓左右曰:"大将军此殂,似是天意，威权当归王室矣。"及帝将赴晋阳，亲人辞谒于昭阳殿，从者千人，居前持剑者十余辈。帝在殿下数十步立，而卫士升阶已二百许人，皆攘袂扣刃，若对严敌。帝令主者传奏，须诣晋阳，言讫，再拜而出。魏帝失色，目送帝曰："此人似不能见容，吾不知死在何日。"及至并州，慰谕将士，措辞款实。众皆欣然，曰："谁谓左仆射翻不减令公。"令公即指文襄也。

时讹言上党出圣人，帝闻之，将徙一郡。而郡人张思进上言，殿下生于南宫，坊名上党，即是上党出圣人，帝悦而止。先是童谣曰："一束蒿，两头然，河边殺瓍飞天。"蒿然两头，于文为高；河边殺瓍为水边羊，指帝名也。于是徐之才盛陈宜受禅。帝曰："先父亡兄，功德如此，尚终北面，吾又何敢当。"之才曰："正为不及父兄，须早升九五，如其不作，人将生心，且谶云'羊饮盟津角挂天'；盟津水也，羊饮水，王名也，角挂天，大位也。又阳平郡界面星驿傍有大水，土人常见群羊数百，立卧其中，就视不见，事与谶合，愿王勿疑。"帝以问高德正，德正又赞成之，于是始决。乃使李密卜之，遇《大横》，曰："大吉，汉文帝之封也。"帝乃铸象以卜之，一写而成。使段韶问斛律金于肆州，金来朝，深言不可，以铠曹宁景业首陈符命，请杀之。乃议于太后前。太后谓诸贵曰："我儿狞直，必自无此意，直高德正乐祸，教之耳。"帝意决，乃整兵而东。使高德正之邺，讽喻公卿，莫有应者。司马子如逆帝于辽阳，固言未可。杜弼亦抱马谏，帝欲还，尚食丞李集曰："此行事非小，而言还？"帝伪言使向东门杀之，而别令赐绢十疋。四月，夜，禾生于魏帝铜研，且长数寸，有穗。五月，帝复东赴邺，令左右曰："异言者斩。"是月，光州献九尾狐。帝至邺城南，召入，并赍板策。旦，高隆之进谒曰："用此何为？"帝作色曰："我自事，若欲族灭耶！"隆之谢而退。于是乃作圆丘，备法物，草禅让事。

及登极之后，神明转茂，外柔内刚，果于断割，人莫能窥。又特明吏事，留心政术，简靖宽和，坦于任使，故杨愔等得尽于匡赞，朝政粲然。兼以法驭下，不避权贵，或有违犯，不容勋戚，内外莫不肃然。至于军国机策，独决怀抱，规谋宏远，有人君大略。又以三方鼎峙，缮甲练兵，左右宿卫，置百保军士。每临行阵，亲当矢石，锋刃交接，唯恐前敌不多。屡犯艰厄，常致克捷。尝追及蠕蠕，令都督高阿那肱率骑数千，塞其走道。时虏军犹盛，五万余人，肱以兵少请益，帝更减其半骑。那肱奋击，遂大破之。虏主逾越山谷，仅以身免。都督高元海、王师罗并无武艺，先称怯弱，一旦交锋，有逾骁壮。尝于东山游宴，以关陇未平，投盂震怒，召魏收于前，立为诏书，宣示远近，将事西行。是岁，周文帝殂，西人震恐，常为度陇之计。

既征伐四克，威振戎夏，六七年后，以功业自矜，遂留情耽湎，肆行淫暴。或躬自鼓舞，歌讴不息，从旦通宵，以夜继昼。或袒露形体，涂傅粉黛，散发胡服，杂衣锦采，拔刃张弓，游行市肆。勋戚之第，朝夕临幸。时乘鹿车、白象、骆驼、牛、驴，并不施鞍勒。或盛暑炎赫，日中暴身，隆冬酷寒，去衣驰走，从者不堪，帝居之自若。街坐巷宿，处处游行。多使刘桃枝、崔季舒负之而行。或担胡鼓而拍之。亲戚贵臣，左右近习，侍从错杂，无复差等。征集淫妪，悉去衣裳，分付从官，朝夕临视。或聚棘为马，纽草为索，逼遣乘骑，牵引来去，流血洒地，以为娱乐。凡诸杀害，多令支解，或焚之于火，或投之于河。沈湎既久，弥以狂惑，每至将醉，辄拔剑挂手，或张弓傅矢，或执持牟矟。游行市廛，问妇人曰：“天子何如？”答曰：“颠颠痴痴，何成天子。”帝乃杀之。或驰骋衢路，散掷钱物，恣人拾取，争竞喧哗，方以为喜。

太后尝在北宫，坐一小榻，帝时已醉，手自举床，后便坠落，颇有伤损。醒悟之后，大怀惭恨，遂令多聚柴火，将入其中。太后惊惧，亲自持挽。又设地席，令平秦王高归彦执杖，口自责疏，脱背就罚。敕归彦：“杖不出血，当即斩汝。”太后涕泣，前自抱之，帝流涕苦请，不肯受于太后。太后听许，方舍背杖，笞脚五十，莫不至到。衣冠拜谢，悲不自胜，因此戒酒。一旬，还复如初。自是耽湎转剧。遂幸李后家，以鸣镝射后母崔，正中其颊，因骂曰：“吾醉时尚不识太后，老婢何事！”马鞭乱打一百有余。三台构木高二十七丈，两栋相距二百余尺,工匠危怯,皆系绳自防;帝登脊疾走,都无怖畏。时复雅舞,折旋中节,傍人见者,莫不寒心。又召死囚,以席为翅,从台飞下,免其罪戮,果敢不虑者,尽皆获全;疑怯犹豫者,或致损跌。

沈酗即久,转亏本性。怒大司农穆子容,使之脱衣而伏,亲射之,不中,以橛贯其下窍,入肠。虽以杨愔为宰辅,使进厕筹。以其体肥,呼为杨大肚,马鞭鞭其背,流血浃袍。以刀子剺其腹,崔季舒托俳言曰:"老小公子恶戏?"因掣刀而去之。又置愔于棺中,载以辒车,几下钉者数四。曾至彭城王浟宅,谓其母尔朱曰:"忆汝辱我母婿时,向何由可耐。"手自刃杀。又至故仆射崔暹第,谓遏妻李曰:"颇忆暹不?"李曰:"结发义深,实怀追忆。"帝曰:"若忆时,自往看也。"亲自斩之,弃头墙外。尝在晋阳,以槊戏刺都督尉子耀,应手而死。在三台太光殿上,锯杀都督穆嵩。又幸开府暴显家,有都督韩哲无罪,忽众中召,斩之数段。

魏乐安王元昂,后之姊婿,其妻有色,帝数幸之,欲纳为昭仪。召昂令伏,以鸣镝射一百余下,凝血垂将一石,竟至于死。后帝自往吊,哭于丧次,逼拥其妻。仍令从官脱衣助襚,兼钱彩,号为信物,一日所得,将逾巨万。后啼不食,乞让位于姊,太后又为言,帝意乃释。所幸薛嫔,甚被宠爱,忽意其经与高岳私通,无故斩首,藏之于怀。于东山宴,劝酬始合,忽探出头,投于样上。支解其尸,弄其髀为琵琶。一座惊怖,莫不丧胆。帝方收取,对之流泪云:"佳人难再得,甚可惜也。"载尸以出,被发步哭而随之。至有闾巷庸猥,人无识知者,忽令召斩邺下。系徒罪至大辟,简取随驾,号为供御囚,手自刃杀,持以为戏。凡所屠害,动多支解,或投之烈火,或弃之漳流。

兼以外筑长城,内营台殿,赏费过度,天下骚然,内外愔愔,各怀怨毒。而素严断临下,加之默识强记,百僚战栗,不敢为非。曾有典御丞李集面谏,比帝有甚于桀纣。帝令缚置流中,沉没久之,复令引出,谓曰:"吾何如桀纣?"集曰:"回来弥不及矣。"帝又令沈之,引出更问,如此数四,集对如初。帝大笑曰:"天下有如此痴汉!方知龙逢、比干,非是俊物。"遂解放之。又被引入见,似有所谏,帝令将出要斩。其或斩或赦，莫能测焉。

初帝登阼，改年为天保。士有深识者曰："天保之字，为一大人只十，帝其不过十乎。"又先是谣云："马子入石室，三千六百日。"帝以午年生，故曰："马子"；三台，石季龙旧居，故曰"石室"；三千六百日，十年也。又帝曾问太山道士曰："吾得几年为天子？"答曰："得三十年。"道士出后，帝谓李后曰："十年十月十日，得非三十也？吾甚畏之，过此无虑。人生有死，何得致惜，但怜正道尚幼，人将夺之耳。"帝及期而崩，济南竟不终位，时以为知命。

曾幸晋阳，夜宿杠门岭。岭有数株柏树，皆将千年，枝叶嫩茂，似有神物所托。时帝已被酒，向岭瞋骂，射中一株，未几，立枯而死。又出言屡中，时人故谓之神灵。虽为猖獗，不专云昏暴。末年遂不能进食，唯数饮酒，麹糵成灾，因而致毙。先是，霍州发楚夷王女冢，尸如生焉，得珠襦玉匣，帝珍之，还以敛焉。

如祖珽以险薄多过，帝数罪之，每谓为老贼。及武成时，珽被任遇，乃说武成曰："文宣甚暴，何得称文？即非创业，何得称祖，若宣帝为祖，陛下万岁后将何以称？"武成溺于珽说，天统初，有诏改谥景烈，庙号威宗。武平初，赵彦深执政，又奏复帝本谥，庙号显祖云。

废帝殷字正道，小名道人，文宣帝之长子也。母曰李皇后。天保元年，立为皇太子，时年六岁。性敏慧，初学反语，于迹字下注云"自反"。时侍者未达其故，太子曰："迹字足傍亦为迹，岂非自反邪。"尝宴北宫，独令河间王勿入，左右问其故，太子曰："世宗遇贼处，河间王复何宜在此。"文宣每言"太子得汉家性质，不似我"，欲废之，立太原王。

初诏国子博士李宝鼎傅之，宝鼎卒，复诏国子博士邢峙侍讲。太子虽富于春秋，而温裕开朗，有人君之度，贯综经业，省览时政，甚有美名。七年冬，文宣召朝臣文学者及礼学官于宫宴会，令以经义相质，亲自临听，太子手笔措问，在坐莫不叹美。九年，文宣在晋阳，太子监国，集诸儒讲《孝经》，令杨愔旨谓国子助教许散愁曰：

"先生在世，何以自资？"对曰："散愁自少以来，不登娈童之床，不入季女之室，服膺简策，不知老之将至。平生素怀，若斯而已。"太子曰："颜子缩屋称贞，柳下妪而不乱，未若此翁白首不娶者也。"乃赉绢百匹。

后文宣登金凤台，召太子使手刃囚。太子恻然有难色，再三不断其首。文宣怒，亲以马鞭撞太子三下。由是气悸语吃，精神时复昏扰。

十年十月，文宣崩。癸卯，太子即帝位于晋阳宣德殿，大赦。内外百官普加泛级，亡官失爵，听复资品。庚戌，尊皇太后为太皇太后，皇后为皇太后，诏九州军人七十已上，授以板职；武官年六十已上，及癃病不堪驱使者，并皆放免；土木营造金铜铁诸杂作工，一切停罢。

十一月乙卯，以右丞相、咸阳王斛律金为左丞相，以录尚书事、常山王演为太傅，以司徒、长广王湛为太尉，以司空段韶为司徒，以平阳王淹为司空，高阳王湜为尚书左仆射，河间王孝琬为司州牧，侍中燕子献为右仆射。戊午，分命使者，巡省四方，求政得失，省察风俗，问人疾苦。十二月戊戌，改封上党王绍仁为渔阳王，广阳王绍义为范阳王，长乐王绍廓为陇西王。是岁，周武成元年。

乾明元年，春正月癸丑朔，改元。己未，诏宽徭赋。癸亥，高阳王湜薨。是月，车驾至自晋阳。己亥，以太傅、常山王演为太师、录尚书事，以太尉、长广王湛为大司马、并省录尚书事，以尚书左仆射、平秦王归彦为司空，赵郡王睿为尚书左仆射。诏诸元良口配没官内及赐人者，并放免。甲辰，帝幸芳林园，亲录囚徒，死罪已下，降免各有差。

乙巳，太师、常山王演矫诏诛尚书令杨愔、尚书右仆射燕子献、领军大将军可朱浑天和、侍中宋钦道、散骑常侍郑子默。戊申，以常山王演为大丞相、都督中外诸军、录尚书事，以大司马、长广王湛为太傅、京畿大都督，以司徒段韶为大将军，以前司空、平阳王淹为太尉，以司空、平秦王归彦为司徒，彭城王浟为尚书令。又以高丽王世子汤为使持节、领东夷校尉、辽东郡公、高丽王。是月，王琳为陈所败，萧庄自拔至和州。

三月甲寅，诏军国事皆申晋阳，禀大丞相常山王规算。壬申，封文襄第二子孝珩为广宁王，第三子长恭为兰陵王。夏四月癸亥，诏河南定、冀、赵、瀛、沧、南胶、光、南青九州，往因蚩水，颇伤时稼，遣使分途赡恤。是月，周明帝崩。五月壬子，以开府仪同三刘洪徽为尚书右仆射。秋八月壬午，太皇太后令废帝为济南王，全食一郡，以大丞相、常山演入篡大统。是日，王居别宫。皇建二年九月，殂于晋阳，时年十七。

帝聪慧夙成，宽厚仁智。天保间，雅有令名。及承大位，杨愔、燕子献、宋钦道等同辅。以常山王地亲望重，内外畏服，加以文宣初崩之日，太后本欲立之，故愔等并怀猜忌。常山王忧怅，乃白太后，诛其党。时平秦王归彦亦预谋焉。皇建二年秋，天文告变，归彦虑有后害，仍白孝昭，以王当咎。乃遣归彦驰驷至晋阳害之。王薨后，孝昭不豫，见文宣为祟。孝昭深恶之，厌胜术备设而无益也。薨三旬而孝昭崩。大宁二年，葬于武宁之西北，谥闵悼王。

初，文宣命邢邵制帝名殷字正道，从而尤之："殷家弟及，'正'字一止，吾身后儿不得也。"邵惧，请改焉。文宣不许，曰："天也。"因谓昭帝曰："夺时但夺，慎勿杀也。"

孝昭皇帝演字延安，神武皇帝弟六子，文宣皇帝之母弟也。幼而英峙，早有大成之量，武明皇太后早所爱重。魏元象元年，封常山郡公。及文襄执政，遣中书侍郎李同轨就霸府为诸弟师。帝所览文籍，源其指归，而不好辞彩。每叹云："虽盟津之师左骖震而不钿"，以为能。遂笃志读《汉书》，至《李陵传》，恒壮其所为焉。聪敏过人，所与游处，一知其家讳，终身未尝误犯。同轨病卒，又命开府长流参军刀柔代之，性严褊，不适诱训之宜，中被遣出。帝送出阁，惨然敛容，泪数行下，左右莫为嘘欷。其敬业重旧如此。

天保初，进爵为王。五年，除并省尚书令。帝善断割，长思理，省内畏服。七年，从文宣还邺。文宣以尚书奏事，多有异同，令帝与朝臣先论定得失，然后敷奏。帝长于政术，割断咸尽其理，文宣叹重之。八年，转司空、录尚书事。九年，除大司马，仍录尚书事。

时文宣溺于游宴，帝忧愤，表于神色。文宣觉之，谓帝曰："但令汝在，我何为不纵乐？"帝唯啼泣拜伏，竟无所言。文宣亦大悲，抵盃于地曰："汝似嫌我，自今敢进酒者斩之！"因取所御盃，尽皆坏弃。后益沈湎，或入诸贵戚家，角力批拉，不限贵贱。唯常山王至，内外肃然。帝又密撰事条，将谏，其友王晞以为不可，帝不从，因间极言，遂逢大怒。顺成后本魏朝宗室，文宣欲帝离之，阴为帝广求淑媛，望移其宠。帝虽承旨有纳，而情义弥重。帝性颇严，尚书郎中剖断有失，辄加捶楚，令史奸慝，便即考竟。文宣乃立帝于前，以刀环拟胁，召被立罚者，临以白刃，求帝之短，咸无所陈，方见解释。自是不许答箠郎中。后赐帝魏时宫人，醒而忘之，谓帝擅取，遂令刀环乱筑，因此致困。皇太后日夜啼泣，文宣不知所为。先是禁友王晞，乃舍之，令侍帝。帝月余渐瘳，不敢复谏。

及文宣崩，帝居禁中护丧事，幼主即位，乃即朝班。除太傅、录尚书事。朝政皆决于帝。月余，乃居藩邸。自是，诏敕多不关帝。客或言于帝曰："鸷鸟舍巢，必有探卵之患，今日之地，何宜屡出。"

乾明元年，从废帝赴邺，居于领军府。时杨愔、燕子献、可朱浑天和、宋钦道、郑子默等以帝威望既重，内惧权逼，请以帝为太师、司州牧、录尚书事，长广王湛为大司马、录并省尚书事，解京畿大都督。帝既以尊亲而见猜斥，乃与长广王期猎，谋之于野。

三月甲戌，帝初上省，旦发领军府，大风暴起，坏所御车幔，帝甚恶之。及至省，朝士咸集。坐定，酒数行，于坐执尚书令杨愔、右仆射燕子献、领军可朱浑天和、侍中宋钦道等，帝戎服与平原王段韶、平秦王高归彦、领军刘洪徽入自云龙门，于中书省前遇散骑常侍郑子默，又执之，同斩于御府之内。帝至东阁门，都督成休宁抽刃呵帝。帝令高归彦喻之，休宁厉声大呼不从。归彦既为领军，素为兵士所服，悉皆弛伏，休宁方叹息而罢。

帝入至昭阳殿，幼主、太皇太后、皇太后并出临御坐。帝奏愔等罪，求伏专擅之辜。时庭中及两廊下卫士二千余人，皆被甲待诏。武卫娥永乐武力绝伦，又被文宣重遇，抚刃思效。废帝吃讷，兼仓卒，不知所言。太皇太后又为皇太后誓，言帝无异志，唯云逼而已。高归彦敕劳卫士戒严，永乐乃内刀而泣。帝乃令归彦引侍卫之士向华林园，以京畿军入守门阁，斩娥永乐于园。诏以帝为大丞相、都督中外诸军、录尚书事，相府佐史进位一等。帝寻如晋阳。有诏，军国大政，咸谘决焉。

帝既当大位，知无不为，择其令典，考综名实，废帝恭己以听政。太皇太后寻下令废少主，命帝统大业。

皇建元年八月壬午，皇帝即位于晋阳宣德殿，大赦，改乾明元年为皇建。诏奉太皇太后还称皇太后，皇太后称文宣皇后，宫曰昭信。乙酉，诏自太祖创业已来，诸有佐命功臣，子孙绝灭，国统不传者，有司搜访近亲，以名闻，当量为主后；诸郡国老人，各授板职，赐黄帽鸠杖。又诏謇正之士，并听进见陈事；军人战亡死王事者，以时申闻，当加荣赠；督将朝士名望素高，位历通显，天保以来未蒙追赠者，亦皆录奏。又以廷尉、中丞，执法所在，绳违案罪，不得舞文弄法。其官奴婢年六十已上，免为庶人。戊子，以太傅、长广王湛为右丞相，以太尉、平阳王淹为太傅，以尚书令、彭城王浟为大司马。

壬辰，诏分遣大使，巡省四方，观察风俗，问人疾苦，考求得失，搜访贤良。甲午，诏曰："昔武王克殷，先封往代。两汉魏晋，无废兹典。及元氏统历，不率旧章。朕纂承大业，思弘古典。但二王三恪，旧说不同，可议定是非，列名条奏。其礼仪体式，亦仰议之。"又诏国子寺可备立官属，依旧置生，讲习经典，岁时考试。其文襄帝所运石经，宜即施列于学馆。外州大学，亦仰典司，勤加督课。丙申，诏九州勋人有重封者，听分授子弟，以广骨肉之恩。九月壬申，诏议定三祖乐。

冬十一月辛亥，立妃元氏为皇后，世子百年为皇太子，赐天下为父后者爵一级。癸丑，有司奏太祖献武皇帝庙宜奏《武德之乐》，舞《昭烈之舞》;太宗文襄皇帝庙宜奏《文德之乐》,舞《宣政之舞》;高祖文宣皇帝庙宜奏《文正之乐》,舞《光大之舞》。诏曰:"可。"庚申,诏以故太师尉景、故太师窦泰、故太师太原王娄昭、故太宰章武王库狄干、故太尉段荣、故太师万俟普、故司徒蔡俊、故太师高乾、故司徒莫多娄贷文、故太保刘贵、故太保封祖裔、故广州刺史王怀十三人配飨太祖庙庭,故太师清河王岳、故太宰安德王韩轨、故太宰扶风王可朱浑道元、故太师高昂、故大司马刘丰、故太师万俟受洛干、故太尉慕容绍宗十一人配飨世宗庙庭,故太尉河东王潘相乐、故司空薛修义、故太傅破六韩常三人配飨高祖庙庭。

是月,帝亲戎北讨库莫奚,出长城。虏奔遁,分兵致讨,大获牛马,括总入晋阳宫。十二月丙午,车驾至晋阳。

二年春正月辛亥,祀圆丘。壬子,禘于太庙。癸丑,诏降罪人各有差。二月丁丑,诏内外执事之官从五品已上、及三府主簿录事参军、诸王文学、侍御史、廷尉三官、尚书郎中、中书舍人,每二年之内,各举一人。冬十月丙子,以尚书令、彭城王浟为太保,长乐王尉粲为太尉。己酉,野雉栖于前殿之庭。十一月甲辰,诏曰:"朕婴此暴疾,奄忽无逮。今嗣子冲眇,未闲政术,社稷业重,理归上德。右丞相、长广王湛,研机测化,体道居宗,人雄之望,海内瞻仰,同胞共气,家国所凭。可遣尚书左仆射、赵郡王睿喻旨,征王统兹大宝。其丧纪之礼,一同汉文,三十六日,悉从公除。山陵施用,务从俭约。"先是,帝不豫而无阙听览。是日,崩于晋阳宫,时年二十七。大宁元年闰十二月癸卯,梓宫还邺,上谥曰孝昭皇帝。庚午,葬于文静陵。

帝聪敏有识度,深沈能断,不可窥测。身长八尺,腰带十围,仪望风表,迥然独秀。自居台省,留心政术,闲明簿领,吏所不逮。及正位宸居,弥所克励,轻徭薄赋,勤恤人隐。内无私宠,外收人物,虽后父,位亦特进无别。日昃临朝,务知人之善恶。

每访问左右,冀获直言。曾问舍人裴泽在外议论得失,泽率尔对曰:"陛下聪明至公,自可远侔古昔,而有识之士,咸言伤细,帝王之度,颇为未弘。"帝笑曰:"诚如卿言。朕初临万机,虑不周悉,故致尔耳。此事安可久行，恐后又嫌疏漏。"泽因被宠遇。其乐闻过也如此。赵郡王睿与库狄显安侍坐，帝曰："须拔我同堂弟，显安我亲姑子，今序家人礼，除君臣之敬，可言我之不逮。"显安曰："陛下多妄言。"曰："若何？"对曰："陛下昔见文宣以马鞭挞人，常以为非，而今行之，非妄言邪？"帝握其手谢之。又使直言，对曰："陛下太细，天子乃更似吏。"帝曰："朕甚知之，然无法来久，将整之以至无为耳。"又问王晞，晞答如显安，皆从容受纳。

性至孝，太后不豫，出居南宫，帝行不正履，容色贬悴，衣不解带，殆将四旬。殿去南宫五百余步，鸡鸣而去，辰时方还，来去徒行，不乘舆辇。太后所苦小增，便即寝伏阁外，食饮药物，尽皆躬亲。太后尝心痛，不自堪忍，帝立侍帷前，以爪掐手心，血流出袖。友爱诸弟，无君臣之隔。

雄勇有谋。于时国富兵强，将雪神武遗恨，意在顿驾平阳，为进取之策。远图不遂，惜哉。

初，帝与济南约，不相害。及舆驾在晋阳，武成镇邺，望气者云"邺城有天子气"。帝恐济南复兴，乃密行鸩毒。济南不从，乃扼而杀之。后颇愧悔。初苦内热，频进渴散。时有尚书令史姓赵，于邺见文宣从杨愔、燕子献等西行，言相与复雠。帝在晋阳宫，与毛夫人亦见焉。遂渐危笃，备禳厌之事，或煮油四洒，或持炬烧逐。诸厉方出殿梁，山骑栋上，歌呼自若，了无惧容。时有天狗下，乃于其所讲武以厌之，有兔惊马，帝坠而绝肋。太后视疾，问济南所在者三，帝不对。太后怒曰："杀去邪！不用吾言，死其宜矣。"临终之际，唯扶服床枕，叩头求哀。遣使诏追长广王入纂大统。又手书云："宜将吾妻子置一好处，勿学前人也。"

论曰：神武平定四方，威权在己，迁邺之后，虽主祭有人，号令所加，政皆自出。文宣因循鸿业，内外叶从，自朝及野，群心属望，东魏之地，举国乐推，曾未期月，遂登宸极。始则存心政事，风化肃然，数年之间，朝野安义。其后纵酒肆欲，事极猖狂，昏邪残暴，近代未有,飨国不永,实由斯疾。

济南继业,大革其弊,风教粲然,簪绅称幸。股肱辅弼,虽怀厥诚,即不能赞弘道德,和睦亲懿,又不能远虑防身,深谋卫主。应断为断,自取其灾。臣即诛夷,君寻废辱,皆任非其器之所致尔。

孝昭早居台阁,故事通明,人吏之间,无所不委。文宣崩后,大革前弊,及临尊极,留心更深,时人服其明而讥其细也。情好稽古,率由礼度,将封先代之胤,且敦学校之风,征召才贤,文武毕集。于时周氏朝政,移于宰臣,主将相猜,不无危殆。乃眷关右,实怀兼并之志。经谋宏旷,谅近代之明主,而降年不永,其故何哉?岂幽显之途,别有复报;将齐之基宇,止在于斯,帝欲大之,天不许也?

北史卷八
齐本纪下第八

世祖武成帝　　后主　　幼主

　　世祖武成皇帝讳湛,神武皇帝第九子,孝昭皇帝之母弟也。仪表瓌杰,神武尤所钟爱。神武方招怀荒远,乃为帝娉蠕蠕太子庵罗辰女,号邻和公主。帝时年八岁,冠服端严,神情闲远,华戎叹异。元象中,封长广郡公。天保初,进爵为王,拜尚书令,寻兼司徒,迁太尉。乾明初,杨愔等密相疏忌,以帝为大司马,领并州刺史,帝既与孝昭谋,诛诸执政,迁太傅、录尚书事、领京畿大都督。皇建初,进位右丞相。孝昭幸晋阳,帝以懿亲居守邺,政事咸见委托。二年,孝昭崩,遗诏征帝入统大位。及晋阳宫,发丧于崇德殿,皇太后令所司宣遗诏,左丞相斛律金率百僚敦劝,三奏乃许之。

　　大宁元年,冬十一月癸丑,皇帝即位于南宫,大赦,改皇建二年为大宁。乙卯,以司徒、平秦王归彦为太傅,以尚书右仆射、赵郡王睿为尚书令,以太尉尉粲为太保,以尚书令段韶为大司马,以丰州刺史娄睿为司空,以太傅、平阳王淹为太宰,以太保、彭城王浟为太师、录尚书事,以冀州刺史、博陵王济为太尉,以中书监、任城王湝为尚书左仆射,以并州刺史斛律光为右仆射,封孝昭皇帝太子百年为乐陵郡王,庚申,诏大使巡行天下,求政善恶,问人疾苦,擢进贤良。是岁,周武帝保定元年。

　　河清元年春正月乙亥,车驾至自晋阳。辛巳,祀南郊。壬午,享太庙。丙戌,立妃胡氏为皇后,子纬为皇太子。戊子,大赦,内外百官,普加泛级;诸为父后者,赐爵一级。己亥,以前定州刺史、冯翊王润为尚书左仆射。诏普断屠杀,以顺春令。二月丁未,以太宰、平阳王淹为青州刺史、太傅、领司徒,以领军大将军、宗师、平秦王归彦为太宰、冀州刺史。乙卯,以兼尚书令、任城王湝为司徒。诏散骑常侍崔瞻聘于陈。夏四月辛丑,皇太后娄氏崩。乙巳,青州刺史上言,今月庚寅,河、济清,以河、济清改大宁二年为河清,降罪人各有差。五月甲申,祔葬武明皇后于义平陵。己丑,以尚书右仆射斛律光为尚书令。秋七月,太宰、冀州刺史、平秦王归彦据州反,诏大司马段韶、司空娄睿讨禽之。乙未,斩归彦,并其三子及党与二十人于都市。丁酉,以大司马段韶为太傅,以司空娄睿为司徒,以太傅、平阳王淹为太宰,以尚书令斛律光为司空,以太子太傅、赵郡王睿为尚书令,中书监、河间王孝琬为尚书左仆射。癸亥,行幸晋阳。陈人来聘。冬十一月丁丑,诏兼散骑常侍封孝琰使于陈。十二月丙辰,车驾至自晋阳。是岁,杀太原王绍德。

二年春正月乙亥,帝诏临朝堂,策试秀、孝。以太子少傅魏收为兼尚书右仆射。己卯,兼右仆射魏收以阿纵除名。丁丑,以武明皇后配祭北郊。辛卯,帝临都亭录见囚,降在京罪人各有差。三月乙丑,诏司空斛律光督五营军士筑戍于轵关。壬申,室韦国遣使朝贡。丙戌,以兼尚书右仆射赵彦深为左仆射。夏四月,并、汾、晋、东雍、南汾五州虫旱伤稼,遣使振恤。戊午,陈人来聘。五月壬午,诏以城南双堂之苑,回造大总持寺。六月乙巳,齐州上言,济河水口见八龙升天。乙卯,诏兼散骑常侍崔子武使于陈。庚申,司州牧、河南王孝瑜薨。秋八月辛丑,诏以三台宫为大兴圣寺。冬十二月癸巳,陈人来聘。己酉,周将杨忠帅突厥阿史那木可汗等二十余万人,自恒州分为三道,杀掠吏人。是时,大雨雪连月,南北千余里,平地数尺,霜昼下,雨雪于太原。戊午,帝至晋阳。己未,周军逼并州,又遣大将达奚武帅众数万至东雍及晋州,与突厥相应。是岁,室韦、库莫奚、鞍鞨、契丹并遣使朝贡。

三年春正月庚申朔,周军至城下而陈。战于城西,周军及突厥大败,人畜死者相枕,数百里不绝。诏平原王段韶追出塞而还。三月辛酉,以律令班下,大赦。己巳,盗杀太师、彭城王浟。庚辰,以司空斛律光为司徒,以侍中、武兴王普为尚书左仆射。甲申,以尚书令、冯翊王润为司空。夏四月辛卯,诏兼散骑常侍皇甫亮使于陈。五月甲子,帝至自晋阳。壬午,以尚书令、赵郡王睿为录尚书事,以前司徒娄睿为太尉。甲申,以太傅段韶为太师。丁亥,以太尉、任城王湝为大将军。壬辰,行幸晋阳。六月庚子,大雨,昼夜不息,至甲辰乃止。是月,晋阳讹言有鬼兵,百姓竞击铜铁以捍之。杀乐陵王百年。归宇文媪于周。秋九月乙丑,封皇子绰为南阳王、俨为东平王。是月,归阎媪于周。陈人来聘。突厥寇幽州,入长城,虏掠而还。闰月乙未,诏遣十二使巡行水潦州,免其租调。乙巳,突厥寇幽州。周军三道并出,使其将尉迥寇洛阳,杨摽入轵关,权景宣趣悬瓠。冬十一月甲午,迥等围洛阳。戊戌,诏兼散骑常侍刘逖使于陈。甲辰,太尉娄睿大破周军于轵关,禽杨摽。十二月乙卯,豫州刺史王士良以城降周将权景宣。丁巳,帝自晋阳南讨。己未,太宰、平阳王淹薨。壬戌,太师段韶大破尉迥等,解洛阳围。丁卯,帝至洛阳,免洛州经周军处一年租赋,赦州城内死罪已下囚。己巳,以太师段韶为太宰,以司徒斛律光为太尉,并州刺史、兰陵王恭为尚书令。壬申,帝至武牢,经滑台,次于黎阳。所经减降罪人。丙子,车驾至自洛阳。是岁,高丽、靺鞨新罗并遣使朝贡。山东大水,饥死者不可胜计,诏发振给,事竟不行。

四年春正月癸卯,以大将军、任城王湝为大司马。辛未,幸晋阳。二月甲寅,诏以新罗国王金真兴为使持节、东夷校尉、乐浪郡公、新罗王。壬申,以年谷不登,禁酤酒。己卯,诏减百官食禀各有差。三月戊子,诏给西兖、梁、沧、赵州、司州之东郡阳平清河武都、冀州之长乐勃海遭水潦之处贫下户粟各有差。家别斗升而已,又多不付。是月,彗星见。有物陨于殿廷,如赤漆鼓,带小铃。殿上石自起,两两相对。又有神见于后园万寿堂前山穴中,其体壮大,不辨其面,两齿绝白,长出于唇。帝直宿嫔御已下七百人咸见焉。帝又梦之。夏四月戊午,大将军、东安王娄睿坐事免。乙亥,陈人来聘。

太史奏,天文有变,其占当有易王。丙子,乃使太宰段韶兼太尉,持节奉皇帝玺绶,传位于皇太子。大赦,改元为天统元年。百官进级,降罪,各有羌。又诏皇太子妃斛律氏为皇后。于是群公上尊号为太上皇帝,军国大事,咸以奏闻。始将传政,使内参乘子尚乘驿送诏书于邺。子尚出晋阳城,见人骑随后,忽失之。尚未至邺而其言已布矣。天统四年十二月辛未,太上皇帝崩于邺宫乾寿堂,时年三十二。谥曰武成皇帝,庙号世祖。五年二月甲申,葬于永平陵。

后主讳纬,字仁纲,武成皇帝之长子也。母曰胡皇后,梦于海上坐玉盆,日入裙下,遂有娠。天保七年五月五日,生帝于并州邸。帝少美容仪,武成特所爱宠,拜世子。及武成入纂大业,大宁二年正月丙戌,立为皇太子。河清四年,武成禅位于帝。

天统元年夏四月丙子,皇帝即位于晋阳宫,大赦,改河清四年为天统。丁丑,以太保贺拔仁为太师,太尉侯莫陈相为太保,司空冯翊王润为司徒,录尚书事、赵郡王睿为司空,尚书左仆射、河间王孝琬为尚书令。戊寅,以瀛州刺史尉粲为太尉,斛律光为大将军,东安王娄睿为太尉,尚书右仆射赵彦深为左仆射。六月壬戌,彗星出文昌东北,其大如手,后稍长,乃至丈余,百日乃灭。己巳,太上皇帝诏兼散常侍王季高使于陈。秋七月乙未,太上皇帝诏增置都水使者一人。冬十一月癸未,太上皇帝至自晋阳。己丑,太上皇帝诏改太祖献武皇帝为神武皇帝,庙号高祖;献明皇后为武明皇后。其文宣谥号,委有司议定。十二月庚戌,太上皇帝狩于北郊。壬子,狩于南郊。乙卯,狩于西郊。壬戌,太上皇帝幸晋阳。丁卯,帝至自晋阳。庚午,有司奏改高祖文宣皇帝为威宗景烈皇帝。是岁,高丽、契丹、靺鞨并遣使朝贡。河南大疫。

二年春正月辛卯,祀圆丘。癸巳,祫祭于太庙。诏降罪人各有差。丙申,以吏部尚书尉瑾为尚书右仆射。庚子,行幸晋阳。二月庚戌,太上皇帝至自晋阳。壬子,陈人来聘。三月乙巳,太上皇帝诏以三台施兴圣寺。以旱故,降禁囚。夏四月,陈文帝殂。五月乙酉,以兼尚书左仆射、武兴王普为尚书令。己亥,封太上皇帝子俨为东平王,仁弘为齐安王,仁固为北平王,仁英为高平王,仁光为淮南王。六月,太上皇帝诏兼骑常侍韦道儒聘于陈。秋八月,太上皇帝幸晋阳。冬十月乙卯,以太保侯莫陈相为太傅,大司马、任城王湝为太保,太尉娄睿为大司马,徒冯翊王润为太尉,开府仪同三司韩祖念为司徒。十一月,大雨雪。盗窃太庙御服。十二月乙丑,陈人来聘。是岁,杀河间王孝琬。突厥、靺鞨国并遣使朝贡。于周为天和元年。

三年春正月壬辰,太上皇帝至自晋阳。乙未,大雪,平地二尺。戊戌,太上皇帝诏,京官执事散官三品已上,举三人,五品已上,举二人。称事七品已上,及殿中侍御史、尚书都、检校御史、主书及门下录事,各举一人。邺宫九龙殿灾,延烧西廊。二月壬寅朔,帝加元服,大赦。九州职人,各进四级,内外百官,普进二级。夏四月癸丑,太上皇帝诏兼散骑常侍司马幼之使于陈。五月甲午,太上皇帝诏以领军大将军、东平王俨为尚书令。乙未,大风,昼晦,发屋拔树。六月己未,太上皇帝诏封皇子仁机为西河王,仁约为乐浪王,仁俭为颍川王,仁雅为安乐王,统为丹杨王,仁谦为东海王。闰六月辛巳,左丞相斛律金薨。壬午,太上皇帝诏尚书令、东平王俨录尚书事,以尚书左仆射赵彦深为尚书令,并省尚书右仆射娄定远为尚书左仆射,中书监徐之才为右仆射。秋八月辛未,太上皇帝诏以太保、任城王湝为太师,太尉、冯翊王润为大司马,太宰段韶为右丞相,太师贺拔仁为右丞相,太傅侯莫陈相为太宰,大司马娄睿为太傅,大将军斛律光为太保,司徒韩祖念为大将军,司空、赵郡王睿为太尉,尚书令、东平王俨为司徒。九月己酉,太上皇帝诏诸寺署所绾杂保户姓高者,天保之初,虽有优放,权假力用未免者,今可悉蠲杂户,任属郡县,一准平人。丁巳,太上皇帝幸晋阳。是秋,山东大水,人饥,僵尸满道。冬十月,突厥、大莫娄、室韦、百济、靺鞨等国,各遣使朝贡。十一月丙午,以晋阳大明殿成故,大赦,文武百官进二级,免并州居城、太原一郡来年租。癸未,太上皇帝至自晋阳。十二月己巳,太上皇帝诏以故左丞相、赵郡王琛配飨神武庙廷。

四年春正月壬子,诏以故清河王岳、河东王潘相乐十人并配飨神武庙廷。癸亥,太上皇帝诏兼散骑常侍郑大护使于陈。三月乙巳,太上皇帝诏以司徒、东平王俨为大将军,南阳王绰为司徒,开府仪同三司、广宁王孝珩为尚书令。夏四月辛未,邺宫昭阳殿灾,及宣光、瑶华等殿。辛巳,太上皇帝幸晋阳。五月癸卯,以尚书右仆射胡长仁为左仆射,中书监和士开为右仆射。壬戌,太上皇帝至自晋阳。自正月不雨,至于是月。六月甲子朔,大雨。甲申,大风,拔木折树。是月,彗星见于东井。秋九月丙申,周人来通和,太上皇帝诏侍中斛斯文略报聘于周。冬十月辛巳,以尚书令、广宁王孝珩为录尚书事,左仆射胡长仁为尚书令,右仆射和士开为左仆射,中书监唐邕为右仆射。十一月壬辰,太上皇帝诏兼散骑常侍李纛使于陈。是月,陈安成王顼废其主伯宗而自立。十二月辛未,太上皇帝崩。丙子,大赦。九州职人普加一级,内外百官并加两级。戊寅,上太上皇后尊号为皇太后。甲申,诏细作之务及所在百工悉罢之。又诏掖廷、晋阳、中山宫人等,及邺下、并州太官官口二处,其年六十已上,及有癃患者,仰所司简放。庚寅,诏天保七年已来,诸家缘坐配流者,所在令还。是岁,契丹、靺鞨国并遣使朝贡。

五年春正月辛亥,诏以金凤等三台未入寺者,施大兴圣寺。是月,杀定州刺史、博陵王济。二月乙丑,诏应宫刑者,普免刑为官口。又诏禁网捕鹰鹞及畜养笼放之物。癸酉,大莫娄国遣使朝贡。己丑,改东平王俨为琅邪王,诏侍中叱列长文使于周。是月,杀太尉、赵郡王睿。三月丁酉,以司空徐显秀为太尉,并省尚书令娄定远为司空。是月,行幸晋阳。夏四月甲子,诏以并州尚书省为大基圣寺,晋祠为大崇皇寺。乙丑,车驾至自晋阳。秋七月己丑,诏降罪人各有差。戊申,诏使巡省河北诸州无雨处,境内偏旱者,优免租调。冬十月壬戌,诏禁造酒。十一月辛丑,诏以太保斛律光为太傅,大司马、冯翊王润为太保,大将军、琅邪王俨为大司马。十二月庚午,以开府仪同三司、兰陵王长恭为尚书令。庚辰，以中书监魏收为尚书右仆射。

武平元年春正月乙酉朔，改元。太师、并州刺史、东安王娄睿薨。戊申，诏兼散骑常侍裴献之聘于陈。二月癸亥，以百济王余昌为使持节、侍中、骠骑大将军、带方郡公，王如故。己巳，以太傅、咸阳王斛律光为右丞相，并州刺史、右丞相、安定王贺拔仁为录尚书事，冀州刺史、任城王湝为太师。丙子，降死罪已下囚。闰月戊戌，录尚书事安定王贺拔仁薨。三月辛酉，以开府仪同三司徐之才为尚书左仆射。夏六月乙酉，以广宁王孝珩为司空。甲辰，以皇子恒生故，大赦。内外百官，普进二级，九州职人，普进四级。己酉，诏以开府仪同三司唐邕为尚书右仆射。秋七月癸丑，封孝昭皇帝子彦基为城阳王，彦康为定陵王，彦忠为梁郡王。甲寅，以尚书令、兰陵王长恭为录尚书事，中领军和士开为尚书令。癸亥，靺鞨遣使朝贡。癸酉，以华山王凝为太傅。八月辛卯，行幸晋阳。九月乙巳，立皇子恒为皇太子。冬十月辛巳，以司空、广宁王孝珩为司徒，以上洛王思宗为司空，封萧庄为梁王。戊子，曲降并州死罪已下囚。己丑，复改威宗景烈皇帝谥号为显祖文宣皇帝。十二月丁亥，车驾至自晋阳。诏左丞相斛律光出晋州道，修城戍。

二年春正月丁巳，诏兼散骑常侍刘环俊使于陈。戊寅，以百济王余昌为使持节、都督、东青州刺史。二月壬寅，以录尚书事、兰陵王长恭为太尉，并省录尚书事赵彦深为司空，尚书令和士开为录尚书事，左仆射徐之才为尚书令，右仆射唐邕为左仆射，吏部尚书冯子琮为右仆射。夏四月壬午，以大司马、琅邪王俨为太保。甲午，陈遣使连和，谋伐周，朝议弗许。六月，段韶攻周汾州克之，获刺史杨敷。秋七月庚午，太保、琅邪王俨矫诏杀录尚书事和士开于南台，即日诛领军大将军库狄伏连、书侍御史王子宣等，尚书右仆射冯子琮赐死殿中。八月己亥，行幸晋阳。九月辛亥，以太师、任城王湝为太宰，冯翊王润为太师。己未，左丞相、平原王段韶薨。戊午，曲降并州界内死罪已下，各有差。庚午，杀太保、琅邪王俨。壬申，陈人来聘。冬十月，罢京畿府入领军府。己亥，车驾至自晋阳。十一月庚

戌,诏侍中赫连子悦使于周。丙寅,以徐州行台、广宁王孝珩为录尚
书事。庚午,以录尚书事、广宁王孝珩为司徒。癸酉,以右丞相斛律
光为左丞相。

三年春正月己巳,祀南郊。辛亥,追赠故琅邪王俨为楚帝。二
月己卯,以卫菩萨为太尉。辛巳,以并省吏部尚书高元海为尚书右
仆射。庚寅,以左仆射唐邕为尚书令,侍中祖珽为左仆射。是月,敕
撰《玄洲苑御览》,后改名《圣寿堂御览》。三月辛酉,诏文武官五品
以上,各举一人。是月,周诛冢宰宇文护。夏四月,周人来聘。秋七
月戊辰,诛左丞相、咸阳王斛律光,及其弟幽州行台、荆山公丰乐。
八月庚寅。废皇后斛律氏为庶人。以太宰、任城王湝为右丞相,太
师、冯翊王润为太尉,兰陵王长恭为大司马,广宁王孝珩为大将军,
安德王延宗为司徒。使领军封辅相聘于周。戊子,拜右昭仪胡氏为
皇后。己丑,以司州牧、北平王仁坚为尚书令,特进许季良为左仆
射,彭城王宝德为右仆射,癸巳,行幸晋阳。是月,《圣寿堂御览》成,
敕付史阁,后改为《修文殿御览》。九月,陈人来聘。冬十月,降死罪
已下囚。甲午,拜弘德夫人穆氏为左皇后,大赦。十二月辛丑,废皇
后胡氏为庶人。是岁,新罗、百济、勿吉、突厥并遣使朝贡。于周为
建德元年。

四年春正月戊寅,以并省尚书令高阿那肱为录尚书事。庚辰,
诏兼散骑常侍崔象使于陈。是月,邺都、并州并有狐媚,多截人发。
二月乙巳,拜左皇后穆氏为皇后。丙午,置文林馆。乙卯,以尚书令、
北平王仁坚为录尚书事。丁巳,行幸晋阳。是月,周人来聘。三月
辛未,盗入信州,杀刺史和士休,南兖州刺史鲜于世荣讨之。庚辰,
车驾至晋阳。夏四月戊午,以大司马、兰陵王长恭为太保,大将军、
定州刺史、南阳王绰为大司马,太尉卫菩萨为大将军,司徒、安德王
延宗为太尉,司空、武兴王普为司徒,开府仪同三司、宜阳王赵彦深
为司空。癸丑,祈皇祠。坛墠筵之内忽有车轨之辙,案验,傍无人迹,
不知车所从来。乙卯,诏以为大庆,班告天下。己未,周人来聘。五
月丙子,诏史官更撰《魏书》。癸巳,以领军穆提婆为尚书左仆射,以

侍中、中书监段孝言为右仆射。是月，开府仪同三司尉破胡、长孙洪略等与陈将吴明彻战于吕梁南，大败，破胡走以免，洪略战殁，遂陷秦、泾二州。明彻进陷和、合二州。是月，杀太保、兰陵王长恭。六月，明彻进军围寿阳。壬子，幸南苑，从官暍死者六十人。以录尚书事高阿那肱为司徒。丙辰，诏开府王师罗使于周。秋九月，校猎于邺东。冬十月，陈将吴明彻陷寿阳。辛丑，杀侍中崔季舒、张雕唐、散骑常侍刘逖、封孝琰、黄门侍郎裴泽、郭遵。癸卯，行幸晋阳。十二月戊寅，以司徒高阿那肱为右丞相。是岁，高丽、靺鞨并遣使朝贡，突厥使求婚。

五年春正月乙丑，置左右娥英各一人。二月乙未，车驾至自晋阳、朔州行台、南安王思好反。辛丑，行幸晋阳。尚书令唐邕等大破思好，投火死，焚其尸，并其妻李氏。丁未，车驾至自晋阳。甲寅，以尚书令唐邕为录尚书事。夏五月，大旱，晋阳得死魅，长二尺，面顶各二目。帝闻之，使刻木为其形以献。庚申，大赦。丁亥，陈人寇淮北。秋八月癸卯，行幸晋阳。甲辰，以高劢为尚书右仆射。是岁，杀南阳王绰。

六年春三月乙亥，车驾至自晋阳。丁丑，烹祅贼郑子饶于都市。是月，周人来聘。夏四月庚子，以中书监阳休之为尚书右仆射。癸卯，靺鞨遣使朝贡。秋七月甲戌，行幸晋阳。八月丁酉，冀、定、赵、幽、沧、瀛六州大水。是月，周师入洛川，屯芒山，攻逼洛城，纵火船焚浮桥，河桥绝。闰月己丑，遣右丞相高阿那肱自晋阳御之，师次河阳，周师夜遁。庚辰，以司空赵彦深为司徒，斛律阿列罗为司空。辛巳，以军国资用不足，税关市、舟车、山泽、盐铁、店肆，轻重各有差，开酒禁。

七年春正月壬辰，诏去秋已来，水潦，人饥不自立者，所在付大寺及诸富户，济其性命。甲寅，大赦。乙卯，车驾至自晋阳。二月辛酉，括杂户女，年二十已下十四已上未嫁，悉集省，隐匿者，家长处死刑。二月丙寅，风从西北起，发屋拔树，五日乃止。夏六月戊申朔，日有蚀之。庚申，司徒赵彦深薨。秋七月丁丑，大雨霖。是月，以水潦,遣使巡抚流亡人户。八月丁卯,行幸晋阳。雉集于御坐,获之,有司不敢以闻。诏营邯郸宫。冬十月丙辰,帝大狩于祁连池。周师攻晋州。癸亥,帝还晋阳。甲子,出兵,大集晋祠。庚午,帝发晋阳。癸酉,帝列阵而行,上鸡栖原,与周齐王宪相对,至夜不战,周师敛阵而退。十一月,周武帝退还长安,留偏师守晋州,高阿那肱等围晋州城。戊寅,帝至围所。

十二月戊申,周武帝来救晋州。庚戌,战于城南,齐军大败。帝弃军先还。癸丑,入晋阳,忧惧不知所之。甲寅,大赦。帝谓朝臣曰:"周师甚盛,若何?"群臣咸曰:"天命未改,一得一失,自古皆然。宜停百赋,安朝野,收遗兵,背城死战,以存社稷。"帝意犹预,欲向北朔州。乃留安德王延宗、广宁王孝珩等守晋阳。若晋阳不守,即欲奔突厥。群臣皆曰不可,帝不从其言。开府仪同三司贺拔伏恩、封辅相、慕容钟葵等宿卫近臣三十余人,西奔周师。乙卯,诏募兵,遣安德王延宗为左广,广宁王孝珩为右广。延宗入见帝,帝告欲向北朔州,延宗泣谏,不从。帝密遣王康德与中人齐绍等送皇太后、皇太子于北朔州。丙辰,帝幸城南军营,劳将士,其夜欲遁,诸将不从。

丁巳,大赦。改武平七年为隆化元年。其日,穆提婆降周。诏除安德王延宗为相国,委以备御,延宗流涕受命。帝乃夜斩五龙门而出,欲走突厥,从官多散,领军梅胜郎叩马谏,乃回之邺。时唯高阿那肱等十余骑,广宁王孝珩、襄城王彦道续至,得数十人同行。戊午,延宗从众议,即皇帝位于晋阳,改隆化为德昌元年。庚申,帝入邺。辛酉,延宗与周师战于晋阳,大败,为周师所虏。

帝遣募人,重加官赏,虽有此言,而竟不出物。广宁王孝珩奏请出宫人及珍宝,班赐将士,帝不悦。斛律孝卿居中受委,带甲以处分。请帝亲劳,为帝撰辞,且曰:"宜慷慨流涕,感激人心。"帝既出临来,将令之,不复记所受言,遂大笑,左右亦群哑,将士莫不解体。于是自大丞相已下,太宰、大司马、三师、大将军、三公等官,并增员而授,或三或四,不可胜数。

甲子,皇太后从北道至。引文武一品已上入朱华门,赐酒食及

纸笔,问以御周之方略。群臣各异议,帝莫知所从。又引高元海、宋
士素、卢思道、李德林等欲议禅位皇太子。先是,望气者言,当有革
易,于是依天统故事,授位幼主。

　　幼主名恒,帝之长子也。母曰穆皇后。武平元年六月,生于邺。
其年十月,立为皇太子。隆化二年春正月乙亥,即皇帝位,时年八
岁。改元为承光元年,大赦。尊皇太后为太皇太后,帝为太上皇帝,
后为太上皇后。

　　于是黄门侍郎颜之推、中书侍郎薛道衡、侍中陈德信等劝太上
皇帝往河外募兵,更为经略。若不济,南投陈国。从之。丁丑,太皇
太后、太上皇自邺先趣济州。周师渐逼,癸未,幼主又自邺东走。已
丑,周师至紫陌桥。癸巳,烧城西门,太上皇将百余骑东走。乙亥,
度河入济州。其日,幼主禅位于大丞相、任城王湝,令侍中斛律孝卿
送禅文及玺绂于瀛州。孝卿乃以之归周。又为任城王诏,尊太上皇
为无上皇,幼主为守国天王。留太皇太后济州,遣高阿那肱留守。太
上皇并皇后携幼主走青州,韩长鸾、邓颙等数十人从。

　　太上皇既至青州,即为入陈之计。而高阿那肱召周军,约生致
齐生,而屡使人告,言贼军在远,已令人烧断桥路。太上所以停缓。
周军奄至青州,太上窘急,将逊于陈,置金囊于鞍后,与长鸾、淑妃
等十数骑至青州南邓村,为周将尉迟纲所获,送邺。周武帝与抗宾
主礼,并太后、幼主、诸王,俱送长安。封帝温国公。至建德七年,诬
与宜州刺史穆提婆谋反,及延宗等数十人,无少长咸赐死。神武子
孙所存者一二而已。至大象末,阳休之、陈德信等启大丞相隋公,请
收葬,听之,葬于长安北原洪渎川。

　　帝幼而令善,及长,颇学缀文,置文林馆,引诸文士焉。而言语
涩呐,无志度,不喜见朝士,自非宠私昵狎,未常交语。性懦不堪,人
视者即有忿责。其奏事者,虽三公、令、录莫得仰视,皆略陈大旨,惊
走而出。每灾异寇盗水旱,亦不自贬损,唯诸处设斋,以此为修德。
雅信巫觋,解祷无方。初,琅邪王举兵,人告者误云库狄伏连反,帝

曰："此必仁威也。"又斛律光死后，诸武官举高思好堪大将军。帝曰："思好喜反。"皆如所言，遂自以策无遗算，乃益骄纵。盛为无愁之曲。帝自弹胡琵琶而唱之，侍和之者以百数，人间谓之无愁天子。尝出见群厉，尽杀之。或杀人，剥面皮而视之。

任陆令萱、和士开、高阿那肱、穆提婆、韩长鸾等宰制天下，陈德信、邓长颙、何洪珍参预机权。各引亲党，超居非次，官由财进，狱以贿成，其所以乱政害人，难以备载。诸宦奴婢、阉人、商人、胡户、杂户、歌舞人、见鬼人滥得富贵者，将以万数。庶姓封王者百数，不复可纪。开府千余，仪同无数。领军一时三十，连判文书，各作依字，不具姓名，莫知谁也。诸贵宠祖祢追赠，官岁一进，位极乃止。宫掖婢皆封郡君。宫女宝衣玉食者五百余人，一裙直万疋，镜台直千金，竞为变巧，朝衣夕弊。

承武成之奢丽，以为帝王当然。乃更增益宫苑，造偃武修文台，其嫔嫱诸院中，起镜殿、宝殿、瑇瑁殿，丹青雕刻，妙极当时。又于晋阳起十二院，壮丽逾于邺下。所爱不恒，数毁而又复。夜则以火照作，寒则以汤为泥。百工困穷，无时休息。凿晋阳西山为大佛像，一夜燃油万盆，光照宫内。又为胡昭仪起大慈寺，未成，改为穆皇后大宝林寺。穷极工巧，运石填泉，劳费亿计，人牛死者，不可胜记。御马则藉以毡罽，食物有十余种，将合牝牡，则设青庐、具牢馔而亲观之，狗则饲以粱肉。马及鹰犬，乃有仪同、郡君之号，故有赤彪仪同、逍遥郡君、陵霄郡君。高思好书所谓驳龙、逍遥者也。犬于马上设褥以抱之。斗鸡亦号开府。犬马鸡鹰，多食县干。鹰之入养者，稍割犬肉以饲之，至数日乃死。

又于华林园立贫穷村舍，帝自弊衣为乞食儿。又为穷儿之市，躬自交易。写筑西鄙诸城，黑衣为羌兵，鼓噪陵之，亲率内参临拒，或实弯弓射人。自晋阳东巡，单马驰骛，衣解发散而归。又好不急之务，会一夜索蝎，及旦，得三升。特爱非时之物，取求火急，皆须朝征夕办，当势者因之，贷一而责十焉。

赋敛日重，徭役日烦，人力既殚，帑藏空竭，乃赐诸佞幸卖官，或得郡两三，或得县六七，各分州郡，下逮乡官，亦多隆中者。故有敕用州主簿，敕用郡功曹。于是州县职司，多出富商大贾，竞为贪纵，人不聊生。爰自邺都及诸州郡，所在征税，百端俱起。凡此诸役皆渐于武成，至帝而增广焉。然未尝有帷薄淫秽，唯此事颇优于武成云。

初，清河末，武成梦大猬攻破邺城，故索境内猬膏以绝之。识者后主名声与猬相协，亡齐征也。又妇人皆翦剔以著假髻，而危邪之，状如飞鸟，至于南面，则髻心正西。始自宫内为之，被于四远。天意若曰，元首翦落，危侧，当走西也。又为刀子者，刃皆狭细，名曰尽势。游童戏者，好以两手持绳，拂地而却上跳，且唱曰"高末"之言，盖高氏运祚之末也。然则乱亡之数，盖有兆云。

论曰：武成风度高爽，经算弘长，文武之官，俱尽谋力，有帝王之量矣。但爱狎庸竖，委以朝权，帷薄之间，淫侈过度，灭亡之兆，其在斯乎。玄象告变，传位元子，名号虽殊，政犹己出，迹有虚饰，事非宪典。聪明临下，何易可诬。又河南、河间、乐陵等诸王，或以时嫌，或以猜忌，皆无罪而殒，非所谓知命任天体大道之义也。

后主以中庸之姿，怀易染之性，永言先训，教匪义方。始自襁褓，至于传位，隔以正人，闭其善道。养德所履，异乎春诵夏弦，过廷所闻，莫非不轨不物。辅之以中官奶媪，属之以丽色淫声，纵構绁之娱，恣朋淫之好。语曰："从恶若崩"，盖言其易。武平在御，弥见沦胥，罕接朝士，不亲政事，一日万机，委诸凶族。内侍帷幄，外吐丝纶，威厉风霜，志回天日，虐人害物，搏噬无厌，卖狱鬻官，欲壑难满。重以名将贻祸，忠臣显戮，始见浸溺之萌，俄观土崩之势，周武因机，遂混区夏，悲夫！盖桀纣罪人，其亡也忽焉，自然之理矣。

郑文贞公魏征总而论之曰："神武以雄杰之姿，始基霸业；文襄以英明之略，伐叛柔远。于时丧君有君，师出以律。河阴之役，摧宇文如反掌；涡阳之战，扫侯景如拉枯。故能气慑西邻，威加南服。王室是赖，东夏宅心。文宣因累世之资，应乐推之会，地居当璧，遂迁魏鼎。怀谲诡非常之才，运屈奇不测之智，网罗俊义，明察临下，文武名臣，尽其力用。亲戎出塞，命将临江，定单于于龙城，纳长君于梁国。外内充实，疆场无警，胡骑息其南侵，秦人不敢东顾。既而荒淫败德，罔念作狂，为善未能亡身，余殃足以传后。得以寿终，幸也。胤嗣不永，宜哉。孝昭地逼身危，逆取顺守，外敷文教，内蕴雄图，将以牢笼区域，奄有函夏，享龄不永，绩用无成。若或天假之年，足使秦、吴肝食。武成即位，雅道陵迟，昭、襄之风，摧焉已坠。暨乎后主，外内崩离，众溃于平阳，身禽于青土。天道深远，或未易谈；吉凶由人，抑可扬榷。

观夫有齐全盛，控带遐阻，西包汾、晋，南极江、淮，东尽海隅，北渐沙漠。六国之地，我获其五；九州之境，彼分其四。料甲兵之众寡，校帑藏之虚实，折衡千里之将，帷幄六奇之士，比二方之优劣，无等级以寄言。

然其太行、长城之固，自若也。江、淮、汾、晋之险，不移也。帑藏输税之富，未亏也。士庶甲兵之众，不缺也。然而前王用之而有余，后主守之而不足，其故何哉？前王之御时也，沐雨栉风，拯其溺而救其焚，信必赏，过必罚，安而利之。既与共其存亡，故得同其生死。后主则不然，以人从欲，损物益己，雕墙峻宇，甘酒嗜音，廛肆遍于宫园，禽色荒于外内。俾昼作夜，罔水行舟，所欲必成，所求必得。既不轨不物，又暗于听受，忠信弗闻，妾斐必入。视人如草芥，从恶如顺流。佞阉处当轴之权，婢媪擅回天之力。卖官鬻狱，乱政淫刑，刳剥被于忠良，禄位加于犬马。谗邪并进，法令多闻。持瓢者非止百人，摇树者不唯一手。于是土崩瓦解，众叛亲离，顾瞻周道，咸有西归之志。方更盛其宫观，穷极荒淫，谓黔首之可诬，指白日以自保，驱倒戈之旅，抗前歌之师，五世崇基，一举而灭。岂非镂金石者难为功，摧枯朽者易为力欤。

抑又闻之，"皇天无亲，唯德是辅"。"天时不如地利，地利不如人和"。齐自河清之后，逮于武平之末，土木之工不息，嫔嫱之选无已。征税尽，人力殚，物产无以给其求，江海不能赡其欲。所谓火既炽矣,更负薪以足之;数既穷矣,又为恶以促之。欲求大夏不燔,延期过历,不亦难乎。由此言之,齐氏之败亡,盖亦由人,非惟天道也。

北史卷九
周本纪上第九

太祖文帝　孝闵帝
世宗明帝

周太祖文皇帝姓宇文氏,讳泰,字黑獭,代郡武川人也。其先出自炎帝。炎帝为黄帝所灭,子孙遁居朔野。其后有葛乌菟者,雄武多算略,鲜卑奉以为主,遂总十二部落,世为大人。及其裔孙曰普回,因狩得玉玺三纽,文曰皇帝玺,普回以为天授,已独异之。其俗谓天子曰"宇文",故国号宇文,并以为氏。

普回子莫那,自阴山南徙,始居辽西,是曰献侯,为魏舅甥之国。自莫那九世至侯归豆,为慕容晃所灭。其子陵仕燕,拜附马都尉,封玄菟公。及慕容宝败,归魏,拜都牧主,赐爵安定侯。天兴初,魏迁豪杰于代都,陵随例徙居武川,即为其郡县人焉。陵生系,系生韬,韬生皇考肱,并以武略称。

肱任侠有气干。正光末,沃野镇人破六韩拔陵作乱,其伪署王卫可瑰最盛,肱乃纠合乡里,斩瑰,其众乃散。后陷鲜于修礼,为定州军所破,战没于阵。武成初,追谥曰德皇帝。

帝,德皇帝之少子也。母曰王氏。初孕五月,夜梦抱子升天,才不至而止,寤,以告德皇帝。德皇帝喜曰:"虽不至天,贵亦极矣。"帝生而有黑气如盖,下覆其身。及长,身长八尺,方颡广额,美须髯,发长委地,垂手过膝,背有黑子,宛转若龙盘之形,面色紫光,人望而敬畏之。少有大度,不事家人生业,轻财好施,以交结贤士大夫为务。随德皇帝在鲜于修礼军。及葛荣杀修礼,帝时年十八,荣下任将帅,察其无成,谋与诸兄去之。计未行,会荣灭,因随尔朱荣迁晋阳。荣忌帝兄弟雄杰,遂托以他罪诛帝第三兄洛生。帝以家冤自理,辞旨慷慨,荣感而免之,益加敬待。

始以统军从荣征讨,后以别将从贺拔岳讨北海王颢于洛阳。孝庄反正,以功封宁都子。后从岳入关,平万俟丑奴,行原州事。时关、陇寇乱,帝抚以恩信,百姓皆喜,曰:"早遇宇文使君,吾等岂从逆乱。"帝尝从数骑于野,忽闻箫鼓之音,以问从者,皆莫之闻,意独异之。

普泰二年,尔朱天光东拒齐神武,留弟显寿镇长安,召秦州刺史侯莫陈悦东下。岳知天光必败,欲留悦共图显寿,计无所出。帝谓岳曰:"今天光尚近,悦未必贰心,若以此事告之,恐其惊惧。然悦虽为主将,不能制物,若先说其众,必人有留心。进失尔朱之期,退恐人情变动,若乘此说悦,事无不遂。"岳大喜,即令帝入悦军说之。悦遂与岳袭长安,帝轻骑为前锋,追至华阴,禽显寿。及岳为关西大行台,以帝为左丞,领岳府司马,事无巨细,皆委决焉。

齐神武既除尔朱氏,遂专朝政。帝请往观之,至并州。神武以帝非常人,曰:"此小儿眼目异。"将留之。帝诡陈忠款,具托左右,苦求复命,倍道而行。行一日而神武乃悔,发上驿千里,追帝至关,不及而反。帝还,谓岳曰:"高欢岂人臣邪,逆谋未发者,惮公兄弟耳。侯莫陈悦本实庸材,亦不为欢忌,但为之备,图之不难。今费也头控弦之骑,不下一万,夏州刺史解拔弥俄突,胜兵三千余人,及灵州刺史曹泥,并恃僻远,常怀异望。河西流入纥豆陵伊利等,户口富实,未奉朝风。今若移军近陇,扼其要害,示之以威,怀之以德,即可收其士马,以资吾军。西辑氐、羌,北抚沙塞,还军长安,匡辅魏室,此桓文之举也。"岳大悦。复遣帝诣阙请事,密陈其状。魏帝纳之,加帝武卫将军,还令报岳。岳遂引军西次平凉。

岳以夏州邻接寇贼,欲求良刺史以镇之,众皆举帝。岳曰:"宇文左丞,吾左右手,何可废也。"沉吟累日,乃从众议,表帝为夏州刺史。帝至州,伊利望风款附,而曹泥犹通使于齐神武。

魏永熙三年正月,贺拔岳欲讨曹泥,遣都督赵贵至夏州与帝谋。帝曰:"曹泥孤城阻远,未足为忧。侯莫陈悦贪而无信,是宜先图也"。岳不听,遂与悦俱讨泥。二月,至河曲,果为悦所害。众散还平凉,唯大都督赵贵率部曲收岳尸还营。三军未知所属,诸将以都督寇洛年最长,推总兵事。洛素无雄略,威令不行,乃请避位。于是赵贵言于众,称帝英姿雄略,若告丧,必来赴难,因而奉之,大事济矣。诸将皆称善,乃令赫连达驰至夏州告帝。士吏咸泣,请留以观其变。帝曰:"难得而易失者时也,不俟终日者机也,今不早赴,将恐众心自离。"都督弥姐元进规应悦,密图帝。事发,斩之。帝乃率帐下,轻骑驰赴平凉。时齐神武遣长史侯景招引岳众,帝至安定,遇之于传舍。吐哺上马,谓曰:"贺拔公虽死,宇文泰尚存,卿何为也?"景失色曰:"我犹箭耳,随人所射者也。"景于此还。帝至平凉,哭岳甚恸。将士悲且喜曰:"宇文公至,无所忧矣。"

齐神武又使景与常侍张华原、义宁太守王基劳帝,帝不受命。与基有旧,将留之,并欲留景,并不屈,乃遣之。时斛斯椿在帝所,曰:"景,人杰也,何故放之?"帝亦悔,驿追之不及。基亦逃归,言帝雄杰,请及其未定灭之。神武曰:"卿不见贺拔、侯莫陈乎,吾当以计拱手取之。"及沙苑之败,神武乃始追悔。

于时魏帝将图神武,闻岳被害,遣武卫将军元毗宣旨劳岳军,追还洛阳。毗到平凉,会诸将已推帝。侯莫陈悦亦被敕追还,悦既附神武,不肯应召。帝曰:"悦枉害忠良,复不应诏命,此国之大贼。"乃令诸军戒严,将讨悦。及毗还,帝表于魏帝,辞以高欢至河东,侯莫陈悦在永洛,首尾受敌,乞少停缓。帝志在讨悦,而未测朝旨,且众未集,假为此辞。因与元毗及诸将,刑牲盟誓,同奖王室。

初,贺拔岳营河曲,军吏独行,忽见一翁,谓曰:"贺拔虽据此众,终无所成。当有一宇文家从东北来,后必大盛。"言讫不见。至是方验。

魏帝因诏帝为大都督,即统贺拔岳军。帝乃与悦书,责以杀贺拔岳罪，又喻令归朝。悦乃诈为诏书与秦州刺史万俟普拨，令为己援。普拨疑之，封以呈帝，帝表奏之。魏帝因问帝安秦、陇计。帝请召悦，授以内官，及处以瓜、凉一藩；不然，则终致猜虞。

三月，帝进军至原州，众军悉集，谕以讨悦意，士卒莫不怀愤。四月，引兵上陇，留兄子遵为都督，镇原州。帝军令严肃，秋毫无犯，百姓大悦。军出木狭关，大雪，平地二尺。帝知悦怯而多猜，乃倍道兼行，出其不意。悦果疑其左右有异志，左右不自安，众遂离贰。闻大军且至，退保略阳，留一万余人据守永洛。帝至，围之，城降。帝即轻骑数百趣略阳，以临悦军。其部将皆劝悦退保上邽。时南秦州刺史李弼亦在悦军，间遣使请为内应。其夜，悦出军，军自惊溃，将卒或来降，帝纵兵奋击，大破之。悦与其子弟及麾下数十骑遁走。帝乃命原州都督遵追悦，至牵屯山斩之，传首洛阳。帝至上邽，悦府库财物山积，皆以赏士卒，毫厘无所取。左右窃以一银瓮归，帝知而罪之，即剖赐将士，众大悦。

齐神武闻关陇克捷，遣使于帝，深相倚结。帝拒而不纳，封神武书以闻。时神武已有异志，故魏帝深仗于帝，仍令帝稍引军而东。帝乃令大都督梁御率步骑五千，将镇河、渭合口，为图河东计。魏帝进帝侍中、骠骑大将军、开府仪同三司、关西大都督、略阳县公，承制封拜，使持节如故。

时魏帝方图齐神武，又遣征兵。帝乃令前秦州刺史骆超为大都督，率轻骑一千赴洛。魏帝进授帝兼尚书左仆射、关西大行台，余官如故。帝乃传檄方镇曰：

盖闻阴阳递用，盛衰相袭，苟当百六，无闻三五。皇家创历，陶铸苍生，保安四海，仁育万物。运距孝昌，屯沴屡起，陇、冀骚动，燕、河狼顾。虽灵命重启，荡定有期，而乘衅之徒，因翼生羽。

贼臣高欢，器识庸下，出自舆皂，罕闻礼义。直以一介鹰犬，效力戎行，腼冒恩私，遂阶荣宠。不能竭诚尽节，专挟奸回，乃劝尔朱荣行兹篡逆。及荣以专政伏诛，世隆以凶党外叛，欢苦相敦勉，令取京师。又劝吐万儿复为弑虐，暂立建明，以令天下，假推普泰，欲窃威权。并归废斥，俱见酷害。于是称兵河北，假讨尔朱，亟通表奏，云取谗贼。既行废黜，逐将篡弑。以人望未改，恐鼎镬交及，乃求宗室，权允人心。天方与魏，必将有主，翊戴圣明，诚非权力。而欢阻兵安忍，自以为功，广布腹心，跨州连郡，端揆禁闼，莫非亲党，皆行贪虐，窃窥生灵。而旧将名臣，正人直士，横生疮痏，动挂网罗。故武卫将军伊琳，清直武毅，禁旅攸属；直阁将军鲜于康仁，忠亮骁杰，爪牙斯在：欢收而戮之，曾无闻奏。司空高乾，是其党与，每相影响，谋危社稷。但奸志未从，恐先泄漏，乃密白朝廷，使杀高乾，方哭对其弟，称天子横戮。孙腾、任祥，欢之心膂，并使入居枢近，伺国间隙，知欢逆谋将发，相继归逃，欢益加抚待，亦无陈白。

然欢入洛之始，本有奸谋。令亲人蔡俊作牧河、济，厚相恩赡，为东道主人。故关西大都督清水公贺拔岳，勋德隆重，兴亡攸寄，欢好乱乐祸，深相忌毒，乃与侯莫陈悦，阴图陷害。幕府以受律专征，便即讨戮。欢知逆状已露，稍怀旅拒，遂遣蔡俊拒代，令窦泰佐之，又遣侯景等云向白马，辅世珍等径趣石济，高隆之及娄昭等屯据壶关，韩轨之徒拥众蒲坂。于是上书天子，数论得失，訾毁乘舆，威侮朝廷。藉此微庸，冀兹大宝，溪壑可盈，祸心不测。或言径赴荆、楚，开疆于外；或言分诣伊、洛，取彼谗人；或言欲来入关，与幕府决战。今圣明御运，天下清夷，百僚师师，四隩来暨，人尽忠良，谁为君侧？而欢威福自己，生是乱阶，缉构南箕，指鹿为马，包藏凶逆，伺我神器。是而可忍，孰不可容。

幕府折冲宇宙，亲当受脤，锐师百万，毂骑千群，裹粮坐甲，唯敌是俟，义之所在，糜躯匪吝。频有诏书，班告天下，称欢逆乱，征兵致伐。今便分命将帅，应机进讨，或趣其要害，或袭其窟穴，电绕蛇击，雾合星罗。而欢违负天地，毒被人鬼，乘此扫荡，易同俯拾。欢若度河，稍逼宫庙，则分命诸将，直取并州，幕府躬自东辕，电赴伊、洛。若固其巢穴，未敢发动，亦命群帅，百道俱前，辗裂贼臣，以谢天下。

其州镇郡县，率土黎人，或州乡冠冕，或勋庸世济，并宜舍逆归顺，立效军门。封赏之科，已有别格，凡百君子，可不勉哉。

帝谓诸军曰："高欢虽智不足而诈有余，今声言欲西，其意在入洛。吾欲令寇洛率马步万余，自泾州东引；王罴率甲士一万，先据华州。欢若西来，王罴足得抗拒；如其入洛，寇洛即袭汾、晋。吾便速驾，直赴京邑，使其进有内顾之忧，退有被蹑之势，一举大定，此为上策。"众咸称善。

七月，帝帅众发自高平，前军至于弘农。而齐神武稍逼京师，魏帝亲总六军屯河桥，令左卫元斌之、领军斛斯椿镇武牢。帝谓左右曰："高欢数日行八九百里，晓兵者所忌，正须乘便击之。而主上以万乘之重，不能度河决战，方缘津据守。且长河万里，扞御为难，一处得度，大事去矣。"即以大都督赵贵为别道行台，自蒲坂济，趣并州；遣大都督李贤将精骑一千赴洛阳。会斌之与斛斯椿争权，镇防不守，魏帝遂轻骑入关。帝备仪卫奉迎，谒见于东驿，免冠流涕谢罪。

乃奉魏帝都长安，披草莱，立朝廷，军国之政，咸取决于帝。仍加授大将军、雍州刺史，兼尚书令，进封略阳郡公，别置二尚书，随机处分，解尚书仆射，余如故。初，魏帝在洛阳，许以冯翊长公主配帝，未及结纳而魏帝西迁。至是诏帝尚之，拜驸马都尉。八月，齐神武袭陷潼关，侵华阴，帝率诸军屯霸上以待之。神武留其将薛瑾守关而退，帝乃进军斩瑾，虏其卒七千。还长安，进位丞相。十一月，遣仪同李虎与李弼、赵贵等讨曹泥于灵州，讳引河灌之。明年，泥降，迁其豪帅于咸阳。十二月，魏孝武帝崩，帝与群公定册，尊立魏南阳王宝炬为嗣，是为文帝。

大统元年正月己酉，魏帝进帝都督中外诸军、录尚书事、大行台，改封安定郡王。帝固让王及录尚书，魏帝许之，乃改封安定郡公。东魏将司马子如寇潼关，帝军霸上。子如乃回军自蒲津寇华州，刺史王罴击走之。三月，帝命有司为二十四条新制，奏行之。

二年五月，秦州刺史、建忠王万俟普拨率所部入东魏，帝轻骑追之，至河北千余里，不及而还。

三年正月，东魏寇龙门，屯军蒲坂，造三道浮桥度河。又遣其将窦泰趣潼关，高昂围洛州。帝出军广阳，召诸将谓曰："贼掎吾三面，又造桥，示欲必度，是欲缀吾军，使窦泰得西入耳。且欢起兵以来，泰每先驱，下多锐卒，屡胜而骄。今袭之必克，克泰，则欢不战而走矣。"诸将咸曰："贼在近，舍而袭远，若差跌，悔何及也。"帝曰："欢前再袭潼关，吾军不过霸上。今者大来，谓吾但自守耳。又狃于得志，有轻我之心，乘此击之，何往不克。贼虽造桥，未能径度，比五日中，吾取泰必矣。"庚戌，帝还长安，声言欲向陇右。辛亥，谒魏帝而潜军至小关。窦泰卒闻军至，陈未成，帝击之，尽俘其众，斩泰，传首长安。高昂闻之，焚辎重而走。齐神武亦撤桥而退。帝乃还。

六月，帝请罢行台，魏帝复申前命，授帝录尚书事，固让乃止。八月丁丑，帝率李弼、独孤信、梁御、赵贵、于谨、若干惠、怡峰、刘亮、王德、侯莫陈崇、李远、达奚武等十二将东伐，至潼关。帝乃誓于师曰："与尔有众，奉天威，诛暴乱。惟尔众士，整尔甲兵，戒尔戎事，无贪财以轻敌，无暴人以作威。用命则有赏，不用命则有戮，尔众士其勉之。"乃遣于谨先徇地至盘豆，拔之，获东魏将高叔礼，送于长安。戊子，至弘农，攻之，城溃，禽东魏陕州刺史李徽伯，虏其战士八千。守将高干走度河，命贺拔胜追禽之，并送长安。于是宜阳、邵郡皆归附。先是河南豪杰应东魏者，皆降。

齐神武惧，率众走蒲坂，将自后土济。遣其将高昂以三万人出河南。是岁，关中饥，帝馆谷于弘农五十余日。时军士不满万人，闻神武将度，乃还。神武遂度河，逼华州，刺史王罴严守，乃涉洛，军于许原西。帝至渭南，征诸州兵，未会。将击之，诸将以众寡不敌，请且待欢更西以观之。帝曰："欢若至咸阳，人情转骚扰。今及其新至，可击之。"即造浮桥于渭，令军士赍三日粮，轻骑度渭，辎重自渭南，夹渭而西。

十月壬辰,至沙苑,距齐军六十余里,神武引军来会。癸巳,候骑告齐军至,帝召诸将谋。李弼曰:"彼众我寡,不可平地置阵。此东十里,有渭曲,可先据以待之。"遂进至渭,背水东西为阵,李弼为右拒,赵贵为左拒。命将士皆偃戈于葭芦中,闻鼓声而起。日晡,齐师至,望见军少,竞萃于左,军乱不成列。兵将交,帝鸣鼓,士皆奋起。于谨等六军与之合战,李弼等率铁骑横击之,绝其军为二,遂大破之,斩六千余级,临阵降者二万余人。神武夜遁,追至河上,复大克。前后虏其卒七万,留其甲兵二万,余悉纵归。收其辎重兵甲,献俘长安。李穆曰:"高欢胆破矣,逐之可获。"帝不听,乃还军渭南。时所征诸州兵始至。乃于战所,准当时兵,人种树一株,栽柳七千根,以旌武功。魏帝进帝柱国大将军,增邑并前五千户。李弼等十二将,亦进爵增邑。

以左仆射、冯翊王元季海为行台,与开府独孤信帅步骑二万向洛阳,贺拔胜、李弼度河围蒲坂。蒲坂镇将高子信开门纳胜军,东魏将薛崇礼弃城走,胜等追获之。帝进军蒲坂,略定汾、绛。初,帝自弘农入关后,东魏将高昂围弘农。闻其军败,退守洛阳。独孤信至新安,昂复走度河,遂入洛阳。自梁、陈已西,将吏降者相属。于是东魏将尧雄、赵育、是云宝出颍川,欲来降地。帝遣仪同宇文贵、梁迁等逆击,大破之,赵育来降。东魏复遣任祥率河南兵与尧雄合,仪同怡峰与贵、迁等复击破之。又遣都督韦孝宽取豫州。是云宝杀其东扬州刺史那椿,以州来降。

四年三月,帝率诸将入朝,礼毕还华州。七月,东魏将侯景等围独孤信于洛阳,齐神武继之。帝奉魏帝至谷城,临阵斩东魏将莫多娄贷文,悉虏其众,送弘农。遂进军瀍东。景等夜解围去。及旦,帝率轻骑追至河上。景等北据河桥,南属芒山为阵,与诸军战。帝马中流失,惊逸,军中扰乱。都督李穆下马授帝,军复振。于是大捷,斩其将高昂、李猛、宋显等,虏其甲士一万五千人,赴河死者万数。

是日,置阵既大,首尾悬远,从旦至未,战数十合,氛雾四塞,莫能相知。独孤信、李远居右,赵贵、怡峰居左,战并不利,又未知魏帝及帝所在,皆弃其卒先归。开府李虎、念贤等为后军,遇信等退,即与俱还。由是班师,洛阳亦失守。大军至弘农,守将皆已弃城西走。所虏降卒在弘农者,因相与闭门拒守。进攻拔之,诛其魁首数百人。

大军之东伐也,关中留守兵少,而前后所虏东魏士卒,皆散在百姓间,乃谋乱。及李虎等至长安,计无所出,乃与太尉王明、仆射周惠达辅魏太子出次渭北。关中大震恐,百姓相剽劫。于是沙苑所俘军人赵青雀、雍州人于伏德等遂反。青雀据长安子城,伏德保咸阳,与太守慕容思度各收降卒,以拒还师。长安城人皆相率拒青雀,每日接战。魏帝留止阌乡,令帝讨之。长安父老见帝,且悲且喜曰:"不意今日,复得见公。"士女咸相贺。华州刺史宇文导袭咸阳,斩思庆,禽伏德,南度渭,与帝会,攻破青雀。太傅梁景睿先以疾留长安,遂与青雀通谋,至是亦伏诛,关中乃定。魏帝还长安,帝复屯华州。十二月,是云宝袭洛阳,东魏将王元轨弃城走。都督赵刚袭广州拔之,自襄、广以西城镇复西属。

五年冬,大阅于华阴。

六年春,东魏将侯景出三鵶,将侵荆州,帝遣开府李弼、独孤信各率骑出武关,景乃还。夏,蠕蠕度河至夏州,帝召诸军屯沙苑以备之。

七年十一月,帝奏行十二条制,恐百官不勉于职事,又下令申明之。

八年十月,齐神武侵汾、绛,围玉壁。帝出军蒲坂,神武退,度汾追之,遂遁去。十二月,魏帝狩于华阴,大飨将士。帝帅诸将,朝于行在所。

九年二月,东魏北豫州刺史高慎举州来附,帝帅师迎之。三月,齐神武据芒山阵,不进者数日。帝留辎重于瀍曲,军士衔枚,夜登芒山,未明击之。神武单骑为贺拔胜所逐,仅免。帝率右军若干惠,大破神武军,悉虏其步卒。赵贵等五将军居右,战不利。神武复合战,帝又不利,夜引还。入关,屯渭上。神武进至陕,开府达奚武等御之,乃退。帝以芒山诸将失律,上表自贬,魏帝不许。于是广募关、陇豪右,以增军旅。十月,大阅于栎阳,还屯华州。

十年五月,帝朝京师。七月,魏帝以帝前后所上二十四条及十二条新制,方为中兴永式,命尚书苏绰更损益之,总为五卷,班于天下。于是搜简贤才为牧、守、令,习新制而遣焉。数年间,百姓便之。十月,大阅于白水。

十一年十月,大阅于白水。遂西狩岐阳。

十二年春,凉州刺史宇文仲和据州反,瓜州人张保害刺史成庆以应之,帝遣开府独孤信讨之。东魏将侯景侵襄州,帝遣开府若干惠御之,至穰,景遁去。五月,独孤信平凉州,禽仲和,迁其百姓六千余家于长安。瓜州都督令狐延起义诛张保,瓜州平。七月,帝大会诸军于咸阳。

十三年正月,车魏河南大行台侯景举河南六州来附,被围于颍川。六月,帝遣开府李弼援之,东魏将韩轨等遁去。景遂徙镇豫州。于是遣开府王思政据颍川,弼引军还。七月,侯景密图附梁,帝知其谋,悉追还前后所配景将士,景惧,遂叛。冬,帝奉魏帝西狩咸阳。

十四年春,魏帝诏封帝长子觉为宁都郡公。初,帝以平元颢纳孝庄帝功,封宁都县子,至是,改以为郡,以封觉,用彰勤王之始也。五月,魏帝进帝位太师。帝奉魏太子巡抚西境,登陇,刻石纪事。遂至原州,历北长城,大狩。东趣五原,至蒲川,闻魏帝不豫而还。及至,魏帝疾已愈,乃还华州。是岁,东魏将高岳围王思政于颍川。

十五年春,帝遣大将军赵贵帅师援王思政。高岳堰洧水以灌城,颍川以北皆为陂泽,救兵不得至。六月,颍川陷。初,侯景围建邺,梁司州刺史柳仲礼赴台城,梁竟陵郡守孙皓以郡内附,帝使大都督符贵镇之。及建邺陷,仲礼还司州,来寇,皓以郡叛,帝大怒。十一月,遣开府杨忠攻克随州,进围仲礼长史马岫于安陆。

十六年正月,仲礼来援安陆,杨忠逆击于漴头,大破之,禽仲礼。马岫以城降。三月,魏帝封帝第二子震为武邑公。七月,帝东伐,拜章武公导为大将军,总督留守诸军,屯泾北,镇关中。九月丁巳,军出长安。连雨,自秋及冬,诸军马驴多死。遂于弘农北造桥济河,自蒲坂还。于是河南自洛阳,河北自平阳以东,遂入齐。

十七年三月,魏文帝崩,皇太子嗣位,帝以冢宰总百揆。十月,帝遣大将军王雄出子午,伐上津、魏兴,大将军达奚武出散关,伐南郑。

废帝元年春,王雄平上津、魏兴,以其地置东梁州。四月,达奚武围南郑。月余,梁州刺史宜丰侯萧修以州降武。八月,东梁州百姓围州城,帝复遣王雄讨之。

二年正月,魏帝诏帝为左丞相、大行台、都督中外诸军事。二月,东梁州平,迁其豪帅于雍州。三月,帝遣大将军、魏安公尉迟迥帅师伐梁武陵王萧纪于蜀。四月,帝勒锐骑三万,西逾陇,度金城河,至姑臧。吐谷浑震惧,遣使献其方物。七月,帝至自姑臧。八月,尉迟迥克成都,剑南平。十一月,尚书元烈谋乱,伏诛。

三年正月,始作九命之典,以叙内外官爵。以第一品为九命,第九品为一命,改流外品为九秩,亦以九为上。又改置州、郡、县,凡改州四十六,置州一,改郡一百六,改县三百三十。魏帝有怨言,于是帝与公卿议,废帝,立齐王廓,是为恭帝。

恭帝元年四月,帝大飨群臣。魏史柳虬执简书告于朝曰:“废帝,文皇帝之嗣子,年七岁,文皇帝托于安定公曰:‘是子也,才由于公,不才,亦由于公,公宜勉之。’公既受兹重寄,居元辅之任,又纳女为皇后,遂不能训诲有成,致令废黜,负文皇帝付属之意,此咎非安定公而谁?”帝乃令太常卢辩作诰喻公卿曰:“呜呼!我群后暨众士,维文皇帝以襁褓之嗣托于予,训之诲之,庶厥有成。而予罔能弗变厥心,庸暨乎废坠我文皇帝之志。呜呼!兹咎予其焉避?予实知之,矧尔众人之心哉。惟予之颜,岂惟今厚,将恐来世,以予为口实。”乙亥,魏帝诏封帝子邕为辅城公,宪为安城公。

七月,西狩至原州。梁元帝遣使请据图以定疆界,又连结于齐,言辞悖慢。帝曰:“古人有言,天之所弃,谁能兴之,其萧绎之谓乎。”十月壬戌,遣柱国于谨、中山公护与大将军杨忠、韦孝宽等步骑五万讨之。十一月癸未,师济汉,中山公护与杨忠率锐骑先屯其城下。

丙申，于谨至江陵，列营围守。辛亥，克其城，戕梁元帝，虏其百官士庶以归，没为奴婢者十余万，免者二百余家。立萧詧为梁主，居江陵，为魏附庸。

魏氏之初，统国三十六，大姓九十九，后多绝灭。至是，以诸将功高者为三十六国后，次者为九十九姓后，所统军人，亦改从其姓。

二年，梁广州刺史王琳寇边。十月，帝遣大将军豆卢宁帅师讨之。

三年正月丁丑，初行《周礼》，建六官，魏帝进帝位太师、大冢宰。帝以汉、魏官繁，思革前弊。大统中，乃令苏绰、卢辩依周制改创其事，寻亦置六卿官，然为撰次未成，众务犹归台阁。至是始毕，乃命行之。四月，帝北巡。七月，度北河。魏帝封帝子直为秦郡公，招为正平公。九月，帝不豫。还至云阳，命中山公护受遗辅嗣子。十月乙亥，帝薨于云阳宫，还长安发丧，时年五十。十二月甲申，葬于成陵，谥文公。及孝闵帝受禅，追尊文王，庙曰太祖。武成元年，追尊为文皇帝。

帝知人善任使，从谏如顺流，崇尚儒术，明达政事，恩信被物。能驾驭英豪，一见之者，咸思用命。沙苑所获囚俘，释而用之，及河桥之役，以充战士，皆得其死力。诸将出征，授以方略，无不制胜。性好朴素，不尚虚饰，恒以反风俗复古始为心云。

孝闵皇帝讳觉，字陁罗尼，文帝第三子也。母曰元皇后。大统八年，生于同州。七岁封略阳郡公。时善相者史元华见帝，退谓所亲曰："此公子有至贵相，但恨不寿耳。"魏恭帝三年三月，命为安定公世子。四月，拜大将军。十月乙亥，文帝崩。丙子，世子嗣位为太师、大冢宰。十二月丁亥，魏帝诏以岐阳地封帝为周公。庚子，诏禅位于帝曰："予闻皇天之命不于常，惟归于德。故尧授舜，舜授禹，时宜也。天厌我魏邦，垂变以告，惟尔罔弗知。予虽不明，敢弗龚天命，格有德哉。今踵唐、虞旧典，禅位于周，庸布告尔焉。"使大宗伯赵贵持节奉册书曰："咨尔周公，帝王之位弗常，有德者受命，时乃天道。

予式时庸，荒求于唐、虞之彝踵，曰我魏德之终旧矣，我封小大罔弗知，今其可亢怫于天道而不归有德欤。时用询谋，佥曰："公昭考文公，格勋德于天地，丕济黔黎。洎公，又躬宣重光。故玄象征见于上，讴讼奔走于下，天之历数，用实在焉，予安敢弗若。是以钦祗圣典，逊位于公。公其享兹天命，保有万国，可不慎欤。"魏帝临朝，遣户部中大夫、济北公元迪致皇帝玺绂。帝固辞，公卿百辟劝进，太史陈祥瑞，乃从之。是日，魏帝逊位于大司马府。

元年春正月，天王即位，柴燎告天，朝百官于路门。追尊皇考文公为文王，皇妣为文后，大赦。封魏帝为宋公。是日，槐里献赤雀。百官奏议曰："帝王之兴，罔弗更正朔，明受之于天，革人视听也。逮于尼甫，稽诸阴阳，云行夏之时，后王所不易。今魏历告终，周室受命，以木承水，实当行录，正用夏时，式遵圣道。惟文王诞玄气之祥，有黑水之谶，服色宜尚焉。"制曰："可。"以大司徒、赵郡王李弼为太师，以大宗伯、南阳公赵贵为太傅、大冢宰，以大司马、河内公独孤信为太保，以大宗伯、中山公护为大司马，以大将军宁都公毓、高阳公达奚武、武阳公豆卢宁、小司寇阳平公李远、小司马博陵公贺兰祥、小宗伯魏安公尉迥等并为柱国。壬寅，祀圆丘。诏曰："予本自神农，其于二丘，宜作厥主。始祖献侯，启土辽海，配南北郊；文考德符五运，受天明命，祖于明堂，以配上帝。"癸卯，祀方丘。甲辰，遂祭太社。初除市门税。乙巳，享太庙。丁未，会于乾安殿，班赏各有差。戊申，诏有司分命使者，巡察风俗，求人得失，礼饩高年，恤于鳏寡。辛亥，祀南郊。壬子，立王后元氏。辛酉，享太庙。癸亥，亲耕籍田。

二月癸酉朔，朝日于东郊。戊寅，祭太社。丁亥，柱国、楚国公赵贵谋反，伏诛。太保独孤信罪免。甲午，以大司空、梁国公侯莫陈崇为太保，大司马、晋国公护为大冢宰，柱国、博陵公贺兰祥为大司马，高阳公达奚武为大司寇，大将军、化政公宇文贵为柱国。三月己酉，卫国公独孤信赐死。癸亥，省六府士员三分之一。夏四月壬申，降死罪已下囚。壬午，谒成陵。丁亥，享太庙。五月己酉，帝将观渔于昆明池，博士姜须谏，乃止。

秋七月壬寅，帝听讼于右寝，多所哀宥。辛亥，享太庙。八月戊
辰，祭太社。辛未，降死罪已下囚。甲午，诏二十四军举贤良。九月
庚申，改太守为郡守。

帝性刚果，忌晋公护之专。司会李植、军司马孙恒以先朝佐命，
入侍左右，亦疾护权重，乃与宫伯乙凤、贺拔提等潜请帝诛护，帝许
之。又引宫伯张先洛。先洛以白护，护乃出植为梁州刺史，恒为潼
州刺史。凤等更奏帝，将召群臣入，因此诛护。先洛又白之。时小
司马尉纲总统宿卫兵，护乃召纲入殿中，诈呼凤等论事，以次执送
护第，并诛之。纲仍罢禁兵，帝无左右，独在内殿，令宫人执兵自守。
护遣大司马贺兰祥逼帝逊位，贬为略阳公，遂幽于旧邸。月余日，以
弑崩，时年十六。植、恒等亦遇害。

及武帝诛护后，乃诏曰："故略阳公至德纯粹，天姿秀杰。属魏
祚告终，宝命将改，讴歌允集，历数攸归，上协苍灵之庆，下昭后祇
之锡。而祸生肘腋，衅起萧墙，白武噬骖，苍鹰集殿，幽辱神器，弑酷
乘舆，冤结生灵，毒流宇县。今河海澄清，氛沴消荡，追尊之礼，宜崇
徽号。"遣太师、蜀国公迥于南郊上谥曰孝闵皇帝，陵曰静陵。

世宗明皇帝讳毓，小名统万突，文皇帝之长子也。母曰姚夫人。
永熙三年，文帝临夏州，生于统万城，因以名焉。大统十四年，封宁
都郡公。魏恭帝三年，累迁大将军，镇陇右。孝闵践阼，进位柱国，
转岐州刺史，有美政。及孝闵废，晋公护遣迎帝于岐州。九月癸亥，
至京师，止于旧邸。群臣上表劝进，备法驾奉迎，帝固让，群臣固请，
乃许之。

元年秋九月，天王即位，大赦。乙丑，朝群臣于延寿殿。冬十月
癸酉，太师、赵国公李弼薨。己卯，以大将军、昌平公尉纲为柱国。乙
酉，祀圆丘。丙戌，祀方丘。甲午，祭太社。阳平公李远赐死。辛未，
梁敬帝逊位于陈。十一月庚子，享太庙。丁未，祀圆丘。十二月庚
午，谒成陵。庚辰，以大将军、辅城公邕为柱国。戊子，赦长安见囚。
甲午，诏元氏子女自坐赵贵等事以来，所有没入为官口者，悉免之。

二年春正月乙未，以大冢宰、晋公护为太师。辛亥，亲耕籍田。
癸丑，立王后独孤氏。丁巳，于雍州置十二郡。三月甲午，北豫州刺
史司马消难举州来附。改雍州刺史为牧，京兆郡守为尹。庚申，诏
三十六国、九十九姓，自魏南徙，皆称河南人，今周室既都关中，宜
改称京兆人。夏四月己巳，以太师、晋公护为雍州牧。辛未，降死罪
囚一等，五岁刑已下皆原之。甲戌，天王后独孤氏崩。甲申，葬敬后。
五月乙未，以大司空、梁国公侯莫陈崇为大宗伯。六月癸亥，嚈哒国
遣使朝贡。己巳，板授高年刺史、守、令，恤鳏寡孤独各有差。分长
安为万年县，并居京城。壬申，遣使分行州郡，理囚徒，察风俗，掩骸
埋胔。秋七月，顺阳献三足乌。八月甲子，群臣上表称庆，于是大赦，
文武普进级。九月辛卯，以大将军杨忠、王雄并为柱国。甲辰，封少
师元罗为韩国公，以绍魏后。丁未，行幸同州故宅，赋诗。冬十月辛
酉，突厥遣使朝贡。癸亥，太庙成。乙亥，以功臣琅邪贞献公贺拔胜
等十三人配享文帝庙庭。壬午，大赦。

武成元年春正月己酉，太师、晋公护上表归政，帝始亲万机，军
旅犹总于护。初改都督诸州军事为总管。三月癸巳，陈六军，帝亲
擐甲胄，迎太白于东方。吐谷浑寇边。庚戌，遣大司马、博陵公贺兰
祥率众讨之。夏五月戊子，诏有司造周历。己亥，听讼于正武殿。辛
亥，以大宗伯、梁国公侯莫陈崇为大司徒，大司寇、高阳公达奚武为
大宗伯，武阳公豆卢宁为大司寇，柱国、辅城公邕为大司空。乙卯，
诏曰："比屡有纠发，官司赦前事者，有司自今勿推究。唯库厩仓廪，
与海内所共。汉帝有云：'朕为天下守财耳。'若有侵盗公家财畜钱
粟者，魏朝之事，年月既远，一不须问；自周有天下以来，虽经赦宥，
事迹可知者，有司宜即推穷。得实之日，免其罪，征备如法。"贺兰祥
攻拔洮阳、洪和二城，吐谷浑遁走。闰月，高昌遣使朝贡。六月戊子，
大雨霖。诏公卿大夫士爰及牧守黎庶等，令各上封事，谠言极谏，无
有所讳。其遭水者，有司可时巡检，条列以闻。庚子，诏曰："颍川从
我，是曰元勋；无忘父城，实起王业。文考属天地草昧，造化权舆，拯
彼流亡，匡兹颓运。赖英贤尽力，文武同心，翼赞大功，克隆帝业。而

被坚执锐，栉风沐雨，永言畴昔，良用怃然。若功成名遂，建国割符，
予唯休也。其有致死王事，妻子无归者，朕甚伤之。凡从先王向夏
州，发夏州从来，见在及薨亡者，并量赐钱帛，称朕意焉。"是月，陈
武帝殂。秋八月己亥，改天王称皇帝，追尊文王为文皇帝，大赦改
元。癸丑，增御正四人，位上大夫。冬十月，齐文宣帝殂。

　　二年春正月癸丑朔，大会群臣于紫极殿，始用百戏。三月辛酉，
重阳阁成，会群臣公侯列将卿大夫及突厥使于芳林园，赐钱帛各有
差。夏四月，帝因食糖糗遇毒。庚子，大渐。诏曰：

　　　人生天地之间，禀五常之气，天地有穷已，五常有推移，人
　安得长在。是以有生有死者，物理之必然。处必然之理，修短
　之间，何足多恨。朕虽不德，性好典坟，披览圣贤余论，未尝不
　以此自晓。今乃命也，夫复何言！诸公及在朝卿大夫士、军中
　大小督将军人等，并立勋效，积有年载，辅翼太祖，成我周家，
　令朕缵承大业，处万乘之上。此上不负太祖，下不负朕躬。朕
　得启手启足，从先帝于地下，实无恨于心矣。所可恨者，朕享大
　位，可谓四年矣，不能使政化修理，黎庶丰足，九州未一，二方
　犹梗，顾此恨恨，目用不瞑。唯冀仁兄冢宰，洎朕先正先父公卿
　大臣等，协和为心，勉力相劝，勿忘太祖遗志，提挈后人，朕虽
　没九泉，形骸不朽。

　　　今大位虚旷，社稷无主，朕儿幼少，未堪当国。鲁国公邕，
　朕之介弟，宽仁大度，海内共闻，能弘我周家，必此子也。夫人
　贵有始终，公等事太祖，辅朕躬，可谓有始矣。若克念政道，顾
　其艰难，辅邕以主天下者，可谓有终矣。哀死事生，人臣大节，
　公等可思念此言，令万代称叹。

　　　朕禀生俭素，非能力行菲薄，每寝大布之被，服大帛之衣，
　凡是器用，皆无雕刻。身终之日，岂容违弃此好。丧事所须，务
　从俭约，敛以时服，勿使有金玉之饰。若以礼不可阙，皆令用
　瓦。小敛讫，七日哭。文武百官，各权辟麻苴，以素服从事。葬
　日，选择不毛之地，因势为坟，勿封勿树。且厚葬伤生，圣人所

诚,既服膺圣人之教,安敢违之。凡百官司,勿异朕意。四方州镇使到,各令三日哭。哭讫,权辟凶服,还以素服从事,待大棁除。非有呼召,各按部自守,不得辄奔赴阙庭。礼有通塞随时之义,葬讫,内外悉除服从吉。三年之内,勿禁婚娶,一令如平常也。

时事殷猥,病困心乱,止能及此。如事有不尽,准此以类为断。死而可忍,古人有之,朕今忍死,尽此怀抱。

其诏即帝口授也。辛丑,帝崩于延寿殿,时年二十七。谥曰明皇帝,庙号世宗。五月辛未,葬于昭陵。

帝宽明仁厚,敦睦九族,有君人之量。幼而好学,博览群书。善属文,词彩温丽。及即位,集公卿已下有文学者八十余人,于麟趾殿刊校经史。又捃采众书,自羲、农已来,讫于魏末,叙为《世谱》,凡百卷。所著文章十卷。

论曰:昔者水运将终,群凶放命,或权威震主,或衅逆滔天。咸谓大宝可以力致,神器可以求得,而卒诛夷继及,亡不旋踵。是知天命有底,庸可愊乎。

周文爰自潜跃,众无一旅,驱驰戎马之际,蹑足行伍之间。时属与能,运膺启圣,鸠集义勇,纠合同盟,一举而殄仇雠,再驾而匡帝室。于是内询帷幄,外杖材雄,推至诚以待人,弘大顺以训物。高氏藉甲兵之众,恃戎马之强,屡入近畿,志图吞噬。及英谋电发,神旆风驰,弘农建城濮之勋,沙苑有昆阳之捷,取威定霸,以弱为强。绍元宗之衰绪,创隆周之景命,南清江、汉,西举巴、蜀,北控沙漠,东据伊、瀍。

乃摈落魏、晋,宪章古昔,修六官之废典,成一代之鸿规。德刑并用,勋贤兼叙,远安迩悦,俗阜人和。亿兆之望有归,揖让之期允集。功业若此,人臣以终,盛矣哉。非求雄略冠时,英姿不世,天与神授,纬武经文者,孰能与于此乎。昔汉献蒙尘,曹公成夹辅之业;晋安播荡,宋武建匡合之勋。校德论功,绰有余裕。

　　至于渚宫制胜，阖城孥戮，蠕蠕归命，尽种诛夷，虽事出于权道，而用乖于德教，斯为过矣。

　　孝闵承既安之业，膺乐推之运，明皇处代邸之尊，纂大宗之绪，始则权臣专命，终乃政出私门，俱怀芒刺之疑，用致幽弑之祸，惜哉。

北史卷一〇

周本纪下第一〇

高祖武帝　宣帝　静帝

　　高祖武皇帝讳邕，字祢罗突，文帝第四子也。母曰叱奴太后。魏大统九年，生于同州，有神光照室。帝幼而孝敬，聪敏有器质。文帝异之曰："成吾志者，此儿也。"年十二，封辅城郡公。孝闵帝践阼，拜大将军，出镇同州。明帝即位，迁柱国，授蒲州刺史，入为大司空，行御正，进封鲁国公，领宗师。甚见亲爱，参议朝廷大事。性沉深，有远识，非因问，终无所言。帝每叹曰："夫人不言，言必有中。"

　　武成二年四月，帝崩，遗诏传位于帝。帝固让，百官劝进，乃从之。壬寅，即皇帝位，大赦。冬十二月，改作路门。是岁，齐孝昭帝废其主殷而自立。

　　保定元年春正月戊申，改元。文武百官各增四级。以大冢宰、晋公护为都督中外诸军事，令五府总于天官。庚戌，祀圆丘。壬子，祀方丘。甲寅，祀感帝于南郊。乙卯，祭太社。己巳，享太庙。班文帝所述六官于庙庭。甲戌，板授高年官，各有差。乙亥，亲耕籍田。丙子，大射于正武殿，赐百官各有差。二月己卯，遣大使巡察天下风俗。甲午，朝日于东郊。丙午，省辇舆，去百戏。三月丙寅，改八丁兵为十二丁兵，率岁一月役。夏四月丙子朔，日有蚀之。庚寅，以少傅、吴公尉纲为大司空。丁酉，白兰遣使献犀甲铁铠。五月丙午，封孝闵皇帝子康为纪国公，皇子赟为鲁国公。晋公护获玉斗以献。六月乙酉，遣御正殷不害使于陈。秋七月戊申，以旱故，诏所在降死罪已下囚。更铸钱，文曰布泉，以一当五，与五铢并行。九月甲辰，南宁州使献滇马及蜀铠。冬十月甲戌朔，日有蚀之。十一月乙巳，陈人来聘。丁巳，狩于岐阳。是月，齐孝昭帝殂，十二月，车驾至自岐阳。是岁，突厥、吐谷浑、高昌、宕昌、龟兹等国并遣使朝贡。

二年春正月壬寅，初于蒲州开河渠，同州开龙首渠，以广溉灌。丁未，以陈主弟顼为柱国，送还江南。闰月己亥，大司马、凉公贺兰祥薨。二月癸丑，以久不雨，宥罪人，京城三十里内禁酒。梁主萧詧薨。夏四月甲辰，以旱故，禁屠宰。癸亥，诏曰："诸柱国等勋德隆重，宜有优崇。各准别制，邑户听寄食他县。"五月庚午，以南山众瑞并集，免今年役及租赋之半。壬辰，以柱国、隋公杨忠为大司空。六月己亥，以柱国、蜀公尉迥为大司马。分山南荆州、安州、襄州、江陵为四总管。秋九月戊辰朔，日有蚀之。陈人来聘。冬十月辛亥，帝御大武殿大射。戊午，讲武于少陵原。十一月丁卯，以大将军卫公直、赵公招并为柱国。

三年春正月辛未，改光迁国为迁州。乙酉，太保、梁公侯莫陈崇赐死。二月庚子，初颁新律。辛酉，诏自今举大事，行大政，非军机急速，皆依月令，以顺天心。三月乙丑朔，日有蚀之。丙子，宕昌国献生猛兽二，诏放之南山。夏四月乙未，以柱国、郑公达奚武为太保，大将军韩果为柱国。己亥，帝御正武殿录囚徒。癸卯，大雩。癸丑，有牛足生于背。戊午，幸太学，以太傅、燕公于谨为三老而问道焉。初禁天下报雠，犯者以杀人论。壬戌，诏百官及庶人上封事，极言得失。五月甲子朔，以旱故，避正寝，不受朝。甲戌，雨。秋七月戊辰，行幸原州。庚午，陈人来聘。丁丑，幸津门，问百年，赐以金帛，又赐高年板职，各有差。降死罪囚一等。八月丁未，改作路寝。九月甲子，自原州登陇山。丙戌，幸同州。戊子，诏柱国杨忠率骑一万与突厥伐齐。己丑，初令世袭州、郡、县者悉改为五等爵。州封伯，郡封子，县封男。冬十月庚戌，陈人来聘。十二月辛卯，车驾至自同州。遣太保达奚武率骑三万出平阳，以应杨忠。是月，有人生子，男而阴在背后，如尾，两足指如兽爪。有犬生子，腰以后分为二身，两尾六足。

四年春正月庚申，杨忠破齐长城，至晋阳而还。二月庚寅朔，日有蚀之。三月庚辰，初令百官执笏。夏四月癸卯，以柱国、邓公窦炽为大宗伯。五月壬戌，封明帝长子贤为毕公。癸酉，以大将军、安武公李穆为柱国。丁亥，改礼部为司宗，大司礼为礼部，大司乐为乐部。六月庚寅，改御伯为纳言。秋七月，焉耆国遣使献名马。八月丁亥朔，日有蚀之。诏柱国杨忠帅师与突厥东伐，至北河而还。戊子，以柱国、齐公宪为雍州牧，以许公宇文贵为大司徒。九月丁巳，以柱国、卫公直为大司空。陈人来聘。是月，以皇世母阎氏自齐至，大赦。闰月己亥，以大将军韦孝宽、长孙俭并为柱国。冬十月癸亥，以大将军陆通、宇文盛、蔡公广并为柱国。甲子，诏大冢宰、晋公护伐齐，斋于太庙，庭授以斧钺。于是护总大军出潼关，大将军权景宣帅山南诸军出豫州，少师杨摽出轵关。丁卯，帝幸沙苑劳师。癸酉，还宫。十一月甲午，柱国尉迟迥围洛阳，柱国、齐公宪营芒山，晋公护次陕州。十二月丙辰，齐豫州刺史王士良以州降。壬戌，齐师度河，晨至洛阳，诸军惊散。尉迥师麾下数十骑扞敌，得却，至夜引还。柱国干雄力战，死之。遂班师。杨摽于轵关战没。权景宣亦弃豫州而还。是岁，突厥、粟特等国并遣使朝贡。

五年春正月甲申朔，以柱国王雄死王事故，废朝。乙巳，以雄世子谦为柱国。二月辛酉，诏陈公纯等逆皇后于突厥。丙寅，以柱国李穆为大司空，绥德公陆通为大司寇。壬申，行幸岐州。戊子，柱国豆卢宁薨。夏四月，齐武成帝禅位于其太子纬，自称太上皇帝。五月己亥，左右武伯各置中大夫一人。六月庚申，彗星出三台，入文昌，犯上将，经紫宫入苑，渐长丈余，百余日乃灭。辛未，诏江陵人年六十五已上为官奴婢者，已令放免。其公私奴婢年七十以外者，所在官私宜赎为庶人。秋七月辛巳朔，日有蚀之。庚寅，行幸秦州，降死罪已下刑。辛丑，遣大使巡察天下。八月丙子，车驾至自秦州。冬十月辛亥，改函谷关城为通洛防。十一月丁未，陈人来聘。是岁，吐谷浑遣使朝贡。

天和元年春正月己卯朔,日有蚀之。辛巳,幸路寝,命群臣赋古诗。京邑耆老亦会焉,颁赐各有差。癸未,大赦改元,百官普加四级。己亥,亲耕籍田。丁未,于宕昌国置宕州。遣小载师杜杲使于陈。二月戊辰,诏三公已下,各举所知。庚午,日斗,光遂微,日中见乌。三月丙午,祀南郊。夏四月辛亥,雪。是月,陈文帝殂。五月庚辰,帝御正武殿,集群臣,亲讲《礼记》。吐谷浑龙涸王莫昌率户内附,以其地为扶州。甲午,诏曰:“甲子、乙卯,《礼》云不乐。苌弘表昆吾之稔,杜蒉有扬觯之文。自世道丧乱,礼仪紊毁,此典茫然,已坠于地。宜依是日,有事停乐。庶知为君之难,为臣不易,贻之后昆,殷鉴斯在。”六月丙午,以大将军辛威为柱国。秋七月戊寅,筑武功、郿、斜谷、武都、留谷、津坑诸城,以置军人。壬午,诏诸胄子入学,但束修于师,不劳释奠。释奠者,学成之祭。自今即为恒式。八月己未,诏诸有三年之丧,或负土成坟,或寝苫骨立,一志一行,可称扬者,本部官司,随事上言。当加吊勉,以励薄俗。九月乙亥,信州蛮反,诏开府陆腾讨平之。冬十月甲子,初造《山云舞》,以备六代乐。十一月丙戌,行幸武功等城。十二月庚申,还宫。

二年春正月癸酉朔,日有蚀之。己亥,亲耕籍田。三月癸酉,改武游园为道会苑。丁亥,初立郊丘坛墠制度。夏四月乙巳,省并东南诸州。以大将军、陈公纯为柱国。六月辛亥,尊所生叱奴氏为皇太后。闰月庚午,地震。戊寅,陈湘州刺史华皎帅众来附。壬辰,以大将军、谯公俭为柱国。秋七月辛丑,梁州上言凤凰集枫树,群鸟列侍以万数。甲辰,立路门学,置生七十二人。壬子,以太傅、燕公于谨为雍州牧。九月,卫公直等与陈将淳于量、吴明彻战于沌口,王师败绩。元定以步骑数千先度,遂没江南。冬十一月戊戌朔,日有蚀之。癸丑,太保、许国公宇文贵薨。是岁,突厥、吐谷浑、安息等国并遣使朝贡。

三年春正月辛丑,祀南郊。三月癸卯,皇后阿史那氏至自突厥。甲辰,大赦。丁未,大会百僚及宾客于路寝。戊午,太傅、燕公于谨薨。夏四月辛巳,以太保达奚武为太傅,大司马尉迥为太保,柱国、齐公宪为大司马。五月庚戌，享太庙。六月甲戌，有星孛于东井。秋七月壬寅，柱国、隋公杨忠薨。八月乙丑，韩公元罗薨。齐人来聘，请和亲，诏军司马陆逞报聘。癸酉，帝御大德殿，集百僚及沙门道士等，亲讲《礼记》。冬十月癸亥，享太庙。丁亥，上亲帅六军，讲武于城南，京邑观者，舆马弥漫数十里，诸蕃使咸在焉。十一月壬辰朔，日有蚀之。壬子，遣开府崔彦穆使于齐。甲寅，陈安成王顼废其主伯宗而自立。辛未，齐武成帝殂。

四年春正月辛卯朔，以齐武成殂故，废朝。遣司会李纶等会葬于齐。二月戊辰，帝御大德殿，集百僚道士沙门等讨论释老。夏四月己巳，齐人来聘。五月己丑，帝制《象经》成，集百僚讲说。封魏广平公子元谦为韩国公，以绍魏后。丁巳，柱国、吴公尉纲薨。六月，筑原州及泾州东城。秋七月，突厥遣使献马。柱国、昌宁公长孙俭薨。

五年春三月甲辰，初令宿卫官住关外者，将家累入京。不乐者，解宿卫。夏四月甲寅，以柱国宇文盛为大宗伯。省帅都督官。丙寅，遣大使巡察天下。六月丙子，以皇女生故，降宥罪人，并免逋租悬调。冬十月辛巳朔，日有蚀之。丁酉，太傅、郑公达奚武薨。十一月丁卯，柱国、幽公广薨。十二月癸巳，大将军郑恪帅师平越巂，置西宁州。是月，齐将斛律光侵边，于汾北筑城，自华谷至龙门。

六年春正月己酉朔，以路门未成故，废朝。丁卯，以大将军王杰、谭公会、雁门公田弘、魏公李晖等并为柱国。三月己酉，齐公宪自龙门度河，斛律光退保华谷，宪攻拔其新筑五城。夏四月戊寅朔，日有蚀之。辛卯，信州蛮反，遣大将军赵闿帅师讨平之。庚子，以大将军司马消难、侯莫陈琼、大安公阎庆、神武公窦毅、南阳公叱罗协、平高公侯伏侯龙恩并为柱国。五月癸亥，遣纳言郑诩使于陈。丙寅，以大将军李晒、中山公训、杞公亮、上庸公陆腾、安义公宇文丘、北平公寇绍、许公宇文善、犍为公高琳、郑公达奚震、陇东公杨纂、常山公于翼并为柱国。六月乙未，以大将军、太原公王秉为柱国。是月，齐将段孝先攻陷汾州。秋七月乙丑，以大将军、越公盛为柱国。

八月癸酉,省掖庭四夷乐、后宫罗绮工五百余人。冬十月壬午,冀公
通薨。乙未,遣右武伯谷会琨使于齐。壬寅,上亲帅六军讲武于城
南。十一月壬子,以大将军梁公侯莫陈芮、大将军李意并为柱国。丙
辰,齐人来聘。丁巳,行幸散关。十二月己丑,还宫。是冬,牛疫,死
者十六七。

建德元年春正月戊午,帝幸玄都观,亲御法座讲说,公卿道俗
论难,事毕还宫。降死罪及流罪一等,其五岁刑已下,并宥之。二月
癸酉,遣大将军、昌城公深使于突厥,司宗李际使于齐。乙酉,柱国、
安义公宇文丘薨。三月癸卯朔,日有蚀之。齐人来聘。丙辰,诛大
冢宰、晋公护及其子柱国、谭公会,并柱国侯伏侯龙恩及其弟大将
军万寿,大将军刘勇等。大赦改元。罢中外府。癸亥,以太傅尉迥
为太师,柱国窦炽为太傅,大司空李穆为太保,齐公宪为大冢宰,卫
公直为大司徒,赵公招为大司空,柱国辛威为大司寇,绥德公陆通
为大司马。诏曰:"人劳不止则星动于天,作事不时则石言于国。顷
兴造无度,征发不已,加以频岁师旅,农亩废业,去秋灾蝗,年谷不
登。自今正调以外,无妄征发。"

夏四月甲戌,以代公达、滕公逌并为柱国。已卯,诏公卿已下,
各举所知。遣工部、代公达使于齐。丙戌,诏百官军人上封事,极言
得失。丁亥,诏断四方非常贡献。庚寅,追尊略阳公为孝闵皇帝。癸
巳,立鲁公赟为皇太子。大赦,百官各加封级。五月壬戌,以大旱,
集百官于庭,诏之曰:"亢阳不雨,岂朕德薄,刑赏乖中欤?将公卿大
臣,或非其人欤? 宜尽直言,无有所隐。"公卿各引咎自责,其夜澍
雨。六月庚子,改置宿卫官员。秋七月辛丑,陈人来聘。九月庚子
朔,日有蚀之。庚申,扶风掘地得玉盃以献。

冬十月庚午,诏江陵所获俘虏充官口者,悉免为百姓。辛未,遣
小匠师杨飐使于陈。大司马、绥德公陆通薨。十一月丙午,上亲御
六军,讲武于城南。庚戌,行幸羌桥,集京城东诸都督以上,颁赐各
有差。乙卯,还宫。壬戌,以大司空赵公招为大司马。十二月壬申,
行幸斜谷,集京城以西诸军都督以上,颁赐有差。丙戌,还宫。己丑,

帝御正武殿,亲录囚徒,至夜而罢。庚寅,幸道会苑,以上善殿壮丽,遂焚之。

二年春正月辛丑,祀南郊。乙巳,以柱国田弘为大司空,大将军若干凤为柱国。庚戌,复置帅都督官。乙卯,享太庙。闰月己巳,陈人来聘。二月甲寅,诏皇太子赟巡抚西土。壬戌,遣司会侯莫陈凯使于齐。省雍州内八郡,并入京兆、冯翊、扶风、咸阳等郡。三月己卯,皇太子于岐州获白鹿二以献。诏答曰:"在德不在瑞。"癸巳,省六府诸司中大夫以下官,府置四司,以下大夫为官之长,上士贰之。夏四月己亥,享太庙。丙辰,增改东宫官员。五月丁丑,以柱国侯莫陈琼为大宗伯,荥阳公司马消难为大司寇,上庸公陆腾为大司空。六月庚子,省六府员外诸官,皆为丞。壬子,皇孙衍生,文武官普加一级大阶。大选诸军将帅。丙辰,帝御路寝,集诸军将,勖以戎事。庚申,诏诸军旗旟皆画以猛兽鸷鸟之象。秋七月己巳,享太庙。自春末不雨,至于是月,壬申,集百僚于大德殿,帝责躬罪己,问以时政得失。戊子,雨。八月丙午,改三夫人为三妃。关中大蝗。九月乙丑,陈人来聘。戊寅,诏曰:"顷者婚嫁,竞为奢靡,有司宜加宣勒,使遵礼制。"冬十月癸卯,齐人来聘。甲辰,奏六代乐成,帝御崇信殿,集百官观之。

十一月辛巳,帝亲帅六军,讲武于城东。癸未,集诸军都督以上五十人于道会苑大射,帝亲临射堂,大备军容。十二月癸巳,集群官及沙门道士等,帝升高座,辨释三教先后。以儒教为先,道教次之,佛教为后。以大将军赫连达为柱国。诏军人之间,年多耆寿,可颁授老职,使荣沾邑里。戊午,听讼于正武殿,自旦及夜,继之以烛。

三年春正月壬戌,朝群臣于路门。册柱国齐公宪、卫公直、赵公招、谯公俭、陈公纯、越公盛、代公达、滕公逌并进爵为王。己巳,享太庙。庚午,突厥遣使献马。癸酉,诏自今男年十五,女年十三以上,爰及鳏寡,所在以时嫁娶,务从节俭。乙亥,亲耕籍田。丙子,初服短衣,享二十四军督将以下,试以军旅之法,纵酒尽欢。诏以往岁年谷不登,令公私道俗,凡有贮积粟麦者,皆准口听留,已外尽粜。二月壬辰朔,日有蚀之。丁酉,纪公康、毕公贤、酆公贞、宋公实,汉公赞、秦公赟、曹公允并进爵为王。丙午,令六府各举贤良清正之士。癸丑,柱国、许公宇文善有罪免。丙辰,大赦。三月癸酉,皇太后叱奴氏崩。帝居倚庐,朝夕共一溢米,群臣表请,累旬乃止。诏皇太子赟总庶政。

夏四月乙卯,齐人来吊赗会葬。丁巳,有星孛于东井。五月庚申,葬文宣后于永固陵,帝徒跣至陵所。辛酉,诏曰:"齐斩之情,经籍彝训,近代沿革,遂亡斯礼。伏奉遗令,既葬便除,攀慕几筵,情实未忍。三年之丧,达于天子,古今无易之道,王者之所常行。但时有未谐,不得全制,军国务重,庶有听朝。衰麻之节,苫庐之礼,率遵前典,以申罔极。百僚以下,宜遵遗令。"公卿上表固请俯就权制,过葬即吉。帝不许,引古答之。群臣乃止。于是遂申三年之制。五服之内,亦令依礼。初置太子谏议,员四人;文学,十人。皇子、皇弟友,员各二人;学士,六人。戊辰,诏故晋公护及诸子并追复先封,改葬加谥。丙子,初断佛、道二教,经像悉毁,罢沙门、道士,并令还俗。并禁诸淫祀,非祀典所载者,尽除之。

六月丁未,集诸军将,教以战阵之法。壬子,更铸五行大布钱,以一当十,与布泉钱并行。戊午,诏曰:"至道弘深,混成无际,体包空有,理极幽玄。但歧路既分,源流逾远,淳离朴散,形器斯乖。遂使三墨八儒,朱紫交竞;九流七略,异说相腾。道隐小成,其来旧矣,不有会归,争驱靡息。今可立通道观,圣哲微言,先贤典训,金科玉篆,秘赜玄文,可以济养黎元扶成教义者,并宜弘阐,一以贯之。俾夫玩培壤者识嵩岱之崇崛;守磷砾者悟渤澥之泓澄,不亦可乎。"

秋七月庚申,行幸云阳宫。乙酉,卫王直在京反,欲突入肃章门,司武尉迟运等拒守,直败,遁走。戊子,车驾至自云阳宫。八月辛卯,禽直于荆州,免为庶人。冬十月丙申,诏御正杨尚希使于陈。庚子,诏蒲州人遭饥乏绝者,令向郿城以西及荆州管内就食。甲寅,行幸蒲州。乙卯,曲赦蒲州见囚大辟以下。丙辰,行幸同州。十一月戊午,于阗遣使献名马。己巳,大阅于同州城东。甲戌,车驾至自同州。十二月戊子,大会卫官及军人以上,赐钱帛各有差。丙申,改诸军军人并名侍官。癸卯,集诸军讲武于临皋泽。凉州比年地震,坏城郭,地裂涌泉出。

四年春正月戊辰,初置营军器监。壬申,布宽大之诏,多所蠲免。二月丙戌朔,日有蚀之。辛卯,改置宿卫官员。己酉,柱国、广德公李意有罪免。三月丙辰,遣小司寇元卫使于齐。郡县各省主簿一人。甲戌,以柱国、赵王招为雍州牧。夏四月甲午,柱国、燕公于实有罪免。丁酉,初令上书者并为表,于皇太子以下称启。秋七月己未,禁五行大布钱不得出入关,布泉钱听入而不听出。甲戌,陈人来聘。丙子,召大将军以上于大德殿,帝亲谕以伐齐之旨。言往以政出权宰,无所措怀,自亲览万机,便图东讨。恶衣菲食,缮甲练兵,数年以来,战备稍足。而伪主昏虐,恣行无道,伐暴除乱,斯实其时。群臣咸称善。

丁丑,下诏暴齐氏过恶。以柱国、陈王纯为前一军总管,荥阳公司马消难为前二军总管,郑公达奚震为前三军总管,越王盛为后一军总管,周昌公侯莫陈琼为后二军总管,赵王招为后三军总管,齐王宪帅众二万趣黎阳,隋公杨坚、广宁公侯莫陈迥舟师三万自渭入河,柱国、梁公侯莫陈芮帅众一万守太行道,申国公李穆帅众三万守河阳道,常山公于翼帅众二万出陈、汝。壬午,上亲帅六军众六万,直指河阴。八月癸卯,入齐境,禁伐树残苗稼,犯者以军法从事。丁未,上亲帅诸军,攻拔河阴大城。攻子城未克,上有疾。九月辛酉夜,班师,水军焚舟而退。齐王宪、于翼、李穆等所在克捷,降拔三十余城,皆弃而不守。唯以王药城要害,令仪同三司韩正守之。正寻以城降齐。戊寅,至自东伐。冬十月戊子,初置上柱国、上大将军官,改开府仪同三司为开府仪同大将军,又置上开府、上仪同官。闰月,以柱国齐王宪、蜀公尉迟迥为上柱国。诏诸畿郡各举贤良。十一月己亥,改置司内官员。十二月辛亥朔,日有蚀之。丙子,陈人来聘。是岁,歧、宁二州人饥,开仓振恤。

五年春正月辛卯,行幸河东涑川,集关河东诸军校猎。甲午,还同州。丁酉,诏分遣大使,周省四方,察讼听谣,问人恤隐。废布泉钱。戊申,初令铸钱者至绞,从者远配。二月辛酉,遣皇太子赟巡抚西土,仍讨吐谷浑。三月壬寅,车驾至自同州。文宣皇太后服再期。戊申,祥。夏六月戊申朔,日有蚀之。辛亥,享太庙。丙辰,利州总管、纪王康有罪,赐死。秋七月乙未,京师旱。八月戊申,皇太子入吐谷浑,至伏俟城而还。乙丑,陈人来聘。九月丁丑,大醮于正武殿,以祈东伐。

冬十月,帝复谕群臣伐齐。以去岁属有疹疾,遂不得克平逋寇。于时出军河外,直为抚背,未扼其喉。然晋州本高欢所起,统摄要重,今往攻之,彼必来援,严军以待,击之必克。然后乘破竹之势,鼓行而东,足以穷其窟穴。诸将多不愿行。帝曰:“机者事之微,不可失矣,沮军事者,以军法裁之。”己酉,帝总戎东伐,以越王盛为右一军总管,杞公亮为右二军总管,隋公杨坚为右三军总管,谯王俭为左一军总管,大将军窦泰为左二军总管,广化公丘崇为左三军总管,齐王宪、陈王纯为前军。

癸亥,帝至晋州,遣齐王宪帅精骑二万守雀鼠谷,陈王纯步骑二万守千里径,郑公达奚震步骑一万守统军川,大将军韩明步兵五千守齐子岭,乌氏公尹升步骑五千守鼓钟镇,凉城公辛韶步骑五千守蒲津关,柱国赵王招步骑一万自华谷攻汾州诸城,柱国宇文盛步兵一万守汾水关,遣内史王谊监六军攻晋州城。帝屯于汾曲。齐王宪攻洪洞、永安二城,并拔之。是夜,虹见于晋州城上,首向南,尾入紫宫。帝每日自汾曲赴城下,亲督战。庚午,齐行台左丞侯子钦出降。壬申,齐晋州刺史崔嵩夜密使送款,上开府王轨应之,未明登城,遂克晋州。甲戌,以上开府梁士彦为晋州刺史以镇之。

十一月己卯,齐主自并州帅众来援,帝以其兵新集,且避之,乃诏诸军班师。齐主遂围晋州。齐王宪屯诸军于涑水为晋州声援。河东地震。癸巳,至自东伐,献俘于太庙。丙申,放齐诸城镇降人还。丁酉,帝发京师。壬寅,度河,与诸军合。十二月戊申,次晋州。庚戌,帝帅诸军八万,置阵东西二十余里,乘常御马,从数人巡阵。所至辄呼主帅姓名以慰勉之,将士感见知之恩,各思自厉。将战,有司请换马,帝曰:"朕独乘良马何所之?"齐王亦于堑北列阵。申后,齐人填堑南引,帝大喜,勒诸军击之,齐人便退。齐主与其麾下数十骑走还并州。齐众大溃,军资甲仗数百里间委弃山积。

辛亥,帝幸晋州,仍率诸军追齐主。诸将固请还师,帝曰:"纵敌患生。卿等若疑,朕将独往。"诸将不敢言。甲寅,齐主遣其丞相高阿那肱守高壁,帝麾军直进,那肱望风退散。丙辰,师次介休,齐将韩建业举城降,以为上柱国,封郇国公。丁巳,大军次并州。齐主留其从兄安德王延宗守并州,自将轻骑走邺。是日,诏齐王公以下,示以逆顺之道,于是齐将帅降者相继。

戊午,高延宗僭即伪位,改年曰德昌。己未,军次并州。帝帅诸军合战,齐人退,帝逐北及城东门,诸军绕城置阵。至夜,延宗帅其众排阵而前,城中军却,人相蹂践,大为延宗所败。齐人欲闭门,以阃下积尸,扉不得阖,帝从数骑,崎岖危险,仅得出门。至明,帅诸军更战,大破之,禽延宗,并州平。壬戌,诏曰:

昔天厌水运,龙战于野,两京否隔,四纪于兹。朕垂拱岩廊,君临宇县,相邠人于海内,混楚弓于天下,一物失所,有若推沟。方欲德绥未服,义征不憓。伪主高纬,放命燕、齐,怠慢典刑,俶扰天纪。加以背惠怒邻,弃信忘义。朕应天从物,伐罪吊人,一鼓而荡平阳,再举而摧强敌。伪署王公,相继道左,高纬智穷数屈,逃窜草间。伪安德王高延宗,扰攘之间,遂窃名号,与伪齐昌王莫多娄敬显等,收合余烬,背城借一。王威既振,鱼溃鸟离,破竹更难,建瓴非易。延宗众散,衿甲军门。根本既倾,枝叶自霣,幽青海岱,折简而来,冀北河南,传檄可定。八纮共贯,六合同风。方当偃伯灵台,休牛桃塞,无疆之庆,非独在予。

汉皇约法,除其苛政,姬王轻典,刑彼新邦。思覃惠泽,被之率土,新集臣庶,皆从荡涤,可大赦天下。高纬及王公以下,若释然归顺,咸许自新。诸亡入伪朝,亦从宽宥。官荣次序,依例无失。齐制伪令，即宜削除。邹、鲁搢绅，幽、并骑士，一介可称，并宜铨录。

丙寅，出齐宫中金银宝器珠玉丽服及宫女二千人，班赐将士。以柱国赵王招、陈王纯、越王盛、杞公亮、梁公侯莫陈芮、庸公王谦、北平公寇绍、郑公达奚震并为上柱国，封齐王宪子安城郡公质为河间王。诸有功者封授各有差。癸酉，帝帅六军趣邺。

六年春正月乙亥，齐王传位于其太子恒，改年曰承光，自号太上皇。壬辰，帝至邺。癸巳，帅诸军围之，齐人拒守，诸军奋击大破之，遂平。齐主先送其母及妻子于青州，及城陷，帅数十骑走青州，遣大将军尉勤追之。是战也，于阵获其齐昌王莫多娄敬显，帝数之曰："汝有死罪三：前从并州走邺，弃母携妻妾，是不孝；外为伪主戮力，内实通启于朕，是不忠；送款之后，犹持两端，是不信。如此用怀，不死何待。"遂斩之。是日，西方有声如雷。甲午，帝入邺城。诏去年大赦班宣未及之处，皆从赦例。己亥，诏曰："晋州大阵至邺，身殒战场者，其子即授父本官。"尉勤禽齐主及其太子恒于青州。庚子，诏曰："伪齐之末，奸佞擅权，滥罚淫刑，动挂罗网。伪右丞相咸阳王故斛律明月、伪侍中特进开府故崔季舒等七人，或功高获罪，或直言见诛。朕兵以义动，翦除凶暴，表闾封墓，事切下车。宜追赠谥，并加窆措。其见在子孙，各随荫叙录。家口田宅没官者，并还之。"辛丑，诏伪齐东山、南园及三台，并毁撤。瓦木诸物凡入用者，尽赐百姓。山园之田，各还本主。

二月丙午，论定诸军勋，置酒于齐太极殿，会军士以上，班赐有差。丁未，齐主至，帝降自阼阶，见以宾主礼。齐任城王湝在冀州。拥兵未下，遣上柱国、齐王宪与柱国、隋公杨坚讨平之。齐范阳王高绍义叛入突厥。齐诸行台州镇悉降，关东平。合州五十五，郡一百六十二，县三百八十五，户三十万二千五百二十八，口二千万二千六百八十八十六。乃于河阳及幽、青、南兖、豫、徐、北朔、定州置总管府。相、并二总管，各置宫及六府官。癸丑，诏自伪武平三年以来，河南诸州人，伪齐破掠为奴婢者，不问公私，并放免之。其住在淮南者，亦即听还；愿住淮北者，可随便安置。癃疾孤老不能自存者，所在矜恤。乙卯，车驾发自邺。

三月壬午，诏山东诸州各举士。夏四月乙巳，至自东伐。列齐主于前，其王公等并从，车舆旌旗及器物以次陈于其后。大驾布六军，备凯乐，献俘于太庙。京邑观者，皆称万岁。戊申，封齐主为温国公。庚戌，大会群臣及诸蕃客于路寝。乙卯，废莒、陕、泾、宁四州总管。己巳，享太庙。诏分遣使人，巡方抚慰，观风省俗。

五月丁丑，以柱国、谯王俭为大冢宰。庚辰，以上柱国、杞公亮为大司徒，郑公达奚震为大宗伯，梁公侯莫陈芮为大司马，柱国、应公独孤永业为大司寇，郧公韦孝宽为大司空。辛巳，大醮于正武殿，以报功。己丑，祀方丘。诏曰：“往者，冢臣专任，制度有违，正殿别寝，事穷壮丽。非直雕墙峻宇，深戒前王，而缔构弘敞，有逾清庙，不轨不物，何以示后。兼东夏初平，人未见德，率先海内，宜自朕始。其路寝、会义、崇信、含仁、云和、思齐诸殿等，农隙之时，悉可毁撤。雕研之物，并赐贫人。缮造之宜，务从卑朴。”戊戌，诏曰：“京师宫殿，已从撤毁，并、邺二所，华侈过度，诚复作之非我，岂容因而弗革。诸堂殿壮丽，并宜除荡，甍宇杂物，分赐穷人。三农之隙，别渐营构，止蔽风雨，务在卑狭。”庚子，陈人来聘。是月，青城门无故自崩。

六月辛亥，御正武殿录囚徒。甲子，东巡。丁卯，诏曰：“自今不得娶母同姓以为妻妾。”秋七月丙戌，行幸洛州。己丑，诏山东诸州，举有才望者赴行在所，共论政事得失。八月壬寅，议权衡度量，颁于天下。其不依新式者，悉追停之。诏曰：“以刑止刑，以轻代重，罪不及嗣，皆有定科。杂役之徒，独异常宪，一从罪配，百代不免。罚既无穷，刑何以措？凡诸杂户，悉放为百姓。配杂之科，因之永削。”甲子，郑州献九尾狐，皮肉销尽，骨体犹具。帝曰：“瑞应之来，必昭有德。若使五品时序，四海和平，家识孝慈，乃能致此。今无其时，恐非实录。”乃命焚之。

九月壬申，以柱国邓公窦炽、申公李穆为上柱国。戊寅，初令庶人以上，非朝祭之服，唯得衣绸、绵绸、丝布、圆绫、纱、绢、绡葛、布

等九种。壬辰,诏东土诸州儒生,明一经以上,并举送,州郡以礼发
遣。

冬十月戊申,行幸邺宫。戊午,改葬德皇帝于冀州,帝服缌,哭
于太极殿,百官素服哭。是月,诛温公高纬。十一月壬申,封皇子充
为道王,兑为蔡王。癸酉,陈将吴明彻侵吕梁,徐州总管梁士彦与战
不利,退守徐州。遣上大将军、郯公王轨讨之。是月,稽胡反,遣齐
王宪讨平之。

诏自永熙三年七月以来,去年十月以前,东土人被钞在化内为
奴婢者;及平江陵日,良人没为奴婢者:并免同人伍。诏曰:"正位于
中,有圣通典,质文相革,损益不同。五帝则四星之象,三王制六宫
之数。刘、曹已降,等列弥繁,选择偏于生灵,命秩方于庶职,椒房丹
地,有众如云,本由嗜欲之情,非关风化之义。朕运当浇季,思复古
始,弘赞后庭,事从简约。可置妃二人,世妇三人,御妻三人。自兹
以外,宜悉减省。"己亥晦,日有蚀之。

初行《刑书要制》。持杖群强盗一疋以上,不持杖群强盗五疋以
上,监临主掌自盗二十疋以上,小盗及诈请官物三十疋以上,正长
隐五户及十丁以上、隐地三顷以上,皆至死。《刑书》所不载者,自依
律科。

十二月,北营州刺史高宝宁据州反。庚申,行幸并州宫。移并
州军人四万户于关中。戊辰,废并州宫及六府。是岁,吐谷浑、百济
并遣使朝贡。

宣政元年春正月癸酉,吐谷浑伪赵王他娄屯来降。壬午,行幸
邺宫。辛卯,幸怀州。癸巳,幸洛州。诏于怀州置宫。二月甲辰,柱
国、大冢宰、谯王俭薨。丁巳,车驾至自东巡。乙丑,以上柱国、越王
盛为大冢宰,陈王纯为雍州牧。三月戊辰,于蒲州置宫,废同州及长
春二宫。壬申,突厥遣使朝贡。甲戌,初服常冠,以皂纱为之,加簪
而不施缨导,其制若今之折角巾也。上大将军王轨破陈师于吕梁,
禽其将吴明彻等,俘斩三万余人。丁亥,诏柱国豆卢宁征江南武陵、
南平等郡所有士庶为人奴婢者,悉依江陵放免。壬辰,改元。夏四

月壬子,初令遭父母丧者,听终制。庚申,突厥入寇幽州。五月己丑,帝总戎北伐,遣柱国原公姬愿、东平公宇文神举等五道俱入,发关中公私马驴悉从军。癸巳,帝不豫,止于云阳宫。丙申,诏停诸军。六月丁酉,帝疾甚,还京,其夜崩于乘舆,时年三十六。遗诏曰:

　　人肖形天地,禀质五常,修短之期,莫非命也。"朕君临宇县,十有九年,未能使百姓安乐,刑措不用。未旦求衣,分宵忘寝。昔魏室将季,海内分崩,太祖扶危翼倾,肇开王业。燕、赵榛芜,又窃名号。朕上述先志,下顺人心,遂与王公将帅,共平东夏。虽复祅氛荡定,而人劳未康,每一念如此,若临冰谷。将欲包举六合,混同文轨。今遘疾大渐,力气稍微,有志不申,以此欢息。

　　天下事重,万机不易,王公以下,爰及庶僚,宜辅导太子,副朕遗意,令上不负太祖,下无失为臣。朕虽瞑目九泉,无所复恨。

　　朕平生居处,每存菲薄,非直以训子孙,亦乃本心所好。丧事资用,须使俭而合礼。墓而不坟,自古通典。随吉即葬,葬讫公除。四方士庶,各三日哭。妃嫔以下无子者,悉放还家。

谥曰武皇帝,庙称高祖。己未,葬于孝陵。

帝沉毅有智谋,初以晋公护专权,常自晦迹,人莫测其深浅。及诛护之后,始亲万机,克己励精,听览不息。用法严整,多所罪杀,号令恳恻,唯属意于政,群下畏服,莫不肃然。性既明察,少于恩惠,凡布怀立行,皆欲逾越古人。身衣布袍,寝布被,无金宝之饰。诸宫殿华绮者,皆撤毁之,改为土阶数尺,不施栌栱。其雕文刻镂,锦绣纂组,一皆禁断。后宫嫔御,不过十余人。

劳谦接下,自强不息。以海内未康,锐情教习,至于校兵阅武,步行山谷,履涉勤苦,皆人所不堪。平齐之役,见军士有跣行者,帝亲脱靴以赐之。每宴会将士,必自执杯劝酒,或手付赐物。至于征伐之处,躬在行阵。性又果决,能断大事,故能得士卒死力,以弱制强。破齐之后,遂欲穷兵极武,平突厥、定江南,一二年间,必使天下一统,此其志也。

宣皇帝讳赟,字乾伯,武帝长子也。母曰李太后。武成元年,生于同州。保定元年五月丙午,封鲁国公。建德元年四月癸巳,武帝亲告庙,冠于阼阶,立为皇太子。二年,诏皇太子巡抚西土。文宣后崩,武帝谅闇,诏太子总朝政,五旬而罢。武帝每巡幸四方,太子常留监国。五年二月,又诏太子巡西土,因讨吐谷浑。

宣政元年六月丁酉,武帝崩。戊戌,太子即皇帝位。尊皇后曰皇太后。甲子,诛上柱国、齐王宪。闰月乙亥,诏山东流人新复业,及突厥侵掠家口破亡不能存济者,给复一年。立妃杨氏为皇后。辛巳,以上柱国、赵王招为太师,陈王纯为太傅,柱国、代王达、滕王逌、卢公尉迟运、薛公长孙览并为上柱国。是月,幽州卢昌期据范阳反,诏柱国、东平公宇文神举讨平之。秋七月乙巳,享太庙。丙午,祀圆丘。戊申,祀方泽。庚戌,以小宗伯、岐公斛斯征为大宗伯。壬戌,以南兖州总管、隋公杨坚为上柱国、大司马。癸亥,尊所生李氏为帝太后。八月丙寅,夕月于西郊。长安、万年二县人居京城者,给复三年。壬申,幸同州。遣大使巡察诸州。制九条,宣下州郡。其母族绝服外者,听婚。以上柱国、薛公长孙览为大司徒,柱国、杨公王谊为大司空。丙戌,以柱国、永昌公椿为大司寇。九月丁酉,以柱国宇文盛、张掖公王杰、枹罕公辛威、郧国公韦孝宽并为上柱国。庚戌,封皇弟元为荆王。诏诸应拜者,皆以三拜成礼。冬十月癸酉,至自同州。戊子,百济遣使朝贡。十一月己亥,讲武于道会苑,帝亲擐甲。是月,突厥犯边,围酒泉,杀掠吏士。十二月甲子,以柱国、毕王贤为大司空。己丑,以柱国、河阳总管、滕王逌为行军元帅,伐陈。免京师见徒,并令从军。

大象元年春正月己丑,受朝于路门,帝服通天冠、绛纱袍,群臣皆服汉魏衣冠。大赦,改元为大成。初置四辅官,以大冢宰、越王盛为大前疑,蜀公尉迟迥为大右弼,申公李穆为大左辅,大司马隋公杨坚为大后丞。癸卯,封皇子衍为鲁王。甲辰,东巡。丙午,以柱国、常山公于翼为大司徒。辛亥，以柱国、许公宇文善为大宗伯。戊午，行幸洛阳。立鲁王衍为皇太子。

二月癸亥，诏曰："河、洛之地，旧称朝市，自魏氏失驭，城阙为墟。我太祖受命酆、镐，有怀光宅；高祖往巡东夏，布政此宫。朕以眇身，祗承宝运，虽庶几聿修之志，敢忘燕翼之心。一昨驻跸金墉，备尝游览。百王制度，基址尚存。今若因循，为功易立。宜命邦事，修复旧都。奢俭取文质之间，功役依子来之义。北瞻河内，咫尺非遥，前诏经营，今宜停罢。"于是发山东诸州兵，增一月功为四十五日役，起洛阳宫。常役四万人，以迄晏驾。并移相州六府于洛阳，称东京六府。杀柱国、徐州总管、郯公王轨。停南讨诸军。以赵王招女为千金公主，嫁于突厥。乙亥，行幸邺。丙子，初令总管、刺史行兵者加持节，余悉罢之。

辛巳，诏传位于皇太子衍。大赦，改元大成为大象。帝于是自称天元皇帝，所居称天台，冕二十有四旒，车服旗鼓皆以二十四为节。内史、御正皆置上大夫。皇帝衍称正阳宫。置纳言、御正、诸卫等官，皆准天台。尊皇太后为天元皇太后。癸未，日出、将入时，其中并有乌色，大如鸡卵，经四日乃灭。戊子，以大前疑、越王盛为太傅，大右弼、蜀公尉迥为大前疑，代王达为大右弼。辛卯，诏徙邺城石经于洛阳。又诏洛阳凡是元迁户，并听还洛州。此外欲往者，听之。河阳、幽、相、豫、亳、青、徐七总管受东京六府处分。

三月庚申，车驾至自东巡，大陈军伍，亲擐甲胄，入自青门，皇帝衍备法驾从，百官迎于青门外。是时骤雨，仪卫失容。辛酉，封赵王招第二子贯为永康县王。夏四月壬戌朔，有司奏言日蚀，不视事。过时不蚀，乃临轩。立妃朱氏为天元帝后。癸亥，以柱国、毕王贤为上柱国。己巳，享太庙。壬午，大醮于正武殿。

五月辛亥，以洛州襄国郡为赵国，齐州济南郡为陈国，丰州武当、安富二郡为越国，潞州上党郡为代国，荆州新野郡为滕国，邑各一万户，令赵王招、陈王纯、越王盛、代王达、滕王逌并之国。是月，遣使简视京城及诸州士庶女，充选后宫。突厥寇并州。六月，咸阳有池水变为血。征山东诸州人修长城。秋七月庚寅，以大司空、毕王贤为雍州牧，大后承、隋公杨坚为大前疑，柱国、荥阳公司马消难为大后承。丙申，纳大后丞司马消难女为正阳宫皇后。己酉，尊帝太后李氏为天皇太后。壬子，改天元帝后朱氏为天皇后，立妃元氏为天右皇后，妃陈氏为天左皇后。八月庚申，幸同州。壬申，还宫。甲戌，以天左皇后父大将军陈山提、天右皇后父开府元晟并为上柱国。初，武帝作《刑书要制》，用法严重。及帝即位，恐物情未附，除之。至是，为《刑经圣制》，其法深刻，大醮于正武殿，告天而行焉。壬午，以上柱国、雍州牧毕王贤为太师，上柱国、郇公韩建业为大左辅。是月，所在蚁群斗，各四五尺，死者十八九。

九月乙卯，以酆王贞为大冢宰。上柱国、郧公韦孝宽为行军元帅，率行军总管杞公亮、郕公梁士彦伐陈。遣御正杜果使于陈。冬十月壬戌，幸道会苑，大醮，以高祖武皇帝配醮。初复佛象及天尊象，帝与二象俱南坐。大陈杂戏，令京城士庶纵观。是月，相州人段德举谋反，伏诛。十一月乙未夜，行幸同州。壬寅，还宫。乙巳，初铸永通万国钱，以一当千，与五行大布并行。是月，韦孝宽拔寿阳，杞国公亮拔黄城，梁士彦拔广陵。陈人退走，于是江北尽平。

十二月戊午，以灾异屡见，帝御路寝，见百官。诏曰："朕以寡德，君临区宇。始于秋季，及此玄冬，幽忧殷勤，屡贻深戒。至有金入南斗，木犯轩辕，荧惑干房，又与土合，流星照夜，东南而下。然则南斗主于爵禄，轩辕为于后宫，房曰明堂，布政所也，火、土则忧孽之兆，流星乃兵凶之验。岂其宫人失序，女谒尚行，政事乖方，忧患将至，何其昭著，若斯之甚。将避正寝，斋居克念，恶衣减膳，去饰彻悬，披不讳之诚，开直言之路。欲使刑不滥及，赏弗逾等，选举以才，宫闱修德。宜宣诸内外，庶尽弼谐，允叶人心，用消天谴。"于是舍仗卫，往天兴宫。百官上表，劝复寝膳，许之。甲子，还宫，御正武殿，集百官及宫人、内外命妇，大列妓乐，又纵胡人乞寒，用水浇沃，以为戏乐。乙丑，行幸洛阳。帝亲御驿马，日行三百里。四皇后及文武侍卫数百人，并乘驿以从。令四后方驾齐驱，或有先后，便加遣责。人马顿仆，相属于道。己卯，还宫。

二年春正月丁亥，帝受朝于道会苑。癸巳，享太庙。乙巳，造二宸，画日月象以置左右。戊申，雨雪，雪止又雨细黄土，移时乃息。乙卯，诏江右诸州新附人，给复二十年。初税入市者，人一钱。二月丁巳，帝幸路门学，行释奠礼。戊午，突厥遣使献方物，且逆千金公主。乙丑，改制诏为天制，敕为天敕。尊天元皇太后为天元上皇太后，天皇太后李氏曰天元圣皇太后。癸未，立天元皇后杨氏为天元大皇后，天皇后朱氏为天大皇后，天右皇后元氏为天右大皇后，天左皇后陈氏为天左大皇后，正阳宫皇后直称皇后。是月，洛阳有秃鹙鸟集新太极殿前，荥州有黑龙见，与赤龙斗于汴水侧。黑龙死。

三月丁亥，赐百官及百姓大酺。诏进封孔子为邹国公，邑数准旧，并立后承袭，别于京师置庙，以时祭享。戊子，行军总管、杞公亮举兵反，行军元帅韦孝宽获而杀之。辛卯，行幸同州。增候正、前驱式道，为三百六十重，自应门至赤岸泽，数十里间，幡旗相蔽，鼓乐俱作。又令武贲持钑马上，称警跸，以至同州。乙未，改同州宫为天成宫。庚子，车驾至自同州。诏天台侍卫，皆着五色及红紫绿衣，以杂色缘，名曰品色衣，有大事，与公服间服之。壬寅，诏内外命妇皆执笏，其拜宗庙及天台，皆俯伏。甲辰，初置天中大皇后，立天左大皇后陈氏为天中大皇后，立妃尉迟氏为天左大皇后。夏四月己巳，享太庙。己卯，以旱故，降见囚死罪已下。壬午，幸中山祈雨，至咸阳宫，雨降。甲申，还宫。令京城士女于衢巷作音乐以迎候。五月甲午，帝备法驾幸天兴宫。乙未，帝不悆，还宫。诏扬州总管、隋公杨坚入侍疾。丁未，追赵、越、陈、代、滕五王入朝。己酉，大渐。御正下大夫刘昉与内史上大夫郑译矫制以隋公杨坚受遗辅政。是日，帝崩于天德殿，时年二十二。谥宣皇帝。七月丙申，葬定陵。

帝之在东宫也，武帝虑其不堪承嗣，遇之甚严。朝见进止，与诸臣无异，虽隆寒盛暑，亦不得休息。性嗜酒，武帝遂禁醪醴不许至东宫。帝每有过，辄加捶扑。尝谓之曰："古来太子被废者几人，余儿岂不堪立邪！"于是遣东宫官属录帝言语动作，每月奏闻。帝惧威严,矫情修饰,以是恶不外闻。

嗣位之初,方逞其欲。大行在殡,曾无戚容,即通乱先帝宫人。才逾年,便恣声乐,采择天下子女,以充后宫。好自矜夸,饰非拒谏。禅位之后,弥复骄奢。耽酗于后宫,或旬日不出,公卿近臣请事者,皆附阉官奏之。所居宫殿,帷帐皆饰以金玉珠宝,光华炫耀,极丽穷奢。及营洛阳宫,虽未成毕,其规模壮丽,逾于汉、魏远矣。

唯自尊崇,无所顾惮。国典朝仪,率情变改。后宫位号,莫能详录。每封臣下,自称为天。以五色土涂所御天德殿,各随方色。又于后宫,与皇后等列坐,用宗庙礼器樽彝圭瓒之属,以次食焉。又令群臣朝天台者,致斋三日,清身一日。车旗章服,倍于前王之数。既自比上帝,不欲令人同己。常自带绶及冠通天冠,加金附蝉,顾见侍臣武弁上有金蝉,及王公有绶者,并令去之。

又不听人有高者大者之称,诸姓高者改为姜,九族称高祖者为长祖,曾祖为次长祖。官称名位,凡谓上及大者,改为长,有天者亦改之。又令天下车皆浑成为轮,禁天下妇人皆不得施粉黛,唯宫人得乘有辐车,加粉黛焉。

西阳公温,杞公亮之子,即帝从祖兄。其妻尉迟氏有容色,因入朝,帝遂饮以酒,逼而淫之。亮闻之惧,谋反。才诛温,即追尉迟氏入宫,初为妃,寻立为皇后。

每左右侍臣论议,唯欲兴造革易,未尝言及政事。其后游戏无恒,出入不节,羽仪仗卫,晨出夜还,或幸天兴宫,或游道会苑,陪侍之官,皆不堪命。散乐杂戏,鱼龙烂漫之伎,常在目前。好令京城少年为妇人服饰,入殿歌舞,与后宫观之,以为喜乐。

摈斥近臣,多所猜怨。又吝于财,略无赐与。恐群臣规谏,不得行己之志,常遣左右密伺察之,动止所为,莫不抄录,小有乖违,辄加其罪。自公卿以下,皆被楚挞,其间诛戮黜免者,不可胜言。每捶人皆以百二十为度,名曰天杖。宫人内职亦如之。后妃嫔御,虽被宠嬖,亦多被杖背。于是内外恐惧,人不自安,皆求苟免,莫有固志,重足累息,以逮于终矣。

静皇帝讳衍，后改名阐，宣帝之长子也。母曰朱皇后。建德二年六月，生于东宫。大象元年正月癸卯，封鲁王。戊午，立为皇太子。二月辛巳，宣帝于邺宫传位授帝，居正阳宫。

二年五月乙未，宣帝寝疾，诏帝入宿路门学。己酉，宣帝崩，帝入居天台，废正阳宫。大赦，停洛阳宫作。庚戌，上天元上皇太后尊号为太皇太后，天元圣皇太后李氏为大帝太后，天元太皇后为皇太后，天太皇后朱氏为帝太后。其天中大皇后陈氏、天右大皇后元氏、天左大皇后尉迟氏并出俗为尼。以柱国、汉王赞为上柱国、右大丞相，上柱国、扬州总管、隋公杨坚为假黄钺左大丞相，柱国、秦王贽为上柱国。帝居谅闇，百官总己以听于左大丞相。壬子，以上柱国、郧公韦孝宽为相州总管。罢入市税钱。

六月戊午，以柱国许公宇文善、神武公窦毅、修武公侯莫陈琼、大安公阎庆并为上柱国。赵王招、陈王纯、越王盛、代王达、滕王逌来朝。庚申，复佛、道二教。辛酉，以柱国杞公赞、燕公于实、邰公贺拔伏恩并为上柱国。甲子，相州总管尉迟迥举兵不受代，诏发关中兵，即以韦孝宽为行军元帅，讨之。上柱国、毕王贤以谋执政，被诛。以上柱国、秦王贽为大冢宰，杞公椿为大司徒。己巳，诏南定、北光、衡、巴四州人为宇文亮抑为奴婢者，并免之。甲戌，有赤气起西方，渐东行，遍天。庚辰，罢诸鱼池及山泽公禁者，与百姓共之。以柱国、蒋公梁睿为益州总管。

秋七月甲申，突厥送齐范阳王高绍义。庚寅，申州刺史李惠起兵。庚子，诏赵、陈、越、代、滕五王，入朝不趋，剑履上殿。荥州刺史、邵公宇文胄举兵，遣大将军杨素讨之。青州总管尉迟纲举兵。丁未，隋公杨坚都督内外诸军事。己酉，郧州总管司马消难举兵，以柱国、杨公王谊为行军元帅讨之。壬子，赵王招、越王盛以谋执政，被诛。癸丑，封皇弟衎为莱王，术为郢王。是月，豫州、襄州总管诸蛮，各帅种落反。

八月庚申，益州总管王谦举兵不受代，即以梁睿为行军元帅讨之。庚午,韦孝宽破尉迥于邺,迥自杀,相州平。移相州于安阳,其邺城及邑,毁废之。丙子,以汉王赞为太师,以上柱国、并州总管、申公李穆为太傅,以宋王实为大前疑,以秦王贽为大右弼,以燕公于实为大左辅。己卯,以尉迥平,大赦。庚辰,司马消难拥众以鲁山、甑山二镇奔陈,遣大将军元景山追击之,郧州平。沙州氐帅开府杨永安聚众反,应王谦,遣大将军达奚儒讨之。杨素破宇文胄于荥阳,斩之。以上柱国、神武公窦毅为大司马,以齐公于智为大司空。废相、青、荆、金、晋、梁州六总管。

九月丙戌,废河阳总管为镇,隶洛州。以小宗伯、竟陵公杨慧为大宗伯。壬辰,废皇后司马氏为庶人。戊戌,以柱国、杨公王谊为上柱国。庚戌,以柱国常山公于翼、化政公宇文忻并为上柱国。壬子,丞相去左右号,隋公杨坚为大丞相。

冬十月甲寅,日明蚀之。壬戌,陈王纯以怨执政,被诛。大丞相、隋公杨坚加大冢宰,五府总于天官。戊寅,梁睿破王谦,斩之。传首京师,益州平。十一月甲辰,达奚儒破杨永安,沙州平。丁未,上柱国、郧公韦孝宽薨。

十二月壬子,以柱国、蒋公梁睿为上柱国。丁巳,以柱国邗公杨雄、普安公贺兰谊、郕公梁士彦、上大将军新宁公叱列长乂、武乡公崔弘度、大将军中山公宇文恩、濮阳公宇文述、渭原公和干子、任城公王景、渔阳公杨锐、上开府广宗公李崇、陇西公李询并为上柱国。庚申,以柱国、楚公豆卢绩为上柱国。癸亥,诏曰:"太祖受命,龙德犹潜,三分天下,志扶魏室,多所改作,冀允上玄。文武群官,赐姓者众,本殊国邑,实乖胙土。不歆非类,异骨肉而共蒸尝;不爱其亲,嗟行路而叙昭穆。且神征革姓,本为历数有归;天命在人,推让终而弗获。故君临区宇,累世于兹,可不仍遵谦挹之旨,久行权宜之制。诸改姓者,悉宜复旧。"甲子,大丞相、隋公杨坚进爵为王,以郡为隋国。己巳,以柱国、沛公郑译为上柱国。辛未,代王达、滕王逌并以谋执政,被诛。壬申,以大将军、长宁公杨勇为上柱国、大司马,以小冢宰、始平公元孝矩为大司寇。

大定元年春正月壬午，改元。丙戌，诏戎秩上开府以上，职事下大夫以上，外官刺史以上，各举贤良。二月甲子，帝逊位于隋，居于别宫。隋氏奉帝为介国公，邑万户，车服礼乐，一如周制，上书不称表，答表不称诏。有其文，事竟不行。隋开皇元年五月壬申，帝崩，时年九岁。隋志也。谥曰静皇帝，葬恭陵。

论曰：自东西否隔，二国争强，戎马生郊，干戈日用，兵连祸结，力敌势均，疆场之事，一彼一此。武皇缵业，未亲万机，虑远谋深，以蒙养正。及英威电发，朝政惟新，内虽既除，外略方始。乃苦心焦思，克己励精，劳役为士卒之先，居处同厮夫之俭。修富国之政，务强兵之术。乘雠人之有衅，顺天道而推亡。数年之间，大勋斯集。摅祖宗之宿愤，拯东夏之阽危，盛矣哉，有成功者也。若使翌日之瘳无爽，经营之志获申，黩武穷兵，虽见讥于良史；雄图远略，足方驾于前王。

而识嗣子之非才，顾宗祐之至重，滞爱同于晋武，则哲异于宋宣，但欲威之檟楚，期于惩肃，义方之教，岂若是乎。卒使昏虐君临，奸回肆毒，迹宣后之行事，身殁已为幸矣。

静帝越自幼冲，绍兹衰统，内挟有刘之诈，戚藩无齐、代之强，隋氏因之，遂迁龟鼎。虽复岷、峨投袂，翻成凌夺之威；漳、滏勤王，无救宗周之殄。呜呼！以文皇之经启鸿基，武皇之克隆景业，未逾二纪，不祀忽诸。斯盖先帝之余殃，非孺子之罪戾也。

北史卷一一
隋本纪上第一一

高祖文帝

　　隋高祖文皇帝姓杨氏，讳坚，小名那罗延。本弘农华阴人，汉太尉震之十四世孙也。震八世孙，燕北平太守铉。铉子元寿，魏初为武川镇司马，因家于神武树颓焉。元寿生太原太守惠嘏，嘏生平原太守烈，烈生宁远将军祯，祯生皇考忠。

　　初，祯属魏末丧乱，避地中山，结义徒以讨鲜于修礼，遂死之。周保定中，皇考著勋，追赠柱国大将军、少保、兴城郡公。

　　皇考美须髯，身长七尺八寸，状貌瑰伟，武艺绝伦，识量深重，有将率之略。年十八，客游泰山，会梁兵陷郡国，没江南。及北海王元颢入洛，乃与俱归。颢败，尒朱度律召为帐下统军。后从独孤信，屡有军功。又与信从魏孝武西迁。东魏荆州刺史辛纂据穰城，皇考从信讨之，与都督康洛儿、元长生乘城而入，弯弓大呼，斩纂以徇，城中慑服。居半岁，以东魏之逼，与信俱归。周文帝召居帐下。尝从周文狩于龙门，皇考独当一猛兽，左挟其腰，右拔其舌，周文壮之。北台谓猛兽为揜于，因以字之。从禽窦泰，破沙苑阵，封襄武县公。河桥之役，皇考与壮士五人力战守桥，敌人不敢进。又与李远破黑水稽胡，并与怡峰解玉壁围，以功历云、洛二州刺史。芒山之战，先登陷阵，除大都督。

　　及侯景度江，梁氏丧败，周文将经略，乃授皇考都督荆等十五州诸军事，镇穰城。梁雍州刺史、岳阳王萧詧，虽曰称藩，而尚怀贰心。皇考自樊城观兵汉滨，易旗递进，实二千骑，督登楼望之，以为三万，惧而服焉。又攻梁随郡，克之，获其守桓和。所过城戍，望风请服。进围安陆。梁司州刺史柳仲礼恐安陆不守，驰归赴援。诸将恐仲礼至则安陆难下，请急攻之。皇考曰："仲礼已在近路，吾以奇兵袭之，一举必克，则安陆不攻自拔，诸城可传檄而定。"于是选骑二千，衔枚夜进，遇仲礼于漴头，禽之，悉俘其众。安陆、竟陵并降。梁元帝大惧，送子方略为质，并送载书，请魏以石城为限，梁以安陆为界。皇考乃旋师，进爵陈留郡公，位大将军。

十七年，梁元帝逼其兄邵陵王纶。送质于齐，欲来寇。梁元帝密报周文。遣皇考讨之，禽纶，数其罪，杀之。初，皇考禽柳仲礼，遇之甚厚。仲礼至京，反谮皇考，言在军大取金宝。周文以皇考功重，不问。然皇考悔不杀仲礼，故至此杀纶。皇考间岁再举，尽定汉东地，甚得新附心。魏恭帝赐姓普六茹氏，行同州事。及于谨伐江陵，皇考为前军，屯江津，遏其走路。梁人束刃于象鼻以战，皇考射之，二象反走。江陵平，周文立萧詧为梁主，令皇考镇穰城。

周孝闵践阼，入为小宗伯。及司马消难请降，皇考与柱国达奚武援之。入齐境五百里，前后遣三使报消难，皆不反命。及去北豫州三十里，武疑有变，欲还。皇考曰："有进死，无退生。"独以千骑，夜趣城下，候门开而入，乃驰遣召武。时齐镇城伏敬远勒甲士三千据东陴，举烽严警。武惮之，不欲保城，乃多取财宝，以消难先归，皇考以三千骑殿，到洛南，皆解鞍而卧，齐众来追，至于洛北，皇考谓将士曰："但饱食，今在死地，贼必不敢度水。"食毕，齐兵阳若度水，皇考驰将击之，齐兵不敢逼，遂徐引而还。武叹曰："达奚武自言是天下健儿，今日服矣。"进位柱国大将军。武成元年，进封隋国公，邑万户，别食竟陵县一千户，收其租赋。

保定二年，为大司空。时朝议与突厥伐齐，公卿咸以齐兵强国富。斛律明月不易可当，兵非十万众不可。皇考独曰："万骑足矣，明月竖子，亦何能为！"

三年，乃以皇考为元帅，大将军杨纂、李穆、王杰、尔朱敏及开府元寿、田弘、慕容近等皆隶焉。又令达奚武帅步骑三万自南道进，期命晋阳。皇考乃留敏据什贲，游兵河上。皇考出武川，过故宅，祭先人，飨将士，席卷二十余城。齐人守陉岭之隘，皇考纵奇兵大破之，留杨纂屯灵丘为后拒。突厥木杆可汗、控地头可汗、步离可汗等，以十万骑来会。

四年正月朔，攻晋阳。时大雪风寒，齐人乃悉其精锐，鼓噪而出。突厥引上西山，不肯战，众失色。皇考乃率七百人步战，死者十四五。以武后期，乃班师。齐人亦不敢逼。突厥乃纵兵大掠，自晋阳至平城，七百余里，人畜无遗。周武帝拜皇考为太傅，晋公护以其不附己，以为泾州总管。

是岁，大军又东伐，晋公护出洛阳，令皇考出沃野，以应接突厥。时军粮少，诸将忧之，皇考曰：“当获以济事耳。”乃招诱稽胡首领，咸令在坐，使王杰盛军容鸣鼓而出。皇考阳怪问之，杰曰：“大冢宰已至洛阳，天子闻银、夏间胡扰动，故使杰就攻除之。”又令突厥使者驰告曰：“可汗更入并州，留兵马十万在长城下，故令问公，若有稽胡不服，欲来共破之。”坐者皆惧。皇考慰喻遣之，于是归命，馈输填积。属晋公护先退，皇考亦罢兵而还镇。又以政绩称，诏赐钱三十万，布五百匹，谷二千斛。以疾还京，周武及晋公护屡临视焉。薨，赠太保、都督同朔等十三州军事、同州刺史，本官如故。谥曰桓公。开皇元年，追尊为武元皇帝，庙号太祖。

帝，武元皇帝之长子也。皇妣曰吕氏，以周大统七年六月癸丑夜，生帝于冯翊般若寺。有紫气充庭。时有尼来自河东，谓皇妣曰：“此儿所从来甚异，不可于俗间处之。”乃将帝舍于别馆，躬自抚养。皇妣抱帝，忽见头上出角，遍体起鳞，坠帝于地。尼自外见，曰：“已惊我儿，致令晚得天下。”帝龙颔，额上有五柱入顶，目光外射，有文在手曰“王”字，长上短下，沈深严重。初入太学，虽至亲昵，不敢狎也。

年十四，京兆尹薛善辟为功曹。十五，以皇考勋，授散骑常侍、车骑大将军、仪同三司，封成纪县公。十六，迁骠骑大将军，加开府。

周文帝见而叹曰："此儿风骨，非世间人。"明帝即位，授右小宗伯，进封大兴郡公。明帝尝遣善相者来和视帝，和诡对曰："不过柱国。"既而私谓帝曰："公当为天下君，必大诛杀而后定。"

周武帝即位，迁左小宗伯，出为随州刺史，进位大将军。后征还，遇皇妣寝疾三年，昼夜不离左右，以纯孝称。宇文护执政，尤忌帝，屡将害焉。赖大将军侯伏侯寿等救护以免。后袭爵隋国公。周武既为皇太子娉帝长女为妃，益加礼重。齐王宪言于周武曰："普六茹坚相貌，臣每见之，不觉自失。恐非人下，请早除之。"周武曰："此止可为将耳。"内史王轨骤谏曰："皇太子非社稷主，普六茹坚有反相。"周武不悦曰："必天命，将若之何？"帝甚惧，深自晦匿。

后从周武平齐，进柱国，又与齐王宪破齐任成王湝于冀州，除定州总管。先是州城门久闭不行，齐人白：文宣时，或请开之，文宣不许，曰："当有圣人启之。"及帝至而开之，莫不惊异。迁亳州总管。

周宣帝即位，以后父，征拜上柱国、大司马。大象初，迁大后丞、右司武，俄转大前疑。周宣每巡幸，恒委以居守。时周宣为《刑经圣制》，其法深刻，帝以法令滋章，非兴化之道，切谏，不纳。帝位望益隆，周宣颇以为忌。时周宣四幸女并为皇后，争宠相毁。周宣每谓后曰："必族灭尔家。"因召帝，命左右曰："若色动，即杀之。"帝容色自若，遂免。

大象二年五月，以帝为扬州总管，将发，暴足疾而止。乙未，周宣不悆。时静帝幼冲，前内史上大夫郑译、御正大夫刘昉以帝皇后之父，众望所集，遂矫诏引帝入侍疾，因受遗辅政，都督内外诸军事。帝恐周武诸王在藩生变，称赵王招将嫁女于突厥为词以征之。己酉，周宣崩。庚戌，静帝诏假黄钺、左大丞相，百官总己而听焉。以正阳宫为丞相府，以郑译为长史，刘昉为司马，具置僚佐。周宣时刑政峻酷者，悉更以宽大之制，天下归心矣。

六月，赵王招、陈王纯、越王达、代王盛、滕王逌并至长安。相州总管尉迟迥自以宿将，至是不能平，遂举兵。赵、魏之士响应，旬日间，众至十余万。宇文胄以荥州，石逊以建州，席毗以沛郡，毗弟叉罗以兖州,皆应。迥遣子质于陈,以求援。帝命上柱国、郧公韦孝宽讨之。雍州牧、毕王贤及赵、陈等五王谋作乱。帝执贤斩之,而掩赵王等罪,因诏五王剑履上殿,入朝不趋,以安之。时五王阴谋滋甚,帝以酒肴造赵王,观其指。赵王伏甲于卧内,帝赖元胄以免,于是诛赵、越二王。

八月庚午,韦孝宽破尉迟迥,斩之,传首阙下,余党悉平。初,迥之乱,郧州总管司马消难据州应迥,淮南州县多从之。襄州总管王谊讨之,消难奔陈。荆、郢群蛮乘衅而起,命亳州总管贺若谊讨平之。先是,上柱国王谦为益州总管,亦拥众巴、蜀,以匡复为辞。帝以东夏、山南为事,未遑致讨,谦遂屯剑口,陷始州。至是,乃命上柱国梁睿讨平之,传首阙下。隳剑阁之险,以绝好乱之萌焉。

九月壬子,周帝进帝大丞相。十月,周帝诏追赠皇曾祖烈为柱国、太保、都督十州诸军事、徐州刺史、隋国公,谥曰康。皇祖祯为柱国、都督十三州诸军事、同州刺史、隋国公,谥曰献。皇考忠为上柱国、太师、大冢宰、都督十三州诸军事、雍州牧。壬戌,诛陈王纯。周帝进帝大冢宰,五府总于天官。十一月辛未,诛代王达、滕王逌。

十二月甲子,周帝授帝相国,总百揆,去都督内外诸军事、大冢宰之号,进爵为王。以隋州之崇业,郧州之安陆、城阳,温州之宜人,应州之平靖、上明,顺州之淮南,士州之永川,昌州之广昌、安昌,申州之义阳、淮安,息州之新蔡、建安,豫州之汝南、临颍、广宁、初安,蔡州之蔡阳,郢州之汉东二十郡为隋国。剑履上殿,入朝不趋,赞拜不名,备九锡之礼。加玺绂、远游冠,相国印绿綟绶,位在诸侯王上。隋国置丞相以下,一依旧式。帝再让,乃受王爵,十郡而已。周帝诏进皇祖、皇考爵并为王,夫人为王妃。

大定元年二月壬子,下令曰:“以前赐姓,皆复其旧。”甲寅,帝受九锡之礼。丙辰,周帝又诏帝冕十有二旒,建天子旌旗,出警入跸,乘金根车,驾六马,备五时副车,置旄头云罕,乐舞八佾,设钟虡宫县,王妃为王后,世子为太子。前后三让,乃受。俄而下诏,依唐虞、汉魏故事。帝三让,不许。乃遣太傅、上柱国、杞国公椿奉册曰:

咨尔相国隋王。粤若上古之初，爰启清浊，降符授圣，为天下君，事上帝而理兆庶，和百灵而利万物，非以区宇之富，未以宸极为尊。大庭、轩辕以前，骊连、赫胥之日，咸以无为无欲，不将不迎，遐哉，其详不可闻已。

厥有载籍，遗文可观，圣莫逾于尧，美未过于舜，尧得太尉，已作运衡之篇，舜遇司空，便叙菁华之竭。褰裳脱屣，二宫设飨，百官归禹，若帝之初。斯盖上则天时，不敢不授；下祗天命，不敢不受。汤代于夏，武革于殷，干戈揖让，虽复异揆，应天顺人，其道靡异。自汉迄晋，有魏至周，天历逐狱讼之归，神鼎随讴歌之去，道高者称帝，禄尽者不王，与夫文祖神宗，无以别也。

周德将尽，祸难频兴。宗戚奸回，咸将窃发，顾瞻宫阙，将图宗社。藩维连率，逆乱相寻，摇荡三方，不合如砺。蛇行鸟攫，投足无所。王受天明命，睿德在躬，救颓运之艰，匡坠地之业，援大川之溺，救燎原之火，除群凶于城社，廓祆氛于远服。至德合于造化，神用洽于天壤，八极九野，万方四裔，圆首方足，莫个乐推。往岁长星夜扫，经天昼见，八风比夏后之作，五纬同汉帝之聚，除旧之征，昭然在上。近者赤雀降祉，玄龟效灵，钟石变音，蛟鱼出穴，有新之贶，焕焉在下。九区归往，百灵协赞，人神属望，我不独知。仰祗皇灵，俯顺人愿，敬以帝位，禅于尔躬。天祚告穷，天禄永终。

於戏！王其允执厥和，仪刑典训，升圆丘而敬苍昊，御皇极而抚黔黎，副率土之心，恢无疆之祚，可不盛欤！

遣大宗伯、大将军、金城公赵煚奉皇帝玺绶，百官劝进，帝乃受焉。

开皇元年春二月甲子，自相府常服入宫，备礼即皇帝位于临光殿。设坛于南郊，遣兼太傅、上柱国、邓公窦炽柴燎告天。是日，告庙，大赦改元。京师庆云见。改周官，依汉、魏之旧。制：以相国司马高颎为尚书左仆射兼纳言，相国司录虞庆则为内史监兼吏部尚书，相国内郎李德林为内史令，上开府韦世康为礼部尚书，上开府元晖为都官尚书,开府、户部尚书元严为兵部尚书,上仪同、司宗长孙毗为工部尚书,上仪同、司会杨尚希为度支尚书,雍州牧杨惠为左卫大将军。乙丑,追尊皇考为武元皇帝,庙号太祖;皇妣吕氏为元明皇后。改周氏左社右庙制为右社左庙。遣八使巡省风俗。丙寅,修庙社。立王后独孤氏为皇后,王太子勇为皇太子。丁卯,以大将军赵煚为尚书右仆射,以上开府伊娄彦恭为右武侯大将军。己巳,以五千户封周帝介国公为隋室宾,旌旗车服礼乐,一如其旧,上书不为表,答表不称诏。周氏诸王,尽降为公。辛未,以皇弟同安郡公爽为雍州牧。乙亥,封皇弟邵国公慧为滕王,同安公爽为卫王,皇子雁门公广为晋王,俊为秦王,秀为越王,谅为汉王。并州总管李穆为太师,上柱国窦炽为太傅,幽州总管于翼为太尉,观国公田仁恭为太子太师,武德郡公柳敏为太子太保。丁丑,以晋王广为并州总管,封陈留郡公智积为蔡王,兴城郡公静为道王。戊寅,改东京府为尚书省,发官牛五千头,分赐贫人。

三月,宣仁门槐树连理,众枝内附。壬午,白狼国献方物。丁亥,诏犬马器玩口味,不得献上。戊子,弛山泽禁。己丑,移盩厔连理树植于宫庭。戊戌,以太子少保苏威兼纳言、吏部尚书。庚子,诏前代品爵,悉依旧定。丁未,梁萧岿使其太宰萧岩来贺。夏四月辛巳,大赦。戊戌,太常散乐并免为编户。禁杂乐百戏。辛丑,陈人来聘于周,至而上已受禅,致之介国。是月,发稽胡修筑长城,二旬而罢。五月戊午,封邗国公杨雄为广平王,永康郡公杨弘为河间王。辛未,介公薨,上举哀于朝堂,谥曰周静帝。六月癸未,诏以初受命,赤雀降祥,推五德相生,为火色。其郊及社、庙,依服冕之仪;而朝会之服、旗帜、牺牲尽尚赤,戎服尚黄。秋七月乙卯,上始服黄,百僚毕贺。

八月壬午,废东京官。甲午,遣乐安公元谐击吐谷浑于青海,破而降之。九月戊申,遣使振给战亡者家。庚午,陈将周罗睺攻陷胡墅,萧摩诃寇江北。辛未,以越王秀为益州总管,改封蜀王。壬申,以薛公长孙览、宋安公元景山并为行军元帅,伐陈,仍令尚书左仆射高颎节度诸军。是月,行五铢钱。冬十月乙酉,百济王扶余昌遣使来贺,授昌上开府仪同三司、带方郡公。戊子,行新律。壬辰,行幸岐州。十一月乙卯,以永富郡公窦荣定为右武候大将军。遣兼散骑侍郎郑撝使于陈。己巳,有流星如坠墙,光照于地。十二月甲申,以礼部尚书韦世康为吏部尚书。庚子,至自岐州。壬寅,高丽王高阳遣使朝贡,授阳大将军、辽东郡公。太子太保柳敏卒。是岁,靺鞨、突厥阿波可汗、沙钵略可汗并遣使朝贡。

二年春正月庚申,陈宣帝殂。辛酉,置河北道行台尚书省于并州,以晋王广为尚书令;置河南道行台尚书省于洛州,以秦王俊为尚书令;置西南道行台尚书省于益州,以蜀王秀为尚书令。戊辰,陈人遣使请和,求归胡墅。甲戌,诏举贤良。二月己丑,诏以陈有丧,命高颎等班师。庚寅,加晋王广左武卫大将军,秦王俊右武卫大将军。庚子,京师雨土。三月,初命入宫殿门通籍。戊申,开渠引杜阳水于三畤原。夏四月丁丑,以宁州刺史窦荣定为左武候大将军。庚寅,大将军韩僧寿破突厥于鸡头山,上柱国李充破突厥于河北山。五月戊申,以上开府长孙平为度支尚书。己酉,以旱故,上亲省囚徒,其日大雨。己未,高宝宁寇平州,突厥入长城。庚申,以豫州刺史皇甫绩为都官尚书。甲子,改传国玺曰受命玺。丁卯,制人年六十以上免课。

六月壬午,以太府卿苏孝慈为兵部尚书。甲申,使使吊于陈。乙酉,上柱国李充破突厥于马邑。丙申,诏曰:

朕祇奉上玄,君临万国,属生灵之弊,处前代之宫,以为作之者劳,居之者逸,改创之事,心未遑也。而王公大臣,陈谋献策,咸云:羲、农以降,至于姬、刘,有当世而屡迁,无革命而不徙。曹、马之后,时见因循,乃末世之宴安,非往圣之宏义。此城从汉,凋残日久,屡为战场,旧经丧乱。今之宫室,近代权宜,又非谋筮从龟,瞻星揆日,不足建皇王之邑,合大众所聚。论变通之数,具幽显之情,同心固请,词情深切。

然则京师百官之府,四海归向,非朕一人之所独有,苟利于物,其可违乎?且殷之五迁,恐人尽怨,是则以吉凶之土,制长短之命，谋新去故，如农望秋，虽则劬劳，其究安宅。今区宇宁一，阴阳顺序，安安以迁，勿怀胥怨。

龙首山川原秀丽，卉物滋阜，卜食相土，宜建都邑。定鼎之基永固，无穷之业在斯。公私府宅，规模远近，营构资须，随事修葺。

仍诏左仆射高颎、将作大匠刘龙、钜鹿郡公贺娄子干、太府少卿高龙叉等创造新都。

秋七月癸巳，诏新置都处坟墓，令悉迁葬设祭，仍给人功，无主者，命官为殡葬。甲午，行新令。冬十月，以撤毁故，徙居东宫。给内外官人禄。癸酉，皇太子勇屯兵咸阳，以备胡虏。庚寅，上疾愈，享百僚于观德殿，赐钱帛，皆任自取，尽力以出。辛卯，以营新都副监贺娄子幹为工部尚书。十一月丙午，初命为方阵战法，及制军营图样，下诸军府，以拟征突厥。十二月辛未，上讲武于后园。甲戌，上柱国窦毅卒。丙子，名新都曰大兴城。乙酉，遣彭城公虞庆则屯弘化以备胡。突厥寇周盘，行军总管达奚长儒为虏所败。丙戌，赐国子生经明者束帛。丁亥，亲录囚徒。是岁，高丽、百济并遣使朝贡。

三年春正月庚子，将迁新都，大赦。禁大刀长矟。始令人以二十一成丁，岁役功不过二十日，不役者收庸。废远近酒坊，罢盐井禁。二月己巳朔，日有蚀之。癸酉，陈人来聘。突厥犯边。癸未，以左武卫大将军李礼成为右武卫大将军。三月丁未，上柱国、鲜虞县公谢庆恩卒。丙辰，以雨故，常服入新都。京师承明里醴泉出。丁巳，诏购遗书于天下。癸亥，城榆关。

夏四月己巳，卫王爽大破突厥于白道山，停筑原阳、云内、紫河等镇而还。上柱国、建平郡公于义卒。庚午，吐谷浑寇临洮，洮州刺史皮子信死之。壬申，以尚书右仆射赵煚兼内史令。丁丑，以滕王瓒为雍州牧。庚辰，行军总管阴寿大破高宝宁于黄龙。甲申，以旱故，上亲祀雨师。丙戌，诏天下劝学行礼。己丑，陈郢州城主张子讥遣使请降，上以和好不纳。辛卯，遣兼散骑常侍薛舒聘于陈。癸巳，上亲雩。五月癸卯，太尉、任城公于翼薨。行军总管李晃破突厥于摩那渡口。乙巳，梁太子萧琮来贺迁都。辛酉，亲祀方泽。壬戌，行军元帅窦荣定破突厥及吐谷浑于凉州。赦黄龙死罪以下。六月庚午，封卫王爽子集为遂安郡王。戊寅，突厥遣使求和。庚辰，行军总管梁远破吐谷浑于尔汗山，斩其名王。

秋七月壬戌，诏曰："往者山东河表，经此妖乱，孤城远守，多不自全。济阴太守杜献身陷贼徒，命悬寇手，郡省事范台玫倾产营护，免其戮辱。眷言诚节，实有可嘉，宜超恒赏，用明沮劝。台玫可大都督，假湘州刺史。"丁卯，日有蚀之。八月壬午，遣尚书右仆射高颎出宁州道，吏部尚书虞庆则出原州道，并为行军元帅以击胡。戊子，亲祀太社。九月壬子，幸城东观谷稼。癸丑，大赦。冬十月甲戌，废河南道行台省。十一月，发使巡省风俗。庚辰，陈人来聘。陈主知帝貌异世人，使副使袁彦图像而去。甲午，罢天下诸郡。十二月乙卯，遣兼散骑常侍唐令则使于陈。戊午，以刑部尚书苏威为户部尚书。是岁，高丽、突厥、靺鞨并遣使朝贡。

四年春正月甲子朔，日有蚀之。祀太庙。辛未，祀南郊。壬申，梁主萧岿来朝。甲戌，大射于北苑，十日而罢。壬午，齐州水。辛卯，渝州获兽，似麋，一角同蹄。壬辰，班新历。二月乙巳，上饯梁主于霸上。庚戌，行幸陇州。突厥可汗阿史那玷厥率其属来降。夏四月己亥，敕总管、刺史，父母及子年十五以上，不得将之官。庚子，以吏部尚书虞庆则为尚书右仆射，瀛州刺史杨尚希为兵部尚书，毛州刺史刘仁恩为刑部尚书。五月癸酉，契丹主莫贺弗遣使请降，拜大将军。六月庚子，降囚徒。壬子，开通济渠，自渭达河，以通运漕。甲寅，制官人非战功不授上柱国以下戎官。以雍、同、华、岐、宜五州旱，命无出今年租调。戊午，秦王俊来朝。秋七月丙寅，陈人来聘。八月甲午，遣十使巡省天下。戊戌，卫王爽来朝。壬寅，上柱国、太傅、邓公窦炽薨。乙卯，陈将夏侯苗请降，上以通和不纳。九月己巳，上亲录囚徒。庚午，契丹内附。甲戌，以关中饥，行幸洛阳。冬十一月壬戌，遣兼散骑常侍薛道衡使于陈。甲戌，改周十二月为腊蜡。是岁靺鞨及女国并遣使朝贡。

五年春正月戊辰，诏行新礼。壬申，诏罢江陵总管。其后，梁主请依旧，许之。三月戊午，以尚书左仆射高颎为左领军大将军，以上柱国宇文忻为右领军大将军。夏四月甲午，契丹遣使朝贡。壬寅，上柱国王谊谋反，诛。乙巳，诏征山东大儒马荣伯等。戊申，车驾至自洛阳。五月甲申，初置义仓。梁主萧岿殂。遣上大将军元契使于突厥阿波可汗。秋七月庚申，陈人来聘。壬午，突厥沙钵略可汗上表称臣。八月甲辰，河南诸州水，遣户部尚书苏威振给之。戊申，有流星数百，四散而下。九月乙丑，改鲍陂曰杜陵，霸水曰滋水。丙子，遣兼散骑常侍李若使于陈。冬十一月丁卯，晋王广来朝。十二月丁未，降囚徒。

六年春正月甲子，党项羌内附。庚子，班历于突厥。壬申，使户部尚书苏威巡省山东。二月乙酉，山南荆浙七州水，遣前工部尚书长孙毗振恤之。丙戌，制刺史上佐，每岁暮，更入朝上考课。丁亥，发丁男十一万修筑长城，二旬而罢。庚子，大赦。三月己未，洛阳男子高德上书，请帝为太上皇，传位皇太子。帝曰：“朕承天命，抚育苍生，日旰孜孜，犹恐不逮。岂学近代帝王，事不师古，传位于子，自求逸乐哉。”癸亥，突厥沙钵略可汗遣使朝贡。夏四月己亥，陈人来聘。秋七月辛亥，河南诸州水。乙丑，京师雨毛如马尾，长者二尺余，短者有六七寸。八月辛卯，关内七州旱，蠲其赋税。遣散骑常侍裴世豪使于陈。戊申，上柱国、太师、申公李穆薨。闰月丁卯，皇太子镇洛阳。辛未，晋王广、秦王俊并来朝。丙子，上柱国郕公梁士彦、上柱国杞公宇文忻、柱国舒公刘昉谋反，伏诛。上柱国、许公宇文善有罪，除名。九月辛巳，帝素服御射殿，诏百僚射梁士彦三家资物。丙戌，上柱国、宋安公元景山卒。辛丑，诏振恤大象以来死事之家。冬十月己酉，以河北道行台尚书令、并州总管、晋王广为雍州牧，余官如故。以兵部尚书杨尚希为礼部尚书。癸丑，置山南道行台尚书省于襄州，以秦王俊为尚书令。

七年春正月癸巳，祀太庙。乙未，制诸州岁贡三人。二月丁巳，祀朝日于东郊。己巳，陈人来聘。壬申，幸醴泉宫。是月，发丁男十万修筑长城，二旬而罢。夏四月庚戌，于杨州开山阳渎，以通运漕。
突厥沙钵略可汗卒。癸亥，颁青龙符于东方总管、刺史，西方以白
武，南方以朱雀，北方以玄武。甲戌，遣兼散骑常侍杨周使于陈。以
户部尚书苏威为吏部尚书。五月乙亥朔，日有蚀之。己卯，陨石于
武安、滏阳间，十余里。秋七月己丑，卫王爽薨。八月庚申，梁主萧
琮来朝。九月乙酉，梁安平王萧岩掠于其国以奔陈。辛卯，废梁国，
曲赦江陵。以梁主萧琮为柱国，封莒国公。冬十月庚申，行幸同州。
以先帝所居故，曲降囚徒。癸亥，幸蒲州。丙寅，宴父老，上极欢，曰：
"此间人物，衣服鲜丽，容止闲雅。良由仕宦之乡，陶染成俗也。"十
一月甲午，幸冯翊，祭故社。父老对诏失旨，上大怒，免其县官而去。
戊戌，车驾至自冯翊。

　　八年春正月乙亥，陈人来聘。二月辛酉，陈人寇硖州。三月辛
未，上柱国、陇西公李询卒。甲戌，遣兼散骑常侍程尚贤使于陈。戊
寅，诏大举伐陈。秋八月丁未，河北诸州饥，遣吏部尚书苏威振恤
之。九月癸巳，嘉州言龙见。冬十月己未，置淮南行台省于寿春，以
晋王广为尚书令。辛酉，陈人来聘，拘留不遣。甲子，有星孛于牵牛。
享太庙，授律，令晋王广、秦王俊、清河公杨素并为行军元帅以伐
陈。于是晋王出六合，秦王出襄阳，清河公杨素出信州，荆州刺史刘
仁恩出江陵，宜阳公王世积出蕲春，新义公韩擒出庐江，襄邑公贺
若弼出吴州，落丛公燕荣出东海，合总管九十，兵五十一万八千，皆
受晋王节度。东接沧海，西拒巴蜀，旌旗舟楫，横亘数千里。仍曲赦
陈国。十一月丁卯，车驾饯师。诏购陈叔宝，位上柱国、万户公。乙
亥，行幸定城，陈师誓众。丙子，幸河东。十二月，车驾至自河东。

　　九年春正月癸酉，以尚书左仆射虞庆则为右卫大将军。丙子，
贺若弼败陈师于蒋山，获其将萧摩诃；韩擒进师入建邺，获陈主叔
宝，陈国平。合州四十，郡一百，县四百，户五十万，口二百万。癸巳，
遣使持节巡抚之。二月乙未，废淮南尚书省。丙申，制五百家为乡，
正一人；百家为里，长一人。夏四月己亥，幸骊山，亲劳旋师。乙巳，
三军凯入，献俘于太庙。以晋王广为太尉。庚戌，帝御广阳门，宴将

士,颁赐各有差。辛亥,大赦。以陈都官尚书孔范、散骑常侍王瑳、王仪、御史中丞沈观等邪佞于其主,以致亡灭,皆投之边裔。陈人普给复十年。军人毕世免徭役。擢陈之文武众才而用之。宫奴数千,可归者归之,其余尽以分赐将士及王公贵臣。其资物,皆以五垛赐王公以下大射。毁所得秦汉三大钟,越二大鼓。又设亡陈女乐,谓公卿等曰:"此声似啼,朕闻之甚不喜,故与公等一听亡国之音,俱为永鉴焉。"辛酉,以吏部侍郎宇文敤为刑部尚书,宗正卿杨异为工部尚书。壬戌,诏曰:"今率土大同,含生遂性。兵可立威,不可不戢,刑可助化,不可专行。禁卫九重之余,镇守四方之外,戎旅军器,皆宜停罢。武力之子,俱可学文。人间甲仗,悉皆除毁。"

闰月丁丑,颁木鱼符于总管、刺史,雌一雄三。己卯,以吏部尚书苏威为尚书右仆射。六月乙丑,以荆州总管杨素为纳言。丁卯,以吏部侍郎卢恺为礼部尚书。时群臣咸请封禅,诏不许,曰:"岂可命一将军除一小国,以薄德而封名山,用虚言而干上帝邪。"八月壬戌,以广平王雄为司空。冬十一月壬辰,考使定州刺史豆卢通等上表请封禅,上不许。庚子,以右卫大将军虞庆则为右武侯大将军,右领军将军李安为右领军大将军。甲寅,降囚徒。十二月甲子,诏太常卿牛弘、通直散骑常侍许善心、秘书丞姚察、通直郎虞世基等议定乐。

十年春正月乙未,以皇孙昭为河南王,楷为华阳王。二月庚申,行幸并州。夏五月乙未,诏曰:"魏末丧乱,宇县瓜分,役军岁动,未遑休息。兵士军人,权置坊府,南征北伐,居处无定,家无完堵,地罕苞桑,恒为流寓之人,竟无乡里之号,朕甚愍之。凡是军人,可悉属州县,垦田籍帐,一同编户。军府统领,宜依旧式。"罢山东、河南及北方缘边之地新置军府。六月辛酉,制人年五十,免役折庸。秋七月癸卯,以纳言杨素为内史令。庚戌,上亲录囚徒。辛亥,高丽辽东郡公高阳卒。八月壬申,遣柱国韦洸、上开府王景并持节巡抚岭南,百越皆服。九月丁酉,至自并州。冬十月甲子,颁木鱼符于京官五品以上。十一月辛卯,幸国学,颁赐各有差。辛丑,祀南郊。是月,婺州人汪文进、会稽人高智慧、苏州人沈玄恮皆举兵反,自称天子。乐安蔡道人、饶州吴世华、永嘉沈孝彻、泉州王国庆、余杭杨宝英、交阯李春等,皆自称大都督。诏内史令杨素讨平之。是岁,吐谷浑、契丹并遣使朝贡。

十一年春正月丁酉,以平陈所得古器,多为袄变,悉命毁之。丙午,皇太子妃元氏薨,上举哀于东宫文思殿。二月戊午,以大将军苏孝慈为工部尚书。丙子,以临颍令刘旷政绩尤异,擢为莒州刺史。辛巳晦,日有蚀之。夏五月乙巳,以右卫将军元旻为左卫大将军。秋八月壬申,滕王瓒薨。乙亥,上柱国沛国公郑译卒。是岁,高丽、靺鞨并遣使朝贡。突厥献七宝碗。

十二年春二月己巳,以蜀王秀为内史令,兼右领军大将军;以汉王谅为雍州牧、右卫大将军。秋七月乙巳,尚书右仆射邳公苏威、礼部尚书容城侯卢恺并坐事除名。壬申晦,日有蚀之。八月甲戌,制天下死罪,诸州不得便决,皆令大理覆之。癸巳,制宿卫者不得辄离所守。丁酉,上柱国、楚公豆卢绩卒。戊戌,上亲录囚徒。冬十月丁丑,以遂安王集为卫王。壬午,祀太庙。至太祖神主前,帝流涕呜咽,不自胜。十一月辛亥,祀南郊。己未,上柱国、新义公韩擒卒。甲子,百僚大射于武德殿。十二月乙酉,以内史令杨素为尚书右仆射。是岁,突厥、吐谷浑、靺鞨并遣使朝贡。

十三年春正月乙巳,上柱国、郇公韩建业卒。壬子,祀感帝。己未,以信州总管韦世康为吏部尚书。壬戌,行幸岐州。二月丙子,诏营仁寿宫。丁亥,至自岐州。己卯,立皇孙暕为豫章王。戊子,晋州刺史南阳郡公贾悉达、隰州总管抚宁郡公韩延等以赇伏诛。己丑,制坐事去官者,配防一年。丁酉,制私家不得隐藏纬候图谶。夏五月癸亥,诏禁人间撰集国史,臧否人物。秋七月戊辰晦,日有蚀之。九月丙辰,降囚徒。庚申,封邵公杨纶为滕王。冬十一月乙卯,上柱国、华阳公梁彦光卒。是岁,契丹、霫、室韦、靺鞨并遣使朝贡。

十四年夏四月乙丑,诏曰:"比命有司,总令研究,正乐雅声,详定已讫,宜即施用,见行者停。人间音乐,流僻日久,弃其旧体,竞造繁声,流宕不归,遂以成俗。宜加禁约,务存其本。"五月辛酉,京师地震。关内诸州旱。六月丁卯,诏省、府、州、县皆给廨田,不得兴生,与人争利。秋七月乙未,以邳公苏威为纳言。八月辛未,关中大旱,人饥,行幸洛阳,并命百姓山东就食。冬闰十月甲寅,诏曰:"梁、齐、陈往皆创业一方,绵历年代。既宗祀废绝,祭奠无主,兴言矜念,良以怆然。莒国公萧琮及高仁英、陈叔宝等,宜令以时世修祭祀,所须器物,有司给之。"乙卯,制外官九品以上,父母及子年十五不得从之官。十一月壬戌,制州县佐史,三年一代,不得重任。癸未,有星孛于角、亢。十二月乙未,东巡狩。

　　十五年春正月壬戌,车驾次齐州,亲问疾苦。丙寅,旅王符山。庚午,以岁旱,祀太山以谢愆咎,大赦。二月丙辰,禁私家畜兵器,关中、缘边不在其例。禁河以东无得乘马。丁巳,上柱国、蒋公梁睿卒。三月己未,车驾至自东巡。望祭五岳海渎。丁亥,幸仁寿宫。夏四月己丑朔,大赦。甲辰,以赵州刺史杨达为工部尚书。五月丁亥,制京官五品以上佩铜鱼符。六月戊子,诏凿砥柱。庚寅,相州刺史豆卢通贡绫文布,命焚之于朝堂。辛丑,诏名山未在祀典者,悉命祀之。秋七月甲戌,遣邳公苏威巡省江南。戊寅,至自仁寿宫。辛巳,制九品以上官,以理去官者,并听执笏。冬十二月戊子,敕盗边粮一升以上,皆斩,籍没其家。己丑,诏文武官以四考更代。是岁,吐谷浑、林邑等国并遣使朝贡。

　　十六年春二月丁亥,封皇孙裕为平原王,筹为安成王,嶷为安平王,恪为襄城王,该为高阳王,韶为建安王,睍为颍川王。夏六月甲午,制工商不得进仕。并州大蝗。辛丑,诏九品以上妻、五品以上妾,夫亡不得改嫁。秋八月庚戌,诏决死罪者,三奏而后行刑。冬十月己丑,幸长春宫。十一月壬子,至自长春宫。

　　十七年春二月癸未,太平公史万岁伐西宁,克之。庚寅,行幸仁寿宫。庚子,上柱国王世积讨桂州贼李光仕,平之。三月丙辰,诏诸司属官有犯,听于律令外斟酌决杖。辛酉,上亲录囚徒。癸亥,上柱国、彭国公刘昶以罪伏诛。庚午,遣御史柳彧、皇甫诞巡省河南北。

夏四月戊寅,颁新历。五月庚申,宴百僚于玉女泉,班赐各有差。己巳,蜀王秀来朝。闰月己卯,群鹿入殿门,驯扰侍卫之内。秋七月丁丑,桂州人李世贤反,遣右武候大将军虞庆则讨平之。丁亥,并州总管、秦王俊坐事免,以王就第。九月甲申,车驾至自仁寿宫。庚寅,上谓侍臣曰:"庙庭设乐,本以迎神。斋祭之日,触目多感,当此之际,何可为心? 在路奏乐,礼为未允。公卿宜更详之。"冬十月丁未,颁铜武符于骠骑、车骑府。戊申,道王静薨。庚午,诏曰:"五帝异乐,三王殊礼,皆随事而有损益,因情而立节文。仰惟祭享宗庙,瞻敬如在,罔极之感,情深兹日。而礼毕升路,鼓吹发音,还入宫门,金石振响,斯则哀乐同日,心事相违,情所不安,理实未允。宜改兹往式,用弘礼教。自今享庙日,不须备鼓吹,殿庭勿设乐县。"辛未,京下大索。十二月壬子,上柱国、右武候大将军、鲁公虞庆则以罪伏诛。是岁,高丽、突厥并遣使朝贡。

十八年春正月辛丑,诏曰:"吴、越之人,往承弊俗,所在之处,私造大船,因相聚结,致有侵害。江南诸州,人间有船长三丈以上,悉括入官。"二月甲辰,幸仁寿宫。乙巳,以汉王谅为行军元帅,水陆三十万伐高丽。夏五月辛亥,诏畜猫鬼蛊毒厌魅野道之家,投于四裔。六月丙寅,诏黜高丽王高元官爵。秋七月丙子,诏京官五品以上、总管、刺史举志行修谨、清平干济之士。九月己丑,汉王谅师遇疾疫而旋,死者十二三。庚寅,敕舍客无公验者,坐及刺史、县令。辛卯,车驾至自仁寿宫。冬十一月甲戌,帝亲录囚徒。癸未,祀南郊。十二月庚子,上柱国、夏州总管、东莱公王景以罪伏诛。是岁,自京师至仁寿宫,置行宫十所。杞、宋、陈、亳、曹、戴、颍等州水,诏并免庸调。

十九年春正月癸酉,大赦。戊寅,大射于武德殿。二月己亥,晋王广来朝。甲寅,幸仁寿宫。夏四月丁酉,突厥利可汗内附。达头可汗犯塞,行军总管史万岁击破之。六月丁酉,以豫章王暕为内史令。秋八月癸卯,上柱国、尚书左仆射、齐公高颎坐事免。辛亥,上柱国、皖城公张威卒。甲寅,上柱国、城阳公李彻卒。九月乙丑,以太常卿牛弘为吏部尚书。冬十月甲午,以突厥利可汗为启人可汗,筑大利城,处其部落。十一月,有司言元年已来,日渐长。十二月乙未,突厥都蓝可汗为部下所杀,国大乱。星陨于勃海。

二十年春正月辛酉朔,突厥、高丽、契丹并遣使朝贡。二月丁丑,无云而雷。三月辛卯,熙州人李英林反,遣行军总管张衡讨之。夏四月壬戌,突厥犯塞,以晋王广为行军元帅,击破之。乙亥,天有声如泻水,自南而北。六月丁丑,秦王俊薨。秋九月丁未,车驾至自仁寿宫。冬十月乙丑,废皇太子勇及其诸子,并为庶人。杀柱国、太平公史万岁。己巳,杀左卫大将军、五原公元旻。十一月戊子,以晋王广为皇太子。天下地震,京城大风雪。十二月戊午,诏东宫官属于皇太子不得称臣。辛巳,诏毁坏偷盗佛及天尊像、岳镇海渎神形者,以不道论。沙门坏佛像,道士坏天尊像,以恶逆论。

仁寿元年,春正月乙酉朔,大赦改元。以尚书右仆射杨素为左仆射,以纳言苏威为右仆射。丁酉,徙河南王昭为晋王。突厥寇恒安,遣柱国韩洪击之,败焉。以晋王昭为内史令。辛丑,诏曰:“捐生殉节,自古称难,殒身王事,礼加二等。而世俗之徒,不达大义,致命戎旅,不入兆域。兴言念此,每深愍叹。且入庙祭祀,并不废阙,何止坟茔,独在其外?自今战亡之徒,宜入墓域。”二月乙卯朔,日有蚀之。夏五月己丑,突厥男女九万余口来降。壬辰,骤雨震雷,大风拔木,宜君湫水,移于始平。六月乙卯,遣十六使巡省风俗。乙丑,废太学及州县学,唯留国子一学,取正三品以上子七十二人充生。颁舍利于诸州。秋七月戊戌,改国子为太学。十一月己丑,祀南郊。十二月,杨素击突厥,大破之。

二年春三月己亥,幸仁寿宫。夏四月庚戌,岐、雍二州地震。秋七月丙戌,诏内外官各举所知。八月己巳,皇后独孤氏崩。九月丙戌,车驾至自仁寿宫。壬辰,河南北诸州大水,遣工部尚书杨达振恤之。乙未,上柱国、袁州总管、金水公周摇卒。陇西地震。冬十月壬子,曲赦益州管内。癸丑,以工部尚书杨达为纳言。闰月甲申,诏尚书左仆射杨素与诸术者刊定阴阳舛谬。己丑,诏杨素、右仆射苏威、吏部尚书牛弘、内史侍郎薛道衡、秘书丞许善心、内史舍人虞世基、著作郎王劭等修定五礼。壬寅，葬献皇后于太陵。十二月癸巳，益州总管、蜀王秀有罪，废为庶人。交州人李佛子举兵反，遣行军总管刘方讨平之。

三年春二月戊子，以大将军、蔡阳郡公姚辩为左武候大将军。夏五月癸卯，诏曰："六月十三日是朕生日，其日令海内为武元皇帝、元明皇后断屠。六月甲午，诏曰：

《礼》云：亲以期断。盖以四时之变易，万物之更始，故圣人象之。其有三年，加隆尔也。但家无二尊，母为厌降，是以父在丧母，还服于期者，服之正也。岂容期内而更小祥？然三年之丧而有小祥者，礼云：期祭，礼也；期而除丧，道也。以是之故，虽未再期，而天地一变，不可不祭，不可不除，故有练焉，以存丧祭之本。然期丧有练，于理未安。虽云十一月而练，乃无所法象，非期非时，岂可除祭？而儒者徒拟三年之丧，立练禫之节，可谓苟存其变，而失其本；欲渐于夺，乃薄于丧。致使子则冠练去经，黄裳缥缘；经则布葛在躬，粗服未改。岂非经哀尚存，子情已夺，亲疏失伦，轻重颠倒，乃不顺人情，岂圣人之意也？故非先圣之礼，废于人邪！三年之丧，尚有不行之者，至于祥练之节，安能不坠者乎！

《礼》云：父母之丧，无贵贱一也。而大夫士之丧父母，乃贵贱异服。然则礼坏乐崩，由来渐矣。所以晏平仲之斩粗缞，其老谓之非礼。滕文公之服三年，其臣咸所不欲。盖由王道既衰，诸侯异政，将逾越于法度，恶礼制之害己，乃灭去篇籍，自制其宜。遂至骨肉之恩，轻重从俗，无易之道，降杀任情。

夫礼不从天降，不从地出，乃人心而已者，谓情缘于恩也。故恩厚者其礼隆，情轻者其礼杀。圣人以是称情立文，别亲疏贵贱之节。自臣子道消，上下失序，莫大之恩，逐情而薄，莫重之化，与时而杀。此乃服不称丧，容不称服，非所谓圣人缘恩表情制礼之义也。然丧与其易也，宁在于戚，则礼之本也。礼有其余，未若于哀，则情之实也。今十一月而练者，非礼之本，非情之实。由是言之，父在丧母，不宜有练。但依《礼》十三月而祥，中月而禫，庶以合圣人之意，达人子之心。

秋七月丁卯，诏州县搜扬贤哲，皆取明知古今，通识安危，究政教之本，达礼乐之源。不限多少，不得不举。征召将送，必须以礼。八月壬申，上柱国、检校幽州总管、落丛公燕荣以罪伏诛。九月壬戌，置常平官。甲子，以营州总管韦冲为户部尚书。十二月癸酉，河南诸州水，遣纳言杨达振恤之。

四年春正月丙辰，大赦。甲子，幸仁寿宫。夏四月乙卯，上不豫。六月庚午，大赦。有星入月中，数日而退。长人见于雁门。秋七月乙未，日青无光，八日乃复。甲辰，帝疾甚，卧于仁寿宫。与百僚辞诀，上握手歔欷。丁未，崩于大宝殿，时年六十四。诏曰：

嗟乎！自昔晋室播迁，天下丧乱，四海不一，以至周、齐，战争相寻，年将三百。故割疆土者非一所，称帝王者非一人，书轨不同，生灵涂炭。上天降监，受命于朕，用登大位，岂关人力？故得拨乱反正，偃武修文，天下大同，声教远被，此又是天意欲宁区夏。所以昧旦临朝，不敢逸豫，一日万机，留心亲览，晦明寒暑，不惮勤劳，非曰朕躬，盖为百姓故也。王公卿士，每日阙庭，刺史以下，岁时朝集，何尝不罄竭心府，诚救殷勤。义乃君臣，情兼父子，庶藉百僚之智，万国欢心，欲令率土之人，永得安乐。不谓遘疾弥留，至于大渐。此乃人生常分，何足言及。但四海百姓，衣食不丰，教化政刑，犹未尽洽，兴言念此，唯以留恨。朕今逾六十，不复称夭，但筋力精神，一时劳竭，如此之事，本非为身，止欲安养百姓，所以致此。

人生子孙，谁不念爱，既为天下，事须割情。勇及秀等，并怀悖恶，既无臣子之心，所以黜废。古人有云：知臣莫若君，知子莫若父。令勇、秀得志，共理家国，亦当戮辱遍于公卿，酷毒流于人庶。今恶子孙已为百姓黜屏，好子孙足堪负荷大业。此虽朕家事，理不容隐，前封文武侍卫，具已论述。皇太子广，地居上嗣，仁孝著闻，以其行业，堪成朕志。但念内外群官，同心戮力，以此共安天下。朕虽瞑目，何所复恨？

国家大事，不可限以常礼，既葬公除，行之自昔，今宜遵用，不劳改定。凶礼所须，才令周事，务从节俭，不得劳人。诸州总管、刺史以下，宜率其职，不须奔赴。自古哲王，因人作法，前帝后帝，沿革随时。律令格式有不便于事者，宜依前修改，务当政要。呜呼！敬之哉，无坠朕命。

乙卯，发丧。河间杨柳四株，无故黄落，既而花叶复生。八月丁卯，梓宫至自仁寿宫。丙子，殡于大兴前殿。十月己卯，葬于太陵，同坟而异穴。士庶赴葬者，皆听入视陵内。

帝性严重有威容，外质木而内明敏有大略。初得政之始，群情不附，诸子幼弱，内有六王之谋，外致三方之乱，握强兵、居重镇者，皆周之旧臣。上推以赤心，各尽其用，不逾期月，克定三边，未及十年，平一四海。薄赋敛，轻刑罚，内修制度，外抚戎夷。每旦听朝，日仄忘倦，居处服玩，务存节俭，令行禁止，上下化之。开皇、仁寿之间，丈夫不衣绫绮而无金玉之饰。常服率多布帛，装带不过以铜铁骨角而已。虽啬于财，至于赏赐有功，亦无所爱惜。

每乘舆四出，路逢上表者，驻马亲自临问。或潜遣行人，采听风俗，吏政得失，人间疾苦，无不留意。尝遇关中饥，遣左右视百姓所食，有得豆屑杂糠而奏之者，上流涕以示群臣，深自咎责，为之损膳而不御酒肉者，殆将一期。及东拜太山，关中户口就食洛阳者，道路相属。帝敕斥候，不得辄有驱逼，男女参厕于仗卫之间。遇逢扶老携幼者，辄引马避之，慰勉而去。至艰险之处，见负担者，遽令左右扶助之。其有将士战殁，必加优赏，仍令使者，就家劳问。自强不息，朝夕孜孜。人庶殷繁，帑藏充实，虽未能致臻于至道，亦足称近代之良王。

然雅性沈猜，素无学术，好为小数。言神烛圣杖，堪能疗病。又信王劭解石文以为己瑞焉。不达大体如是。故忠臣义士，莫得尽心竭辞。其草创元勋，及有功诸将，诛夷获罪，罕有存者。又不悦诗书，杨素由之希旨，遂奏除学校。唯妇言是用，废黜诸子。逮于暮年，持法尤峻，喜怒失常，果于杀戮。尝令左右送西域朝贡使出关，其人所经之处，受牧宰小物，馈鹦鹉、麈皮、马鞭之属，闻而大怒；又诣武库，见署中芜秽不理。于是执武库令及诸受遗者，出开远门外，亲自临决，死者数十人。又往往潜令赂遗令史，府史受者必死，无所宽贷，议者以此少之。

论曰：隋文帝树基立本，积德累仁，徒以外戚之尊，受托孤之任，与能之议，未为所许，是以周室旧臣，咸怀愤惋。既而王谦固三蜀之阻，不逾期月；尉迟迥举全齐之众，一战而亡。斯乃非止人谋，抑亦天之所赞。乘兹机运，遂迁周鼎。

于时蛮夷猾夏，荆、扬未一，劬劳日仄，经营四方。楼船南迈，则金陵失险；骠骑北指，则单于款塞。《职方》所载，并入疆理，《禹贡》所图，咸受正朔。虽晋武之克平吴会，汉宣之推亡固存，比义论功，不能尚也。七德既敷，九歌已洽，尉候无警，遐迩肃清。于是躬节俭，平徭赋，仓廪实，法令行，君子咸乐其生，小人各安其业，强不陵弱，众不暴寡，人物殷阜，朝野欢娱。自开皇二十年间，天下无事，区宇之内，晏如也。考之前王，足以参踪盛烈。

而素无术业，不能尽下，无宽仁之度，有刻薄之资，暨乎暮年，此风愈扇。又雅好瑞符，暗于大道。建彼维城，权侔京室，皆同帝制，靡所适从。听妒妇之言，惑邪臣之说，溺宠废嫡，托付失所。灭父子之道，开昆弟之隙，纵其寻斧，翦伐本根。坟土未干，子孙继踵为戮，松槚才列，天下已非隋有。惜哉！迹其衰怠之源，稽其乱亡之兆，起自文皇，成于炀帝，所由来远矣，非一朝一夕，其不祀忽诸，未为不幸也。

北史卷一二
隋本纪下第一二

炀帝　恭帝

　　炀皇帝讳广，一名英，小字阿𡡉，高祖第二子也。母曰文献独孤皇后。上美姿仪，少敏慧，高祖及后于诸子中，特所钟爱。在周以高祖勋，封雁门郡公。开皇元年，立为晋王，拜柱国、并州总管，时年十三。寻授武卫大将军，进上柱国、河北道行台尚书令，大将军如故。高祖令项城公歆、安道公才李彻辅导之。上好学，善属文，沈深严重，朝野属望。高祖密令善相者来和遍视诸子。和曰："晋王眉上双骨隆起，贵不可言。"既而高祖幸上所居第，见乐器弦多断绝，又有尘埃，若不用者，以为不好声妓之玩。上尤自矫饰，当时称为仁孝。尝观猎遇雨，左右进油衣，上曰："士卒皆沾湿，我独衣此乎！"乃令持去。六年，转淮南道行台尚书令。其年，征拜雍州牧、内史令。

　　八年冬，大举伐陈，以上为行军元帅。及陈平，执陈湘州刺史施文庆、散骑常侍沈客卿、市令汤慧朗、刑法监徐析、尚书都令史暨慧，以其邪佞，有害于民，斩之石阙下以谢三吴。于是封府库资财，无所取，天下称贤。进位太尉，赐路车、乘马、衮冕之服，玄珪、白璧各一双。复拜并州总管。俄而江南高智慧等相聚作乱，徙上为扬州总管，镇江都，每岁一朝。高祖之祠太山也，领武候大将军。明年，归藩。后数载，突厥寇边，复为行军元帅，出灵武。无虏而旋。及太子勇废，立上为皇太子。是月，当受册。高祖曰："吾以大兴公成帝业。"令上出舍大兴。其夜，烈风大雪，地震山崩，民舍多坏，压死者百余口。

仁寿初，奉诏巡抚东南。是后，高祖每避暑仁寿宫，恒令上监国。四年七月，高祖崩，上即皇帝位于仁寿宫。八月，奉梓宫还京师。并州总管、汉王谅举兵反，诏尚书左仆射杨素讨平之。九月乙巳，以备身将军崔彭为左领军大将军。

十一月乙未，幸洛阳。丙申，发丁男十数万掘堑，自龙门东接长平、汲郡，抵临清关，度河，至浚仪、襄城，达于上洛，以置关防。癸丑，诏曰：

乾道变化，阴阳所以消息；沿创不同，生灵所以顺序。若使天意不变，施化何以成四时？人事不易，为政何以利万姓？《易》不云乎，通其变，使民不倦。变则通，通则久。有德则可久，有功则可大。朕又闻之，安安而能迁，民用丕变。是故姬邑两周，如武王之意；殷人五徙，成汤后之业。若不因民顺天，功业见乎变，爱民治国者，可不谓欤。

然雒邑自古之都，王畿之内，天地之所合，阴阳之所和，控以三河，固以四塞，水陆通，贡赋等，故汉祖曰：吾行天下多矣，唯见雒阳。自古皇王，何尝不留意，所不都者，盖有由焉，或以九州未一，或以困其府库，作雒之制，所以未暇也。我有隋之始，便欲创兹怀、洛，日复一日，越暨于今。念兹在兹，兴言感哽。朕肃膺宝历，纂临万邦，遵而不失，心奉先志。今者，汉王谅悖逆，毒被山东，遂令州县，或沦非所。由关河悬远，兵不赴急。加以并州移户，复在河南，周迁殷民，意在于此。况复南服遐远，东夏殷大，因机顺动，今也其时。群司百辟，佥谐厥议。但成周墟瘠，弗堪胥宇，今可于伊雒营建东京，便即设官分职，以为民极也。

夫宫室之制，本以便生人，上栋下宇，足以避风露。高台广厦，岂曰适形？故《传》云：俭，德之恭；侈，恶之大。宣尼有云：与其不逊也，宁俭。岂谓瑶台琼室，方为宫殿者乎？土阶采椽，而非帝王者乎？是知非天下以奉一人，乃一人以主天下也。民惟国本,本固邦宁。百姓足,孰与不足。今所营构,务从节俭。无令雕墙峻宇,复起于当今;欲使卑宫菲食,将贻于后世。有司明为条格,称朕意焉。

十二月乙丑,以右武卫将军来护儿为右骁卫大将军。戊辰,以柱国李景为右武卫大将军,以右卫率周罗睺为右武候大将军。

大业元年春正月壬辰朔,大赦改元。立妃萧氏为皇后。改豫州为溱州,洛州为豫州。废诸州总管府。丙申,立晋王昭为皇太子。丁酉,以上柱国宇文述为左卫大将军,上柱国郭衍为左武卫大将军,延寿公于仲文为右卫大将军。己亥,以豫章王暕为豫州牧。

戊申,发八使巡省风俗。下诏曰:

昔者哲王之理天下也,其在爱民乎?既富而教,家给人足,故能风教淳厚,远至迩安,理定功成,率由斯道。朕恭嗣宝位,抚育黎献,夙夜战兢,若临川谷。虽则聿遵先绪,弗敢失坠,永言政术,多有缺然。况以四海之远,兆民之众,未获亲临,问其疾苦。每虑幽厌莫举,冤屈不申,一物失所,用伤和气。万方有罪,责在朕躬,所以兴瘝增叹,而夕惕载怀者也。

今既布政惟始,宜存宽大。可分遣使人,巡省方俗,宣扬风化,荐拔淹滞,申达幽枉。孝悌力田,给以优复。鳏寡孤独不能自存者,量加振济。义夫节妇,旌表门闾。高年之老,加其板授,并依别条,赐以粟帛。笃疾之徒给侍丁者,虽有侍养之名,曾无赒赡之实,明加检校,使得存养。若有名行显著,操履修洁,及学业才能,一艺可取,咸宜访采,将身入朝。所在州县,以礼发遣。其蠹政害人,不便于时者,使还之日,具录奏闻。

己酉,以吴州总管宇文弼为刑部尚书。二月己卯,以尚书左仆射杨素为尚书令。三月丁未,诏尚书令杨素、纳言杨达、将作大匠宇文恺营建东京,徙豫州郭下居民以实之。戊申,诏曰:“听采舆颂,谋及黎庶,故能审政刑之得失。是知昧旦思治,欲使幽枉必达,彝伦有章。而牧宰任称朝委,苟为侥幸,以求考课,虚立殿最,不存理实。纲纪于是不理,冤屈所以莫申。关河重阻,无由自达。朕故建立东京,躬亲存问。今将巡历淮海，观省风俗。眷求谠言，徒繁词翰，而乡校之内，阙尔无闻，惕然夕惕，用劳兴寝。其民下有知州县官人政理苛刻，侵害百姓，背公徇私，不便于民者，听诣朝堂封奏。庶乎四聪达，天下无冤。”又于皂涧营显仁宫，采海内奇禽异兽草木之类，以实园苑。徙天下富商大贾数万家于东京。

辛亥，发河南诸郡男女七百万开通济渠，自西苑引穀、洛水达于河，自板渚引河通于淮。庚申，遣黄门侍郎王弘、上仪同于士澄往江南采木，造龙舟、凤艒、黄龙、赤舰楼船等数万艘。夏四月癸亥，大将军刘仲方击林邑破之。

五月庚戌，户部尚书、义丰侯韦冲卒。甲子，荧惑入太微。秋七月丁酉，制战亡之家，给复十年。丙午，滕王纶、卫王集并夺爵徙边。闰七月甲子，以尚书令杨素为太子太师，安德王雄为太子太傅，河间王弘为太子太保。丙子，诏曰：

君民建国，教学为先，移风易俗，必自兹始。而言绝义乖，多历年代，进德修业，其道浸微。汉采坑焚之余，不绝如线；晋承板荡之运，扫地将尽。自时厥后，军国多虞，虽复黉宇时建，示同爱礼，函丈或陈，殆为虚器。遂使纡青拖紫，非以学优；制锦操刀，类多墙面。上陵下替，纲维不立，雅缺道消，实由于此。

朕纂承洪绪，思弘大训，将欲尊师重道，用阐厥繇，讲信修睦，敦奖名教。方今区宇平壹，文轨攸同，十步之内，必有芳草；四海之中，岂无孝、秀。诸在家及见入学者，若有笃志好古，耽典悦礼，学行优敏，堪膺时务，所在采访，具以名闻。即当随其器能，擢以不次。若研精经术，未愿进仕，可依其艺业深浅，门荫高卑，虽未升朝，并量准给禄。庶夫恂恂善诱，不日成器，济济盈朝，何远之有。其国子等学，亦宜申明旧制，教习生徒，具为课试之法，以尽砥砺之道。

八月壬寅，上御龙舟幸江都，以左武卫大将军郭衍为前军，右武卫大将军李景为后军。文武官五品以上给楼船，九品以上给黄蒁，舳舻相接，二百余里。冬十月己丑，赦江、淮已南，扬州给复五年,旧总管内,给复三年。十一月己未,以大将军崔仲方为礼部尚书。

二年春正月辛酉,东京成,赐监督者有差。以大理卿梁毗为刑部尚书。丁卯,遣十使,并省州县。二月丙戌,诏尚书令杨素、吏部尚书牛弘、大将军宇文恺、内史侍郎虞世基、礼部侍郎许善心制定舆服。始备辇辂及五时副车。上常服皮弁,十有二琪。文官弁服,佩玉,五品已上,给辁车通幰,三公、亲王加油络。武官平巾帻,绔褶,三品已上,给觟槊。下至胥吏,服色各有差。非庶人不得戎服。戊戌,置都尉官。三月庚午,车驾发江都。先是,太府少卿何稠、太府丞云定兴盛修仪仗,于是课州县送羽毛。百姓求捕之,网罗被水陆,禽兽有堪氅毦之用者,殆无遗类。至是而成。夏四月庚戌,上自伊阙,陈法驾,备千乘万骑,入于东京。辛亥,上御端门,大赦天下,免今年租赋。癸丑,以冀州刺史杨文思为民部尚书。五月甲寅,金紫光禄大夫、兵部尚书李通坐事免。乙卯,诏曰:"旌表先哲,式在飨祀,所以优礼贤能,显彰遗爱。朕永鉴前修,尚想名德,何尝不兴叹九原,属怀千载。其自古以来贤人君子,有能树声立德,佐世匡时,博利殊功,有益于人者,并宜营立祠宇,以时致祭。坟垄之处,不得侵践。有司量为条式,称朕意焉。"

六月壬子,以尚书令、太子太师杨素为司徒。进封豫章王暕为齐王。秋七月癸丑,以卫尉卿卫玄为工部尚书。庚申,制百官不得计考增级。必有德行功能,灼然显著者,擢之。壬戌,擢蕃邸旧臣鲜于罗等二十七人,官爵有差。甲戌,皇太子昭薨。乙亥,上柱国、司徒楚国公杨素薨。八月辛卯,封皇孙侁为燕王,侗为越王,侑为代王。九月乙丑,立秦王俊子浩为秦王。冬十月戊子,以灵州刺史段文振为兵部尚书。十二月庚寅,诏曰:"前代帝王,因时创业,君民建国,礼尊南面。而历运推移,年代永久,丘垄残毁,樵牧相趋,茔兆堙芜,封树莫辨。兴言沦灭,有怆于怀。自古以来帝王陵墓,可给随近十户,蠲其杂役,以供守视。"

三年春正月癸亥,敕并州逆人已流配而逃亡者,所获之处,即

宜斩决。丙子,长星竟天,出于东壁,二旬而止。是月,武阳郡上言
河水清。二月己丑,彗星见于东井、文昌,历大陵、五车、北河,入太
微,扫帝座,前后百余日而止。三月辛亥,车驾还京师。壬子,以大
将军姚辨为左卫将军。癸丑,遣羽骑朱宽使于流求国。乙卯,河间
王弘薨。

夏四月庚辰,诏曰:“古者帝王观风俗,皆所以忧勤兆庶,安集
遐荒。自蕃夷内附,未遑亲抚,山东经乱,复加存恤。今欲安辑河北,
巡省赵、魏,所司依式。”甲申,颁律令,大赦天下,关内给复三年。壬
辰,改州为郡。改度量衡,并依古式。改上柱国以下官为大夫。甲
午,诏曰:

天下之重,非独理所安;帝王之功,岂一士之略。自古明君
哲后,立政经邦,何尝不选贤与能,振拔淹滞。周称多士,汉号
得人,尚想前风,载怀钦伫。朕负扆凤兴,冕旒待旦,引领岩谷,
置以周行,冀与群才,共康庶绩。而汇茅寂漠,投竿罕至。岂美
璞韬采,未值良工;将介石在怀,确乎难拔?永鉴则哲,忱然兴
叹。凡厥在位,譬诸股肱,若济巨川,义同舟楫。岂得保兹宠禄,
晦尔所知,优游卒岁,甚非谓也。祁大夫之举善,良史以为至
公;臧文仲之蔽贤,尼父讥其窃位。求诸往古,非无褒贬。宜思
进善,用匡寡薄。

夫孝悌有闻,人伦之本;德行敦厚,立身之基。或节义可
称,或操履清洁,所以激贪厉俗,有益风化。强毅正直,执宪不
挠,学业优敏,文才美秀,并为廊庙之用,实乃瑚琏之资。才堪
将略,则拔之以御侮;力有骁壮,则任之以爪牙。爰及一艺可
取,亦宜采录;若众善毕举,与时无弃。以此求理,庶几非远。文
武有职事者,五品已上,宜依令十科举人。有一于此,不必求
备。朕当待以不次,随才升用。其见任九品已上官者,不在举
送之限。

丙申,车驾北巡狩。丁酉,以刑部尚书宇文弼为礼部尚书。戊
戌,敕百司不得践暴禾稼。其有须开为路者,有司计地所收,即以近

仓酬赐，务从优厚。己亥，至赤岸泽，以太牢祭故太师李穆。五月丁巳，突厥启民可汗遣子拓特勒来朝。戊午，发河北十余郡丁男，自太行山达于并州，以通驰道。丙寅，启民可汗遣其兄子毗黎伽特勒来朝。辛酉，启民可汗使请自入塞奉迎舆驾，上不许。癸酉，有星孛于文昌，上将星常皆动摇。

六月辛巳，猎于连谷。丁亥，诏曰：

> 聿追孝飨，德莫至焉；崇建寝庙，礼之大者。然则质文异代，损益殊时。学灭坑焚，经典散逸，宪章湮坠，庙堂制度，师说不同。所以世数多少，莫能是正，连室异宫，亦无定准。
>
> 朕获奉祖宗，钦承景业，永惟严配，冀隆大典。于是询谋在位，博访儒术。咸以为高祖文皇帝受天明命，奄有区夏，拯群飞于四海，革凋弊于百五。恤狱缓刑，生灵皆遂其性；轻徭薄赋，比屋各安其业。荄夷宇宙，混壹车书。东渐西被，无思不服；南征北怨，俱荷来苏。驾鼋乘风，历代所弗至；辫发左衽，声教所罕及。莫不厥角关塞，顿颡阙庭，译靡绝时，书无虚月。韬戈偃伯，天下晏如；嘉瑞休征，表里禔福。猗欤伟欤，无得而名者也。
>
> 朕又闻之，德厚者流光，理辨者礼缛。是以周之文、武，汉之高、光，其典章特立，谥号斯重。岂非缘情称述，即崇显之义乎。高祖文皇帝宜别建庙宇，以彰巍巍之德；仍遵月祭，用表蒸蒸之怀。有司以时创造，务合典制。又名位既殊，礼亦异等。天子七庙，事著前经；诸侯二昭，义有差降。故知以多为贵，王者之礼，今可依用，贻厥后昆。

戊子，次榆林郡。丁酉，启民可汗来朝。己亥，吐谷浑、高昌并遣使贡方物。甲辰，上御北楼，观渔于河，以宴百僚。

秋七月辛亥，启民可汗上表请变服，袭冠带。诏启民赞拜不名，在诸侯王上。甲寅，上于郡城东御大帐，其下备仪卫，建旌旗，宴启民及其部落三千五百人。奏百戏之乐，赐启民及其部落各有差。丙子，杀光禄大夫贺若弼、礼部尚书宇文弨、太常卿高颎。尚书左仆射苏威坐事免。发丁男百余万筑长城，西距榆林，东至紫河，二旬而

罢,死者十五六。八月壬午,车驾发榆林。乙酉,启民饰庐清道以候
乘舆,帝幸其帐。启民奉觞上寿,宴赐极厚。上谓高丽使者曰:"归
语尔王,当早来朝见。不然者,吾与启民巡彼土矣。"皇后亦幸义城
公主帐。己丑,启民可汗归蕃。癸巳,入楼烦关。壬寅,次太原,诏
营晋阳宫。九月己未,次济源,幸御史大夫张衡宅,宴享极欢。己巳,
至于东都。壬申,以齐王暕为河南尹、开府仪同三司。癸酉,以户部
尚书杨文思为纳言。

　　四年春正月乙巳,诏发河北诸郡男女百余万开永济渠,引沁水
南达于河,北通涿郡。庚戌,百寮大射于允武殿。丁卯,赐城内居民
米各十石。壬申,以太府卿元寿为内史令,鸿胪卿杨玄感为礼部尚
书。癸酉,以工部尚书卫玄为右武候大将军,大理卿长孙炽为户部
尚书。二月己卯,遣司朝谒者崔毅使突厥处罗,致汗血马。三月辛
酉,以将作大匠宇文恺为工部尚书。壬戌,百济、倭、赤土、迦罗舍国
并遣使贡方物。乙丑,车驾幸五原,因出塞,巡长城。丙寅,遣屯田
上事常骏使赤土,致罗刹。夏四月丙午,以离石之汾源、临泉,雁门
之秀容为楼烦郡。起汾阳宫。癸丑,以河内太守张定和为左屯卫大
将军。乙卯,诏曰:"突厥意利珍豆启民可汗率领部落,保附关塞,遵
奉朝礼,思改戎俗。频入谒觐,屡有陈请,以毡墙毳幕,事穷荒陋,上
栋下宇,愿同比屋。诚心恳切,朕之所重。宜于万寿戍置城造屋,其
帷帐床褥以上,随事量给,务从优厚,称朕意焉。"

　　五月壬申,蜀郡获三足乌,张掖获玄狐,各一。秋七月辛巳,发
丁男二十余万筑长城,自榆林谷而东。乙未,左翊卫大将军宇文述
破吐谷浑于曼头、赤水。八月辛酉,亲祠恒岳,河北道郡守毕集。大
赦天下,车驾所经郡县,免一年租调。九月辛未,征天下鹰师,悉集
东京,至者万余人。戊寅,彗星出五车,扫文昌,至房而灭。辛巳,诏
免长城役者一年租赋。冬十月丙午,诏曰:"先师尼父,圣德在躬,诞
发天纵之姿,宪章文武之道,命世膺期,蕴兹素王。而颓山之叹,忽
逾于千祀;盛德之美,不在于百代。永惟懿范,宜有优崇。可立孔子
后为绍圣侯,有司求其苗裔,录以申上。"辛亥,诏曰:"昔周王下车,

首封唐虞之胤;汉帝承历,亦命殷周之后。皆所以褒立先代,宪章在
昔。朕嗣膺景业,傍求雅训,有一弘益,钦若令典。以为周兼夏殷,
文质大备;汉有天下,车书混一;魏晋沿袭,风流未远。并宜立后,以
存继绝之义。有司可求其胄绪,列闻。"乙卯,颁新式于天下。

五年春正月丙子,改东京为东都。癸未,诏天下均田。戊子,上
自东都还京师。己丑,制民间铁叉搭钩枪叉之类,皆禁绝之。太守
每岁密上属官景迹。二月戊戌,次于阌乡。诏祭古帝王陵及开皇功
臣墓。庚子,制魏、周官,不得为荫。辛丑,赤土国遣使贡方物。戊
申,车驾至京师。丙辰,宴耆旧四百人于武德殿,颁赐各有差。己未,
上御崇德殿之西院,愀然不悦,顾谓左右曰:"此先帝所居,实用增
感,情所未安。于此院之西,别营一殿。"壬戌,制父母听随子之官。
三月己巳,车驾西巡河右。庚午,有司言武功男子史永遵与从父昆
弟同居,上嘉之,赐物一百段,米二百石,表其门闾。乙亥,幸扶风旧
宅。夏四月己亥,大猎于陇西。壬寅,高丽、吐谷浑、伊吾并遣使来
朝。乙巳,次狄道。党项羌来贡方物。癸亥,出临津关,度黄河,至
西平,陈兵讲武。

五月乙亥,上大猎于延山,长围周亘二千里。庚辰,入长宁谷。
壬午,度星岭。甲申,宴群臣于金山之上。丙戌,梁浩叠,御马度而
桥坏,斩朝散大夫黄亘及督役者九人。吐谷浑主率众保覆袁川。帝
分命内史元寿南屯金山,兵部尚书段文振北屯雪山,太仆卿杨义臣
东屯琵琶峡,将军张寿西屯泥岭,四面围之。吐谷浑主伏允以数十
骑遁出,遣其名王诈称伏允,保车我真山。壬辰,诏右屯卫大将军张
定和往捕之,定和挺身挑战,为贼所杀。亚将柳武建击破之,斩首数
百级。甲午,其仙头王穷蹙,率男女十余万口来降。

六月丁酉,遣左光禄大夫梁默、右翊卫将军李琼等追吐谷浑
主,皆遇贼,死之。癸卯,经大斗拔谷,山路险险,鱼贯而出,风霰晦
暝,与后宫相失。士卒冻死者太半。丙午,次张掖。辛亥,诏诸郡学
业该通,才艺优洽;膂力骁壮,超绝等伦;在官勤旧,堪理政事;立性
正直,不避强御;四科举人。壬子,高昌王麹伯雅来朝。伊吾吐屯设

等献西域数千里之地，上大悦。癸丑，置西海、河源、鄯善、且末等四郡。丙辰，上御观风行殿，盛陈文物，奏九部乐，设鱼龙曼延，宴高昌王、吐屯设于殿上，以宠异之。其蛮夷陪列者，三十余国。戊午，大赦天下。开皇已来流配，悉放还乡。晋阳逆党，不在此例。陇右诸郡，给复三年。

秋七月丁卯，置马牧于青海渚中，以求龙种，无效而止。九月癸未，车驾入长安。冬十月癸亥，诏曰："优德尚齿，载之典训；尊事乞言，义彰胶序。鬻熊为师，无取筋力；方叔元老，克壮其猷。朕永言稽古，用求至理，是以庞眉黄发，更令收叙，务简秩优，无亏药饵，庶等卧理，伫其弘益。今岁耆老赴集者，可于近郡处置。年七十已上，疾患沈滞不堪居职，即给赐帛，送还本郡。其官至七品以上者，量给禀以终厥身。"十一月丙子，车驾幸东都。

六年春正月癸亥朔，旦，有盗数十人，皆素冠练衣，焚香持华，自称弥勒佛，入自建国门，监门者皆稽首。既而夺卫士仗，将为乱，齐王暕遇而斩之。于是都下大索，与相连坐者千余家。丁丑，角抵大戏于端门街，天下奇伎异艺毕集，终月而罢。帝数微服往观之。己丑，倭国遣使贡方物。二月乙巳，武贲郎将陈稜、朝请大夫张镇州击流求破之，献俘万七千口，颁赐百官。乙卯，诏曰："夫帝图草创，王业艰难，咸依股肱，叶同心德，用能救厥颓运，克膺大宝。然后畴庸茂赏，开国承家，誓以山河，传之不朽。近代凋丧，四海未壹，茅土妄假，名实相乖，历兹永久，莫能惩革。皇运之初，百度伊始，犹循旧贯，未暇改作。今天下交泰，文轨攸同，宜率遵先典，永垂大训。自今已后，唯有功勋，乃得赐封，仍令子孙承袭。"丙辰，改封安德王雄为观王，河间王子庆为郇王。庚申，征魏、齐、周、陈乐人，悉配太常。

三月癸亥，幸江都宫。甲子，以鸿胪卿史祥为左骁卫大将军。夏四月丁未，宴江、淮已南父老，颁赐各有差。六月辛卯，室韦、赤土并遣使贡方物。壬辰，雁门贼帅尉文通，聚众三千，保于莫壁谷，遣鹰扬杨伯泉击破之。甲寅，制江都太守，秩同京尹。冬十月壬申，刑部尚书梁毗卒。壬子，户部尚书、银青光禄大夫长孙炽卒。十二月己未,左光禄大夫、吏部尚书牛弘卒。辛酉,朱崖人王万昌举兵作乱,遣陇西太守韩洪讨平之。

七年春正月壬寅,左武卫大将军、光禄大夫、真定侯郭衍卒。二月己未,上升钓台,临杨子津,大宴百僚,颁赐各有差。庚申,百济遣使朝贡。乙亥,上自江都御龙舟入通济渠,遂幸于涿郡。壬午,诏曰:"武有七德,先之以安民;政有六本,兴之以教义。高丽亏失藩礼,将欲问罪辽左,恢宣胜略。虽怀伐国,仍事省方。今往涿郡,巡抚民俗。其河北诸郡及山西、山东年九十已上,版授太守;八十者,授县令。"三月丁亥,右光禄大夫、左屯卫大将军姚辩卒。夏四月庚午,幸涿郡之临朔宫。五月戊子,以武威太守樊子盖为民部尚书。秋,大水,山东、河南漂没三十余郡,民相卖为奴婢。冬十月乙卯,底柱山崩,偃水逆流数十里。戊午,以东平太守吐万绪为左屯卫大将军。十二月己酉,突厥处罗多利可汗来朝,帝大悦,接以殊礼。于时,辽东战士及馈运者填咽于道,昼夜不绝。苦役者,始为群盗。甲子,敕都尉、鹰扬与郡县相知追捕,随获斩决之。

八年春正月辛巳,大军集于涿郡。以兵部尚书段文振为左候卫大将军。壬午,下诏曰:

天地大德,降繁霜于秋令;圣哲至仁,著兵甲于刑典。故知造化之有肃杀,义在无私;帝王之用干戈,盖非获已。版泉、丹浦,莫匪龚行;取乱覆昏,咸由顺动。况乎甘野誓师,夏开承大禹之业;商郊问罪,周发成文王之志。永监载籍,属当朕躬。

粤我有隋,诞膺灵命。兼三才而建极,一六合而为家。提封所渐,细柳、蟠桃之外;声教爰暨,紫舌、黄枝之域。远至迩安,罔弗和会,功成理定,于是乎在而高丽小丑,迷昏不恭,崇聚勃、碣之间,荐食辽、狤之境。虽复汉、魏诛夷,巢窟暂扰,乱离多阻,种落还集。萃川薮于前代,播实繁以迄今。眷彼华壤,翦为夷类。历年永久,恶稔既盈;天道祸淫,亡征已兆。乱常败德,非可胜图;掩匿怀奸,唯日不足。移告之严,未尝面受;朝觐之礼,莫肯躬亲。诱纳亡叛,不知纪极,充斥边垂,亟劳烽候。关杮以之不静，三人为之废业。在昔薄伐，已漏天网。既缓前禽之戮，未即后服之诛。曾不怀恩，翻其长恶。乃兼契丹之党，虔刘海戍；习靺鞨之服，侵轶辽西。又青丘之表，咸修职贡，碧海之滨，同禀正朔，遂复寇攘琛赆，遏绝往来，虐及弗辜，诚而遇祸。轺轩奉使，爰暨海东，旌节所次，途经藩境，而拥塞道路，拒绝王人。无事君之心，岂为臣之礼？此而可忍，孰不可容！且法令苛酷，赋敛烦重。强臣豪族，咸执国均，朋党比周，以之成俗。贿货如市，冤枉莫申。重以仍岁灾凶，比屋饥馑，兵戈不息，徭役无期。力竭转输，身填沟壑。百姓愁苦，爰谁适从。境内哀惶，不胜其弊。回面内向，各怀性命之图；黄发稚齿，咸兴酷毒之叹。省俗观风，爰届幽朔，吊人问罪，无俟再驾。亲总六师，用申九伐。拯厥阽危，协从天意；殄兹逋秽，克嗣先谟。

今宜授律启行，分麾届路，掩勃澥而雷震，及夫余以电扫。比戈按甲，俟誓而后行；先令五申，必胜而后战。左第一军可镂方道，第二军可长岭道，第三军可海冥道，第四军可盖马道，第五军可建安道，第六军可南苏道，第七军可辽东道，第八军可玄菟道，第九军可扶余道，第十军可朝鲜道，第十一军可沃沮道，第十二军可乐浪道；右第一军可黏蝉道，第二军可含资道，第三军可浑弥道，第四军可临屯道，第五军可候城道，第六军可提奚道，第七军可踏顿道，第八军可肃慎道，第九军可碣石道，第十军可东腌道，第十一军可带方道，第十二军可襄平道。凡此众军，先奉庙略，络绎引途，总集平壤。莫非如豺如貔之勇，百战百胜之雄。顾眄则山岳倾颓，叱咤则风云腾郁。腹心攸同，爪牙斯在。朕躬驭元戎，为其节度。涉辽而东，循海之右。解倒悬于遇裔，问疾苦于遗黎。其外轻赍游阙，随机赴响，卷甲衔枚，出其不意。又沧海道军，舟舻千里，高帆电逝，巨舰云飞。横断沮江，迳造平壤。岛屿之望斯绝，坎井之路已穷。其余被发左衽之人，控弦待发；微、卢、彭、濮之旅，不谋同辞。杖顺临逆，人百其勇，以此众战，势等摧枯。

　　然则王者之师,义存止杀;圣人之教,必也胜残。天罚有罪,本在元恶;人之多辟,协从罔理。若高元泥首辕门,自归司寇,即解缚焚榇,弘之以恩。其余臣人,愿归朝奉化,咸加慰抚,各安生业,随才任用,无隔夷夏。营垒所次,务在整肃,刍荛有禁,秋毫勿犯。以布恩宥,以喻祸福。若其同恶相济,抗拒官军,国有常刑,俾无遗类。明加晓示,称朕意焉。

总一百一十三万三千八百,号二百万,其馈运者倍之。癸未,第一军发,终四十日,引师乃尽。旌旗亘千里,近古出师之盛,未之有也。乙未,以右候卫大将军卫玄为刑部尚书。甲辰,内史令元寿卒。二月甲寅,诏曰:"朕观风燕裔,问罪辽滨,文武叶力,爪牙思奋,莫不执锐勤王,舍家从役。罕蓄仓廪之资,兼捐播殖之务。朕所以夕惕愀然,虑其匮乏。虽复素饱之众,情在忘私;悦使之徒,宜从其厚。诸行从一品以下饮飞募人以上家口,郡县宜数存问。若有粮食乏少,皆赈给之。或虽有田畴,贫弱不能自耕种,可于多丁富室,劝课相助。使夫居者有敛积之丰,行役无顾后之虑。"壬戌,司空、亦兆尹、光禄大夫、观王雄薨。

　　三月辛卯,兵部尚书、左候卫大将军段文振卒。癸巳,上御师。甲子,临戎于辽水桥。戊戌,大军为贼所拒,不果济。右屯卫大将军左光禄大夫麦铁杖、武贲郎将钱士雄、孟金叉等皆死之。甲午,车驾度辽,大战于东岸,击贼破之,进围辽东。乙未,大顿。见二大鸟,高丈余,皓身朱足,游泳自若,上异之,命工图写,并立铭颂。五月戊午,纳言杨达卒。于时,诸将各奉旨,不敢越机。既而高丽各固城守,攻之不下。六月己未,幸辽东,责怒诸将,止城西数里,御六合城。

　　七月壬午,宇文述等败绩于萨水,右屯卫将军辛世雄死之。九军并陷,师奔还,亡者千余骑。癸卯,班师。九月庚辰,上至东都。己丑,诏:"军国异容,文武殊用,匡危拯难,则霸德攸兴;化人成俗,则王道斯贵。时当拨乱,屠贩可以登朝;世属隆平,经术然后升仕。丰都爰肇,儒服无预于周行;建武之朝,功臣不参于吏职。自三方未一,四海交争,不遑文教,唯尚武功。设官分职,罕以才授,班朝理人,乃由勋叙。莫非拔足行阵,出自勇夫。学教之道,既所不习;政事之方,故亦无取。是非暗于在己,威福专于下吏。贪冒货贿,不知纪极,蠹政害民,实由于此。自今已后,诸授勋官者,并不得回授文武职事。庶遵彼更张,取类于调瑟;求诸名制,不伤于美锦。若吏部辄拟用者,御史即宜纠弹。"冬十月戊寅,工部尚书宇文恺卒。十一月己卯,以宗女华容公主嫁于高昌王。辛巳,光禄大夫韩寿卒。甲申,败将宇文述、于仲文等除名为民,斩尚书右丞刘士龙以谢天下。是岁,大旱疫,人多死,山东尤甚。密诏江、淮南诸郡,阅视民间童女姿质端丽者,每岁贡之。

九年春正月丁丑,征天下兵,募民为骁果,集于涿郡。壬午,贼帅杜彦冰、王润等陷平原郡,大掠而去。辛卯,置折冲、果毅、武勇、雄武等郎将官,以领骁果。乙未,平原李德逸聚众数万,称阿舅贼,劫掠山东。灵武白榆妄称奴贼,劫掠牧马,北连突厥,陇右多被其患。遣将军范贵讨之,连年不能克。戊戌,大赦。己亥,遣代王侑、刑部尚书卫玄镇京师。辛丑,以右骁卫将军李浑为右骁卫大将军。二月己未,济北人韩进洛聚众数万为群盗。壬午,复宇文述等官爵,又征兵讨高丽。三月丙子,济北人孟海公起兵为盗,众至数万。丁丑,发丁男十万城太兴。戊寅,幸辽东。以越王侗、工部尚书樊子盖镇东都。庚子,北海人郭方预聚徒为贼,自号卢公,众至三万,攻陷郡城,大掠而去。

夏四月庚午,车驾度辽。壬申,遣宇文述、杨义臣趣平壤城。五月丁丑,荧惑入南斗。己卯,济北人甄宝车聚众万余,寇掠城邑。六月乙巳,礼部尚书杨玄感反于黎阳。丙辰,玄感逼东都。河南赞理裴弘策拒之,反为贼所败。戊辰,兵部侍郎斛斯政奔于高丽。庚午,上班师。高丽犯后军,敕右武卫大将军李景为后拒,遣左翊卫大将军宇文述、左候卫将军屈突通等驰传发兵,以讨玄感。

秋七月己卯,令所在发人城县府驿。癸未,余杭人刘元进举兵反,众至数万。八月壬寅,左翊卫大将军宇文述等破杨玄感于阌乡,斩之,余党悉平。癸卯,吴人朱燮、晋陵人管崇拥众十万余,自称将军,寇江左。甲辰,制骁果之家,蠲免赋役。丁未,诏郡县城去道过五里已上者,徙就之。戊申,制盗贼籍没其家。乙卯,贼帅陈瑱等三万攻陷信安郡。辛酉,司农卿、光禄大夫、葛国公赵元淑以罪伏诛。九月己卯,济阴人吴海流、东海人彭孝才并举兵为盗,众数万。庚辰,贼帅梁慧尚聚众四万,陷苍梧郡。甲午,车驾次上谷,以供费不给,上大怒,免太守虞荷等官。丁酉,东阳人李三儿、向但子举兵作乱,众至万余。闰月己巳,幸博陵。庚午,上谓侍臣曰:“朕昔从先朝,周旋于此,年甫八岁。日月不居,倏经三纪,追惟曩昔,不可复希。”言未卒,流涕呜咽。侍卫者皆泣下沾襟。

　　冬十月丁丑,贼帅吕明星率众数千围东郡,武贲郎将费青奴击斩之。乙酉,诏曰:“博陵昔为定州,地居冲要,先王历试所基,王化斯远。故以道冠《豳风》,义高姚邑。朕巡抚氓庶,爰届兹邦,瞻望郊廛,缅怀敬止。思所以宣播庆泽,覃被下人,崇纪显号,式光令绪。可改博陵为高阳郡,赦境内死罪以下,给复一年。”于是召高祖时故吏,皆量才授职。壬辰,以纳言苏威为开府仪同三司。朱燮、管崇推刘元进为天子,遣将军吐万绪、鱼俱罗讨之,连年不能克。齐人孟让、干薄等众十余万,据长白山,攻剽诸郡。清河贼张金称众各数万,勃海贼帅格谦,自号燕王,孙宣雅自号齐王,众各十万,山东苦之。丁亥,以右候卫将军郭荣为右候卫大将军。十一月己酉,右候卫将军冯孝慈讨张金称于清河,反为所败,孝慈死之。十二月甲辰,车裂杨玄感弟朝散大夫积善及党与十余人,仍焚而扬之。丁亥,扶风人向海明举兵作乱,称皇帝,建元白乌。遣太仆卿杨义臣击破之。

　　十年春正月甲寅,以宗女为信义公主,嫁于突厥曷娑那可汗。十月辛未,诏百僚议伐高丽,数日无敢言者。戊子,诏曰:“竭力王役,致身戎事,咸由徇义,莫匪勤诚。委命草芥,暴骸原野,兴言念之,每怀愍测。往年问罪,将届辽滨,庙算胜略,具有进止。而谅昏凶,阇识成败;高颍愎很,本无智谋。临三军犹儿戏,视人命如草芥,不遵成规,坐贻挠退。遂令死亡者众,不及埋藏。今宜遣使人,分道收葬。设祭于辽西郡,立道场一所。恩加泉壤,庶弭穷魂之冤;泽及枯骨，用弘仁者之惠。"辛卯，诏曰：

黄帝五十二战，成汤二十七征，方乃德施诸侯，令行天下。卢芳小盗，汉祖尚且亲戎；隗嚣余烬，光武犹自登陇。岂不欲除暴止戈，劳而后逸者哉。

朕纂承宝业，君临天下，日月所照，风雨所沾，孰非我臣，独隔声教。蕞尔高丽，僻居荒裔，鸱张狼噬，侮慢不恭，抄窃我边垂，侵逼我城镇。是以去岁出军，问罪辽、碣，殪长蛇于玄菟，戮封豕于襄平。扶余众军，风驰电逝，追奔逐北，径逾浿水。沧海舟楫，冲贼腹心，焚其城郭，污其宫室。高元伏锧泥首，送款军门。寻请入朝，归罪司寇。朕许其改过，乃诏班师。

而长恶靡悛，宴安鸩毒。此而可忍，孰不可容。便可分命六师，百道俱进。朕当亲执武节，临御诸军，秣马九都，观兵辽水，顺天诛于海外，拯穷民于倒悬。征伐以正之，明德以诛之，止除元恶，余无所问。若有识存亡之分，悟安危之机，翻然北首，自求多福。必其同恶相济，抗拒王师，若火燎原，刑兹无赦。有司便宜宣布，咸使知闻。

丁酉，扶风人唐弼举兵反，众十万，推李弘为天子，自称唐王。

三月壬子，行幸涿郡。癸亥，次临渝宫，亲御戎服，祃祭黄帝，斩叛军者以衅鼓。夏四月辛未，彭城贼张大彪聚众数万，保县薄山为盗，遣榆林太守董纯击破斩之。甲午，车驾次北平。五月庚子，诏举郡孝悌廉洁各十人。壬寅，贼帅宋世谟陷琅邪。庚申，延安人刘迦论举兵反，自称皇王，建元大世。六月辛未，贼帅郑文雅、林宝护等众三万，陷建安郡，太守杨景祥死之。

秋七月癸丑，车驾次怀远镇。乙卯，曹国遣使贡方物。甲子，高丽遣使请降。囚送斛斯政。上大悦。八月己巳，班师。右卫大将军、左光禄大夫郑荣卒。冬十月丁卯，上至东都。己丑，还京师。十一月丙申，支解斛斯政于金光门外。乙巳，有事于南郊。己酉，贼帅司马长安破长平郡。乙卯，离石胡刘苗王举兵反，自称天子，以其第六儿为永安王，众至数万。将军潘长文讨之，不能克。是月，贼帅王德仁拥众数万，保林虑山为盗。十二月壬申，上如东都，其日大赦天下。戊子，入东都。庚寅，贼帅孟让众十余万，据都梁宫。遣江都丞王世充击破之，尽虏其众。

十一年春正月甲午朔，宴百僚。突厥、新罗、靺鞨毕大辞、诃咄、傅越、乌那曷、波腊、吐火罗、俱虑建、忽论、靺鞨、诃多、沛汗、龟兹、疏勒、于阗、安国、曹国、何国、穆国、毕、衣密、失范延、伽折、契丹等国，并遣使朝贡。戊戌，武贲郎将高建毗破贼帅颜宣政于齐郡，虏男女数千口。乙卯，大会蛮夷，设鱼龙曼延之乐，颁赐各有差。二月戊辰，贼帅杨仲绪等率众万余攻北平，滑公李景破斩之。庚午，诏曰："设险守国，著自前经；重门御暴，事彰往策。所以宅土宁邦，禁邪固本。而近代战争，居人散逸，田畴无伍，郛郭不修。遂使游惰实繁，寇攘未息。今天下平一，海内晏如，宜令人悉城居，田随近给。使强弱相容，力役兼济，穿窬无所厝其奸宄，萑蒲不得聚其逋兆。有司具为事条，务令得所。"丙子，王须拔反，自称漫天王，国号燕，贼帅魏刀儿自称历山飞，众各十余万，北连突厥，南寇赵。三月丁酉，杀右骁卫大将军光禄大夫郇公李浑、将作监光禄大夫李敏，并族灭其家。癸卯，贼帅司马长安破西河。已酉，幸太原，避暑汾阳宫。

秋七月己亥，淮南人张起绪举兵为盗，众至三万。辛丑，光禄大夫、右御卫大将军张寿卒。八月乙丑，巡北塞。戊辰，突厥始毕可汗率骑数十万，谋袭乘舆，义成公主遣使告变。壬申，车驾驰幸雁门。癸酉，突厥围城，官军频战不利。上大惧，欲率精骑溃围而出，民部尚书樊子盖固谏，乃止。齐王暕以后军保于崞县。甲申，诏天下诸郡募兵，于是守令各来赴难。九月甲辰，突厥解围而去。丁未，曲赦太原、雁门死罪已下。

冬十月壬戌，上至于东都。丁卯，彭城人魏骐驎聚众万余为盗，寇鲁郡。壬申，贼帅卢明月聚众十余万寇陈、汝间。东海贼李子通拥众度淮，自号楚王，建元明政，寇江都。十一月乙卯，贼帅王须拔破高阳郡。十二月戊寅，有大流星如斛，坠明月营，破其冲车。庚辰，诏民部尚书樊子盖发关中兵，讨绛郡贼敬盘陁、柴保昌等，经年不能克。谯郡人朱粲拥众数十万寇荆、襄,僭称楚帝,建元昌达。汉南诸郡,多为所陷焉。

十二年春正月甲午,雁门人翟松柏起兵于灵丘,众至数万,转攻傍县。二月己未,真腊遣使贡方物。甲子,夜有二大鸟似雕,飞入大业殿,止于御幄,至明而去。癸亥,东海贼卢公暹率众万余,保于苍山。夏四月丁巳,显阳门灾。癸亥,魏刀儿所部将甄翟儿号历山飞,众十万,转寇太原。将军潘长文讨之,反为所败,长文死之。五月丙戌朔,日有蚀之,既。癸巳,大流星殒于吴郡,为石。壬午,上于景华宫征求萤火,得数斛,夜出游山而放之,光遍岩谷。秋七月壬戌,民部尚书、光禄大夫、济北公樊子盖卒。甲子,幸江都宫,以越王侗、光禄大夫段达、太府卿元文都、检校民部尚书韦津、右武卫将军皇甫无逸、右司郎卢楚等总留守事。奉信郎崔民象以盗贼充斥,于建国门表谏不宜巡幸,上大怒,先解其颐,乃斩之。戊辰,冯翊人孙华自号总管,举兵为盗。高凉通守冼瑶彻举兵作乱,岭南溪洞多应之。己巳,荧惑守羽林,月余乃退。车驾次汜水,奉信郎王爱仁以盗贼日盛,谏上,请还西京,上怒,斩之而行。八月乙巳,贼帅赵万海泉数十万,自恒山寇高阳。壬子,有大流星如斗,出王良、阁道,声如坏墙。癸丑,大流星如瓮,出羽林。九月丁酉,东海人杜伏威、杨州沈觅敌等作乱,众至数万,右御卫将军陈稜击破之。戊午,有二枉矢,出北斗魁,委曲蛇形,注于南斗。壬戌,安定人荔非世雄杀临泾令,举兵作乱,自号将军。

冬十月己丑,开府仪同三司、右诩卫大将军、当禄大夫、许公宇文述薨。十二月癸未,鄱阳贼操天成举兵反,自号元兴王,建元始兴,攻陷豫章郡。乙酉,以右诩卫大将军来护为开府仪同三司,行左诩卫大将军。壬辰,鄱阳人林士弘自称皇帝,国号楚,建元太平,攻陷九江、庐陵郡。唐公破甄翟儿于西河,虏男女千口。

十三年春正月壬子,齐郡贼杜伏威率众度淮,攻陷历阳郡。丙辰,勃海贼窦建德设坛于河间之乐寿,自称长乐王,建元丁丑。辛巳,贼帅徐圆朗率众数千破东平郡。弘化人到仚成聚众万余人为盗,傍郡苦之。二月壬午,朔方人梁师都杀郡丞唐世宗,据郡反,自称大丞相。遣银青光禄大夫张世隆击之,反为所败。戊子,贼帅王子英破上谷郡。己丑,马邑校尉刘武周杀太守王仁恭,举兵作乱,北连突厥,自称定杨可汗。庚寅,贼帅李密、翟让等陷兴洛仓。越王侗遣武贲郎将刘长恭、光禄少卿房崱击之,反为所败,死者十五六。庚子,李密自号魏公,称元年,开仓以赈群盗,众至数十万。河南诸郡相继皆陷焉。壬寅,刘武周破武贲郎将王智辩于桑乾镇,智辩死之。三月戊午,庐江人张子路举兵反,遣右御卫将军陈稜讨平之。丁丑,贼帅李通德众十万寇庐江,左屯卫将军张镇州击破之。

夏四月癸未,金城校尉薛举率众反,自称西秦霸王,建元秦兴,攻陷陇右诸郡。己丑,贼帅孟让夜入东都外郭,烧丰都市而去。癸巳,李密陷回洛东仓。丁酉,贼帅房宪伯陷汝阴郡。是月,光禄大夫武贲郎将裴仁基、淮阳太守赵佗等,并以众叛归李密。五月辛卯夜,有流星如瓮,坠于江都。甲子,唐公起义师于太原。丙寅,突厥数千寇太原,唐公击破之。

秋七月壬子,荧惑守积尸。丙辰,武威人李轨举兵反,攻陷河曲诸郡,自称凉王,建元安乐。八月辛巳,唐公破武牙郎将宋老生于霍邑,斩之。九月己丑,帝括江都人女、寡妇以配从兵。是月,武阳郡丞元宝藏以郡叛归李密,与贼帅李文相攻陷黎阳仓。彗星见于营室。

冬十月丁亥,太原阳世洛聚众万余人,寇掠城邑。丙申,罗令萧铣以县反,鄱阳人董景珍以郡反,迎铣于罗县,号为梁王,攻陷傍郡。戊戌,武贲郎将高毗败济北郡贼甄宝车于嶞山。十一月丙辰,唐公入京师,辛酉,遥尊帝为太上皇,立代王侑为帝,改元义宁。

上起宫丹杨,将逊于江左。有乌鹊来巢幄帐,驱不能止,荧惑犯太微,有石自江浮入于杨子,日光四散如流血,上甚恶之。二年三月,右屯卫将军宇文化及、武贲郎将司马德戡、元礼、监门直阁裴虔通、将作少监宇文智及、武勇郎将赵行枢、鹰扬郎将孟景、内史舍人元敏、符玺郎李覆、牛方裕、千牛左右李孝本、弟孝质、直长许弘仁、薛世良、城门郎唐奉义、医正张恺等，以骁果作乱，入犯宫闱，上崩于温室，时年五十。萧后令宫人撤床箦为棺，以埋之。化及发后，右御卫将军陈稜奉梓宫于成象殿，葬吴公台下。发敛之始，容貌若生，众咸异之。大唐平江南之后，改葬雷塘。

初，上自以蕃王，次不当立，每矫情饰行，以钓虚名，阴有夺宗之计。时高祖雅重文献皇后，而性忌妾媵，皇太子勇内多嬖幸，以此失爱。帝后庭有子皆不育之，示无私宠，取媚于后。大臣用事者，倾心与交。中使至第，无贵贱，皆曲承颜色，申以厚礼。婢仆往来者，无不称其仁孝。又常私入宫掖，密谋于文献后。杨素等因机构扇，遂成废立。

自高祖大渐暨谅闇之中，蒸淫无度。山陵始就，即事巡游。以天下承平日久，士马全盛，慨然慕秦皇、汉武之事。乃盛理宫室，穷极侈靡。召募行人，分使绝域，诸蕃至者，厚加礼赐；有不恭命，以兵击之。盛兴屯田于玉门、柳城之外。课天下富室分道市武马，疋直十余万，富强坐是而冻馁者，十家而九。性多诡谲，所幸之处，不欲人知，每幸之所，辄数道置顿。四海珍馐殊味，水陆必备焉。求市者无远不至。郡县官人，竞为献食，丰厚者进擢，疏俭者获罪。奸吏侵渔，内外虚竭，头会箕敛，人不聊生。

于时，军国多务，日不暇给。帝方骄怠，恶闻政事，冤屈不理，奏请罕决。又猜忌臣下，无所专任，朝臣有不合意者，必构其罪而族灭之。高颎、贺若弼先皇心膂，参谋帷幄；张衡、李金才藩邸惟旧，绩著经纶。恶其直道，忌其正议，求其无形之罪，加以丹颈之戮。其余事君尽礼，謇謇匪躬，无辜无罪，横受夷戮者，不可胜纪。政刑弛紊，贿货公行，莫敢有言，道路以目。六军不息，百役繁兴，行者不归，居者失业，人饥相食，邑落为墟，上弗之恤也。

东西行幸，靡有定居，每以供费不给，逆收数年之赋。所至，唯与后宫流连耽湎，惟日不足。招迎姥媪，朝夕共肆丑言。又引少年，令与宫人秽乱。不轨不逊，以为娱乐。

区宇之内，盗贼蜂起，劫掠从官，屠陷城邑。近臣互相掩蔽，皆隐贼数,不以实对。或有言贼多者,辄大被诘责。各求苟免,上下相蒙。每出师徒,败亡相继。战士尽力,不加赏赐;百姓无辜,咸受屠戮。蒸庶积怨,天下土崩,至于就擒,而犹未之寤也。

恭皇帝讳侑,元德太子之子也。母曰韦妃。性聪敏,有气度。大业三年,立为陈王。后数载,徙为代王。及炀帝亲征辽东,令于京师总留事。十一年,从幸晋阳,拜太原太守,寻镇京师。义兵入长安,尊炀帝为太上皇,奉帝纂业。

义宁元年,十一月壬戌,上即皇帝位于大兴殿。诏曰:"王道丧乱,天步不康,属之于朕,逢此百罹。襁褓之岁,凤遭悯凶;孺子之辰,太上播越。兴言感动,实疚于怀。太尉唐公,膺期作宰,纠合义兵,翼戴皇室。爰奉明诏,弼予幼冲,显命光临,天威咫尺。对扬尊号,悼心失图,一人在远,三让不遂,僶俛南面,厝身无所。苟利社稷,莫敢或违,俯从群议,奉遵圣旨。可大赦天下。改大业十三年为义宁元年。十一月十六日昧爽以前,大辟罪已下,皆赦除之;常赦所不免者,不在赦限。"

甲子,以光禄大夫、大将军、太尉唐公为假黄钺、使持节、大都督内外诸军事、尚书令、大丞相,进封唐王。丙寅,诏曰:"朕惟孺子,未出深宫,太上远巡,追踪穆满。时逢多难,委当尊极,辞不获免,恭己临朝。若涉大川,罔知所济,民之情伪,曾未之闻。赖股肱戮力,上宰贤良,匡佐冲人,辅其不逮。军国机务,事无大小,文武设官,位无贵贱,宪章赏罚,咸归相府。庶绩其凝,责成斯属。"己巳,以唐王子陇西公建成为唐国世子;敦煌公为京兆尹,改封秦公;元吉为齐公。太原置镇北府。乙亥,张掖康老和举兵反。十二月癸未,薛举自称天子,寇扶风,秦公为元帅击破之。丁亥,桂阳人曹武彻举兵反,建元通圣。丁酉,义师禽骁卫大将军屈突通于阌乡。乙巳,贼帅张善安陷庐江郡。

二年春正月丁未,诏唐王剑履上殿,入朝不趋,赞拜不名,加前后羽葆鼓吹。壬戌,将军王世充为李密所败,河内通守孟善谊、武贲郎将王辨、杨威、刘长恭、梁德、董智通皆死之。庚戌，河阳郡尉独孤武都降于李密。三月丙辰，右屯卫将军宇文化及弑太上皇于江都宫，右御卫将军独孤盛死之，齐王暕、赵王杲、燕王倓、右翊卫大将军宇文协、内史侍郎虞世基、御史大夫裴蕴、给事郎许善心皆遇害。化及立秦王浩为帝，自称大丞相，朝士文武，皆受其官爵。光禄大夫宿公麦木、折冲郎将朝请大夫沈光同谋讨贼，夜袭化及营，反为所害。戊辰，诏唐王备九锡之礼，加玺绂、远游冠、绿綟绶，位在诸侯王上。唐国置丞相已下，一依旧式。五月乙巳朔，诏唐王冕十有二旒，建天子旌旗，出警入跸，金根车，驾备五时副车，置旄头云罕车，舞八佾，设钟虡宫县。王后、王子、王女爵命之号，一遵旧典。

戊午，诏曰："天祸隋国，大行太上皇遇盗江都。悯予小子，哀号永感，仰惟荼毒，仇复靡申。相国唐王膺期命世，扶危拯溺，自北徂南，东征西怨。总九合于一匡，决百胜于千里。纠率夷夏，大庇氓黎，保乂朕躬，繄王是赖。德侔造化，功格苍旻，兆庶归心，历数斯在，屈为人臣，载违天命。当今九服崩离，三灵改卜，大运去矣，请避贤路。私僮命驾，须归藩国，予本代王，及予而代，天之所废，岂期如是。庶凭稽古之圣，以诛四凶；幸值惟新之恩，预充三恪。雪冤耻于皇祖，守禋祀为孝孙，朝闻夕殒，及泉无恨。今遵故事，逊于旧邸。庶官群辟，改事唐朝。宜依前典，趣上尊号。若释重负，感泰兼怀。假手真人，俾除丑逆。"仍敕有司，凡有表奏，皆不得以闻。是日，上逊位于大唐。以为酅国公。武德二年夏五月崩，时年十五。

史臣曰：炀帝爰在弱龄，早有志尚，南平吴会，北却匈奴，昆弟之中，独著声绩。于是矫情饰貌，肆厥奸回，故得献后钟心，文皇革虑。天方肇乱，遂升储两。践峻极之荣基，承丕显之休命。地广三代，威振八纮。单于顿颡，越常重译。赤仄之泉，流溢于都内；红腐之粟，充积于塞下。

负其富强之资，思逞无厌之欲。狭殷周之制度，尚秦汉之规摹。恃才矜己，傲佷明德。内怀险躁，外示凝简。盛冠服以塞其奸，除谏官以掩其过。淫荒无度,法令滋彰,教绝四维,刑参五虐。诛锄骨肉,屠剿忠良。受赏者莫见其功,为戮者莫闻其罪。骄怒之兵屡动,土木之功不息。频出朔方,三驾辽左。旌旗万里,征税百端。猾吏侵渔,人弗堪命。乃急令暴赋以扰之,严刑峻法以临之,甲兵威武以董之,自是海内骚然,无聊生矣。

俄而玄感肇黎阳之乱,匈奴有雁门之围,天子方弃中土,远之扬、越。奸宄乘衅,强弱相陵,关梁闭而不通,皇舆往而莫返。加之以师旅,因之以饥馑,流离道路,转死沟壑,十七八焉。于是相聚薹蒲,猬毛而起,大则跨州连郡,称帝称王;小则千百为群,攻城剽邑。流血成川泽,死人如乱麻,炊者不及析骸,食者不遑易子。茫茫九土,并为麋鹿之场;惵惵黔黎,俱充蛇豕之饵。四方万里,简书相续。犹谓鼠窃狗盗,不足为虞,上下相蒙,莫肯念乱。振蜉蝣之羽,穷长夜之乐。土崩鱼烂,贯盈恶稔。普天之下,莫匪仇雠;左右之人,皆为敌国。

终然不悟,同彼望夷,遂以万乘之尊,死于匹夫之手。亿兆靡感恩之士,九牧无勤王之师。子弟同就诛夷,骸骨弃而莫掩。社稷颠陨,本枝殄绝。自肇有书契,以迄于兹,宇宙崩离,生灵涂炭,丧身灭国,未有若斯之甚也。《书》曰:"天作孽,犹可违;自作孽,不可逭。"《传》曰:"吉凶由人,妖不妄作。"又曰:"兵犹火也,不戢将自焚。"观隋室之存亡,斯言有征矣。

恭帝年在幼冲,遭家多难。一人失德,四海土崩,群盗蜂起,豺狼塞路,南巢遂往,流彘不归。既钟百六之期,躬践数终之运,讴歌有属,笙钟变响,虽欲不遵尧、舜之迹,庸可得乎。

北史卷一三
列传第一

后妃上

魏神元皇后窦氏　　文帝皇后封氏
桓皇后惟氏　平文皇后王氏
昭成皇后慕容氏　　献明皇后贺氏
道武皇后慕容氏
道武宣穆皇后刘氏
明元昭哀皇后姚氏
明元密皇后杜氏　太武皇后赫连氏
太武敬哀皇后贺氏
景穆恭皇后郁久闾氏
文成文明皇后冯氏
文成元皇后李氏　　献文思皇后李氏
孝文贞皇后林氏　　孝文废皇后冯氏
孝文幽皇后冯氏
孝文文昭皇后高氏
宣武顺皇后于氏　　宣武皇后高氏

宣武灵皇后胡氏　孝明皇后胡氏
孝武皇后高氏　文帝文皇后乙弗氏
文帝悼皇后郁久闾氏
废帝皇后宇文氏　恭帝皇后若干氏
孝静皇后高氏

汉因秦制,帝之祖母曰太皇太后,母曰皇太后,妃曰皇后,余则多称夫人,随世增损,非如《周礼》有夫人、嫔妇、御妻之数焉。魏、晋相因,时有升降,前史言之具矣。

魏氏王业之兆,虽始于神元,然自昭成之前,未具言六宫之典,而章、平、思、昭、穆、惠、炀、烈八帝,妃后无闻。道武追尊祖妣,皆从帝谥为皇后。始立中宫,余妾或称夫人,多少无限,然皆有品次。太武稍增左右昭仪及贵人、椒房等,后庭渐已多矣。又魏故事,将立皇后,必令手铸金人,以成者为吉,不则不得立也。又太武、文成,保母劬劳之恩,并极尊崇之义,虽事乖典礼,而观过知仁。

孝文改定内官:左右昭仪位视大司马,三夫人视三公,三嫔视三卿,六嫔视六卿,世妇视中大夫,御女视元士。后置女职,以典内:司视尚书令、仆;作司、大监、女侍中三官视二品;监、女尚书、美人、女史、女贤人、女书史、书女、小书女五官视三品;中才人、供人、中使、女生才人、恭使宫人视四品;青衣、女酒、女飧、女食、奚官女奴视五品。

及齐神武、文襄,俱未践尊极。神武嫡妻称妃,其所娉茹茹女称为茹茹公主。文襄既尚魏朝公主,故无别号。两宫自余姬侍,并称娘而已。文宣后庭虽有夫人、嫔、御之称,然未具员数。孝昭内职甚少,唯杨嫔才貌兼美,复是贵家,襄城王母桑氏有德行,并蒙恩礼,其余无闻焉。

河清新令：内命妇依古制有三夫人、九嫔、二十七世妇、八十一御女。又准汉制置昭仪，有左右二人，比丞相；其弘德、正德、崇德为三夫人，比三公；光猷、昭训、隆徽为上嫔，比三卿；宣徽、凝晖、宣明、顺华、凝华、光训为下嫔，比六卿；正华、令则、修训、曜仪、明淑、芳华、敬婉、昭华、光正、昭宁、贞范、弘徽、和德、弘猷、茂光、明信、静训、曜德、广训、晖范、敬训、芳猷、婉华、明范、艳仪、晖则、敬信为二十七世妇，比从三品；穆光、茂德、贞懿、曜光、贞凝、光范、令仪、内范、穆闰、婉德、明婉、艳婉、妙范、晖章、敬茂、静肃、□章、穆华、慎仪、妙仪、明懿、崇明、丽则、婉仪、彭□、修闲、修静、弘慎、艳光、漪容、徽淑、秀仪、芳婉、贞慎、明艳、□穆、修范、肃容、茂仪、英淑、弘艳、正信、凝婉、英范、怀顺、修媛、良则、瑶章、训成、润仪、宁训、淑懿、柔则、穆仪、修礼、昭慎、贞媛、肃闺、敬顺、柔华、昭顺、敬宁、明训、弘仪、崇敬、修敬、承闲、昭容、丽仪、闲华、思柔、媛光、怀德、良媛、淑猗、茂范、良信、艳华、徽娥、肃仪、妙则为八十一御女，比正四品。武成好内，并具其员，自外又置才人、采女，以为散号。

后主既立二后，昭仪以下皆倍其数。又置左右娥英，比左右丞相，降昭仪比二大夫。寻又置淑妃一人，比相国。

周氏率由姬制，内职有序。文帝创基，修衽席以俭约；武皇嗣历，节情欲于矫枉。宫闱有贯鱼之美，戚里无私溺之尤，可谓得君人之体也。

宣皇外行其志，内逞其欲，溪壑难满，采择无厌，恩之所加，莫限厮皂；荣之所及，无隔险诐。于是升兰殿以正位，践椒庭而齐体者，非一人焉；阶房帷而拖青紫，缘恩倖而拥玉帛，非一族焉。虽辛、癸之荒淫，赵、李之倾惑，曾未足比其仿佛也。人厌苛政，弊事实多，文帝之祀忽诸，特由于此。

隋文思革前弊，大矫其违，唯皇后当室，傍无私宠，妇官位号，未详备焉。开皇二年著内宫之式，略依《周礼》，省减其数。嫔三员，掌教四德，视正三品；世妇九员，掌宾客祭祀，视正五品；女御三十八员，掌女功丝枲，视正七品。

又采汉、晋旧仪，置六尚、六司、六典，递相统摄，以掌宫掖之政。一曰尚宫，掌导引皇后及闺阁禀赐。管：司令三人，掌图籍法式，纠察宣奏；典琮三人，掌琮玺器玩。二曰尚仪，掌礼仪教学。管：司乐三人，掌音律之事；典赞三人，掌导引内外命妇朝见。三曰尚服，掌服章宝藏。管：司饰三人，掌簪珥花严；典栉三人，掌巾栉膏沐。四曰尚食，掌进膳先尝。管：司医三人，掌方药卜筮；典器三人，掌樽彝器皿。五曰尚寝，掌帷帐床褥。管：司筵三人，掌铺设洒扫；典执三人，掌扇伞灯烛。六曰尚工，掌营造百役。管：司制三人，掌衣服裁缝；典会三人，掌财帛出入。六尚各三员，视从九品，六司视勋品，六典视流外二品。

初，文献皇后功参历试，外预朝政，内擅宫闱，怀嫉妒之心，虚嫔妾之位，不设三妃，防其上逼。自嫔以下，置六十员。加又抑损服章，降其品秩。至文献崩后，始置贵人三员，增嫔至九员，世妇二十七员，御女八十一员。贵人等关掌宫闱之务，六尚以下皆分隶焉。

炀帝时，后妃嫔御无厘妇职，唯端容丽饰，陪从宴游而已。帝又参详典故，自制嘉名，著之于令。贵妃、淑妃、德妃，是为三夫人，品正第一。顺仪、顺容、顺华、修仪、修容、修华、充仪、充容、充华，是为九嫔，品正第二。婕妤一十二员，品正第三。美人、才人一十五员，品正第四，是为世妇。宝林二十员，品正第五。御女二十四员，品正第六。采女三十七员，品正第七，是为女御。总一百二十，以叙于宴寝。又有承衣刀人，皆趋侍左右，并无员数，视六品以下。

时又增置女官，准尚书省，以六局管二十四司。一曰尚宫局，管：司言，掌宣传奏启；司簿，掌名录计度；司正，掌格式推罚；司闱，掌门阁管钥。二曰尚仪局，管：司籍，掌经史教学，纸笔几案；司乐，掌音律；司宾，掌宾客；司赞，掌礼仪赞相导引。三曰尚服局，管：司玺，掌琮玺符节；司衣，掌衣服；司饰，掌汤沐巾栉玩弄；司仗，掌仗卫戎器。四曰尚食局，管：司膳，掌膳馐；司酝，掌酒醴醢醯；司药，掌医巫药剂；司馔，掌廪饩柴炭。五曰尚寝局，管：司设，掌床席帷帐，铺设洒扫；司舆，掌舆辇伞扇，执持羽仪；司苑，掌园籞种植，蔬菜瓜果;司灯,掌火烛。六曰尚工局,管:司制,掌营造裁缝;司宝,掌金玉珠玑钱货;司彩,掌缯帛;司织,掌织染。六尚二十二司,员各二人,唯司乐、司膳员各四人。每司又置典及掌,以贰其职。六尚十人,品从第五。司二十八人,品从第六。典二十八人,品从第七。掌二十八人,品从第九。女史流外,量局闲剧,多者十人以下,无定员数。联事分职,各有司存焉。

魏神元皇后窦氏,没鹿回部大人宾之女也。宾临终,诫其二子速侯、回题,令善事帝。及宾卒,速侯等欲因帝会丧为变。语泄,帝闻之,晨起以佩刀杀后,驰使告速侯等,言后暴崩。速侯等来赴,因执杀之。

文帝皇后封氏,生桓、穆二帝,早崩。桓帝立,乃葬焉。文成初,穿天泉池,获一石铭,称桓帝葬母氏,远近赴会二十余万。有司以闻,命藏之太庙。次妃兰氏,是生思帝。

桓皇后惟氏,生三子,长曰普根,次惠帝,次炀帝。平文崩,后摄国事,时人谓之曰:“女国”。后性猛忌,平文之崩,后所为也。

平文皇后王氏,广宁人也。年十三,因事入宫,得幸于平文,生昭成帝。平文崩,昭成在襁褓,时国有内难,将害帝子。后匿帝于绔中,咒曰:“若天祚未终者,汝无声。”遂良久不啼,得免于难。昭成初欲定都于灅源川,筑城郭,起宫室,议不决。后闻之曰:“国自上世,迁徙为业。今事难之后,基业未固,若郭而居,一旦寇来,难卒迁动。”乃止。烈帝之崩,国祚殆危,兴复大业,后之力也。崩,葬云中金陵。道武即位,配飨太庙。

昭成皇后慕容氏,慕容皝之女也。初,帝纳皝妹为妃,未几而崩。皝后请继好。遣大人长孙秩逆后,皝送于境上。后至,有宠,生献明帝及秦明王。后性聪敏多智,专夕理内,每事多从。初,昭成遣卫辰兄悉勿祈还部落也,后诫之曰:"汝还,必深防卫辰。辰奸猾,终当灭汝。"悉勿祈死,其子果为卫辰所杀,卒如后言。建国二十三年,崩。道武即位,配飨太庙。

献明皇后贺氏,东部大人野干女也。少以容仪选入东宫,生道武。苻洛之内侮也,后与道武及故臣吏避难北徙。俄而高车来抄掠,后乘车避贼而南,中路失道,乃仰天曰:"国家胤胄岂正尔绝灭也!惟神灵扶助。"遂驰,轮正不倾。行百余里,至七个山南而免难。后刘显使人将害帝,帝姑为显弟亢埿妻,知之,密以告后。梁眷亦来告难。后乃令帝去之。后夜饮显醉,向晨,故惊厩中群马,使起视马,后泣谓曰:"吾诸子始皆在此,今尽亡失,汝等谁杀之?"故显使不急追。道武得至贺兰部,群情未甚归附,后从弟外朝大人悦举部随从,供奉尽礼。显怒,将害后,后奔亢埿家,匿神车中三日。亢埿举室请救,乃得免。会刘显部乱,始得亡归。后后弟染干忌道武之得人心,举兵围逼行宫。后出谓染干曰:"汝等今安所置我,而欲杀吾子也?"染干惭而去。后后少子秦土觚使于燕,慕容垂止之。后以觚不反,忧念寝疾。皇始元年,崩,祔葬于盛乐金陵。后追加尊谥,配飨焉。

道武皇后慕容氏,宝之季女也。中山平,入充掖庭,得幸。左丞相、卫王仪等奏请立皇后,帝从仪,令后铸金人成,乃立之。封后母孟为漂阳君。后崩。

道武宣穆皇后刘氏,刘眷女也。登国初,纳为夫人,生华阴公主,后生明元。后专理内事,宠待有加,以铸金人不成,故不登后位。魏故事,后宫产子,将为储贰,其母皆赐死。道武末年,后以旧法薨。明元即位,追尊谥位,配飨太庙。自此后,宫人为帝母,皆正配飨焉。

明元昭哀皇后姚氏,姚兴女西平长公主也。明元以后纳之,后为夫人。后以铸金人不成，未升尊位，然帝宠礼如后。是后犹欲正位，后谦不当。泰常五年，薨，帝追恨之，赠皇后玺绶而加谥焉。葬云中金陵。

明元密皇后杜氏，魏郡邺人，阳平王超之妹也。初以良家子选入太子宫，有宠，生太武。及明元即位，拜贵嫔。泰常五年，薨，谥曰贵嫔，葬云中金陵。太武即位，追尊号谥，配飨太庙。又立庙于邺，刺史四时荐祀。以魏郡，太后所生之邑，复其调役。后甘露降于庙庭。文成时，相州刺史高闾表修后庙，诏曰“妇人外成，理无独祀，阴必配阳，以成天地，未闻有莘之国立大姒之飨。此乃先皇所立，一时之至感，非经世之远制，便可罢祀。”先是，太武保母窦氏，初以夫家坐事诛，与二女俱入宫，操行纯备，进退以礼，明元命为太武保母。性仁慈，帝感其恩训，奉养不异所生。及即位，尊为皇太后，封其弟漏头为辽东王。太后训厘内外，甚有声称。性恬素寡欲，喜怒不形于色，好扬人之善，隐人之过。帝征凉州，蠕蠕吴提入寇，太后命诸将击走之。真君元年，崩。诏天下大临三日，太保卢鲁元监护丧事，谥曰惠。葬崞山，从后意也。初，后尝登崞山，顾谓左右曰：“吾母养帝躬，敬神而爱人，若死而不灭，必不为贱鬼。然于先朝，本无位次，不可违礼以从园陵。此山之上，可以终托。”故葬焉。别立后寝庙于崞山，建碑颂德。

太武皇后赫连氏，屈丐女也。太武平统万，纳后及二妹，俱为贵人，后立为皇后。文成初，崩，祔葬金陵。

太武敬哀皇后贺氏，代人也。初为夫人，生景穆。神麚元年，薨，追赠贵嫔，葬云中金陵。后追号尊谥，配飨太庙。

景穆恭皇后郁久闾氏，河东王毗妹也。少以才，选入东宫。有宠，生文成皇帝而薨。文成即位，追尊号谥，葬云中金陵，配飨太庙。

又文成乳母常氏，本辽西人，因事入宫，乳帝，有劬劳保护之功。文成即位，尊为保太后，寻尊为皇太后，告于郊庙。和平元年，崩。诏天下大临三日，谥曰昭。葬于广宁磨笄山，俗谓之鸣鸡山，太后遗志也。依惠太后故事，别立寝庙，置守陵二百家，树碑颂德。

文成文明皇后冯氏，长乐信都人也。父朗，秦、雍二州刺史、西城郡公。母乐浪王氏。后生于长安，有神光之异。朗坐事诛，后遂入宫。太武左昭仪，后之姑也，雅有母德，抚养教训。年十四，文成践极，以选为贵人，后立为皇后。文成崩，故事，国有大丧三日后御服器物一以烧焚，百官及中宫皆号泣而临之。后悲叫自投火，左右救之，良久乃苏。

献文即位，尊为皇太后。丞相乙浑谋逆，献文年十二，居于谅闇，太后密定大策，诛浑，遂临朝听政。及孝文生，太后躬亲抚养。是后罢令不听政事。太后行不正，内宠李弈，献文因事诛之。太后不得意，遂害帝。承明元年，尊曰太皇太后，复临朝听政。后性聪达，自入宫掖，粗学书计，及登尊极，省决万机。孝文诏罢鹰师曹，以其地为太后立报德佛寺。太后与孝文游于方山，顾瞻川阜有终焉之志。因谓群臣曰："舜葬苍梧，二妃不从，岂必远祔山陵，然后为贵哉？吾百岁后，神其安此。"孝文乃诏有司营建寿陵于方山，又起永固石室，将终为清庙焉。太和五年，起作，八年而成，刊石立碑，颂太后功德。

太后以帝富于春秋，乃作《劝戒歌》三百余章，又作《皇诰》十八篇，文多不载。太后立文宣王庙于长安，又立思燕佛图于龙城，皆刊石立碑。太后又制，内属五庙之孙、外戚六亲缌麻，皆是复除。性俭素，不好华饰，躬御缦缯而已。宰人上膳，案裁径尺，羞膳滋味，减于故事十分之八。太后尝以体不安，服庵䕡子，宰人昏而进粥，有蝘蜓在焉，后举匕得之。帝时侍侧，大怒，将加极罚，太后笑而释之。自太后临朝专政，孝文雅性孝谨，不欲参决，事无巨细，一禀于太后。太后多智，猜忍，能行大事，杀戮赏罚，决之俄顷，多有不关帝者。是以威福兼作,震动内外。故杞道德、王遇、张祐、苻承祖等拔自微阉,岁中而至王公。王睿出入卧内,数年便为宰辅,常赍千万亿计,金书铁券,许以不死之诏。李冲以器能受任,亦由见宠帏幄,密加锡赍,不可胜数。后性严明,假有宠侍,亦无所纵。左右纤介之愆,动加棰楚,多至百余,少亦数十。然性不宿憾,寻亦待之如初,或因此更加富贵,是以人人怀于利欲,至死而不思退。

太后曾与孝文幸灵泉池,宴群臣及蕃国使人、诸方渠帅,各令为其方舞。孝文上寿,太后忻然作歌,帝亦和歌,遂命群臣各言其志,于是和歌者九十人。太后外礼人望,元丕、游明根等颁赐金帛舆马,每至褒美睿等,皆引丕参之,以示无私。又自以过失,惧人议己,小有疑忌,便见诛戮。迄后之崩,孝文不知所生。至如李欣、李惠之徒,猜嫌覆灭者十余家,死者数百人,率多枉滥,天下冤之。

十四年,崩于太和殿,年四十九。其日有雄雉集于太华殿。帝酌饮不入口五日,毁慕过礼。谥曰文明太皇太后。葬于永固陵,中而反,虞于鉴玄殿。诏曰:“尊旨从俭,不申罔极之痛;称情允礼,仰损俭训之德,进退思惟,倍用崩感。又山陵之节,亦有成命,内则方丈,外裁奄坎。脱于孝子之心有所不尽者,室中可二丈,坟不得过三十步。今以陵万世所仰,复广为六十步。孤负遗旨,益以痛绝!其幽房大小,棺椁质约,不设明器,至于素帐缦茵瓷瓦之物,亦皆不置,此则遵先志,从册令。俱奉遗事,而有从有违,未达者或以致怪。梓宫之里,玄堂之内,圣灵所长,已一一奉遵,仰昭俭德;其余外事,有所不从,以尽痛慕之情。其宣示远近,著告群司,上明俭诲之美,下彰违命之失。”及卒哭,孝文服衰,近臣从服;三司以下外臣衰服者,变服就练;七品以下,尽除即吉。设祔祭于太和殿,公卿以下始亲公事。帝毁瘠,绝酒肉不御者三年。

初,帝孝于太后,乃于永固陵东北里余营寿宫,遂有终焉瞻望之志。及迁洛阳,乃自表瀍西以为山园之所,而方山虚宫号曰万年堂云。

文成元皇后李氏,梁国蒙县人,母顿丘王峻之妹也。后之生也,有异于常,父方叔,恒言此女当大贵。及长,姿质美丽。太武南征,永昌王仁出寿春,军至后宅,因得后。及仁镇长安,遇事诛,后与其家人送平城宫。高祖登白楼望见,美之。乃下台,后得幸于斋库中,遂有娠。常太后后问后,知之,时守库者亦私书于壁记之,别加验问,皆符同。及生献文,拜贵人。太安二年,太后令依故事。令后具条记在南兄第,及引所结宗兄洪之,悉以付托。临决,每一称兄弟,拊胸恸泣,遂薨。后谥曰元皇后,葬金陵,配飨太庙。

献文思皇后李氏,中山安喜人,南郡王惠之女也。姿德婉淑。年十八。以选入东宫。献文即位,为夫人,生孝文帝。皇兴三年,薨,葬金陵。承明元年,追崇号谥,配飨太庙。

孝文贞皇后林氏,平凉人也。父胜,位平凉太守。叔父金闾,起自阉宫,献文初,为定州刺史,为乙浑所诛,及胜兄弟皆死。胜无子,有二女入掖庭。后容色美丽,得幸于孝文,生皇子恂。以恂将为储贰,太和七年,后依旧制薨。帝仁恕不欲袭前事,而禀文明太后意,故不果行。谥曰贞皇后,葬金陵。及恂以罪赐死,有司奏追废后为庶人。

孝文废皇后冯氏,太师熙之女也。太和十七年,孝文既终丧,太尉元丕等表以长秋未建,六宫无主,请正内位。孝文从之,立后为皇后,恩遇甚厚。孝文后重引后姊昭仪至洛,稍有宠,后礼爱渐衰。昭仪自以年长,且前入宫掖,素见待念,轻后而不率妾礼。后虽性不妒忌,时有愧恨之色。昭仪规为内主,谮构百端,寻废后为庶人。后贞谨有德操,遂为练行尼,后终于瑶光佛寺。

孝文幽皇后亦冯熙女。母曰常氏,本贱微,得幸于熙,熙元妃公主薨后,遂主家事。生后与北平公夙。文明太皇太后欲家世贵宠,乃简熙二女,俱入掖庭,时年十四。其一早卒。后有姿媚,偏见爱幸。未几,疾病,太后乃遣还家为尼,帝犹留念焉。岁余而太后崩,帝服终,颇存访之。又闻后素疹痊除,遣阉官双三念玺书劳问,遂迎赴洛阳。及至,宠爱过本初,当夕,宫人稀复进见。拜为左昭仪,后立为皇后。

帝频岁南征,后遂与中官高菩萨私乱。及帝在汝南不豫,后便公然丑恣,中常侍双蒙等为其心腹。是时彭城公主,宋王刘昶子妇也,年少嫠居。北平公冯夙,后之同母弟也,后求婚于孝文,孝文许之。公主志不愿,后欲强之,婚有日矣。公主密与侍婢及僮从十余人,乘轻车,冒霖雨,赴悬瓠,奉谒孝文,自陈本意,因言后与菩萨乱状。帝闻,因骇愕,未之信,而秘匿之。此后后渐忧惧,与母常氏求托女巫,祷厌孝文疾不起,一旦得如文明太后辅少主称命者,赏报不赀。又取三牲,宫中袄祠,假言祈福,专为左道。母常或自诣宫中,或遣侍婢与相报答。

帝至洛,执问菩萨、双蒙等,具得情状。帝以疾卧含温室,夜引后,并列菩萨等于户外。后临入,令搜衣中,称有寸刃便斩。后顿首泣谢,乃赐坐东楹,去御筵二丈余。孝文令菩萨等陈状,又让后曰:"汝有袄术,可具言之。"后乞屏左右,有所密状。孝文敕中常侍悉出,唯令长秋卿白整在侧,取卫直刀拄之,后犹不言。孝文乃以绵坚塞整耳,自小语再三呼整,无所应,乃令后言。事隐,人莫知之。高祖乃唤彭城、北海二王令入坐,言:"昔是汝嫂,今便他人,但入勿避。"又曰:"此老妪欲白刃插我肋上,可穷问本末,勿有所难。"又云:"冯家女不能复相废逐,且使在宫中空坐,有心乃能自死,汝等勿谓吾犹有情也。"帝素至孝,犹以文明太后故,未行废。二王出,乃赐后辞死诀,再拜稽首涕泣,及入宫后,帝命中官有问于后,后骂曰:"我天子妇,当面对,岂令汝传也!"帝怒,敕后母常入,示与后状,常挞之百余乃止。

帝寻南伐,后留京师,虽以罪失宠,而夫人嫔妾奉之如法。唯令世宗在东宫,无朝谒之事。帝疾甚,谓彭城王勰曰:"后宫久乖阴德,自绝于天,吾死后可赐自尽别宫,葬以后礼,庶掩冯门之大过。"帝崩,梓宫达鲁阳,乃行遗诏。北海王详奉宣遗旨,长秋卿白整等入授后药。后走呼,不肯引决,曰:"官岂有此也!是此诸王辈杀我耳。"整等执持强之,乃含椒而尽。梓宫次洛南,咸阳王禧等知审死,相视曰:"若无遗诏,我兄弟亦当作计去之。岂可令失行妇人宰制天下,杀我辈也?"谥曰幽皇后,葬长陵茔内。

孝文文昭皇后高氏,司徒公肇之妹也。父飏,母盖氏,凡四男三女,皆生于东裔。孝文初,乃举室西归。近龙城镇,镇表后德色婉艳。及至,文明太后亲幸北部曹见后,奇之,入掖庭,时年十三。初,后幼曾梦在堂内立,而日光自窗中照之,灼灼而热,后东西避之,光犹斜照不已。如是数夕,怪之,以白其父飏。飏以问辽东人闵宗。宗曰:"此奇征也。昔有梦月入怀,犹生天子,况日照之征!此女将被帝命,诞育人君之象也。"后生宣武及广平王怀、乐安公主。冯昭仪宠盛,密有母养帝心。后自代如洛阳,暴薨于汲郡之共县,或云昭仪所贼也。宣武之为皇太子,二日一朝幽后,后拊念慈爱有加。孝文出征,宣武入朝,必久留后宫,亲视栉沐,母道隆备。其后有司奏请加号,谥曰文昭贵人,孝文从之。宣武践阼,追尊配飨。后先葬在长陵东南,陵制卑局,因就起山陵,号终宁陵,置邑户五百家。明帝时,更上尊号太后,以同汉、晋之典,正姑妇之礼,庙号如旧文昭。迁灵榇于长陵兆内西北六十步。初,开终宁陵数丈,于梓宫上获大蛇,长丈余,黑色,头有王字,蛰而不动,灵榇既迁,还置蛇旧处。

宣武顺皇后于氏,太尉烈弟劲之女也。宣武始亲政事,烈时为领军,总心膂之任。以嫔御未备,左右讽谕,称后有容德,帝乃迎入为贵人,时年十四,甚见宠爱,立为皇后。后静默宽容,性不妒忌。生皇子,三岁夭没。其后暴崩,宫禁事秘,莫能知悉,而世议归咎于高夫人。葬永泰陵,谥曰顺皇后。

宣武皇后高氏，文昭皇后弟偃之女也。宣武纳为贵嫔，生皇子，早夭，又生建德公主。后拜为皇后，甚见礼重。性妒忌，宫人希得进御。及明帝即位，上尊号曰皇太后。寻为尼，居瑶光寺，非大节庆不入宫中。建德公主始五六岁，灵太后出觐母武邑君，时天文有变，灵太后欲以当祸，是夜暴崩，天下冤之。丧还瑶光佛寺，殡葬皆以尼礼。初，孝文幽后之宠也，欲专其爱，后宫接御，多见阻遏。孝文时言于近臣，称妇人妒防，虽王者亦不能免，况士庶乎。宣武高后悍忌，嫔御有至帝崩不蒙侍接者。由是在洛二十余年，皇子全育者唯明帝而已。

宣武灵皇后胡氏，安定临泾人，司徒国珍女也。母皇甫氏，产后之日，赤光四照。京兆山北县有赵胡者，善于卜相，国珍问之，胡云：“贤女有大贵之表，方为天地母生，勿过三人知也。”后姑为尼，颇能讲道。宣武初，入讲禁中，积岁，讽左右称后有姿行。帝闻之，乃召入掖庭，为充华世妇。而椒庭之中，以国旧制，相与祈祝，皆愿生诸王、公主，不愿生太子。唯后每称：“夫人等言，何缘畏一身之死而令皇家不育冢嫡也？”明帝在孕，同列犹以故事相恐，劝为诸计。后固意确然，幽夜独誓，但使所怀是男，次第当长子，子生，身死不辞。既诞明帝，进为充华嫔。先是，宣武频丧皇子，自以年长，深加慎护，为择乳保，皆取良家宜子者，养于别宫，皇后及充华皆莫得而抚视焉。

及明帝践阼，尊后为皇太妃，后尊为皇太后。临朝听政，犹曰殿下，后改令称诏，群臣上书曰陛下，自称曰朕。太后以明帝冲幼，未堪亲祭，欲傍《周礼》夫人与君交献之义，代行祭礼。礼官博议以为不可，而太后欲以帏幔自鄣，观三公行事。重问侍中崔光，光便据汉和熹邓后荐祭故事。太后大悦，遂摄行初祀。太后性聪悟，多才艺，姑既为尼，幼相依托，略得佛经大义。亲览万机，手笔断决。幸西林园法流堂，命侍臣射，不能者罚之。又自射针孔，中之，大悦，赐左右布帛有差。先是，太后敕造申讼车，时御焉。出自云龙大司马门，从宫西北，入自千秋门，以纳冤讼。又亲策孝、秀、州郡计吏于朝堂。太后与明帝幸华林园,宴群臣于都亭曲水,令王公以下赋七言诗。太后诗曰:"化光造物含气贞。"明帝诗曰:"恭己无为赖慈英。"王公以下赐帛有差。太后父薨,百僚表请公除,太后不许。寻幸永宁寺,观建刹于九级之基,僧尼士女赴者数万人。及改葬文昭高后,太后不欲令明帝主事,乃自为丧主。出至终宁陵,亲奠遣事,还哭于太极殿,至于讫事,皆自主焉。后幸嵩高山,夫人、九嫔、公主以下从者数百人,升于顶中。废诸淫祀,而胡天神不在其例。寻幸阙口温水,登鸡头山,自射象牙簪,一发中之,敕示文武。

时太后逼幸清河王怿,淫乱肆情,为天下所恶。领军元叉、长秋卿刘腾等奉明帝于显阳殿,幽太后于北宫。于禁中杀怿。其后太后从子都统僧敬与备身左右张车渠等数十人谋杀叉,复奉太后临朝。事不克,僧敬坐徙边,车渠等死,胡氏多免黜。后明帝朝太后于西林园,宴文武侍臣,饮至日夕,叉乃起至太后前自陈,外云太后欲害己及腾。太后答云:"无此语。"遂至于极昏。太后乃起执明帝手下堂,言:"母子不聚久,今暮共一宿,诸大臣送我入。"太后与帝向东北小阁,左卫将军奚康生谋杀叉不果。

自刘腾死,叉又宽怠,太后与明帝及高阳王雍为计,解叉领军。太后复临朝,大赦改元。自是朝政疏缓,威恩不立,天下牧守,所在贪婪。郑俨污乱宫掖,势倾海内,李神轨、徐纥并见亲侍,一二年中,位总禁要。手握王爵,轻重在心,宣淫于朝,为四方之所秽。文武解体,所在乱逆,土崩鱼烂,由于此矣。僧敬又因聚集亲族,遂涕泣谏曰:"陛下母仪海内,岂宜轻脱如此!"大怒,自是不召僧敬。

内为朋党,防蔽耳目,明帝所亲幸者,太后多以事害焉。有蜜多道人,能胡语,帝置于左右。太后虑其传致消息,三月三日,于城南大巷中杀之,方悬赏募贼。又于禁中杀领左右,鸿胪少卿谷会、绍达,并帝所亲也。母子之间,嫌隙屡起。郑俨虑祸,乃与太后计,因潘嫔生女,妄言皇子,便大赦,为武泰元年,复阴行鸩毒。其年二月,明帝暴崩,乃奉潘嫔女,言太子即位。经数日,见人心已安,始言潘嫔本实生女,今宜更择嗣君,遂立临洮王子钊为主,年始二、三岁,天下愕然。

及尔朱荣称兵度河,太后尽召明帝六宫,皆令入道,太后亦自落发。荣遣骑拘送太后及幼主于河阴。太后对荣多所陈说,荣拂衣而起。太后及幼主并沈于河。太后妹冯翊君收瘗于双灵寺。武帝时,始葬以后礼,而追加谥曰灵。

孝明皇后胡氏,灵太后从兄冀州刺史盛之女。灵太后欲荣重门族,故立为皇后。明帝颇有酒德,专嬖充华潘氏,后及嫔御并无过宠。太后为帝选纳,抑屈人流。时博陵崔孝芬、范阳卢道约、陇西李瓒等女,俱为世妇。□人诉讼,咸见忿责。武泰初,后既入道,遂居于瑶光寺。

孝武皇后高氏,齐神武长女也。帝见立,乃给为后。及帝西幸关中,降为彭城王韶妃。

文帝文皇后乙弗氏,河南洛阳人也。其先世为吐谷浑渠帅,居青海,号青海王。凉州平,后之高祖莫瓌拥部落入附,拜定州刺史,封西平公。自莫瓌后,三世尚公主,女乃多为王妃,甚见贵重。父瑗,仪同三司、兖州刺史。母淮阳长公主,孝文之第四女也。后美容仪,少言笑,年数岁,父母异之,指示诸亲曰:"生女何妨也。若此者,实胜男。"年十六,文帝纳为妃。及帝即位,以大统元年册为皇后。后性好节俭,蔬食故衣,珠玉罗绮绝于服玩。又仁恕不为嫉妒之心,帝益重之。生男女十二人,多早夭,唯太子及武都王戊存焉。

时新都关中,务欲东讨,蠕蠕寇边,未遑北伐,故帝结婚以抚之。于是更纳悼后,命后逊居别宫,出家为尼。悼后犹怀猜忌,复徙后居秦州,依子秦州刺史武都王。帝虽限大计,恩好不忘,后密令养发,有追还之意。然事秘禁,外无知者。六年春,蠕蠕举国度河,前驱已过夏,颇有言虏为悼后之故兴此役。帝曰:"岂有百万之众为一女子举也?虽然,致此物论,朕亦何颜以见将帅邪!"乃遣中常侍曹宠赉手敕令后自尽。后奉敕，挥泪谓宠曰："愿至尊享千万岁，天下康宁，死无恨也。"因命武都王前，与之决。遗语皇太子，辞皆凄怆，因恸哭久之。侍御咸垂涕失声，莫能仰视。召僧设供，令侍婢数十人出家，手为落发。事毕，乃入室，引被自覆而崩，年三十一。凿麦积崖为龛而葬，神柩将入，有二丛云先入龛中，顷之一灭一出，后号寂陵。及文帝山陵毕，手书云，万岁后欲令后配飨。公卿乃议追谥曰文皇后，祔于太庙。废帝时，合葬于永陵。

文帝悼皇后郁久闾氏，蠕蠕主阿那瓌之长女也。容貌端严，夙有成智。大统初，蠕蠕屡犯北边，文帝乃与约，通好结婚，扶风王孚受使奉迎。蠕蠕俗以东为贵，后之来，营幕户席，一皆东向。车七百乘，马万匹，驼千头，到黑盐池，魏朝卤簿文物始至。孚奏请正南面，后曰："我见魏主，故蠕蠕女也。魏仗向南，我自东面。"孚无以辞。

四年正月，至京师，立为皇后，时年十四。六年，后怀孕将产，居于瑶华殿，闻上有狗吠声，心甚恶之。又见妇人盛饰来至后所，后谓左右："此为何人？"医巫傍侍，悉无见者，时以为文后之灵。产讫而崩，年十六，葬于少陵原。十七年，合葬永陵。当会横桥北，后梓宫先至鹿苑，帝辒辌后来，将就次所，轨折不进。

废帝皇后宇文氏，周文帝女也。后初产之日，有云气满室，芬氲久之。幼有风神，好陈列女图，置之左右。周文曰："每见此女，良慰人意。"废帝之为太子，纳为妃。及即位，立为皇后。志操明秀，帝深重之，专宠后宫，不置嫔御。帝既废崩，后亦以忠于魏室罹祸。

恭帝皇后若干氏，司空长乐正公惠之女也。有容色，恭帝纳之为妃。及即位，立为皇后。后出家为尼，在佛寺薨，竟无谥。

孝静皇后高氏，齐神武之第二女也。天平四年，诏娉以为皇后，神武前后固辞，帝不许。兴和初，诏司徒孙腾、司空襄城王昶等奉诏致礼，以后驾迎于晋阳之丞相第。五月，立为皇后，大赦。齐受禅，降为中山王妃。后降于尚书左仆射杨遵彦。

北史卷一四
列传第二

后妃下

齐武明皇后娄氏

蠕蠕公主郁久闾氏

彭城太妃尔朱氏　小尔朱氏

上党太妃韩氏　冯翊太妃郑氏

高阳太妃游氏　冯娘　李娘

文襄敬皇后元氏　琅邪公主

文宣皇后李氏　段昭仪　王嫔　薛嫔

孝昭皇后元氏　武成皇后胡氏

弘德李夫人　后主皇后斛律氏

后主皇后胡氏　后主皇后穆氏

冯淑妃　周文皇后元氏

文宣皇后叱奴氏　孝闵皇后元氏

明敬皇后独孤氏

武成皇后阿史那氏　武皇后李氏

宣皇后杨氏　宣皇后朱氏

宣皇后陈氏　宣皇后元氏
宣皇后尉迟氏　静皇后司马氏
隋文献皇后独孤氏　宣华夫人陈氏
容华夫人蔡氏　炀愍皇后萧氏

　　齐武明皇后娄氏，讳昭君，赠司徒内干之女也。少明悟，强族多娉之，并不肯行。及见神武城上执役，惊曰："此真吾夫也。"乃使婢通意，又数致私财，使以娉己，父母不得已而许焉。神武既有澄清之志，倾产以结英豪，密谋秘策，后恒参预。及拜勃海王妃，阃闱之事悉决焉。

　　后高明严断，雅遵俭约，往来外舍，侍从不过十人。性宽厚，不妒忌，神武姬侍咸加恩待。神武尝将西讨出师，后夜孪生一男一女，左右以危急，请追告神武。后弗听，曰："王出统大兵，何得以我故轻离军幕？死生命也，来复何为。"神武闻之，嗟叹良久。沙苑败后，侯景屡言请精骑二万，必能取之。神武悦，以告于后。后曰："若如其言，岂有还理？得獭失景，亦有何利。"乃止。神武逼于蠕蠕，欲娶其女而未决。后曰："国家大计，愿不疑也。"及茹茹公主至，后避正室处之，神武愧而拜谢焉。曰："彼将有觉，愿绝勿顾。"慈爱诸子，不异己出，射自纺绩，人赐一袍一绔。手缝戎服，以帅左右。弟昭以功名自达，其余亲属，未尝为请爵位，每言有材当用，义不以私乱公。

　　文襄嗣位，进为太妃。文宣将受魏禅，后固执不许，帝所以中止。天保初，尊为皇太后，宫曰宣训。济南即位，尊为太皇太后。尚书令杨愔等受遗诏辅政，疏忌诸王。太皇太后密与孝昭及诸大将定策诛之，下令废立。孝昭即位，复为皇太后。孝昭崩，太后又下诏立武成帝。大宁二年春，太后寝疾，衣忽自举，用巫媪言，改姓石氏。四月辛丑，崩于北宫，时年六十二。五月甲申，合葬义平陵。

太后凡孕六男二女,皆感梦。孕文襄则梦一断龙;孕文宣则梦大龙,首尾属天地,张口动目,势状惊人;孕孝昭则梦蠕龙于地;孕武成则梦龙浴于海;孕魏二后,并梦月入怀;孕襄城、博陵二王,梦鼠入衣下。后未崩,有童谣曰:"九龙母死不作孝。"及后崩,武成不改服,绯袍如故。未几,登三台,置酒作乐,宫女进白袍,帝怒,投诸台下。和士开请止乐,帝大怒,挝之。帝于昆季,次实九,盖其征验也。

蠕蠕公主者,蠕蠕主郁久闾阿那瓌女也。蠕蠕强盛,与西魏通和,欲连兵东伐。神武病之,令杜弼使蠕蠕,为世子求婚。阿那瓌曰:"高王自娶则可。"神武犹豫,尉景与武明皇后及文襄并劝请,乃从之,武定三年,使慕容俨往娉之,号曰蠕蠕公主。八月,神武迎于下馆,阿那瓌使其弟秃突佳来送女,且报聘,仍戒曰:"待见外孙,然后返国。"公主性严毅,一生不肯华言。神武尝有病,不得往公主所,秃突佳怨恚,神武自射堂舆疾就公主。其见将护如此。神武崩,文襄从蠕蠕国法,烝公主,产一女焉。

彭城太妃尔朱氏,荣之女,魏孝庄后也。神武纳为别室,敬重逾于娄妃,见必束带,自称下官。神武迎蠕蠕公主还,尔朱氏迎于木井北,与蠕蠕公主前后别行,不相见。公主引角弓仰射翔鸥,应弦而落;妃引长弓斜射飞鸟,亦一发而中。神武喜曰:"我此二妇,并堪击贼。"后为尼,神武为起佛寺。天保初,为太妃。及文宣狂酒,将无礼于太妃,太妃不从,遂遇祸。

小尔朱者,兆之女也。初为建明皇后。神武纳之,生任城王。未几,与赵郡公琛私通,徙于灵州。后适范阳卢景璋。

上党太妃韩氏,轨之妹也。神武微时欲娉之,轨母不许。及神武贵,韩氏夫已死,乃纳之。

冯翊太妃郑氏,名大车,严祖妹也。初为魏广平王妃。迁邺后,神武纳之,宠冠后庭,生冯翊王润。神武之征刘蠡升,文襄蒸于大车。神武还,一婢告之,二婢为证。神武杖文襄一百而幽之,武明后亦见隔绝。时彭城尔朱太妃有宠,生王子浟,神武将有废立意。文襄求救于司马子如。子如来朝,伪为不知者,请武明后。神武告其故。子如曰:"消难亦奸子如妾,如此事,正可覆盖。妃是王结发妇,常以父母家财奉王,王在怀朔被杖,背无完皮,妃昼夜供给看疮。后避葛贼,同走并州。贫困,然马屎,自化靴,恩义何可忘?夫妇相宜,女配至尊,男承大业,又娄领军勋,何宜摇动?一女子如草芥,况婢言不必信。"神武因使子如鞫之。子如见文襄,尤之曰:"男儿何意畏威自诬?"因教二婢反辞,协告者自缢,乃启神武曰:"果虚言。"神武大悦,召后及文襄。武明后遥见神武,一步一叩头,文襄且拜且进,父子夫妻相泣,乃如初。神武乃置酒曰:"全我父子者,司马子如。"赐之黄金百三十斤,文襄赠良马五十匹。

高阳太妃游氏,父京之,为相州长史。神武克邺,欲纳之,京之不许,遂牵曳取之。京之寻死。游氏于诸太妃中最有德训,诸王、公主婚嫁,常令主之。

冯娘者,子昂妹也,初为魏任城王妃,适尔朱世隆。神武纳之,生浮阳公主。

李娘者,延实从妹也,初为魏城阳王妃。又王娘生永安王浚,穆娘生平阳王淹,并早卒,不为太妃。

文襄敬皇后元氏,魏孝静帝之姊也。孝武帝时,封冯翊公主,而归于文襄。容德兼美,曲尽和敬。初生河间王孝琬,时文襄为世子,三日而孝静幸世子第,赠锦彩上帛万匹。世子辞,求通受诸贵礼遗,于是十屋皆满,次生两公主。

文宣受禅,尊为文襄皇后,居静德宫。及天保六年,文宣渐致昏狂,乃移居于高阳之宅而取其府库,曰:"吾兄昔奸我妇,我今须报。"乃淫于后。其高氏女妇,无亲疏皆使左右乱交之于前。以葛为绁,令魏安德主骑上,使人推引之。又命胡人苦辱之。帝又自呈露,以示群下。武平中,后崩,祔葬义平陵。

琅邪公主名玉仪,魏高阳王斌庶生妹也。初不见齿,为孙腾妓,腾又放弃。文襄遇诸途,悦而纳之,遂被殊宠,奏魏帝封焉。文襄谓崔季舒曰:"尔由来为我求色,不如我自得一绝异者。崔暹必当造直谏,我亦有以待之。"及暹咨事,文襄不复假以颜色。居三日,暹怀刺,坠之于前。文襄曰:"何用此为?"暹悚然曰:"未得通公主。"文襄大悦,把暹臂入见焉。季舒语人曰:"崔暹常忿吾佞,在大将军前,每言叔父合杀。及其自作体佞,乃体过于吾。"玉仪同产姊静仪,先适黄门郎崔括,文襄亦幸之,皆封公主。括父子由是赵授,常赐甚厚焉。

文宣皇后李氏讳祖娥,赵郡李希宗女也。容德甚美。初为太原公夫人。及帝将建中宫,高隆之、高德正言汉妇人不可为天下母,宜更择美配。杨愔固请依汉、魏故事,不改元妃。而德正犹固请废后而立段昭仪,欲以结勋贵之援。帝竟不从而立后焉。帝好捶挞嫔御,乃至有杀戮者,唯后独蒙礼敬。天保十年,改为可贺敦皇后。

孝昭即位,降居昭信宫,号昭信皇后。武成践阼,逼后淫乱,云:"若不许我,当杀尔儿。"后惧,从之。后有娠,太原王绍德至阁,不得见,愠曰:"儿岂不知邪?姊姊腹大,如不见儿。"后闻之大惭,由是生女不举。帝横刀诟曰:"尔杀我女,我何不杀尔女?"对后前筑杀绍德。后大哭,帝愈怒,裸后乱挝挞之,号天不已。盛以绢囊,流血淋漓,投诸渠水,良久乃苏,犊车载送妙胜尼寺。后性爱佛法,因此为尼。齐亡,入关,隋时得还赵郡。

段昭仪,韶妹也。婚夕,韶妻元氏为俗型女婿法戏文宣,文宣衔之。后因发怒,谓韶曰:"我会杀尔妇!"元氏惧,匿娄太后家,终文宣世不敢出。昭仪才色兼美,礼遇殆同正嫡。后主时,改达录尚书唐邕。

王嫔者,琅邪人也。嫔姊先适崔修,文宣并幸之,数数降其夫家,超用修为尚书郎。

薛嫔者,本倡家女也。年十四五时,为清河王岳所好。其父求内官中,大被嬖宠。其姊亦俱进御。文宣后知先与岳通,又为其父乞司徒公,帝大怒,先锯杀其姊。薛嫔当时有娠,过产亦从戮。

孝昭皇后元氏,开府元蛮女也。初为常山王妃。天保末,赐姓步六孤。孝昭即位,立为皇后。帝崩,从梓宫之邺。始度汾桥,武成闻后有奇药,追索之不得,使阉人就车顿辱。降居顺成宫。武成既杀乐陵王,元被闷隔,不得与家相知。宫闱内忽有飞语,帝令检推,得后父兄书信,元蛮由是坐免官。后以齐亡,入周氏宫中。隋文帝作相,放还山东。

武成皇后胡氏,安定胡延之女。其母范阳卢道约女,初怀孕,有胡僧诣门曰:“此宅瓠芦中有月。”既而生后。天保初,选为长广王妃。产后主日,有鸮鸣于产帐上。武成崩,尊为皇太后。陆媪及和士开密谋杀赵郡王睿,出娄定远、高文遥为刺史。和、陆谄事太后,无所不至。初,武成时,后与诸阉人亵狎。武成宠幸和士开,每与后握槊,因此与后奸通。自武成崩后,数出诣佛寺,又与沙门昙献通。布金钱于献席下,又挂宝装胡床于献屋壁,武成平生之所御也。乃置百僧于内殿,托以听讲,日夜与昙献寝处。以献为昭玄统。僧徒遥指太后以弄昙献,乃至谓之为太上者。帝闻太后不谨,而未之信。后朝太后,见二少尼,悦而召之,乃男子也。于是昙献事亦发,皆伏法。并杀元山王三郡君,皆太后之所昵也。

帝自晋阳奉太后还邺,至紫陌,卒遇大风。兼舍人魏僧伽明风角,奏言:“即时当有暴逆事。”帝诈云邺中有急,弯弓缠绡,驰入南城,令邓长颙幽太后北宫。仍有敕,内外诸亲一不得与太后相见。久之,帝迎复太后。太后初闻使者至,大惊,虑有不测。每太后设食,帝亦不敢尝。周使元伟来聘,作《述行赋》,叙郑庄公克段而迁姜氏。

文虽不工,当时深以为愧。齐亡,入周,恣行奸秽。开皇中殂。

弘德夫人李氏,赵郡李叔让女也。初为魏静帝嫔,武成纳焉。生南阳王仁盛,为太妃。姊为南安王思妃,坐夫反,以烧死。太妃闻之,发狂而薨。文宣王嫔及中人卢勒叉妹,武成并以为嫔,武成崩后,胡后令二嫔自杀。二嫔悲哭,后主为之恻怆,私遗衣物,令出外避焉。卢养淮南王,后为太妃。

又有马嫔,亦得幸,为后所妒,自缢死。

彭乐、任祥并有女,因坐父兄事,皆入宫,为文宣所幸。武成以彭为夫人,养齐安王,任生丹杨王,并为太妃。

后主皇后斛律氏,左丞相光之女也。初为皇太子妃,后主受禅,立为皇后。武平三年正月,生女,帝欲悦光,诈称生男,为之大赦。光诛,后废在别宫,后令为尼。齐灭,嫁为开府元仁妻。

后主皇后胡氏,陇东王长仁女也。胡太后失母仪之道,深以为愧,欲求悦后主,故饰后于宫中,令帝见之。帝果悦,立为弘德夫人,进左昭仪,大被宠爱。斛律后废,陆媪欲以穆夫人代之,太后不许。祖孝征请立胡昭仪,遂登为皇后。陆媪既非劝立,又意在穆夫人,其后于太后前作色而言曰:“何物亲侄女,作如此语言!”太后问有何言。曰:“不可道。”固问之,乃曰:“语大家云,太后行多非法,不可以训。”太后大怒,唤后出,立剃其发,送令还家。帝思之,每致诗以通意。后与斛律废后俱召入内。数日而邺不守,后亦改嫁云。

后主皇后穆氏,名邪利,本斛律后从婢也。母名轻霄,本穆子伦婢也。转入侍中穴钦道家,奸私而生后,莫知氏族,或云后即钦道女子也。小字黄花,后字舍利。钦道妇妒,轻霄面黥为宋字。钦道伏诛,黄花因此入宫,有幸于后主,宫内称为“舍利大监”。女侍中陆大姬知其宠,养以为女,荐为弘德夫人。武平元年六月,生皇子恒。于时后主未有储嗣,陆阴结待,以监抚之任不可无主,时皇后斛律氏,丞相光之女也,虑其怀恨,先令母养之,立为皇太子。陆以国姓之重,穆、陆相对,又奏赐姓穆氏。胡庶人之废也,陆有助焉,故遂立为皇后,大赦。初,有折冲将军元正烈,于邺城东水中得玺以献,文曰"天王后玺",盖石氏所作。诏书颁告,以为穆后之瑞焉。

武成为胡后造真珠裙袴,所费不可称计,被火烧。后主既立穆皇后,复为营之。属周武曹太后丧,诏侍中薛孤、康买等为吊使,又遣商胡赍锦彩三万匹与吊使同往,欲市真珠,为皇后造七宝车。周人不与交易,然而竟造焉。先是,童谣曰:"黄花势欲落,清觞满杯酌。"言黄花不久也。后主自立穆后以后,昏饮无度,故云"清觞满杯酌"。陆息骆提婆,诏改姓为穆;陆,大姬。皆以皇后故也。后既以陆为母,提婆为家,更不采轻霄。轻霄后自疗面,欲求见,为大姬陆媪使禁掌之,竟不得见。

冯淑妃名小怜,大穆后从婢也。穆后爱衰,以五月五日进之,号曰"续命"。慧黠能弹琵琶,工歌舞。后主惑之,坐则同席,出则并马,愿得生死一处。命淑妃处隆基堂,淑妃恶曹昭仪所常居也,悉令反换其地。

周师之取平阳,帝猎于三堆,晋州亟告急,帝将还,淑妃请更杀一围,帝从其言。识者以为后主名纬,杀围言非吉征。及帝至晋州,城已欲没矣。作地道攻之,城陷十余步,将士乘势欲入。帝敕且止,召淑妃共观之。淑妃妆点,不获时至。周人以木拒塞,城遂不下。旧俗相传,晋州城西石上有圣人迹,淑妃欲往观之。帝恐弩矢及桥,故抽攻城木造远桥,监作舍人以不速成受罚。帝与淑妃度桥,桥坏,至夜乃还。称妃有功勋,将立为左皇后,即令使驰取袆翟等皇后服御。仍与之并骑观战,东偏少却,淑妃怖曰:"军败矣!"帝遂以淑妃奔还。至洪洞戍,淑妃方以粉镜自玩,后声乱唱贼至,于是复走。内参自晋阳以皇后衣至,帝以按辔,命淑妃著之,然后去。帝奔邺,太后后至,帝不出迎;淑妃将至,凿城北门出十里迎之。复以淑妃奔青州。后主至长安,请周武帝乞淑妃,帝曰:"朕视天下如脱屣,一老妪岂与公惜也!"仍以赐之。

及帝遇害,以淑妃赐代王达,甚嬖之。淑妃弹琵琶,因弦断,作诗曰:"虽蒙今日宠,犹忆昔时怜。欲知心断绝,应看胶上弦。"达妃为淑妃所谮,几致于死。隋文帝将赐达妃兄李询,令著布裙配舂。询母逼令自杀。

后主以李祖钦女为左昭仪,进为左娥英。裴氏为右娥英。娥英者,兼取舜妃娥皇、女英名,阳休之所制。

乐人曹僧奴进二女,大者忤旨,剥面皮;少者弹琵琶,为昭仪。以僧奴为日南王。僧奴死后,又贵其兄弟妙达等二人,同日皆为郡王。为昭仪别起隆基堂,极为绮丽。陆媪诬以左道,遂杀之。又有董昭仪、毛夫人、彭夫人、王夫人、小王夫人、二李夫人,皆嬖宠之。毛能弹筝,本和士开荐入。帝所幸彭夫人,亦音妓进,死于晋阳,造佛寺,与总持相埒。一李是隶户女,以五弦进;一李即孝贞之女也。小王生一男,诸阉人在傍,皆蒙赐给。毛兄思安,超登武卫。董父贤义,为作军主,田昭仪亦超登开府。自余姻属,多至大官。

周文皇后元氏,魏孝武之妹也。初封平原公主,适开府张欢。欢性贪残,遇后无礼。帝杀欢,改封后为冯翊公主,以配周文帝。生孝闵帝。魏大统十七年,薨。恭帝三年十二月,合葬成陵。孝闵践阼,追尊为王后。武成初,又追尊为皇后。

文宣皇后叱奴氏,代人也。周文帝为丞相,纳为姬,生武帝。天和三年六月,尊为皇太后。建德三年三月,崩。五月,葬永固陵。

孝闵皇后元氏,名胡摩,魏文帝第五女也。初封晋安公主。帝之为略阳公也,尚焉。及践阼,立为王后。帝被废,后出俗为尼。建德初,武帝诛晋公护,上帝尊号,以后为孝闵皇后,居崇义宫。隋革命,后出居里第。大业十二年,殂。

　　明敬皇后独孤氏，太保、卫公信之长女也。帝之在藩，纳为夫
人。二年正月，立为王后。四月，崩，葬昭陵。武成初，追崇为皇后。
明帝崩，与后合葬焉。

　　武成皇后阿史那氏，突厥木杆可汗俟斤之女也。突厥灭蠕蠕
后，尽有塞表之地，志陵中夏。周文方与齐人争衡，结以为援。俟斤
初欲以女配帝，既而悔之。武帝即位，前后累遣使焉。保定五年二
月，诏陈公纯、许公宇文贵、神武公窦毅、南安公杨荐等，备皇后文
物及行殿，并六宫以下一百二十人，至俟斤牙所迎后。俟斤又许齐
婚，将有异志，纯等累请，不得反命。会雷风大起，飘坏其穹庐，俟斤
大惧，以为天谴，乃礼送后，纯等奉之以归。天和三年三月至，武帝
接以亲迎之礼。后有姿貌，善容止，帝深敬礼焉。宣帝即位，尊后为
皇太后。大象元年二月，改为天元皇太后。二年二月，又尊曰天元
上皇太后。宣帝崩，静帝尊为□太后。隋开皇二年，殂，年三十二。
隋文诏有司备礼，祔葬后于孝陵。

　　武皇后李氏，名娥姿，楚人也。于谨平江陵，后家被籍没。至长
安，周文以后赐武帝。后得亲幸，生宣帝。宣政元年七月，尊为帝太
后。大象元年二月，改为天元帝太后。七月，又尊为天皇太后。二
年二月，尊为天元圣皇太后。宣帝崩，静帝尊为大帝太后。隋开皇
元年三月，出俗为尼，改名常悲。八年，殂，以尼礼葬于京城南。

　　宣皇后杨氏，名丽华，隋文帝之长女也。帝在东宫，武帝为帝纳
后为皇太子妃。宣政元年闰六月，立为皇后。帝后自称天元皇帝，
号后为天元皇后。寻又立天皇后及左右皇后，与为四皇后。二年二
月，诏取象四星，于是后及三皇后并加大焉。册授后为天元大皇后，
又立天中大皇后，与后为五皇后焉。后性柔婉，不妒忌，四皇后及嫔
御等咸爱而仰之。帝后昏暴滋甚，喜怒乖度。尝谴后，欲加之罪，后

进止详闲,辞色不挠。帝大怒,遂赐后死,逼令自引决。后母独孤氏闻之,诣阁陈谢,叩头流血,然后得免。帝崩,静帝尊后为皇太后,居弘圣宫。

初,宣帝不豫,诏隋文帝入禁中侍疾,及大渐,刘昉、郑译等因矫诏以隋文帝受遗辅政。后初虽不预谋,然以嗣主幼冲,恐权在他族,不利于己,闻昉、译已行此诏,心甚悦。后知隋文有异图,意颇不平。及行禅代,愤惋愈甚。隋文内甚愧之。开皇初,封后为乐平公主。后又议夺其志,后誓不许,乃止。大业五年,从炀帝幸张掖,殂于河西。诏还京,所司备礼,祔葬后于定陵。

宣帝后朱氏,名满月,吴人也。其家坐事,没入东宫。宣帝之为太子,后被选掌衣作,帝召幸之,遂生静帝。大象元年四月,立为天元帝后。七月,改为天皇后。二年二月,又改为天大皇后。后本非良家子,又年长于帝十余岁,疏贱无宠。以静帝故,特尊崇之,班亚杨皇后焉。宣帝崩,静帝尊后为帝太后。隋开皇元年二月,出俗为尼,改名法净。六年,殂,以尼礼葬于京城西。

宣帝后陈氏,名月仪,自云颍川人,大将军山提之第八女也。大象元年六月,以选入宫,拜为德妃。月余日,立为天左皇后。二年二月,改为天左大皇后。二月,又诏以坤仪比德,土数惟五,四大皇后外,增置天中大皇后一人。于是以后为天中大皇后。帝崩,后出俗为尼,改名华光。后永徽初终。父山提,本尔朱兆之隶。仕齐,位特进、开府、东兖州刺史、谢阳王。武帝平齐,拜大将军,封浙阳公,大象元年,以后父超授上柱国,进鄢国公,除大宗伯。

宣帝皇后元氏,名乐尚,河南洛阳人,开府晟之第二女也。年十五,被选入宫,拜贵妃。大象元年七月,立为天右皇后。二年二月,改为天右大皇后。帝崩,后出家为尼,改为华胜。初,后也陈皇后同时被选入宫,俱拜为妃;及升后,又同日受册。帝宠遇二后,礼数均等,年齿复同,特相亲爱。及为尼后,李、朱及尉迟后并相继殒殁,而二后贞观中尚存。后父晟,少以元氏宗室,拜开府。大象元年七月,以后父进位上柱国,封翼国公。

宣帝皇后尉迟氏,名繁炽,蜀公迥之孙女也。有美色。初适杞公亮子西阳公温,以宗妇例入朝,帝逼幸之。及亮谋逆,帝诛温,追后入宫,拜长贵妃。大象二年三月,立为天右大皇后。帝崩,后出俗为尼,改名华道。隋开皇十五年,殂。

静帝司马皇后名令姬,柱国、荥阳公消难之女也。大象元年二月,宣帝传位于帝。七月,为帝纳后煌于后。二年九月,隋文帝以后父奔陈,废后为庶人。后嫁为隋司州刺史李丹妻,贞观初犹存。

隋文献皇后独孤氏,讳伽罗,河南洛阳人,周大司马、卫公信之女也。信见文帝有奇表,故以后妻焉,时年十四。帝与后相得,誓无异生之子。后姊为周明帝后,长女为周宣帝后,贵戚之盛,莫与为比,而后每谦卑自守。及周宣帝崩,隋文居禁中,总百揆。后使李圆通谓文帝曰:“骑兽之势,必不得下,勉之!”及帝受禅,立为皇后。

突厥尝与中国交市,有明珠一箧,价值八百万,幽州总管阴寿白后市之。后曰:“当今戎狄屡寇,将士罢劳,未若以八百万分赏有功者。”百僚闻而毕贺。文帝甚宠惮之。帝每临朝,后辄与上方辇而进,至阁乃止。使宫官伺帝,政有所失,随则匡谏,多所弘益,候帝退朝而同反宴寝,相顾欣然。后早失二亲,常怀感慕,见公卿有父母者,每为致礼焉。有司奏曰:“《周礼》,百官之妻,命于王后。宪章在昔,请依古制。”后曰:“以妇人与政,或从此渐,不可开其源也。”不许。后每谓诸公主曰:“周家公主类无妇德,失礼于舅姑,离薄人骨肉,此不顺事,尔等当诫之。”后姑子都督崔长仁犯法当斩,文帝以后故免之。后曰:“国家之事,焉可顾私!”长仁竟坐死。异母弟陁以猫鬼巫蛊咒诅于后,坐当死。后三日不食,为之请命曰:“陁若蠹政害民者,不敢言。今坐为妾身,请其命。"陆于是减死一等。

后雅性俭约,帝常合止利药,须胡粉一两,宫内不用,求之竟不得。又欲赐柱国刘嵩妻织成衣领,宫内亦无。上以后不好华丽,时齐七宝车及镜台绝巧丽,使毁车而以镜台赐后。后雅好读书,识达今古,凡言事皆与上意合,宫中称为二圣,尝梦周阿史那后,言受罪辛苦,求营功德。明日言上,上为立寺追福焉。后兄女,夫死于并州,后嫂以女有娠,请不赴葬。后曰:"妇人事夫,何容不往! 其姑在,宜诣之。"姑不许,女遂行。

后颇仁爱,每闻大理决囚,未尝不流涕。然性尤妒忌,后宫莫敢进御。尉迟迥女孙有美色,先在宫中,帝于仁寿宫见而悦之,因得幸。后伺帝听朝,阴杀之。上大怒,单骑从苑中出,不由径路,入山谷间三十余里,高颎、杨素等追及,扣马谏。帝太息曰:"吾贵为天子,不得自由!"高颎曰:"陛下岂以一妇人而轻天下?"帝意少解,驻马良久,夜方还宫。后候上于阁内,及帝至,流涕拜谢。颎、素等和解之,上置酒极欢。后自此意颇折。

初,后以高颎是父之家客,甚见亲礼。至是,闻颎谓己为一妇人,因以衔恨。又以颎夫人死,其妾生男,益不善之,渐加谮毁。帝亦每事唯后言是用。后见诸王及朝士有妾孕者,必劝帝斥之。时皇太子多内宠,妃元氏暴薨,后意太子爱妾云氏害之。由是讽帝,黜高颎,竟废太子,立晋王广,皆后之谋也。

仁寿二年八月甲子,日晕四重。已巳,太白犯轩猿。其夜,后崩于永安宫,时年五十九,葬于太陵。其后宣华夫人陈氏、容华夫人蔡氏俱有宠,帝颇惑之,由是发疾。及危笃,谓侍者曰"使皇后有,吾不及此"云。

宣华夫人陈氏,陈宣帝女也。性聪慧,姿貌无双。及陈灭,配掖庭,后造入宫为嫔,时独孤皇后性妒,后宫罕得进御,唯陈氏有宠。炀帝之在藩也,阴有夺宗之计,规为内助,每致礼焉。进金蛇、金驼等物,以取媚于陈氏。皇太子废立之际,颇有力焉。及文献皇后崩,进位为贵人，专房擅宠，主断内事，六宫莫与为比。及帝大渐，遗诏拜为宣华夫人。

初，帝寝疾于仁寿宫，夫人与皇太子同侍疾。平旦更衣，为太子所逼，夫人拒之得免。归于上所，上怪其神色有异，问之，夫人泣以实对。帝恚曰："畜生何堪付大事，独孤诚误我！"意谓献皇后也。因呼兵部尚书柳述、黄门侍郎元岩曰："呼我儿！"述等呼太子。帝曰："勇也。"述、岩出阁为敕书讫，示左仆射杨素。素以白太子，太子遣张衡入寝，遂令夫人及后宫同侍疾者并就别室。俄闻上崩，而未发丧也。夫人与诸后宫相顾曰："事变矣！"皆色动股栗。晡后，及子遣使者赍金合，帖纸于际，亲署封字，以赐夫人。夫人见，惶惧，以为鸩毒，不敢发。使者促之，乃发，见合中有同心结数枚。诸宫人相谓曰："得免死矣！"陈氏恚而却坐，不肯致谢。诸宫人共逼之，乃拜使者。其夜，太子烝焉。

炀帝即位，出居仙都宫。寻召入，岁余而终，时年二十九。帝深悼之，为制《神伤赋》。

容华夫人蔡氏，丹杨人也。陈灭，以选入宫，为世妇。容仪婉嬺，帝甚悦之。以文献后故，希得进幸。后崩后，渐见宠遇，拜为贵人，参断宫掖，亚于陈氏。帝寝疾，加号容华夫人。帝崩后，亦为炀帝所烝。

炀帝愍皇后萧氏，梁明帝岿之女。江南风俗，二月生子者不举。后以二月生，由是季父岌收养之。未几，岌夫妻俱死。转养舅张轲家。轲甚贫窭，后躬亲劳苦。炀帝为晋王，文帝为选妃于梁，卜诸女皆不吉。岿迎后于舅氏，令使者占之，曰："吉。"遂册为妃。后性婉顺，有智识，好学解属文，颇知占候，文帝大善之。炀帝甚宠敬焉。及帝嗣位，立为皇后。帝每游幸，未尝不随从。时后见帝失德，心知不可，不敢措言，因为《述志赋》以自寄焉。其词曰：

承积善之余庆。备箕帚于皇庭。恐修名之不立，将负累于先灵。乃夙夜而匪懈,实贲惧于玄冥。虽自强而不息,亮愚蒙之多满足。思竭节于天衢,才追心而弗逮。实庸薄之多幸,荷隆宠之嘉惠。赖天高而地厚,属王道之升平。均二仪之覆载,与日月而齐明。乃春生而夏长,等品物而同荣。愿立志于恭俭,私自兢于诚盈。孰有念于知足,苟无希于滥名。惟至德之弘深,情弗迁于声色。感怀旧之余恩,求故剑于宸极。叨不世之殊昈,谬非才而奉职。何宠禄之逾分,抚胸襟而未识。虽沐浴于恩光,内渐惶而累息。顾微躬之寡昧,思令淑之良难。实不遑于启处,将有情而自安!若临深而履薄,心战栗其如寒。

夫居高而必危,每处满而防溢。知恣夸之非道,乃摄生于冲谦。嗟宠辱之易惊,尚无为而抱一。履谦光而守志,且愿安乎容膝。珠廉玉箔之奇,金屋瑶台之美,虽时俗之崇丽,盖哲人之所鄙。愧缔绤之不工,岂丝竹而喧耳。知道德之可尊,明善恶之由己。荡嚣烦之俗虑,乃伏膺于以史。综箴诫以训心,观女图而作轨。遵古贤之令范,冀福禄之能绥。时循躬而三省,觉今是而昨非。嗤黄、老之损思,信为善之可归。慕周姒之遗风,美虞妃之圣则。仰先哲之高才,慕至人之休德。质非薄而难踪,心恬愉而去惑。乃平生之耿介,实礼义之所遵。虽生知之不敏,庶积行以成仁。惧达人之盖寡,谓何求而自陈。诚素志之难写,同绝笔于获麟。

及帝幸江都,臣下离贰,有宫人白后曰:"外闻人人欲反。"后曰:"任汝奏之。"宫人言于帝,帝大怒曰:"非汝宜言!"乃斩之。后宫人复白后曰:"宿卫者往往偶语谋反。"后曰:"天下事一朝至此,势去已然,无可救也。何用言,徒令帝忧烦耳!"自是无复言者。

及宇文化及之乱,随军至聊城。化及败,没于窦建德。建德妻曹氏妒悍,炀帝妃嫔美人并使出家,并后置于武强县。是时突厥处罗可汗方盛,其可贺敦即隋义城公主也,遣使迎后。建德不敢留,遂携其孙正道及诸女入于虏庭。大唐贞观四年,破突厥,皆以礼致之,归于京师,赐宅于兴道里。二十一年,殂。诏以皇后礼于扬州合葬于炀帝陵，谥曰愍。

　　论曰：男女正位，人伦大纲。三代已还，逮于汉、晋，何尝不败于娇诐而兴于圣淑。至如后稷禀灵巨迹，神元生自天女，克昌来叶，异世同符。魏诸后妇人之识，无足论者。文明邪险，幸不坠国。灵后淫恣，卒亡天下。倾城之诫，其在兹乎！乙后迫于畏逼，有足伤矣。昔钩弋年少子幼，汉武所以行权，魏世遂为常制，子贵而其母必死。矫枉之义，不亦过乎！孝文终革其失，良有以也。

　　神武肇兴齐业，武明追踪周乱；温公之败邦家，冯妃比迹褒后。然则污隆之义，盖有系焉。其余作孽为贲，外平内蠹，鉴之近代，于齐为甚。周氏粤自文皇，逮乎宣帝，年逾二纪，世历四君。业非草昧之辰，事殊权宜之日，乃弃同即异，以夷乱华，汨婚姻之彝序，求豺狼之外利。既而报者倦矣，施者无厌，向之所谓和亲，未几已成雠敌。奇正之道，有异于斯。于时武皇虽受制于人，未亲庶政，而谋士韫奇，直臣钳口，过矣哉！而历观前载，以外戚而居宰辅者多矣，而倾汉室者王族，丧周家者杨氏，何灭亡之祸，若合契焉。

　　隋文取鉴于已远，大革前失，故母后之家不罹祸败。独孤权无吕、霍，获全仁寿之前。萧氏势异梁、窦，不倾大业之后。至或不陨旧基，或更隆克构，岂非处之以道，其所致然乎？

北史卷一五
列传第三

魏诸宗室

上谷公纥罗　武陵侯因　望都公颓
曲阳侯素延　六修　吉阳男比干
高凉王孤　西河公敦　司徒石
武卫将军谓　淮陵侯大头
河间公齐　扶风公处真　文安公泥
寔君　秦王翰　常山王遵
陈留王虔　毗陵王顺　辽西公意烈
窟咄

　　上谷公纥罗,神元皇帝之曾孙也。初从道武皇帝自独孤如贺兰部,与弟建劝贺兰讷推道武为主。及道武即帝位,以援立功,与建同日赐爵为公。卒。

　　子题,赐爵襄城公,后进爵为王。击慕容骑于义台,中流矢薨。帝以太医令阴光为视疗不尽术,伏法。子悉袭,降爵为襄城公。卒,赠襄城王。

　　神元后又有建德公婴文、真定侯陆,并仕太武,特获封爵。

武陵侯因、长乐王寿乐，并章帝之后也。因从道武平中原，以功封曲逆侯。太武时，改爵武陵。寿乐位选部尚书、南安王，改封长乐王。文成即位，寿乐有援立功，拜太宰、大都督中外诸军、录尚书事。矜功，与尚书令长孙渴侯争权，并伏法。

望都公颓，昭帝之后也。随道武平中原，赐爵望都侯。太武以颓美仪容，进止可观，使迎左昭仪于蠕蠕，进爵为公。卒。

曲阳侯素延、顺阳公郁、宜都王目辰，并桓帝之后也。

素延以小统从道武征讨诸部，初定并州，为刺史。道武之惊于柏肆也，并州守将封宴真为逆，素延斩之。时道武意欲抚悦新附，悔参合之诛，而素延杀戮过多，坐免官。中山平，拜幽州刺史，豪奢放逸，左迁上谷太守。后赐爵曲阳侯。时道武留心黄、老，欲以纯风化俗，虽乘舆服御，皆去雕饰。素延奢侈过度，帝深衔之，积其过，因征，坐赐死。

郁少忠正允直，文成时，位殿中尚书，赐爵顺阳公。文成崩，乙浑专权，郁从顺德门入，欲诛浑。浑窘怖，遂奉献文临朝。后复谋杀浑，为浑所诛。献文录郁忠正，追赠顺阳王，谥曰简。

目辰，文成即位，历侍中、尚书左仆射，封南平公。乙浑谋乱，目辰、顺阳公诛杀之。事发，目辰逃免。献文传位，有定策勋。孝文即位，进爵宜都王，除雍州刺史，镇长安。有罪，伏法，爵除。

六修，穆帝长子也。少凶悖。穆帝五年，遣六修与辅相卫雄、范班及姬澹等救刘琨，帝躬统大兵为后继。刘粲惧，突围而走，杀伤甚众。帝因大猎寿阳山，陈阅皮肉，山为变赤。

穆帝少子比延有宠，欲以为后。六修出居新平城，而黜其母。六修有骓骝骏马，日行五是里，穆帝欲取以给比延。后六修来朝，穆帝又命拜比延，六修不从。穆帝乃坐比延于己所乘步辇，使人导从出游。六修望见，以为穆帝，谒伏路左，及至，乃是比延，惭怒而去。穆帝怒,伐之,帝军不利,六修杀比延。帝改服微行人间,有贱妇人识帝,遂暴崩。桓帝子普根先守于外,闻难来赴,灭之。

吉阳男比干、江夏公吕,并道武族弟也。比干以司卫监讨白涧丁零有功,赐爵吉阳男。后为南道都将,战没。吕以军功封江夏公,位外都大官,大见尊重。卒,赠江夏王,陪葬金陵。

高凉王孤,平文皇帝之第四子也。多才艺。有志略。烈帝之前元年,国有内难,昭成如襄国。后烈帝临崩,顾命迎立昭成。及崩,群臣咸以新有大故,昭成来未可果,宜立长君。次弟屈刚猛多变,不如孤之宽和柔顺。于是大人梁盖等杀屈,共推孤。不肯,乃自诣邺奉迎,请身留为质,石季龙义而从之。昭成即王痊,乃分国半部以与之。薨。

子斤,失职怀怒,构实君为逆,死于长安。道武时,以孤勋高,追封高凉王,谥曰神武。

斤子真乐,频有战功,后袭祖封。明元初,改封平阳王。薨。

子礼,袭本爵高凉王。薨,谥懿王。

子那,袭爵,拜中都大官,骁猛善攻战。正平初,坐事伏法。献文即位,追那功,命子纥绍封。薨。

子大曹,性愿直。孝文时,诸王非道武子孙者,例降爵为公。以大曹先世让国功重,高祖真乐勋著前朝,改封太原郡公。卒,无子,国除。

宣武又以大曹从兄子洪威绍。恭谦好学,为颖川太守,有政绩。孝静初,在颖川聚众应西魏,齐神武遣将讨平之。

礼弟陵,太武赐爵襄邑男,进爵为子。卒。

子瑓,位柔玄镇司马。

瑓子鸷,字孔雀,孝文末,以军功赐爵晋阳男。武泰元年,尔朱荣至河阴,杀戮朝士,时鸷与荣共登高冢,俯而观之。自此后,与荣合。永安初,封华山王。庄帝既杀尔朱荣,从子兆为乱。帝欲率诸军亲讨，而鸷与兆阴通，乃劝帝曰："黄河万仞，宁可卒度？"帝遂自安。及兆入殿，鸷又约止卫兵。帝见逼，京邑破，皆由鸷之谋。孝静初，入为大司马，加侍中。鸷容貌魁壮，腰带十围，有武艺。木讷少言，性方厚，每息直省闼，虽暑月不解衣冠。曾于侍中高岳之席，咸阳王坦恃力使酒，众皆下之。坦谓鸷曰："孔雀老武官，何因得王？"鸷答曰："斩反人元禧首，是以得之。"众皆失色，鸷怡然如故。兴和三年，薨，赠假黄钺、尚书令、司徒公。

子大器，袭爵。后与元瑾谋害齐文襄，见害。

孤孙度，道武初，赐爵松滋侯，位比部尚书。卒。

子乙斤，袭爵襄阳侯。献文崇旧齿，拜外都大官，甚优重。卒。

子平，字楚国，袭世爵松滋侯，以军功赐艾陵男。卒。

子苌，孝文时，袭爵松滋侯，例降侯，赐艾陵伯。苌性刚毅，虽有吉庆事，未尝开口而笑。孝文迁都，苌以代尹留镇，除怀朔镇都大将。因别，赐苌酒，虽拜饮而颜色不泰。帝曰："闻公一生不笑，今方隔山，当为朕笑。"竟不能得。帝曰："五行之气，偏有所不入；六合之间，亦何事不有！"左右见进，无不把腕大笑。

宣武时，为北中郎将，带河内太守。苌以河桥船缆路狭，不便行旅，又秋水泛涨，年常破坏，乃为船路，遂广空车从京出者，率令输石一双，累以为岸。桥阔，来往便利。近桥诸郡，无复劳扰，公私赖之。历位度支尚书、侍中、雍州刺史。卒，谥曰成，苌中年以后，官位微达，乃自尊倨，闺门无礼，昆季不穆，性又贪虐，论都鄙之。

苌子子华，字伏荣，袭爵。孝庄初，除齐州刺史。先是，州境数经反逆，邢杲之乱，人不自保，而子华抚集豪右，委之管匙，众皆感悦，境内帖然。而性甚褊急，当其急也，口不择言，手自捶击。长史郑子湛，子华亲友也。见侮骂，遂即去之。子华虽自悔厉，终不能改。在官不为矫洁之行，凡有馈赠者，辞多受少，故人不厌其取。鞫狱讯囚，务加仁恕，齐人树碑颂德。后除济州刺史。尔朱兆之入洛也，济州城人赵洛周逐刺史，丹杨王萧赞表济南太守房士达摄行州事。洛周子元显先随子华在济州，邀路改表，请子华复为齐州刺史。子华母房氏曾就亲人饮食，夜还，大吐，人以为中毒，母甚忧惧。子华遂掬吐尽啖之，其母乃安。寻以母忧还都。

孝静初，除南兖州刺史。弟子思通使关西，朝廷使右卫将军郭琼收之。子思谓令仆曰："速可见杀，何为久执国士？"子华谓子思曰："由汝粗疏，今我如此！"头叩床，涕泣不自胜。子思以手捋须，顾谓子华曰："君恶体气。"寻与子思俱赐死于门下外省。

子思字众念，性刚暴，恒以忠烈自许。元天穆当朝权，以亲从荐为御史中尉。先是，兼尚书仆射元顺奏，以尚书百揆之本，至于公事，不应为送御史。至子思，奏曰：

> 案《御史令》文："中尉督司百僚，书侍御史纠察禁内。"又云："中尉出行，车辐前驱，除道一里，王公百辟避路。"时经四帝，前后中尉二十许人，奉以周旋，未曾暂废，府寺台省并从此令。唯肃宗之世为临洮举哀，故兼尚书左仆射臣顺不肯与名，又不送簿。故中尉臣郦道元举而奏之，而顺复启云："尚书百揆之本，令仆纳言之贵，不宜下隶中尉，送名御史。"寻亦蒙敕，听如其奏。从此迄今，使无准一。臣初上台，具见其事，意欲申请决议，但以权兼斯，未宜便尔。日复一日，遂历炎凉。

> 去月朔旦，台移尚书，索应朝名帐，而省稽留不送。寻复移催并主吏，忽为尚书郎中裴献伯后注云："案旧事，御史中尉逢台郎于复道，中尉下车执板，郎中车上举手礼之。以此而言，明非敌体。"臣既见此，深为怪愕，旅省二三，未解所以。正谓都省别被新式，改易高祖旧命，即遣移问，事何所依。又获尚书郎中王元旭报："出蔡氏《汉官》，似非穿凿。"始知裴、王亦规坏典谟，两人心欲自矫。

> 臣案《汉书·宣秉》云，诏征秉为御史中丞，与司隶校尉、尚书令俱会殿廷，并专席而坐，京师号之为三独坐。又寻《魏书·崔琰传》、晋文阳《傅嘏传》，皆云既为中丞，百僚震悚。以此而言，则中丞不揖省郎，盖已久矣，宪台不属都坐，亦非今日。又寻《职令》云"朝会失时，即加弹纠。"则百官簿帐应关尚台，

灼然明矣。又皇太子以下违犯宪制,皆得纠察,则令仆朝名宜付御史,又亦彰矣。不付名至,否臧何验?臣顺专执,未为平通,先朝曲遂,岂是正法! 谨案尚书郎中臣裴献伯、王元旭等望班士流,早参清宦,轻弄短札,斐然若斯,苟执异端,忽焉至此。此而不纲,将隳朝令。请以见事免献伯等所居官,付法科处。尚书纳言之本,令仆百揆之要,同彼浮虚,助兹乖失,宜明首从,节级其罪。

诏曰:"国异政,不可据之古事。付司检高祖旧格,推处得失以闻。"寻从子思奏,仍为元天穆所忿,遂停。元颢之败,封安定县子。孝静时,位侍中而死。

芪弟珍,字金省,袭爵艾陵男。宣武时,曲事高肇,遂为帝宠昵。彭城王勰之死,珍率壮士害之,后卒于尚书左仆射。

平弟长生,位游击将军,卒。孝庄时,以子天穆贵盛,赠司空。

天穆性和厚,美形貌,射有能名。六镇之乱,尚书令李崇、广阳王深北讨,天穆以太尉使劳诸军,路出秀容,见尔朱荣,深相结托,约为兄弟。未几,改授别将,赴秀容,为荣腹心,除并州刺史。及荣赴洛,天穆参其始谋。庄帝践阼,除太尉,封上党王,征赴京师。后增封,通前三万户。寻监国史,录尚书事,开府,世袭并州刺史。

初,杜洛周、鲜于修礼为寇,瀛、冀诸州人多避乱南向。幽州前平北府主簿何间刑杲拥率部曲,屯据邺城,以拒洛周、葛荣,垂将三载。及广阳王深等败后,杲南度,居青州北海界。灵太后诏流人所在皆置,命属郡县,选豪右为守令以抚镇之。时青州刺史元世俊表置新安郡,以杲为太守,未报。会台申休简授郡县,以杲从子子瑶资荫居前,乃授河间太守。杲深耻恨,于是遂反。所在流人,先为土人陵忽,闻杲起逆,率来从之,旬朔之间,众逾十万。先是,河南人常笑河北人好食榆叶,故齐人号之为"踏榆贼"。杲东掠光州,尽海而还,又破都督李叔仁军。诏天穆与齐神武讨,大破之。杲乃请降,传送京师斩之。

时元颢乘虚陷荥阳,天穆闻庄帝北巡,自毕公垒北度,会车驾于河内。尔朱荣以天时炎热，欲还师，天穆若执不可，荣乃从之。庄帝还宫，加太宰、羽葆鼓吹，增邑通前七万户。

天穆以疏属，本无德望，凭藉尔朱，爵位隆极当时，熏灼朝野，王公已下，每旦盈门，受纳财货，珍宝充积。而宽柔容物，不甚见忌于时。庄帝以其荣党，外示优宠，诏天穆乘车马出入大司马门。天穆与荣相倚，荣常以兄礼事之。世隆等虽荣子侄，位遇已重，天穆曾言其失，荣即加杖，其相亲任如此。庄帝内畏恶之，与荣同时见杀。节闵初，赠丞相、柱国大将军、雍州刺史、假黄钺，谥曰武昭。

子俨袭，美才貌，位都官尚书。及齐受禅，闻敕召，假病，遂怖而卒。

西河公敦，平文帝之曾孙也。道武初，从征，名居诸将。后从征中山，所向无前。明元时，拜中都大官。太武时，进爵西河公，宠遇弥笃。卒，子拨袭。

司徒石，平文帝之玄孙也。有胆略。从太武南讨，至瓜步山。位尚书令、雍州刺史，历北部侍郎、华州刺史。

武卫将军谓，烈帝之第四子也。宽雅有将略，常从道武征讨，有功，除武卫将军。

子乌真，膂力绝人，随道武征伐，屡有战功，官至钜鹿太守。

子兴都，聪敏刚毅。文成时，为河间太守，赐爵乐城子。为政严猛，百姓惮之。献文初，以子丕贵重，进爵乐城侯。谢老归家，帝益礼之，赐几杖服物，致膳于第。其妻娄氏，为东阳王太妃。卒，追赠定州刺史、河间公，谥曰宣。

子提，袭父侯爵。

提弟丕，太武时从驾临江，赐爵兴平子。献文即位，累迁侍中、丞相。乙浑谋反，丕以奏闻，诏收浑诛之。迁尚书令，改封东阳公。孝文时，封东阳王，拜侍中、司徒公。丕子超生，车驾亲幸其第。以执心不二,诏赐丕入八议,传示子孙,犯至百,听斩戮责数恕之。放其同籍丁口杂使役调,求受复除。若有奸邪人方便谗毁者,即加斩戮。寻迁太尉、录尚书事。

时淮南王佗、淮阳王尉元、河东王苟颓并以旧老见礼,每有大事,引入禁中,乘步挽,杖于朝,进退相随。丕、佗、元三人皆容貌壮伟,腰带十围,大耳秀眉,须鬓斑白,百僚观瞻,莫不祗耸。唯苟颓小为短劣,姿望亦不逮之。孝文、文明太后重年敬旧,存问周渥。丕声气高郎,博记国事。飨宴之际,恒居乐端,必抗音大言,叙列既往成败,帝后敬纳焉。

然谄事要人,骄侮轻贱,每见王睿、符承祖,常倾身下之。时文明太后为王睿造宅,故亦为造甲第。第成,帝、后幸之,率百官文武飨宴焉。使尚书令王睿宣诏,赐丕金印一纽。太后亲造劝戒歌辞以赐群官,丕上疏赞谢。太后令曰:“臣才邻才!聆才臣才!君则亡逸于上,臣则履冰于下。若能如此,太平岂难致乎!”及丕妻段氏卒,谥曰恭妃,又特赐丕金券。后例降王爵,封平阳郡公。求致仕,诏不许。

及车驾南伐,丕与广陵王羽,留守京师,并加使持节。诏丕、羽曰:“留守非贤莫可。太尉年尊德重,位总阿衡。羽,朕之懿弟,温柔明断。故使二人留守京邑,授以二节,赏罚在手。其祗允成宪,以称朕心。丕对曰:“谨以死奉诏。”羽对曰:“太尉宜专节度,臣但可副贰而已。”帝曰:“老者之智,少者之决,汝何得辞也?”

及帝还代,丕请作歌,诏许之。歌讫,帝曰:“公倾朕还车,故亲歌述志。今经构已有次第,故暂还旧京,愿后时亦同兹适。”乃诏丕等以移都之事,使各陈志。燕州刺史穆罴进曰:“今四方未平,谓可不移。臣闻黄帝都涿鹿,古昔圣王不必悉居中原。”帝曰:“黄帝以天下未定,故居于涿鹿。既定,亦迁于河南。”广陵王羽曰:“臣思奉神规,光崇丕业,请决之卜筮。”帝曰:“昔轩辕请卜兆,龟焦,乃问天老,谓为善,遂从其言,终致昌吉。然则至人之量未然,审于龟矣。”帝又诏群臣曰:“昔平文皇帝弃背,昭成营居盛乐。道武神武应天,迁居平城。朕幸属胜残之运,故移宅中原。北人比及十年,使其徐移，朕自多积仓储，不令窘乏。"前怀州刺史青龙、前秦州刺史吕受恩等仍守愚固，帝皆抚而答之，辞屈，退。

帝又将北巡，丕迁太傅、录尚书事，频表固让，诏断表启，就家拜授。丕留守，诏在代之事，一委太傅，赐上所乘车马，往来府省。

丕雅爱本风，不达新式，至于变俗迁洛，改官制服，禁绝旧言，皆所不愿。帝亦不逼之，但诱示大理，令共丕生同异。至于衣冕已行，朱服列位，而丕犹常服，列在坐隅。晚乃稍加弁带，而不能修饰容仪。帝以丕年衰体重，亦不强责。及罢降非道武子孙及异姓王者，虽驳于公爵，而利享封邑，亦不快。

帝南征，丕表乞少留，思更图后举。会司徒冯诞薨，诏六军反旆，丕又以熙薨于代都，表求銮驾亲临。诏曰："今洛邑肇构，跂望成劳。开辟暨今，岂有以天子之重远赴舅国之丧？朕纵欲为孝，其如大孝何！纵欲为义，其如大义何！天下至重，君臣道悬，岂宜苟相诱引，陷君不德。令仆已下，可付法官贬之。"又诏以丕为都督、领并州刺史。后诏以平阳畿甸，改封新兴公。

初，李冲文德望所属，既当时贵要，有杖情，遂与子超娶冲兄女，即伯尚妹也。丕前妻子隆，同产数人，皆与别居。后得宫人，所生同宅共产。父子情因此偏。

丕父子大意不乐迁洛。帝之发平城，太子恂留于旧京，及将还洛，隆与穆泰等谋留恂，因举兵据泾北。丕时以老居并州，虽不预始计，而隆、超咸以告丕。丕外虑不成，口乃致难，心颇然之。及帝幸平城，推穆泰等首谋，隆兄弟并是党。丕亦随驾至平城，每于测问，令丕坐观。与元业等兄弟并以谋逆，有司奏处孥戮。诏以丕应连坐，但以先许不死之诏，躬非染逆之身，听免死，仍为太原百姓，其后妻二子听随。隆、超母弟及余庶兄弟皆徙敦煌。丕时年垂八十，犹自平城力载随驾至洛，留洛阳。帝每遣左右慰勉之，乃还晋阳。

孝文崩，丕自并来赴，宣武引见之，以丕旧老，礼有加焉。寻敕留洛阳。后宴于华林都亭，特令二子扶侍坐起。丕仕历六世，垂七十年，位极公辅，而还为庶人，然犹心恋京邑，不能自绝人事。诏以丕为三老。景明四年，薨，年八十二。诏赠左光禄大夫、冀州刺史，谥曰平。

长子隆，先以反诛。隆弟乙升、超，亦同诛。超弟俊、邕，并以军功，俊封新安县男，邕封泾县男。

淮陵侯大头，烈帝之曾孙也。善骑射，擢为内三郎。文成初，封淮陵。性谨密，帝甚重之，位宁北将军。卒，赠高平公，谥曰烈。

河间公齐，烈帝之玄孙也。少雄杰魁岸。太武征赫连昌，太武马蹶，贼逼帝，齐以身蔽捍，决死力战，贼乃退，帝得上马。是日微齐，帝几至危殆。帝以微服入其城，齐固谏不许，乃与数人从帝入。城内既觉，诸门悉闭，帝及齐等因入其宫中，得妇人裙，系之橙上，帝乘而上，因此得拔，于齐有力焉。赐爵浮阳侯。从征和龙，以功拜尚书，进爵为公。后与新兴王俊讨秃发保周，坐事免官爵。

宋将裴方明陷仇池，太武复授齐前将军，与建兴公古弼讨之，遂克仇池，威振羌、氐。复赐爵河间公，与武都王杨保宗对镇骆谷。时保宗弟文德说闭险自固，有期矣，秦州主簿边因知之，密告齐。晨诣保宗，呼曰：“古弼至，欲宣诏。”保宗出，齐叱左右扶保宗上马，驰驿送台。诸氐遂推文德为主，求援于宋。宋遣将房亮之、苻昭、啖龙等率众助文德。齐击斩杀龙，禽亮之，氐遂平。以功拜内都大官。卒，谥敬王。

长子陵袭爵。陵性抗直，天安初，为乙浑所害。

陵弟兰，以忠谨见宠。孝文初，赐爵建阳子，卒于武川镇将。

子志，字猛略，少清辩强干，历览书传，颇有文才，为洛阳令，不避强御，与御史中尉李彪争路，俱入见，面陈得失。彪言：“御史中尉辟承华盖，驻论道剑鼓，安有洛阳令与臣抗衡？”志言：“神乡县主。普天之下，谁不编户？岂有俯同众官，趋避中尉？”孝文曰：“洛阳，我之丰、沛，自应分路扬镳。自今以后，可分路而行。”及出，与彪折尺量道，各取其半。帝谓邢峦曰：“此儿竟可，所谓王孙公子，不娄自雕。"峦曰:"露竹霜条,故多劲节,非鸾则凤,其在本枝也。"

员外郎冯俊,昭仪之弟,恃势恣挝所部里正,志令主史收系,处刑除官。由此忤旨,左迁太尉主簿。俄为从事中郎。车驾南征,帝微服观战所,有箭欲犯帝,志以身鄣之,帝便得免。矢中志目,因此一目丧明。以志行恒州事。

宣武时,除荆州刺史。还朝,御史中尉王显奏志于在州日抑买良人为婢,兼乘请供朝,会赦免。

明帝初,兼迁尉卿。后除扬州刺史,赐爵建忠伯。志在州,威名虽减李崇,亦为荆楚所惮。寻为雍州刺史。晚年耽好声伎,在扬州日,侍侧将百人,器服珍丽,冠于一时。及在雍州,逾尚华侈,聚敛无极,声名遂损。

及莫折念生反,诏志为西征都督讨之。念生遣其弟天生屯龙口,与志相持,为贼所乘,遂弃大众,奔还岐州。贼遂攻城,州刺史裴芬之疑城人与贼潜通,将尽出之,志不听。城人果开门引贼,锁志及芬之送念生,见害。节闵初,赠尚书仆射、太保。

扶风公处真,烈帝之后也。少以壮烈闻,位殿中尚书,赐爵扶风公,委以大政,甚见尊礼。吐京胡曹仆浑等叛,招引朔方胡为援,处真与高凉王那等讨灭之。性贪婪,在军烈暴,坐事伏法。

文安公泥,魏之疏族也。性忠直,有智画。道武厚遇之,赐爵文安公,拜安东将军。卒。

子屈袭爵。明元时,居门下,出纳诏命。性明敏,善奏事,每合上旨。赐爵元城侯,加功劳将军,与南平公长孙嵩、白马侯崔密等并决狱讼。明元东巡,命屈行右丞相,山阳侯奚斤行左丞相,命掌军国,甚有声誉。

后吐京胡与离石胡出以兵等叛,置立将校,外引赫连屈丐。屈督会稽公刘絜、永安侯魏勤捍之。勤没于阵,絜坠马,胡执送屈丐,唯屈众犹存。明元以屈没失二将,欲斩之。时并州刺史元六头荒淫怠事,乃赦屈,令摄州事。屈嗜酒,颇废政事。帝积其前后失,槛车征还,斩于市。

子磨浑,少为明元年知。元绍之逆也,明元潜隐于外,磨浑与叔孙诈云明元所在,绍使帐下二人随磨浑往,规为逆。磨浑既得出,便缚帐下,诣明元斩之。帝得磨浑,大喜,因为羽翼。以勋,赐爵长沙公,拜尚书,出为定州刺史。卒。

昭成皇帝九子:庶长曰寔君,次曰明元帝,次曰秦王翰,次曰阏婆,次曰寿鸠,次曰纥根,次曰地干,交曰力真,次曰窟咄。

寔君性愚,多不仁。昭成季年,苻坚遣其行唐公苻洛等来寇南境,昭成遣刘库仁逆战于石子岭。昭成时不胜,不能亲勒众军,乃率诸部避难阴山,度漠北。高车四面寇抄,复度漠南。苻洛军退,乃还云中。

初,昭成以弟孤让国,乃以半部授孤。孤子斤失职怀怨,欲伺隙为乱。献明皇帝及秦明王翰皆先终,道武年甫五岁,慕容后子阏婆等虽长,而国统未定。斤因是说寔君曰:"帝将立慕容所生,欲先杀汝,是以顷来诸子戎服,夜以兵仗绕庐舍,伺便将发。"时苻洛等军犹在君子津,夜常警备,诸皇子挟仗彷徨庐舍,寔君以斤言为信,乃尽杀诸皇子,昭成亦暴崩。其夜,诸皇子妇及宫人奔告洛军。坚将李柔、张蚝勒兵内逼,部众离散。苻坚闻之,召燕凤问其故,以状对。坚曰:"天下之恶一也!"乃执寔君及斤,辕之长安。

寔君孙勿期,位定州刺史,赐爵林虑侯。卒。子六状,真定侯。

秦王翰,少有高气。年十五,便请征伐,昭成壮之,使领骑二千,长统兵,号令严信,多有克捷。建国十五年,卒。道武即位,追赠秦王,谥曰明。

子仪,长七尺五寸,容貌甚伟,美髯,有算略。少能舞剑,骑射绝人。道武幸贺兰部,侍从出入。登国初,赐爵九原公。从破诸部,有谋战功。

及帝将图慕容垂，遣仪观衅。垂问仪道武不自来之意。仪曰："先人以来，世据北土，子孙相承，不失其旧。乃祖受晋正，爵称代王，东与燕世为兄弟。仪之奉命，理谓非失。"垂壮其对，因戏曰："吾威加四海，卿主不自见吾，云何非失？"仪曰："燕若不修文德，欲以兵威自强，此乃本朝将帅之事，非仪所知也。"及还，报曰："垂死乃可图，今则未可。"帝作色问之，仪曰："垂年已暮，其子宝弱而无威，谋不能决。慕容德自负才气，非弱主之臣，衅将内起，是可计之。"帝以为然。后改封平原公。

道武征卫辰，仪出别道，获卫辰尸，传首行宫。帝大喜，徙封东平公。命督屯田于河亲，自五原至棝阳塞外，分农稼，大得人心。慕容宝之寇五原，仪蹑据朔方，要其还路。及并州平，仪功多，迁尚书令。从围中山。慕容德败也，帝以普骥妻周氏赐仪，并其僮仆财物。寻迁都督中外诸军事、左丞相，进封卫王。中山平，复遣仪讨邺，平之。道武将还代都，置中山行台，诏仪守尚书令以镇之，远近怀附。寻征仪以丞相入辅。又从征高车，仪别从西北破其别部。又从讨姚平有功，赐以绢布绵牛马羊等。

仪膂力过人，弓力将十石，陈留公虔稍大称异，时人云："卫王弓，桓王稍。"太武之初育也，道武喜，夜召仪入，曰："卿闻夜唤，乃不怪惧乎？"仪曰："怪则有之，惧实无也。"帝告以太武生，赐仪御马、御带、缣锦等。

先是，上谷侯岌、张衮、代郡许谦等有名于时，初来入军，闻仪待士，先就仪，仪并礼之，共谈当世之务。谦等三人曰："不原公有大才，不世之略，吾等宜附其尾。"道武以仪器望，待之尤重，数幸其第，如家人礼。仪矜功恃宠，遂与宜都公穆崇伏甲谋乱。崇子逐留在伏士中，道武召之，将有所使。逐留闻召，恐发，逾墙告状，帝秘而恕之。天赐六年，天文多变，占者云："当有逆臣，伏尸流血。"帝恶之，颇杀公卿，欲以厌当天灾。仪内不自安，单骑遁走。帝使人追执之，遂赐死，葬以百姓礼。仪十五子。

纂，五岁，道武命养于宫中，恩与诸皇子同。太武践阼，除安州刺史,封中山公,进爵为王,赐步挽几以优异之。纂好酒爱佞,政以贿成。太武杀其亲嬖人。后悔过修谨,拜内大将军。居官清约简慎,更称廉平。纂于宗属最长,宗室有事,咸就谘焉。薨,谥曰简。

纂弟良,性忠笃。明元追录仪功,封南阳王以绍仪后。

良弟干,善弓马,以骑从明元于白登之东北,有双鸥飞鸣于上,帝命左右射之,莫能中。鸥游飞稍高,干以二箭下双鸥。帝赐之御马、弓矢、金带一,以旌其能,军中于是号干为射鸥都将。从太武南巡,进爵新蔡公。文成即位,拜宰官尚书。卒,谥曰昭。

子祯,胆气过人。太武时,为司卫监。从征蠕蠕,忽遇贼别部,多少不敌。祯乃就山解鞍放马,以示有伏,贼果疑而避之。孝文初,赐爵沛郡公,后拜南豫州刺史。大胡山蛮时钞掠,前后守牧多羁縻而已。祯乃召新蔡、襄城蛮首,使之观射。先进左右能射者二十余人,祯自发数箭皆中,然后命左右以次而射。先出一囚犯死罪者,使参射限,命不中,祯即责而斩之。蛮魁等伏伎畏威,相视股栗。又预教左右取死囚十人,皆著蛮衣,云是钞贼。祯乃临坐,伪举目瞻天,微有风动,祯谓蛮曰:“风气少暴,似有钞贼入境,不过十人,当在西南五十里许。”即命骑追掩,果缚送十人。祯告诸蛮曰:“尔乡里作贼如此,合死以不?”蛮等皆叩头曰“合万死”。祯即斩之。因尉喻遣还,自是境无暴掠。淮南人相率投附者三千余家,置之志东汝水之侧,名曰归义坊。

初,豫州城豪胡丘生数与外交通,及祯为刺史,丘生尝有犯怀恨,图为不轨,诈以婚进城人,告云:“刺史欲迁城中大家,帝之向代。”共谋翻城。城人石道起以事密告祯,速掩丘生,并诸预谋者。祯曰:“吾不负人,人何以叛?但丘生诳误。若即收掩,众必大惧,吾静以待之,不久自当悔服。”语未讫而城中三百人自缚诣州门,陈丘生谲诳之罪。而丘生单骑逃走,祯恕而不问。后征为都牧尚书。卒,赠侍中、仪同三司,谥简公。有八子。

第五子瑞。初,瑞母尹氏有娠致伤,后昼寝,梦一老翁具衣冠告之曰:“吾赐汝一子,汝勿忧也。”寤而私鼓,又问筮者,筮者曰:“大吉。"未几而生瑞。祯以为协梦，故中瑞，字天赐。位太中大夫。卒，赠太常卿。

仪弟烈，刚武有智略。元绍之逆，百僚莫敢有声。唯烈行出外，诈附绍，募执明元，绍信之，自延秋门出。遂迎立明元。以功进爵阴平王。薨，谥曰熹。子求袭。弟道子，位下大夫。道子子洛，位羽林幢将。洛子乞，中散大夫。乞子晏，孝静初，累迁吏部尚书，平心不挠，时论称之。出为瀛州刺史，在任未几，百姓欣赖。蒋天乐之逆，见引，诏录送定州赐死。晏好集图籍，家书多秘阁，诸有假借，咸不逆其意，亦以此见称。

烈弟觚，勇烈有胆气。少与兄仪从道武，侍卫左右。使于慕容垂，垂末年政在群下，遂止觚以求赂，道武绝之。觚率左右驰还，为垂子宝所执，垂待之更厚。因留心学业，诵读经书数十万言，垂国人咸称重之。道武之讨中山，慕容普骥遂害觚以固众心，帝闻之哀恸。及平中山，发普骥冢，斩其尸，收议害觚者傅高霸、程同等，皆夷五族，以大刃挫杀之。乃葬觚，追谥秦愍王，封子婴为豫章王以绍觚。

常山王遵，寿鸠之子也。少而壮勇，不拘小节。道武初，有佐命勋，赐爵略阳公。慕容宝之败也，别率骑七百，邀其归路，由是有参合之捷。及平中山，拜尚书左仆射，加侍中，镇勃海之合口。及博陵、勃海群盗起，遵讨平之，迁州牧，封常山王。遵好酒色，天赐四年，坐醉乱，失礼于太原公主，赐死，葬以百姓礼。

子素，明元从母所生，特见亲宠。太武初，复袭爵。休屠郁原等叛，素讨之，斩渠率，徙千余家于涿鹿之阳，立平原郡以处之。及平统万，以素有威怀之略，拜假节、征西大将军以镇之。后拜内都大官。文成即位，务崇宽政，罢诸杂调。有司奏国用不足，固请复之，唯素曰："臣闻百姓不足，君孰与足？"帝善而从之。素，宗属之懿，又年老，帝每引入，访以政事，固辞疾归第。雅性方正，居官五十载，终始若一，时论贤之。薨，谥曰康，陪葬金陵，配飨庙廷。

长子可悉陵，年十七，从太武猎，逐一猛兽，陵遂空手搏之以献。帝曰:"汝才力绝人,当为国立功立事,勿如此也!"即拜内行阿干。又从平凉州,沮渠茂虔令一骁将与陵相击,两槊皆折,陵抽箭射之坠马。陵恐其救至,未及拔剑,以刀子戾其颈,使身首异处。帝壮之,即日拜都幢将,封暨阳子。卒于中军都将。

弟陪斤袭爵,坐事国除。

陪斤子昭,小字阿倪,尚书张彝引兼殿中郎。孝文将为齐郡王兰举哀,而昭乃作宫悬。帝大怒,诏曰:"阿倪愚骏,谁引为郎?"于是黜彝白衣守尚书,昭遂停废。宣武时,昭从弟晖亲宠用事,稍迁左丞。宣武崩,于忠执政,昭为黄门郎,又曲事之。忠专权擅威,枉陷忠贤,多昭所指导也。灵太后临朝,为尚书、河南尹,聋而狠戾,理务峭急,所在患之。寻出为雍州刺史,在州贪虐,大为人害。后入为尚书,谄事刘腾,进号征西将军。卒,赠尚书左仆射。纳货元叉,所以赠礼优越。

子玄,字彦道,以节俭知名。孝庄时,为洛阳令。及节闵即位,玄上表乞葬庄帝,时议善之。后除尚书左丞。孝武帝即位,以孙腾为左仆射。腾即齐神武心膂,仗入省,玄依法举劾,当时咸为玄惧。孝武重其强正。封临淄县子。及从入关,封陈郡王,位仪同三司,加开府。薨,谥曰平。昭弟绍,字丑伦,少聪慧。迁尚书右丞。绍断决不避强御。宣武诏令检赵修狱,以修佞幸,因此遂加杖罚,令其致死。帝责绍不重闻,绍曰:"修奸佞甚于董贤,臣若不因衅除之,恐陛下复□哀帝之名。"以其言正,遂不罪焉。及出。广平王怀拜绍,贺曰:"阿翁乃皇家之正直,虽朱云、汲黯何以仰过!"绍曰:"但恨戮之稍晚,以为愧耳。"卒于凉州刺史。

陪斤弟忠,字仙德,以忠谨闻。孝文时,累迁右仆射,赐爵城阳公,加侍中、镇西将军,有翼赞之勤,百僚咸敬之。太和四年,病笃辞退,养疾于高柳,舆驾亲送都门之外,群僚侍臣执别者莫不涕泣。及卒,皆悼惜之,谥曰宣,命有司为立碑铭。

子盛,字始兴,袭爵,位谒者仆射。卒。

子懋,字柏邑,袭爵,降为侯。从驾入关,封北平王。薨,赠尚书左仆射,谥曰贞慧。

子陟,字景升,开府仪同三司。

弟顺,字敬叔,从孝武入关,封濮阳王,位侍中。及武帝崩,秘未发丧,诸人多举广平王为嗣。顺于别室垂涕谓周文曰:"广平虽亲,年德并茂,不宜居大宝。"周文深然之,因宣国讳,上南阳王尊号。以顺为中尉,行雍州事,又加开府仪同三司、秦州刺史。顺善射。

初,孝武在洛,于华林园戏射,以银酒卮容二升许,悬于百步外,命善射者十余人共射,中者即以赐之。顺发矢即中,帝大悦,并赏金帛。顺仍于箭孔徙铸一银童,足蹈金莲,手持划炙,遂勒背上,序其射工。

子伟,字子猷,有清才。大统十六年,封南安郡王。及尉迟迥伐蜀,以传为司录,书檄文言,皆伟所为。六官建,拜师氏下大夫,改淮南县公。周明帝初,拜师氏中大夫,受诏于麒麟殿刊正经籍。建德中,累迁小司寇,为使主,报聘于齐。是秋,武帝亲戎东讨,伟遂为齐所留。齐平,伟方见释,加授上开府。后除襄州刺史,位大将军。伟性温柔,好虚静,笃学爱文。初自邺还,庾信赠其诗曰:"梁亡垂棘反,齐平宝鼎归。"为辞人所重如此。后疾卒。

盛弟寿兴,少聪慧好学。宣武初,为徐州刺史,在官贪虐,失于人心。其从兄侍中晖深害其能,因谮之于帝,诏尚书崔亮驰驿检核。亮发日,受晖旨,遂鞭挞三寡妇,令其自诬,称寿兴压己为婢。寿兴终恐不免,乃令其外弟中兵参军薛修义将车十乘,运小麦,经其禁之旁。寿兴因逾墙出,修义以大木函盛寿兴,其上加麦,载之而出,遂至河东,匿修义家。逢赦乃出,见帝,自陈为晖所谮,帝亦更无所责。

初,寿兴为中庶子时,王显在东宫,贼,因公事,寿兴杖之四十。及显有宠,为御史中尉,奏寿兴在家每有怨言,诽谤朝廷,因帝极饮,无所觉悟,遂奏其事,命帝注可,直付寿兴赐死。帝书半不成字,当时见者亦知非本心,但惧晖等威,不敢申拔。及行刑日,显自往看之。寿兴命笔自作墓志铭曰:"洛阳男子,姓元名景,有道无时,其年

不永。"余文多不载。顾谓其子曰："我棺中可著百张纸,笔两枚,吾
欲讼显于地下。若高祖之灵有知,百日内必取显。如遂无知,亦何
足恋!"及宣武崩,显寻被杀。寿兴之死,时论亦以为前任中尉弹高
□谗讽所致。灵太后临朝,三公郎中崔鸿上疏理寿兴,诏书追雪,赠
豫州刺史,谥曰庄。

子最,字干,从孝武入关,封乐平王,位侍中,兼尚书左仆射,加
特进。

寿兴弟益生,少亡。

子毗,字休弼。武帝之在藩邸,少亲之,及即位,出必陪乘,入于
卧内。及帝与齐神武有隙,时议者各有异同。或劝天子入夷,或言
与齐神武决战,或云奔梁。唯毗数人以关中帝王桑梓,殷勤叩头请
西入。策功论赏,毗与领军斛斯椿等十三人为首,封魏郡王。时王
者邑止一千户,唯毗邑一千五百。齐神武宣告关东云:"将天子西
入,事起元毗,虽百赦不在原限。"薨,谥曰景。子绰。

忠弟德,封河间公,卒于镇南将军,赠曹州刺史。

德子悝,颍川太守,卒于光州刺史,谥曰恭。

子嶷,字子仲。孝武初,授兖州刺史。于时城人王奉伯等相扇
谋逆,弃城出走,悬门发,断嶷要而出。诏齐州刺史尉景、本州刺史
蔡俊各部在州士往讨之,嶷返复任。封濮阳县伯。孝静时,转尚书
令,摄选部。嶷虽居重任,随时而已。薨于瀛州刺史,赠司徒公,谥
曰靖懿。

悝弟晖,字景袭。少沉敏,颇涉文史。宣武即位,为给事黄门侍
郎。

初,孝文迁洛,旧贵皆难移,时欲和众情,遂许冬则居南,夏便
居北。宣武颇惑左右之言,外人遂有还北之问,至乃牓卖田宅,不安
其居。晖乃请间言事,具奏所闻,曰:"先皇移都,以百姓恋土,故发
冬夏二居之诏,权宁物意耳。乃是当时之言,先皇深意。且比来迁
人,安居岁久,公私计立,无复还情。伏愿陛下终高祖既定之业,勿
信邪臣不然之说。"帝纳之。

再迁侍中，领右卫将军。虽无补益，深被亲宠。凡在禁中要密之事，晖别奉旨，藏之于柜，唯晖入乃开，其余侍中、黄门莫有知者。侍中卢昶亦蒙恩昵，故时人号曰："饿彪将军，饥鹰侍中"。迁吏部尚书。纳货用官，皆有定价，大郡二千匹，次郡一千匹，下郡五百匹，其余官职各有差，天下号曰市曹。出为冀州刺史。下州之日，连车载物，发信都至汤阴间，首尾相属，道路不断。其车少脂角，即于道上所逢之牛，生截取角，以充其用。晖检括丁户，听其归首，出调绢五万匹。然聚敛无极，百姓患之。

明帝初，征拜尚书左仆射，诏摄吏部选事。后诏晖与任城王澄、京兆王愉、东平王匡共决门下大事。

晖又上书论政要：

其一曰：御史之职，务使得贤。必得其人，不拘阶秩，久于其事，责其成功。

其二曰：安人宁边，观时而动。顷来边将亡远大之略，贪万一之功，楚、梁之好未闻，而蚕妇之怨屡结，斯乃庸人所为，锐于奸利之所致也。平吴之计，自有良图，不在于一城一戍也。又河北数州，国之基本，饥荒多年，户口流散，方今境上，兵复征发，即如此日，何易举动？愚谓数年以来，唯宜静边，以息召役，安人劝农，惠此中夏。请严敕边将，自今有贼戍求内附者，不听辄遣援接，皆须表闻。违者虽有功，请以违诏书论。

三曰：国之资储，唯籍河北。饥馑积年，户口逃散，生长奸诈，因生隐藏，出缩老小，妄注死失，收人租调，割入于己。人困于下，官损于上。自非更立权制，善加检括，损耗之来，方在未已。请求其议，明宣条格。

帝纳之。

晖雅好文学，招集儒士崔鸿等撰录百家要事，以类相从，名为《科录》，凡二百七十卷，上起伏羲，迄于晋，凡十四代。晖疾笃，表上之。卒，赐东园秘器，赠使持节、都督中外诸军事、司空公，谥曰文宪。将葬，给羽葆班剑鼓吹二十人，羽林百二十人。

子彧，字宗辅，性和厚，美容仪。以庄帝舅子婿，特封广川县子。天平初，累迁尚书令。彧妹为孝武所纳，以亲情见委，礼遇特隆。历中书监、录尚书事，位特进、宗师。齐受禅，除左光禄大夫。天保三年，卒。十年，诸子与诸元同诛死。

彧弟子士将，有巧思。至齐武成时，位将作大匠。

德弟赞，颇有名誉，好陈军国事宜。初置司州，以赞为刺史，赐爵上谷侯。孝文戒赞化畿甸，可宣孝道，必令风教洽和，文礼大备。自今有不孝不悌者，比其门栅，以刻其柱。又诏曰："司州刺史，官尊位重，职总京畿，选属懿亲，以允具瞻之望。但诸王年少，未闲政体，故以授赞，庶能助晖道化。今司州始立，郡县初置，公卿已下皆有本属，可人率子弟，用相展敬。"于是赐名曰"赞"。诏赞乘步挽入殿门，加太子太师，迁左仆射。孝文将谋迁洛，诸公多异同，唯赞赞成大策。帝每岁南伐，执手寄以后事。卒，赠卫将军，仆射如故。后以留守赞辅之功，进封晋阳县伯。

赞弟淑，字买仁。弯弓三百斤，善骑射。孝文时，为河东太守。河东俗多商贾，罕事农桑，人至有年三十不识末耜。淑下车劝课，躬往教示，二年间，家给人足，为之谣曰："泰州河东，杼柚代春。元公至止。田畴始理。"卒于平城镇将，谥曰静。有七子。

季海字元泉，兄弟中最有名誉，位洛州刺史。季海妻，司空李冲之女，庄帝从母也，赐爵唐郡君。政在尔朱，祸难方始，劝季海为外官以避纤介。及孝庄之难，季海果以在藩得免。从孝武入关，封冯翊王，位中书令、雍州刺史，迁司空。病薨，谥曰穆。

子亨，字德良，一名孝才。遇周、齐分隔，时年数岁，与母李氏在洛阳。齐神武以亨父在关中，禁固之。其母遂称冻馁，得就食汤阴，托大豪李长寿，携亨及孤侄数人，得至长安。周文以功臣子，甚礼之。大统末，袭爵冯翊王，累迁勋州刺史，改封平凉王。周受禅，例降为公。隋文帝受禅，自洛州刺史征拜太常卿。寻出为卫州刺史，在职八年，风化大洽。以老病乞骸骨，吏人诣阙上表请留，上嗟叹者之久。其年，亨以笃疾，重请还京，上令使者致医药，问动静，相望于道。卒于家，谥曰宣。

　　陈留王虔，纥根之子也。登国初，赐爵陈留公。与卫王仪破黜弗部，从卫辰。慕容宝来寇，虔绝其左翼，宝败。垂怒愤来桑乾，虔勇而轻敌，于陈战没。

　　虔姿貌魁杰，武力绝伦，每以矛细短，大作之。犹患其轻，复缀铃于刃下。其弓力倍加常人。以其殊异，代京武库常存而志之。虔常以矟刺人，遂贯而高举。又尝以一手顿矟于地，驰马伪退，敌人争取，引不能出。虔引弓射之，一箭杀二三人，摇矟之徒，亡魂而散，徐乃令人取矟而去。每从征讨，及为偏将，常先登陷阵，勇冠当时，敌无众寡，莫敢抗其前者。及薨，举国悲叹，为之流涕，道武追惜伤恸者数焉。追谥陈留桓王，配飨庙廷，封其子悦为朱提王。

　　悦外和内很。道武常以桓王死王事，特加亲宠，为左将军，袭封，后为宗师。悦恃宠骄矜，每谓所亲王洛生之徒言曰："一旦宫车晏驾，吾止避卫公。除此，谁在吾前！"卫王仪美髯，为内外所重，悦故云。初，姚兴之赎狄伯支，悦送之，路由雁门，悦因背诱奸豪，以取其意。后遇事遣逃亡，投雁门，规收豪杰，欲为不轨，为土人执送。帝恕而不罪。明元即位，引悦入侍，仍怀奸计，说帝云："京师杂人不可保信，宜诛其非类者。"又云："雁门人多诈，并可诛之。"欲以雪私忿，帝不从。悦内自疑惧，怀刃入侍，谋为大逆。叔孙俊疑之，窃视其怀有刃，执而赐死。

　　弟崇，太武诏令袭桓王爵。崇性沉厚。初，卫王死后，道武欲敦宗亲之义，诏引诸王子弟入宴。常山王素等三十余人咸谓与卫王相坐，疑惧，皆出逃遁，将奔蠕蠕，唯崇独至。道武见之，甚悦，厚加礼赐，遂宠敬之，素等于是亦安。久之，拜并州刺史，有政绩。从征蠕蠕，别督诸军出大泽，越涿耶山，威慑漠北。薨，谥曰景王。

　　子建袭，降爵为公，位镇北将军、怀荒镇大将。卒。建子琛，位恒、肆二州刺史。琛子翌，尚书左仆射。翌子晖。

　　晖字叔平，须眉如画，进止可观。好涉猎书记，少得美名于京下。周文礼之，命与诸子游处，每同砚席，情契甚厚。再迁武伯下大夫。时突厥屡为寇患，朝廷将结和亲，令晖买锦彩十万，使突厥。晖说以利害，可汗大悦，遣其名王随献方物。俄拜仪同三司。周武帝之聘突厥后，令晖致礼。授开府，转司宪大夫。及平关东，使晖安集河北，封义宁子。隋文帝总百揆，加上开府，进爵为公。开皇初，拜都官尚书，兼领太仆。奉诏决杜阳水灌三畤原，溉泻卤之地数千顷，人赖其利。再迁兵部尚书，监漕渠之役。未几，坐事免。顷之，拜魏州刺史，颇有惠政。后以疾去职，卒于京师。帝嗟悼久之，敕鸿胪监护丧事，谥曰元。子肃嗣，位光禄少卿。肃弟仁，器性明敏，位日南郡丞。

建弟嫡子祚，字龙寿。宣武校艺，每于岁暮，诏令教习讲武。初，建以子罪失爵，祚欲求本封。有司奏听祚袭公，其王爵不轻，共求更议，诏从之。卒于河州刺史。节闵时，赠侍中、尚书仆射。

虔兄颛，性严重少言，道武常敬之，雅有谋策。多平中山，以功赐爵蒲城侯，特见宠厚，给鼓吹羽仪，礼同岳牧，莅政以威信著称，居官七年，乃以元易干代颛为郡，时易干子万言得宠于道武，易干恃其子，轻忽于颛，不告其状，轻骑卒至，排颛坠床，而据其坐。颛不知代己，谓以罪见捕，既而知之，耻其侮慢，谓易干曰："我更满被代，常也。汝无礼见辱，岂可容哉！"遂搏而杀之。以状具闻，道武壮之。万言累以诉请，乃诏颛输赎。颛乃自请罪，道武赦之，复免其赎。病卒。

子岢，太武时袭父爵，以功除统万镇将。后从永昌王仁南征，别出汝阴。济淮，宋将刘康祖屯于慰武亭以邀军路，师人患之。岢曰："今大风既劲，若令推草车，方轨并进，乘风纵烟火，以精兵自后乘之，破之必矣。"从之，斩康祖，传首行宫。文成即位，除秦州刺史，进爵陇西公。卒，谥曰定公。子琛袭爵。

毗陵王顺，地干之子也。性疏很。登国初，赐爵南安公。及道武讨中山，留顺守京师。柏肆之败，军人有亡归者，言大军奔散，不知帝所在。顺闻之，欲自立，纳莫题谏，乃止。时贺力眷等聚众作乱于阴馆，顺讨之不克，乃从留官自白登南入繁畤故城，阻灅水为固，以宁人心。道武善之，进封为王，位司隶校尉。

道武好黄、老，数召诸王及朝臣亲为说之，在坐莫不祗肃，唯顺独坐寐，不顾而唾。帝怒废之。以王薨于家。

辽西公意烈，力真之子也。先没于慕容垂。道武征中山，弃妻子迎于井陉。及平中原，有战获勋，赐爵辽西公，除广平太守。时和跋为邺行台，意烈性雄耿，自以帝属，耻居跋下，遂阴结徒党，将袭邺。发觉，赐死。

子拔干，博知古今。父虽有罪，道武以拔干宗亲，委之心腹。有计略，屡效忠勤。明元践阼，除勃海太守，吏人乐之。赐爵武遂子，转平原镇将，得将士心。卒，谥曰灵公子。

子受洛袭，进爵武邑公。卒。

子叱奴，武川镇将。

叱奴子洪超，颇有学涉，大乘贼乱之后，诏洪超持节兼黄门侍郎，绥慰冀部。还，上言冀土宽广，界去州六七百里，负海险远，宜分置一州，镇遏海曲，朝议从之，后遂立沧州。卒于北军将、光禄大夫。

意烈弟勃，善射御，以勋赐爵彭城公。卒，谥曰□。陪葬金陵。

长子粟袭。太武时，督诸军屯漠南。蠕蠕表闻。粟亮直，善驭众，抚恤将士，必与之同劳逸。征和龙，以功进封为王。薨，陪葬金陵。

粟弟浑，少善弓马，太武嘉之。会有诸方使，命浑射兽三头，发皆中，时举坐咸以为善。及为宰官尚书，颇以骄纵为失，坐事免，徙长社，为人所害。

子库汗，为羽林中郎将。从北巡，有兔起乘舆前，命库汗射之，应弦而毙。太武悦，赐一金兔，以旌其能。文成起景穆庙，赐爵阳丰侯。献文即位，复造文成庙，拜殿中给事，进爵为公。库汗明于断决，每奉使察行州镇，折狱以情，所历皆称之。秦州父老诣阙乞库汗为刺史者,前后千余人,朝廷许之,未及遣,遇病卒。子古辰袭。

　　窟咄,昭成崩,后苻洛以其年长,逼徙长安。苻坚礼之,教以书学。因乱,随慕容永东迁,永以为新兴太守。刘显之败,遣弟亢埿等迎窟咄,遂逼南界,于是诸部骚动。道武右于桓等谋应之,同谋人单乌干以告帝。帝虑骇人心,沉吟未发。后三日,桓以谋白其舅穆崇,又告之,帝乃诛桓等五人,余莫题等七姓悉原不问。帝虑内难,乃北逾阴山,幸贺兰部,遣安同及长孙漫征兵于慕容垂。贺曼亡奔窟咄;安同间行,遂达中山。慕容垂遣子贺驎步骑六千以随之。安同与垂使人兰纥俱还,达牛川,窟咄兄子意烈捍之。安同乃隐藏于商贾囊中,至暮,乃入空井得免,仍奔贺驎。军既不至,而稍前逼贺染干。贺染干阴怀异端,乃为窟咄来侵北部。人皆惊骇,莫有固志,于是北部大人叔孙普洛节及诸乌丸亡奔卫辰。贺驎闻之,遽遣安同、朱谭等来。既知贺驎军众,众乃少定。道武自弩山幸牛川,窟咄进屯高柳。道武复使安同诣贺驎,因克会期。安同还,帝逾参合,出代北,与贺驎会于高柳。窟咄穷迫,望旗奔走,遂为卫辰杀之。帝悉收其众,贺驎执帝别归中山。

　　论曰:魏氏始自幽都,肇基帝业。上谷公等分枝若木,疏派天潢。或缵预经纶,大开土宇,或迹同凶悖,自致歼夷,其祸福之来,唯人所召。至如神武之不事黄屋,高揖万乘,义感邻国,祚隆帝统,太伯、延陵未足多也。高凉让国之胤,子那猛壮之风,或大位未加,或功不赎罪,褒德图劳,其义为阙。松滋气干相承,声迹俱显。天穆得不以道,任过其量,持盈必悔,杀身为幸。武卫父子兼将,丕略始见器重,终以奸弃,不足观矣。河间、扶风,武烈宣著,宗子之可称乎!卫王英风猛概,折冲见重,谋之不臧,卒以自丧。秦王体度恢伟,陈留胆气绝伦,亡身强寇,志力不展,惜哉!常山勇冠戚属,与魏升降,亦以优乎!阴平忠烈,蒲阴器宇,荣宠兼萃,盖有由焉。毗陵疏很,辽西狷介,全身保位,固亦难矣。苻坚之辖寠君,卫辰之诛窟咄,逆子贼臣，盖亦天下之恶一焉。

北史卷一六
列传第四

道武七王

清河王绍　阳平王熙　河南王曜
河间王脩　长乐王处文　广平王连
京兆王黎

明元六王

乐平王丕　安定王弥　乐安王范
永昌王健　建宁王崇　新兴王俊

太武五王

晋王伏罗　东平王翰　临淮王谭
广阳王建　南安王余

道武皇帝十男：宣穆刘后生明元皇帝。贺夫人生清河王绍。大王夫人生阳平王熙。王夫人生河南王曜。河间王修、长乐王处文二王母氏阙。段夫人生广平王连、京兆王黎。皇子浑及聪母氏并阙，皆早薨，无传。

清河王绍，字受洛拔，天兴六年封。性凶很险悖，好劫剥行人，斫射犬豕，以为戏乐。有孕妇，绍剖观其胎。道武尝怒之，倒悬井中，垂死乃出。明元常以义方责之，由此不协。而绍母贺夫人有谴，帝将杀之。会日暮，未决。贺氏密告急于绍，绍乃与帐下及宦者数人逾宫犯禁。帝惊起，求弓刃不及，暴崩。明日，宫门至日中不开，绍称诏召百僚于西宫端门前北面，绍从门扇间谓曰："我有父，亦有兄，公卿欲从谁也？"王公以下皆失色，莫有对者。良久，南平公长孙嵩曰："臣等不审登遐状。"唯阴平公元烈哭泣而去。于是朝野凶凶，人怀异志。肥如侯贺护举烽于安阳城北，故贺兰部人皆往赴之，其余旧部，亦率子弟，招集故人，往往相聚。绍闻人情不安，乃出布帛班赐王公以下。

先是，明元在外，闻变乃还，潜于山中，使人夜告北新侯安同，众皆响应。卫士执送绍，于是赐绍母子死，诛帐下阉官、宫人为内应者十数人。其先犯乘舆者，群臣于城南都街生脔食之。绍时年十六。

绍母即献明皇后妹也，美而艳。道武如贺兰部，见而悦之，告献明后请纳焉。后曰："不可。此过美，不善，且已有夫。"帝密令人杀其夫而纳之，生绍，终致大逆焉。

阳平王熙，天兴六年封。聪达有雅操。明元练兵于东部，诏熙督十二军校阅，甚得军仪，赏赐隆厚。泰常六年，薨，帝哀恸不已。长子佗袭爵。佗性忠厚，武艺无过者。后改封淮南王，镇武牢，威名甚著。孝文时，位司徒，赐安车几杖，入朝不趋。太和十二年，薨。时孝文有事太庙，始荐，闻之，废祭，舆驾亲临哀恸，礼赗有加，谥曰靖王。

世子吐万早卒。

子僖王显袭祖爵，薨。

子世遵袭。孝明时，为荆州刺史。在边境，前代以来，互相抄掠，世遵到州，不听侵扰。其弟均时在荆州，为朝阳戍主。有南戍主妻，三月三日游戏泹水侧，均辄遣部曲掠取。世遵闻之，责均，遂移还本戍，吴人感荷。后颇行货贿，散费边储，是以声名有损。薨于定州刺史，谥曰康王。

吐万弟钟葵，早卒。

长子法寿，累迁安州刺史。法寿先令所亲，微服入境，观察风俗，下车便大行赏罚，于是境内肃然。后于河阴遇害。

子庆智，性贪鄙。为太尉主簿，事无大小，得物然后判，或十数钱，或二十钱，得便取之，府中号为"十钱主簿"。

法寿弟法僧，位益州刺史，杀戮自任，威怒无恒。王、贾诸姓，州内人士，法僧皆召为卒伍，无所假纵，于是合境皆反，招引外寇。后拜徐州刺史。法僧本附元叉，以骄恣，恐祸及己，将谋为逆。时领主书兼舍人张文伯奉使徐州，法僧谓曰："我欲与卿去危就安，能从我否？"文伯曰："安能弃孝义而从叛逆也！"法僧将杀之，文伯骂曰："仆宁死见文陵松柏，不能生作背国之虏！"法僧杀之。孝昌元年，法僧杀行台高谅，反于彭城，自称尊号，改元天启。大军致讨，法僧奔梁，其武官三千余人戍彭城者，法僧皆印额为奴，逼将南度。梁武帝授法僧司空，封始安郡王，寻改封宋王，甚见优宠。又进位太尉，仍立为魏主。不行，授开府仪同三司、郢州刺史，乃征为太尉。卒于梁，谥曰襄厉王。子景仲。

景隆初封丹杨公，位广州刺史，徙徐州，改封彭城王。丁父忧，袭封宋王，又为广州刺史。卒。

梁复以景仲为广州刺史，封枝江县公。侯景作乱，遣诱召之，许奉为主。景仲将应之，为西江督护陈霸先所攻，乃缢而死。

河南王曜，天兴六年封。五岁，尝射雀于道武前，中之，帝惊叹焉。及长，武艺绝人，与阳平王熙等并督诸军讲武，众咸服其勇。薨。

长子提袭，骁烈有父风，改封颍川王。迎昭仪于塞北，时年十六，有夙成之量，殊域敬焉。后改封武昌，累迁统万镇都大将，甚见宠待。薨，谥曰成王。

长子平原袭爵。忠果有智略。为齐州刺史，善于怀抚。孝文时，祅贼司马小君自称晋后，屯聚平陵，年号圣君。平原身自讨击，禽小君，送京师斩之。又有祅人刘举，自称天子，复讨斩之。时岁频不登，齐人饥馑，平原以私米三千余斛为粥，以全人命。北州戍卒一千余人，还者皆给路粮，百姓咸称咏之。迁征南大将军、开府、雍州刺史，镇长安。薨，谥曰简王。

长子和，字善意，袭爵。初，和聘乙氏公主女为妃，生子显，薄之，以公主故，不得遣出。因忿，遂自落发为沙门。既不幸其母，乃舍显，以爵让其次弟鉴，鉴固辞。公主以其外孙不得袭爵，诉于孝文。孝文诏鉴终之后，令显袭爵，鉴乃受之。

鉴字绍达，沉重少言，宽和好士。为齐州刺史。时革变之始，鉴上书遵孝文之旨，采齐之旧风，轨制粲然，皆合规矩。孝文下诏褒美，班之天下，一如鉴所上。齐人爱咏，咸曰耳目更新。

孝文崩后，和罢沙门归俗，弃其妻子，纳一寡妇曹氏为妻。曹氏年长，大和十五岁，携男女五人，随鉴至历城，干乱政事。和与曹及五子七处受纳，鉴皆顺其意，言无不从。于是狱以贿成，取受狼籍，齐人苦之，鉴名大损。转徐州刺史。属徐、兖大水，人多饥饿，鉴表加赈恤，人赖以济。先是，京兆王愉为徐州，王既年少，长史卢阳乌宽以驭下，郡县多不奉法。鉴表梁郡太守程灵虬虐政残人，盗寇并起。诏免灵虬，于是徐境肃然。薨，谥悼王。

和与鉴子伯崇竞求承袭，诏听和袭，位东郡太守。先是，郡人孙天恩家豪富，尝与和争地，遣奴客打和垂死。至此，和诬天恩与北贼来往，父子兄弟一时俱戮，资财田宅皆没于官。天恩宗从欲诣阙诉冤，以和元叉之亲，不敢告列。和语其郡人曰："我觅一州，亦应可得。念此小人，痛入骨髓，故乞此郡，以报宿怨，此后更不求富贵。"

识者曰:"王当没于此矣。"薨,赠相州刺史。

河间王脩,天赐四年封。薨,无子,太武诏河南王曜子羯儿袭,改封略阳王。正平初,有罪赐死,爵除。

长乐王处文,天赐四年封。聪辩夙成。年十四,薨。明元悼伤之,自小敛至葬,常亲临哀恸。陪葬金陵。无子,爵除。

广平王连,天赐四年封。薨,无子,太武以阳平王熙第二子浑为南平王,以继连后。

浑好弓马,射鸟辄历飞而中之,日射兔得五十头。太武尝命左右分射,胜者中的筹满,诏浑解之,三发皆中。帝大悦,器其艺能,常引侍左右。累迁凉州镇将、都督西戎诸军事、领护西域校尉,恩著凉土。更满还京,父老皆涕泣追送,如违所亲。薨。

子飞袭,后赐名霄。身长九尺,腰带十围,容貌魁伟,雅有风则。贞白卓然,好直言正谏,朝臣惮之。孝文特垂钦重,除宗正卿。诏曰:"自今奏事,诸臣相称,可云姓名;唯南平王一人,可直言其封。"迁左光禄大夫。薨,赐东园第一秘器,孝文缌衰临霄丧,宴不举乐,谥曰安王。子纂袭。

京兆王黎,天赐四年封。薨。

子吐根袭,改封江阳王。薨,无子。献文以南平王霄第二子继字世仁为后,袭封江阳王。宣武时,为青州刺史,为家僮取人女为妇妾,又以良人为婢,为御史所弹,坐免官爵。及灵太后临朝,继子又先纳太后妹,复继本封。后徙封京兆王,历司徒,加侍中。继,孝文时已历内外显任,灵太后临朝,入居心膂,历转台司。频表逊位,转太保,侍中如故,加前后部鼓吹。诏以至节,礼有朝庆,继位高年宿,可依齐郡王简故事,朝讫引坐,免其拜伏。转太傅,侍中如故。时叉执杀生之权,拜受之日,送者倾朝,有识者为之致惧。又诏令乘步挽至殿廷，两人扶侍，礼与丞相高阳王埒。后除使持节、侍中、太师、大将军、录尚书事、大都督、节度西道诸军事。及出师，车驾临饯，倾朝祖送。寻加太尉公。及班师，继启求还复封江阳，诏从之。

继晚更贪婪，牧守令长新除赴官，无不受纳货贿，以相托付，妻子各别请属，至乃郡县微吏，亦不获平心选举。凭乂威势，法官不敢纠摘，天下患之。乂黜，继废于家。

初，尔朱荣之为直寝，数以名马奉乂，乂接以恩意，荣甚德之。建义初，复以继为太师、司州牧。永安元年，薨，赠假黄钺、都督九州诸军，录尚书事、大丞相如故，谥曰武烈。

乂字伯俊，小字夜叉。灵太后临朝，以乂妹夫，除通直郎。乂妻封新平君，后迁冯翊君，拜女侍中。乂女夭，灵太后诏赠乡主。乂累加侍中、领军将军。既在门下，兼总禁兵，深为灵太后所信委。

太傅、清河王怿以亲贤辅政，每欲斥黜之。乂遂令通直郎宋维，告司染都尉韩文殊欲谋逆立怿，怿坐禁止。后穷案无实，怿虽得免，犹以兵卫守于宫西别馆。久之，乂恐怿终为己害，乃与侍中刘腾密谋，诈取主食中黄门胡度、胡定列，诬怿云：“货度等金帛，令以毒药置御食中以害帝。”腾以具奏。明帝信之，乃御显阳殿。腾闭永巷门，灵太后不得出。怿入，遇乂于含章殿后，命宗士及直斋执怿衣袂，将入含章东省。腾称诏集公卿议，以大逆论。咸畏乂，无敢异者。唯仆射游肇执意不同。乂、腾持公卿议入奏，夜中杀怿。

于是假为灵太后辞逊诏，乂遂与太师、高阳王雍等辅政。常直禁中，明帝呼为姨父。自后百僚重迹。后帝徙御徽音殿，乂亦入居殿右，曲尽佞媚，遂出入禁中，恒令勇士持刀剑以自先后。乂于千秋门外厂下施木栏槛，有时出入，止息其中，腹心防守，以备窃发。

初，乂之专政，矫情自饰，劳谦待士。得志之后，便自骄愎，耽酒好色，与夺任情。乃于禁中自作别库掌握之，宝充轫其中。乂曾卧妇人于食舆，以帕覆之，舆入禁内，出亦如之，直卫虽知，莫敢言者。姑姊妇女，朋淫无别。政事怠堕，纲纪不举，州镇多非其人，于是天下遂乱矣。乂自知不法，恐被废黜，乃阴遣从弟洪业召武州人姬库根等与之聚宴,遂为誓盟,欲令为乱,朝廷必以己为大将军往伐,因以共为表里,如此可得自立。根等然其言,乃厚遗根等,遣还州,与洪业买马。

从刘腾死后,防卫微缓,叉颇亦自宽,时宿于外,每日出游,留连他邑。灵太后微察知之。正光五年秋,灵太后对明帝谓群臣,求出家于嵩山闲居寺,欲自下发。帝与群臣大惧,叩头泣涕。遂与太后密谋图之。乃对叉流涕,叙太后欲出家忧怖之心。叉乃劝帝从太后意。于是太后数御显阳,二宫无复禁碍。举其亲元法僧为徐州刺史,法僧据州反叛。灵太后数以为言,叉深愧悔。丞相、高阳王雍虽位重于叉,而甚畏惮。会太后与帝游洛水,遂幸雍第,定图叉之计。后雍从帝朝太后,乃进言叉父子权重。太后曰:"然。元郎若忠于朝廷,何故不去领军,以余官辅政?"叉闻之甚惧,免冠求解。乃以叉为仪同三司、尚书令、侍中、领左右。

叉虽去兵权,然总任内外,不虑黜废。又有阉人张景嵩、刘思逸、屯弘昶、伏景谋废叉。嵩以帝嫔潘外怜有幸,说云,元叉欲害之。嫔泣诉于帝云:"叉非直欲杀妾,亦将害陛下。"帝信之。后叉出宿,遂解其侍中。且欲入宫,门者不纳。寻除名。

初,咸阳王禧以逆见诛,其子树梁,梁封为邺王。及法僧反叛后,树遗公卿百僚书,暴叉过恶,言"叉本名夜叉,弟罗实名罗刹。夜叉、罗刹,此鬼食人,非遇黑风,事同飘堕。呜呼魏境!离此二灾。恶木盗泉,不息不饮,胜名枭称,不入不为,况昆季此名,表能噬物,日露久矣,始信斯言"。叉为远近所恶如此。

其后灵太后顾谓侍臣曰:"刘腾、元叉昔邀朕索铁券,望得不死,朕赖不与。"中书舍人韩子顺对曰:"臣闻杀活,岂计与否。陛下昔虽不与,何解今日不杀?"灵太后怃然。未几,有人告叉及其弟爪谋反,先遣其从弟洪业率六镇降户反定州,叉令勾鲁阳诸蛮侵扰伊阙,叉兄弟为内应,起有日矣,得其手书。灵太后以妹婿故,未忍便决。群臣固执不已,明帝又以为言,太后乃从之,于是叉及弟爪并赐死于家。太后犹以妹故,复追赠尚书令、冀州刺史。

叉子舒，秘书郎。叉死后，亡奔梁，官至征北大将军、青冀二州刺史。

子善，亦名善住。少随父至江南，性好学，通涉《五经》，尤明《左氏传》。侯景之乱，善归周，武帝甚礼之，以为太子宫尹，赐爵江阳县公，每执经以授太子。

隋开皇初，拜内史侍郎，凡有敷奏，词气抑扬，观者属目。陈使袁雅来聘，上令善就馆受书。雅出门不拜，善论旧事有拜之仪，雅未能对，遂拜，成礼而去。后迁国子祭酒。上尝亲临释奠，令善讲《孝经》，于是敷陈义理，兼之以谏，上大悦曰："闻江阳之说，更起朕心。"赍绢一百匹，衣一袭。善之通博，在何妥之下，然以风流酝籍，俯仰可观，音韵清朗，由是为后进所归。妥每怀不平，心欲屈善，因讲《春秋》，初发题，诸儒毕集，善私谓妥曰："名望已定，幸无相苦。"妥然之。及就讲肆，妥遂引古今滞义以难，善多不能对，二人由是有隙。

善以高颎有宰相之具，尝言于上曰："杨素粗疏，苏威怯懦，元胄、元旻，正似鸭耳。可以付社稷者，唯独高颎。"上初然之。及颎得罪，上以善言为颎游说，深责望之。善忧惧，先患消渴，丁是病顿而卒。

叉弟罗，字仲纲。虽父兄贵盛，而虚己接物。累迁青州刺史。叉当朝专政，罗望倾四海，于时才名之士王元景、邢子才、季奖等咸为其宾客，从游青土。罢州，入为宗正卿。叉死后，罗通叉妻，时人秽之，或云其救命之计也。孝武时，位尚书令、开府仪同三司、梁州刺史。孝静初，梁遣将围逼，罗以州降，封南郡王。及侯景自立，以罗为开府仪同三司、尚书令，改封江阳王。梁元帝灭景，周文帝求罗，遂得还。除开府仪同三司、侍中、少师，袭爵江阳王。舒子善住，在后从南入关，罗乃以爵还善住，改封罗为固道郡公。

罗弟爽，字景哲。少而机警，位给事黄门侍郎、金紫光禄大夫。卒，谥曰懿。

爽弟蛮，仕齐，历位兼度支尚书，行颍州事。坐不为继母服，为左丞所弹。后除开府仪同三司。齐天保十年，大诛元氏。昭帝元后，蛮之女也，为苦请，自市追免之，赐姓步孤氏。卒，赠司空。

蛮弟爪，字景邕，位给事中，与兄叉同时诛。

继弟罗侯，迁洛之际，以坟陵在北，遂家于燕州之昌平郡。内丰资产，唯以意得为适，不入京师，有宾客往来者，必厚相礼遗，豪据北方，甚有声称。以叉执权，尤不乐入仕，就拜昌平太守。

明元皇帝七男：杜密皇后生太武皇帝。大慕容夫人生乐平戾王丕。安定殇王弥阙母氏。慕容夫人生乐安宣王范。尹夫人生永昌庄王健。建宁王崇、新兴王俊二王并阙母氏。

乐平王丕，少有才干。泰常七年封，拜车骑大将军。后督河西、高平诸军讨南秦王杨难当。军至略阳，禁令齐肃，所过无私，百姓争致牛酒。难当惧，还仇池。而诸将议曰："若不诛豪帅，军还之后，必聚而为寇。"又以大众远出，不有所掠，则无以充军实，赏将士。将从之。时中书侍郎高允参丕军事，谏曰："今若诛之，是伤其向化之心，恐大军一还，为乱必速。"丕以为然，于是绥怀初附，秋毫无犯。

初，冯弘之奔高丽，太武诏遣送之，高丽不遣。太武怒，将讨之，丕上疏以为和龙新定，宜复之，使广修农殖，以饶军实，然后进图，可一举而灭。帝纳之，乃止。后坐刘絜事，以忧薨，事在《絜传》，谥曰戾王。子拔袭爵。后坐事赐死，国除。

丕之薨及日者董道秀之死也，高允遂著《筮论》曰："昔明元末，起白台，其高二十余丈。乐平王尝梦登其上，四望无所见。王以问日者董道秀。筮之，曰：'大吉。'王默而有喜色。后事发，王遂忧死，而道秀弃市。道秀若推六爻以对王曰：'《易》称亢龙有悔。穷高曰亢，龙而无人，不为善也。'夫如是，则上宁于王，下保于己，福禄方至，岂有祸哉？今舍于本而从其末，咎衅之至，不亦宜乎！"

安定王弥，泰常七年封。薨，谥曰殇王。无子，国除。

乐安王范，泰常七年封。雅性沉厚。太武以长安形胜之地，乃拜范为卫大将军、开府仪同三司、长安镇都大将。范谦恭惠下，推心抚纳，百姓称之。时秦土新离寇贼，流亡者相继，请崇易简之礼，帝纳之。于是遂宽徭，与人休息。后刘絜之谋，范闻而不告。事发，因疾暴薨。

长子良，太武未有子，尝曰："兄弟之子犹子。"亲抚养之。长而壮勇多知，尝参军国大计。文成时，袭王，拜长安镇都大将、雍州刺史，为内都大官。薨，谥曰简王。

永昌王健，泰常七年封。健姿貌魁壮，所在征战，常有大功。才艺比陈留桓王而智略过之。从太武破赫连昌，遂西略至木根上。讨和龙，健别攻拔建德。后平叛胡白龙余党于西海。太武袭蠕蠕，越涿邪山，诏健殿后，矢不虚发，所中皆应弦而毙，威震漠北。寻从平凉州，健功居多。又讨破秃发保周，自杀，传首京师。复降沮渠无疾。薨，谥曰庄王。子仁袭。

仁亦骁勇有父风，太武奇之。后与濮阳王闾著文谋为不轨，发觉，赐死，国除。

建宁王崇，泰常七年封。文成时，封崇子丽济南王。后与京兆王杜元宝谋逆，父子并赐死。

新兴王俊，泰常七年封。少善骑射，多艺。坐法，削爵为公。俊好酒色，多越法度。又以母先遇罪死，而已被贬削，恒怀怨望，颇有悖心。后事发，赐死，国除。

太武皇帝十一男：贺皇后生景穆帝。越椒房生晋王伏罗。舒椒房生东平王翰。弗椒房生临淮王谭。伏椒房生广阳王建。闾石昭仪生吴王余。其小儿、猫儿、真、虎头、龙头并阙母氏，皆早薨，无传。

晋王伏罗，真君三年封，加车骑大将军。后督高平、凉州诸军讨吐谷浑慕利延。军至乐都，谓诸将曰："若从正道，恐军声先振，必当远遁；潜军出其非意，此邓艾禽蜀之计也。"诸将咸难之。伏罗曰："夫将军制胜，万里择利，专之可也。"遂间道行。至大母桥，慕利延众惊，奔白兰，慕利延兄子拾寅走河曲，降其一万余部落。八年，薨，无子，国除。

东平王翰，真君三年封秦王，拜侍中、中军大将军，参典都曹事。忠贞雅正，百僚惮之。太傅高允以翰年少，作《诸侯箴》以遗之，翰览之大悦。后镇枹罕，羌戎敬服。改封东平王。太武崩，诸大臣等议欲立翰，而中常侍宗爱与翰不协，矫太后令立南安王余，遂杀翰。

子道符袭爵，拜长安镇都大将。皇兴元年，谋反，司马段太阳斩之，传首京师。

临淮王谭，真君三年，封燕王，拜侍中，参都曹事。后改封临淮王。薨，谥宣王。

子提袭，为梁州刺史，以贪纵削除，加罚，徙配北镇。久之，提子员外郎颖免冠请解所居官，代父边戍，孝文不许。后诏提从驾南伐，至洛阳，参定迁都之议。寻卒，以预参迁都功，追封长乡县侯。宣武时，赠雍州刺史，谥曰"懿"。

提子昌，字法显。好文学。居父母丧，哀号孺慕，悲感行人。宣武时，复封临淮王，未拜而薨，赠齐州刺史，谥曰康王，追改封济南王。子彧，字文若，绍封。

彧少有才学，当时甚美。侍中崔光见而谓人曰："黑头三公，当此人也。"少与从兄安丰王延明、中山王熙，并以宗室博古文学齐名，时人莫能定其优劣。尚书郎范阳卢道将谓吏部清河崔休曰："三人才学虽并优美，然安丰少于造次，中山皂白太多，未若济南风流宽雅。"时人谓之语曰："三王楚琳琅，未若济南备员方。"彧姿制闲裕，吐发流美。琅邪王诵，有名人也，见之未尝不心醉忘疲。奏郊庙歌词，时称其美。除给事黄门侍郎。彧本名亮，字仕明，时侍中穆绍与彧同署，避绍父讳，启求改名。诏曰："仕明风神运吐，常自以比荀文若，可名彧，以取定体相伦之美。"彧求复本封，诏许复封临淮，寄食相州魏郡。又长兼御史中尉。彧以为伦叙得之，不谢。领军于忠忿，言之朝廷曰："临淮虽复风流可观，而无骨鲠之操，中尉之任，恐非所堪。"遂去威仪，单车而还，朝流为之叹息。累迁侍中、卫将军、左光禄大夫，兼尚书左仆射，摄选。

后以本官为东道行台。会尔朱荣入洛，杀害元氏，彧抚膺恸哭，遂奔梁。梁武遣其舍人陈建孙迎接，并观彧为人。建孙称彧风神闲俊。梁武亦先闻名，深相器待。见彧于乐游园，因设宴乐，彧闻声嘘欷，涕泪交下，梁武为之不乐。自前后奔叛，皆候旨称魏为伪，唯彧表启常云魏临淮王。梁武体彧雅性，不以为责。及知庄帝践阼，彧以母老请还，辞旨恳切。梁武惜其人才，又难违其意，遣其仆射徐勉私劝或留。彧曰："死犹愿北，况于生也？"梁武乃以礼遣。彧性至孝，自经违离，不进酒肉，憔悴容貌，见者伤之。历位尚书令、大司马，兼录尚书。

庄帝追崇武宣王为文穆皇帝，庙号肃祖，母李妃为文穆皇后，将迁神主于太庙，以孝文为伯考。彧表谏，以为："汉祖创业，香街有太上之庙，光武中兴，南顿立春陵之寝。元帝之于光武，疏为绝服，犹尚身奉子道，入继大宗。高祖之于圣躬，亲实犹子，陛下既纂洪绪，岂宜加伯考之名？且汉宣之继孝昭，斯乃上后叔祖，岂忘宗承考妣？盖以大义斯夺。及金德将兴，宣王受寄，景王意在毁冕，文王心规裂冠，虽祭则魏主，而权归晋室。昆之与季，实倾曹氏。且子元宣王冢胤，文王成其大业，故晋武继文祖武宣，有伯考之称。以今类古，恐彧非俦。高祖德溢寰中，道超无外。肃祖虽勋格宇宙，犹曾奉赞称臣。穆后禀德坤元，复将配享乾位。此乃君臣并筵，嫂叔同室，历观坟籍，未有其事。"

时庄帝意锐，朝臣无敢言者，唯或与吏部尚书李神俊并有表闻。诏报曰："文穆皇帝勋格四表，道迈百王，是用考循旧范，恭上尊号。王表云汉太上于香街，南顿于春陵。汉高不因瓜瓞之绪，光武又无世及之德，皆身受符命，不由父祖，别庙异寝，于理何差？文穆皇帝天眷人宅，历数有归。朕恭承下武，遂主神器。既帝业有统，汉氏非伦。若以昔况今，不当移寝，则魏太祖、晋景帝虽王迹已显，皆以人臣而终，岂得与余帝别庙，有阙余序？汉郡国立庙者，欲尊高祖之德，使飨遍天下，非关太庙神主，独在外祠荐。汉宣之父，亦非勋德所出，虽不追尊，不亦可乎？伯考之名，自是尊卑之称，何必准古而言非类也。复云君臣同列，嫂叔共室。当以文穆皇帝昔遂臣道，以此为疑。《礼》"天子元子犹士"，禘祫岂不得同室首？且晋文、景共为一代，议者云世限七，主无定数。昭穆既同，明有共室之理。礼既有祔，嫂叔何嫌？《礼》，大祖、祢一庙，岂无妇舅共室也？若专以共室为疑，容可更议迁毁。"

庄帝既逼诸妹之请，此词意黄门侍郎常景、中书侍郎邢子才所赞成也。

又追尊兄彭城王为孝宣帝。或又面谏曰："陛下作而不法，后世何观？历寻书籍，未有其事。"帝不从。及神主入庙，复敕百官悉陪从，一依乘舆之式。或上表以为："爰自中古，迄于下叶，崇尚君亲，褒明功懿，乃自皇号，终无帝名。今若去帝，直留皇名，求之古义，少有依准。"又不纳。

尔朱荣死，除或司徒公。及尔朱兆率众奄至，出东掖门，为贼所获。见兆，辞色不屈，为群胡所殴，薨。孝武帝末，赠大将军、太师、太尉公、录尚书事，谥曰文穆。或美风韵，善进止，衣冠之下，雅有容则。博览群书，不为章句，所制文藻，虽多亡失，犹有传于世者。然居官不能清白，所进举止于亲娅，为识者所讥。无子。

弟孝友，少有时誉，袭爵临淮王，累迁沧州刺史。为政温和，好行小惠，不能清白，而无所侵犯，百姓亦以此便之。魏静帝宴齐文襄于华林园，孝友因醉自誉，又云："陛下许赐臣能。"帝笑曰："朕恒闻

王自道清。"文襄曰:"临淮王雅旨舍罪。"于是君臣俱笑而不罪。孝友明于政理,尝奏表曰:

令制百家为党族,二十家为闾,五家为比邻。百家之内,有帅二十五,征发皆免,苦乐不均。羊少狼多,复有蚕食。此之为弊久矣。京邑诸坊,或七八百家,唯一里正、二史,庶事无阙,而况外州乎?请依旧置,三正之名不改,而百家为族,四闾,闾二比,计族少十二丁,得十二匹赏绢。略计见管之户,应二万余族,一岁出赏绢二十四万匹。十五丁出一番兵,计得一万六千兵。此富国安人之道也。

古诸侯娶九女,士有一妻二妾。《晋令》:诸王置妾八人;郡君、侯,妾六人。《官品令》:第一、第二品有四妾,第三、第四有三妾,第五、第六有二妾,第七、第八有一妾。所以阴教聿修,继嗣有广。广继嗣,孝也。修阴教,礼也。而圣朝忽弃此数,由来渐久,将相多尚公主,王侯娶后族,故无妾媵,习以为常。妇人多幸,生逢今世,举朝略是无妾,天下殆皆一妻。设令人强志广娶,则家道离索,身事迍邅,内外亲知共相嗤怪。凡今之人,通无准节。父母嫁女,则教之以妒;姑姊逢迎,必相劝以忌。持制夫为妇德,以能妒为女工。自云受人欺,畏他笑我。王公犹自一心,以下何敢二意!夫妒忌之心生,则妻妾之礼废,妻妾之礼废,则奸淫之兆兴,斯臣之所以毒恨者也。请以王、公、第一品娶八,通妻以备九女。称事二品备七。三品、四品备五。五品、六品则一妻二妾。限以一周。悉令充数。若不充数,及待妾非礼,使妻妒加捶挞,免所居官。其妻无子而不娶妾,斯则自绝,无以血食祖父,请科不孝之罪,离遣其妻。

臣之赤心,义唯家国,欲使吉凶无不合礼,贵贱各有其宜,省人帅以出兵丁,立仓储以丰谷食,设赏格以禽奸盗,行典令以示朝章。庶使足食足兵,人信之矣。又冒申妻妾之数,正欲使王侯将相,功臣子弟,苗胤满朝,传祚无穷,此臣之志也。

诏付有司,议奏不同。

孝友又言："今人生为皂隶，葬拟王侯，存没异途，无复节制。崇壮丘陇，盛饰祭仪，邻里相荣，称为至孝。又夫妇之始，王化所先，共食合瓢，足以成礼。而今之富者弥奢，同牢之设，甚于祭盘。累鱼成山，山有林木，林木之上，鸾凤斯存。徒有烦劳，终成委弃，仰惟天意，其或不然。请自兹以后，若婚葬过礼者，以违旨论。官司不加纠劾，即与同罪。"

孝友在尹积年，以法自守，甚著声称，然性无骨鲠，善事权势，为正直者所讥。齐天保初，准例降爵，封临淮县公，拜光禄大夫。二年冬，被诏入晋阳宫，出与元晖业同被害。

昌弟孚，字秀和，少有令誉。侍中游肇、并州刺史高聪、司徒崔光等见孚，咸曰："此子当准的人物，恨吾徒衰暮，不及见耳。"累迁兼尚书右丞。灵太后临朝，宦者干政，孚乃总括古今名妃贤后，凡为四卷，奏之。迁左丞。

蠕蠕主阿那瓌既得反国，其人大饥，相率入塞，阿那瓌上表请台振给。诏孚为北道行台，诣彼振恤，孚陈便宜表曰：

皮服之人，未尝粒食，宜从俗因利，拯其所无。昔汉建武中，单于款塞，时转河东米糒二万五千斛、牛羊三万六千头以给之。斯则前代和戎，抚新柔远之长策也。乞以牸牛产羊，糊其口食。且畜牧繁息，是其所便，毛血之利，惠兼衣食。

又尚书奏云：如其仍住七州，随宽置之。臣谓人情恋本，宁肯徙内？若依臣请，给振杂畜，爱本重乡，必还旧土。如其不然，禁留益损。假令逼徙，事非久计。何者？人面兽心，去留难测。既易水草，痾恙将多，忧愁致困，死亡必甚。兼其余类，尚在沙碛，脱出狂勃，翻归旧巢，必残掠邑里，遗毒百姓。乱而方塞，未若杜其未萌。

又贸迁起于上古，交易行于中世。汉与胡通，亦立关市。今北人阻饥，命悬沟壑，公给之外，必求市易。彼若愿求，宜见听许。

又云：

营大者不计小名,图远者弗拘近利。虽戎狄衰盛,历代不同,叛服之情,略可论讨。周之北伐,仅获中规;汉氏外攘,裁收下策。昔在代京,恒为重备,将帅劳止,甲士疲力,计前世苦之,力未能致。今天祚大魏,乱亡在彼。朝廷垂天覆之恩,廓大造之德,鸠其散亡,礼送令反,宜因此时,善思远策。

窃以理虽万变,可以一观;来事虽悬,易以往卜。昔汉宣之世,呼韩款塞,汉遣董忠、韩昌领边郡士马,送出朔方,因留卫助。又光武时,亦令中郎将段彬置安集掾史,随单于所在,参察动静。斯皆守吉之元龟,安边之胜策。计今朝廷成功,不减曩时,蠕蠕国弊,亦同畴日。宜准昔成谋,略依旧事,借其所闲地,听使田牧。粗置官属,示相慰抚。严戒边兵,以见保卫。驭以仁宽,縻以久策,使亲不至矫诈,疏不容叛反。今北镇诸将,旧常云一人代外逻,因令防察。所谓天子有道,守在四夷者也。

又云:

先人有夺人之心,待降如受强敌。武非寻外,亦以防内。若从处分割配,诸州镇辽远,非转输可到,悔叛之情,变起难测。又居人畜业,布在原野,戎夷性贪,见则思盗,防彼肃此,少兵不堪,浑流之际,易相干犯。驱之还本,未必乐去,配州内徙,复不肯从。既其如此,为费必大。

朝廷不许。

孚持白武幡劳阿那瓌于柔玄、怀荒二镇间。阿那瓌众号三十万,阴有异意,遂拘留孚。载以辒车,日给酪一升、肉一段。每集其众,坐孚东厢,称为行台,甚加礼敬。阿那瓌遂南过,至旧京。后遣孚等还,因上表谢罪。有司以孚事下廷尉,丞高谦之云孚辱命,处孚流罪。

后拜冀州刺史。孚劝课农桑,境内称慈父,邻州号曰神君。先是,州人张孟都、张洪建、马潘、崔独怜、张叔绪、崔丑、张天宜、崔思哲等八人,皆屯保林野,不臣王命,州郡号曰八王。孚至,皆请入城,愿致死效力。后为葛荣所陷,为荣所执。兄祐为防城都督,兄子礼为录事参军。荣欲先害子礼，孚请先死以赎子礼，叩头流血，荣乃舍之。又大集将士，议其死事。孚兄弟各诬己引过，争相为死。又都潘绍等数百人皆叩头就法，请活使君。荣曰："此魏之诚臣义士也。"凡同禁五百人，皆得免。荣平，还除冀州刺史。元颢入洛，授孚东道行台、彭城郡王。孚封颢逆书送朝廷，天子嘉之。颢平，封孚万年乡男。

永安末，乐器残缺，庄帝命孚监仪注。孚上表曰：

> 昔太和中，中书监高闾、太乐令公孙崇修造金石，数十年间，乃奏成功。时大集儒生，考其得失。太常卿刘芳请别营造，久而方就。复召公卿量校合否，论者沸腾，莫有适从。登被旨敕，并见施用。往岁大军入洛，戎马交驰，所有乐器，亡失垂尽。臣至太乐署，问太乐令张乾龟等，云承前以来，置宫悬四箱，枸虡六架，东北架编黄钟之磬十四。虽器名黄钟，而声实夷则，考之音制，不甚谐韵。沽洗悬于东北，太蔟编于西北，蕤宾列于西南，并皆器象差位，调律不和。又有仪钟十四，虡悬架首，初不叩击，今便删废，以从正则。

> 臣今据《周礼凫氏》修广之规，《磬氏》倨句之法，吹律求声，叩钟求音，损除繁杂，讨论实录。依十二月为十二宫，各准辰次，当位悬设。月声既备，随用击奏。则会还相为宫之义，又得律吕相生之体。今量钟磬之数，各以十二架为定。

奏可。于时搢绅之士，咸往观听，靡不咨嗟叹服而反。太傅、录尚书长孙承业妙解声律，特复称善。

复从孝武帝入关，除尚书左仆射、扶风郡王。寻监国史。历位司空、兼尚书令、太保。时蠕蠕主与孚相识，先请见孚，然后遣女。于是乃使孚行。蠕蠕君臣见孚，莫不惧悦，奉皇后来归。

孚性机辩，好酒，貌短而秃。周文帝偏所眷顾，尝于室内置酒十瓮，瓮余一斛，上皆加帽，欲戏孚。孚适入室，见即惊喜，曰："吾兄弟辈甚无礼，何为窃入王家，匡坐相对？宜早还宅也。"因持酒归。周文抚手大笑。后遇风患，手足不随，口不能言，乃左手画地作字，乞解所任。三奏不许。迁太傅。薨，帝亲临，百官赴吊。赠大司马、录尚书事，谥曰文简。

子端嗣，位大行台尚书、华州刺史。性疏很，颇以基地骄物，时论鄙之。

广阳王建，真君三年封楚王，后改封广阳。薨，谥曰简王。

子石侯袭，薨，谥曰哀王。

子遗兴袭，薨，谥曰定王。无子。

石侯弟嘉，少沉敏，喜愠不形于色，兼有武略。孝文初，拜徐州刺史，甚有威惠。后封广阳王，以绍建后。孝文南伐，诏嘉断均口。嘉违失指授，令贼得免。帝怒责之曰："叔祖定非世孙，何太不上类也！"及将大渐，遗诏以嘉为尚书左仆射，与咸阳王禧等辅政。迁司州牧。嘉表请于京四面筑坊三百二十，各周一千二百步，乞发三正复丁，以充兹役。虽有暂劳，奸盗永止。诏从之。拜卫大将军、尚书令，除仪同三司。

嘉好饮酒，或沉醉，在宣武前言笑自得，无所顾忌。帝尊年老，常优容之。与彭城、北海、高阳诸王，每入宴集，极欢弥夜，数加赏赐。帝亦时幸其第。性好仪饰，车服鲜华。既居仪同，又任端首，出入容卫，道路荣之。后迁司空，转司徒。嘉好立功名，有益公私，多所敷奏，帝雅委付之。爱敬人物，后来才俊未为时知者，侍坐之次，转加谈引，时人以此称之。薨，遗命薄葬。宣武悼惜之，赠侍中、太保，谥曰懿烈。

嘉后妃宜都王穆寿孙女，司空从妹也。聪明妇人。及为嘉妃，多所匡赞，光益家道。

子深，字智远，袭爵。孝明初，拜肆州刺史。预行恩信，胡人便之，劫盗止息。后为恒州刺史，在州多所受纳，政以贿成。私家有马千匹者，必取百匹，以此为恒。累迁殿中尚书，未拜。坐淫城阳王徽妃于氏，为徽表讼。诏付丞相、高阳王雍等宗室议决其罪，以王还第。

及沃野镇人破六韩拔陵反叛,临淮王彧讨之失利,诏深为北道大都督,受尚书令李崇节度。时东道都督崔暹败于白道,深等诸军退还朔州。深上书曰:

边竖构逆,以成纷梗,其所由来,非一朝也。昔皇始以移防为重,盛简亲贤,拥麾作镇,配以高门子弟,以死防遏。不但不废仕宦,至乃偏得复除,当时人物,忻慕为之。及太和在历,仆射李冲当官任事,凉州土人,悉免厮役。丰沛旧门,仍防边戍。自非得罪当世,莫肯与之为。征镇驱使为虞候、白直,一生推迁,不过军主。然其往世房分,留居京者,得上品通官。在镇者,便为清途所隔。或投彼有北,以御魑魅,多复逃胡乡。乃峻边兵之格,镇人浮游在外,皆听流兵捉之。于是少年不得从师,长者不得游宦。独为匪人,言者流涕。

自定鼎伊洛,边任益轻,唯底滞凡才,出为镇将。转相模习,专事聚敛。或有诸方奸吏,犯罪配边,为之指踪,过弄官府,政以贿立,莫能自改。咸言奸吏为此,无不切齿增怒,及阿那瓌背恩,纵掠窃奔,命师追之,十五万众度沙漠,不日而还。边人见此援师,便自意轻中国。尚书令臣崇时即申闻,求改镇为州,将允其愿,抑亦先觉,朝廷未许。而高阙戍主,率下失和,拔陵杀之为逆命,攻城掠地,所见必诛。王师屡北,贼党日盛。此段之举,指望销平。其崔暹只轮不反,臣崇与臣,逡巡复路。今者相与,还次云中。马首是瞻,未便西迈。将士之情,莫不解体。

今日所虑,非止西北,将恐诸镇寻亦如此。天下之事何易可量!时不纳其策。东西部敕勒之叛,朝议更思深言,遣兼黄门侍郎郦道元为大使,欲复镇为州,以顺人望。会六镇尽叛,不得施行。深后上言:"今六镇俱叛,二部高车亦同恶党,以疲兵讨之,必不制敌。请简选兵,或留守恒州要处,更为后图。"

及李崇征还,深专总戎政。拔陵避蝡蝡,南移度河。先是,别将李叔仁以拔陵来逼,请求迎援,深赴之,前后降附二十万人。深与行台元纂表求恒州北别立郡县,安置降户,随宜振赡,息其乱心。不从。诏遣黄门侍郎杨置分散之于冀、定、瀛三州就食。深谓纂曰："此辈复为乞活矣。祸乱当由此作。"

既而鲜于修礼叛于定州，杜洛周反于幽州，其余降户，犹在恒州，遂欲推深为主。深乃上书乞还京师。令左卫将军杨津代深为都督，以深为侍中、右卫将军、定州刺史。时中山太守赵叔隆、别驾崔融讨贼失利，台使刘审核未讫，会贼逼中山，深乃令叔隆防境。审驰驿还京，云深擅相放纵。城阳王徽与深有隙，因此构之。乃征深为吏部尚书、兼中领军。及深至都，明帝不欲使徽、深相憾，敕因宴会，令相和解。徽衔不已。

后河间王琛等为鲜于修礼所败，乃除深仪同三司、大都督，章武王融为左都督，裴衍为右都督。并受深节度。徽因奏灵太后构深曰："广阳以爱子握兵在外，不可测也。"乃敕章武王等潜相防备。融遂以敕示深。深惧，事无大小，不敢自决。灵太后闻之，乃使问深意状，乃具言曰：

往者元叉执权，移天徙日，而徽托附，无翼而飞。今大明反政，任寄唯重，以徽褊心，衔臣次骨。臣以疏滞，远离京辇，被其构阻，无所不为。然臣昔不在其后，自此以来，翻成陵谷。徽遂一岁八迁，位居宰相；臣乃积年淹滞，有功不录。

自徽执政以来，非但抑臣而已，北征之勋，皆被拥塞。将士告捷，终无片赏，虽为表请，多不蒙遂。前留元标据乎盛乐，后被重围，析骸易子，倒悬一隅，婴城二载，贼散之后，依阶乞官，徽乃盘退，不允所请。而徐州下邳戍主贾勋，法僧叛后，暂被围逼，固守之勋，比之未重，乃立得州，即授开国。天下之事，其流一也，功同赏异，不平谓何！又骠骑节崇北征之日，启募八州之人，听用关西之格。及臣在后，依此科赏。复言北道征者，不得同于关西。定襄陵庙之至重，平城守国之要镇，若计此而论功，亦何负于秦楚？但以嫉臣之故，便欲望风排抑。

然其当途以来，何直退勋而已，但是随臣征者，即便为所嫉。统军袁叔和曾经省诉，徽初言有理，又闻北征隶臣为统，应时变色。复令臣兄子仲显异端讼臣，缉缉偏偏，谋相诽谤。言臣恶者，接以恩颜。称臣善者，即被嫌责。甄琛曾理臣屈，乃视之若仇雠；徐纥颇言臣短，即待之如亲戚。又骠骑长史祖莹，昔在军中，妄增首级，矫乱戎行，蠹害军府，获罪有司，避命山泽，直以谤臣之故，徽乃还雪其罪。臣府司马刘敬，比送降人，既到定州，翻然背叛，贼如决河，岂其能拥，且以臣府参僚，不免身首异处。徽既怒迁，舍其元恶，及胥徒。从臣行者，莫不悚惧。顷恒州之人，乞臣为刺史，徽乃斐然言不可测。及降户结谋，臣频表启，徽乃因执言此事。及向定州，远彼奸恶，又复论臣将有异志。翻覆如此，欲相陷没。致令国朝，遽赐迁代。贼起之由，谁使然也？

徽既优幸，任隆一世，慕势之徒，于臣何有！是故余人摄选，车马填门；及臣居边，宾游罕至。臣近比为虑其为梗，是以孜孜乞赴京阙。属流人举斧，元戎重翅，复从后命，自安无所，僶俛先驱，不敢辞事。及臣出都，行尘未灭，已闻在后，复生异议。言臣将儿自随，证为可疑之兆。忽称此以构乱。悠悠之人，复传音响，言左军臣融、右军臣衍皆受密敕，伺察臣事。徽既用心如此，臣将何以自安？窃以天步未夷，国难犹梗，方伯之任，于斯为急。徽昔临藩，乃有人誉，及居端右，无闻焉尔。今求出之为州，使得申其利用。徽若外从所长，臣无内虑之切。脱蒙。公私幸甚。

深以兵士频经退散，人无斗情，连营转栅，日行十里。行达交津，隔水而阵。贼修礼常与葛荣谋，后稍信朔州人毛普贤，荣常衔之。普贤昔为深统军，及在交津，深传人谕之，普贤乃有降意。又使录事参军元晏说贼程杀鬼。果相猜贰。葛荣遂杀普贤、修礼而自立。荣以新得大众，上下未安，遂北度瀛州，深便率众北转。荣东攻章武王融，融战败于白牛还。深遂退走，趣定州。闻刺史杨津疑其有异志，乃止于州南佛寺。停二日夜，乃召都督毛谥等六七人，臂肩为约，危难之际，期相拯恤。谥疑深意异，乃密告津，云深谋不轨。津遣谥讨深，深走出，谥叫噪追蹑。深与左右行至博陵郡界，逢贼游骑，乃引诣葛荣。贼徒见深，颇有喜者，荣新自立，内恶之，乃害深。庄帝追复王爵，赠司徒公，谥曰忠武。

子湛，字士渊，少有风尚。孝庄初，袭封。孝静初，累迁冀州刺史。所在聚敛，风政不立。入为侍中，后行司州牧。时齐神武作相，以湛颇有器望，启超拜太尉公。薨，赠假黄钺、大司马、尚书令，谥曰文献。初，湛名位渐重，留连声色，始以婢紫光遣尚书郎中宋游道，后乃私耽，出为冀州，窃而携去。游道大致纷纭，乃云紫光湛父所宠，湛母遗己。将致公文，久乃停息。论者两非之。

湛弟瑾，尚书祠部郎。后谋杀齐文襄，事泄，合门伏法。

湛子法轮，紫光所生也。齐王矜湛覆灭，乃启原之，复其爵士。

南安王余，真君三年封吴王，后改封南安王。太武暴崩，中常侍宗爱矫皇太后令迎立之，然后发丧。大赦，改年为永平。余自以非次而立，厚遗群下，取悦于众。为长夜之饮，声乐不绝。旬月之间，帑藏空罄。尤好弋猎，出入无度。边方告难，余不恤之，百姓愤惋，而余晏如也。宗爱权恣日甚，内外惮之。余疑爱变，谋夺其权，爱因余祭庙，夜杀余。文成葬以王礼，谥曰隐。

论曰：枭镜为物，天实生之。观夫元绍所怀，盖亦特钟沴气。阳平以降，并多夭促，英才武略，未显高年。靖、简二王，为时称首。鉴既有声，浑亦见器。霄、继荷遇太和之日，名位岂妄及哉！叉阶缘宠私，遂乱天下，杀身全祀，固为幸焉。

乐平、乐安俱以将领自效，竟以忧迫而逝，验克终之为鲜。庄王才力智谋，一时之杰，与夫建宁、新兴，不同日也。

太武之子，秦、晋才贤。而翰之遇酷，倚伏岂可量矣。临淮之后，或为盛德。广阳之世，嘉宾为美。深之□恶于元徽，所谓盗憎之义。余之见杀，不其晚欤！

北史卷一七
列传第五

景穆十二王上

阳平王新成　　京兆王子推
济阴王小新成　　汝阴王天赐
乐良王万寿　　广平王洛侯

景穆皇帝十四男：恭皇后生文成皇帝。袁椒房生阳平幽王新成。尉椒房生京兆康王子推、济阴王小新成。阳椒房生汝阴灵王天赐。乐良厉王万寿、广平殇王洛侯母并阙。孟椒房生任城康王云。刘椒房生南安惠王桢、城阳康王长寿。慕容椒房生章武敬王太洛。尉椒房生乐陵康王胡仁。孟椒房生安定靖王休。赵王深早薨，无传，母阙。魏旧太子后庭未有位号，文成即位，景穆宫人有子者，并号为椒房。

阳平王新成，太安三年封，后为内都大官。薨，谥曰幽。

长子安寿袭爵，孝文后赐名颐。累迁怀朔镇大将。都督三道诸军事北讨，诏征赴京，勗以战伐之事。对曰："当仰杖庙算，使呼韩同渭桥之礼。"帝叹曰："壮哉王言，朕所望也。"未发，遭母忧，诏遣侍臣以金革敦喻，既殡而发。与陆睿集三道诸将议军途所诣。于是中道出黑山，东道趣士卢河，西道向侯延河。军过大碛，大破蠕蠕。颐入朝,诏曰:"王之前言,果不虚也。"后除朔州刺史。及恒州刺史穆泰谋反,遣使推颐为主,颐密以状闻,泰等伏诛,帝甚嘉之。宣武景明年,薨于青州刺史,谥曰庄王。传国至孙宗胤,明帝时,坐杀叔父赐死,爵除。

颐弟衍,字安乐,赐爵广陵侯,位梁州刺史。表请假王,以崇威重。诏曰:"可谓无厌求也,所请不合。"转徐州刺史。至州病重,帝敕徐成伯乘传疗疾。差,成伯还。帝曰:"卿定名医。"赍绢三千匹。成伯辞,请受一千。帝曰:"《诗》云:'人之云亡,邦国殄瘁。'以是而言,岂惟三千匹乎?"其为帝所重如此。后所生母雷氏卒,表请解州。诏曰:"先君余尊之所厌,《礼》之明文。季末陵迟,斯典或废。侯既亲王之子,宜从余尊之义,便可大功。"后卒于雍州刺史。谥曰康侯。衍性清慎。所在廉洁,又不营产业,历牧四州,皆有称绩,亡日无敛尸具。

子畅,字叔畅,从孝武帝入关,拜鸿胪,封博陵王。大统三年东讨,没于阵。

子敏,嗜酒多费,家为之贫。其婿柱国乙弗贵、大将军大利稽祐家赀皆千万,每营给之。敏随即散尽,而帝不之责。贵、祐后遂绝之。位仪同三司,改封南武县公。

畅弟融,字叔融,貌甚短陋,骁武过人。庄帝谋杀尔朱荣,以融为直阁将军。及尔朱兆入洛,融逃人间。后从孝武入关,封魏兴王,位侍郎、殿中尚书。

衍弟钦,字思若,位中书监、尚书右仆射、仪同三司。钦色尤黑,故时人号为黑面仆射。钦淫从兄丽妻崔氏,为御史中尉封回劾奏,遇赦免。寻除司州牧。钦少好学,早有令誉。时人语曰:"皇宗略略,寿安、思若。"及晚年贵重,不能有所匡益,论者轻之。钦曾托青州人高僧寿为子求师,师至,未几逃去。钦以让僧寿。僧寿性滑稽,反谓钦曰:"凡人绝粒七日乃死,始经五朝,便尔逃遁,去食就信,实有所阙。"钦乃大惭,于是待客稍厚。后除司空公,封钜平县公。于河阴遇害,赠假黄钺、太师、太尉公。

子子孝,字季业,早有令誉。年八岁,司徒崔光见而异之,曰:
"后生领袖,必此人也。"孝武帝入关,不及从驾。后赴长安,封义阳
王。子孝美容仪,善笑谑,好酒爱士,缙绅归之,宾客常满,终日无
倦。性又宽慈,敦穆亲族。乃置学馆于私第,集群从子弟,昼夜讲读。
并给衣食,与诸子同。后历尚书令、柱国大将军。子孝以国运渐移,
深自贬晦,日夜纵酒。后例降为公,复姓拓拔氏。未几,卒,子赟袭。

京兆王子推,太安五年封,位侍中、征南大将军、长安镇大将。
子推性沈雅,善于绥接,秦、雍之人服其威惠。入为中都大官,察狱
有称。献文将禅位于子推,以大臣固谏,乃传孝文。孝文即位,拜侍
中、本将军、开府仪同三司、青州刺史。未至,道薨。

子太兴袭,拜长安镇大将。以黩货削除官爵。后除秘书监,还
复前爵,改封西河。转守卫尉卿。初,太兴遇患,请诸沙门行道,所
有资财,一时布施,乞求病愈,名曰散生斋。及斋后,僧皆四散,有一
沙门方云乞斋余食。太兴戏之曰:"斋食既尽,唯有酒肉。"沙门曰:
"亦能食之。"因出酒一斗,羊脚一双。食尽,犹言不饱。及辞出后,
酒肉俱在。出门追之,无所见。太兴遂佛前乞愿:"向者之师,当非
俗人。若此病得差,即舍王爵入道。"未几便愈,遂请为沙门。表十
余上,乃见许。时孝文南讨在军,诏皇太子于四月八日为之下发,施
帛二千匹,既为沙门,名僧懿,居嵩山。太和二十二年终。

子昺,字伯晖,袭,薨。

昺子惊,字魏庆,袭。孝静时,累迁太尉、录尚书事、司州牧、青
州刺史。薨于州,赠假黄钺、太傅、司徒公,谥曰文。惊宽和有度量,
美容貌,风望俨然,得丧之间,不见于色。性清俭,不营产业,身死之
日,家无余财。

昺弟仲景,性严峭。孝庄时,兼御史中尉,京师肃然。每向台,
恒驾赤牛,时人号"赤牛中尉"。太昌初,为河南尹,奉法无私。时吏
部尚书樊子鹄部下纵横,又为盗窃。仲景密加收捕,悉获之,咸即行
决。于是豪贵寒心。孝武帝将入关,授仲景中军大都督,留京师。齐

神武欲至洛阳,仲景遂弃妻子,追驾至长安,仍除尚书右仆射,封顺阳王。

仲景既失妻子,乃娶故尔朱天光妻也列氏。本倡女,有美色,仲景甚重之。经数年,前妻叔袁纥氏自洛阳间行至。也列遂徙居异宅。久之,有奸。事露,诏仲景杀之。仲景宠情愈至,谬杀一婢,蒙其尸而厚葬以代焉。列徙于密处,人莫知其诈。仲景三子济、钟、奉,叔袁纥氏生也,皆以宗室,早历清官。仲景以列尚在,恐妻子漏之,乃谋杀袁纥。纥先觉,复欲阴害列。列谓从奴曰:"若袁纥杀我,必投我厕中;我告丞相,冀或不死。若不理首愆,犹埋我好地,尔为我告之。"奴遂告周文帝。周文依奏,诏笞仲景一百,免右仆射,以王归第。也列以自告而逐之。仲景犹私不已。又有告者,诏重笞一百,付宗正,官爵尽除。仲景仍通焉。后周文帝以其历任有令名,且杖策追驾,乃奏复官爵。也列、袁纥于是同居。大统五年,除幽州刺史。仲景多内乱,后就州赐死。

仲景弟退,字叔照。孝庄初,除南兖州刺史。在州猛暴,多所杀害。元颢入洛,退据州不屈。庄帝还宫,封汝阳王,累迁秦州刺史。先秦州城人屡为反覆,退尽诛之,存者十一二。普泰元年,除凉州刺史,贪暴无极。欲规府人及商胡富人财物,诈一台符,诳诸豪等,云欲加赏。一时屠戮,所有资财生口,悉没自入。孝静时,位侍中、录尚书事。薨,赠太师、录尚书。子冲袭。无子,国绝。

太兴弟遥,字太原,有器望。以左卫将军从孝文南征,赐爵饶阳男。宣武初,遭所生母忧,表请解任。诏以余尊所厌,不许。明帝初,累迁左光禄大夫,仍领护军。

时冀州沙门法庆既为祅幻,遂说勃海人李归伯。归伯合家从之,招率乡人,推法庆为主。法庆以归伯为十住菩萨、平魔军司、定汉王。自号大乘。杀一人者为一住菩萨,杀十人者为十住菩萨。又合狂药,令人服之,父子兄弟不相知识,唯以杀害为事。刺史萧宝寅遣兼长史崔伯骥讨之,败于煮枣城,伯骥战没。凶众遂盛,所在屠灭寺舍,斩戮僧尼,焚烧经像,云:"新佛出世,除去众魔。"诏以遥为使持节、都督北征诸军事,讨破之。禽法庆,并其妻尼惠晖等,斩法庆,传首京师,戮于都市。

初,遥大功昆弟皆是景穆之孙,至明帝而本服绝,故除遥等属籍。遥表曰:

> 窃闻圣人所以南面而听天下,其不有得变革者,则亲也尊也。四世而缌服穷,五世而袒免,六世而亲属竭矣。去兹以往,犹系之以姓而弗别,缀之以食而弗殊。又《律》云议亲者,非唯当世之属亲,历谓先帝之五世。谨寻斯旨,将以广帝宗,重盘石。先皇所以变兹事条,为此别制者,太和之季,方有意于吴、蜀,经始之费,虑深在初,割减之起,暂出当时也。且临淮王提分属籍之始,高祖赐帛三千匹,所以重分离;乐良王长命亦赐缣二千匹,所以存慈眷。此皆先朝殷勤克念,不得已而然者也。

> 古人有言,"百足之虫,至死不僵"者,以其辅己者众。臣诚不欲安亲太阶,苟求润屋,但伤大宗一分,则天子属籍不过十数人而已。在汉诸王之子,不限多少,皆列土而封,谓之曰侯,至于魏、晋,莫不广胙河山,称之曰公者,盖恶其大宗之不固,骨肉之恩疏矣。

> 臣去皇上虽是五世之远,于先帝便是天子之孙。高祖所以国秩禄赋,复给衣食,后族唯给其赋,不与衣食者,欲以别外内,限异同也。今诸庙之感,在心未忘,行道之悲,倏然已及。其诸封者,身亡之日,三年服终,然后改夺。今朝廷犹在谅密之中,便议此事,实用未安。

诏付尚书博议以闻。尚书令任城王澄、尚书左仆射元晖奏同遥表,灵太后不从。卒,谥曰宣公。

遥弟恒,字景安,粗涉书史。恒以《春秋》之义,为名不以山川,表求改名芝。历位太常卿、中书监、侍中。后于河阴遇害,赠太傅、司徒公,谥曰宣穆公。

济阴王小新成,和平二年封,颇有武略,库莫奚侵扰,诏新成讨之。新成乃多为毒酒，贼逼，便弃营而去。贼至，竞饮，遂简轻骑纵击，俘馘甚多。后位外都大官。薨，赠大将军，谥曰惠公。

子郁，字伏生，袭。位开府，为徐州刺史。以黩货赐死，国除。

长子弼，字邑明，刚正有文学，位中散大夫。以世嫡，应袭先爵。为季父尚书仆射丽因于氏亲宠，遂夺弼王爵，横授同母兄子诞。于是弼绝弃人事，托疾还私第。宣武征为侍中，弼上表固让。入嵩山，以穴为室，布衣蔬食，卒。建义元年，子晖业诉复王爵。永安三年，追赠尚书令、司徒公，谥曰文献。初，弼尝梦人谓之曰："君身不得传世封，其绍先爵者，君长子绍远也。"弼觉，即语晖业，终如其言。

晖业少险薄，多与寇盗交通。长乃变节，涉子史，亦颇属文，而慷慨有志节。历位司空、太尉，加特进，领中书监，录尚书事。齐文襄尝问之曰："比何所披览？"对曰："数寻伊、霍之传，不读曹、马之书。"晖业以时运渐谢，不复图全，唯事饮啖，一日三羊，三日一犊。又尝赋诗云："昔居王道泰，济济富群英。今逢世路阻，狐兔郁纵横。"齐初，降封美阳县公，开府仪同三司、特进。

晖业之在晋阳也，无所交通，居常闲暇，乃撰魏藩王家世，号为《辨宗录》四十卷，行于世。位望隆重，又以性气不伦，每被猜忌。

天保二年，从驾至晋阳，于宫门外骂元韶曰："尔不及一老妪，背负玺与人，何不打碎之！我出此言，知即死，然尔亦讵得几时！"文宣闻而杀之，并斩临淮公孝友。孝友临刑，惊惶失措，晖业神色自若。仍凿冰沈其尸。

晖业弟昭业，颇有学尚，位谏议大夫。庄帝将幸洛南，昭业立于阊阖门外，叩马谏，帝避之而过。后劳勉之。位给事黄门侍郎、卫将军、右光禄大夫。卒，谥曰文侯。

郁弟偃，位太中大夫。

子诞，字昙首。初，诞伯父郁以贪污赐死，爵除。诏以诞，偃正妃子，立为嫡孙，特听绍封。累迁齐州刺史。在州贪暴，大为人患。牛马骡驴，无不逼夺，家之奴隶，悉迫取良人为妇。有沙门为诞采药，还见诞，问外消息，对曰："唯闻王贪，愿王早代。"诞曰："齐州七万家,吾至来,一家未得三十钱,何得言贪?"后为御史中尉元纂所纠,会赦免。羆,谥静王。

子抚,字伯懿,袭。庄帝初,为从兄晖业诉夺王爵。

偃弟丽,字宝掌,位兼宗正卿、右卫将军。迁光禄勋,宗正、右卫如故。时秦州屠各王法智推州主簿吕苟儿为主,号建明元年,置立百官,攻逼州郡。泾州人陈瞻亦聚众自称王,号圣明元年。以丽为使持节、都督,与杨椿讨之。苟儿率众十余万,屯孤山,别据诸险,围逼州城。丽出击,大破之,便进军永洛。贼徒逆战,丽夜击走之。行秦州事李韶破苟儿于孤山,乘胜追掩,获其父母妻子。诸城之围,亦悉奔散。苟儿率其王公三十余人诣丽请罪。丽因平贼之势,枉掠良善七百余人。宣武嘉其功,诏有司不听追检。

拜雍州刺史,为政严酷,吏人患之。其妻崔氏诞一男,丽遂出州狱囚,死及徒、流案未申台者,一时放免。迁冀州刺史,入为尚书左仆射。帝问曰:"闻公在州杀戮无理,枉滥非一,又大杀道人。"对曰:"臣在冀州可杀道人二百许人,亦复何多?"帝曰:"一物不得其所,若纳诸隍,况杀道人二百,而言不多!"丽脱冠谢,赐坐。卒,谥曰威。

子显和,少有节操,历司徒记室参军。司徒崔光每见之,曰:"元参军风流清秀,容止闲雅,乃宰相之器。"除徐州安东府长史。刺史元法僧叛,显和与战被禽。执手命与连坐。显和曰:"显和与阿翁同源别派,皆是盘石之宗,一朝以地外叛,若遇董狐,能无惭德?"遂不肯坐。法僧犹欲慰喻。显和曰:"乃可死作恶鬼,不能生为叛臣!"及将杀之,神色自若。建义初,赠秦州刺史。

汝阴王天赐,和平二年封,后为内都大官。孝文初,殿中尚书胡莫寒简西部敕勒豪富兼丁者,为殿中武士,而大纳财货。众怒,杀莫寒及高平假镇将奚陵。于是诸部敕勒悉叛。诏天赐与给事中罗云讨之。前锋敕勒诈降,云信之。副将元伏曰:"敕勒色动,恐有变,今不设备,将为所图。"云不从。敕勒袭杀云,天赐仅得自全。累迁怀朔镇大将。坐贪残,恕死,削除官爵。卒,孝文哭于思政观,赠本爵,葬从王礼,谥曰灵王。

子逞,字万安,卒于齐州刺史,谥曰威。

逞子庆和,东豫州刺史,为梁将所攻,举城降之。梁武以为北道总督、魏王。至项城,朝廷出师讨之,望风退走。梁武责之曰:"言同百舌,胆若鼷鼠。"遂徙合浦。

逞弟泛,字普安,自元士稍迁营州刺史。性贪残,人不堪命,相率逐之,泛走平州。后除光禄大夫、宗正卿,封东燕县男。于河阴遇害。

泛弟修义,字寿字,颇有文才。自元士稍迁齐州刺史。修义以齐州频丧刺史,累表固辞,诏不许,听随便立解宇。修义乃移东城。为政宽和。迁秦州刺史。明帝初,表陈庶人禧、庶人愉等,请宥前愆,赐葬陵域。灵太后诏曰:"收葬之恩,事由上旨,藩岳何得越职干陈!"在州多受纳。累迁吏部尚书。及在铨衡,唯事货贿,授官大小,皆有定价。时中散大夫高居者,有旨先叙。上党郡缺,居遂求之。修义私已许人,抑居不与。居大言不逊,修义命左右牵曳之,居对大众呼天唱贼。人问居曰:"白日公庭,安得有贼?"居指修义曰:"此坐上者,违天子明诏,物多者得官,京师白劫,此非大贼乎?"修义失色。居行骂而出,后欲邀车驾论修义罪状,左仆射萧宝寅喻之乃止。

二秦反,假修义兼尚书右仆射、西道行台、行秦州事,为诸军节度。修义性好酒,每饮连日,遂遇风病,神明昏丧,虽至长安,竟无部分之益。元志败没,贼东至黑水,更遣萧宝寅讨之,以修义为雍州刺史。卒于州,赠司空,谥曰文。

子均,位给事黄门侍郎。后入西魏,封安昌王,位开府仪同三司。薨,赠司空,谥曰平。

子则,字孝规,袭爵,位义州刺史。仕周为小冢宰、江陵总管。

子文都,性梗直,仕周为右侍上士。隋开皇初,授内史舍人。炀帝即位,累迁御史大夫,坐事免。未几,授太府卿,甚有当时誉。大业十三年,帝幸江都宫,诏文都与段达、皇甫无逸、韦津等同为东都留守。帝崩,文都与达、津等共推越王侗为帝。侗署文都为内史令、开府仪同三司、光禄大夫、左骁卫大将军、摄右翊卫将军、鲁国公。

既而宇文化及立秦王浩为帝，拥兵至彭城，所在响震。文都讽侗遣使通于李密。密乃请降，因授官爵，礼其使甚厚。王世充不悦，文都知之，阴有诛世充计。侗以文都领御史大夫，世充固执而止。卢楚说文都诛之，文都遂怀奏入殿。有人以告世充，世充驰还含嘉城。至夜难作，攻东太阳门而入，拜于紫微观下，曰：“请斩文都，归罪司寇。”侗见兵势盛，遣其所署将军黄桃树执文都以出。文都顾谓侗曰：“臣今朝亡，陛下亦当夕及。”侗恸哭遣之，左右莫不悯默。出至兴教门，世充令左右乱斩之，诸子并见害。

则弟矩，字孝矩，西魏时，袭祖爵始平县公，拜南丰州刺史。时见元氏将危，阴谓昆季曰：“宇文之心，路人所见。颠而不扶，焉用宗子！”为兄则所遏，乃止。后周文为兄子晋公护娶其妹为妻，情好甚密。及护诛，坐徙蜀。后拜司宪大夫。隋文帝重其门地，娶其女为房陵王妃。及为丞相，拜少冢宰，位柱国，赐爵洵阳郡公。及房陵立为皇太子，立其女为皇太子妃，亲礼弥厚，拜寿州总管。时陈将任蛮奴等屡寇江北，复以孝矩领行军总管，屯兵江上。后以年老，上表乞骸骨。转泾州刺史。卒官，谥曰简。子无竭嗣。

矩次弟雅，字孝方，有文武干用。开皇中，历左领左右将军、集沁二州刺史，封顺阳郡公。

雅弟褒，字孝整，少有成人量。年十岁而孤，为诸兄所爱养。善事诸兄。诸兄议欲别居，褒泣谏，不从。家素富，多金宝，褒一无所受，脱身而出。仕周，位开府、北平县公、赵州刺史。从韦孝宽平尉迟迥，以功拜柱国，进封河间郡公。

隋开皇中，拜原州总管。有商人为贼劫，其人疑同宿者而执之。褒察其色冤而辞正，遂舍之。商人诣阙讼褒受金纵贼。隋文帝遣穷之，使者簿责褒何故利金而舍盗。褒引咎无异辞。使者与褒俱诣京师，遂坐免官。其盗寻发他所。上谓曰：“何至自诬？”褒曰：“臣受委一州，不能息盗，臣罪一也；百姓为人所谤，不付法司，悬即放免，臣罪二也；无顾形迹，至令为物所疑，臣罪三也。臣有三罪，何所逃责！

臣又不言受赂,使者复将有所穷究,然则缧绁横及良善,重臣之罪,是以自诬。"上叹异之,称为长者。

炀帝即位,拜齐郡太守。及辽东之役,郡官督事者前后相属。有西曹掾当行,诈疾,褒杖之。掾大言曰:"我将诣行在所,欲有所告。"褒大怒,因杖百余,数日死。坐免官,卒于家。

乐良王万寿,和平二年封,拜征东大将军,镇和龙。性贪暴,征还,道忧薨,谥曰厉王。

子康王乐平袭。薨。

子长命袭。坐杀人赐死,国除。

子忠,明帝时,复前爵,位太常少卿。孝武帝泛舟天泉池,命宗室诸王陪宴。忠愚而无智,性好衣服,遂著红罗襦,绣作领,碧细绔,锦为缘。帝谓曰:"朝廷衣冠,应有常式,何为著百戏衣?"忠曰:"臣少来所爱,情存绮罗,歌衣舞服,是臣所愿。"帝曰:"人之无良,乃至此乎!"

广平王洛侯,和平二年封。薨,谥曰殇。无子,后以阳平幽王第五子匡后之。

匡字建扶,性耿介,有气节。孝文器之,谓曰:"叔父必能仪形社稷,匡辅朕躬,今可改名为匡,以成克终之美。"宣武即位,累迁给事黄门侍郎。茹皓始有宠,百僚微惮之。帝曾于山陵还,诏匡陪乘,又命皓登车。皓褰裳将上,匡谏,帝推之令下,皓恨匡失色。当时壮其忠謇。宣武亲政,除肆州刺史。匡既忤皓,惧为所害,廉慎自修,甚有声绩。迁恒州刺史。征为大宗正卿、河南邑中正。

匡奏亲王及始藩、二藩王妻,悉有妃号;而三藩以下,皆谓之妻。上不得同为妃名,而下不及五品以上有命妇之号,窃以为疑。诏曰:"夫贵于朝,妻荣于室,妇女无定,升从其夫。三藩既启王封,妃名亦宜同等。妻者齐也,理与己齐,可从妃例。"自是三藩王妻,名号始定。后除度支尚书。匡表引乐陵、章武之例,求绍洛侯封。诏付尚书议。尚书奏听袭封，以明兴绝之义。

时宣武委政于高肇，宗室倾惮，唯匡与肇抗衡。先自造棺，置于听事，意欲舆棺诣阙，论肇罪恶，自杀切谏。肇闻而恶之。后因与太常卿刘芳议争权量，遂与肇声色。御史中尉王显奏匡曰：

> 自金行失御，群伪竞兴，礼坏乐崩，彝伦攸斁。高祖孝文皇帝以睿圣统天，克复旧典。乃命故中书监高闾，广旌儒林，推寻乐府，以黍裁寸，将均周、汉旧章。属云构中迁，尚未云就。高祖睿思玄深，参考经、记，以一黍之大，用成分体，准之为尺，宣布施行。

> 暨正始中，故太乐令公孙崇辄自立意，以黍十二为寸，别造尺度，定律刊钟。皆向成讫，表求观试。时敕太常卿臣芳，以崇造既成，请集朝英，议其得否。芳疑崇尺度与先朝不同，察其作者，于经史复异，推造鲜据，非所宜行。时尚书令臣肇、清河王怿等，以崇造乖谬，与《周礼》不同，遂奏臣芳依《周礼》更造，成讫量校，从其善者。而芳以先朝尺度，事合古典，乃依前诏书，以黍刊寸，并呈朝廷，用裁金石。于时议者多云芳是。唯黄门侍郎臣孙惠蔚与崇扶同。二途参差，频经考议。而尚书令臣肇以芳造。崇物故之后，而惠蔚亦造一尺，仍云扶。以比崇尺，自相乖背。量省二三，谓芳一尺为得。而尚书臣匡表云，刘、孙二尺，长短相倾，稽考两律，所容殊异，言取中黍，校彼二家，云并参差，折中无所，自立一途，请求议判。当时议者，或是于匡，两途舛驳，未即时定。肇又云："权斛斗尺，班行已久，今者所论，岂逾先旨，宜仰依先朝故尺为定。"

> 自尔以后，而匡与肇厉言都坐，声色相加，高下失其常伦，嗃竞无复彝序。匡更表列，据己十是，云芳十非。又云："肇前被敕旨，共芳营督，规立钟石之名，希播制作之誉。乃凭枢衡之尊，藉舅氏之势，与夺任心，臧否自己，阿党刘芳，遏绝臣事。望势雷同者，接以恩言；言依经案古者，即被怒责。虽未指鹿化马，移天徙日，实使蕴藉之士，耸气坐端；怀道之夫，结舌筵

次。"又言："芳昔与崇竞，恒言自作，今共臣论，忽称先朝。岂不前谓可行，辄欲自取；后知错谬，便推先朝。殊非大臣之体，深失为下之义。复考校势臣之前，量度偏颇之手，臣必刖足内朝，抱璞人外。"嚣言肆意，彰于朝野。

然匠职当出纳，献替所在，斗尺权度，正是所司。若己有所见，能练臧否，宜应首唱义端，早辨诸惑，何故嘿心随从，不关一言，见芳成事，方出此语？计芳才学，与匠殊悬，所见浅深，不应相匹。今乃始发，恐此由心，借智于人，规成虚誉。况匠表云："所据铜权，形如古志，明是汉作，非莽别造。"及案权铭，"黄帝始祖，德布于虞，虞帝始祖，德布于新"。若莽佐汉时事，宁有铭伪新之号哉？又寻莽传，云莽居摄，即变汉制度。考校二证，非汉权明矣。复云"芳之所造，又短先朝之尺"。臣既比之，权然相合。更云"芳尺与千金堰不同"。臣复量此，因见其异，二三浮滥，难可据准。又云"共□虚端，妄为疑似，托以先朝，云非己制"。臣案此欺诈，乃在于匠，不在于芳。何以言之？芳先被敕，专造钟律，管龠优劣，是其所裁，权斛尺度，本非其事。比前门下索芳尺度，而芳牒报云"依先朝所班新尺，复应下黍，更不增损，为造钟律，调正分寸而已"。检匠造时，在牒后一岁，芳于尔日，匠未共争，已有此牒，岂为诈也？计崇造寸，积黍十二，群情共知。而芳造寸，唯止十黍，亦俱见。先朝诏书，以黍成寸，首尾历然，宁有辄欲自取之理？肇任居端右，百僚是望，言行动静，必副具瞻。若恃权阿党，诈托先诏，将指鹿化马，徙日移天，即是魏之赵高，何以宰物？肇若无此，匠既诬毁宰相，讪谤时政，阻惑朝听，不敬至甚。请以肇、匠并禁尚书，推穷其原，付廷尉定罪。

诏曰可。有司奏匠诬肇，处匠死刑。宣武恕死，降为光禄大夫。又兼宗正卿。出为兖州刺史。

匠临发，帝引见于东堂，劳勉之。匠犹以尺度金石之事，国之大经，前虽为南台所弹，然犹许更议，若议之日，愿听臣暂赴。帝曰：

"刘芳学高一时,深明典故。其所据者,与先朝尺乃寸过一黍,何得复云先朝之意也? 兖州既所执不经,后议之日,何待赴都也。"

明帝初,入为御史中尉。匡严于弹纠,始奏于忠,次弹高聪等免官,灵太后并不许。违其纠恶之心,又虑匡辞解,欲奖安之,进号安南将军,后加镇东将军。

匡屡请更权衡不已,于是诏曰:"谨权审度,自昔令典,定章革历,往代良规。匡宗宝贤亮,留心既久,可令更集儒贵,以时验决,必务权衡得衷,令寸龠不舛。"又诏曰:"故广平殇王洛侯体自恭宗,茂年薨殒,国除祀废,不祀忽诸。匡亲同若子,私继久岁,宜树维城,永兹盘石,可特袭王爵,封东平郡王。"匡所制尺度讫,请集朝士议定是非,诏付门下、尚书、三府、九列议定以闻。太师、高阳王雍等议,以为"晋中书监荀勖所造之尺,上高祖所定,毫厘略同。侍中崔光得古象尺,于时亦准议令施用。仰惟孝文皇帝德迈前王,睿明下烛,不刊之式,事难变改。臣等参论,请停匡议,永遵先皇之制。"诏从之。

匡每有奏请,尚书令、任城王澄时致执夺。匡刚隘,内遂不平。先所造棺,犹在僧寺,乃复修事,将与澄相攻。澄颇知之,后将赴省,与匡逢遇,驺卒相挝,朝野骇愕。澄因是奏匡罪状三十余条,廷尉处以死刑。诏付八议,特加原宥,削爵除官。三公郎中辛雄奏理之。后特除平州刺史,徙青州刺史。寻为关右都督、兼尚书行台。遇疾,还京。孝昌初,卒,谥曰文贞。后追复本爵,改封济南王。

第四子献袭,薨。子祖育袭。武定初,坠马薨。子勒又袭。齐受禅,爵例降。

北史卷一八
列传第六

景穆十二王下

任城王云　南安王桢　城阳王长寿
章武王太洛　乐陵王胡儿
安定王休

　　任城王云,和平五年封。少聪慧,年五岁,景穆崩,号哭不绝声。太武抱之泣曰:"汝何知而有成人意也!"献文时,拜都督中外诸军事、中都大官,听讼,甚收时誉。

　　及献文欲禅位于京兆王子推,王公卿士莫敢先言。云进曰:"父子相传久矣,皇魏未之有革。"太尉源贺又进以为不可,愿思任城之言。东阳公元丕等进曰:"皇太子虽圣德凤彰,然实冲幼。陛下欲隆独善,其若宗庙何?"帝曰:"储宫正统,群公相之,有何不可?"于是传位孝文。

　　后蠕蠕犯塞,云为中军大都督,从献文讨之。过大碛,云曰:"夷狄之马初不见武头盾,若令此盾在前,破之必矣。"帝从之,命敕勒首领,执手劳遣之。于是相率而歌,方驾而前,大破之,获其凶首。后仇池氐友,又命云讨平之。除开府、徐州刺史。云以太妃盖氏薨,表求解任,献文不许,云悲号动疾,乃许之。性善抚接,深得徐方之心,为百姓所追恋,送遗钱货,一无所受。

　　再迁冀州刺史,甚得下情,于是合州请户输绢五尺、粟五升,以报云恩。孝文嘉之,诏宣告天下,使知劝励。迁长安镇都大将、雍州刺史。云廉谨自修,留心庶狱,挫却豪强,劫盗止息,州人颂之者千余人。太和五年,薨于州,遗令薄葬,勿受赠襚,诸子奉遵其旨。谥曰康,陪葬云中之金陵。

　　长子澄,字道镜,少好学,美鬓发,善举止,言辞清辩,响若县钟。康王薨,居丧以孝闻。袭封,加征北大将军。以氐羌反叛,除征南大将军、梁州刺史。文明太后引见诫厉之,顾谓中书令李冲曰:“此儿风神吐发,当为宗室领袖,是行当不辱命,我不妄谈也。”澄至州,诱导怀附,西南款顺。加侍中,赐衣一袭,乘黄马一匹,以旌其能。

　　转开府、徐州刺史,甚著声绩。朝京师,引见于皇信堂。孝文诏澄曰:“昔郑子产铸刑书而晋叔向非之。此二人皆贤士,得失竟谁?”对曰:“郑国寡弱,摄于强邻,人情去就,非刑莫制,故铸刑书以示威。虽乖古式,合今权道。”帝方革变,深善其对,笑曰:“任城当欲为魏子产也。朕方创改朝制,当与任城共万世之功。”后征为中书令,改授尚书令。齐庾荜来朝,见澄音韵遒雅,风仪秀逸,谓主客郎张彝曰:“往魏任城以武著称,今魏任城乃以文见美也。”

　　时诏延四庙之子,下逮玄孙之胄,申宗宴于皇信堂,不以爵秩为列,悉序昭穆为次,用家人之礼。帝曰:“行礼已毕、欲令宗室各言其志,可率赋诗。”特命澄为七言连韵,与孝文往复赌赛,遂至极欢,际夜乃罢。

　　后帝外示南讨,意在谋迁,齐于明堂左个。诏太常卿王谌,亲令龟卜易筮南伐之事,其兆遇《革》。澄进曰:“《易》言革者更也,将欲革君臣之命,汤、武得之为吉。陛下帝有天下,今日卜征,不得云革命,未可全为吉也。”帝厉声曰:“此象云大人武变,何言不吉也!”车驾还宫,便召澄,未及升阶,遥谓曰:“向者之《革》,今更欲论之。明堂之忿,惧众人竞言,沮我大计,故厉色怖文武耳。”乃独谓澄曰:“国家兴自北土,徙居平城,虽富有四海,文轨未一。此间用武之地,非可兴文。崤函帝宅,河洛王里,因兹大举,光宅中原,任城意以为何如?"澄深赞成其事。帝曰:"任城便是我之子房。"加抚军大将军、太子少保,又兼尚书左仆射。及车驾幸洛阳,定迁都之策,诏澄驰驿向北,问彼百司,论择可否。曰:"近论《革》,今真所谓革也。"澄既至代都,众闻迁诏,莫不惊骇。澄援引今古,徐以晓之,众乃开伏。遂南驰还报,会车驾于滑台。帝大悦曰:"若非任城,朕事业不得就也。"从幸邺宫。除吏部尚书。

及车驾自代北巡,留澄铨简旧臣。初,魏自公侯以下,动有万数,冗散无事。澄品为三等,量其优劣,尽其能否之用,咸无怨者。驾还洛京,复兼右仆射。

帝至北芒,遂幸洪池,命澄侍升龙舟。帝曰:"朕昨夜梦一老公,拜立路左,云晋侍中嵇绍,故此奉迎,神爽卑惧,似有求焉。"澄曰:"陛下经殷墟而吊比干,至洛阳而遗嵇绍,当是希恩而感梦。"帝曰:"朕既有此梦,或如任城所言。"于是求其兆域,遣使吊祭焉。

齐明帝既废弑自立,其雍州刺史曹武请以襄阳内附,车驾将自赴之,引澄及咸阳王禧、彭城王勰、司徒冯诞、司空穆亮、镇南李冲等议之。禧等或云宜行,或言宜止。帝曰:"众人意见不等,宜有客主,共相起发。任城与镇南为应留之议,朕当为宜行之论,诸公坐听,长者从之。"于是帝往复数交,驾遂南征,不从澄及李冲等言。后从征至悬瓠,以疾笃还京。

车驾还洛,引见王公侍臣于清徽堂。帝曰:"此堂成来,未与王公行宴乐之礼。今与诸贤,欲无高而不升,无小而不入。"因之流化渠。帝曰:"此曲水者,取乾道曲成,万物无滞。"次之洗烦池。帝曰:"此池亦有嘉鱼。"澄曰:"所谓'鱼在在藻,有颁其首'。"帝曰:"且取'王在灵沼,于牣鱼跃。'"次之观德殿。帝曰:"射以观德,故遂命之。"次之凝闲堂。帝曰:"此堂取夫子闲居之义。不可纵奢以忘俭,自安以忘危,故此堂后作茅茨堂。"谓李冲曰:"此东曰步元庑,西曰游凯庑。此坐虽无唐尧之君,卿等当无愧于元、凯。"冲对曰:"臣既遭唐尧之君,敢辞元、凯之誉?"帝曰:"光景垂落,朕同宗有载考之义,卿等将出,何得默尔德音。"即命黄门侍郎崔光、郭祚、通直郎邢峦、崔休等赋诗言志。烛至,公卿辞退,李冲再拜上千万岁寿。帝曰:"卿等以烛至致辞,复献于万寿,朕报卿以《南山》之诗。"乃曰:"烛至辞退,庶姓之礼;在夜载考,宗族之义。卿等且还,朕与诸王宗室欲成此夜饮。"后坐公事免官。寻兼吏部尚书。

恒州刺史穆泰在州谋反,授澄节、铜武、竹使符,御仗左右,仍行恒州事。行达雁门,遣书侍御史李焕先赴。至即禽泰,穷其党与,罪人皆得。钜鹿公陆睿、安乐侯元隆等百余人并狱禁。具状表闻。帝览表,乃大悦曰:"我任城可谓社稷臣,正复皋陶断狱,岂能过之?"顾咸阳王等曰:"汝等脱当其处,不能辨此也。"车驾寻幸平城,劳澄,引见逆徒,无一人称枉。时人莫不叹之。帝谓左右曰:"必也无讼,今日见之。"以澄正尚书。

车驾南伐,留澄居守,复兼右仆射。澄表请以国秩一岁租帛助供军资,诏受其半。帝复幸邺。见公卿曰:"朕昨入城,见车上妇人冠帽而著小襦袄者,尚书何为不察?"澄曰:"著者犹少。"帝曰:"任城欲令全著乎? 一言可以丧邦,其斯之谓。可命史官书之。"又曰:"王者不降佐于苍昊,拔才而用之。朕失于举人,任一群妇女辈,当更铨简耳。任城在省,为举天下纲维,为当署事而已?"澄曰:"臣实署事而已。"帝曰:"如此,便一令史足矣,何待任城?"寻除尚书右仆射,从驾南伐。孝文崩,受顾命。

宣武初,有降人严叔懋告尚书令王肃遣孔思达潜通齐国,为叛逆。澄信之,乃表肃将叛,辄下禁止。咸阳、北海二王奏澄擅禁宰辅,免官还第。寻除开府、扬州刺史。下车封孙叔敖之墓,毁蒋子文之庙,上表请修复皇宗之学,开四门之教,诏从之。

先是,朝议有南伐之计,以萧宝寅为东扬州刺史,据东城。陈伯之为江州刺史,戍阳石。以澄总督二镇,授之节度,澄于是遣统军傅竖眼、王神念等进次大岘、东关、九山、淮陵,皆分部诸将,倍道据之。澄总勒大众,络绎相接,所在克捷,诏书褒美。既而遇雨,淮水暴长,澄引归寿春。还既狼狈,失兵四千余人。澄频表解州,帝不许。

有司奏夺其开府,又降三阶。

转镇北大将军、定州刺史。初,百姓每有横调,恒烦苦之。前后牧守未能蠲除,澄多所省减。又明黜陟赏罚之法,表减公园之地以给无业贫人,布绢不任衣者禁不听造,百姓欣赖焉。母孟太妃薨,居丧过毁,当世称之。服阕,除太子太保。

时高肇当朝,猜忌贤戚。澄为肇间构,常恐不全,乃终日昏饮,以示荒败。所作诡越,时谓为狂。宣武夜崩,时事仓卒,高肇拥兵于外,明帝冲幼,朝野不安。澄虽疏斥,而朝望所属。领军于忠、侍中崔光等奏澄为尚书令,于是众心欣服。寻迁司空,加侍中,俄诏领尚书令。

澄表上《皇诰宗制》并《训诂》各一卷,欲太后览之,思劝诫之益。又奏利国济人所宜振举者十条:一曰律度量衡,公私不同,所宜一之;二曰宜兴学校,以明黜陟之法;三曰宜兴灭继绝,各举所知;四曰五调之外,一不烦人,任人之力,不过三日;五曰临人之官,皆须黜陟,以旌赏罚;六曰逃亡代输,去来年久者,若非伎作,任听即住;七曰边兵逃走,或实陷没,皆须精检,三长及近亲,若实隐之,征其代输,不隐勿论;八曰工商世业之户,复征租调,尤以堪济,今请免之,使专其业;九曰三长禁奸,不得隔越相领,户不满者,随近并合;十曰羽林武贲,边方有事,暂可赴战,常戍宜遣番兵代之。灵太后下其奏,百僚议之,事有同否。

时四中郎将兵数寡弱,不足以襟带京师。澄奏宜以东中带荥阳郡,南中带鲁阳郡,西中带恒农郡,北中带河内郡,先二品、三品亲贤兼称者居之。省非急之作,配以强兵。如此则深根固本,强干弱枝之义也。灵太后将从之,后议者不同,乃止。寻以疾患,表求解任,不许。

澄以北边镇将选举弥轻,恐贼虏窥边,山陵危迫,奏求重镇将之选,修警备之严,诏不从。后贼虏入寇,至于旧都,镇将多非其人,所在叛乱,犯逼山陵,如澄所虑。

澄奏:"都城府寺犹未周悉,今军旅初宁,无宜发众,请取诸职人及司州郡县犯十杖以上、百鞭以下收赎之物,绢一匹输砖二百,以渐修造。”诏从之。太傅、清河王怿表驳其事,遂寝不行。

澄又奏:“司州牧、高阳王臣雍拷杀奉朝请韩元昭、前门下录事姚敬贤,虽因公事,理实未尽。何者? 若昭等状彰,死罪以定,应刑于都市,与众弃之。如其疑似不分,情理未究,不宜以三清九流之官,杖下便死,轻绝人命,伤理败法。往年在州,于大市鞭杀五人,及检赃状,全无寸尺。今复酷害,一至于此。朝野云云,咸怀惊愕。若生杀在下,虐专于臣,人君之权,安所复用? 请以见事付廷尉推究,验其为劫之状,察其拷杀之理。”诏从之。澄当官无所回避。又奏垦田授受之制八条,甚有纲贯。西域厌达、波斯诸国,各因公使,并遗澄骏马一匹。澄请付太仆,以充国闲。诏曰:“王廉贞之德,有过楚相,可敕付厩,以成君子大哉之美。”

御史中尉、东平王匡奏请取景明元年以来内外考簿、吏部除书、中兵勋案并诸殿最,欲以案校窃阶盗官之人。灵太后许之。澄表以为“御史之体,风闻是司。至于冒勋妄阶,皆有处别。若一处有风谣,即应摄其一簿,研检虚实。若差殊不同,伪情自露,然后绳以典刑,人谁不服? 岂有移一省之事,穷革世之尤,如此求过,谁堪其罪? 斯实圣朝所宜重慎也。”灵太后纳之,乃止。后迁司徒公,侍中、尚书令如故。

神龟元年,诏加女侍中貂蝉,同外侍中之饰。澄上表谏曰:“高祖、世宗旨有女侍中官,未见缀金蝉于象珥,极鼲貂于鬓发。江南伪晋穆何后有女尚书而加貂珰,此乃衰乱之世,袄妄之服。且妇人而服男子之服,至阴而阳,故自穆、哀以降,国统二绝。因是刘裕所以篡逆。礼容举措,风化之本,请依常仪,追还前诏。”帝从之。

时太后锐于兴缮,在京师则起永宁、太上公等佛寺,工费不少,外州各造五级佛图。又数为一切斋会,施物动至万计。百姓疲于土木之功,金银之价为之踊上。削夺百官禄力,费损库藏。兼曲赉左右,日有数千。澄上表极言得失。虽卒不从,常优答礼之。政无大小,皆引参预。澄亦尽心匡辅,事有不便于人者,必于谏净,殷勤不已,内外咸敬惮之。

二年,薨,赠假黄钺、使持节、都督中外诸军事、太傅、领太尉公,加以殊礼,备九锡,依晋大司马齐王攸故事,谥曰文宣王。澄之葬也,凶饰甚盛,灵太后亲送郊外,停舆悲哭,哀恸左右,百官会赴千余人,莫不歔欷,当时以为哀荣之极。

第四子彝袭。彝字子伦,继室冯氏所生,颇有父风。拜通直散骑常侍。及元叉专权而彝耻于托附,故不得显职。庄帝初,河阴遇害。赠仪同三司、青州刺史,谥曰文。

彝庶长兄顺,字子和。年九岁,师事乐安陈丰,初书王羲之《小学篇》数千言,昼夜诵之,旬有五日,一皆通彻。丰奇之,白澄曰:"丰十五从师,迄于白首,耳目所经,未见此比,江夏黄童不得无双也。"澄笑曰:"蓝田生玉,何容不尔。"十六通《杜氏春秋》,下帷读书,笃志爱古。性謇愕,淡于荣利,好饮酒,解鼓琴。每长吟永叹,吒咏虚室。宣武时,上《魏道颂》,文多不载。

起家为给事中。时高肇权重,天下人士望尘拜伏。顺曾怀刺诣肇门,门者以其年少,答云:"在坐大有贵客。"不肯为通。顺叱之曰:"任城王儿可是贱也?"及见,直往登床,捧手抗礼,王公先达莫不怪愕,而顺辞吐傲然,若无所睹。肇谓众宾曰:"此儿豪气尚尔,况其父乎!"及去,肇加敬送之。澄闻之大怒,杖之数十。后拜太常少卿,以父忧去职,哭泣呕血,身自负土。时年二十五,便有白发,免丧抽去,不复更生,世人以为孝思所致。

寻除给事黄门侍郎。时领军元叉威势尤盛,凡有迁授,莫不造门谢谒。顺拜表而已,曾不诣叉。叉谓顺曰:"卿何得聊不见我?"顺正色曰:"天子富于春秋,委政宗辅,叔父宜以至公为心,举士报国。如何卖恩,责人私谢,岂所望也!"至于朝论得失,顺常鲠言正议,曾不阿旨。由此见惮,出除恒州刺史。顺谓叉曰:"北镇纷纭,方为国梗,请假都督,为国屏捍。"叉心疑难,不欲授以兵官,谓顺曰:"此朝廷之事,非我所裁。"顺曰:"叔父既杀生由己,自言天历应在我躬,何得复有朝廷?"叉弥忿惮之。转齐州刺史。顺自负有才,不得居内,每怀郁怏，形于言色。遂纵酒自娱，不亲政事。又解领军，征为给事黄门侍郎。亲友郊迎，贺其得入。顺曰："不患不入，正恐入而复出耳。"俄兼殿中尚书，转侍中。初，中山王熙起兵讨元叉，不果而诛。及灵太后反政，方得改葬。顺侍坐西游园，因奏太后曰："臣昨往看中山家葬，非唯宗亲哀其冤酷，行路士庶见一家十丧，皆为青旐，莫不酸泣。"又妻时在太后侧，顺指之曰："陛下奈何以一妹之故，不伏元叉之罪，使天下怀冤？"太后嘿然不语。

就德兴于营州反，使尚书卢同往讨之，大败而还。属侍中穆绍与顺侍坐，因论同之罪。同先有近宅借绍，绍颇欲为言。顺勃然曰："卢同终将无罪！"太后曰："何得如侍中之言？"顺曰："同有好宅与要势侍中，岂虑罪也？"绍惭，不敢复言。

灵太后颇事妆饰，数出游幸，顺面诤之曰："礼，妇人丧夫，自称未亡人，首去珠珥，衣不被彩。陛下母临天下，年垂不惑，过修容饰，何以示后世？"灵太后惭而还入，召顺责之曰："千里相征，岂欲众中见辱也！"顺曰："陛下盛服炫容，不畏天下所笑，何耻臣之一言乎！"

初，城阳王徽慕顺才名，偏相赏纳。而广阳王深通徽妻于氏，大为嫌隙。及深自定州被征，入为吏部尚书，兼中领军，顺为诏书，辞颇优美。徽疑顺为深左右，由是与徐纥间顺于灵太后，出顺为护军将军、太常卿。顺奉辞于西游园，徽、纥侍侧，顺指谓灵太后曰："此人魏之宰嚭，魏国不灭，终不死亡。"纥胁肩而出，顺因抗声叱之曰："一介刀笔小人，正堪为机案之吏，宁应忝兹执戟，亏我彝伦！"遂振衣而起。灵太后嘿而不言。时追论顺父顾托之功，增任城王彝邑二千户，又析彝邑五百以封顺为东阿县公。顺疾徽等间之，遂为《苍蝇赋》。属疾在家，杜绝庆吊。

后除吏部尚书，兼右仆射，与城阳王徽同日拜职。舍人郑俨于止车门外先谒徽，后拜顺。顺怒曰："卿是佞人，当拜佞王。我是直人，不受曲拜。"俨深怀谢。顺曰："卿是高门子弟，而为北宫幸臣，仆射李思冲尚与王洛诚同传，以此度之，卿亦应继其卷下。"见者为之震动，而顺安然自得。及上省，登阶向榻，见榻甚故，问都令史徐伃起。仟起曰:"此榻曾经先王坐。"顺即哽塞,涕泗交流,久而不能言,遂令换之。

时三公曹令史朱晖素事录尚书、高阳王雍,雍欲以为廷尉评,频烦托顺,顺不为用。雍遂下命用之,顺投之于地。雍闻之,大怒,昧爽坐都听,召尚书及丞郎毕集,欲待顺至,于众挫之。顺日高方至。雍攘袂抚几而言曰:"身天子之子,天子之弟,天子之叔,天子之相,四海之内,亲尊莫二,元顺何人,以身成命投弃于地!"顺须鬓俱张,仰面看屋,愤气奔涌,长嘘而不言。久之,摇一白羽扇,徐而谓雍曰:"高祖迁宅中土,创定九流,官方清浊,轨仪万古。而朱晖小人,身为省吏,何合为廷尉清官?殿下既先皇同气,诚宜遵旨,自有恒规,而复逾之也?"雍曰:"身为丞相、录尚书,如何不得用一人为官?"顺曰:"庖人虽不理庖,尸祝不越樽俎而代之。未闻有别旨令殿下参选事。"顺又厉声曰:"殿下必如是,顺当依事奏闻。"雍遂笑而言曰:"岂可以朱晖小人,便相忿恨。"遂起,呼顺入室,与之极饮。顺之亢毅不挠,皆此类也。后兼左仆射。

尔朱荣之奉庄帝,召百官悉至河阴,素闻顺数谏诤,惜其亮直,谓朱瑞曰:"可语元仆射,但在省,不须来。"顺不达其旨,闻害衣冠,遂便出走,为陵户鲜于康奴所害。家徒四壁,无物敛,止有书数千卷而已。门下通事令史王才达裂裳覆之。庄帝还宫,遣黄门侍郎山伟巡喻京邑。伟临顺丧,悲恸无已。既还,庄帝怪其声散,伟以状对。庄帝敕侍中元祉曰:"宗室丧亡非一,不可周赡。元仆射清苦之节,死乃益彰,特赠绢百匹,余不得为例。"赠尚书令、司徒公,谥曰文烈。

初,帝在藩,顺梦一段黑云从西北直来,触东南上日月俱破,复翳诸星,天地尽暗。俄而云消雾散,便有日出自西南隅,甚明净,云长乐王日。寻见庄帝从阊阖门入,登太极殿,唱万岁者三,百官咸加朝服谒帝,唯顺集书省步廊西槐树下,脱衣冠卧。既寤,告元晖业曰:"吾昨夜梦,于我殊自不佳。"说梦,因解之曰:"黑云,气之恶者,是北方之色,终当必有北敌,以乱京师,害二宫,残毁百僚。何者?

日,君象也。月,后象也。众星,百官象也。以此言之,京邑其当祸
乎?昔刘曜破晋室以为髑髅台,前途之事,得无此乎?虽然,彭城王
勰有文德于天下,今梦其儿为天子,积德必报,此必然矣。但恨其得
之不久。所以然者,出自西南,以时易年,不过三载。但恨我不见之。
何者?我梦卧槐树下,槐字木傍鬼,身与鬼并,复解冠冕,此宁不死
乎!然亡后乃得三公赠耳。"皆如其梦。顺撰《帝录》二七卷,诗赋表
颂数十篇,并多亡失。

　　长子朗,时年十七,枕戈潜伏积年,乃手刃康奴,比首祭顺墓,
然后诣阙请罪。朝廷嘉而不问。朗位司徒属。天平中,为奴所害,
赠尚书右仆射。

　　顺弟纪,字子纲,随孝武入关中,位尚书左仆射。华山郡王。

　　澄弟嵩,字道岳,孝文时,位步兵校尉。大司马、安定王休薨,未
及卒哭,嵩便游田。帝闻而大怒,诏曰:"嵩,大司马薨殂甫尔,便以
鹰鹞自娱,有如父之痛,无犹子之情,捐心弃礼,何其太速!便可免
官。"后兼武卫将军。

　　孝文南伐,齐将陈显达率众拒战,嵩身备三仗,免胄直前,勇冠
三军,将士从之,显达奔溃。帝大悦曰:"任城康王大有福德,文武顿
出其门。"以功赐爵高平县侯。初,孝文之发洛也,冯皇后以罪幽于
宫内。既平显达,回次谷唐原,帝疾甚,将赐后死,曰:"使人不易可
得。"顾谓任城王澄曰:"任城必不负我,嵩亦当不负任城,可使嵩
也。"于是引嵩入内,亲诏遣之。宣武即位,为扬州刺史,威名大振。
后并妻穆氏为苍头李太伯等所害。谥曰刚侯。

　　第二子世俊,颇有干用,而无行业。袭爵。孝庄时,迁吏部尚书。
尔朱兆寇京师,诏世俊以本官为都督,守河桥。及兆至河,世俊初无
拒守意,便隔岸遥拜,遂将船五艘迎兆军,兆因得入。京都破残,皆
世俊之罪,时论疾之。尤为尔朱世隆所昵。孝武初,改封武阳县子。
世俊居选曹,不能厉心,多所受纳,为中尉弹纠,坐免官。孝静时,位
尚书令。世俊轻薄,好去就。兴和中,薨。赠太尉,谥曰躁戾。

南安王桢，皇兴二年封。孝文时，累迁长安镇都大将、雍州刺史。桢性忠谨。其母疾笃，忧毁异常，遂有白雉游其庭前。帝闻其致感，赐帛千匹以褒美之。征赴讲武，引见于皇信堂，戒之曰："公孝行著于私庭，令问彰于邦国，既国之懿亲，终无贫贱之虑。所宜慎者略有三事：一者恃亲骄矜，违礼僭度；二者傲慢贪奢，不恤政事；三者饮酒游逸，不择交友。三者不去，患祸将生。"而桢不能遵奉，后乃聚敛肆情。孝文以桢孝养闻名内外，特加原恕，削除封爵，以庶人归第，禁锢终身。以议定迁都，复封南安王，为镇北大将军、相州刺史。帝饯桢于华林都亭，诏并赋诗，不能者，并可听射，当使武士弯弓，文人下笔。帝送桢下阶，流涕而别。太和二十年五月，至邺。上日，暴雨大风，冻死者数十人。桢又以旱，祈雨于群神。邺城有石季龙庙，人奉祀之。桢告神像云："三日不雨，当加鞭罚。"请雨不验，遂鞭像一百。是月，疽发背薨，谥曰惠。及恒州刺史穆泰谋反，桢知而不告，虽薨，犹追夺爵封，国除。

子英，性识聪敏，善骑射，解音律，微晓医术。孝文时，为梁州刺史。帝南伐，为汉中别道都将。后大驾临钟离，英以大驾亲动，势倾东南，汉中有可乘之会，表求追讨，帝许之。以功迁安南大将军，赐爵广武伯。

宣武即位，拜吏部尚书，以前后军功，进爵常山侯。寻诏英率众南讨，大破梁曹景宗军。梁司州刺史蔡道恭忧死，三关戍弃城而走。初，孝文平汉阳，英有战功，许复其封。及为陈显达所败，遂寝。是役也，宣武大悦，乃复之，改封中山王。

既而梁入寇肥梁，诏英率众十万讨之，所在皆以便宜从事。英表陈事机，乃击破阴陵，斩梁将二十五人，及虏首五千余级。又频破梁军于梁城，斩其支将四十二人，杀获及溺死者将五万。梁中军大将军临川王萧宏、尚书左仆射柳惔等大将五人沿淮东走。凡收米四十万石。英追奔至马头，梁马头戍主委城遁走，遂围钟离。诏以师行已久，命英为振旅之意。英表："期至二月将末，三月之初，理在必克。但自此月一日已来，霖雨连并，可谓天违人愿。然王者行师，举动不易,不可以少致瞹淹,便生异议。愿闻朝廷,特开远略,少复赐宽,假以日月,无使为山之功,中途而废。"及四月,水盛破桥,英及诸将狼狈奔退,士众没者十有五六。英至扬州,遣使送节及衣冠、貂蝉、章绶,诏以付典。有司奏英经算失图,案劾处死。诏恕死为百姓。

后京兆王愉反,复英王封,除使持节、假征东将军、都督冀州诸军事。英未发而冀州已平。

时郢州中从事督荣祖潜引梁军,以义阳应之,三关之戍并据城降梁。郢州刺史娄悦婴城自守。悬瓠人白早生等杀豫州刺史司马悦,据城南叛。梁将齐苟儿率众守悬瓠。悦子尚华阳公主,并为所劫。诏英使持节、都督南征诸军事、假征南将军,出自汝南。帝以邢峦频破早生,诏英南赴义阳。英以众少,累表请军,帝不许。而英辄与邢峦分兵共攻悬瓠,克之,乃引军而南。既次义阳,将取三关。英策之曰:"三关相须如左右手,若克一关,而二关不待攻而定。攻难不如易,东关易攻,宜须先取,既黄石公所谓战如风发,攻如河决也。"英恐其并力于东,乃使长史李华率五统向西关,分其兵势,身督诸军向东关。果如英策。凡禽其大将六人、支将二十人、卒七千、米四十万石,军资称是。还朝,除尚书仆射。薨,赠司徒公,谥献武王。

英子熙,字真兴,好学俊爽,有文才,声著于世。然轻躁浮动,英深虑非保家之主,常欲废之,立第四子略。略固请乃止。累迁光禄勋。时领军于忠执政,熙,忠之婿也,故岁中骤迁。

后授相州刺史,熙以七月上,其日大风寒雨,冻死者二十余人,驴马数十匹。熙闻其祖父前事,心恶之。又有蛆生其庭。初,熙兄弟并为清河王怿所昵,及刘腾、元叉隔绝二宫,矫诏杀怿,熙乃起兵讨之。熙起兵甫十日,为其长史柳元章、别驾游荆、魏郡太守李孝怡执熙置之高楼,并其子弟。叉遣尚书左丞卢同斩之于邺街,传首京师。始熙妃于氏知熙必败,不从其谋,自初哭泣不绝,至于熙死。

熙既藩王,加有文学,风气甚高。始镇邺,知友才学之士袁翻、李琰之、李神俊、王诵兄弟、裴敬宪等咸饯于河梁,赋诗告别。及将死,复与知故书,恨志意不遂。时人矜之。

又熙于任城王澄薨前,梦有人告之曰:"任城当死,死后二百日外,君亦不免。若其不信,试看任城家。"熙梦中顾瞻任城第舍,四面墙崩,无遗堵焉。熙恶之,觉而以告所亲。及熙之死也,果如所梦。熙兄弟三人,每从英征伐,在军贪暴,或因迎降逐北,至有斩杀无辜,多增首级,以为功状。又于忠诬郭祚、裴植也,忠意未决害之,由熙劝奖,遂至极法,世以为冤。及熙之祸,识者以为有报应焉。灵太后反政。赠太尉公,谥曰文庄王。

熙弟略,字俊兴,位给事黄门侍郎。熙败,略潜行,自托旧识河内司马始宾。始宾便为荻筏,夜与略俱渡盟津,诣上党屯留县栗法光家。法光素敦信义,忻而纳之。略旧识刀双,时为西河太守,略复归之。停止经年,双乃令从子昌送略潜遁江左。梁武甚礼敬之,封中山王,宣城太守。俄而徐州刺史元法僧据城南叛,梁乃以略为大都督,令诣彭城接诱初附。寻征略与法僧同还。略虽在江南,自以家祸,晨夜哭泣,身若居丧。又恶法僧为人,与法僧言,未尝一笑。

梁复除略衡州刺史,未行。会其豫章王综以城归国,综长史江革、司马祖暅、将士五千人,悉见禽房。明帝敕有司悉遣革等还南,因以征略,梁乃备礼遣之,明帝诏光禄大夫刀双境首劳问,除略侍中、义阳王。还达石人驿亭,诏宗室亲党、内外百官先相识者,迎之近郊。其司马始宾除给事中,领直后,栗法光本县令。刀昌东平太守,刀双西兖州刺史。略所经一食一宿处,无不沾赏。

寻改封东平王。后为尚书令,灵太后甚宠任之,其见委信,殆与元徽相埒。于时天下多事,军国万端,略守常自保,无他裨益,唯具臣而已。尔朱荣,略之姑夫,略素所轻忽。略又党于郑俨、徐纥,荣兼衔之。荣入洛也,见害于河阴。加赠太保、司空公,谥曰文贞。

英弟怡,位鄀善镇将。在镇贪暴,为有司所纠,逃免,卒。庄帝初,以尔朱荣妇兄,赠太尉、扶风王。

子肃,封鲁郡王。

肃弟晔,字华兴,小字盆子。性轻躁,有膂力。庄帝初,封长广王。尔朱荣死，世隆等推晔为主，年号建明。寻为世隆废。节闵立，封为东海王。孝武初，被杀。

城阳王长寿，皇兴二年封，位沃野镇都大将，甚有威名。薨，谥康王。子鸾袭。

鸾字宣明，身长八尺，腰带十围。以武艺称，频为北都大将。孝文初，除使持节、征南大将军。与安南将军卢阳乌、李佐攻赭阳不克，败退，降为定襄县王。后以留守功，还复本封。宣武时，为定州刺史。鸾爱乐佛道，缮起佛寺，劝率百姓，大为土木之劳，公私费扰，颇为人患。宣武闻之，诏夺禄一周。薨，谥怀王。

子徽，字显顺，粗涉文史，颇有吏才。宣武时，袭封，为河内太守，在郡清整，有时誉。明帝时，为并州刺史。先是，州界夏霜，安业者少，徽辄开仓振之，文武咸共谏止。徽曰："昔汲长孺郡守耳，尚辄开仓，救人灾弊。况我皇家亲近，受委大藩，岂可拘法而不救人困也？"先给后奏。明帝嘉之，加安北将军。汾州山胡旧多劫掠，自徽为郡，群胡自相戒，勿得侵扰邻州。汾、肆之人多来诣徽投诉，愿得口判。除秦州刺史，还都，吏人泣涕攀车，不能自已。徽车马羸弊，皆京来旧物，见者莫不叹其清俭。

改授度支尚书，兼吏部尚书，寻为正。徽以选举法期在得人，限以停年，有乖旧体。但行之日久，难以顿革，以德同者尽年，劳等者进德，于时称为中平。除侍中，余官如故。徽表乞守一官。天下士子莫不叹息，咸曰："城阳离选，贫者复何所希！"怨嗟之声，俄然上彻。还令兼吏部尚书。累迁尚书令。

时灵太后专制，朝纲颓褫，徽既居宠任，无所匡弼，与郑俨之徒，更相阿党。外似柔谨，内多猜忌，睚眦之忿，必思报复，识者疾之。又不能防闲其妻于氏，遂与广阳王深奸通。及深受任军府，每有表启，论徽罪过，虽涉诬毁，颇亦实焉。

庄帝践阼，拜司州牧。寻除司徒，仍领牧。元颢之入洛，徽从庄帝北巡。及车驾还宫，以与谋之功，除侍中、大司马、太尉公，加羽葆鼓吹，增邑通前二万户。徽表辞官封，前后屡上。徽为庄帝亲待，内惧尔朱荣等，故有此辞。庄帝识其意，听其辞封，不许让官。徽后妻，庄帝舅女。侍中李彧，帝之姊婿。徽性佞媚，善自取容，挟内外之意，宗室亲宠，莫与比焉。遂与彧等劝帝图荣。庄帝亦先有意。荣死，世隆等屯据不解。除徽太保，仍大司马、宗师、录尚书事，总统内外。徽本意谓荣死后枝叶散亡。及尔朱宗族聚结谋难，徽算略无出，忧怖而已。性多嫉妒，不欲人居其前，每入参谋议，独与帝决。朝臣有上军国筹策者，并劝帝不纳。乃云："小贼何虑不除？"又惜财用，于时有所赏锡，咸出薄少，或多而中减，与而复追。庄帝雅自约狭，尤亦徽所赞成。太府少卿李苗，徽司徒时司马也，徽待之颇厚。苗每致忠言，徽多不采纳。苗谓人曰："城阳本自蜂目，而豺声复将露也。"及尔朱兆之入，禁卫奔散，庄帝步出云龙门，徽乘马奔度，帝频呼之，徽不顾而去。遂走山南，至故吏寇弥宅。弥外虽容纳，内不自安，乃怖徽云："官捕将至。"令其避他所，使人于路邀害，送尸于尔朱兆。孝武初，赠使持节、侍中、太师、录尚书事、司州牧，谥曰文献。

子延袭爵。齐受禅，例降。

章武王太洛，皇兴二年薨，追赠征北大将军、章武郡王，谥曰敬。无子。孝文初，以南安惠王第二子彬为后。

彬字豹儿，勇健有将用。为夏州刺史，以贪婪削封。后除汾州刺史。胡六百余人保险谋反，彬请兵二万，帝大怒曰："必须大众者，则先斩刺史，然后发兵！"彬奉诏大惧，身先将士，讨胡平之。卒，赠散骑常侍。

子融，字永兴，仪貌壮丽，性通率有豪气。宣武初，复先爵，累迁河南尹。融性尤贪欲，恣情聚敛，为中尉纠弹，削除官爵。汾、夏山胡叛逆，连对正平、平阳。诏融前封，征东将军、持节、都督以讨之。融寡于经略，为胡所败。后贼帅鲜于修礼寇暴瀛、定二州，长孙承业等讨之失利。除融车骑将军，为前驱左军都督，与广阳王深等共讨修礼。师度交津，葛荣杀修礼而自立，转营至白牛逻，轻骑击融，于阵见杀。赠司空公。寻以融死王事,进赠司徒公,加前后部鼓吹,谥庄武。

子景哲袭。景哲弟朗,即废帝也。

乐陵王胡儿,和平四年薨,追封乐陵王,谥曰康。无子。

献文诏胡儿兄汝阴王天赐之第二子永全后之。袭封后,改名思誉。孝文时,为镇北大将军。穆泰阴谋不轨,思誉知而不告,削封为庶人。太和末,复王封。薨,谥密王。

子景略袭,位幽州刺史。薨,谥惠王。

安定王休,皇兴二年封。少聪敏。为外都大官,断狱有称。车驾南伐,领大司马。孝文亲行诸军,遇休以三盗人徇六军,将斩之,有诏赦之。休执曰:"不斩何以息盗?"诏曰:"王者之体,亦时有非常之泽,虽违军法,可特原之。"休乃奉诏。帝谓司徒冯诞曰:"大司马严而执法,诸军不可不慎。"于是六军肃然。定都洛邑,休从驾幸邺,命休率从驾文武迎家于平城,帝亲饯休于漳水之北。十八年,休寝疾,帝幸共第,流涕问疾,中使医药相望于路。及薨至殡,车驾三临。帝至其门,改服锡衰,素弁加经。皇太子百官皆从行吊礼。谥曰靖王。诏赠假黄钺,加羽葆鼓吹,悉准三老尉元之仪。帝亲送出郭,恸哭而返。诸王恩礼莫比。宣武世,配飨庙庭。

次子燮袭,拜太中大夫,除华州刺史。燮表曰:"谨惟州居李润堡,虽是少梁旧地,晋芮锡壤,然胡夷内附,遂为戎落。窃以冯翊古城,实惟西藩奥府,面华、渭,包原泽,井浅地平,樵牧饶广。采材华阴,陆运七十,伐木龙门,顺流而下。陪削旧雉,功省力易。丁不十钱之费,人无八旬之勤。损轻益重,乞垂昭鉴。"遂诏曰:"一劳永逸,便可听移。"薨于州,赠朔州刺史。

子超,字化生,袭。时以胡国珍封安定公,改封北平王,后复本封。尔朱荣入洛,避难见害。

超弟琰,字伏宝,大统中,封宋安王。薨,谥曰懿。子景山。

景山字宝岳,少有器局,干略过人。周闵帝时,以军功累迁开府仪同三司。从武帝平齐,以功拜大将军、平原郡公、亳州总管。法令明肃,贼盗屏迹,部内大清。征为候正。宣帝嗣位,从上柱国韦孝宽经略淮南。郧州总管宇文亮反,以轻兵袭孝宽。宽为亮所薄,景山击破之。以功拜亳州总管。

隋文帝为丞相,尉迟迥作乱,荥州刺史宇文胄与迥通谋,阴以书讽景山。景山执使,封书诣相府,进位上大将军。以军功,迁安州总管,进柱国。隋文帝受禅,拜上柱国。明年,大举伐陈,以景山为行军元帅,出汉口。将济江,会陈宣帝殂,有诏班师。景山大著威名,甚为敌人所惮,后数载,坐事免。卒于家,赠梁州总管,谥曰襄。子成寿嗣。

成寿便弓马,为秦王库直。大业中,为西平郡通守。爨弟愿平,清狂无行。宣武初,为给事中,悖恶日甚,杀人劫盗,公私咸患。帝以戚近,不忍致之法,免官,禁之别馆。馆名愁思堂,冀其克念。帝崩,乃得出。灵太后临朝,以其不悛,还于别馆,依前禁锢。久之,离禁还家,付宗师严加诲奖。后拜通直散骑常侍、前将军。坐裸其妻王氏于其男女前,又强奸妻妹于妻母之侧,御史中尉侯刚案以不道,处绞刑。会赦免,黜为员外常侍。卒。

论曰:平阳诸子,熙乃忠壮。京兆之胤,惊实有声。匡之謇直,有足称矣。当献文将禅,可谓国之大节,康王毅然廷诤,德音孔昭,一言兴邦,斯之谓欤!文宣贞固俊远,郁为宗杰,身用累朝,宁济夷险,社稷是任,其梁栋之望乎!顺蹇谔俶傥,有汲黯之风,不用于时,横招非命,惜矣!嵩有行阵之气。俊乃裂冠之徒。南安原始要终,善不掩恶。英将帅之用,著声于时。熙、略兄弟,早播人誉,或才疏志大,或器狭任广,咸不能就其功名,俱至非命,惜也!康王不永,鸾起家声。徽饰智矫情,外谄内忌,永安之祸,谁任其责?宛其死也,固其宜哉!章武、乐陵,盖不足数。靖王听断威重,见称于太和,美矣!

北史卷一九
列传第七

文成五王

安乐王长乐　广川王略　齐郡王简
河间王若　安丰王猛

献文六王

咸阳王禧　赵郡王幹　广陵王羽
高阳王雍　彭城王勰　北海王详

孝文六王

废太子恂　京兆王愉　清河王怿
广平王怀　汝南王悦　皇子恌

文成皇帝七男：孝元皇后生献文皇帝。李夫人生安乐厉王长乐。曹夫人生广川庄王略。沮渠夫人生齐郡顺王简。乙夫人生河间孝王若。悦夫人生安丰匡王猛。玄夫人生韩哀王安平，早薨，无传。

安乐王长乐，皇兴四年，封建昌王，后改封安乐王。长乐性凝重，献文器爱之。承明元年，拜太尉，出为定州刺史。顿辱衣冠，多不奉法，百姓诣阙讼之，孝文罚杖三十。贪暴弥甚，以罪征诣京师。后谋不轨，事发，赐死于家，葬以王礼，谥曰厉。

子诠，字搜贤，袭。宣武初，为凉州刺史。在州贪秽，政以贿成。后除定州刺史。及京兆王愉之反，诈言国变，在北州镇咸疑朝廷有衅，遣使观诠动静。诠具以状告，州镇帖然。愉奔信都，诠以李平、高殖等四面攻烧，愉突门而出。寻除侍中，兼以首告之功，除尚书左仆射。薨，谥曰武康。

子鉴，字长文，袭。后除相州刺史、北讨大都督，讨葛荣。仍兼尚书左仆射、北道行台尚书令，与都督裴衍共攻信都。鉴既庸才，见天下多事，遂谋反，降附葛荣。都督源子邕与裴衍合围鉴，斩首传洛，诏改姓元氏。庄帝初，许复本族，又特复鉴王爵，赠司空。

鉴弟斌之，字子爽，性险无行。及与鉴反，败，遂奔葛荣。荣灭，得迸。孝武帝时，封颍川郡王，委以腹心之任。帝入关，斌之奔梁。大统二年，还长安，位尚书令。薨，赠太尉，谥武襄。

广川王略，延兴二年封，位中都大官。性明敏，鞫狱称平。太和四年，薨。谥曰庄。

子谐，字仲和，袭。十九年，薨。诏曰："古者大臣之丧，有三临之礼，此盖三公已上。自汉已降，多无此礼。庶仰遵古典，哀感从情。虽以尊降伏，私痛宁爽。欲令亲王有期亲者为之三临，大功亲者为之再临，小功缌麻为之一临。广川王于朕大功，必欲再临者。欲于大敛日亲临尽哀，成服之后，缌衰而吊。既殡之缌麻，理在无疑。大敛之临，当否如何？为须抚柩于始丧？为应尽哀于阖柩？"黄门侍郎崔光、宋弁、通直常侍刘芳、典命下大夫李元凯、中书侍郎高聪等议曰："三临之事，乃自古礼。爰及汉、魏，行之者稀。陛下方遵前轨，臣等以为若期亲三临,大功宜再。始丧之初,哀之至极,既以情降,宜从始丧。大敛之临,伏如圣旨。"诏曰:"魏、晋已来,亲临多阙,至于戚臣,必于东堂哭之。顷大司马安定王薨,朕既临之后,受慰东堂。今日之事,应更哭不?"光等议曰:"东堂之哭,盖以不临之故。今陛下躬亲抚视,群臣从驾,臣等议,以为不宜复哭。"诏曰:"若大司马戚尊位重,必哭于东堂。而广川既是诸王之子,又年位尚幼,卿等议之,朕无异焉。"谐将大敛,帝素委貌深衣哭之,入室哀恸,抚尸而出。

有司奏:"广川王妃薨于代京,未审以新尊从于卑旧,为宜卑旧来就新尊?"诏曰:"迁洛之人,自兹厥后,悉可归骸芒岭,皆不得就茔恒、代。其有夫先葬北,妇今丧在南,妇人从夫,宜还代葬。若欲移父就母,亦得任之。其有妻坟于恒、代,夫死于洛,不得以尊就卑。欲移母就父,宜亦从之。若异葬,亦从之。若不在葬限,身在代丧,葬之彼此,皆得任之。其户属恒、燕,身官京洛,去留之宜,亦从所择。其属诸州者,各得任意。"诏赠谐武卫将军,谥曰刚。及葬,帝亲临送之。

子灵道袭。卒,谥悼王。

齐郡王简字叔亮,太和五年封,位中都大官。简母,沮渠牧犍女也,简性貌特类外祖。后为内都大官。孝文尝与简俱朝文明太后皇信堂,简居帝之右,行家人礼。迁太保。孝文仁孝,以诸父零落,存者唯简,每见,立以待之,俟坐,致敬问起居,停简拜伏。简性好酒,不能理公私之事。妻常氏,燕郡公喜女也,文明太后以赐简。干综家事,颇节简酒。乃至盗窃,求乞婢侍,卒不能禁。薨时,孝文不豫,诏曰:"叔父薨背,痛慕摧绝,不自胜任,但虚顿床枕,未堪奉赴,当力疾发哀。"谥曰灵王。宣武时,改谥曰顺。

子祐,字伯授。母常氏,孝文以纳不以礼,不许其为妃。宣武以母从子贵,诏特拜为齐国太妃。祐位泾州刺史。薨,谥曰敬。

河间王若字叔儒,未封而薨,追封河间,谥曰孝。诏京兆康王子太安为后,太安于若为从弟,非相后之义,废之。以齐郡王子琛继。

琛字昙宝,幼敏慧,孝文爱之。宣武时,拜定州刺史。琛妃,宣武舅女,高皇后妹。琛凭恃内外,在州贪婪。及还朝,灵太后诏曰:"琛在定州,唯不将中山宫来,自余无所不致,何可叙用!"由是废于家。琛以明帝始学,献金字《孝经》。又无方自达,乃与刘腾为养息,赂腾金宝巨万计。腾为言,乃得兼都官尚书。出为秦州刺史,在州聚敛,百姓吁嗟。东益、南秦二州氐反,诏琛为行台,仍充都督,还摄州事。既总军省,求欲无厌。进讨氐、羌,大被摧破。内恃刘腾,无所畏惮。为中尉弹纠,会赦,除名。寻复王爵。后讨鲜于修礼,败,免官爵。后讨汾晋胡、蜀,卒于军,追复王爵。

安丰王猛字季烈,太和五年封,加侍中,出为镇都大将、营州刺史。猛宽仁雄毅,甚有威略,戎夷畏爱之。薨于州,赠太尉,谥曰匡。

子延明袭。宣武时,授太中大夫。延昌初,岁大饥,延明乃减家财以拯宾客数十人,并赡其家。至明帝初,为豫州刺史,甚有政绩。累迁给事黄门侍郎。延明既博极群书,兼有文藻,鸠集图籍万有余卷。性清俭,不营产业。与中山王熙及弟临淮王彧等并以才学令望,有名于世。虽风流造次不及熙、彧,而稽古淳笃过之。迁侍中,诏与侍中崔光撰定服制。后兼尚书右仆射。以延明博识多闻,敕监金石事。

及元法僧反,诏为东道行台、徐州大都督,节度诸军事,与都督临淮王彧、尚书李宪等讨法僧。梁遣其豫章王综镇徐州。延明先牧徐方,甚得人誉,招怀旧土,远近归之。综既降,延明因以军乘之,复东南之境,至宿、豫而还。迁都督、徐州刺史。频经师旅,人物雕弊,延明招携新故,人悉安业,百姓咸附。

庄帝时,兼大司马。元颢入洛,延明受颢委寄。颢败,奔梁,死于江南。庄帝末,丧还。孝武初,赠太保,王如故,谥曰文宣。

所著诗赋赞颂铭诔三百余篇,又撰《五经宗略》、《诗礼别义》,

注《帝王世纪》及《列仙传》。又以河间人信都芳工算图。又集《器准》九篇，芳别为之注，皆行于世矣。

孙长儒，孝静时袭祖爵。

献文皇帝七男：思皇后生孝文皇帝。封昭仪生咸阳王禧。韩贵人生赵郡灵王干、高阳文穆王雍。孟椒房生广陵慧王羽。潘贵人生彭城武宣王勰。高椒房生北海平王详。

咸阳王禧字思永，太和九年封，加侍中、骠骑大将军、中都大官。文明太后令皇子皇孙于静所别置学，选忠信博闻之士为之师傅，匠以成之。孝文以诸弟典三都职，谓禧曰：“弟等皆幼年任重，三都折狱，特宜用心。夫未能操刀而使割锦，非伤锦之尤，实授刀之责。”文明太后亦致诫厉。出为使持节、开府、冀州刺史，孝文饯于南郊。又以济阳王郁枉法赐死之事遣告禧，因以诫之。后禧朝京师，诏以廷尉卿李冲为禧师。

时王国舍人应取八族及清修之门，禧取任城王隶户为之，深为帝责。帝以诸王婚多猥滥，于是为禧娉故颍川太守陇西李辅女，河南王干娉故中散代郡穆明乐女，广陵王羽娉骠骑谘议参军荥阳郑平城女，颍川王雍娉故中书博士范阳卢神宝女，始平王勰娉廷尉卿陇西李冲女，北海王详娉吏部郎中荥阳郑懿女。

有司奏：“冀州人苏僧瓘等三千人称禧清明，有惠政，请世胙冀州。”诏曰：“画野由君，理非下请。”入除司州牧。诏以禧元弟之重，食邑三千户，自余五王皆邑食二千。

孝文引见朝臣，诏断北语，一从正音，禧赞成其事。于是诏：“年三十已上，习性已久，容或不可卒革。三十已下，见在朝廷之人，语音不听仍旧。若有故为，当降爵黜官。若仍旧俗，恐数世之后，伊洛之下，复成被发之人。朕尝与李冲论此，冲言：‘四方之语，竟知谁是，帝者言之，即为正矣，何必改旧从新。’冲之此言，应合死罪。”乃谓冲曰：“卿实负社稷。”冲免冠陈谢。又责留京之官曰：“昨望见妇女之服,仍为夹领小袖,何为而违前诏?"禧对曰:"陛下圣过尧、舜,光化中原。舛违之罪,实合处刑。"孝文曰:"若朕言非,卿等当奋臂廷论,如何入则顺旨,退有不从?昔舜语禹:'汝无面从,退有后言。'卿等之谓乎!"

寻以禧长兼太尉公。后帝幸禧第,谓司空穆亮、仆射李冲曰:"元弟禧戚连皇极,且长兼太尉,以和任鼎,朕怕恐君有空授之名,臣贻彼已之刺。今幸其宅,徒屈二宾,良以为愧。"帝笃于兄弟,以禧次长,礼遇优隆。然亦知其性贪,每加切诫,而终不改操。后加侍中,正太尉。

及帝崩,禧受遗辅政。虽为宰辅之首,而潜受贿赂。姬妾数十,意尚未已,犹欲远有简聘,以恣其情。宣武颇恶之。景明二年春,召禧等入光极殿,诏曰:"恪比缠尪疾,实凭诸父。今便亲摄百揆。且还府司,当别处分。"寻诏进位太保,领太尉。

帝既览政,禧意不安,遂与其妃兄兼给事黄门侍郎李伯尚谋反。帝时幸小平,禧在城西小宅。初欲勒兵直入金墉,众怀沮异,禧心因缓,自旦达晡,计不能决,遂约不泄而散。直寝符承祖、薛魏孙与禧将害帝。是日,帝息于芒山,止浮图阴下,少时睡卧,魏孙便欲赴廷。承祖私言于魏孙曰:"吾闻杀天子者身当癞。"魏孙且止。帝寻觉悟。俄有武兴王杨集始出,便驰告。而禧意不疑,乃与臣妾向洪池别墅,遣其斋帅刘小苟奉启,云检行田牧。小苟至芒岭,已逢军人,怪小苟赤衣,将欲杀害,小苟言欲告反,乃缓之。

禧是夜宿于洪池,不知事露。其夜,将士所在追禧,禧自洪池东南走,左右从禧者唯兼防阁尹龙武。禧忧迫,谓曰:"试作一谜,当思解之,以释毒闷。"龙武欻忆旧谜云:"眠则同眠,起则同起,贪如豺狼,赃不入己。"都不有心于规刺也。禧亦不以为讽已,因解之曰:"此是眼也。"而龙武谓之是箸。渡洛水,至柏坞,顾谓龙武曰:"汝可勉心作与太尉公同死计。"龙武曰:"若与殿下同命,虽死犹生。"俄而禧被禽,送华林都亭,著千斤锁格龙武,羽林掌卫之。时热甚,禧渴闷垂死,敕断水浆。侍中崔光令左右送酪浆升余,禧一饮而尽。

初，孝文观台宿有逆谋气，言于禧曰："玄象变，汝终为逆谋，会无所成，但受恶而已。"至此，果如言。

禧临尽，畏迫丧志，乃与诸妹公主等诀，言及一二爱妾。公主哭且骂之，言："坐多取此婢辈，贪逐财物，致今日之事，何复嘱问此等！"禧愧而无言。遂赐死私第，绝其诸子属籍。禧之诸女，微给资产、奴婢。自余家财悉以赉高肇、赵修二家，其余赐内外百官，逮于流外，多百匹，下至十匹，其积聚若此。其宫人为之歌曰："可怜咸阳王，奈何作事误？金床玉几不能眠，夜蹋霜与露。洛水湛湛弥岸长，行人那得度！"其歌遂流至江表。北人之在南者，虽富贵，闻弦管奏之，莫不洒泣。

禧八子。长子通，字昙和，窃入河内太守陆琇家。初与通情，既闻禧败，乃杀之。

通弟翼，字仲和，后会赦，诣阙上书，求葬父，不许，乃与二弟昌、晔奔梁。正光中，诏咸阳、京兆二王诸子并听附属籍。后复禧王爵，葬以王礼，诏晔弟坦袭。翼与昌，申屠氏出。晔，李妃所出也。翼容貌魁壮，风制可观，梁武甚重之，封为咸阳王。翼让其嫡弟晔，梁武不许。后为青、冀二州刺史，镇郁州。翼谋举州入国，为梁武所杀。

翼弟树，字秀和，一家独立，美姿貌，善吐纳，兼有将略。位宗正卿。后亦奔梁。梁武尤器之，封为魏郡王，后改封邺王。数为将领，窥觎边服。尔朱荣之害百官也，树时为郢州刺史，请讨荣。梁武资其士马，侵扰境上。孝武初，御史中尉樊子鹄为行台，率徐州刺史杜德、舍人李昭等讨之。树城守不下，子鹄使金紫光禄大夫张安期说之。树请委城还南，子鹄许之，杀白马为盟。树恃誓，不为战备。与杜德别，还南，德不许，送洛阳，置在景明寺。树年十五奔南，未及富贵。每见嵩山云向南，未尝不引领嘘欷。初发梁，睹其爱姝玉儿，以金指环与别，树常著之。寄以还梁，表必还之意。朝廷知之，俄而赐死。未几，杜德忽得狂病，云："元树打我不已。"至死，此惊不绝。舍人李昭寻奉使向秦州，至潼关驿，夜梦树云："我已诉天帝，待卿至陇，终不相放。"昭觉，恶之。及至陇口，为贺拔岳所杀。子鹄寻为达野拔所杀。

孝静时，其子贞自建业求随聘使崔长谦赴邺葬树，梁武许之。诏赠树太师、司徒、尚书令。贞既葬，还江南，位太子舍人。及侯景南奔，梁武以贞为咸阳王，送景，使为魏主。未几，景反。

晔字世茂，梁封为桑乾王，卒于南。

坦一名穆，字延和。傲很凶粗，因饮醉之际，于洛桥左右顿辱行人，为道路所患。从叔安丰王延明每切责之曰："汝凶悖性与身而长。昔宋有东海王祎，志性凡劣，时人号曰驴王。我熟观汝所作，亦恐不免驴号。"当时闻者号为"驴王"。禧诛后，坦兄翼、树等五人相继南奔，故坦得承袭。改封敷城王。永安初，复本封咸阳郡王。累迁侍中。庄帝从容谓曰："王才非荀、蔡，中岁屡迁，当由少长朕家，故有超授。"初，禧死后，诸子贫乏，坦兄弟为彭城王勰所收养，故有此言。

孝武初，其兄树见禽。坦见树既长且贤，虑其代己，密劝朝廷以法除之。树知之，泣谓坦曰："我往因家难，不能死亡，寄食江湖，受其爵命。今者之来，非由义至，求活而已，岂望荣华？汝何肆其猜忌，忘在原之义！腰背虽伟，善无可称。"坦作色而去。树死，竟不临哭。

后历司徒、太尉、太傅，加侍中、太师、录尚书事、宗师、司州牧。虽禄厚位尊，贪求滋甚，卖狱鬻官，不知纪极。为御史劾奏，免官，以王归第。寻起为特进，出为冀州刺史。专复聚敛，每百姓纳赋，除常别先责绢五匹，然后为受。性好畋渔，无日不出。秋冬猎雉兔，春夏捕鱼蟹，鹰犬常数百头。自言宁三日不食，不能一日不猎。入为太傅。

齐天保初，准例降爵，封新丰县公，除特进、开府仪同三司。坐子世宝与通直散骑侍郎彭贵平因酒醉诽谤，妄说图谶，有司奏当死。诏并宥之。坦配北营州，死配所。

赵郡王干字思直，太和九年，封河南王，位大将军。孝文笃爱诸弟，以干总戎别道，诫之曰："司空穆亮年器可师，散骑常侍卢阳乌才堪询访,汝其师之。"迁洛,改封赵郡王。除都督、冀州刺史,帝亲饯于郊,诫曰:"刑狱之理,先哲所难。然既有邦国,得不自励也!"诏以李凭为长史,唐茂为司马,卢尚之为谘议参军,以匡弼之。而凭等谏,干殊不纳。州表斩盗马人,于律过重,而尚书以干初临,纵而不劾。诏曰:"尚书曲阿朕意,实伤皇度。干暗于政理,律外重刑,并可推闻。"后转特进、司州牧。车驾南讨,诏干都督中外诸军事,给鼓吹一部,甲士三百人,出入殿门。

干贪淫不遵政典,御史中尉李彪将纠劾之,会遇干于尚书下舍,屏左右诫之,而干悠然不以为意。彪表弹之。诏干与北海王详俱随太子诣行在所。及至,密使左右察其意色,无有忧悔,乃亲数其过,杖之一百,免所居官,以王还第。薨,谥曰灵王。陪葬长陵。

子谧袭封。干妃穆氏表谧及谧母赵等悖礼愆常。诏曰:"妾于女君,犹妇人事姑舅;妾子于君母,礼加如子之恭。何得黩我风猷,可付宗正依礼正罪。"谧在母丧,听声饮戏,为御史中尉李平所弹。遇赦,复封。后为岐州刺史。谧性暴虐,明帝初,台使元延到其州界,以驿逻无兵,摄帅检核。隶主高保愿列言:"所有之兵,王皆私役。"谧闻,大怒,鞭保愿等五人各二百。数日间,谧召近州人夫,闭四门,内外严固,搜掩城人,楚掠备至。又无事而斩六人,合城凶惧。众遂大呼,屯门。谧怖,登楼毁梯以自固。士人散走,城人分守四门。灵太后遣游击将军王靖驰驿喻之。城人既见靖至,开门谢罪。乃罢谧州,除大司农卿。迁幽州刺史。谧妃胡氏,灵太后从女也。未发,坐殴其妃,免官。后除都官尚书。车驾出拜圆丘,谧与妃乘赤马犯卤簿,为御史所弹,灵太后特不问。薨,高阳王雍,干之母弟,启论谧,赠假侍中、司州牧,谥贞景。

谧兄谌,字兴伯,性平和,位都官尚书。尔朱荣之入洛阳,启庄帝欲迁都晋阳。帝以问谌,争之以为不可。荣怒曰:"何关君而固执也!且河阴之役,君应之。"谌曰:"天下事天下论之,何以河阴之酷而恐元谌!宗室戚属,位居常伯,生既无益,死复何损!正使今日碎首流肠,亦无所惧。"荣大怒,欲罪谌。其从弟世隆固谏,乃止。见者莫不震悚,谌颜色自若。后数日,帝与荣见宫阙壮丽,列树成行,乃叹曰:"臣一昨愚志,有迁京之意,今见皇居壮观,亦何用去河洛而就晋阳。臣熟思元尚书言,深不可夺。"是以迁都议因罢。永安元年,拜尚书左仆射,封魏郡王。谌本年长,应袭王封,为其父灵王爱其弟谧,以为世子。庄帝诏复谌封赵郡王。历位司空、太保、太尉、录尚书事。孝静初,拜大司马。薨,谥孝懿。谌无他才识,历位虽重,时人忽之。

谧弟谭,颇强立,少为宗室推敬,卒于秦州刺史。

谭弟谳,贪暴无礼。位太中大夫,封平乡男。河阴遇害。

广陵王羽字叔翻,太和九年封,加侍中,为外都大官。羽少聪慧,有断狱之称。后罢三都,以羽为大理,典决京师狱讼。迁特进、尚书右仆射,又为太子太保、录尚书事。孝文将南讨,遣羽持节安抚六镇,发其突骑,夷夏宁悦。还领廷尉卿。及车驾发,羽与太尉元丕留守。帝友爱诸弟,及将别,不忍早分,诏羽从至应门。及令羽归,望其称效,故赐如意以表心。

十八年,羽表辞廷尉,不许。羽奏:"外考令文,每岁终,州镇列牧守绩状。及至再考,随其品第,以彰黜陟。虽外有成令,而内令未班。内外考察,理应同等。臣辄推准外考,以定京官绩行。"诏曰:"论考之事,理在不轻,问绩之方,应关朕听。辄尔轻发,殊为躁也。今始维夏,且待至秋。"后孝文临朝堂考群臣,顾谓羽曰:"上下二等,可为三品,中等但为一品。所以然者,上下是黜陟之科,故旌丝发之美,中等守本,事可大通。"帝又谓羽曰:"汝功勤之绩不闻于朝,阿党之音频干朕听。今黜汝录尚书、廷尉,但居特进、太保。"又谓尚书令陆睿曰:"叔翻在省之初,甚著善称;自近以来,偏颇懈怠。岂不由卿等随其邪伪之心?今夺卿尚书令禄一周。"谓左仆射元赞曰:"计叔翻之黜,卿应大辟。但以咎归一人,不复相罪。今解卿少师之任,削禄一周。"诏吏部尚书澄曰:"观叔父神志骄傲,可解少保。"又谓长兼尚书于果曰:"卿不能勤谨夙夜,数辞以疾。今解卿长兼,可光禄大夫、守尚书,削禄一周。"又谓守尚书尉羽曰:"卿恭勤。
在集书,殊无忧存左史之事。今降为长兼常侍,亦削禄一周。"又谓
守尚书卢阳乌曰:"卿在集书,虽非高功,为一省文学之士,常不以
左史在意。今降卿长兼王师,守常侍、尚书如故,夺常侍禄一周。"谓
左丞公孙良、右丞乞伏义受曰:"卿等不能正心直言,罪应大辟。但
以事钟叔翻,故不能别致贬。二丞可以白衣守本官。冠服、禄恤尽
皆削夺。若三年有成,还复本任;如其无成,则永归南亩。"谓散骑常
侍元景曰:"卿等自任集书,合省逋堕,致使王言遗滞,起居不修。今
降为中大夫、守常侍,夺禄一周。"又谓谏议大夫李彦:"卿实不称
职,可去谏议,退为元士。"又谓中庶子游肇及中书舍人李平:"识学
可观,可为中第。"

初孝文引陆睿、元赞等前,曰:"朕为天子,何假中原?欲令卿等
子孙博见多知。若永居恒北,遇不好文主,卿等子弟不免面墙也。"
陆睿对曰:"实如明诏。金氏若不入仕汉朝,七叶知名,亦不可得
也。"帝大悦。

帝幸羽第,与诸弟言曰:"朕亲受人讼,知广陵之明了。"咸阳王
禧曰:"臣年为广陵兄,明为广陵弟。"帝曰:"我为汝兄,汝为羽昆,
汝复何恨!"车驾南伐,除开府、青州刺史。诏羽曰:"海服之寄,故唯
宗良。唯酒唯田,可不诫欤!"

宣武即位,迁司州牧。及帝览政,引入内,面授司徒。请为司空,
乃许之。羽先淫员外郎冯俊兴妻,夜私游,为俊兴所击,积日秘匿,
薨于府。宣武亲临哀,赠司徒,谥曰慧。

子恭袭,是为节闵帝。

恭兄欣,字庆乐,性粗率,好鹰犬。孝庄初,封沛郡王,后封淮阳
王。孝武时,加太师、开府,复封广陵王,太傅、司州牧,寻除大司马。
孝武入关中,欣投托人使达长安,为太傅、录尚书事。欣于中兴宗
室,礼遇最隆,自广平诸王,悉居其下。又为大宗师,进大冢宰、中军
大都督。大统中,为柱国大将军、太傅。文帝谓欣曰:"王三为太傅,
再为太师,自古人臣,未闻此例。"欣逊谢而已。后拜司徒。恭帝初,

迁大丞相。薨，谥曰容。欣好营产业，多所树艺，京师名果皆出其园。所汲引及僚佐咸非长者，为世所鄙。

高阳王雍字思穆，少俶傥不恒。孝文曰："吾亦未能测此儿之深浅，然观其任真率素，或年器晚成。"太和九年，封颍川王。或说雍待士以营声誉，雍曰："吾天子之子，位为诸王，用声名何为？"改封高阳。后为相州刺史，帝诫曰："为牧之道，亦易亦难。其身正，不令而行，故便是易。其身不正，虽令不从，故曰是难。"

宣武初，迁冀州刺史。雍在二州，微有声称，入拜司州牧。帝时幸雍第，皆尽家人礼。迁司空，转太尉，加侍中。寻除太保，领太尉、侍中如故。

明帝初，诏雍入居太极西柏堂，谘决大政，给亲信二十人。又诏雍为宗师，进太傅、侍中，领太尉公，别敕将作营国子学寺，给雍居之。领军于忠擅权专恣，仆射郭祚劝雍出之，中矫诏杀祚及尚书裴植，废雍以王归第。朝有大事，使黄门就谘访之。忠寻复矫诏将杀雍，以问侍中崔光，拒之乃止。未几，灵太后临朝，出忠为冀州刺史。雍表暴忠罪，陈己不能匡正，请返私门。灵太后感忠保护之勋，不问其罪。除雍侍中、太师，领司州牧。

雍表请王公已下贱妾悉不听用织成锦绣、金玉珠玑，违者以违旨论，奴婢悉不得衣绫锦缬，止于缦缯而已，奴则布服，并不得以金银为钗带，犯者鞭一百。太后从之，而不能久也。诏雍乘步挽出入掖门，又以本官录尚书事，朝晡侍讲。

明帝览政，诏雍乘车出入大司马门，进位丞相。又诏依齐郡顺王简太和故事，朝讫引坐，特优拜伏之礼。总摄内外，与元叉同决庶政。岁禄粟至四万石，使侍盈房，荣贵之盛，昆弟莫及。

元妃卢氏薨后，更纳博陵崔显妹，欲以为妃。宣武初以崔显世号东崔，地寒望劣，难之，久乃听许。延昌已后，疏弃崔氏，别房幽禁，仅给衣食而已。未几，崔暴薨，多云雍殴杀也。灵太后许赐其女伎，未及送之。雍遣其阉竖丁鹅，自至宫内，料简四人，冒以还第。太后责其专擅,追停之。

孝庄初,于河阴遇害。赠假黄钺、相国,谥文穆。

雍识怀短浅,又无学业,虽位居朝首,不为时情所推。自熙平以后,朝政褫落,及清河王怿之死,元叉专政,天下大责归焉。

嫡子泰,字昌,颇有时誉,位太常卿,与雍同时遇害。赠太尉公、高阳王,谥曰文。子斌袭。

斌字善集,历位侍中、尚书左仆射。斌美仪貌,性宽和,居官重慎,颇为齐文襄爱赏。齐天保初,准例降爵为高阳县公,拜右光禄大夫。二年,从文宣讨契丹,还至白狼河,以罪赐死。

彭城王勰字彦和,少而歧嶷,姿性不群。太和九年,封始平王,加侍中。勰生而母潘氏卒,其年献文崩。及有所知,启求追服,文明太后不许。乃毁容憔悴,心丧三年,不参吉庆。孝文大奇之。敏而耽学,雅好属文。长直禁内,参决军国大政,万机之事无不预焉。及车驾南伐,领宗子军,宿卫左右。转中书令,侍中如故,改封彭城王。

帝升金墉城,顾见堂后桐竹,曰:"凤凰非梧桐不栖,非竹实不食。今梧竹并茂,讵能降凤乎?"勰曰:"凤凰应德而来,岂桐竹能降?"帝笑曰:"朕亦未望降之。"后宴侍臣于清徽堂。日宴,移于流化池芳林下。帝仰观桐叶之茂,曰:"'其桐其椅,其实离离。恺悌君子,莫不令仪。'今林下诸贤,足敷歌咏。"遂令黄门侍郎崔光读暮春群臣应制诗。至勰诗,帝乃为改一字,曰:"昔祁奚举子,天下谓之至公。今见勰诗,始知中令之举非私也。"勰曰:"臣露此拙,方见圣朝之私,赖蒙神笔赐刊,得有令誉。"帝曰:"虽雕琢一字,犹是玉之本体。"勰曰:"《诗》三百,一言可蔽。今陛下赐刊一字,足以价等连城。"勰表解侍中,诏曰:"蝉貂之美,待汝而光。人乏之秋,何容方退。"后从幸代都,次于上党之铜鞮山,路傍有大松树十数根。时帝进伞,遂住而赋诗,令示勰曰:"吾作诗虽不七步,亦不言远。汝可作之,比至吾间,令就也。"时勰去帝十步,遂且行且作,未至帝所而就。诗曰:"问松林,松林经几冬?山川何如昔?风云与古同?"帝大

笑曰："汝此亦调责吾耳!"诏赠勰所生母潘氏为彭城国太妃。又除
中书监,侍中如故。

帝南讨汉阳,假勰中军大将军,加鼓吹一部。勰以宠授频烦,乃
面陈曰:"臣闻兼亲疏而两,并异同而建。此既成文于昔,臣愿诵之
于后。陈思求而不允,愚臣不请而得。岂但今古云殊,遇否大异。"
帝大笑,执勰手曰:"二曹才名相忌,吾与汝以道德相亲,缘此而言,
无惭前烈。"帝亲讲《丧服》于清徽堂,从容谓群臣曰:"彦和、季豫等
年在冲蒙,早登缨绂,失过庭之训,并未习《礼》。每欲令我一解《丧
服》。自审义解浮疏,抑而不许。顷因酒醉坐,脱尔言从,故屈朝彦,
遂亲传说。"御史中尉李彪对曰:"自古及今,未有天子讲《礼》。臣得
亲承音旨,千载一时。"

从征沔北,除使持节、都督南征诸军事,正中军大将军、开府。
勰于是亲勒大众。须臾有二大鸟从南来,一向行宫,一向幕府,各为
人所获。勰言于帝曰:"始有一鸟,望旗颠仆,臣谓大吉。"帝戏之曰:
"鸟之畏威,岂独中军之略也? 吾亦分其一耳! 此乃大善,兵法咸
说。"至明,便大破崔慧景、萧衍。其夜大雨。帝曰:"昔闻国军获胜,
每逢云雨。今破新野、南阳,及摧此贼,果降时润,诚哉斯言。"勰对
曰:"水德之应,远称天心。"帝令勰为露布,辞曰:"臣闻露布者,布
于四海,露之耳目。以臣小才,岂足大用。"帝曰:"汝亦为才达,但可
为之。"及就,尤类帝文,有人见者,咸谓御笔。帝曰:"汝所为者,人
谓吾制。非兄则弟,谁能辨之?"勰对曰:"子夏被嗤于先圣,臣又荷
责于来今。"及至豫州,帝为家人书于勰曰:"每欲立一宗师,肃我元
族。汝亲则宸极,官乃中监,风标才器,实足轨范,宗制之重,舍汝谁
寄? 有不遵教典,随事以闻。"

帝不豫,勰内侍医药,外总军国之务,退迩肃然,人无异议。徐
謇,当世上医,先是,假归洛阳,及召至,勰引之别所,泣涕执手,祈
请恳至。左右见者莫不呜咽。及引入,謇便欲进药。勰以帝神力虚
弱,唯令以食味消息。勰乃密为坛于汝水滨,依周公故事,告天地及
献文,为帝请命,乞以身代。帝瘳损,自悬瓠幸邺,勰常侍坐舆辇,昼

夜不离其侧，饮食必先尝之而后手自进御。车驾还京，会百僚于宣极堂，行饮至策勋之礼，以勰功为群将之最。寻以勰为司徒、太子太傅，侍中如故。

俄而齐将陈显达内寇，帝复亲讨之，诏勰持节、都督中外诸军事，总摄六师。时帝不豫，勰辞侍疾无暇，更请一王总当军要。帝曰："吾虑不济，安六军保社稷者，舍汝而谁？"帝至马圈，疾甚，谓勰曰："今吾当成不济。霍子孟以异姓受付，况亲贤，不可不勉也！"勰泣曰："士于布衣，犹为知己尽命，况臣托灵先皇，诚应竭股肱之力。但臣出入喉膂，每跨时要，此乃周旦遁逃，成王疑惑。臣非所以辞勤请免，正欲仰成陛下日镜之明，下令愚臣获避退之福。"帝久之曰："吾寻思汝言，理实难夺。"乃手诏宣武曰："汝第六父勰，清规懋赏，与白云俱洁，厌荣舍绂，以松竹为心。吾少与绸缪，提携道趣，每请朝缨，恬真丘壑。吾以长兄之重，未忍离远，何容仍屈素业，长婴世纲。吾百年之后，其听勰辞蝉舍冕，遂其冲挹之性也。"

帝崩于行宫，遏秘丧事，独与右仆射、任城王澄及左右数人为计，奉迁于安车中。勰等出入如平常，视疾进膳，可决外奏。累日，达宛城，乃夜进安车于郡厅事，得加敛榇，还载卧舆。六军内外，莫有知者。遣中书舍人张儒奉诏征宣武会驾。梓宫至鲁阳，乃发丧行服。宣武即位，勰跪授遗敕数纸。咸阳王禧疑勰为变，停于鲁阳郡外，久之乃入。谓勰曰："汝非但辛勤，亦危险至极。"勰恨之，对曰："兄识高年长，故知有夷险。彦和握蛇骑武，不觉艰难。"禧曰："汝恨吾后至耳。"自孝文不豫，勰常居中，亲侍医药，夙夜不离左右，至于衣不解带，乱首垢面。帝患久多忿，因之迁怒，勰每被诮詈，言至厉切，威责近侍，动将诛斩。勰承颜悉心，多所匡济。及帝升遐，齐将陈显达奔遁始尔，虑凶问泄漏，致有逼迫，勰内虽悲恸，外示含容，出入俯仰，神貌无异。及至鲁阳，东宫官属多疑勰有异志，窃怀防惧，而勰推诚尽礼，卒无纤介之过。勰上谥议："协时肇享曰孝，五宗安之曰孝，道德博闻曰文，经纬天地曰文，上尊号为孝文皇帝，庙号高祖，陵曰长陵。"帝从之。

既葬,帝固以勰为宰辅。勰频口陈遗旨,请遂素怀。帝对勰悲恸,每不许之。频表恳切,帝难违遗敕,遂其雅情。犹逼以外任,乃以勰为都督、定州刺史。勰仍陈让,帝不许,乃述职。帝与勰书,极家人敬,请勰入京。

景明初,齐豫州刺史裴叔业以寿春内属,诏勰都督南征诸军事,与尚书令王肃迎接寿春。复授司徒。又诏以本官领扬州刺史,进位大司马,领司徒。齐将陈伯之屯于肥口,胡松又据梁城。勰部分将士,频战破之。淮南平,征勰还朝。初,勰之定寿春,获齐汝阴太守王果、豫州中从事庾褛等数人,勰倾衿礼之,常参坐席。果承间求还江外,勰衿而许之。果又谢曰:“果等今还,仰负慈泽,请听仁驾振旅,反迹江外。”至此乃还。其为远人所怀如此。

勰至京师,频表辞大司马、领司徒及所增邑,乞还中山,有诏不许。乃除录尚书,侍中、司徒如故,固辞不免。时咸阳王禧以骄矜,颇有不法,北海王详阴言于帝;又言勰大得人情,不宜久在宰辅,劝帝遵遗敕。禧等又出领军于烈为恒州,烈深以为忿。烈子忠常在左右,密令忠言于帝,宜早自览政。时将初祭,王公并斋于庙东坊。帝遣于烈将壮士六十人召禧、勰、详等引见。帝谓勰曰:“顷来南北务殷,不容仰遂冲操。恪是何人,而敢久违先敕?今遂叔父高蹈之意。”诏乃为勰造宅,务从简素,以遂其心。勰因是作《蝇赋》以喻怀。又以勰为太师,勰遂固辞。诏侍中敦喻,帝又为书于勰,崇家人之敬,勰不得已而应命。帝前后频幸勰第。及京兆、广平王暴虐不法,制宿卫队主率羽林、武贲幽守诸王于其第,勰上表切谏,帝不纳。

时议定律令,勰与高阳王雍、八坐、朝士有才学者,五日一集,参论轨制应否之宜,凡所裁决,时彦归仰。又加侍中。勰敦尚文史,撰自古帝王贤达至于魏世子孙,族从为三十卷,名曰《要略》。

性仁孝。言于朝廷,以其舅潘僧固为长乐太守。京兆王愉构逆,僧固见逼。尚书令高肇性既凶愎,又肇兄女入为夫人,顺皇后崩,帝欲以为后,勰固执以为不可。肇于是屡谮勰,因僧固之同愉逆,肇诬勰与愉通,南招蛮贼。勰国郎中令魏偃、前防阁高祖珍希肇提携,构成事。肇初令侍中元晖以奏，晖不从。又令左卫元珍言之。帝访晖，明勰无此。帝更以问肇，肇以魏偃、祖珍为证，乃信之。

永平元年九月，召勰及高阳王雍、广阳王嘉、清河王怿、广平王怀及高肇等入。时勰妃方产，固辞不得已，意甚忧惧，与妃诀而登车。入东掖门，度一小桥，牛伤，人挽而入。宴于禁中，夜皆醉，各就别所消息。俄而元珍将武士赍毒酒至。勰曰："一见至尊，死无恨也。"珍曰："至尊何可复见！"武士以刀环筑勰二下，勰大言称冤。武士又以刀筑勰，乃饮毒酒，武士就杀之。向晨，以褥裹尸，舆从屏门出，载尸归第，云因饮而薨。勰妃李氏，司空冲之女也，号哭曰："高肇枉理杀人，天道有灵，汝还当恶死。"及肇以罪见杀，还于此屋，论者知有报应焉。帝为举哀于东堂。勰既有大功于国，无罪见害，行路士女皆流涕曰："高肇小人，枉杀如此贤王！"在朝贵戚莫不丧气。景明、报德寺僧鸣钟欲饭，忽闻勰薨，二寺一千余人皆嗟痛，为之不食，但饮水而斋。追赠假黄钺、使持节、都督中外诸军事、司徒公、太师，给銮辂九旒，武贲班剑百人，前后部羽葆鼓吹，辒辌车。有司奏太常卿刘芳议勰谥，保大定功曰武，善问周达曰宣，宜谥武宣王。诏可。及庄帝即位，追号文穆皇帝，妃李氏为文穆皇后，迁神主于太庙，称肃祖。闵节帝时，去其神主。嫡子劭，字子讷，袭封。

劭善武艺，少有气节。明帝初，梁将寇边，劭表上粟九千斛、资绢六百匹、国史二百人以充军用。灵太后嘉其至意，不许。累迁青州刺史。孝昌末，灵太后失德，四方纷扰，劭遂有异志。为安丰王延明所启，征入为御史中尉。庄帝即位，尊为无上王。寻遇害河阴。追谥曰孝宣皇帝，妻李氏为文恭皇后。

子韶，字世胄，好学，美容仪。初，尔朱荣将入洛，父劭恐，以韶寄所亲荥阳太守郑仲明。仲明寻为城人所杀。韶因乱，与乳母相失，遂与仲明兄子僧副避难。路中为贼逼，僧副恐不免，因令韶下马。僧副谓客曰："穷鸟投人，尚或矜愍，况诸王如何弃乎？"僧副举刃逼之，客乃退。韶逢一老母姓程，哀之，隐于私家。居十余日，庄帝访而获焉，袭封彭城王。齐神武后以孝武帝后配之，魏室奇宝多随后入韶家。有二玉钵相盛,转而不可出。马瑙榼容三升,玉缝之。皆称西域鬼作也。历位太尉、侍中、录尚书事、司州牧、特进、太傅。

齐天保元年,降爵为县公。韶性行温裕,以高氏婿,颇膺时宠。能自谦退,临人有惠政,好儒学,礼致才彦,爱林泉,修第宅华而不侈。文宣常剃韶鬓须,加以粉黛,衣妇人服以自随。曰:"以彭城为嫔御。"讥元氏微弱,比之妇女。

十年,太史奏云:"今年当除旧布新。"文宣谓韶曰:"汉光武何故中兴?"韶曰:"为诛诸刘不尽。"于是乃诛诸元以厌之。遂以五月诛元世哲、景式等二十五家,余十九家并禁止之。韶幽于京畿地牢,绝食,啖衣袖而死。及七月,大诛元氏,自昭成已下并无遗焉。或父祖为王,或身常贵显,或兄弟强壮,皆斩东市。其婴儿投于空中,承之以稍。前后死者凡七百二十一人,悉投尸漳水。剖鱼者多得爪甲,都下为久不食鱼。世哲从弟黄头,使与诸囚自金凤台各乘纸鸱以飞,黄头独能至紫陌乃坠,仍付御史狱,毕义云饿杀之。

北海王详字季豫,美姿容,善举止。太和九年封,加侍中。孝文自洛北巡,详常与侍中彭城王勰并在舆辇,陪侍左右。至文成射铭所,帝停驾,诏诸弟及侍臣皆试射远近。诸人皆去一二十步,唯详箭及之。帝拊掌欣笑,遂诏勒铭,亲自为制。车驾南伐,详行中领军,留守。孝文临崩,顾命详为司空辅政。

宣武览政,为中大将军、录尚书事。咸阳王禧之谋反,详表求解任,制不许。除太尉、领司徒、侍中、录尚书事如故。详之拜命,其夜暴风震电,拔其廷中桐,树大十围,倒立本处。初,宣武之览政,详闻彭城王勰有震主之虑,而欲夺其司徒,大惧物议,故为大将军,至是乃居之。天威如此,识者知其不终。

既以季父崇宠,位望兼极,贪冒无厌,公私营贩。又于东掖门外规占第宅,至有丧枢在室,请延至葬而不见许,舆梓巷次,行路哀嗟。详母高太妃颇助威虐,怨响嗷然。妃宋王刘昶女,不见答礼。宠姬范氏,爱等伉俪。及死葬讫,犹毁隧视之。又烝于安定王燮妃高氏，即茹皓妻姊。详既素附于皓，又缘淫好，往来绸密。详虽贪侈，宣武礼敬尚隆。常别住华林园西隅，与都亭宫馆相接。帝每潜幸其所，肆饮终日，与高太妃相见，呼为阿母，伏而上酒，礼若家人。临出，高每拜送，举觞祝言："愿官家千万年寿，岁一入妾母子舍也。"初，宣武之亲政，详与咸阳王禧、彭城王勰并被召入，共乘辇车，防卫严固。高时惶迫，以为必死，亦乘车傍路哭送至金墉。及详得免，高云："自今以后，不愿富贵。但令母子相保，共汝扫市作活也。"至此，贵宠崇盛，不复言有祸败之理。后为高肇所谮，云详与皓等谋逆。时详在南第。帝召中尉崔亮入禁，纠详贪淫，及茹皓、刘胄、常季贤、陈扫静等专恣之状。夜即收禁南台。又武贲百人，围守详第。夜中虑其惊惧奔越，遣左右郭翼开金墉门驰出喻之，示以中尉弹状。详母高见翼，顿首号泣，不能自胜。详言："审如中尉所纠，何忧也？人奉我珍异货物，我实受之，果为取受，吾何忧乎？"至明，皓等皆赐死，引高阳王雍等五王入议详罪。单车防守还华林馆。母妻相与哭，入所居，小奴弱婢数人随从。防援甚严。徙就太府寺，免为庶人。别营坊馆于洛阳县东北隅，如法禁卫，限以终身，名曰思善堂，将徙详居之。会其家奴阴结党辈，欲劫出，密抄名字，潜托侍婢通于详。详始得执省，而门防主司遥见，突入，就详手中览得，呈奏。帝密令害之。详自至太府，令其母妻还居南宅，五日一来。此夜，母妻不来，死于奴婢手中。诏丧还南宅，诸王皇宗，悉令奔赴。赠物一依广陵故事。详之初禁，乃以淫高事告母。母大怒，詈之曰："汝自有妻姜侍婢，少盛如花，何共高丽婢奸，令致此罪！我得高丽婢，当啖其肉。"乃杖详背及两脚百余下。自行杖，力疲，乃使奴代。高氏素严，详每有微罪，常加责罚，以絮裹杖。至是，去絮，皆至创脓。又杖其妃刘数十，云："新妇大家女，门户匹敌，何所畏而不检校夫婿！"刘笑而受罚，卒无所言。详贪淫之失，虽闻远近，而死之日，罪无定名，远近叹怪之。永平元年十月，诏追复王爵，谥曰平王。子颢袭。

颢字子明，少慷慨，有壮气。为徐州刺史，寻为御史弹劾，除名。后贼帅宿勤明远、叱干骐骥等寇乱豳、华等州，乃复颢王爵，兼左仆射、西道行台以讨明远。频破贼，解豳、华之围。后萧宝夤等大败于平凉，颢亦奔还京师。

武泰傅，为相州刺史，以御葛荣。属尔朱荣入洛，推庄帝，授颢太傅。颢以葛荣南侵，尔朱纵害，遂盘桓顾望，图自安之策。事不谐，遂与子冠受奔梁。梁武以为魏主，假之兵将，令其北入。永安二年四月，于梁国城南登坛燔燎，年号孝基元年。庄帝诏济阴王晖业于考城拒之，为颢所禽。庄帝北幸，颢遂入洛，改称建武元年。

颢以数千之众，转战屡克，据有都邑，号令自己。天下人情，想望风政。自谓天之所授，颇怀骄怠，宿昔宾客近习之徒，咸见宠待，干扰政事。又日夜纵酒，不恤军国。所统南兵，陵窃市里，朝野失望。时又酷俭，公私不安。庄帝与尔朱荣还师讨颢，颢自于河梁拒战。冠受战败被禽。颢自辕辕出至临颍，为临颍县卒所斩。

初，颢入洛，其日暴风，欲入间阖门，马大惊不进，令人执辔乃入。有恒农㕥杨昙华告人曰："颢必无成，假服衮冕，不过六十日。"又谏议大夫元昭业曰："昔更始自洛阳而西，初发，马惊奔，触北宫铁柱，三马皆死，而更始卒不成帝位。以古譬今，其兆一也。"至七月果败。孝武初，赠太帅、大司马。

颢弟颎，庄帝初，封东海王，位中书监。及颢入洛，成败未分，便以意气自得，为时人笑。颢败，潜窜，为人执送，斩于都市。孝武初，赠太尉。

孝文七男：林废后生废太子恂。文昭皇后生宣武皇帝、广平文穆王怀。袁贵人生京兆王愉。罗夫人生清河文献王怿、汝南王悦。郑充华生皇子桃，未封，早夭。

废太子庶人恂，字元道。生而母死，文明太后抚视之，常置左右。年四岁，太后亲为立名恂，字元道。于是大赦。太和十七年七月癸丑，立恂为皇太子。及冠恂于庙，孝文临光极东堂，引恂入见，诫以冠义曰："字汝元道，所寄不轻，汝当寻名求义，以顺吾旨。"二

十年，改字宣道。迁洛，诏恂诣代都，其进止仪体，帝皆为定。及恂
入辞，帝曰：“今汝不应向代。但太师薨于恒壤，朕既居皇极之重，不
容轻赴舅氏之丧，欲使汝展哀舅氏，拜汝母墓，一写为子之情。山陵
北海，汝至彼，太师事毕后日，宜一拜山陵。拜讫，汝族祖南安可一
就问讯。在途当温读经籍，今日亲见吾也。”后帝每岁征幸，恂常留
守，主执庙祀。

恂不好书学，体貌肥大，深忌河、洛暑热，意每追乐北方。中庶
子高道悦数苦言致谏，恂甚衔之。孝文幸崧岳，恂留守金塘，谋欲召
牧马，轻骑奔代，手刃道悦于禁中。领军元俨勒门防遏，夜得宁静。
帝闻之骇惋，外寝其事，仍至汴口而还。引恂数罪，与咸阳王禧等亲
杖恂，又令禧等更代百余下，扶曳出外，不起者月余。拘于城西别
馆。引见群臣于清徽堂，议废之。司空、太子太傅穆亮，尚书仆射、
少保李冲，并免冠稽首而谢。帝曰：“古人有言，大义灭亲。此小儿
今日不灭，乃是国家之大祸。脱待我无后，恐有永嘉之乱。”乃废为
庶人，置之河阳，服食所供，粗免饥寒而已。帝幸代，遂如长安，中尉
李彪承间密表，告恂复与左右谋逆。帝在长安，使中书侍郎邢峦与
咸阳王禧奉诏赍椒酒诣河阳，赐恂死。时年十五余。敛以粗棺常服，
瘗于河阳城。二十二年冬，御史台令史龙文观坐法当死，告廷尉，称
恂前被摄左右之日，有手书自理，不知状，而中尉李彪、侍御史贾尚
寝不为闻。贾坐系廷尉。时彪免归，帝在邺，尚书表收彪赴洛，会赦，
遂不穷其本末。贾尚出系，暴病数日死。初，帝将为恂娶司徒冯诞
长女，以女幼，待年长，先为娉彭城刘长文、荥阳郑懿女为左右孺
子。时恂年十三四，帝尝谓郭祚、崔光、宋弁曰：“人生须自放，不可
终朝读书。我欲使恂旦出省经传，食后还内，晡时复出，日夕而罢。
卿等以为何如？”光曰：“孔子称血气未定，戒之在色。太子尚以幼年
涉学之日，不宜于正昼之时，舍书御内，又非所以安柔弱之体，固永
年之命。”帝以光言为然，乃不令恂昼入内。无子。

京兆王愉字宣德，太和二十一年封，拜都督、徐州刺史。以彭城

王中宣府长史卢阳乌兼长史,州事巨细,委之阳乌。宣武初,为护军将军。帝留爱诸弟,愉等常出入宫掖,晨昏寝处,若家人焉。

迁中书监。为纳顺皇后妹为妃,而不见礼答。愉在徐州纳妾李氏,本姓杨,东郡人,夜闻其歌,悦之,遂被宠嬖。罢州还京,欲进贵之,托右中郎将赵郡李恃显为之养父,就之礼迎,产子宝月。顺皇后召李入宫,毁击之,强令为尼于内,以子付妃养之。岁余,后父于劲以后久无所诞,乃表劝广嫔御,因令后归李于愉,旧爱更甚。

愉好文章,颇著诗赋。时引才人宋世景、李神俊、祖莹、邢晏、王遵业、张始均等,共申宴喜。招四方儒学宾客严怀真等数十人,馆而礼之。所得谷帛,率多散施。又崇信佛道,用度常至不接。与弟广平王怀,颇相夸尚,竞慕奢丽,贪纵不法。于是孝武摄愉禁中推案,杖愉五十,出为冀州刺史。

始愉自以职求侍要,势劣二弟,潜怀愧恨,颇见言色。又以幸妾屡被顿辱,内外离抑。及在州,谋逆。愉遂杀长史羊灵引及司马李遵,称得清河王密疏,云高肇暮为杀害主上。遂为坛于信都之南,柴燎告天,即皇帝位。赦天下,号建平元年,立李氏为皇后。孝武诏尚书李平讨愉。愉出拒王师,频败,遂婴城自守。愉知事劣,携李及四子数十骑出门,诸军追之,见执以送。诏征赴京师,申以家人之训。愉每止宿亭传,必携李手,尽其私情。虽锁絷之中,饮赏自若,略无愧惧之色。至野王,愉语人曰:“虽主上慈深,不忍杀我,吾亦何以面见至尊!”于是嘘唏流涕,绝气而死,年二十一。或云高肇令人杀之。敛以小棺,瘗。诸子至洛,皆赦之。后灵太后令愉之四子皆附属籍,追封愉临洮王。宝月乃改葬父母,追服三年。

清河王怿字宣仁。幼而敏慧,美姿貌,孝文爱之。彭城王勰甚器异之,并曰:“此儿风神外伟,黄中内润,若天假之年,□二南矣。”博涉经史,兼综群言,有文才,善谈理,宽仁容裕,喜怒不形于色。太和□年封。

孝武初,拜侍中,转尚书仆射。怿才长从政,明于断决,剖判众务,甚有声名。司空高肇以帝舅宠任,既擅威权,谋去良宗,屡谮怿及愉等。愉不胜其忿怒,遂举逆冀州。因愉之逆,又构杀飑。怿恐不免。肇又录囚徒以立私惠。怿因侍宴,酒酣,乃谓肇曰:"天子兄弟,讵有几人,而炎炎不息?昔王莽头秃,亦藉渭阳之资,遂篡汉室。今君曲形见矣,恐复终成乱阶。"又言于孝武曰:"臣闻唯器与名,不可以假人。是故季氏旅泰山,宣尼以为深讥;仲叔轩悬,丘明以为至诚。谅以天尊地卑,君臣道别,宜杜渐防萌,无相僭越。至于减膳录囚,人君之事,今乃司徒行之,讵是人臣之义?且陛下修政教,解狱讼,则时雨可降,玉烛知和。何使明君失之于上,奸臣窃之于下?长乱之基,于此在矣。"孝武笑而不应。

孝明熙平初,迁太尉,侍中如故。怿诏裁门下之事,又典经义注。时有沙门惠怜者,自云咒水饮人,能差诸病,病人就之者,日有千数。灵太后诏给衣食,事力重,使于城西之南,治疗百姓病。怿表谏曰:"臣闻律深惑众之科,礼绝袄淫之禁,皆所以大明居正,防遏奸邪。昔在汉末,有张角者,亦以此术,荧惑当时。论其所行,与今不异。遂能眩诱生人,致黄巾之祸。天下涂炭数十年间,角之由也。昔新垣奸,不登于明堂;五利侥,终婴于显戮。"

灵太后以怿孝明懿叔,德先具瞻,委以朝政,事拟周、霍。怿竭力匡辅,以天下为己任。领军元叉,太后之妹夫也,恃宠骄盈。怿裁之以法,每以黜之,为叉所疾。又党人通直郎宗准爱希叉旨,告怿谋反。禁怿门下,讯问左右及朝贵,贵人分明,得雪,乃释焉。怿以忠而获谤,乃鸠集昔忠烈之士,为《显忠录》二十卷以见意焉。

正光元年七月,叉与刘腾逼孝明于显阳殿,闭灵太后于后宫,囚怿于门下省。怿罪伏,遂害之,时年三十四。朝野贵贱,知与不知,含悲丧气,惊振远近。夷人在京及归,闻怿之丧,为之劈面者数百人。

广平王怀。□自有魏诸王,召入华林别馆,禁其出入。令四门博士董征授以经传。孝武崩,乃得归。

汝南王悦，好读佛经，览书史，为性不伦，俶傥难测。悦妃闾氏，即东海公之女也，生一子，不见礼答。有崔延夏者，以左道与悦游，合服仙药松术之属，时轻与出采之，宿于城外小人之所。遂断酒肉粟稻，唯食麦饭。又绝房中，而更好男色。轻忿妃妾，至加捶挞，同之婢使。悦之出也，妃住于别第，灵太后敕检问之。引入穷悦事故。妃病杖床蓐，疮尚未愈。太后因悦杖妃，乃下令禁断。令诸亲王及三蕃，其有正妃病患百日已上，皆遣奏闻。若有犹行捶挞，就削封位。

及清河王怿为元叉所害，悦了无仇恨之意，乃以桑落酒候伺之，尽其私佞。又大喜，以悦为侍中、太尉。临拜日，就怿子亶求怿服玩之物。不时称旨，乃召亶杖之百下。亶居庐未葬，形气羸弱，暴加威挞，殆至不济。仍呼阿儿，亲自循抚。

悦乃为大剉碓，置于州门，盗者便欲斩其手。时人惧其无常，能行异事，奸偷畏之而暂息。

及尔朱荣举兵向洛，悦遂奔梁。梁武厚相资待。庄帝崩，遂立为魏主，号年更兴。节闵初，遣兵送悦，置于境上，以觊侵逼。及齐神武既诛尔朱，以悦孝文子，宜承大业，乃令人示意。悦既至，清狂如故，动为罪失，乃止。

孝武初，除大司马、开府。孝武以广陵颇有德望，以悦属尊地近，内怀畏忌，故前后害之。赠假黄钺、太师、司州牧，大司马、王如故。谥曰文宣。

子颖，与父俱奔梁，遂卒于江左。

皇子恌，年七岁，景明元年薨，就敛于华林枣间堂，葬于文昭皇后陵东。后以增广文昭后坟茔，徙窆北岗。

论曰：文成五王，安丰特标令望。延明学业该赡，加以雅谈之美，及于永安，运迹寇戎，卒致奔亡，亦其命也。

献文诸子,俱渐太和之训,而咸阳终于逆节,广陵毙于桑中。人而无仪,各宜遄死。高阳器术缺然,终荷栋干,至于桡败,实尸其□。武宣孝以为质,忠而树行,及夫在安处危之操,送往事居之节,周旦匪他之旨,霍光异姓之诚,事实兼之。竟而功高震主,德隆动俗,闲言一入,卒不全生。呜呼!周成、汉昭未易遇也。北海义昧鹡鸰,奢淫自丧,虽祸发青蝇,亦行贻伊戚。颢取若拾遗,亡不旋踵,岂守之无术,其天将覆之。

庶人险暴之性,自幼而长,终以废黜,不得其终。斯乃朱、均之性,尧、舜不能训也。京兆早有令问,晚致颠覆,习于所染,可不慎乎!清河器识才誉,以懿亲作辅,时钟屯诐,始遭墙茨之逼;运属道消,晚扼凶权之手。悲哉!广平早岁骄盈,汝南性致狂逸,揆其终始,俱不足论。而悦以天人所弃,卒婴猜惧之毒,盖地逼之尤也。

魏自西迁之后,权移周室。而周文天纵宽仁,性罕猜忌,元氏戚属,并见保全,内外任使,布于列职。孝闵践祚,无替前绪,明、武缵业,亦遵先志。虽天厌魏德,鼎命已迁,枝叶荣茂,足以愈于前代矣。

北史卷二○
列传第八

卫操　莫含　刘库仁
尉古真　穆崇　奚斤
叔孙建　安同　庾业延
王建　罗结　娄伏连
阎大肥　奚牧　和跋　莫题
贺狄干　李栗　奚眷

　　卫操字德元，代人也。少通侠，有才略。晋征北将军卫瓘以操为牙门将。当魏神元时，颇自结附。及神元崩后，与从子雄及其宗室乡亲姬澹等来归，说桓、穆二帝招纳晋人。桓帝以为辅相，任以国事。及刘、石之乱，桓帝匡助晋氏。操稍迁至右将军，封定襄侯。

　　桓帝崩后，操立碑于大邗城南，以颂功德，云"魏，轩辕之苗裔"。言桓、穆二帝，"统国御众，威禁大行，国无奸盗，路有颂声。威武所向，下无交兵。招喻六狄，咸来归诚。奉承晋皇，捍御边疆。王室多难，天网弛纲。豪心远济，靡离其殃。岁蓺逆命，奸盗豺狼。永安元年，岁次甲子。奸党犹逆，东西狼跱。敢逼天王，兵甲屡起。怙众肆暴，虐用将士。邺、洛构隙，弃亲求疏。乃招异类，屠各、匈奴。交刃千里，长蛇塞涂。晋道应天，言展良谟。使持节、平北将军、并

州刺史、护匈奴中郎将、东嬴公司马腾,才神绝世,规略超远。欲求
外救,朝臣莫应。简贤选士,命兹良使。遣参军壶伦、牙门中行嘉、
义阳亭侯卫谟、协义亭侯卫鞬等,驰奉檄书,至晋阳城"。

又称桓穆二帝,"心存宸极。辅相二卫,对扬毗翼。操展文谋,
雄奋武烈。承命会议,谘论奋发。翼卫内外,镇静四方。志在竭力,
奉戴天王。忠恕用晖,外勋亦攘。功济方州,勋烈光延。升平之日,
纳贡充藩。冯瞻銮盖,步趾三川。有德无禄,大命不延。年三十九,
以永兴三年六月二十四日寝疾薨殂。宵弃华殿,云中名都。国失惠
主,哀感嘘唏,悲痛烦冤,载呼载号。远近亲轨,奔赴梓庐。仰诉造
化,痛延悲夫!"时晋光熙元年也。

皇兴初,雍州别驾雁门段荣于大邴掘得此碑,文虽非丽,事宜
载焉,故略附于传。

操以穆帝三年卒。

始操所与宗室乡亲入国者,卫勤安乐亭侯,卫崇、卫清并都亭
侯,卫沈、段繁并信义将军、都乡侯,王发建武将军、都亭侯,范班折
冲将军、广武亭侯,贾庆建武将军、上洛亭侯,贾循都亭侯,李壹关
中侯,郭乳关内侯,皆为桓帝所表授也。六修之难,存者多随刘琨任
子遵南奔。

卫雄、姬澹、莫含等名皆见碑。雄字世远,澹字世雅,并勇健多
计,桓帝并以为将,常随征伐。雄稍迁至左将军、云中侯。澹亦以勇
绩著名,桓帝末,至信义将军、楼烦侯。穆帝初,并见委任,卫操卒
后,俱为左右辅相。六修之逆,国内大乱,雄、澹并为群情所附,乃与
刘遵率乌丸、晋人数万而叛。刘琨闻之,大悦,如平城抚纳之,欲因
以灭石勒。后为勒将孔长所灭。

莫含,雁门繁畤人也。刘琨为并州,辟含从事。含居近塞下,常
交通国中。穆帝爱其才器。及为代王,备置官属,求含于琨,琨喻遣
之。乃入参国官,常参军国大谋。卒于左将军、关中侯。其故宅在
桑乾川南,世称莫含壁,含音讹,或谓之莫回城云。

子显，昭成世为左常侍。显子题，道武初，为大将，以功赐爵东宛侯。常与李栗侍宴，栗坐不敬获罪，题亦被黜为济阳太守。后道武欲广宫室，规度平城四方数十里，将模邺、洛、长安之制，运材数百万根。以题机巧，征令监之。召入，与论兴造之制，题久侍颇怠，赐死。题弟云，好学善射。道武时，常典选曹，赐爵安德侯。迁执金吾，参军国谋议。太武克赫连昌，诏云与常山王素留镇统万，进爵安定公。云抚慰新旧，皆得其所。卒，谥敬公。

刘库仁字没根，独孤部人，刘武之宗也。少豪侠，有智略。母平文皇帝之女。昭成皇帝复以宗女妻之，为南部大人。建国三十九年，昭成暴崩，道武未立，苻坚以库仁为陵江将军、关内侯，令与卫辰分国众统之。河西属卫辰，河东属库仁。于是献明皇后携道武及卫、秦二王自贺兰部来居焉。库仁尽忠奉事，不以兴废易节。苻坚处卫辰在库仁下，卫辰怒，叛，攻库仁。库仁伐卫辰，破之。苻坚赐库仁妻公孙氏，厚其资送。

慕容垂围苻丕于邺，又遣将平规攻坚幽州刺史王永于蓟。库仁遣妻兄公孙希助永击规，大破之。库仁复将大举以救丕，发雁门、上谷、代郡兵，次于繁畤。先是，慕容文等当徙长安，遁依库仁部，常思东归。是役也，文等夜率三郡人，攻杀库仁，乘其骏马，奔慕容垂。公孙希闻乱走丁零。

库仁弟眷，继摄国事。眷第三子罗辰，机警有智谋，谓眷曰："从兄显，忍人也，愿早图之。"眷不以为意。后库仁子显果杀眷而代立。显既杀眷，又谋逆。及道武即位，讨显于马邑，追至弥泽，大破之。后奔慕容骥，骥徙之中山。

罗辰即宣穆皇后兄也。显既杀眷，罗辰遂奔道武。显恃强，每谋逆，罗辰辄先闻奏。拜南部大人。从平中原，以功赐爵永安公。以军功除征东将军、定州刺史。卒，谥曰敬。

子殊晖袭爵，位并州刺史，卒。子求引，位武卫将军。卒，谥曰贞。子尔头，位魏昌、瘿陶二县令，赠钜鹿太守。

子仁之，字山静，少有操尚，粗涉书史。历位卫将军、西兖州刺史，在州有当时之誉。武定二年卒，赠卫大将军、吏部尚书、青州刺史，谥曰敬。

仁之外示长者，内多矫诈。其对宾客，破床弊席，粗饭冷菜，衣服故恶，乃过逼下。善候当涂，能为诡激。每于稠人广众中，或挝一奸吏，或纵一孤贫，大言自眩，浅识皆称其美。公能之誉，动过其实。性又酷虐，在晋阳曾营城雉，仁之统监作役，以小稽缓，遂杖前殷州刺史裴瑗、并州刺史王绰。齐神武大加谴责。性好文字，吏书失体，便加鞭挞，言韵微讹，亦见捶楚，吏人以此苦之。而爱好文史，敬重人流。与斋帅冯元兴交款，元兴死后积年，仁之营视其家，常出隆厚，时人以此尚之。

仁之伯乞归，真君中，除中散大夫。性宽和，与物无竞，未尝言人善恶。曾遇患昼寝，有奴偷窃，乞归诈睡不见，亦不泄之。此奴走入蠕蠕，方笑言之，亦无嗔色。献文末，除主客尚书。孝文初，位东雍州刺史，赐爵永安侯。卒。

子嵩，字阿龙，好周人之急。与王仲兴自平城被追赴洛，家贫不能自达，嵩事事资遣。宣武时，仲兴宠幸，乃奏除给事。请疏黄河，以通船漕，授龙门都将。历年功不就，坐流。元晔僭立，授大鸿胪卿。子挑汤，位终奉朝请。

尉古真，代人也。道武之在贺兰部，贺染干遣侯引乙突等将肆逆，古真知之，密以驰告。染干疑古真泄其谋，乃执栲之，以两车轴押其头，伤其一目。不服，乃免之。后从平中原，以功赐爵束州侯。明元初，为鸿飞将军，镇大洛。卒于定州刺史。子亿万袭。

古真弟诺，以忠谨著称。从道武围中山，先登，伤一目。道武叹曰：“诺兄弟并毁目以建功效，诚可嘉也！”赐安乐子。从平姚平，还，拜国部大人。太武时，改邑辽西公。卒，第八子欢袭。

诺长子眷，忠谨有父风。明元时，执事左右，为太官令。时侍臣受斤亡入蠕蠕，诏眷追之。遂至虏庭，禽之大檀前。由是以骁烈闻。

太武即位，命眷与散骑侍郎刘库仁等八人分典四部，绾奏机要，加陈兵将军。文成时，拜侍中、太尉，封渔阳王，与太宰常英等录尚书事。文成北巡狩，以寒雪方降，议还。眷曰："今去都不远而旋，虏必疑我有内难。方寒雪，宜更进前。"帝遂度漠而还。帝以眷元老，赐杖履上殿。薨，谥曰庄。子多侯袭爵。

多侯少有武干。献文时，假节、领护羌戎校尉、敦煌镇将。至，求轻骑五千，西入于阗，兼平诸国，因敌取资，平定为效。弗许。孝文初，又求北取伊吾，断蠕蠕通西域路。帝善其计，以东作方兴，难之。为妻元所害。

多侯弟子庆宾，善骑射，有将略，稍迁太中大夫。明帝时，朝议送蠕蠕主阿那瓌还国，庆宾上表固争，不从。后蠕蠕遂执行台元孚。庆宾后拜肆州刺史。时尔朱荣兵威渐盛，曾经肆州，庆宾恶之，据城不纳。荣袭之，拘还秀容，呼为假父。后以忧还都。寻起为光禄大夫、督镇汝阴。还朝，卒，赠司空。子瑾。

瑾少而敏悟，好学慕善。以国姓门资，稍迁直后。司马子如执政，瑾娶其甥皮氏为妻，由此除中书舍人。后除吏部郎中。齐文襄崩，文宣命瑾在邺北宫，共高德正典机密。天保中，累迁七兵尚书侍郎。孝昭辅政，除吏部尚书。武成践祚，赵彦深本子如宾僚，元文遥、和士开并帝乡故旧，共相荐达，任遇弥重。又吏部铨衡所归，事多秘密，由是朝之机事，颇亦预闻。后为尚书右仆射，卒。武成方在三台饷宴，文遥奏闻，遂命撤乐罢饮。

瑾外虽通显，内阙风训，闺门秽杂，为世所鄙。有女在室，忽从奔诱，瑾遂以适妇侄皮逸人。瑾又通寡嫂元氏。瑾尝讥吏部郎中顿丘李构云："郎不稽古。"构对令史云："我实不稽古，未知通嫂得作稽古不？"瑾闻大惭。然亦能折节下士，意在引接名流，但不之别也。有贾彦始者，仪望虽是儒生，称堪充聘陈使。司徒户曹祖崇儒，文辩俱不足，言将为当世莫及。好学吴人摇唇振足，为人所哂。见人好笑，时论比之寒蝉。又少威仪，子德载，以蒲鞭责之，便自投井，瑾自临井上，呼云："儿出！"闻者皆笑。及位任重，便大躁急，省内郎中将论事者,逆即嗔骂。既居大选,弥自骄很。皮子贱恃其亲通,多所谈荐,大有受纳。瑾死后,其弟静忿而发之。子贱坐决鞭二百,配北营州。

初,瑾为聘梁使,梁人陈昭善相,谓瑾曰:"二十年后当为宰相。"瑾出,私谓人曰:"此公宰相后,不过三年,当死。"昭后为陈使主,兼散骑常侍,至齐。瑾时兼右仆射,鸣驺铙吹。昭复谓人曰:"二年当死。"果如言焉。德载位通直散骑侍郎。

眷弟地干,机悟有才艺,驰马立射五的,时人莫能及。太武时,位库部尚书,加散骑常侍,领侍辇郎。奉上忠谨,尤善嘲笑。太武见其效人举措,忻悦不能自胜。甚见亲爱,参军国大谋。时征平原,试冲车以攻冢。地干为索所罥,折胁而卒。帝亲往哭恸,赠中领军、燕郡公,谥曰惠。

子长寿,位右曹殿中尚书,赐爵曾稽公,卒于泾州刺史。

古真族玄孙聿,字成兴,性耿介。明帝时,为武卫将军。时领军元乂执权,百僚莫不加敬,聿独长揖不拜。寻出为凉州刺史。凉州绯色,天下之最,又送白绫二千匹令染,聿拒不受。又讽御史劾之,驿征至京。覆,无状。还任,卒。

穆崇,代人也,其先代效节于神元、桓、穆之时。崇少以盗窃为事。道武之居独孤部,崇往来奉给,时人无及者。后刘显之逆,平文皇帝外孙梁眷知之,密遣崇告道武。眷谓崇曰:"显若知之,虽刀剑刭割勿泄也。"因以宠妻及所乘良马付崇曰:"事觉,吾当以此自明。"崇来告难,道武驰如贺兰部。显果疑眷泄,将囚之。崇乃唱言:"梁眷不顾恩义,将显为逆。今我掠得其妻、马,足以雪忿。"显闻信之。窟咄之难,崇外甥于植等与崇谋执道武以应之。崇夜告道武,道武诛植等,北逾阴山,复幸贺兰部。

道武为魏王,崇从平中原,位侍中、豫州刺史、太尉、宜都公。天赐三年,薨。先是,卫王仪谋逆,崇预焉。道武惜其功,秘之。及有司奏谥,帝亲览谥法,述义不克曰丁,曰:"此当矣。"乃谥丁公。

初,道武避窟咄难,遣崇还察人心。崇留马与从者,微服入其营。会有火光,为春妾所识,贼皆惊起。崇求从者不得,因匿阬中,徐乃窃马奔走,宿于大泽,有白狼向崇号,崇觉悟,驰随狼奔,遂免难。道武异之,命崇立祀,子孙世奉焉。太和中,追录功臣,以崇配飨。

崇长子遂留,以功赐爵零陵侯。后以罪废。

子乙,以功赐爵富城公。卒于侍中,谥曰静。

子真,尚长城公主,拜驸马都尉。后敕离婚,纳文明太后姊。位南部尚书、侍中。卒,谥曰宣。孝文追思崇勋,令著作郎韩显宗与真选定碑文,建于白登山。

真子泰,本名石洛,孝文赐名焉。以功臣子孙,尚章武长公主,拜驸马都尉,黄羽猎四曹事。后为尚书右仆射、冯翊侯,出为定州刺史。初,文明后幽孝文于别室,将谋黜废,泰切谏乃止。孝文德之,故宠待隆至。自陈久病,乞为恒州,许之。

泰不愿迁都,潜图叛,乃与定州刺史陆睿及安乐侯元隆等,谋推朔州刺史阳平王颐为主。颐密表其事,帝乃遣任城王澄发并、肆兵讨之。澄先遣书侍御史李焕单骑入代,出其不意,泰等惊骇,计无所出。焕晓喻逆徒,示以祸福,于是凶党离心,莫为之用。泰自度必败,乃率麾下攻焕郭门,不克。走出,为人禽送。孝文幸代,泰等伏诛。

子士儒,字叔贤,徙凉州。后得还,为太尉参军事。

子子容,少好学,无所不览。求天下书,逢即写录,所得万余卷。魏末,为兼通直散骑常侍聘梁。齐受禅,卒于司农卿。

遂留弟观,字阆拔,袭崇爵。少以文艺知名。明元中,位为左卫将军,绾门下、中书,出纳诏命,及访旧事,未尝有遗漏。尚宜阳公主,拜驸马都尉,位太尉。

太武监国,观为右弼,出则统摄朝政,入则应对左右,事无巨细,皆关决焉。终日怡怡,无愠色,劳谦善诱,不以富贵骄人。太常八年,暴疾薨,年三十五。明元亲临其丧,悲动左右,赐以通身隐起金饰棺，丧礼一依安城王叔孙俊故事，赠宜都王，谥曰文成。太武即位，每与群臣谈宴，未尝不叹息殷勤，以为自道武以来，佐命勋臣文武兼济无及之者。

子寿袭爵，尚乐陵公主，拜驸马都尉。明敏有父风。太武爱重之，擢为下大夫。敷奏机辩，有声内外。迁侍中、中书监、领南部尚书，进爵宜都王，加征东大将军。寿辞曰："臣祖崇，先皇之世，屡逢艰危。幸天赞梁眷，诚心先告，故得效功前朝，流福于后。昔陈平受赏，归功无知。今眷元勋未录，臣独奕世受荣，岂惟仰愧古贤，抑亦有亏国典。"太武嘉之，乃求眷孙，赐爵郡公。

舆驾征凉州，命寿辅景穆，总录机要，内外听焉。次云中，将济河，帝别御静室，召寿及司徒崔浩、尚书李顺，谓寿曰："蠕蠕吴提与牧犍连和，今闻朕征凉州，必来犯塞。若伏兵漠南，珍之为易。牧田讫，可分伏要害，以待虏至，引使深入，然后击之。若违朕指授，为虏侵害，朕还斩卿。崔浩、李顺为证，非虚言也。"寿信卜筮言，谓贼不来，竟不设备。吴提果至，京邑大骇。寿不知所为，欲筑西郭门，请景穆避保南山，惠保太后不听，乃止。遣司空长孙道生等击之。太武还，以无大损伤，故不追咎。

景穆监国，寿与崔浩等辅政。人皆敬浩，寿独陵之。又自恃位任，以人莫己及。谓其子师曰："但令吾儿及我，亦足胜人，不须苦教之。"遇诸父兄弟有如仆隶，夫妻并坐共食，而令诸父馂余。为时人鄙笑。薨，赠太尉，谥曰文宣。

子平国袭爵，尚城阳长公主，拜驸马都尉、侍中、中书监，为太子四辅。卒。

子伏干袭，尚济北公主，拜驸马都尉。卒，谥曰康。无子。

伏干弟黑袭爵，尚新平长公主，拜驸马都尉、武牢镇将。频以不法致罪，孝文以其勋德之旧，让而赦之。转吐京镇将，深自克励。后改吐京镇为汾州，仍以黑为刺史。前吐京太守刘升，在郡甚有威惠，限满还都，胡人八百余人诣黑请之。前定阳令吴平仁亦有恩信，户增数倍。黑以吏人怀之，并为表请，孝文皆从焉。黑既频荐升等，所部守令，咸自砥砺，威化大行。州人李轨、郭及祖七百余人诣阙称罴恩德。孝文罴政和人悦，增秩延限。

后征为光禄勋，随例降王为魏郡公。累迁侍中、中书监。穆泰之反，罴与潜通，赦后事发，削封为编户。卒于家。宣武时，追赠镇北将军、恒州刺史。

罴弟亮，字幼辅，早有风度。献文时，起家侍御中散。尚中山长公主，拜驸马都尉，封赵郡王。加侍中，徙封长乐王。

孝文时，除征南大将军、领护西戎校尉、仇池镇将。宕昌王梁弥机死，子弥博立，为吐谷浑所逼，来奔仇池。亮以弥博凶悖，氐羌所弃，弥机兄子弥承，戎人归乐，表请纳之。孝文从焉。于是击走吐谷浑，立弥承而还。氐豪杨卜自延兴以来，从军二十一战，前来镇将，抑而不闻。亮表卜为广业太守，豪右咸悦，境内大安。

征为侍中、尚书左仆射。于时复置司州，孝文曰："司州始立，未有僚吏，须立中正，以定选举。然中正之任，必须德望兼资。世祖时，崔浩为冀州中正，长孙嵩为司州中正，可谓得人。公卿等宜审推举。"尚书陆睿举亮为司州大中正。后拜司空，参议律令。例降爵为公。

时文明太后崩，已过期月，孝文毁瘠犹甚。亮表请上承金册遗训，下称亿兆之心，时袭轻服，数御常膳，修崇郊祠，垂惠咸秩。诏曰："苟孝悌之至，无所不通。今飘风亢旱，时雨不降，实由诚慕未浓，幽显无感也。"寻领太子太傅。时将建太极殿，帝引见群臣于太华殿，曰："将营殿宇，今欲徙居永乐，以避嚣埃。土木虽复无心，毁之能不凄怆！今故临对卿等，与之取别。此殿乃高宗所制，爰历显祖，逮朕冲年，受位于此。但事来夺情，将有改制。仰惟畴昔，唯深悲感。"亮稽首请稽之卜筮。又以去岁役作，为功甚多，太庙、明堂，一年便就。若仍岁频兴，恐人力雕弊。且材干新伐，愿待余年。帝曰："朕远览前王，无不兴造。故有周创业，经建灵台；洪汉受命，未央是作。草创之初，犹尚若此；况朕承累圣之运，属太平之基？欲及此时，以就大功。人生定分，修短命也。蓍蔡虽智，其如命何！当委之分，岂假卜筮。"移御永乐宫。

后帝临朝，尝谓亮曰："三代之礼，日出视朝。自汉、魏以降，礼仪渐杀。《晋令》有朔望集公卿于朝堂而论政事。亦无天子亲临之文。今因卿等曰中之集，中前，卿等自论政事；中后，与卿等共议可否。"遂命读奏案，帝亲决之。

及迁都，加武卫大将军，以本官董摄中军事。帝南伐，以亮录尚书事，留镇洛阳。后帝自小平津泛舟幸石济。亮谏曰："汉帝欲乘舟渡渭，广德将以首血污车轮，帝乃感而就桥。渭之小水，犹尚若斯，况洪河有不测之虑。"帝曰："司空言是也。"及罴预穆泰反事觉，亮上表自劾，帝优诏还令摄事。亮固请，久乃许之。后徙封顿丘郡公，以绍崇爵。

宣武即位，拜尚书令、司空公。薨，宣武亲临小敛，赠太尉。谥曰匡。

子绍，字永业，尚琅邪长公主，拜驸马都尉。历位秘书监、侍中、卫将军、太常卿、中书令、七兵殿中二尚书。遭所生忧，免，居丧以孝闻。又历卫大将军、中书监、侍中，领本邑中正。

绍无他才能，而资性方重，罕接宾客，稀造人门。领军元叉当权薰灼，曾往绍宅，绍迎送下阶而已。时人叹尚之。及灵太后欲黜叉，犹豫未决，绍赞成之。以功加特进、侍中。元顺与绍同直，尝因醉入寝所。绍拥被而起，正色让顺曰："老身二十年侍中，与卿先君亟连职事，纵卿后进，何宜相排突也！"遂谢事还家，诏喻乃起。除侍中，托疾未起，故免河阴之害。

庄帝立，尔朱荣征之。绍以为必死。哭辞家庙。及见荣，捧手不拜。荣亦矫意礼之，顾谓人曰："穆绍不虚作大家儿。"车驾入宫，寻授尚书令、司空，进爵为王，给班剑四十人，仍加侍中。时河南尹李奖往诣绍。奖以绍郡人，谓必致敬。绍又恃封邑是奖国王，匡坐待之，不为动膝。奖惮其位望，致拜而还。议者两讥焉。未几，降王，复本爵。

普泰元年，除骠骑大将军、开府、青州刺史，加都督。未行而薨，赠大将军、尚书令、太保,谥曰文献。

子长嵩,字子岳,袭爵,位光禄少卿。平国弟正国,尚长乐公主,拜驸马都尉。

正国子平城,早卒。孝文时,始平公主薨于宫,追赠平城驸马都尉,与公主冥婚。寿弟多侯,封长宁子,位司卫监。文成崩,乙浑专权,召司徒陆丽。丽时在温汤疗疾,多侯谓曰:"浑有无君心。大王,众所望也,去必危。宜徐归而图之。"丽不从,遂为浑害。多侯亦见杀。

观弟翰,平原镇将、西海王。薨。

子龙儿袭爵,降为公。卒。

子弼,有风格,善自位置,涉猎经史,与长孙承业、陆希道等齐名。然而矜己陵物,颇以此损焉。孝文定氏族,欲以弼为国子助教,弼辞以为屈。帝曰:"朕欲敦励胄子,屈卿先之。白玉投泥,岂能相污!"弼曰:"既遇明时,耻沈泥滓。"会司州牧、咸阳王禧入。帝曰:"朕与卿作州督,举一主簿。"既命弼谒之。因为帝所知。宣武初,为广平王怀国郎中令,数有匡谏之益。除中书舍人,卒于华州刺史,谥曰懿。

翰弟颐,有才力。以侍御郎从太武征赫连昌,勇冠一时,赐爵泥阳子,拜司卫监。从太武田崞山,有武突出,颐搏而获之。帝叹曰:"《诗》云:'有力如武'颐乃过之!"后从征白龙,讨蠕蠕,以功进爵建安公。后拜殿中尚书,出镇凉州。还,加散骑常侍、领太仓尚书。文成时,为征西大将军,督诸军西征吐谷浑。坐击贼不进,免官爵,徙边。文成以颐著勋前朝,征为内都大官。卒,赠征西大将军、建安王,谥曰康。子寄生袭。

崇宗人丑善,道武初,率部归附,与崇同心戮力,捍御左右,拜天部大人,居东蕃。

子莫提,从平中原,位相州刺史、假陵阳侯。其子孙位亦通显。

奚斤,代人也,世典马牧。父箪,有宠于昭成皇帝。时国有良马曰骢骊,一夜忽逸。后知南部大人刘库仁所盗,养于窟室。箪闻而驰往取马,库仁以国甥恃宠,惭而逆击箪,箪捽其发落,伤其一乳。及苻坚使库仁与卫辰分领国部,箪惧,遂奔卫辰。及道武灭卫辰,箪晚乃得归,故名位后于旧臣。

斤机辩有识度。登国初,与长孙肥等俱统禁兵。后以为侍郎,亲近左右。从征慕容宝于参合。皇始初,拜越骑校尉,典宿卫禁旅。车驾还京师,博陵、勃海、章武诸郡群盗并起,斤与略阳公元遵等讨平之。从征,破高车诸部。又破库狄、宥连部,徙其别部诸落于塞南。又进击侯莫陈部,至大峨谷,置戍而还。迁都水使者,出为晋兵将军、幽州刺史,赐爵山阳侯。

明元即位,为郑兵将军。诏以斤世忠孝,赠其父箪长宁子。明元幸云中,斤留守京师。昌黎王慕容伯儿谋反,斤召入天安殿东庑下,诛之。诏与南平公长孙嵩等俱坐朝堂,录决囚徒。明元大阅于东郊,讲武,以斤行左丞相,大蒐于石会山。车驾西巡,诏斤先驱,讨越勒部于鹿那山,大破之。又诏斤与长孙嵩等八人坐止车门左,听理万机。拜天部大人,进爵为公。命斤出入乘辂轩,备威仪导从。

太武之为皇太子,临朝听政,以斤为左辅。宋废主符立,其国内离阻。乃遣斤收河南地,假斤节,都督前锋诸军事、司空、晋兵大将军、行扬州刺史,率吴兵将军公孙表等南征。用表计攻滑台,不拔,求济师。帝怒其不先略地,切责之。乃亲南巡,次中山。斤自滑台趣洛阳,长驱至武牢,遂平兖、豫诸郡。还围武牢。及武牢溃,斤置守宰以抚之。自魏初大将行兵,唯长孙嵩拒宋武,斤征河南,独给漏刻及十二牙旗。

太武即位,进爵宜城王,仍为司空。太武征赫连昌,遣斤率义兵将军封礼等袭蒲坂。斤又西据长安城,秦、雍氐羌皆来归附。斤与赫连定相持,累战破定。定闻昌败,走上邽。斤追至雍,不及而还。诏斤班师,斤请因其危平之,乃进讨安定。昌退保平凉,斤屯军安定,以粮竭马死,深垒自固。监军侍御史安颉击昌,禽之。昌众复立昌弟定为主,守平凉。斤耻以元帅而禽昌之功更不在己,乃舍辎重,追定于平凉。定众将出，会一小将有罪，亡入贼。具告其实。定知斤军无粮乏水，乃邀斤前后。斤众大溃，斤及将娥清、刘拔为定所禽。后太武克平凉，斤等得归。免为宰人，使负酒食从驾还京师以辱之。寻拜安东将军，降爵为公。

太延初，为卫尉，改为恒农王。后为万骑大将军。太武议伐凉州，斤等三十余人议以为不可，帝不从。凉州平，以战功赐僮隶七十户。又以斤元老，赐安车，平决狱讼，谘访朝政。

斤聪辩强识，善于谈论，远说先朝故事，虽未皆是，时有所得，听者叹美之。每议大政，多见从用，朝廷称焉。真君九年，薨，时年八十九，太武亲临哀恸，谥曰昭王。斤有数十妇，子男二十余人。

长子他观袭爵。太武曰："斤西征之败，国有常刑。以其佐命先朝，故复其爵秩，将收孟明之效。今斤终其天年，君臣之分全矣。"于是降他观爵为公。传国至孙绪，无子，国除。太和中，孝文追录先朝功臣，以斤配飨庙庭。宣武继世，以绪弟子监绍其后。

叔孙建，代人也。父骨，为昭成母王太后所养，与皇子同列。建少以智勇著称。道武之幸贺兰部，常从左右。登国初，为外朝大人，与安同等十三人迭典庶事，参军国之谋。随秦王觚使慕容垂，历六载乃还。累迁中领军，赐爵安平，公出为并州刺史。后以公事免，守邺城围。

明元即位，念前功，以为正直将军、相州刺史。饥胡刘武等聚党叛，明元假建前号、安平公，督公孙表等以讨武。斩首万余级，余众奔走，投沘水死，水为不流。晋将刘裕伐姚泓，令其部将王仲德为前锋，将逼滑台。兖州刺史尉建率所部弃城济河。仲德遂入滑台，乃宣言曰："晋本意欲以布帛七万匹假道于魏，不谓魏之守将便尔弃城。"明元闻之，诏建度河曜威，斩尉建，投其尸于河。呼仲德军人与语，诘其侵境之状。

寻迁广阿镇将，威名甚著。久之，除使持节、都督前锋诸军事、楚兵将军、徐州刺史。率众自平原济河，徇下青、兖诸郡。遂东入青

州,围宋刺史竺夔于东阳城。宋遣将檀道济、王仲德救夔,建不克而
还。以功赐爵寿光公。与汝阴公长孙道生济河而南,仲德等自清入
济,东走青州。太武以建威名南震,为宋所惮,除平原镇大将,封丹
杨王,加征南大将军。

先是,简幽、易以南戍兵集于河上,一道讨洛阳,一道攻滑台。
宋将檀道济、王仲德救滑台,建与汝阴公道生拒击之。建分军挟战,
纵轻骑邀其前后,焚烧谷草以绝其粮道。道济兵饥,叛者相继。由
是安颉等得拔滑台。

建沈敏多智,东西征伐,常为谋主,容貌清整,号曰严明。又雅
尚人伦,礼贤爱士,在平原十余年,绥怀内外,甚得边称,魏初名将,
鲜有及之。南方惮其威略,青兖辍不为寇。

太延三年,薨,时年七十三。谥曰襄,赐葬金陵。

长子俊,字丑归,少聪敏。年十五,内侍左右,性谨密,初无过
行。以便弓马,转为猎郎。道武崩,清河王绍闭宫门,明元在外。绍
拘逼俊以为己援。外虽从绍,内实忠款,仍与元历磨浑等说绍归明
元。时明元左右唯车路头、王洛儿等,及得俊等,大悦,以为爪牙。及
即位,稍迁卫将军,赐爵安成公。及朱提王悦怀刃入禁,欲行大逆。
俊觉悦举动有异,乃于悦怀中得两刃匕首,遂执悦杀之。明元以俊
前后功重,军国大计一以委之。群官上事,先由俊铨校,然后奏闻。

性平正柔和,未尝有喜怒色,忠笃爱厚,不谄上抑下,每奉诏宣
外,必告示殷勤,是以上下嘉叹。泰常元年,卒,时年二十八。明元
亲临哀恸,朝野无不追惜。赠司空、安成王,谥孝元,赐温明秘器,载
以辒辌车,卫士导从,陪葬金陵。子蒲袭爵。后有大功及宠幸贵臣
薨,赗赙送终礼皆依俊故事,无得逾之者。

初,俊卒,明元命其妻桓氏曰:"夫生既共荣,没宜同穴。能殉葬
者,可任意。"桓氏乃缢,遂合葬焉。

俊既为安城公,俊弟邻袭父爵,降为丹杨公,位尚书令、凉州镇
大将。与镇副将奚牧,并以贵戚子弟,竞贪财货,遂相纠,坐诛。

　　安同，辽东胡人也。其先祖曰世高，汉时以安息王侍子入洛。历魏至晋，避乱辽东，遂家焉。父屈，仕慕容暐。暐为苻坚所灭，屈友人公孙眷妹没入苻氏宫，出赐刘库仁为妻，库仁贵宠之。同随眷商贩，见道武有济世才，遂留奉侍。性端严明惠，好长者之言。登国初，道武征兵于慕容垂，同频使称旨。为外朝大人，与和跋等出入禁中，迭典庶事。

　　从征姚平于柴壁，姚兴悉众救平，同进计曰："汾东有蒙坑，东西三百余里，径路不通。姚兴来，必从汾西，乘高临下，直至柴壁，如此则寇内外势接。宜截汾为南北浮桥，乘西岸筑围。西围既固，贼至无所施其智力矣。"从之。兴果视平屠灭而不能救。以谋功，赐爵北新侯。

　　明元即位，命同与南平公长孙嵩并理人讼。又诏同与肥如侯贺护持节循察并、定二州及诸山居杂胡、丁零。宣诏抚慰，问其疾苦，纠举守宰不法，郡国肃然。同东出井陉，至钜鹿，发众欲修大岭山，通天门关。又筑城于宋子，以镇静郡县。护嫉同得众心，使人告同筑城聚众，欲图大事。

　　太武监国，临朝听政，以同为左辅。及即位，进爵高阳公，冀青二州刺史。同长子屈，明元时，典太仓事，盗官粳米数石，欲以养亲。同大怒，求戮屈，自劾不能训子，帝嘉而恕之，遂诏长给米。同在官明察，长于校阅，家法修整，为世所称。及在冀州，年老，颇殖财货，大兴寺塔，为百姓所苦。卒，赠高阳王，谥曰恭惠。

　　屈弟原，雅性矜严，沈勇多智略。明元时，为猎郎，出监云中军事。时赫连屈丐犯河西，原以数十骑击之，杀十余人。帝以原轻敌，违节度，加罪。然知原骁勇，遂任以为将，镇云中。蠕蠕犯塞，原辄破之，以功赐爵武原侯，加鲁兵将军。

　　太武即位，拜驾部尚书。车驾征蠕蠕大檀，分为五道。迁尚书左仆射，进爵河间公。原在朝无所比周，然恃宠矜恣，多所排抑。为子求襄城公卢鲁元女，鲁元不许。原告其罪状，事相连逮，历时不决。原惧不胜，遂谋遁，事泄，伏诛。原兄弟外节俭而内实积聚，及诛后,籍其财至数万。

弟颉,辩慧多策略,最有父风。明元初,为内侍长,令察举百僚,纠刺奸慝,无所回避。尝告其父阴事,帝以为忠,特亲宠之。

宜城王奚斤自长安追赫连昌至安定,颉为监军侍御史。斤以马多疫死,士众乏粮,乃筑垒自固。遣太仆丘堆等督租于人间,为昌所败。昌遂骄矜,日来侵掠。颉曰:“等死,当战死! 宁可坐受囚乎?”斤犹以马死为辞。颉乃阴与尉眷等谋,迁骑焉。昌来攻垒,颉出应之,昌马蹶而坠。颉禽昌送京师,赐爵西平公,代堆统摄诸军。

赫连定将复入长安,诏颉镇蒲坂以拒之。宋将到彦之寇河南以援定,列守南岸,至于衡关。太武西征定,以颉为援军将军,督诸军击彦之。遂济河,攻洛阳,拔之。进攻武牢,武牢溃。又琅邪王司马楚之平滑台,禽宋将朱修之、李元德及东郡太守申谟。乃振旅还京师,进爵为王。卒,谥曰襄。颉为将善绥士众,及卒,宋士卒降者无不叹惜。

庾业延,代人也,后赐名岳。其父及兄和辰世典畜牧,稍转中部大人。昭成崩,苻氏内侮,事难之间,收敛畜产,富拟国君。刘显谋逆,道武外幸,和辰奉献明太后归道武,又得其资用。以和辰为内侍长。和辰分别公私旧畜,颇不会旨,道武由是恨之。岳独恭慎修谨,善处危难之间,道武嘉之。与王建等俱为外朝大人,参预军国。从平中原,拜安远将军。官军之警于柏肆也,驾兰部帅附力眷、纥突邻部帅匿物尼、纥奚部帅叱奴根等闻之,反于阴馆。南安公元顺讨之,不克,诏岳。讨破离石胡帅呼延铁、西河叛胡帅张崇等。以功赐爵西昌公,迁邺行台。岳为将有谋略,士从服其智勇,名冠诸将。及罢邺行台,以所统六郡置相州,即拜岳为刺史。秉法平当,百姓称之。邺旧有园池,时果初熟,丞吏送之,岳不受,曰:“果未进御,吾何得先食!”其谨如此。迁司空。

岳兄子路,有罪,诸父兄弟悉诛,特赦岳父子。候官告岳衣服鲜丽,行止风采拟仪人君。遇道武不豫,多所猜忌,遂诛之。时人咸冤惜焉。

岳葬在代西善无界，后太武征赫连氏，经其墓宅，怆然改容，遂下诏为立庙，令一川之人，四时致祭。求其子孙任为帅者，得其子陵。从征有功，听袭爵。

王建，广宁人也。祖姑为平文后，生昭成皇帝。伯祖丰，以帝舅贵重。丰子支，尚昭成女，甚见亲待。建少尚公主。登国初，为外朝大人，与和跋等十三人迭典庶事，参与计谋。道武遣使慕容垂，建辞色高亢，垂壮之。还为左大夫。建兄回，时为大夫，诸子多不慎法，建具以状闻，回父子伏诛。其讦直如此。

从征伐诸国，破二十余部。又从征卫辰，破之。为中部大人。破慕容宝于参合，帝乘胜将席卷南夏，于是简择俘众，有才能者留之，其余欲悉给衣粮遣归，令中州之人咸知恩德。建以为宝覆败于此，国内空虚，获而归之，纵敌生患，不如杀之。帝曰："若从建言，非伐罪吊人之义。"诸将咸以建言为然，建又固执，乃坑之。帝既而悔焉。

并州既平，车驾出井陉，次常山，诸郡皆降，唯中山、邺、信都三城不下。乃遣卫王仪南攻邺，建攻信都等城。建等攻城六十余日，不能克，士卒多伤。帝自中山幸信都，降之。车驾幸钜鹿，破宝众于柏肆坞，遂围中山。宝弃城走和龙，城内无主，将夜入乘胜据守其门。建贪而无谋，意在房获，恐士卒肆掠，盗乱府库，请候天明，帝乃止。是夜，徒何人共立慕容普骦为主，遂闭门固守。帝乃悉众攻之，使人登巢车临城，招其众。皆曰："但恐如参合之众，故求全月日命耳。"帝闻之，顾视建而唾其面。

中山平，赐建爵濮阳公。迁太仆，徙真定公，加散骑常侍、冀青二州刺史。卒，陪葬金陵。

罗结，代人也。其先世领部落，为魏附臣。刘显之逆，结从道武幸贺兰部。后赐爵屈蛇侯。太武初，累迁侍中、外都大官，总三十六曹事。年一百七岁，精爽不衰。太武以其忠悫，甚信待之，监典后宫，出入卧内，因除长秋卿。年一百一十，诏听归老。赐大宁东川为私第别业，并为筑城，即号曰罗侯城。朝廷每有大事，驿马询问焉。年一百二十，卒，谥曰贞。

子斤，从太武讨赫连昌，力战有功，历位四部尚书。从平凉州，以功赐爵带方公，除长安镇都大将。会蠕蠕侵境，除柔玄镇都大将。卒，谥曰静，陪葬金陵。

子敢袭爵，位库部尚书。卒，子伊利袭。

娄伏连，代人也，代为酋帅。伏连忠厚有器量，年十三，袭父位，领部落。道武初，从破贺兰部，又平中山。及征姚平于柴壁，以功赐爵安邑侯。明元时，为晋兵将军、并州刺史。太武即位，封广陵公，再迁光禄勋，进爵为王。后镇统万。薨，谥恭王。

子真袭，降爵为公。

真弟大拔，封钜鹿子。

大拔孙宝，字道成，性淳朴，好读书。明帝时，仕至朔州刺史。时边事屡兴，人多流散，及宝至，稍安集之，残坏旧宅，皆命葺构，人归继路，岁考为天下最。

后随大都督源子邕讨击葛荣。王师败绩，宝因于荣军，变姓名，匿于戎伍，以免害。久之，贼中有朔州人识宝者，谓宝曰："使君宁自苦至此？"遂将诣荣。笑曰："娄公，吾方图事，何相见之晚！"因顾谓人曰："此公行善，天道报之，得免乱兵，即其验也。"宝遇逃者，密启贼形势，规为内应。天子感其壮志，召宝第二子景贤，授员外散骑常侍郎。葛荣灭，宝始得还。

永安中，除假员外散骑常侍，使蠕蠕。先是，蠕蠕称藩上表，后以中州不竞，书为敌国之仪。宝责之。蠕蠕主大惊，自知恶，谢曰："此作书人误。"遂更称藩。

孝武帝立，敕宝与行台长孙子彦镇恒农。后从入关，封广宁县伯。大统元年，诏领著作郎，监修国史事，别封平城县子。后授国子祭酒、侍中，进仪同三司，兼太子太傅，摄东宫詹事。宝为人清简少言,颇谙旧事,位历师傅,守靖谦恭,以此为人所敬。后行泾州事,卒于州。

闾大肥,蠕蠕人也。道武时归魏,尚华阳公主,赐爵其思子。与弟并为上宾,入八议。明元即位,为内都大官,进爵为侯。宜城王奚斤之攻武牢,大肥与娥清领十二军出中道。太武初,复与奚斤出云中白道讨大檀,破之。后从讨赫连昌,以功授荥阳公。公主薨,复尚濮泽公主。太武将拜大肥为王,遇疾卒。

奚牧,代人也。重厚有智谋,道武宠遇之,称曰仲兄。初,刘显害帝,梁眷知之,潜使牧与穆崇至七个山以告。帝录先帝旧臣,又以牧告显功,使敷奏政事,参与计谋。从征慕容宝,以功拜并州刺史,赐爵任城公。州与姚兴接界,兴颇寇边。牧乃与兴书,称顿首,均礼抗之,责兴侵边不直之意。兴以与国和通,恨之,有言于道武,道武戮之。

和跋,代人也。世领部落,为魏附臣。至跋以才辩知名。道武擢为外朝大人,参军国大谋,雅有智算,赐爵日南公。从平中原,以功进为尚书,镇邺。以破慕容德军,改封定陵公。与常山王遵讨贺兰部别帅木易干,破之。出为平原太守。

道武宠跋于诸将。群臣皆敦尚恭俭,而跋好修虚誉,炫曜于时。性尤奢淫,帝戒之不革。后车驾北狩豺山,收跋,刑之路侧。妻刘氏自杀以从。初将刑跋,道武命其诸弟毗等视诀。跋谓毗曰:"澄北地瘠,可居水南,就耕良田,广为产业,各相劝励。"令之背己,曰:"汝曹何忍视吾之死!"毗等解其微意,诈称使者,奔长安。道武诛其家。

后太武幸豺山校猎,忽暴雾四塞,怪问之。群下佥言跋世居此,祠冢犹存,或者能致斯变。帝遣建兴公古弼祭以三牲,雾即除。后太武蒐狩之日,每先遣祭之。

　　莫题,代人也。多智,有才用。初为幢将,领禁兵。道武之征慕容宝,宝夜犯营,军人惊骇。遂有亡还京师者,言官军败于柏肆。京师不安,南安公元顺因欲摄国事。题曰:"大事不可轻尔,不然,祸将及矣!"顺乃止。后封高邑公。

　　窟咄寇南鄙,题时贰于帝,遗箭于窟咄,谓之曰:"三岁犊岂胜重载!"言窟咄长而帝少也。帝既衔之,后有告题居处倨傲,拟则人主。帝乃使人示之箭,告之曰:"三岁犊能胜重载不?"题奉诏,父子对泣。诘朝,乃刑之。

　　贺狄干,代人也。家本小族,世忠厚,为将以平当称。稍迁北部大人。登国初,与长孙嵩为对。明于听察,为人爱敬。道武遣狄干致马千匹,结婚于姚苌。会苌死,兴立,因止狄干而绝婚。兴弟平寇平阳,道武讨平之,禽其将狄伯支、唐小方等四十余人。后兴以骏马千匹赎伯支,而遣狄干还,帝许之。

　　干在长安,因习读书史,通《论语》、《尚书》诸经,举止风流,有似儒者。初,帝普封功臣,狄干虽为姚兴所留,遥赐狄干爵襄武侯,加秦兵将军。及狄干至,帝见其言语衣服类中国,以为慕而习之,故忿焉,既而杀之。

　　李栗,雁门人也。昭成时,父祖入北。栗少辩捷,有才能兼将略。初随道武幸贺兰部,爱其艺能。时王业草创,爪牙心腹,多任亲近,唯栗一介远寄,兼非戚旧。数有战功,拜左军将军。

　　栗性简慢,矜宠,不率礼度。每在道武前舒放倨傲,不自祗肃,笑唾任情。道武即其宿过诛之。于是威严始厉,制勒群下尽卑谦之礼,自栗始也。

　　奚眷,代人也。少有将略。道武世,有战功。明元时,为武牢镇将,为寇所惮。太武时,赐爵南阳公。及征蠕蠕,眷以都曹尚书督偏将出别道。诏会鹿浑海,眷与中山王辰等诸大将俱后期,斩于都南,爵除。

论曰：帝王之兴，虽则天命，经纶所说，咸藉股肱。元、桓、穆之际，王迹未显，操、含托身驰骤之秋，自立功名之地，可谓志识之士矣。而刘库仁兄弟忠以为心，盛衰不二，纯节所存，其意盖远，而并贻非命，惜乎！尉真兄弟忠勇奋发，义以忘生。眷威略著时，增隆家业。穆崇夙奉龙颜，早著诚款，遂膺宠眷，位极台司。至乃身豫逆谋，卒蒙全护，从享于庙，抑亦尚功。世载公卿，弈弈青紫，盛矣！奚斤世称忠孝，征伐有克。平凉之役，师歼身虏，虽败崤之责已赦，封尸之效靡立，而恩礼隆渥，没祀庙廷。叔孙建少展诚勤，终著庸伐，临边有术，威震夷楚。俊委节明元，义彰颠沛，察朱提之变，有日磾之风，加以柔而能正，见美朝野。安同异类之人，智识入用，任等时俊，当有由哉！颉禽赫连昌，摧宋氏众，遂为名将，未易轻也。庾业延见纪危难之中，受事草创之际，智勇既申，功名尤举，而不免倾覆，盖亦其命。王建位遇既高，讦以求直，参合之役，不其罪欤！罗结枝附叶从，子孙荣禄。娄伏连、闾大肥并征伐著绩，策名前代。奚牧、和跋、莫题、贺狄干、李栗、奚眷有忠勤征伐之效，不能以功名自卑，俱至诛夷，亦各其命也。

北史卷二一
列传第九

燕凤　许谦　崔宏　张衮
邓彦海

燕凤字子章,代人也。少好学,博综经史,明习阴阳谶纬。昭成素闻其名,使以礼致之,凤不应聘。及军国代,谓城人曰:"凤不来者,将屠之。"代人惧,遂送凤。昭成待以宾礼。后拜代王左长史,参决国事。又以经授献明帝。

尝使苻坚,坚问凤曰:"代王何如人?"对曰:"宽和仁爱,经略高远,一时雄主也。常有并吞天下之志。"坚曰:"卿辈北人,无刚甲利兵,敌弱则进,敌强则退,安能并兼邪?"凤曰:"北人壮悍,上马持三仗,驱驰若飞。主上雄俊,率服北土,控弦百万,号令若一。军无辎重樵爨之苦,轻行速捷,因敌取资。此南方所以疲弊,北方所以常胜也。"坚曰:"彼国人马多少?"凤曰:"控弦之士数十万,见马一百万匹。"坚曰:"卿言人众则可,说马太多。"凤曰:"云中川自东山至西河二百里,北山至南山百余里,每岁孟秋,马常大集,略为满川。以此推之,使人言犹未尽。"凤还,坚厚加赠遗。

及昭成崩,道武将迁长安。凤以道武幼弱,固请于苻坚曰:"代主初崩,臣子亡叛,遗孙冲幼,莫相辅立。其别部大人刘库仁勇而有智,铁弗卫辰狡猾多端,皆不可独任。宜分部为二,令人统之。两人素有深仇,其势莫能先发,此御边之上策。待其孙长,乃存而立之,是陛下大惠于亡国也。"坚从之。凤寻东还。

及道武即位，历吏部郎、给事黄门侍郎、行台尚书，甚见器重。明元世，与崔宏、封懿、梁越等入讲经传，出议朝政。太武初，以旧勋赐爵平舒侯。卒，子才袭。

许谦字元逊，代人也。少有文才，善天文图谶学。建国时，将家归附，昭成擢为代王郎中令，兼掌文记。与燕凤俱授献明帝经。昭成崩后，谦徙长安。苻坚弟行唐公洛镇和龙，请谦之镇。未几，以继母老，辞归。

登国初，遂归道武，以为右司马，与张衮等参赞初基。慕容宝之来寇也，道武使谦告难于姚兴。兴遣将杨佛嵩来援。佛嵩稽缓，道武命谦为书遗之，佛嵩乃倍道兼行。道武大悦，赐谦爵关内侯。宝败，佛嵩乃还。及慕容垂死，谦上书劝进。并州平，以谦为阳曲护军，赐爵平舒侯。卒，赠幽州刺史、高阳公，谥曰文。

子洛阳袭爵。明元追录谦功，以洛阳为雁门太守。洛阳家田三生嘉禾，皆异亩同颖。太武善之，进爵北地公。卒，谥曰恭。

崔宏字玄伯，清河东武城人，魏司空林之六世孙也。祖悦，仕石季龙，位司徒右长史。父潜，仕慕容𬀩，为黄门侍郎。并以才学称。宏少有俊才，号曰冀州神童。苻融之收冀州，虚心礼敬。拜阳平公侍郎、领冀州从事。出总庶事，入为宾友，众务修理，处断无滞。苻坚闻之，征为太子舍人。辞以母疾，不就。左迁著作佐郎。太原郝轩名知人，称宏有王佐之材，近代所未有也。坚亡，避难齐鲁间，为丁零翟钊及晋叛将张愿所留。郝轩叹曰："斯人也，遇斯时，不用扶摇之势，而与鹢雀飞沉，岂不惜哉！"仕慕容垂，为吏部郎、尚书左丞、高阳内史，所历著称。立身雅正，虽在兵乱，犹厉志笃学，不以资产为意，妻子不免饥寒。

道武征慕容宝，次中山。弃郡走海滨。帝素闻其名，遣求，及至，以为黄门侍郎。与张衮对总机要，草创制度。时晋使来聘，帝将报之，诏有司议国号。宏议曰："三皇、五帝之立号也，或因所生之土，或以封国之名。故虞、夏、商、周始皆诸侯，及圣德既隆，万国宗戴，称号随本，不复更立。唯商人屡徙，改号曰殷。然犹兼行，不废始基之号。故《诗》云：‘殷商之旅’，此其义也。国家虽统北方广漠之土，逮于陛下，应运龙飞。虽曰旧邦，受命惟新。以是登国之初改代曰魏。慕容永亦奉进魏土。夫魏者大名，州之上国，斯乃革命之征验，利见之玄符也。臣愚以为宜号为魏。”道武从之，于是称魏。

及帝幸邺，历问故事，宏应对若流，帝善之。还次恒岭，帝亲登山顶，抚慰新人，适遇宏扶老母登岭，赐以牛米。因诏诸徙人不能自进者，给以车牛。

迁吏部尚书。时命有司制官爵，撰朝仪，协音乐，定律令，申科禁，宏总而裁之，以为永式。及置八部大人，以拟八坐，宏通署三十六曹，如令、仆统事。深被信任，势倾朝廷。约俭自居，不营产业，家徒四壁，出无车乘，朝晡步上。母年七十，供养无重膳。帝闻，益重之，厚加馈赐，时人亦或讥其过约，而宏居之愈甚。常引问古今旧事，王者制度，宏陈古人制作之体，及往代废兴之由，甚合上意。未尝謇谔忤旨，亦不诡谀苟容。及道武季年，大臣多犯威怒，宏独无谴者，由于此也。

帝曾引宏讲论《汉书》，至娄敬说汉祖，欲以鲁元公主妻匈奴，善之，嗟叹者良久。是以诸公主皆嫁于宾附之国，朝臣子弟、良族美彦不得尚焉。尚书职罢，赐宏爵白马侯，加周兵将军，与旧功臣庾岳、奚斤等同班，而信宠过之。

道武崩，明元未即位，清河王绍因人心不安，大出财帛，班赐朝士。宏独不受绍财，长孙嵩以下咸愧焉。诏遣使者循行郡国，纠察守宰不如法者，令宏与宜都公穆观等案之，帝称其平当。又诏宏与长孙嵩等朝堂决刑狱。

明元以郡国豪右大人蠹害，乃优诏征之。人多恋本，而长吏逼遣之，于是轻薄少年，因相扇动，所在聚结。西河、建兴盗贼并起，守宰讨之不能禁。帝乃引宏及北新侯安同、寿光侯叔孙建、元城侯元屈等问焉。宏欲大赦以纾之。屈曰：“不如先诛首恶，赦其党类。”宏曰："王者临天下,以安人为本,何顾小曲直也。夫赦虽非正道,而可以权行。若赦而不改,诛之不晚。"明元从之。

神瑞初,诏宏与南平公嵩等坐止车门右,听理机事。并州胡数万南掠河内,遣将军公孙表等讨之,败绩。帝问计于群臣。宏曰:"表等诸军,不为不足,但失于处分,故使小盗假息耳。胡众虽多,而无猛健主将,所谓千奴共一胆也。宜得大将素为胡所服信者,将数百骑,就摄表军以讨之,贼闻,必望风震怖。寿光侯建,前在并州,诸将莫及。"帝从之,遂平胡寇。寻拜天部大人,进爵为公。

泰常三年夏,宏病笃,帝遣侍中穆观就受遗言,侍臣问疾,一夜数返。卒,追赠司空,谥文贞公,丧礼一依安城王叔孙俊故事,诏群臣及附国渠帅皆会葬,自亲王以外,尽命拜送。子浩袭。太和中,孝文追录先朝功臣,以宏配飨庙廷。

浩字伯深,少好学,博览经史,玄象阴阳百家之言,无不该览。研精义理,时人莫及。弱冠为通直郎。稍迁著作郎。道武以其上书,常置左右。道武季年,威严颇峻,宫省左右,多以微过得罪,莫不逃隐,匿目下之变。浩独恭勤不怠,或终日不归。帝知之,辄命赐以御粥。其砥直任时,不为穷通改节若此。

明元初,拜博士祭酒,赐爵武城子。常授帝经书,每至郊祀,父子并乘轩轺,时人荣之。明元好阴阳术数,闻浩说《易》及《洪范》五行,善之。因命筮吉凶,参观天文,考定疑惑。浩总核天人之际,举其纲纪者数家,多有应验。恒与军国大谋,甚为宠密,时有兔在后宫,检无从得入,帝令浩推之,浩以为当有邻国贡嫔嫱者。明年,姚兴果献女。

神瑞二年,秋谷不登,太史令王亮、苏坦因华阴公主等言:"谶书云:国家当都邺,大乐五十年。"劝帝迁都于邺,可救今年之饥。帝以问浩。浩曰:"非长久策也。东州之人,常谓国家居广漠之地,人畜无算,号称牛毛之众。今留守旧都,分家南徙,恐不满诸州之地。参居郡县处,榛林之下,不便水土,疾疫死伤,情见事露,则百姓意阻。四方闻之,有轻侮之意,屈丐及蠕蠕必提挈而来。云中、平城则有危殆之事,阻隔恒、代,千里之际,须欲救援,赴之甚难。如此,则声实俱损矣。今居北方,假令山东有变,轻骑南出,耀威桑梓之中,谁知多少?百姓见之,望尘振伏。此是国家威制诸夏之长策也。至春草生,乳酪将出,兼有菜果,足接来秋。若得中熟,事则济矣。"帝深然之。复使中贵人问浩曰:"今既无以至来秋,或复不熟,将如之何?"浩曰:"可简穷下之户,诸州就谷。若秋无年,愿更图也。但不可迁都。"帝于是分人诣山东三州就食,出仓谷以禀之。来年遂大熟,赐浩妾各一人,及御衣绵绢等。

初,姚兴死之前岁,太史奏荧惑在匏瓜星中,一夜忽然亡失,不知所在。或谓下入危亡之国,将为童谣妖言,而后行其灾祸。帝乃召诸硕儒,与史官求其所诣。浩对曰:"案《春秋左氏传》说神降于莘,其至之日,各其物也。请以日辰推之。庚午之夕,辛未之朝,天有阴云,荧惑之亡,当在此二日之内。庚与午,皆主于秦,辛为西夷。今姚兴据咸阳,是荧惑入秦矣。"诸人皆作色曰:"天上失星,人安能知其所诣,而妄说无征之言!"浩笑而不应。后八十余日,荧惑果出东井,留守盘旋。秦中大旱赤地,昆明池水竭,童谣讹言,国中喧扰。明年,姚兴死,二子交兵,三年国灭。于是诸人乃服。

太常元年,晋将刘裕伐姚泓,欲溯河西上,求假道。诏群臣议之。外朝公卿咸曰:"函谷天险,裕何能西入?扬言伐姚,意或难测。宜先发军断河上流,勿令西过。"内朝咸同外计,帝将从之。浩曰:"此非上策也。司马休之徒扰其荆州,刘裕切齿久矣。今兴死子幼,乘其危亡而伐之,臣观其意,必自入关。劲躁之人,不顾后患。今若塞其西路,裕必上岸北侵。如此则姚无事而我受敌矣。蠕蠕内寇,人食又乏,发军赴南,则北寇进击,若其救北,则南州复危。未若假之水道,纵裕西入,然后兴兵塞其东归之路。所谓卞庄刺彪,两得之势也。使裕胜也,必德我假道之惠,令姚氏胜也,亦不失救邻之名。纵裕得关中,悬远难守。彼不能守,终为我物。今不劳兵马,坐观成败,斗两彪而收长久之利,上策也。夫为国之计,择利为之,岂顾婚姻,酬一女子之惠也?假国家弃恒山以南,裕必不能发吴越之兵争守河北也。"议者犹曰："裕西入函谷，则进退路穷，腹背受敌；北上岸，则姚军必不出关助我。扬声西行，意在北进，其势然也。"帝遂从群议，遣长孙嵩拒之。战于畔城，为晋将朱超石所败。帝恨不用浩言。

二年，晋齐郡太守王懿来降，陈计，称刘裕在洛，劝以军绝其后路，则裕军不战而可克。书奏，帝善之。会浩在前，进讲书传。帝问浩曰："裕西伐已至潼关，卿观事得济否？"浩曰："姚兴好养虚名而无实用，子泓又病，众叛亲离。乘其危亡，兵精将勇，克之必矣。"帝曰："裕武能何如慕容垂？"浩曰："垂承父祖之资，生便尊贵，同类归之，若夜蛾之赴火，少加倚仗，便足立功。刘裕挺出寒微，不因一卒之用，奋臂大呼，而夷灭桓玄，北禽慕容超，南摧卢循。裕若平姚而篡其主，秦地戎夷混并，裕亦不能守之。秦地亦终当为国家所有。"帝曰："裕已入关，不能进，不能退，我遣精骑南袭彭城、寿春，裕亦何能自立？"浩曰："今西北二寇未殄，陛下不可亲御六师。长孙嵩有经国之用，无进取之能，非刘裕敌也。臣谓待之不晚。"帝笑曰："卿量之已审矣。"浩曰："臣常私论近世人物，不敢不上闻。若王猛之经国，苻坚之管仲也。慕容恪之辅少主，慕容晖之霍光也。刘裕之平逆乱，司马德宗之曹操也。"帝曰："卿谓先帝如何？"浩曰："太祖用漠北淳朴之人，南入汉地，变风易俗，化洽四海，自与羲、农、舜、禹齐烈，臣岂能仰名。"帝曰："屈丐何如？"浩曰："屈丐家国夷灭，一身孤寄，为姚氏封植。不思树党强邻，报复仇耻，乃结蠕蠕，背德于姚。撅竖小人，无大经略，正可残暴，终为人残灭耳。"帝大悦，说至中夜。赐浩缥醪酒十斛，水精戎盐一两，曰："朕味卿言，若此盐酒，故与卿同其味也。"

三年，彗星出天津，入太微，经北斗，络紫微，犯天棓，八十余日，至天汉而灭。帝复召诸儒、术士问之，曰："灾咎将在何国？朕甚畏之。"浩曰："灾异由人而起，人无衅，妖不自作。《汉书》载王莽篡位之前，彗星出入，正与今同。国家主尊臣卑，人无异望。是为僭晋将灭，刘裕篡之之应也。"诸人莫能易浩言，帝深然之。五年，宋果代晋,南镇上宋改元赦书。时帝幸东南潟卤池,射鸟,闻之,驿驰召浩,告曰:"往年卿言彗星之占验矣。朕今日始信天道。"

初,浩父疾笃,乃剪爪截发,夜在庭中仰祷斗极,为父请命,求以身代,叩头流血,岁余不息,家人罕有知者。及父终,居丧尽礼,时人称之。袭爵白马公。

自朝廷礼仪,优文策诏,军国书记,尽关于浩。浩能为雅说,不长属文,而留心于制度科律及经术之言。作《家祭法》,次序五宗,蒸尝之礼,丰俭之节,义理可观。性不好庄老之书,每读不过数十行,辄弃之,曰:"此矫诬之说,不近人情,必非老子所作。老聃习礼,仲尼所师,岂设败法之言以乱先王之教。袁生所谓家人筐箧中物,不可扬于王庭。"

帝恒有微疾,而灾异屡见,乃使中贵人密问浩曰:"今兹日蚀于胃、昂,尽光赵代之分野。朕疾疹弥年,恐一旦奄忽,诸子并少,其为我设图后计。"浩曰:"陛下春秋富盛,圣业方融,德以除灾,幸就平愈。昔宋景见灾修德,荧惑退舍。愿陛下遗诸忧虑,恬神保和,无以暗昧之说,致损圣思。必不得已,请陈瞽言。自圣化龙兴,不崇储贰,是以永兴之始,社稷几危。今宜早建东宫,选公卿忠贤陛下素所委仗者,使为师傅,左右信臣简在帝心者,以充宾友,入总万机,出统戎政,监国抚军,六柄在手。若此,则陛下可以优游无为,颐神养寿,此乃万代之令典,塞祸之大备也。今长皇子焘,年渐一纪,明睿温和,众情所系,时登储副,则天下幸甚。立子以长,礼之大经,若须并大,成人而择,倒错天伦,则生履霜坚冰之祸。自古以来,载籍所记,兴衰存亡,鲜不由此。"帝纳之,于是使浩奉策告宗庙,令太武为国副主,居正殿临朝;司徒长孙嵩、山阳公奚斤、北新公安同为左辅,坐东厢,西面;浩与太尉穆观、散骑常侍丘堆为右弼,坐西厢,东面;百僚总己以听焉。明元居西宫,时隐而窥之,听其决断。大悦,谓左右侍臣曰:"长孙嵩宿德旧臣,历事四世,功存社稷;奚斤辩捷智谋,名闻遐迩;安同晓解俗情,明于校练;穆观达政事要,识吾旨趣;崔浩博闻强识,精于天人之会;丘堆虽无大用,然在公专谨。以六人辅吾子,足以经国。吾与汝曹游行四境,伐叛柔服,可以得志于天下矣。"群臣时奏事所疑,帝曰:"此非我所知,当决之于汝曹国主也。"会闻宋武帝殂,帝欲取洛阳、武牢、滑台。浩曰:"陛下不以刘裕欻起,纳其使贡,裕亦敬事陛下。不幸今死,乘丧伐之,虽得之,不令。《春秋》晋士匄侵齐,闻齐侯卒,乃还。君子大其不伐丧,以为恩足以感孝子义足以动诸侯。今国家未能一举而定江南,宜遣人吊祭,恤其凶灾,布义风于天下,令德之事也。且裕新死,党与未离,不如缓之,待其恶稔。如其强臣争权,变难必起,然后命将扬威,可不劳士卒而收淮北之地。"帝锐意南伐,语浩曰:"刘裕因姚兴死而灭其国,裕死,我伐之,何为不可!"浩固执曰:"兴死,二子交争,裕乃伐之。"帝大怒,不从。

遂遣奚斤等南伐,议于监国之前曰:"先攻城,先略地?"斤请先攻城。浩曰:"南人长于固守,苻氏攻襄阳,经年不拔。今以大国之力,攻其小城,若不时克,挫损军势,危道也。不如分军略地,至淮为限,列置守宰,收敛租谷。滑台、武牢反在军北,绝望南救,必沿河东走。若或不然,即是囿中之物。"公孙表请先图其城。斤等济河,先攻滑台,经时不拔,表请济师。帝怒,乃亲南巡,拜浩为相州刺史,随军谋主。

及车驾还,浩从幸西河、太原,下临河流,傍览川城,慨然有感。遂与同僚论五等郡县之是非,考秦皇、汉武之违失。时伏其言。

天师寇谦之每与浩言,闻其论古兴亡之迹,常自夜达旦,竦意敛容,深美之,曰:"斯人言也惠,皆可底行,亦当今之皋陶也。但人贵远贱近,不能深察之耳。"因谓浩曰:"吾当兼修儒教,辅助太平真君,而学不稽古。为吾撰列王者政典,并论其大要。"浩乃著书二十余篇,上推太初,下尽秦、汉变弊之迹,大旨先以复五等为本。

太武左右忌浩正直,共排毁之。帝虽知其能,不免群议,故浩以公归第。及有疑议,召问焉。浩纤妍白皙如美妇人。性敏达,长于谋计,自比张良,谓己稽古过之。既归第,因欲修服食养性术,而寇谦之有《神中录图新经》,浩因师事之。

始光中，进爵东郡公，拜太常卿。时议伐赫连昌，群臣皆以为难，唯浩曰："往年以来，荧惑再守羽林，越钩陈，其占秦亡。又今年五星并出东方，利以西伐。天应人和，时会并集，不可不进。"帝乃使奚斤等击蒲坂，而亲率轻骑掠其都城，大获而还。后复讨昌，次其城下，收众伪退。昌鼓噪而前，舒阵为两翼。会有风雨从东南来，扬沙昏冥，宦者赵倪进曰："今风雨从贼后来，我向彼背，天不助人。又将士饥渴，愿陛下摄骑避之，更待后日。"浩叱之曰："是何言欤！千里制胜，一日之中，岂得变易？贼前行不止，后已离绝，宜分军隐山，奄击不意。风道在人，岂有常也？"帝曰："善。"分骑奋击，昌军大溃。

神䴥二年，议击蠕蠕，朝臣内外尽不欲行，保太后亦固止帝，帝皆不听。唯浩赞成之。尚书令刘洁、左仆射安原等乃使黄门侍郎仇齐推赫连昌太史张深、徐辩说帝曰："今年己巳，三阴之岁，岁星袭月，太白在西方，不可举兵。北伐必败，虽克不利于上。"又群臣共赞深等云："深少时常谏苻坚不可南征，坚不从而败。今天时人事都不和协，如何举动？"帝意不快，乃召浩与深等辩之。

浩难深曰："阳者德也，阴者刑也，故月蚀修刑。夫王者之用刑，大则陈之原野，小则肆之市朝。战伐者，用刑之大者也。以此言之，三阴用兵，盖得其类，修刑之义也。岁星袭月，年饥人流，应在佗国，远期十二年。太白行苍龙宿，于天文为东，不妨北伐。深等俗生，志意浅近，牵于术数，不达大体，难与远图。臣观天文，比年以来，月行奄昴，至今犹然。其占，三年天子大破旄头之国。蠕蠕、高车，旄头之众也。夫圣明御时，能行非常之事。古人语曰：'非常之原，黎人惧焉；及其成功，天下晏然。'愿陛下勿疑。"

深等惭曰："蠕蠕荒外无用之物，得其地不可耕而食，得其人不可臣而使，轻疾无常，难得而制，有何汲汲而劳苦士马？"

浩曰："深言天时，是其所职，若论形势，非彼所知。斯乃汉世旧说常谈，施之于今，不合事宜。何以言之？夫蠕蠕者，旧是国家北边叛隶，今诛其元恶，收其善人，令复旧位，非无用也。漠北高凉，不生蚊蚋，水草美善，夏则北迁，田牧其地，非不可耕而食也。蠕蠕子弟来降,贵者尚公主,贱者将军、大夫,居列满朝,又高车号为名骑,非不可臣而畜也。夫以南人追之,则患其轻疾;于国兵则不然。何者?彼能远走,我亦能远逐,非难制也。往数入塞,国人震惊。今夏不乘虚掩进,破灭其国,至秋复来,不得安卧。自太宗之世,迄于今日,无岁不警,岂不汲汲乎哉?世人皆谓深、辩通解数术,明决成败,臣请试之。问其西国未灭之前,有何亡征?知而不言,是其不忠;若实不知,是其无术。"

时赫连昌在坐,深等自以无先言,惭不能对。帝大悦,谓公卿曰:"吾意决矣。亡国之臣不可与谋,信哉!"而保太后犹疑之。复令群臣至保太后前评议,帝命浩善晓之,令寤。

既罢朝,或有尤浩曰:"吴贼侵南,舍之北伐,师行千里,其谁不知?蠕蠕远遁,前无所获,后有南侵之患,此危道也。"浩曰:"今年不摧蠕蠕,则无以御南贼。自国家并西国以来,南人恐惧,扬声动众,以卫淮北。彼北我南,彼征我息,其势然矣。北破蠕蠕,往还之间,故不见其至也。何以言之?刘裕得关中,留其爱子,精兵数万,良将劲卒,犹不能固守,举军尽没,号哭之声至今未已。如何正当国家休明之世,士马强盛之时,而欲以驹犊齿虎口也?设国家与之河南,彼必不能守之。自量不能守,是以必不来。若或有众,备边之军耳。夫见瓶水冻,知天下之寒;尝肉一脔,识镬中之味。物有其类,可推而得。且蠕蠕恃远,谓国家力不能至,自宽来久。故夏则散众放畜,秋肥乃聚,背寒向温,南来寇抄。今掩其不备,大军卒至,必惊骇,望尘奔走。牡马护牧,牝马恋驹,驱驰难制,不得水草,未过数日,朋聚而困弊,可一举而灭。暂劳永逸,时不可失也。唯患上无此意,今圣虑已决,如何止之?"遂行。天师谓浩曰:"是行可果乎?"浩曰:"必克。但恐诸将琐琐,前后顾虑,不能乘胜深入,使不全举耳。"

及军到,入其境,蠕蠕先不设备,于是分军搜讨,东西五千里,南北三千里,所虏及获畜产车庐数百万。高车杀蠕蠕种类归降者三十余万落。虏遂散乱。帝沿弱水,西至涿邪山,诸大将果虑深入有伏兵,劝帝止。天师以浩曩日言,固劝帝穷讨,帝不听。后有降人言:

"蠕蠕大檀先被疾,不知所为,乃焚穹庐,科车自载,将百人入山南走。人畜窜聚,方六十里,无人领统。相去百八十里,追军不至,乃徐西遁,唯此得免。"闻凉州贾胡言:"若复前行二日,则尽灭之矣。"帝深恨之。

大军既还,南军竟不能动,如浩所料。

浩明识天文,好观星变。常置金银铜铤于酢器中,令青,夜有所见,即以铤画纸作字,以记其异。太武每幸浩第,多问以异事。或仓卒不及束带,奉进蔬食,不暇精美,帝为举匕箸,或立尝而还。其见宠爱如此。于是引浩出入卧内。加侍中、特进、抚军大将军、左光禄大夫,以赏谋谟之功。帝从容谓浩曰:"卿才智深博,事朕祖考,忠著三世,朕故延卿自近。其思尽规谏,勿有隐怀。朕虽当时迁怒,若或不用,久可不深思卿言也?"因令歌工历颂群臣,事在《长孙道生传》。又召新降高车渠帅数百人,赐酒食于前,指浩以示之曰:"汝曹视此人纤妍懦弱,手不能弯弓持矛,其胸中所怀,乃逾于甲兵。朕始时虽有征讨之志,而虑不自决,前后克捷,皆此人导吾令至此矣。"乃敕诸尚书曰:"凡军国大计,卿等所不能决,皆先谘浩然后行。"

俄而南藩诸将表宋师欲犯河南,请兵三万,先其未发逆击之,因诛河北流人在界上者,绝其乡导,足以挫其锐气,使不敢深入。诏公卿议之,咸言宜许。浩曰:"此不可从也。往年国家大破蠕蠕,马力有余。南贼丧精,常恐轻兵奄至,故扬声动众,以备不虞,非敢先发。又南土下湿,夏月蒸暑,非行师之时。且彼先严有备,必坚城固守。屯军攻之,则粮食不给;分兵肆讨,则无以应敌。未见其利。就使能来,待其劳倦,秋凉马肥,因敌取食,徐往击之,万全之计。在朝群臣及西北守将,从陛下征讨,西灭赫连,北破蠕蠕,多获美女珍宝,马畜成群。南镇诸将,闻而生羡,亦欲南抄,以取资财。是以妄张贼势,披毛求瑕,冀得肆心。既不获听,故数称贼动以恐朝廷。背公存私,为国生事,非忠也。"帝从浩议。

南镇诸将表贼至,而自陈兵少,求简幽州以南戍兵佐守,就漳水造船,严以为备。公卿议者金然,欲遣骑五千,并假署司马楚之、鲁轨、韩延之等,令诱引边人。浩曰:"非上策也。彼闻幽州已南,精兵悉发,大造舟船,轻骑在后,欲存立司马,诛除宋族,必举国骇扰,惧于灭亡,当悉发精锐,求备北境。后审知官军有声无实,恃其先聚,必喜而前行,径来至河,肆其侵暴。则我守将,无以御之。若彼有见机之人,善设权谲,乘间深入,虞我国虚,生变不难。非制敌之良计。今公卿欲以威力攘贼,乃所以招令速至也。夫张虚声而召实害,此之谓矣。不可不思,后悔无及。我使在彼,期四月前还,可待使至,审而后发,犹未晚也。楚之人徒,是彼所忌,将夺其国,彼安得端坐视之?故楚之往则彼来,楚之止则彼息,其势然也。且楚之等琐才,能招合轻薄无赖,而不能成就大功。为国生事,使兵连祸结,必此之群矣。臣尝闻鲁轨说姚兴,求入荆州。至则散败,乃不免蛮贼掠卖为奴,使祸及姚泓,已然之效。"

浩又陈天时不利于彼,曰:"今兹害气在扬州,不宜先举兵,一也;午岁自刑,先发者伤,二也;日蚀灭光,昼昏星见,飞鸟堕落,宿当斗、牛,忧在危亡,三也;荧惑伏匿于翼、轸,戒乱及丧,四也;太白未出,进兵者败,五也。夫兴国之君,先修人事,次尽地利,后观天时,故万举而万全,国安而身盛。今宋新国,是人事未周也;灾变屡见,是天时不协也;舟行水涸,是地利不尽也。三事无一成,自守犹或不安,何得先发而攻人哉?彼必听我虚声而严,我亦承彼严而动,两推其咎,皆自以为应敌。兵法当分灾,迎受害气,未可举动也。"

帝不能违众,乃从公卿议。浩复固争,不从。遂遣阳平王杜超镇邺,琅邪王司马楚之等屯颍川。于是寇来遂疾,到彦之自清水入河,溯流西行,分兵列守南岸,西至潼关。

帝闻赫连定与宋县分河北,乃先讨赫连。群臣皆曰:"义隆军犹在河中,舍之西行,前寇未可必克,而义隆乘虚,则东州败矣。"帝疑焉,问计于浩。浩曰:"义隆与赫连定同恶相连,招结冯跋,牵引蠕蠕,规肆逆心,虚相唱和。义隆望定进,定待义隆前,皆莫敢先入。以臣观之,有似连鸡,不得俱飞,无能为害也。臣始谓义隆军屯住河中,两道北上,东道向冀州,西道冲邺,如此则陛下当自致讨,不得徐行。今则不然,东西列兵,径二千里中,一处不过千,形分势弱。以此观之,儜儿情见,正望固河自守,免死为幸,无北度意也。赫连定残根易摧,拟之必仆。克定之后,东出潼关,席卷而前,威震南极,江淮以北无立草矣。圣策独发,非愚近所及,愿陛下必行无疑。"

平凉既平,其日宴会,帝执浩手以示蒙逊使曰:"所云崔公,此是也。才略之美,当今无比。朕行止必问,成败决焉,若合符契。"

后冠军安颉军还,献南俘,因说南贼之言云:"宋敕其诸将,若北国兵动,先其未至,径前入河。若其不动,住彭城勿进。"如浩所量。帝谓公卿曰:"卿辈前谓我用浩计为谬,惊怖固谏。常胜之家,自谓逾人远矣,至于归终,乃不能及。"迁浩司徒。

时方士初纤奏立四王,以日东西南北为名,欲以致祯吉,除灾异。诏浩与学士议之。浩曰:"先王建国,以作藩屏,不应假名,其福。夫日月运转,周历四方,京师所居,在于其内。四王之称,实奄邦畿,名之则逆,不可承用。"先是,纤奏改代为万年,浩曰:"昔太祖道武皇帝应期受命,开拓洪业,诸所制宜,无不循古。以始封代土,后称为魏,故代、魏兼用,犹彼殷、商。国家积德,著在图史,当享万亿,不待假名以为益也。纤之所闻,皆非正义。"帝从之。

时河西王沮渠牧犍内有贰意,帝将讨焉,先问于浩。浩对曰:"牧犍恶心已露,不可不诛。官军往年北伐,虽不克获,实无所损。于时行者,内外军马三十万匹,计在道死伤,不满八千。岁常羸死,恒不减万,乃不少于前。而远方承虚,便谓大损,不能复振。今出其不图,大军卒至,必惊惧骚扰,不知所出,擒之必矣。牧犍幼弱,诸弟骄恣,争权纵横,人心离解。加以比年以来,天灾地变,都在秦、凉,成灭之国也。"

帝命公卿议之,恒农王奚斤等三十余人皆表曰:"牧犍西垂下国,虽心不为纯臣,然继父修职贡,朝廷接以蕃礼。又王姬厘降,罪未甚彰,谓且羁縻而已。今士马劳止,可宜小息。又其地卤斥,略无水草,大军既到,不得久停。彼闻军来,必完聚城守,攻则难拔,野无所掠。"于是尚书古弼、李顺之徒皆曰:"自温圉河以西至于凉州,地

纯枯石，了无水草，不见流川。皆言姑臧城南天梯山上，冬有积雪深
一丈，至春夏消液，下流成川，引以溉灌。彼闻军至，决此渠口，水不
通流，则致渴乏。去城百里之内，赤地无草，不任久停军马。斤等议
是也。"帝乃命浩以其前言与斤共相难抑。诸人不复余言，唯曰彼无
水草。浩曰："《汉书·地理志》称'凉州之畜，为天下饶'，若无水草，
何以畜牧？又汉人为居，终不于无水草之地筑城郭立郡县也。又雪
之消液，裁不敛尘，何得通渠引漕，溉灌数百万顷乎？此言大诋诬于
人矣。"李顺等复曰："吾曹目见，何可共辩？"浩曰："汝曹受人金钱，
欲为之辞，谓我目不见便可欺也！"帝隐听，闻之乃出，亲见斤等，辞
旨严厉，形于神色。群臣乃不敢复言。于是遂讨凉州，平之，多饶水
草，如浩所言。

　　乃诏浩总理史务，务从实录。于是监秘书事，以中书侍郎高允、
散骑侍郎张伟参著作，续成前纪。至于损益褒贬，折衷润色，浩所总
焉。浩有鉴识，以人伦为己任。明元、太武之世，征海内贤才，起自
仄陋，及所得外国远方名士，拔而用之，皆浩之由也。至于礼乐宪
章，皆归宗于浩。

　　及景穆始总百揆，浩复与宜都王穆寿辅政事。又将讨蠕蠕，刘
洁复致异议。帝愈欲讨之，乃召问浩。浩对曰："往击蠕蠕，师不多
日，洁等各欲回还。后获生口，云军还之时，去贼三十里，是洁等之
计过矣。夫北土多积雪，至冬时，常避寒南徙。若因其时，潜军而出，
必与之遇，既与之遇，则可禽获。"帝以为然，乃分军四道，诸将俱会
鹿浑海，期日有定，而洁恨计不用，沮误诸将，无功而还。

　　帝西巡至东雍，亲临汾曲，观叛贼薛永宗垒，进军围之。永宗出
兵欲战，帝问浩曰："今日可击否？"浩曰："永宗未知陛下自来，人心
安固。北风迅疾，宜急击之，须臾必破。若待明日，恐见官军盛大，
必夜遁走。"帝从之，永宗溃灭。车驾济河，前驱告贼在渭北。帝至
洛水桥，贼已夜遁。诏问浩曰："盖吴在长安北九十里，渭北地空，谷
草不备，欲度渭南西行，何如？"浩曰："盖吴营去此六十里，贼魁所
在。击蛇之法，当先破头，头破则尾岂能动？宜乘势先击吴。今军

往,一日便到。吴平之后,回向长安,亦一日而至。一日之乏,未便损伤。愚谓宜从北道。若从南道,则盖吴徐入北山,卒未可平。"帝不从,乃度渭南。吴闻帝至,尽散入北山,果如浩言,军无所克,帝悔之。后以浩辅东宫之勤,赐缯絮布各千段。

帝蒐于河西,诏浩诣行所议军事。浩表曰:"昔汉武患匈奴强盛,故开凉州五郡,通西域,广农积谷,为灭贼之资,东西迭击。故汉未疲而匈奴已弊,后遂入朝。昔平凉州,臣愚以为北贼未平,征役不息,可不徙其人,案前世故事,计之长者。若徙其人,则土地空虚,虽有镇戍,适可御边而已,至于大举,军资必乏。陛下以此事阔远,竟不施用。如臣愚意,犹如前议,募徙豪强大家,充实凉土。军举之日,东西齐势,此计之得者。"

浩又上《五寅元历》。表曰:"太宗即位元年,敕臣解《急就章》、《孝经》、《论语》、《诗》、《尚书》、《春秋》、《礼记》、《周易》,三年成讫。复诏臣学天文星历、《易》式、九宫,无不尽看。三十九年,昼夜无废。臣禀性弱劣,力不及健妇人,更无余能,是以专心思书,忘寝与食,至乃梦共鬼争义,遂得周公、孔子之要术。始知古人有虚有实,妄语者多,真正者少。自秦始皇烧书之后,经典绝灭。汉高祖以来,世人妄造历术者十余家,皆不得天道之正。大误四千,小误甚多,不可言尽。臣愍其如此。今遭陛下太平之世,除伪从真,宜改误历,以从天道。是以臣前奏造历,今始成讫,谨以奏呈。惟恩省察,以臣历术,宣示中书博士,然后施用。非但时人,天地鬼神知臣得正,可以益国家万世之名,过于三皇、五帝矣。"浩又以《晋书》诸家并多误,著《晋后书》,未就,传世者五十余卷。

初,道武诏秘书郎邓彦海著国记十余卷,编年次事,体例未成,逮于明元,废不著述。神䴥二年,诏集诸文人撰录国书。浩及弟览、高谠、邓颖、晁继、范享、黄辅等共参著作,叙成国书三十卷。著作令史太原闵堪、赵郡郄标素诣事浩,乃请立石,铭载国书,以彰直笔。并勒浩所注《五经》。浩赞成之,景穆善焉。遂营于天郊东三里,方百步,用功三百万乃讫。浩书国事备而不典,而石铭显在衢路,北人咸悉忿毒，相与构浩于帝。帝大怒，使有司案浩，取秘书郎及长历生数百人意状。浩服受赇。真君十一年六月，诛浩。清河崔氏无远近，及范阳卢氏、太原郭氏、河东柳氏，皆浩之姻亲，尽夷其族。其秘书郎史以下尽死。

浩始弱冠，太原郭逸以女妻之。浩晚成，不曜华采，故时人未知。逸妻王氏，宋镇北将军王仲德姊也，每奇浩才能，自以为得婿。俄而女亡，王氏深以伤恨，复欲以少女继昏。逸及亲属以为不可，王氏固执与之。逸不能违，遂重结好。浩非毁佛法，而妻郭氏敬好释典，时时读诵。浩怒，取而焚之，捐灰厕中。及浩幽执，被置槛内，送于城南，使卫士数十人溲其上，呼声嗷嗷，闻于行路。自宰司之被戮辱，未有如浩者，世皆以为报应之验。

初，浩害李顺，基萌已成，夜梦以火爇顺寝室，火作而顺死。浩与室家群立观之。俄而顺弟息号哭而出，曰："此辈吾贼也！"以戈击之，悉投于河。寤而以告馆客冯景仁。曰："此真不善也。夫以火爇人，暴之极也。且兆始恶者有终殃，积不善者无余庆。厉阶成矣，公其图之。"浩曰："吾方思之。"而不能悛，至是而族。

浩既工书，人多托写《急就章》，从少至老，初不惮劳。所书盖以百数，必称"冯代强"，以示不敢犯国。其谨也如此。浩书体势及其先人，而巧妙不如也。世宝其迹，多裁割缀连，以为摹楷。

浩母，卢谌孙女也。浩著《食经序》曰："余自少及长，耳目闻见，诸母诸姑所修妇功，无不蕴习酒食。朝夕养舅姑，四时供祭祀，虽有功力，不任僮使，常手自亲焉。昔遭丧乱，饥馑仍臻，饘蔬糊口，不能具其物用，十余年间，不复备设。先妣虑久废忘，后生无所知见，而少不习书，乃占授为九篇。文辞约举，婉而成章，聪辩强记，皆此类也。亲没之后，遇国龙兴之会，平暴除乱，拓定四方。余备位台铉，与参大谋，赏获丰厚，牛羊盖泽，赀累巨万，衣则重锦，食则粱肉。远惟平生，思季路负米之时，不可复得。故序遗文，垂示来世。"

浩弟简，字仲亮，一名览。好学，少以善书知名。道武初，历中书侍郎，爵五等侯，参著作事。卒。

简弟恬，字叔玄，小名白。位豫州刺史，爵武阳侯。坐浩伏诛。

宏祖悦，与范阳卢谌并以博艺齐名。谌法钟繇，悦法卫瓘，而俱习索靖之草，皆尽其妙。谌传子偃，偃传子邈；悦传子潜，潜传子宏。世不替业，故魏初重崔、卢之书。宏自非朝廷文诰，四方书檄，初不妄染，故世无遗文。尤善草隶，为世摹楷，行押特尽精巧，而不见遗迹。

始宏因苻氏乱，欲避地江南，为张愿所获，本图不遂。乃作诗以自伤，而不行于时，盖惧罪也。浩诛，中书侍郎高允受敕收浩家书，始见此诗，允知其意。允孙绰录于允集。

初，宏父潜为兄浑等诔手笔本草，延昌初，著作佐郎王遵业买书于市，遇得之，年将二百，宝其书迹，深藏秘之。武定中，遵业子松年将以遗黄门郎崔季舒，人多摹揭之。左光禄大夫姚元标以工书知名于时，见潜书，以为过于浩也。

宏弟徽，字玄猷，少有文才，与勃海高演俱知名。历位秘书监，赐爵贝丘侯。乐安王范镇长安，选旧德之士与范俱，以徽为平西将军副将，行乐安王傅，进爵济南公。徽为政务存大体，不亲小事。性好人伦，引接宾客，或谈及平生，或讲论道义，诲诱后进，终日不止。以疾，征还京师，卒，谥曰元公，士类无不叹惜。

始清河崔宽祖肜，随晋南阳王保避地陇右，遂仕西凉及沮渠氏。肜生剖，字伯宗，每慷慨有怀东土。常叹曰："风雨如晦，鸡鸣不已，吾所庶几！"及太武西巡，剖乃总率同义，使子宽送款。太武嘉之，拜宽岐阳令，赐爵延水男。遣使与宽俱西，抚慰初附。征剖诣京师，未至而卒。文成以剖诚著先朝，赠凉州刺史、武陵公，谥曰元。

宽字景仁，还京，封安国子，位弘农太守。初，宽通款见浩，浩与相齿次，厚存接之。及浩诛，以远来疏族，独得不坐。遂家于武城，居司空林旧墟，以一子继浩。与浩弟览妻封氏相奉如亲。

宽后袭爵武陵公，陕城镇将。三崤地崄，人多寇劫。而宽性滑稽，诱接豪右，宿盗魁帅，与相交结，倾衿待遇，不逆细微，莫不感其意气。时官无禄力，唯取给于人，宽善抚纳，招致礼遗，大有取受，而与之者无恨。又恒农出漆蜡竹木之饶,路与南通,贸易来往,家产丰富,而百姓乐之。诸镇之中,号曰能政。及解镇,人人追恋,诣阙上疏者三百余人。卒,遗言薄葬,敛以时服。

长子衡,字伯玉,少以孝行著称。学崔浩书,颇亦类焉。天安元年,擢为内秘书中散。班下诏命及御所览书,多其迹也。衡举李冲、李元恺、程骏等,终为名器。承明元年,迁内都坐令,善折狱,孝文嘉之。太和二年,袭爵武陵公。衡涉猎书史,颇为文笔。蠕蠕时犯塞,衡上书陈备御之方、便国利人之策凡五十余条。除秦州刺史,徙爵齐郡公。先是,河东年饥,劫盗大起。衡至,修龚遂法,劝课农桑,周年间寇盗止息。卒,赠冀州刺史,谥惠公。衡五子。

长子敞,字公世,袭爵,例降为侯,为平原相。敞性狷急,与刺史杨春迭相表列,敞坐免官。宣武初,为钜鹿太守。弟胐之逆,敞为黄木军主韩文殊所藏。其家悉见籍没,唯敞妻李氏以公主之甥,自随奴婢田宅二百余口得免。正光中,普释禁锢,敞复爵郡侯,卒于赵郡太守。

敞弟钟,字公禄,奉朝请。弟胐之逆,以出后被原。历司徒右长史、金紫光禄大夫、冀州大中正。敞亡后,钟贪其财,诬敞息子积等三人非兄胤,辞诉累岁,人士疾之。尔朱世隆为尚书令,奏除其官,终身勿齿。

胐好学,有文才,为京兆王愉录事参军,与愉同逆,伏法。

宏同郡董谧。谧父京,与同郡崔康时、广阳霍原等,俱以硕学,播名辽海。谧好学,传父业。中山平,入朝,拜仪曹郎,撰朝觐、飨宴、郊庙、社稷之仪。

张衮字洪龙,上谷沮阳人也。祖翼,父卓,位并太守。

衮笃实好学,有文才。道武为代王,选为左长史。从追蠕蠕五六百里。诸部帅因衮言粮尽,不宜深入。帝问衮:“杀副马足三日食乎?”皆言足。帝乃倍道追及于广漠赤地南林山下,大破之。既而帝问衮曰:“卿曹外人,知我前问三日粮意乎?蠕蠕奔走数日,畜产失饮,至水必留。计其道程,三日足及。轻骑卒至,出其不意,彼必惊散,其势然矣。"部帅闻之,咸曰:"圣策,非所及也。"衮常参大谋,每告人曰:"主上天资杰迈,必能囊括六合。夫遭风云之会,不建腾跃之功者,非人豪也。"遂策名委质,竭诚伏事。

时刘显地广兵强,跨有朔裔,会其兄弟乖离,共相疑阻。衮言于道武曰:"显志大意高,今因其内衅,宜速乘之。"帝从之,遂破走显。又从破贺讷。道武登勿居山游宴,从官请聚石为峰,以记功德,乃命衮为文。

慕容宝之来寇也,衮言于道武曰:"宝乘滑台功,因长子捷,倾财竭力,难与争锋,宜羸师以侈其心。"帝从之,果破之参合。迁给事黄门侍郎。道武南伐,次中山,衮遗宝书,喻以成败。宝见书,大惧,遂奔和龙。既克中山,听入八议,拜幽州刺史,赐爵临渭侯,百姓安之。

天兴初,征还京师。后与崔逞答晋将郗恢书失旨,黜为尚书令史。衮遇创业之初,始以才谋见任,率心奉上,不顾嫌疑。道武曾问南州人于衮,衮与卢溥州里,数称荐之。又未尝与崔逞相识,闻风称美。及中山平,卢溥聚党为逆,崔逞答书不允,并乖本言,故忿之。衮年过七十,阖门守静,手执经书,刊定乖失。爱好人物,善诱无倦,士类以此高之。永兴二年,卒。太武后追录旧勋,遣大鸿胪即墓策赠太保,谥文康公。

子度,少有学尚,袭爵临渭侯,卒于中都大官。

度子白泽,年十一,遭母忧,以孝闻。长而博学。文成初,除殿中曹给事中,甚见宠任。白泽本字钟葵,献文赐名白泽,纳其女为嫔。出行雍州刺史。清心少欲,人吏安之。献文诏诸监临官取所监羊一口、酒一斛者,罪至大辟;与者以从坐论。纠得尚书以下罪状者,各随所纠官轻重而授之。白泽上表,以为此法若行之不已,恐奸人窥望,劳臣懈节,请依律令旧法。献文纳之。太和初,怀州人伊祁苟初三十余人谋反,文明皇太后欲尽诛一城人。白泽谏,以为《周书》父子兄弟罪不相及,不诬十室,而况一州。后从之,乃止。转散骑常侍、殿中尚书。卒，赠相州刺史、广平公，谥曰简。

长子伦，字天念，大司农少卿、燕州大中正。熙平中，蠕蠕主丑奴遣使来朝，抗敌国之礼，不修臣敬，朝议将依汉答匈奴故事，遣使报之。伦表以为："虏虽慕德，亦来观我。惧之以强，傥或归附；示之以弱，窥觎或起。《春秋》所谓以我卜也。高祖、世宗知其若此，来既莫逆，去又不追。必其委贽玉帛之辰，屈膝藩方之礼，则丰其劳贿，藉以珍物。至于王人远役，衔命虏庭，优以匹敌之尊，加之想望之宠，恐徒生虏慢，无益圣朝。"不从。孝庄初，卒于大司农卿。衮弟恂。

恂字洪让，随兄衮归北，参代王军事。说道武宜收中土士庶之望，以建大业，帝深加器异。皇始初，拜中书侍郎，帷幄密谋，颇亦参预。赐爵平皋子，出为广平太守。恂招集离散，劝课农桑，流人归者数千户。迁常山太守，恂开建学校，优礼儒士，吏人歌咏之。时丧乱之后，罕能克厉者，唯恂当官清白，仁恕临下，百姓亲爱之，政为当时第一。明元即位，征拜太中大夫。卒。恂性清俭，死日家无余财。赠并州刺史、平皋侯，谥曰宣。

子纯，字道尚，袭爵。坐事除。

纯弟代，字定燕，陈留、北平二郡太守。卒，赠营州刺史，谥惠侯。代所历著称，有父遗风。

代子芪年，为汝南太守。郡人刘崇之兄弟分析，家贫，唯一牛，争不能决，讼于郡庭。芪年凄而见之，谓曰："汝曹当以一牛，故致此竞；脱有二牛，必不争。"乃以己牛一头赐之。于是境中各相戒约，咸敦敬让。卒于郡。

子琛，字宝贵，少有孝行，位至太子翊军校尉。卒。

邓彦海，安定人也。祖羌，苻坚车骑将军。父翼，河间相。慕容垂之围邺，以为冀州刺史，爵真定侯。拒对使者曰："先君忠于秦室，翼岂可先叛乎？忠臣不事二主，未敢闻命。"垂遣喻之曰："吾与车骑结为异姓兄弟，卿亦犹吾子弟，安得辞乎？"翼曰："冀州宜任亲贤，翼请佗役效命。"垂乃用为河间太守。后卒于赵郡内史。

　　彦海性贞素，言行可复，博览经书，长于《易》筮。道武定中原，擢为著作郎，再迁尚书吏部郎。彦海明解制度，多识故事，与尚书崔宏参定朝仪、律令、音乐，及军国文记、诏策多是彦海所为。赐爵下博子。道武诏彦海撰国记十余卷，唯次年月，起居行事而已，未有体例。彦海谨于朝事，未尝忤旨。其从父弟晖时为尚书郎，凶侠好奇，与定陵侯和跋厚。跋有罪诛，其子弟奔长安。或告晖将送出之，由是道武疑知情，遂赐彦海死。既而悔之。时人咸愍惜焉。

　　子颖袭爵，稍迁中书侍郎。太武诏太常卿崔浩集诸文学撰述国书，颖与浩弟览等俱参著作事。太武幸漠南，高车莫弗库若干率骑数万余，驱鹿百余万诣行在所。诏颖为文，铭于漠南，以记功德。兼散骑常侍，使宋。进爵为侯。卒，谥曰文恭。

　　子怡袭爵，位荆州刺史，赐爵南阳公。卒。

　　子侍，孝文赐名述，位齐州刺史。初改置百官，始重公府元佐，以述为太傅元丕长史。卒于司空长史。谥曰贞。

　　论曰：昭成、道武之时，云雷方始，至于经邦纬俗，文武兼资。燕凤博识多闻，首膺礼命；许谦才术俱美，驱驰艰虞。不然，何以成帝业也。崔宏家世俊伟，仍属权舆，总机任重，守正成务，礼从清庙，固其宜也。浩才艺通博，究览天文，政事筹策，时莫之二，此其所以自比于子房焉。属明元为政之秋，太武经营之日，言听计从，宁廓区夏，遇既深矣，勤亦茂哉。谋虽盖世，威未震主，末途邂逅，遂不自全。岂鸟尽弓藏，人恶其上，将器盈必概，阴害贻祸，何斯人而遭斯酷乎？至若张衮才策，不免其戾，彦海贞白，祸非其罪，亦足痛云。洪让世著循吏，家风良可贵矣。

北史卷二二
列传第一〇

长孙嵩　长孙道生　长孙肥

长孙嵩，代人也。父仁，昭成时为南部大人。嵩宽雅有器度，昭成赐名焉。年十四，代父统事。昭成末年，诸部乖乱，苻坚使刘库仁摄国事，嵩与元他等率部众归之。

刘显之谋难也，嵩率旧人及庶师七百余家叛显走。将至五原，时寔君之子渥亦聚众自立，嵩欲归之。见于乌渥，称逆父之子，劝嵩归道武。嵩未决，乌渥回其牛首，嵩僶俛从之，见道武于二汉亭。道武以为南部大人，累著军功。后从征中山，除冀州刺史，赐爵钜鹿公。历侍中、司徒、相州刺史，封南平公。所在著称。明元即位，与山阳侯奚斤、北新侯安同、白马侯崔宏等八人坐止车门右，听理万机，故世号八公。

晋将刘裕之伐姚泓，明元假嵩节，督山东诸军事，传诣平原，缘河北岸列军，次于畔城。军颇失利。诏假裕道。裕于舟中望嵩麾盖，遗以鄜酒及江南食物。嵩皆送京师。诏嵩厚答之。又敕简精兵为战备，若裕西过者，便率精锐，南出彭、沛；如不时过，但引军随之。彼至崤、陕间，必与姚泓相持，一死一伤，众力疲弊。比及秋月，徐乃乘之，则裕首可不战而县。于是叔孙建等。寻河趣洛，遂入关。嵩与建等自城皋南济，晋诸屯戍皆望尘奔溃。裕克长安，嵩乃班师。

明元寝疾，问后事于嵩。嵩曰：“立长则顺，以德则人服。今长皇子贤而世嫡，天所命也，请立。”乃定策，诏太武临朝监国，嵩为左辅。

太武即位,进爵北平王、司州中正。诏问公卿:"赫连、蠕蠕,征讨何先?"嵩与平阳王长孙翰、司空奚斤等曰:"赫连土居,未能为患。蠕蠕世为边害,宜先讨大檀。及则收其畜产,足以富国;不及则校猎阴山,多杀禽兽,皮肉筋角以充军实,亦愈于破一小国。"太常崔浩曰:"大檀迁徙鸟逝,疾追则不足经久,大众则不能及之。赫连屈丐土宇不过千里,其刑政残害,人神所弃,宜先讨之。"尚书刘絜、武京侯安原请先平冯跋。帝默然,遂西巡狩。后闻屈丐死,关中大乱,议欲征之。嵩等曰:"彼若城守,以逸待劳。大檀闻之,乘虚而寇,危道也。"帝乃问幽征于天师寇谦之,劝行,杜超之赞成,崔浩又言西伐利。嵩等固谏不可,帝大怒,责嵩在官贪污,使武士顿辱。寻迁太尉,久之,加柱国大将军。自是舆驾征伐,嵩以元老,多留镇京师,坐朝堂平断刑狱。薨,年八十,谥曰宣王。后孝文追录先朝功臣,以嵩配飨庙庭。

子颓,善骑射,弯弓三百斤。袭爵,加侍中、征南大将军。有罪黜为戍兵。后复爵。薨,谥曰安王。

子敦,字孝友,位北镇都将。坐黩货,降为公。孝文时,自讼先世勋重,复其王爵。薨,谥简王。

子道,字念僧,袭爵。久之,随例降为公,位左卫将军。卒,谥慎。

子悦,袭爵。建义初,复本王爵,寻降为公,位光禄少卿。卒,赠司空。

嵩五世孙俭,仕周知名。

俭,本名庆明。曾祖地汾,安东将军、临川公。祖酉勺,恒州刺史。父馘,员外散骑侍郎,早卒。

俭方正有操行,神彩严肃,虽在私室,终日俨然。性不妄交,非其同志,虽贵游造门,亦不与相见。太昌中,边方骚动,俭初假东夏州防城大都督,从尔朱天光破宿勤明达等,以功赐爵索卢侯。周文临夏州,以为录事参军事,深敬器之。及贺拔岳被害,周文赴平凉,凡有经纶谋策,俭皆参预。从平侯莫陈悦,留俭为秦州长史、防城大都督，委以后事，别封信都县伯。渭州刺史可朱浑元奔东魏后，河渭间人情离阻，刺史李弼令俭权镇渭州。俭将十余骑冒难赴之，复随机安抚。羌胡悦服。转夏州刺史，甚得人和。时西夏州仍未内属，而东魏遣许和为刺史，俭以信义招之，和乃归附。即以俭为西夏州刺史，总统三夏州诸军事。

荆襄初附，周文表授俭都督三荆等十二州诸军事、荆州刺史、东南道行台仆射。所部郑县令泉璨为百姓所讼，推按获实。俭即大集僚属，遂于听事前引己过，肉袒自罚，舍璨不问。于是属城肃励，莫敢犯法。魏文帝玺书劳之。周文又与俭书曰："近闻公部内县令有罪，遂自杖三十，用肃群下，闻之嘉叹良久不可言。"俭清正率下，兼怀仁恕，有窃盗者，原情得实，诲而放之。荆蛮旧俗，少不敬长。俭殷勤劝导，风俗大革。务广耕桑，兼习武事，故边境无虞，人安其业。吏人表请为俭构清德楼，树碑刻颂，朝议许之。吏人又以俭秩满，恐有代至，诣阙乞留俭，朝廷嘉而许之，在州遂历七载。

征授大行台尚书，兼相府司马。常与群公侍坐，及退，周文谓左右曰："此人闲雅，孤每与语，常肃然畏敬，恐有所失。"他日，周文谓俭曰："名实须相称，尚书志安贫素，可改名俭，以彰雅操。"迁尚书左仆射，加侍中。

后除东南道行台仆射、大都督十五州诸军事、荆州刺史。时梁岳阳王萧詧内附，初遣使入朝。至荆州，俭于听事列军仪，具戎服，以宾主礼见使。容貌魁伟，音声如钟，大为鲜卑语，遣人传译以答问。客惶恐不敢仰视。日晚，俭乃著裙襦纱帽，引客宴于别斋，因叙梁国丧乱，朝庭招携之意，发言可观。使人大悦，出曰："吾所不能测也。"

魏废帝二年，授东南道大都督、荆襄等三十三州镇防诸军事。及梁元帝嗣位于江陵，外敦邻睦，内怀异计。俭密启陈攻取之谋。于是征俭入朝，问以经略。俭陈谋，周文深然之，乃命还州，密为之备。寻令柱国于谨伐江陵，事平，以俭元谋，赏奴婢三百口，遂令俭镇江陵，进爵昌宁郡公。后移镇荆州，授总管荆襄等五十二州诸军事、行荆州刺史。

及周闵帝初，赵贵等将图晋公护，俭长子僧衍预其谋，坐死。护乃征俭，拜小冢宰。保定四年，拜柱国。朝议以俭操行清白，勋绩隆重，乃下诏褒美之，兼赐以杂彩粟麦，以彰其美。

天和初，转陕州，总管七州诸军事、陕州刺史。俭尝诣阙奏事，时大雪，雪中待报，自旦达暮，意无惰容。其谨悫若此。以疾还京，诏以俭旧居狭隘，赐甲第一区。

后薨于夏州总管。临终遗令：敛以时服，素车载柩，不设仪仗，亲友赠襚，一无所受，诸子并奉行之。又遗启请葬周文帝陵侧，并以所赐宅还官，诏皆从之。赠本官，加凉瓜等十州诸军事、凉州刺史，追封郇国公，谥曰文。荆州人仪同赵超等六百九十七人，诣阙请为俭立庙树碑，诏许之。

建德元年，诏曰："故柱国、郇国公俭，临终审正，爰吐德音，以所居之宅本因上赐，制度宏丽，非诸子所居，请以还官，更迁他所。昔叔敖辞沃壤之地，萧何就穷僻之乡，以古方今，无惭曩哲。而有司未达大体，遽以其第外给。夫追善念功，先王令典，岂得遂其谦挹，致乖惩劝！令以本宅还其妻子，俾清风远播，无替聿修。"

次子隆，位司金中大夫。从长潮公元定伐陈，没江南，卒。隆弟平，最知名。

平字处均，美容仪，有器干，颇览书记，为周卫王侍读。时武帝逼于宇文护，与卫王谋诛之，王常使平通意于帝。护诛，拜开府仪同三司。宣帝置东京官属，以平为少司寇，与宗伯赵芬分掌六府。隋文龙潜时，与平情好款洽。及为丞相，恩礼弥厚。时贺若弼镇寿阳，帝恐其怀贰，遣平代之为扬州总管，赐爵襄阳公。弼果不从，平麾壮士执弼，送京师。

隋开皇三年，征拜度支尚书。平见天下州县多罹水旱，百姓不给，奏令人间每秋家出粟麦一石以下，贫富为差，储之闾里，以备凶年，名曰义仓。帝深嘉纳。自是州里丰衍。后转工部尚书，名曰称职。时有人告大都督邴绍非毁朝庭为憒憒者，上怒，将斩之。平进谏曰:"谚云:'不痴不聋,不作大家翁。'此言虽小,可以喻大。邴绍之言,不应闻奏。陛下又复诛之,恐百代之后,有亏圣德。"上于是赦绍。因敕群臣,诽谤之罪,勿复以闻。

后突厥达头可汗与都监可汗相攻,各遣使请援。上遣平持节宣谕,令其和解。平至,陈利害,遂各解兵。可汗赠平马二百匹。还,进所得马,上尽以赐之。未几,遇遣,以尚书检校汴州事,寻除汴州刺史后历许、贝二州,俱有善政。

邺都俗薄,前后刺史,多不称职。朝庭以平为相州刺史,甚有能名。在州数年,坐正月十五日百姓大戏,画衣裳鳌甲象,上怒免之。俄而上念平镇淮南时事,进位大将军,拜太常卿、吏部尚书。卒官,谥曰康。

子师孝,性轻狡好利,数犯法。上以其不克负荷,遣使吊平。以师孝为勃海郡主簿。属大业之季,恣行贪浊,一郡苦之。后为王世充所害。

长孙道生,嵩从子也。忠厚廉谨,道武爱其慎重,使掌机密。与贺毗等四人,内侍左右,出入诏命。明元即位,除南统将军、冀州刺史。后取人美女以献,明元切责之,以旧臣不加罪黜。太武即位,进爵汝阴公,迁廷尉卿。从征蠕蠕,与尉眷等率众出白黑两汉间,大捷而还。太武征赫连昌,道生与司徒长孙翰、宗正娥清为前驱,遂平其国。昌弟定走保平凉,宋遣将到彦之、王仲德寇河南以救定。诏道生与丹阳王太之屯河上以御之。遂诱宋将檀道济,邀其前后,追至历城而还。除司空,加侍中,进封上党王。薨,年八十二,赠太尉,谥曰靖。

道生廉约,身为三司,而衣不华饰,食不兼味,一熊皮鄣泥,数十年不易,时人比之晏婴。第宅卑陋,出镇后,其子弟颇更修缮,起堂庑。道生还,叹曰:"昔霍去病以匈奴未灭,无用家为。今强寇尚游魂漠北,吾岂可安坐华美也!"乃切责子弟,令毁其宅。太武世,所在著绩,每建大议,多合时机。为将有权略,善待士众。帝命歌工历颂群臣曰:"智如崔浩,廉如道生。"及年老。颇惑其妻孟氏,以此见讥。与从父嵩俱为三公,当世以为荣。

子瓶,位少卿,早卒。

瓶子观,少以壮勇知名,后袭祖爵上党王。时异姓诸王袭爵,多降为公,帝以其祖道生佐命先朝,故特不降。以征西大将军、假司空,督河西七镇诸军讨吐谷浑。部帅拾寅遁藏,焚其所居城邑而还。孝文初,拜殿中尚书、侍中。吐谷浑又侵逼,复假观司空讨降之。后为征南大将军。薨,谥曰定。葬礼依其祖靖王故事,陪葬云中金陵。

子冀归,六岁袭爵,降为公。孝文以其幼承家业,赐名幼,字承业。承业聪敏有才艺,虚心爱士,为前将军,从孝文南讨。

宣武时,为扬州刺史、假镇南大将军、都督淮南诸军事。梁将裴邃、虞鸿袭据寿春,承业诸子骁果,邃颇难之,号曰"铁小儿"。诏河间王琛总众援之。琛欲决战,承业以雨久,更须持重。琛弗从,遂战,为贼所乘,承业后殿。初,承业既总强兵,久不决战,议者疑有异图。朝庭重遣河间王琛及临淮王彧、尚书李宪等三都督,外声助承业,内实防之。

会鲜于修礼反于中山,以承业为大都督北讨。寻以本使达邺城,诏承业解行台,罢大使,遣河间王琛为大都督,郦道元为行台。承业遣子子裕奉表,称与琛同在淮南,俱当国难,琛败臣全,遂生私隙。且临机夺帅,非策所长。书奏,不纳。琛与承业前到呼沱,承业未欲战,而琛不从。行达五鹿,为修礼邀击,琛不赴之,贼总至,遂大败。承业与琛并除名。寻而正平郡蜀反,复假承业镇西将军、讨蜀都督。频战有功,除平东将军,复本爵。后除尚书右仆射。

未几,雍州刺史萧宝寅据州反,复以承业为行台讨之。承业时背疽未愈,灵太后劳之曰:"卿疹源如此,朕欲相停,更无可寄,如何?"承业答曰:"死而后已,敢不自力。"时子彦亦患脚痹,扶杖入辞。尚书仆射元顺顾相谓曰:"吾等备为大臣,各居宠位,危难之日,病者先行,无乃不可乎!"莫有对者。

时薛凤贤反于正平,薛修义屯聚河东,分据盐池,攻围蒲坂,东西连结,以应宝寅。承业乃据河东。时有诏废盐池税,承业上表曰:"盐池天资赇货,密迩京畿,唯须宝而护之,均赡以理。今四境多虞,府藏罄竭。然冀、定二州,且亡且乱,常调之绢,不复可收。仰惟府库,有出无入,必须经纶,出入相补。略论盐税,一年之中,准绢而言,犹不应减三十万匹也,便是移冀、定二州置于畿甸。今若废之,事同再失。臣前仰违严旨,而先讨关贼,径解河东者,非是闲长安而急蒲坂。蒲坂一陷,没失盐池,三军口命,济赡理绝。天助大魏,兹计不爽。昔高祖升平之年,无所乏少,犹创置盐官而加典护。非为物而竞利,恐由利而乱俗也。况今王公素餐,百官尸禄,租征六年之粟,调折来岁之资,此皆出人私财,夺人膂力,岂是愿言,事不获已。臣辄符司盐将尉,还率所部,依常收税,更听后敕。"及雍州平,除雍州刺史。

孝庄初,封上党王,寻改冯翊王,后降为郡公。迁司徒公,加侍中、兼尚书令、大行台,仍镇长安。节闵立,迁太尉公、录尚书事。及韩陵之败,斛斯椿先据河桥。谋诛尔朱。使承业入洛,启节闵诛世隆兄弟之意。孝武初,转太傅,以定策功,更封开国子。承业表请回授其姨兄廷尉卿元洪超次子恽。初,承业生而母亡,为洪超母所抚养,是以求让。许之。

武帝入关,承业时镇武牢,亦随赴长安,位太师、录尚书事,封上党王。大统元年,薨,赠假黄钺、大丞相、都督三十州诸军事、雍州刺史,谥曰文宣。

承业少轻侠,斗鸡走马,力争杀人,因亡抵龙门将陈兴德家。会赦,乃免。因以后妻罗前夫女吕氏妻兴德兄兴恩以报之。罗年大承业十余岁,酷妒忌。承业雅相敬爱,无姬妾。童侍之中在承业左右嫌疑致死者,乃有数四。前妻张氏二子:子彦、子裕。罗生三子:绍、远士、亮季。亮兄弟皆雄武。

子彦本名俊,有膂力,以累从父征讨功,封槐里县子。孝武帝与齐神武构隙,加子彦中军大都督、行台仆射,镇恒农,以为心膂。及从帝入关,封高平郡公,位仪同三司。以从征窦泰、战沙苑,功加开府、侍中。及东复旧京,以子彦兼尚书令、行司州牧,留镇洛阳。后以不利,班师。大统七年,拜太子太傅。

子彦少常坠马折臂,肘上骨起寸余。乃命开肉锯骨,流血数升,言戏自若。时以为逾于关羽。末年石发,举体生疮,虽亲戚兄弟以为恶疾。子彦曰:"恶疾如此,难以自明。世无良医,吾其死矣!尝闻恶疾蝮蛇螫之不痛,试为求之,当令兄弟知我。"乃于南山得蛇,以股触之,痛楚号叫,俄而肿死。文帝闻之,恸哭曰:"失我良将!"赠雍州刺史。

子裕,位卫尉少卿。启舍泛阶十七级,为子义贞求官。除左将军,加通直散骑常侍。又以父勋,封平原县伯。

义贞弟觅,字若汗,性机辩,强记博闻,雅重宾游,尤善谈论。从魏孝武西迁,别封郯县侯。周天和初,进骠骑大将军、开府仪同三司。历熊、绛二州刺史,并有能名。袭爵平原县公。卒,子炽嗣。

炽字仲光,性敏慧,美姿容,颇涉群书,兼长武艺。建德初,周武帝崇尚道法,求学兼经史者为通道馆学士,炽应其选。

隋文帝作相,自御正上士擢为丞相府功曹参军,加大都督,封阳平县子,迁稍伯下大夫。以平王谦,拜仪同三司。及帝受禅,炽率官属先入清宫,即授内史舍人、上仪同三司,摄东宫右庶子,出入两宫,甚被委遇。累迁太常少卿,改封饶阳县子,进位开府仪同三司,改授吏部侍郎。大业中,历位大理卿、户部尚书。吐谷浑寇张掖,令炽击之,追至青海,以功授银青光禄大夫。六年,帝幸江都宫,留炽东都居守,摄左候卫将军。卒官,谥曰静。子安世,通事谒者。炽弟晟。

晟字季晟,性通敏,略涉书记,善弹工射,矫捷过人。年十八,仕周为司卫上士。初未知名,唯隋文帝一见深异焉,谓曰:"长孙武艺逸群,又多奇略。后之名将,非此子邪"?及突厥摄图请婚,周以赵王招女妻之。周与摄图各相夸竞,妙选骁勇以充使者,因遣晟副汝南公宇文神庆送千金公主至其牙。前后使人数十辈,摄图多不礼之;独爱晟,每共游猎,留之竟岁。尝有二雕,飞而争肉,因以箭两只与晟,请射取之。晟驰往,遇雕相攫,遂一发双贯焉。摄图喜,命诸子弟贵人皆相亲友,冀昵近之,以学弹射。其弟处罗侯号突利设,尤得众心,为摄图所忌,密托心腹,阴与晟盟。晟与之游猎,因察山川形势,部众强弱,皆尽知之。还,拜奉车都尉。

开皇元年,摄图曰:“我,周家亲也。今隋公自立而不能制,何面目见可贺敦!”因与高宝宁攻陷临渝镇,约诸面部落,谋共南侵。文帝新立,由是大惧,修长城,发兵屯北境。命阴寿镇幽州、虞庆则镇并州,屯兵为之备。

晟先知摄图、玷厥、阿波、突利等叔侄兄弟各统强兵,俱号可汗,分居四面,内怀猜忌,外示和同,难以力征,易可离间。因上书曰:“臣于周末,忝充外使,匈奴倚状,实所具知。玷厥之于摄图,兵强而位下,外名相属,内隙已彰,鼓动其情,必将自战。又处罗侯者,摄图之弟,奸多而势弱,曲取众心,国人爱之,因为摄国所忌。又阿波首鼠,介在其间,颇畏摄图,受其牵率,唯强是与,未有定心。宜远交而近攻,离强而合弱。通使玷厥,说合阿波,则摄图回兵,自防右地。又引处罗,遣连奚、霫,则摄图分众,还备左方。首尾猜嫌,腹心离阻,十数年后,承衅讨之,必可一举而空其国。”

上省表大悦,因召与语。晟口陈形势,手画山川,写其虚实,皆如指掌。上深嗟异,皆纳用焉。因遣太仆元晖出伊吾道,使诣玷厥,赐以狼头纛,谬为钦敬。玷厥使来,引居摄图使上。反间既行,果相猜贰。授晟车骑将军,出黄龙道,赍币赐奚、霫、契丹等,遣为乡导,得至处罗侯所,深布心腹,诱令内附。

二年,摄图号四十万骑,自兰州入,至于周盘,破达奚长儒军。更欲南入,玷厥不从,引兵而去。时晟又说染干诈告摄图曰:“铁勒等反,欲袭其牙。”摄图乃惧,回兵出塞。

后数年,突厥大入,发八道元帅出拒之。阿波至凉州,与窦荣定战,贼帅累北。时晟为偏将,使谓之曰:“摄图每来,战皆大胜。阿波才入,便即致败,此乃突厥之耻。且摄图之与阿波,兵势本敌,今摄图日胜,为众所崇;阿波不利,为国生辱。摄图必当因此以罪归于阿

波,成其夙计,灭北牙矣。"阿波使至,晟又谓曰:"今达头与隋连和,
而摄图不能制。可汗何不依附天子,连结达头,相合为强?此万全
之计。岂若丧兵负罪,归就摄图,受其戮辱耶!"阿波纳之,因留塞
上。后使人随晟入朝。进摄与卫王军遇,战于白道,败走。至碛,闻
阿波怀贰,乃掩北牙,尽获其众而杀其母。阿波还无所归,西奔玷
厥,乞师十余万,东击摄图,复得故地,收散卒,与摄图相攻。阿波频
胜,其势益强。摄图又遣使朝贡,公主自请改姓,乞为帝女,上许之。

四年,遣晟副虞庆则使于摄图,赐公主姓为杨氏,改封大义公
主。摄图奉诏,不肯起拜。晟进曰:"突厥与隋俱是大国天子,可汗
不起,安敢违意。但可贺敦为帝女,则可汗是大隋女婿,奈何不敬妇
公?"摄图笑谓其达官曰:"须拜妇公。"乃拜受诏。使还称旨,授仪同
三司、左勋卫车骑将军。

七年,摄图死,遣晟持节拜其弟处罗侯为莫何可汗,以其子雍
闾为叶护可汗。处罗侯因晟奏曰:"阿波为天所灭,与五六千骑在山
谷间,当取之以献。"时召文武议焉。乐安公元谐曰:"请就彼枭首,
以惩其恶。"武阳公李充请生将入朝,显戮而示百姓。上问晟,晟曰:
"阿波之恶,非负国家。因其困穷,取而为戮,恐非招远之道。不如
两存之。"上曰:"善。"

八年,处罗侯死,遣晟往吊,仍赍陈国所献宝器,以赐雍闾。十
三年,流人杨钦亡入突厥,诈言彭国公刘昶共宇文氏女谋欲反隋,
遣其来密告公主。雍闾信之,乃不修贡。又遣晟出使,微观察焉。公
主见晟,言辞不逊,又遣所私胡人安遂迦共钦计议,扇惑雍闾。晟
还,以状奏。又遣晟往索钦,雍闾欲勿与,谬曰:"客内无此色人。"晟
乃货其达官,知钦所在,夜掩获之,以示雍闾,因发公主私事。国人
大耻。雍闾执遂迦等,并以付晟。使还,上大喜,加授开府,仍遣入
蕃,沲杀大义公主。

雍闾又表请婚,金议将许之。晟奏曰:"臣观雍闾反覆无信,特
共玷厥有隙,所以依倚国家。纵与为婚,终当必叛。今若得尚公主,
承藉威灵,玷厥、染干必又受其征发。强而更反,后恐难图。且染干

者,处罗侯之子,素有诚款,于今两世。臣前与相见,亦乞通婚,不如许之,招会南徙。兵少力弱,易可抚驯,使敌雍闾,以为边捍。"上曰:"善。"又遣慰喻染干,许尚公主。

十七年,染干遣使随晟来逆女。以宗女封安义公主以妻之。晟说染干南徙,居度斤旧镇,雍闾疾之,亟来抄略。染干伺知动静,辄遣奏闻,是以贼来,每先有备。

十九年,染干因晟奏雍闾作攻具,欲打大同城。诏发六总管,并取汉王节度,分道出塞讨之。雍闾惧,复共达头同盟,合力掩袭染干,大战于大长城下。染干败绩,其兄弟子侄尽见杀,而部落亡散。染干与晟独以五骑逼夜南走,至旦,行百余里,收得数百骑。乃相与谋曰:"今兵败入朝,一降人耳,大隋天子岂礼我乎!玷厥虽来,本无冤隙,若往投之,必相存济。"晟知怀贰,乃密遣使者入伏远镇,令速举烽。染干见四烽俱发,问晟:"城上烽然,何也?"晟绐之曰:"城高地迥,必遥见贼来。我国家法,若贼少,举二烽;来多,举三烽;大逼,举四烽。使见贼多而又近耳。"染干大惧,谓其众曰:"追兵已逼,且可投城。"即入镇,晟留其达官执室以领其众,自将染干驰驿入朝。帝大喜,进晟左勋卫骠骑将军,持节护突厥。晟遣降虏觇候雍闾,知其牙内屡有灾变,夜见赤虹,光照数百里,天狗霣,雨血三日,流星坠其营内,有声如雷。每夜自惊,言隋师且至。并遣奏知。

寻以染干为意弥豆启人可汗。赐射于武安殿,选善射者十二人,分为两朋。启人曰:"臣由长孙大使得见天子,今日赐射,愿入其朋。"许之。给箭,六发皆入鹿,启人之朋竟胜。时有鸢群飞,上曰:"公善弹,为我取之。"十发俱中,并应丸而落。是日,百官获赉,晟独居多。寻遣领五万人,于朔州筑大利城以处染干。安义公主死,持节送义城公主,复以妻之。晟又奏:"染干部落归者既众,虽在长城内,犹被雍闾抄略。往来辛苦,不得宁居。请徙五原,以河为固。于夏、胜两州间,东西至河,南北四百里,掘为横堑。令处其内,任情放牧,免于抄掠,人必自安。"上并从之。

二十年,都蓝大乱,为部下所杀。晟因奏曰:"贼内携离,其主被杀。乘此招诱,必并来降。请遣染干部下,分头招慰。"上许之,果尽来附。达头恐怖,又大集兵。诏晟部令降人,为秦州行军总管,取晋王广节度,出讨达头。达头与王相抗,晟进策曰:"突厥钦泉,易可行毒。"因取诸药,毒水上流。达头人畜饮之多死,大惊曰:"天雨恶水,其亡我乎!"因夜遁。晟追之,斩首千余级,俘百余口。王大喜,引晟入内,同宴极欢。有突厥达官来降,时亦预坐。说言突厥之内,大畏长孙总管,闻其弓声谓为霹雳,见其走马称为闪电。王笑曰:"将军震怒,威行域外,遂与雷霆为比,一何壮哉!"师旋,授上开府仪同三司,复遣还大利城,安抚新附。

仁寿元年,晟表奏曰:"臣夜登城楼,望见碛北有赤气,长百余里,皆如雨足,下垂被地。谨验兵书,此名洒血。其下之国,必且破亡,欲灭匈奴,宜在今日。"诏杨素为行军元帅,晟为受降使者,送染干北伐。二年,军次北河,逢贼帅思力俟斤等领兵拒战,晟与大将军梁默击走之,贼众多降。晟又教染干分遣使者,往北方铁勒等部,招携取之。三年,有铁勒思结、伏具、浑、斛薛、阿拔、仆骨等十余部,尽背达头来降附。达头众大溃,西奔吐谷浑。晟送染干,安置于碛口。事毕,入朝。

遇文帝崩,匿丧未发。炀帝引晟于大行前委以内衙宿卫,知门禁事,即日拜左领军将军。遇杨谅作逆,敕以本官为相州刺史,发山东兵马,与李雄等共经略之。晟辞以子行布在逆地。帝曰:"公终不以儿害义,其勿辞也。"于是驰遣赴相州。谅破,追还,转武卫将军。

大业三年,炀帝幸榆林,欲出塞外,陈兵耀武,经突厥中,指于涿郡。仍恐染干惊惧,先遣晟往喻旨,称述帝意。染干听之,因召所部诸国,奚、霫、室韦等种落数十,酋长咸萃。晟见牙中草秽,欲令染干亲自除之,示诸部落,以明威重。乃指帐前草曰:"此根大香。"染干遽取嗅之,曰:"殊不香也。"曰:"国家法,天子行幸所在,诸侯并躬亲洒扫,耘除御路,以表至敬之心。今牙中芜秽,谓是留香草耳。"染干乃悟,曰:"奴罪过!奴之骨肉,皆天子赐也。得效筋力,岂敢有辞?特以边人不知法耳。"遂拔所佩刀,亲自芟草。其贵人及诸部落争放效之。乃发榆林北境,至于其牙,又东达于蓟,长三千里,广百余步,举国就役而开御道。帝闻益喜焉。后除淮阳太守,未赴任,复为右骁卫将军。

五年,卒,年五十八,帝悼惜之。后突厥围雁门,帝叹曰:"向使长孙晟在,不令匈奴至此!"

晟好奇计,务立功名。性至孝,居忧毁瘠,为朝士所称。大唐贞观中,追赠司空、上柱国,谥曰献。少子无忌嗣。

其长子行布,亦多谋略,有父风。起家汉王谅库直。后遇谅并州起逆,率众南拒官军,留行布守城。遂与豆卢毓闭门拒守谅,城陷,遇害。次子恒安,以兄功授鹰扬郎将。

绍远字师,少名仁。宽容有大度,雅好坟籍,聪慧过人。父承业作牧寿春,时绍远年十三。承业管记有王硕者,文学士也,闻绍远强记,遂白承业,求验之。承业命试之。硕乃试以《礼记·月令》。于是绍远读数纸,才一遍,诵之若流。硕叹服之。起家司徒府参军事。后以别将讨平河东蜀薛,封东阿县伯。

魏孝武西迁,绍远随承业奔赴,以功别封文安县子。大统二年,除太常卿,迁中书令,仍袭父爵。后例降为公,改冯翊郡。恭帝二年,累迁录尚书事。周文每谓群臣曰:"长孙公任使处,令人无反顾忧,汉之萧、寇,何足多也。其容止堂堂,足为当今模楷。"六官建,拜大司乐。周闵践祚,复封上党郡公。

初,绍远为太常,广召工人,创造乐器,唯黄钟不调,每恒恨之。尝经韩使君佛寺,闻浮图三层上铎鸣,其音雅合宫调,因取而配奏,方始克谐。乃启明帝曰:"魏氏来宅秦、雍,虽祖述乐章,然黄钟为君,天子之正位,往经创造,历稔无成。方知水行将季,木运伊始,天命有归,灵乐自降。此盖乾坤祐助,宗庙致感,方当降物和神,祚隆万世。"诏曰:"朕以菲薄,何德可以当之。此盖天地祖宗之祐,亦由公达鉴所致也。"俄改授礼部中大夫。时犹因魏氏旧乐,未遑更造,但去小吕,加大吕而已。绍远上疏陈雅乐,诏并行之。

绍远所奏乐,以八为数。故梁黄门侍郎裴正上书,以为昔者大舜欲闻七始,下洎周武,爰制七音,持林钟作黄钟,以为正调之首。诏与绍远详议。

正曰:"天子用八,非无典故,县而不击,未闻厥理。且黄钟为天,大吕为地,太蔟为人。今县黄钟而击太蔟,便是虚天位专用人矣。"绍远曰:"夫天不言,四时行焉。地不言,万物生焉。人感中和之气,居变通之道。今县黄钟而击太蔟,是天子端拱,群司奉职。从此而议,何往不可?"

正曰:"案《吕氏春秋》曰:'楚之衰也,为作巫音;齐之衰也,为作大吕。'且大吕以下七钟,皆是林钟之调,何得称为十一月调?专用六月之均,便是欲迎仲冬,犹行季夏。以此而奏,深非至理。"

绍远曰:"卿之所言,似欲求胜。若穷理尽性,自伐更深。何者?案《周礼》祀天乐云:'黄钟为宫,大吕为角。'此则大吕之用,宛而成章。虽知引吕氏之小文,不觉失周公之大礼。且今县大吕则有黄钟、林钟,二均乃备,春夏则奏林钟,秋冬则奏黄钟,作黄钟不击大吕,作林钟不击黄钟。此所谓左之右之,君子宜之,右之左之,君子有之。而卿不县大吕,止有黄钟一宫,便是季夏之时仍作仲冬之调。以此为至理,无乃不可乎!然《周礼》又云:'乃奏黄钟,歌大吕,以祀天神。'谓五帝及日月星辰也。王者各以夏之正月,祀感帝于南郊。又朝日以春分,夕月以秋分,依如正礼,并用仲冬之调。又曰:'奏太蔟,歌应钟,以祭地祇。'谓神州及社稷。以春秋二仲,依如正礼,唯奏孟春之宫。自外四望、山川、先妣、先祖,并各周宫,不依月变。略举大纲,则三隅可反。然则还相为宫,虽有其义,引《礼》取证,乃不月别变宫。且黄钟为君,则阳之正位,若随时变易,是君无定体。而卿用林钟,以为正调,便是君臣易位,阴阳相反。正之名器,将何取焉?"

正曰:"今用林钟为黄钟者,实得相生之义。既清且韵,妙合真体。然八音平浊,何足可称?"绍远曰:"天者阳位,故其音平而浊,浊则君声。地者阴位,故其音急而清,清则臣调。然急清者于体易绝,平浊者在义可久。可久可大,王者之基。至于郑、卫新声,非不清韵,若欲施之圣世，吾所不取也。"于是遂定，以八为数焉。

寻拜京兆尹，历少保、小司空，出为河州刺史。河右戎落，向化日近，同姓婚姻，因以成俗。绍远导之以礼，大革弊风。政存简恕，百姓悦服。入为小宗伯。

武帝读史书，见武王克殷而作七始，又欲废八县七，并除黄钟之正宫，用林钟为调首。绍远奏云："天子县八，百王共轨。下逮周武，甫修七始之音。详诸经义，又无废八之典。且黄钟为君，天子正位，今欲废之，未见其可。臣案《周礼》奏黄钟，歌大吕，此则先圣之弘范，不易之明证。愿勿轻变古典，趣改乐章。"帝默然久之，曰："朕欲废八县七者，所望体本求直岂苟易名。当更思其义。"后竟行七音。

属绍远遘疾，未获面陈，虑有司遽捐乐器，乃与乐部齐树书曰："伏闻朝廷前议，而欲废八县七。然则天子县八，有自来矣。古先圣，殊涂一致，逮周武克殷，逆取顺守，专用干戈，事乖揖让。反求经义，是用七音，盖非万代不易之典。其县八笋虡，不得毁之。宜待吾疾瘳，当别奏闻。"此后绍远疾笃，乃命其子览曰："夫黄钟者，天子之宫。大吕者，皇后之位。今废黄钟之位，是禄去王室。若用林钟为首，是政出私门。将恐八百之祚，不得同姬周之永也。吾既为人臣，义无寝默，必舆疾固争阙庭。"

后疾甚，乃上遗表曰："谨案《春秋》隐公《传》云：'天子用八。'《周礼》云天子县二八，倕氏之钟十六，母句氏之磬十六。汉成帝获古磬十六，《周礼图》县十六。此数事者，照烂典章。扬榷而言，足为龟镜。伏惟陛下受图苍帝，接统玄精，秦、汉以还，独为称首。至如周武，有事干戈，臣独鄙之，而况陛下。以臣自揣余息，匪夕伊朝。伏愿珍御万机，不劳改八从七。"帝省表涕零，重赠柱国大将军，谥曰献，号乐祖，配飨庙庭。子览嗣。

览字休因，性弘雅，有器度，喜愠不形于色。略涉书记，尤晓钟律。周明帝时，为大都督。明帝以览性质淳和，堪为师表，使事鲁公，甚见亲善。及鲁公即位，是为武帝，超拜车骑大将军。每公卿上奏，必令省读。览有口辩,声气雄壮,凡所宣传,百僚属目。帝每嘉叹之。览初名善,帝谓曰:"朕以万机委卿先览。"遂赐名焉。及诛宇文护,以功进封薛国公,累迁小司空。从平齐,进位柱国公。武帝崩,受遗辅政。宣帝时,位上柱国、大司徒,历同、泾二州刺史。

隋文帝为丞相,转宜州刺史。开皇二年,将有事于江南,征为东南道行军元帅,统八总管出寿阳,水陆俱进。师临江,陈人大骇。会陈宣帝殂,览欲乘衅灭之,监军高颎以礼不伐丧,乃还。文帝命览与安德王杨雄、上柱国元谐、李充、左仆射高颎、右卫大将军虞庆则、吴州总管贺若弼等同宴。上曰:"朕昔在周朝,备展诚节。但苦被猜忌,每致寒心。为臣若此,竟何情赖!朕与公等,共享终吉,罪非谋逆,一无所问。朕亦知公至诚侍太子,宜数参见之。柱臣素望,实属于公。宜识朕意。"其恩礼如此。又为蜀王秀纳览女为妃。后为泾州刺史。卒官。

子洪嗣,位宋顺临三州刺史、司农少卿、北平太守。

澄字士亮,年十岁,司徒李琰之见而奇之,遂以女妻焉。十四从父承业征讨,有智谋,勇冠诸将。以功封西华县侯。及长,容貌魁岸,风仪温雅。魏大统中,历位豫、渭二州刺史。以军功,别封永宁县伯,寻进覆津县侯。

魏文帝与周文及群公宴,从容曰:"《孝经》一卷,人行之本,诸君宜各引《孝经》之要言。"澄应声曰:"夙夜匪懈,以事一人。"座中有人次云:"匡救其恶。"既出西阁,周文深叹澄之合机,而谴其次答者。

周孝闵帝践阼,拜大将军,进爵义门郡公。出为玉壁总管,颇有威信。卒于镇,赠柱国,谥曰简。

自丧初至及葬,明帝三临之。典祀中大夫宇文容谏曰:"君临臣丧,自有节制。今乘舆屡降,恐乖典礼。"帝不从。其为上所追惜如此。子嵘嗣。

瓶弟礼,少以父任为散骑侍郎,与襄城公卢鲁元等内侍。恭敏有才志。太武宠信之,曰:"其父亲近吾祖,子在我左右,不亦宜乎。"

　　长孙肥，代人也。昭成时，年十三，以选内侍。少有雅度，果毅少言。道武之在独孤及贺兰部，常侍从，御侮左右。帝深信仗之。登国初，与莫题等俱为大将，屡有军功。后从平中山，以功赐爵琅邪公。迁卫尉卿，改爵卢乡。

　　时中山太守仇儒不乐内徙，亡匿赵郡，推赵准为主。妄造祆言云："燕东倾，赵当续。欲知其名，淮水不足。"准喜而从之，自号钜鹿公，儒为长史。据关城，连引丁零，杀害长史。肥讨破准于九门。斩仇儒，禽准。诏以儒肉食准，传送京师，辕之于市，夷其族。除肥兖州刺史。

　　姚平之寇平阳，道武征肥与毗陵王顺等为前锋。平退保柴壁，帝进攻屠之。遣肥还镇兖州，抚慰河南，威信著于淮泗。善策谋，勇冠诸将，前后征讨，未尝失败，故每有大难，令肥当之，南平中原，西摧羌寇，肥功居多，赏赐千计。后降爵蓝田侯。卒，谥曰武，陪葬金陵。子翰袭爵。

　　翰少有父风。道武时，以善骑射，为猎郎。明元之在外，翰与元磨浑等潜谋奉迎。明元即位，与磨浑等拾遗左右。以功累迁平南将军。率众镇北境，威名甚著。太武即位，封平阳王。蠕蠕大檀之入寇云中，太武亲征之。遣翰与东平公娥清出长川讨大檀。大檀北遁，追击克获而还。迁司徒。从袭赫连昌，破之。翰清正严明，喜抚将士。薨，太武为之流涕，亲临其丧。丧礼依安城王叔孙俊故事。谥曰威，陪葬金陵。

　　子成袭爵，降为公，位南部尚书。卒，陪葬金陵。

　　翰弟陵，位驾部尚书。性宽厚，好学爱士。封吴郡公，赠吴郡王。谥恭，陪葬金陵。

　　论曰：昭成之末，众叛亲离。长孙嵩宽厚沈毅，任重王室，历事累世，邈为元老。生则宗臣，殁祀清庙，美矣！俭器识明允，智谋通赡，堂堂焉有公辅之望，謇謇焉有王臣之节。而处朝廷之日少，在方

岳之日多，何哉？平识具该通，出内流誉，取诸开物成务，盖亦有隋
之櫶桷也。道生恭慎廉约，兼著威名，见知明主，声入歌奏。二公并
列，晖炫朝野，门祉世禄，荣被后昆。虽汉世八王，无以方其茂绩；张
氏七叶，不能譬此重光。子彦勇烈绝伦，绍远乐声特妙，炽乃早称英
俊，览乃独擅雄辩。不然则何以并统师旅，俱司礼阁，钟鼎不坠，且
公且侯？晟体资英武，兼包奇略。因机制变，怀彼戎夷，倾巢尽落，
屈膝稽颡。塞垣绝鸣镝之旅，渭桥有单于之拜。惠流边朔，功光王
府，保兹世禄，不亦宜乎！肥结发内侍，雄武自立，军锋所指，罔不弃
散，关、张万人敌，未足多也。翰有父风，不殒先构，临表加礼，抑有
由哉！

北史卷二三
列传第一一

于栗䃅

于栗䃅,代人也。少习武艺,材力过人,能左右驰射。登国中,拜冠军将军,假新安子。与宁朔将军公孙兰,潜自太原,从韩信故道,开井陉关路,袭慕容宝于中山,道武后至,见道路修理,大悦,即赐其名马。及赵魏平,帝置酒高会,谓栗䃅曰:"卿,吾之黥、彭也!"进假新安公。道武田于白登山,见熊将数子,顾栗䃅曰:"能搏之乎?"对曰:"若搏之不胜,岂不虚毙一壮士。自可驱致御前,坐而制之。"寻皆禽获,帝顾而谢之。

后为河内镇将。刘裕之伐姚泓,栗䃅虑北侵扰,筑垒河上。裕惮之,遗栗䃅书,假道西上。题书曰"黑矟公麾下"。栗䃅以状表闻,明元因之授栗䃅黑矟将军。栗䃅好持黑矟,裕望而异之,故有其号。迁豫州刺史,进爵新安侯。洛阳虽历代所都,实为边界,栗䃅劳来安集,甚得百姓心。明元南幸盟津,谓栗䃅曰:"河可桥乎?"栗䃅曰:"杜预造桥,遗事可想。"乃编大船,构桥于野坂。六军既济,帝深叹美之。

太武之征赫连昌,敕栗䃅与宋兵将军周几袭陕城,长驱至三辅。进爵为公。累迁外都大官,平刑折狱,甚有声称。卒,赠太尉。

栗䃅自少总戎,迄于白首,驱事善断,所向无前。加以谦虚下士,刑罚不滥,太武甚悼惜之。

子洛拔,有姿容,善应对。拜侍御中散。太武甚加爱宠,因赐名焉。转监御曹令。景穆在东宫，厚加礼遇。洛拔恒畏避屏退，不敢逆自结纳。顷之，袭爵。后为侍中、尚书令，百僚惮之。卒官。洛拔有六子。

长子烈，善射，少言，有不可犯之色。少拜羽林中郎，累迁侍中、殿中尚书。于时孝文幼冲，文明太后称制，烈与元丕、陆睿、李冲等各赐金策，许以有罪不死。进爵洛阳侯，转卫尉卿。

及迁都洛阳，人情恋本，多有异议。帝以问烈。曰："陛下圣略深远，非愚管所测。若隐心而言，乐迁之与恋旧，中半耳。"帝曰："卿不唱异同，朕深感不言之益。"敕镇代，留台庶政，一相参委。车驾幸代，执烈手曰："宗庙至重，翼卫不轻。卿当祗奉灵驾，时迁洛邑。"烈与高阳王雍奉神主于洛阳，迁光禄卿。

十九年，大选百僚，烈子登引例求进。烈表引己素无教训，请乞黜落。帝曰："此乃有识之言，不谓烈能办此！"乃引见登，诏曰："朕今创礼新邑，明扬天下，卿父乃行谦让之表，而有直士之风，故进卿为太子翊军校尉。"又加烈散骑常侍，封聊城县子。

及穆泰、陆睿谋反旧京，帝幸代，泰等伏法。赐烈及李冲玺书，述叙金策之意。时代乡旧族，同恶者多，唯烈一宗，无所染豫。帝益器重之。叹曰："元俨决断威恩，深自不恶，然尽忠猛决，不如烈也。尔日烈在代都，必即斩其五三元首。烈之节概，不谢金日磾。"诏除领军将军。以本官从征荆沔，加鼓吹一部。

二十三年，齐将陈显达入寇马圈，帝舆疾讨之。执烈手，以京邑为托。帝崩于行宫，彭城王勰秘讳而返，称诏召宣武会驾鲁阳。以烈留守之重，密报凶问。烈处分行留，神守无变。

宣武即位，宠任如前。咸阳王禧为宰辅，权重当时，曾遣家僮传言于烈，求旧羽林武贲执仗出入。烈不许。禧遣谓烈曰："我是天子儿，天子叔，元辅之命，与诏何异？"烈厉色答曰："向亦不道王非天子儿、叔。若是诏，应遣官人所由。若遣私奴索官家羽林，烈头可得，羽林不可得也！"禧恶烈刚直，出之为恒州刺史。烈不愿藩授，谓彭城王勰曰："殿下忘先帝南阳之诏乎？而逼老夫乃至于此！"遂以疾辞。

宣武以禧等专擅，潜谋废之。景明二年正月，初祭，三公致斋于庙。帝夜召烈子忠谓曰："卿父明可早入。"及明，烈至。诏曰："诸父慢怠，今欲使卿以兵召之，卿其行乎？"烈曰："老臣历奉累朝，颇以干勇赐识。今日之事，所不敢辞。"乃将直阁以下六十余人，宣旨召咸阳王禧、彭城王勰、北海王详，卫送至帝前。诸公各稽首归政。以烈为领军，进爵为侯，自是长直禁中，机密大事皆所参焉。

咸阳王禧之谋反，宣武从禽于野，左右分散，仓卒之际，莫知其计。乃敕烈子忠驰觇虚实。烈时留守，已处分有备。因忠奏曰："臣虽朽迈，心力犹可。禧等猖狂，不足为虑。愿缓跸徐还，以安物望。"帝甚以为慰。车驾还宫，禧已逃，诏烈追执之。

顺后既立，以世父之重，弥见优礼。及卒，宣武举哀于朝堂，给东园第一秘器，赠太尉，封钜鹿郡公。子祚袭。

祚弟忠，字思贤，本字千年。弱冠，拜侍御中散。文明太后临朝，刑政颇峻，侍臣左右，多以微谴得罪。忠朴直少言，终无过误。太和中，授武骑侍郎，因赐名登。累迁左中郎将。领直寝。

元禧之乱，车驾在外，变起仓卒。忠曰："臣父为领军，计必无所虑。"普遣忠驰观之，烈严备，果如所量。忠还，宣武抚其背曰："卿差强人意。先帝赐卿名登，诚为美称。朕嘉卿忠款，今改名忠，既表贞固之诚，亦以名实相副也。"以父忧去职。徙为司空长史。

时太傅、录尚书、北海王详亲尊权重，将作大匠王遇多随详所欲而给之。忠于详前谓遇曰："殿下国之周公，阿衡王室，何至阿谀附势，损公惠私也？"迁既不宁，详亦惭谢。以平元禧功，封魏郡公。及迁散骑常侍、兼武卫将军，每以鲠气正辞，为北海所忿。面责忠曰："我忧在前见尔死，不忧尔见我死时也。"忠曰："人生自有定分，若应死王手，避亦不免；不尔，王不能杀。"详因忠表让之际，密劝帝以忠为列卿，于是诏停其封，优进太府卿。

正始二年，诏忠以本官使持节、兼侍中，为西道大使，刺史、镇将赃罪显暴者，以状闻；守令以下，便行决断。与尚书李崇分使二

道。忠劾并州刺史高聪赃罪二百余条,论以大辟。除华州刺史。遭
继母忧,不行。服阕,再迁卫尉卿、河南邑中正。忠与吏部尚书元晖、
度支尚书元匡、河南尹元苌等推定代方姓族。高肇忌其为人,乃言
于宣武,称中山要镇,作捍须才,乃出忠为定州刺史。既而帝悔,复
授卫尉卿、领左卫将军、恒州大中正。密遣使诣忠,慰勉之。

　　延昌初,除都官尚书,领左卫、中正如故。又加散骑常侍。尝因
侍宴,赐之剑杖,举酒属忠曰:“卿世执贞节,故恒以禁卫相委。昔以
卿行忠,赐名曰忠。今以卿才堪御侮,以所御剑杖相锡。循名取义,
意在不轻,出入恒以自防也。”迁侍中、领军将军。忠辞无学识,宣武
曰:“学识有文章者不少,但心直不如卿。欲使卿劬劳于下,我当无
忧于上。”

　　及帝崩夜,忠与侍中崔光遣右卫将军侯刚迎明帝于东宫而即
位。忠与门下议:以帝冲年,未亲机政,太尉高阳王雍属尊望重,宜
入居西柏堂,省决庶政;任城王澄明德茂亲,可为尚书令,总摄百
揆。奏中宫,请即敕授。御史中尉王显欲逞奸计,与中常侍、给事中
孙莲等厉色不听,寝门下之奏。孙莲等密欲矫太后令,以高肇录尚
书事,显与高猛为侍中。忠即殿中收显杀之。

　　忠既居门下,又总禁卫,遂执朝政,权倾一时。初,太和中,军国
多事,孝文以用不足,百官禄四分减一。忠既擅朝,欲以惠泽自固,
乃悉复所减之禄,职人进位一级。旧制:百姓绢布一匹之外,各输绵
麻八两。忠悉以与之。乃白高阳王雍,自云宣武本许优转。雍惮忠
威权,便顺意加忠车骑大将军。忠自谓新故之际,有安社稷功,讽百
僚令加己赏。太尉雍、清河王怿、广平王怀难违其意,封忠常山郡
公。忠又难于独受,乃讽朝廷,同在门下者加封邑。尚书左仆射郭
祚、尚书裴植以忠权势日盛,劝雍出忠。忠闻之,逼有司诬奏其罪。
祚有师傅旧恩,植拥地入国,忠并矫诏杀之。朝野愤怨,无不切齿,
王公以下,畏之累迹。又欲杀高阳王雍,侍中崔光固执乃止,遂免雍
太尉,以王还第。自此诏命生杀,皆出于忠。既尊灵太后为皇太后,
居崇训宫,忠为仪同三司、尚书令、崇训卫尉,侍中、领军如故。

灵太后临朝,解忠侍中、领军、崇训卫尉,止为仪同、尚书令、侍中。忠为令旬余,灵太后引门下侍官,问忠在端右声听。咸曰不称厥任,乃出为冀州刺史。太傅清河王等奏:"忠擅杀枢纳,辄废宰辅,朝野骇心,远近怪愕。功过相除,悉不合赏,请悉追夺。"灵太后从之。

熙平元年,御史中尉元匡奏:"忠以鸿勋盛德,受遇累朝,幸国大灾,专擅朝命,无人臣之心。裴、郭受冤于既往,宰辅黜辱于明世。又自矫旨为仪同三司、尚书令、领崇训卫尉。原其此意,便欲无上自处。既事在恩后,宜加显戮,请遣御史一人、令史二人,就州行决。"灵太后令,以忠事经肆眚,遂不追罪。又诏以忠历任禁要,诚节皎然,赐爵灵寿县公。

初,宣武崩后,高太后将害灵太后。刘腾以告侯刚,刚以告忠。忠请计于崔光。光曰:"宜置胡嫔于别所,严兵守卫。"忠从之,具以此意启灵太后,太后意乃安。故太后深德腾等四人,并有宠授。

忠以毁之者多,惧不免祸,愿还京,欲自营救。灵太后不许。二年四月,除尚书右仆射,加侍中,将军如故。神龟元年三月,复仪同三司。疾,未拜。见裴、郭为祟,自知必死,先表养亡弟第二子司徒掾永超为子,乞以为嫡。灵太后许之。薨,赠司空。有司奏太常少卿元端议:"案谥法,刚强理直曰武,怙威肆行曰丑,宜谥武丑公。"太常卿元修义议:"忠尽心奉上,翦除凶逆。依谥法,除伪宁真曰武,夙夜恭事曰敬,宜谥武敬公。"二卿不同。灵太后令依正卿议。

忠性多阻忌,不交胜己,唯与直阁将军章初瑰、千牛备身杨保元为断金之交。李世哲求宠于忠,私以金帛货初瑰、保元,二人谈之,遂被赏爱,引为腹心。忠擅权昧进为崇训之由,皆世哲计也。

忠弟景,字百年。忠薨后,为武卫将军。谋废元叉,叉黜为怀荒镇将。及蠕蠕主阿那瓌叛,镇人请粮,景不给。镇人遂执缚景及其妻,拘守别室,皆去其衣服,令景著皮裘,妻著故绛旗袄,毁辱如此。月余,乃杀之。

烈弟果,严毅直亮,有父兄风。历朔、华、并、恒四州刺史,赐爵武城子。果弟劲。

劲字钟葵，颇有武略，位沃野镇将，赐爵富昌子。宣武纳其女为后，封劲太原郡公，妻刘氏为章武郡君。后为征北将军、定州刺史。卒，赠司空，谥曰恭庄公。自栗碑至劲，累世贵盛，一皇后，四赠公，三领军，二尚书令，三开国公。劲虽以后父，但以顺后早崩，意不居公辅。

子晖，字宣明，后母弟也。少有气干。袭爵，位汾州刺史。晖善事人，为尔朱荣所亲，以女妻其子长儒。历侍中、河南尹。后兼尚书仆射、东南道行台。与齐神武讨平羊侃于兖州。元颢入洛，害之。

劲弟天恩，位内行长、辽西太守。赠平东将军、燕州刺史。

天恩子仁生，位太中大夫。

仁生子安定，平原郡太守、高平郡都将。

安定子子提，陇西郡守、茂平县伯。周保定二年，以子谨著勋，追赠太保、建平郡公。

谨字思敬，小名巨引。沈深有识量，略窥经史，尤好《孙子》兵书。屏居未有仕进志。或有劝之者，谨曰："州郡之职，昔人所鄙，台鼎之位，须待时来。"太宰元天穆见之，叹曰："王佐材也。"

及破六韩拔陵首乱北境，引蠕蠕为援，大行台元纂讨之，凤闻谨名，辟为铠曹参军事，从军北伐。蠕蠕逃出塞，纂令谨追之，前后十七战，尽降其众。后率轻骑出塞觇贼，属铁勒数千骑奄至，谨以众寡不敌，乃散其骑，使匿丛薄间。又遣人升山指麾，若分部军众。贼望见，虽疑有伏，恃众不以为虑，乃进逼谨。谨以常乘骏马一紫一骝，贼先所识，乃使二人各乘一马，突阵而出。贼以为谨，争逐之。乃率余军击其追骑。贼走，因得入塞。

正光四年，行台、广阳王元深北伐，引谨为长流参军。特相礼接，使其世子佛陀拜焉。遂与广阳破贼主斛律野谷禄等。谨请驰往喻之。谨兼解诸国语，乃单骑入贼，示以恩信，于是西部铁勒酋长也列河等三万余户并款附，相率南迁。广阳与谨至析郭岭迎接之。谨曰："拔陵兵众不少，闻也列河等款附，必来要击。彼若先据险，则难与争锋。今以也列河等饵之,当竞来抄掠,然后设伏而待,必指掌破之。"广阳然其计。拔陵果来要击,破也列河于岭上,部众皆没。谨伏兵发,贼大败,悉破收也列河之众。

孝昌元年,又随广阳王征鲜于修礼。军次白斗牛逻,会章武王为修礼所害,遂停军中山。侍中元晏宣言于灵太后曰:"广阳盘桓不进,坐图非望。又有于谨者,智略过人,为其谋主,恐非陛下纯臣。"灵太后诏于尚书省门外立榜,募获谨者,许以重赏。谨闻之,请诣阙披露腹心,广阳许之。谨遂到榜下,曰:"吾知此人。"众共诘之,谨曰:"我即是也。"有司以闻。灵后见之,大怒。谨备述广阳忠款,兼陈停军之状。灵后遂舍之。

后从尔朱天光与齐神武战于韩陵山,天光败,谨遂入关。

周文帝临夏州,以谨为防城大都督,兼夏州长史。及贺拔岳被害,周文赴平凉。谨言于周文曰:"关中秦汉旧都,古称天府。今若据其要害,招集英雄,足观时变。且天子在洛,逼迫群凶。请都关右,然后挟天子而令诸侯,千载一时也。"周文大悦,会有敕追谨为关内大都督,谨因进都关中策。

魏帝西迁,仍从周文征潼关,破回洛城,授北雍州刺史,进爵蓝田县公。大统三年,大军东伐,为前锋,进拔弘农,禽东魏陕州刺史李徽伯。神武至沙苑,谨力战,进爵常山郡公。又从战河桥,拜大丞相府长史,兼大行台尚书。再迁太子太保。芒山之战,大军不利,谨率麾下伪降,立于路左。神武乘胜逐北,不以为虞。谨自后击之,敌人大骇。独孤信乃收兵于后奋击,神武军乱,以此大军得全。十二年,拜尚书左仆射,领司农卿。及侯景款附,请兵为援,谨谏以为景情难测,周文不听。寻兼大行台尚书、大丞相长史,率兵镇潼关,加授华州刺史,赐钿㜗一卣,珪瓒副焉。俄拜司空。恭帝元年,除雍州刺史。

初,梁元帝于江陵嗣位,密与齐交通,将谋侵轶。其兄子岳阳王督时为雍州刺史,以梁元帝杀其兄誉,遂结隙,据襄阳来附。乃命谨出讨。周文饯于青泥谷。长孙俭曰:"为萧绎计将如何?"谨曰:"曜兵汉沔,席卷度江,直据丹阳,是其上策;移郭内居人,退保子城,以待援至,是其中策;若难于移动,据守罗郭,是其下策。"俭曰:"裁绎出何策?"谨曰:"必用下。"俭曰:"何也?"对曰:"萧氏保据江南,绵历数纪。属中原有故,未遑外略。又以我有齐氏之患,必谓力不能分。且绎懦而无谋,多疑少断。愚人难与虑始,皆恋邑居,既恶迁移,当保罗郭。所以用下策。"谨令中山公护及大将军杨忠等先据江津,断其走路。梁人竖木栅于外城,广轮六十里。寻而谨至,悉众围之。旬有六日,外城遂陷,梁主退保子城。翌日,率其太子以下,面缚出降。寻杀之。虏其男女十余万人,收其府库珍宝,得宋浑天仪、梁日晷、铜表、魏相风乌、铜蟠螭趺、大玉径四尺围七尺及诸舆辇法物以献,军无私焉。立萧詧为梁主,振旅而旋。周文亲至其第,宴语极欢。赏谨奴婢一千口,及梁宝物,并金石丝竹乐一部,别封新野郡公。谨固辞,不许。又令司乐作《常山公平梁歌》十首,使工人歌之。

谨自以久当权重,功名既立,愿保优闲,乃上先所乘骏马及所著铠甲等。周文识其意,曰:"今巨猾未平,公岂得便尔独善?"遂不受。六官建,拜大司寇。

及周文崩,孝闵帝尚幼,中山公护虽受顾命而名位素下,群公各图执政。护深忧之,密访于谨。谨曰:"凤蒙丞相殊眷,今日必以死争之。若对众定策,公必不得让。"明日,群公会议。谨曰:"昔帝室倾危,丞相志存匡救。今上天降祸,奄弃百僚。嗣子虽幼,而中山公亲则犹子,兼受顾托,军国大事,理须归之。"辞色抗厉,众皆悚动。护曰:"此是家事,护何敢有辞!"谨既周文等夷,护每申礼敬。至是,谨乃起而言曰:"公若统理军国,谨等便有所依。"遂再拜。群公迫于谨,亦拜。众议始定。

孝闵践阼,进封燕国公,邑万户,迁太傅、太宗伯,与李弼、侯莫陈崇等参议朝政。及贺兰祥讨吐谷浑,明帝令谨遥统其军,授以方略。

保定二年,谨以年老,乞骸骨,优诏不许。三年,以谨为三老,固辞,又不许。赐延年杖。武帝幸太学以食之。三老入门,皇帝迎拜屏间，三老答拜。有司设三老席于中楹，南向。太师、晋公护升阶，设席施几。三老升席，南面冯几而坐，师道自居。大司寇、楚国公宁升阶，正舄。皇帝升，立于斧宸之前，西面。有司进馔，皇帝跪设酱豆，亲自祖割。三老食讫。皇帝又亲跪授爵以酳。有司撤讫。皇帝北面立访道。三老乃起立于席。皇帝曰："猥当天下重任，自惟不才，不知政术之要，公其诲之。"三老答曰："木从绳则正，君从谏则圣。自古明王圣主，皆虚心纳谏，以知得失，天下乃安。惟陛下念之。"又曰："为国之本，在乎忠信。古人去食去兵，信不可失。国家兴废，莫不由之，愿陛下守而勿失。"又曰："为国之道，必须有法。法者，国之纲纪，不可不正。所正在于赏罚。若有功必赏，有罪必罚，则为善者日益，为恶者日止。若有功不赏，有罪不罚，则天下善恶不分，下人无所措其手足。"又曰："言行者，立身之基，言出行随，诚愿陛下慎之。"三老言毕，皇帝再拜受之，三老答拜，礼成而出。

及晋公护东伐，谨时有病，护以其宿将旧臣，犹请与同行，询访戎略。军还，赐钟磬一部。天和二年，又赐安车一乘。寻授雍州牧。三年，薨，年七十六。武帝亲临，诏谯王俭监护丧事，赐缯千段、粟麦十斛，赠本官，加使持节、太师、雍恒等二十州诸军事、雍州刺史，谥曰文。及葬，王公以下，咸送郊外。配享于文帝庙庭。

谨有智谋，善于事上。名位虽重，愈存谦挹，每朝参往来，不过从两三骑而已。朝廷凡有军国之务，多与谨决。谨亦竭其智能，故功臣中特见委信，始终若一，人无间言。每诫诸子，务存静退。加以年齿遐长，礼遇隆重，子孙繁衍，皆至显达，当时莫比。子寔嗣。

寔字宾实，少和厚，以军功封万年县子。大统十四年，累迁尚书。是岁，周文帝与魏太子西巡，寔时从行。周文刻石陇山上，录功臣名位，以次镌勒，预以寔为开府仪同三司，至十五年方授之。寻除渭州刺史，特给鼓吹一部，进爵为公。魏恭帝二年，羌东念姐率部落反，西连吐谷浑。大将军豆卢宁讨之，逾时不克。又令寔往，遂破之。周文手书劳问，赐奴婢一百口，马百匹。

孝闵帝践阼，授户部中大夫，进爵延寿郡公。天和二年，延州蒲川贼郝三郎反，攻丹州。遣寔讨平之，仍除延州刺史。五年，袭燕国公，进位柱国。以罪免。寻复本官，除凉州总管。大象二年，加上柱国，拜大左辅。隋开皇元年，薨，赠曰安。子颙。

颙字元武，身长八尺，美须眉。周大冢宰宇文护见而器之，以女妻之。以父勋，赐爵新野郡公。历左右宫伯、郢州刺史。大象中，以水军总管从韦孝宽经略淮南。尉迟迥之反，时总管赵文表与颙素不协，颙将图之，因卧阁内，诈疾。文表独至，颙杀之。因言文表与迥通谋，其麾下无敢动者。时隋文帝以迥未平，虑颙复生边患，因宥免之，即拜吴州总管。以频败陈师，赐彩数百段。及隋受禅，文表弟诣阙称兄无罪。上令按其事，太傅窦炽等议颙当死。上以其门著勋绩，特原之，贬为开府。后袭爵燕国公。寻拜泽州刺史。免，卒于家。子世虔。颙弟仲文。

仲文字次武，少聪敏，髫龀就学，耽习不倦。父寔异之，曰："此儿必兴吾宗。"九岁，尝于云阳宫见周文帝。问曰："闻儿好读书，书有何事？"对曰："资父事君，忠孝而已。"周文甚嗟叹之。后就博士李详受《周易》、《三礼》，略通大义。及长，倜傥有大志，气调英拔。

起家为赵王属，安固太守。有任、杜两家各失牛，后得一牛，两家俱认，州郡久不决。益州长史韩伯俊曰："于安固少年聪察，可令决之。"仲文曰："此易解耳。"乃令二家各驱牛群至，乃放所认者，牛遂向任氏群中。又使人微伤其牛，任氏嗟惋，杜氏自若。仲文遂诃诘杜氏，服罪而去。始州刺史屈突尚，宇文护之党也，先坐事下狱，无敢绳者。仲文至郡，穷之，遂竟其狱。蜀中语曰："明断无双有于公，不避强御有次武。"征为御正下大夫，封延寿郡公，以勋授仪同三司。

宣帝时，为东郡太守。及尉迟迥作乱，使诱仲文，仲文拒之。迥遣仪同宇文威攻之，仲文迎击，大破威，以功授开府。迥又遣其将宇文胄度石济，宇文威、邹绍自白马，二道俱进，复攻仲文。郡人赫连僧伽、敬子哲率众应迥。仲文自度不能支，弃妻子，溃围而遁，达于京师。迥屠其三子一女。隋文帝引入卧内，为之下泣，赐彩五百段，黄金二百两。进位大将军,领河南道行军总管,给鼓吹。驰传诣洛阳发兵,讨迥将檀让。

时韦孝宽拒迥于永桥,仲文诣之,有所计议。总管宇文忻颇有自疑心,因谓仲文曰:"尉迟迥诚不足平,正恐事宁后,更有藏弓之虑。"仲文惧忻生变,谓曰:"丞相宽仁大度,明识有余,仲文在京三日,频见三善,非常人也。"忻曰:"三善何如?"仲文曰:"有陈万敌新从贼中来,丞相即令其弟难敌召募乡曲,从军讨贼。此大度一也。上士宋奉使勾俭,谦缘此别求他罪。丞相责之曰:'入网者自可推求,何须别访,以亏大体。'此不求人私二也。言及仲文妻子,未尝不潸泫。此有仁心三也。"忻自是遂安。

仲文军至汴州东,频破迥将。进攻梁郡,迥守将刘孝宽弃城走。初,仲文在蓼堤,诸将皆曰:"军自远来,疲弊不可决战。"仲文令趣食列陈,既而破贼。诸将问其故,笑曰:"吾所部将士皆山东人,果于速进,不宜持久。乘势击之,所以制胜。"诸将皆曰:"非所及也。"进击曹州,获迥所署刺史李仲康及上仪同房劲。檀让以余众屯成武,谓仲文未能卒至,方椎牛飨士。仲文选骑袭之,遂拔成武。迥将席毗罗,众十万屯沛县,将攻徐州。其妻子在金乡。仲文遣人诈作毗罗使,谓金乡城主徐善净曰:"檀让明日午时到金乡,将宣蜀公令,赏将士。"金乡人谓为信然,皆喜。仲文简精兵,伪建迥旗帜。善净以为檀让至,出城迎谒。仲文执之,遂取金乡。诸将劝屠之,仲文曰:"当宽其妻子,其兵可自归。如即屠之,彼皆绝矣。"众皆称善。于是毗罗悖众来薄官军,仲文背城结阵,设伏,兵发,俱拽柴鼓噪。毗罗军溃,皆投洙水死,水为不流。获檀让,槛送京师,河南悉平。毗罗匿荥阳人家,执斩之,传首阙下。勒石纪功,树于泗上。入朝京师,文帝引入卧内,宴享极欢。赐杂彩千段,妓女十人,拜柱国。属文帝受禅,不行。

未几,其叔父太尉翼坐事下狱,仲文亦为吏所簿,于狱中上书曰:

　　曩者尉迥逆乱,所在景从。臣任处关河,地居冲要,尝胆枕戈,誓以必死。迥时购臣,位大将军,邑万户。臣不顾妻子,不爱身命,冒白刃,溃重围,三男一女,相继沦没,披露肝胆,驰赴阙庭。蒙陛下授臣以高官,委臣以兵革。于时河南凶寇,狼顾鸱张。臣以羸兵八千,扫除氛祲。摧刘宽于梁郡,破檀让于蓼堤,平曹州,复东郡,安成武,定永昌,解亳州围,破徐州贼。席毗罗十万之众,一战土崩。河南蚁聚之徒,应时戡定。

当群凶问鼎之际,生灵乏主之辰,臣第二叔翼先在幽州,总驭燕、赵,南邻群寇,北扫旄头,内安外抚,得免罪戾。臣第五叔智建旟黑水,与王谦为邻,式遏蛮陬,镇绥蜀道。臣兄颛作牧淮南,坐制勃敌,乘机剿定,传首京师。王谦窃据二州,叛换三蜀。臣第三叔义受赈庙庭,恭行天罚。自外父叔兄弟,皆当文武重寄。或衔命危难,或侍卫钩陈,合门诚款,冀有可明。伏愿垂泣辜之恩,降云雨之施,则寒灰更然,枯骨还肉。

上览表,并翼释之。

明年,拜行军元帅,统十二总管以击胡。出服远镇,遇虏,破之。于是从金河出白道。遣总管辛明瑾、元滂、贺兰志、吕楚、段谐等二万人出盛乐道,趣那颉山。至护军州北,与虏遇。可汗见仲文军容整肃,不战而退。仲文逾山追之。及还,上以尚书省文簿繁杂,吏多奸诈,令仲文勘录省中事,所发擿甚多。上嘉其明断,厚加劳赏。上每忧转运不给,仲文请决渭水,开漕渠,上然之,使仲文总其事。及伐陈之役,拜行军总管。高智慧等作乱江南,仲文复以行军总管讨之。时三军乏食,米粟踊贵,仲文私粜军粮,坐除名。明年,复官爵,率兵屯马邑以备胡。晋王广以仲文有将领才,每常属意,至是奏之,乃令督晋王军府事。后突厥犯塞,晋王为元帅,使仲文将前军,大破贼而还。

炀帝即位,迁右翊卫大将军,参掌文武选事。从帝讨吐谷浑,进位光禄大夫,甚见亲重。

辽东之役,仲文率军指乐浪道。次乌骨城,仲文简羸马驴数千,置于军后,既而率众东过。高丽出兵掩袭辎重,仲文回击,大破之。

至鸭绿水,高丽将乙支文德诈降,来入其营。仲文先奉密旨,若遇高元及文德者,必禽之。至是,文德来,仲文将执之。时尚书右丞刘士龙为慰抚使,固止之。仲文遂舍文德。寻悔,遣人绐文德曰:"更有言议,可复来也。"文德不从,遂济。仲文选骑度水追之,每战破贼。文德遗仲文诗曰:"神策究天文,妙算穷地理。战胜功既高,知足愿云止。"仲文答书逾之,文德烧栅而遁。时宇文述以粮尽欲还,仲文议以精锐追文德,可以有功。述固止之,仲文怒曰:"将军杖十万之众,不能破小贼,何颜以见帝?且仲文此行也,固无功矣!"述因厉声曰:"何以知无功?"仲文曰:"昔周亚夫之为将也,见天子,军容不变。此决在一人,所以功成名遂。今者人各其心,何以赴敌?"初,帝以仲文有计划,令诸军谘禀节度,故有此言。由是述等不得已而从之。遂行,东至萨水。宇文述以兵馁退归,师遂败绩。帝以属吏,诸将皆委罪于仲文。帝大怒,释诸将,独系仲文。仲文忧恚发病,困笃,方出之。卒于家,时年六十八。撰《汉书刊繁》三十卷、《略览》三十卷。有子九人,钦明最知名。

寔弟翼,字文若,美风仪,有识度。年十一,尚文帝女平原公主,拜员外散骑常侍,封安平县公。大统十六年,进爵郡公,加大都督,领文帝帐下左右,禁中宿卫。迁武卫将军。谨平江陵,所赐得军实,分给诸子,翼一无所取,唯简赏口内名望子弟有士风者,别待遇之。文帝闻之,赐奴婢二百口,翼固辞不受。寻授车骑大将军、开府仪同三司。六官建,除左宫伯。

孝闵帝践阼,出为渭州刺史。翼兄寔先莅此州,颇有惠政。翼又推诚布信,事存宽简,夷夏感悦,比之大小冯君焉。时吐谷浑入寇河右,凉、鄯、河三州咸被攻围,使必告急。秦州都督遣翼赴援,不从,僚属咸以为言。翼曰:"攻取之术,非夷俗所长。此寇之来,不过钞掠边牧耳,安能顿兵城下,久事攻围!掠而无获,势将自走。劳师以往,亦无所及。翼揣之已了,幸勿复言。"数日,问至,果如翼所策。贺兰祥讨吐谷浑,翼率州兵,先锋深入,以功增邑。寻征拜右宫伯。

明帝雅爱文史,立麟趾学,在朝有艺业者,不限贵贱,皆听预焉。乃至萧㧑、王褒等与卑鄙之徒同为学士。翼言于帝曰："㧑,梁之宗子,褒,梁之公卿,今与趋走同跻,恐非尚贤贵爵之义。"帝纳之,诏翼定其班次,于是有等差矣。

明帝崩,翼与晋公护同受遗诏,立武帝。保定元年,徙军司马。三年,改封常山郡公。天和初,迁司会中大夫。三年,皇后阿史那氏至自突厥,武帝行亲迎之礼,命翼总司仪制。狄人虽蹲踞无节,然咸惮翼之礼法,莫敢违犯。遭父忧去职,居丧过礼,为时辈所称。寻有诏起令视事。武帝又以翼有人伦之鉴,皇太子及诸王等相傅以下,并委翼选置。其所擢用,皆民誉也,时论佥谓得人。迁大将军,总中外宿卫兵事。

晋公护以帝委翼腹心,内怀猜忌,转为小司徒,加拜柱国。虽外示崇重,实疏斥之。及诛护,帝召翼,遣往河东取护子中山公训,仍代镇蒲州。翼曰："冢宰无君陵上,自取诛夷。元恶既除,余孽宜殄。然皆陛下骨肉,犹谓疏不间亲。陛下不使诸王,而使臣异姓,非直物有横议,愚臣亦所未安。"帝然之,乃遣越王盛代翼。

先是,与齐、陈二境,各修边防,虽通聘好,而每岁交兵。然一彼一此,不能有所克获。武帝既亲万机,将图东讨,诏边城镇并益储峙,加戍卒。二国闻之,亦增修守御。翼谏曰："疆埸相侵,互有胜败,徒损兵储,非策之上者。不若解边严,减兵防,继好息人,敬待来者。彼必喜于通和,懈而无备,然后出其不意,一举而山东可图。"帝纳之。

建德二年,出为安州总管。时大旱,涢水绝流。旧俗繁逢亢旱,祷白兆山祈雨。帝先禁群祀,山庙已除。翼遣主簿祭之,即日澍雨,岁遂有年。百姓感之,聚会歌舞颂之。

四年,武帝将东伐,朝臣未有知者,遣纳言卢韫前后三乘驿诣翼问策。翼赞成之。及军出,诏翼自宛、叶趣襄城,旬日下齐一十九城。所过秋毫无犯,年部都督辄入人村,即斩以徇。由是百姓欣悦,赴者如归。属帝有疾,班师,翼亦旋镇。

转宜阳总管。以宜阳地非襟带,请移镇于陕。诏从之,仍除陕州刺史,总管如旧。其年,大军复东讨,翼自陕入,径到洛阳。齐洛州刺史独孤永业开门降,河南九州三十镇,一时俱下。襄城人庶等喜复见翼,并壶浆道左。除河阳总管,仍徙豫州。陈将鲁天念久围光州,闻翼到汝南,望风退散。

大象初,征拜大司徒。诏翼巡长城,立亭鄣。西自雁门,东至碣石,创新改旧,咸得其要害。仍除幽州总管。先是,突厥屡为抄掠,居人失业。翼素有威武,兼明斥候,自是不敢犯塞,百姓安之。

及尉迟迥据相州举兵,以书招翼。翼执其使,并书送之。时隋文帝执政,赐翼杂缯一千五百段,并珍宝服玩等。进位上柱国,封任国公,增邑通前五千户,别食任城县一千户,收其租赋。翼又遣子让通表劝进,并请入朝,许之。

隋开皇初,翼入朝,上降榻握手极欢。数日,拜太尉。或有告翼往在幽州,欲同尉迟迥。按验,以无实见原。三年,薨于本位。加赠六州诸军事、蒲州刺史,谥曰穆。翼性恭俭,与物无竞,常以满盈自戒,故能以功名终。子玺嗣。

玺字伯符,少有器干。仕周,位职方中大夫,封黎阳县公。宣帝嗣位,转右勋曹中大夫。寻领右忠义。隋文帝受禅,加上大将军,进爵郡公。历汴、邵二州刺史,所历并有恩惠。后检校江陵总管。邵州人张愿等数十人诣阙上表,请留玺。上嘉叹良久,令还邵州,父老相贺。寻历洛、熊二州刺史,亦粗有惠政。以疾还京师,卒于家,谥曰静。有子志本。

玺弟诠,位上仪同三司、吏部下大夫、常山公。

诠弟让,仪同三司。翼弟义。

义字慈恭,少矜严,有操尚,笃志好学。大统末,以父功赐爵平昌县伯。后改封广都县公。周闵帝践阼,迁安武太守。专崇教化,不尚威刑。有郡人张善安、王叔儿争财相讼,义曰:"太守德薄不胜所致。"于是以家财分与二人,喻而遣去。善安等各怀耻愧,移贯他州。于是风化大洽。进封建平郡公。明、武世,历西兖、瓜、邵三州刺史。数从征伐,进位开府。

宣帝即位，政刑日乱，义上疏谏帝。时郑译、刘昉以恩幸当权，谓义不利于己，先恶之于帝。帝览表色动，谓侍臣曰："于义谤讪朝廷也。"御正大夫颜之仪进曰："古先哲王立谤讪之木，置敢谏之鼓，犹惧不闻过。于义之言，不可罪也。"帝乃解。

及王谦构逆，隋文帝谋将于高颎，颎言义可为元帅。文帝将任之，刘昉曰："梁睿任望素重，不可居义下。"乃以睿为元帅，义为行军总管，将左军，破谦将达奚惎于开远。寻拜潼州总管，赐奴婢五百口，杂彩三千段，超拜上柱国。岁余，以疾免归，卒于京师。赠豫州刺史，谥曰刚。子宣道、宣敏，并知名。

宣道字元明，性谨密，不交非类。仕周，以父功，赐爵城安县男，位小承御上士。隋文帝为丞相，引为外兵曹。及践阼，迁内史舍人，进爵为子。父忧，水浆不入口者累日。岁余，起令视事。免丧，拜车骑将军。兼右卫长史，舍人如故。后迁太子左卫副率，进位上仪同。卒。

子志宁，早知名。出继叔父宣敏。

宣敏字仲达，少沈密，有才思。年十一，诣周赵王招，命之赋诗。宣敏为诗，甚有幽贞之志。招大奇之，坐客莫不嗟赏。起家右侍上士，迁千牛备身。

隋文帝践阼，拜奉车都尉，奉使抚慰巴、蜀。及还，上疏曰：

　　臣闻开磐石之宗，汉室于是惟永；建维城之固，周祚所以灵长。昔秦皇置牧守而罢诸侯，魏后昵陷邪而疏骨肉，遂使宗社移于他族，神器传于异姓。此事之明，甚于观火。然山川设险，非亲勿居。且蜀土沃饶，人物殷阜，西通邛、僰，南属荆、巫。周德之衰，兹土遂成戎首；炎政失御，此地便为祸先。是以明者防于无形，安者制其未乱，方可庆隆万世，年逾七百。

　　伏惟陛下日角龙颜，膺乐推之运；参天贰地，居揖让之期。亿兆宅心，百神受职。理须树建藩屏，封植子孙，继周、汉之宏图，改秦、魏之覆轨。抑近习之权势，崇公族之本枝。但三蜀、二齐，古称天险，分王戚属，今正其时。若使利建合宜，封树得所,则巨猾息其非望,奸臣杜其邪谋。盛业洪基,同天地之长久;英声茂实,齐日月之照临。臣虽学谢多闻,然情深体国,辄申管见,战灼惟深。

帝省表嘉之,谓高颎曰:"于氏世有人焉。"竟纳其言,遣蜀王秀镇于蜀。

宣敏常以盛满之诚,昔贤所重,每怀静退,著《述志赋》以见志焉。未几,卒官,年二十九。

义弟礼,上将军、赵州刺史、安平郡公。

礼弟智,初为开府,以受宣帝密旨,告齐王宪反,遂封齐国公。寻拜柱国,位大司空。

智弟绍,上开府、绥州刺史、华阳郡公。

绍弟弼,上仪同、平恩县公。

弼弟兰,上仪同、襄阳县开国公。

兰弟旷,上仪同。赠恒州刺史。

论曰:魏氏平定中原之后,于栗䃅有武功于三世,兼以虚己下物,罚不滥加,斯亦诸将所稀矣。洛拔任参内外,以功名自终。烈气概沈远,受任艰危之际,有柱石之质,殆御侮之臣乎!忠以梗朴见亲,乘非其据,遂擅威权,生杀自己。苟非女主之世,何以全其门族?不至诛灭,抑其幸也。谨负佐时之略,逢兴运之期,为大厦之栋梁,拟巨川之舟楫。卒以耆年硕德,誉高望重,礼备上庠,功歌司乐。而常以满盈为诚,覆折是忧,不有君子,何以能国。翼既功臣之子,地则姻亲,荷累叶之恩,兼文武之寄,理同休戚,与存与亡。加以总戎马之权,受捍城之托,智能足以卫难,势力足以勤王。曾无释位之心,但务随时之义。弘名节以高贵,岂所望于斯人!仲文博涉书记,以英略自许,尉迥之乱,遂立功名。自兹厥后,屡当推毂。辽东之役,实丧师徒。斯乃大树将颠,盖非一绳之罪也。义运属时来,宣其力用,崇基弗坠,析薪克荷,盛矣!

北史卷二四
列传第一二

崔逞　　王宪　　封懿

崔逞字叔祖,清河东武城人,魏中尉琰之五世孙也。曾祖谅,晋中书令。祖遇,仕石氏,为特进。父,瑜,黄门郎。

逞少好学,有文才。仕慕容暐,补著作郎,撰《燕记》。迁黄门侍郎。暐灭,苻坚以为齐郡太守。坚败,仕晋,历清河、平原二郡太守。为翟辽所虏,以为中书令。慕容垂灭翟钊,以为秘书监。慕容宝东走和龙,为留台吏部尚书。

及慕容骥立,逞携妻子归魏。张衮先称美之,由是道武礼遇甚厚。拜尚书,录三十六曹,别给吏属,居门下省。寻除御史中丞。

道武攻中山,未克,六军乏粮,问计于逞。逞曰:"飞鸮食葚而改音,《诗》称其事,可取以助粮。"帝虽衔其侮慢,然兵既须食,乃听人以葚当租。逞又言:"可使军人及时自取,过时则落尽。"帝怒曰:"内贼未平,兵人安可解甲收葚乎!"以中山未拔,故不加罪。及姚兴侵晋,襄阳戍将郗恢驰使乞师于常山王遵,书云"贤兄武步中原",道武以为悖君臣之体,敕逞与张衮为遵书答使,亦贬其主号以报之。逞、衮为书,乃云"贵主"。帝怒其失旨,黜衮,遂赐逞死。

后晋荆州刺史司马休之等数十人为桓玄所逐,皆将来奔。至陈留,闻逞被杀,分为二辈,一奔长安,一奔广固。帝闻深悔,自是士人有过,多见优容。

逞子毅、袆、严、颐。初,逞之内徙,终虑不免,乃使其妻张氏与四子归慕容德于广固，独与小子颐在代京。及逞死，亦以此为谴。

颐字太冲，散骑常侍，赐爵清河侯。太武闻宋以其兄谭为冀州刺史，乃曰："义隆用其兄，我岂无冀州地邪？"乃以颐为冀州刺史。入为大鸿胪，持节策拜杨难当为南秦王。奉使数返，光扬朝命，太武善之。后与方士韦文秀诣王屋山造金丹，不就。真君初，卒。

始崔浩与颐及荥阳太守模等，年皆相次。浩为长，次模，次颐。三人别祖，而模、颐为亲。浩恃其家世魏、晋公卿，常侮模。浩不信佛道，模深所归向，虽粪壤中，礼拜形像。浩大笑曰："持此头颅，不净处跪，是胡神也！"模尝谓人曰："桃简可欺我，何容轻我周儿也！"浩小名桃简，颐小名周儿。太武颇闻之，故浩诛时，二家获免。

颐五子。少子睿以交通境外，伏诛。自逞之死，至睿之诛，三世，积五十余年，在北一门尽矣。

或字文若，颐兄祎之孙也。父勖之，字宁国，位大司马、外兵郎，赠通直郎。或与兄相如俱自宋入魏。相如以才学知名，早卒。

或少逢隐沙门，教以《素问》、《甲乙》，遂善医术。中山王英子略曾病，王显等不能疗。或针之，抽针即愈。后位冀州别驾。性仁恕，见疹者，喜与疗之。广教门生，令多救疗。其弟子清河赵约、勃海郝文法之徒，咸亦有名。

或子景哲，豪率，亦以医术知名。仕魏，太中大夫、司徒长史。

景哲子冏，字法峻，幼好学，泛览经传，多伎艺，尤工相术。仕魏为司空参军。齐天保初，为尚药典御。历高阳太守、太子家令。武平中，为散骑常侍、假仪同三司。从幸晋阳，尝谓中书侍郎李德林曰："比日看高相王以下文武官人相表，俱尽其事，口不忍言。唯弟一人更应富贵，当在他国，不在本朝，吾不及见也。"其精如此。冏性廉谨，恭俭自修，所得俸秩，必分亲故。终鸿胪卿。临终，诫其二子曰："夫恭俭福之舆，傲侈祸之机。乘福舆者浸以康休，蹈祸机者忽而倾覆，汝其诫欤！吾没后，敛以时服，祭无牢饩，棺足周尸，瘗不泄露而已。"及卒，长子修遵父命。景哲弟景凤，字鸾叔，位尚药典御。

休字惠盛。曾祖谭，仕宋位青、冀二州刺史。祖灵和，宋员外散骑侍郎。父宗伯，始还魏，追赠清河太守。休少孤贫，矫然自立。举秀才，入京师，与宋弁、邢峦雅相知友。尚书王嶷钦其人望，为长子娉休姊，赠以财货，由是少振。孝文纳休妹为嫔。频迁兼给事黄门侍郎。休勤学，公事军旅之隙，手不释卷。礼遇亚于宋弁、郭祚。孝文南伐，以北海王详为尚书仆射，统留台事，以休为尚书左丞。诏以北海年少，百揆务殷，便以委休。转长史，兼给事黄门侍郎，参定礼仪。帝尝阅故府，得旧冠，题曰"南部尚书崔逞制"，顾谓休曰："此卿家旧事也。"后从驾南行。及还，幸彭城，泛舟泗水，诏在侍筵，观者荣之。

宣武初，休以祖父未葬，弟夤又亡，固求出为勃海太守。性严明，雅长政体。下车先戮豪猾数人，奸盗莫不禽翦。清身率下，部内安之。时大儒张吾贵名盛山东，弟子恒千余人，所在多不见容。休招延礼接，使肄业而还，儒者称为口实。入为吏部郎中，迁散骑常侍，权兼选任，多所拔擢。广平王怀数引谈宴。以与诸王交游，免官。后为司徒右长史，公平清洁，甚得时誉。历幽、青二州刺史，皆以清白称，二州怀其德泽。入为度支、七兵、殿中三尚书。休久在台阁，明习典故，每朝廷疑议，咸取正焉。诸公咸谓崔尚书下意处不可异也。卒，赠尚书右仆射，谥曰文贞。

休少而谦退，事母孝谨。及为尚书，子仲文娶丞相高阳王雍女，女适领军元叉庶长子舒，挟恃二家，志气微改，陵藉同列。尚书令李崇、左仆射萧宝夤、右仆射元钦皆以此惮下之。始休母房氏欲以休女妻其外孙邢氏，休乃违母情，以妻叉子，议者非之。子㥄。

㥄字长儒，状貌伟丽，善于容止。少知名。为魏宣武挽郎。释褐太学博士，累迁散骑侍郎。坐事免归乡里。冀部豪杰之起，争召㥄兄弟，㥄中立无所就。高敖曹以三百骑劫取之，以为师友。

齐神武至信都，以为开府谘议参军，历给事黄门侍郎、卫将军。神武入洛，议定废立。太仆綦俊盛言节闵帝贤明，可主社稷。㥄作色而前曰："若其贤明，自可待我高王。既为逆胡所立，何得犹作天子？若从俊言，王师何名义举？"由是节闵及中兴主皆废。更立平阳王,是为孝武。以建义功,封武城县公。

崚恃预义旗,颇自矜纵。寻以贪污为御史纠劾,逃还乡里。时清河多盗,齐文襄以石恺为太守,令得专杀。恺经崚宅,谓少年曰:"诸郎辈莫作贼,太守打杀人!"崚顾曰:"何不答府君:下官家作贼,止捉一天子牵臂下殿,捉一天子推上殿;不作偷驴摸犊贼。"及遇赦出,复为黄门。

天平中,授徐州刺史,给广宗部曲三百,清河部曲千。崚性暴慢。宠姜冯氏,长且姣,家人号曰成母,朝士邢子才等多奸之。至是假其威势,恣情取受,风政不立。

初,崚为常侍,求人修起居注,或曰:"魏收可。"崚曰:"收轻薄徒耳。"更引祖鸿勋为之。又欲陷收不孝之罪,乃以卢元明代收为中书郎。由是收衔之。及收聘梁,过徐州,崚备刺史卤簿迎之,使人相闻收曰:"勿怪仪卫多,稽古力也。"收语塞,急报曰:"崔徐州建义之勋,何稽古之有?"崚自以门伐素高,特不平此言。收乘宿憾,故以此挫之。罢徐州,除秘书监,以母忧去官。服终,兼太常卿,转七兵尚书、清河邑中正。

崚有文学,伟风貌,寡言辞,端嶷如神,以简贵自处。齐神武言:"崔崚应作令仆,恨其精神太遒。"赵郡李浑将聘梁,名辈毕萃,诗酒正欢,崚后到,一坐无复谈话。郑伯猷叹曰:"身长八尺,面如刻画,謦欬为洪钟响,胸中贮千卷书,使人那得不畏服!"

崚以籍地自矜,常与萧祗、明少遐等高宴终日,独无言。少遐晚谓崚曰:"惊风飘白日,忽然落西山。"崚亦无言,直曰"尔"。每谓卢元明曰:"天下盛门唯我与尔,博崔、赵李何事者哉!"崔逞闻而衔之。神武葬后,崚又窃言:"黄颔小儿堪当重任不?"逞外兄李慎以告逞。逞启文襄,绝崚朝谒。崚要拜道左,文襄发怒曰:"黄颔儿何足拜也!"于是锁崚赴晋阳,讯之,不服。逞引邢子才为证,子才执无此言。崚在禁谓邢曰:"卿知我意属太丘不?"邢出,告崚子赡曰:"尊公意,正应欲结姻陈元康。"赡有新生女,乃许妻元康子。元康为言于文襄曰:"崔崚名望素重,不可以私语杀之。"文襄曰:"若免其性命,当徙之遐裔。"元康曰:"㥄若在边,或将外叛。以英贤资寇敌,非所宜也。"文襄曰:"既有季珪之罪,还令输作可乎?"元康曰:"元康常读《崔琰传》,追恨魏武不弘。㥄若在所作而殒,后世岂道公不杀也?"文襄曰:"然则奈何?"元康曰:"㥄合死。朝野皆知。公诚能以宽济猛,特轻其罚,则仁德弥著,天下归心。"段孝先亦说言㥄勋旧,乃舍之。㥄进谒奉谢,文襄犹怒曰:"我虽无堪,忝当大任,被卿以为黄颔小儿。金石可销,此言难灭!"

齐天保初,除侍中,监起居。以禅代之际,参掌仪礼,别封新丰县男,回授第九弟子约。㥄一门婚嫁,皆衣冠美族,吉凶仪范,为当时所称。娄太后为博陵王纳㥄妹为妃,敕其使曰:"好作法用,勿使崔家笑人。"婚夕,文宣帝举酒祝曰:"新妇宜男,孝顺富贵。"㥄跪对:"孝顺乃自臣门,富贵恩由陛下。"

五年,为东兖州刺史,复携冯氏之部。为冯氏厌蛊,颇失精爽,寻遇偏风。冯氏受纳狼籍,为御史劾,与㥄俱召,诏付廷尉,诸囚多奸焉,狱中致竞。寻别诏斩冯氏于都市,支解为九段。㥄以疾卒狱中。

㥄历览群书,兼有辞藻,自中兴迄于孝武,诏诰表檄多㥄所为。然性伤,耽财色,于诸弟不能尽雍穆之美,世论以此讥之。素与魏收不协,收后专典国史,㥄恐被恶言,乃悦之曰:"昔有班固,今则魏子。"收缩鼻笑之,憾不释。㥄子赡。

赡字彦通。洁白,善容止,神采巍然,言不妄发,才学风流为后来之秀。初,颍川荀济自江南入洛,赡学于济,故得经史有师法。侍中李神俊雅有风誉,晚年无子,见赡,叹谓邢邵曰:"昨见崔㥄儿,便为后生第一。我遂无此物,见此使人伤怀!"年十五,刺史高昂召署主簿,清河公高岳辟为开府西阁祭酒。博陵崔遟为中尉,启除侍御史。以父与遟隙,俄而去官。神武召与北海王晞俱为诸子宾友,仍为相府中兵参军,转主簿。文襄崩,秘未发丧,文宣命赡兼相府司马,使邺。

魏孝静帝以人日登云龙门。与其父㥄俱侍宴为诗。诏问邢邵等曰:"今赡此诗何如其父?"咸曰:"恢博雅弘丽,赡气调清新,并诗人之冠冕。"宴罢,咸共嗟赏之,云:"今日之宴,并为崔赡父子。"杨愔欲引赡为中书侍郎,时卢思道直中书省,愔问其文藻优劣,思道曰:"崔赡文词之美,实有可称,但举世重其风流,所以才华见没。"愔云:"此言有理。"其日奏用之。愔又曰:"昔裴瓒晋世为中书郎,神情高迈,每于禁门出入,宿卫者皆肃然动容。崔生堂堂,亦当无愧裴子乎?"

皇建元年,除给事黄门侍郎。与赵郡李概为莫逆之友。概将东还,赡遗之书曰:"仗气使酒,我之常弊,诋诃指切,在卿尤甚。足下告归,吾于何闻过也?"赡患气,兼性迟重,虽居二省,竟不堪敷奏。

孝昭践阼,皇太子就傅受业,除太子中庶子,征赴晋阳。敕曰:"东宫弱年,未陶训义。卿仪形风德,人之师表,故劳卿朝夕游处,开发幼蒙。一物三善,皆以相寄。"赡专在东宫,调护讲读及进退礼度,皆归委焉。太子纳妃斛律氏,敕赡与鸿胪崔劼撰定婚礼注,主司以为后式。时诏议三恪之礼,太子少傅魏收为一议,朝士莫不雷同。赡别立异议,收读讫笑而不言。赡正色曰:"圣上诏群臣议国家大典,少傅名位不轻,赡议若是,须赞其所长;若非,须诘其不允。何容读国士议文,直此冷笑?崔赡居圣朝显职,尚不免见疵,草莱诸生,欲云何自进!"赡容貌方严,词旨雄辩,收惭遽,竟无一言。

大宁元年,除卫尉少卿。寻兼散骑常侍,聘陈使主。行过彭城,读道帝碑文未毕而绝倒,从者遥见,以为中恶。此碑乃赡父徐州时所立,故哀感焉。赡经热病,面多瘢痕,然雍容可观,辞韵温雅,南人大相钦服。陈舍人刘师知见而心醉,乃言:"常侍,前朝通好之日何意不来?今日谁相对扬者!"其见重如此。还,袭爵武城公,再迁吏部郎中。因患耳,请急十余日。旧式,百日不上,解官。吏部尚书尉瑾性褊急,以赡举措舒缓,曹务烦剧,附驿奏闻,因见代,遂免归。天统末,加骠骑大将军,就拜银青光禄大夫。卒,赠大理卿、济州刺史,谥曰文。

赡性简傲,以才地自矜,所与周旋,皆一时名望。在御史台,恒

宅中送食，备昼珍羞，别宝独餐，处之自若。有一河东人士姓裴，亦
为御史，伺赡食，便往造焉。赡不与交言，又不命匕筋。裴坐观赡食
罢而退。明日，自携匕筋，恣情饮唼。赡谓曰："我初不唤君食，亦不
共君语，遂能不拘小节。昔刘毅在京口冒请鹅炙，岂亦异是？君定
名士。"于是每与之同食。性方重，好读书，酒后清言，闻者莫不倾
耳。自天保以后，重吏事，谓容止酝籍者为潦倒，而赡终不改焉。常
见选曹以刘逖为县令，谓之曰："官长正应子琮辈，乃复屈名人！"冯
子琮闻之大怒。及其用事，几败焉。有集二十卷。

　　悛弟仲文，有文学。太和中，为丞相掾。沙苑之败，仲文持马尾
度河，波中乍没乍出。神武望见，曰："崔掾也。"遂遣船赴接。及至，
谓曰："卿为君为亲，不顾万死，可谓家之孝子，国之忠臣也。"后文
襄欲使行青州，闻其多醉，乃止。天保初，悛为侍中，仲文为银青光
禄大夫，同日受拜，时云两凤连飞。尝被敕召，宿醒未解，文宣怒，将
罚之，试使为观射诗十韵，操笔立成，乃原之。拜散骑常侍、光禄大
夫。卒。

　　子偃，太子洗马、尚书郎。偃弟儦。

　　儦字岐叔。少与范阳卢思道、陇西辛德源同志友善。每以读书
为务，负恃才地，大署其户曰："不读五千卷书者，无得入此室。"初
举秀才，为员外散骑侍郎。迁殿中侍御史，与熊安生、马敬德等议五
礼，兼修律令。寻兼散骑侍郎，使陈。还，待诏文林馆。历尚书郎。
与顿丘李若俱见称重，时人语曰："京师灼灼，崔儦、李若。"若每谓
其子曰："卢思道、崔儦，杳然崖岸，吾所重也，汝其师之。"思道与儦
尝酒后相调，儦曰："偃邈无闻。"思道讥儦云："高曾官薄。"齐亡，归
乡。仕郡为功曹，补主簿。

　　隋开皇四年，征授给事郎。兼内史舍人。后兼通直散骑侍郎。
聘陈。还，授员外散骑侍郎。以聋，常得无事，一醉辄八日，越国公
杨素时方贵幸，重儦门地，为子玄纵娶其女为妻，娉礼甚厚。亲迎之
始，公卿满坐，素令骑迎之，儦弊衣冠骑驴而至。素推令上坐，儦礼
甚倨，言又不逊，素忿然拂衣而起，竟罢坐。后数日，儦方来谢，素待

之如初。诏授易州刺史，或言其未合，乃追停。傪语人曰："易州刺史何必胜道义。"仁寿中，卒于京师。子世济。

仲文弟叔仁，轻侠重衿期。仕魏为颍州刺史。以贪污，为御史中丞高仲密劾，赐死于宅。临刑，赋诗五绝，与诸弟诀别，不及其兄悛，以其不甚营救也。

子彦武，有识用。隋开皇初，位魏州刺史。

叔仁弟叔义，魏孝庄时为尚书库部郎。初，叔义父休为青州刺史，放盗魁，令出其党，遂以为门客。在洛阳，与兄叔仁铸钱。事发，合家逃逸，叔义见执。时城阳王徽为司州牧，临淮王彧以非其身罪，骤为致言。徽以求婚不得，遂停赦书而杀之。

叔义弟子侃，以寄名从军窃级为中书郎，为尚书左丞和子岳弹纠，失官。性兼使气。后自修改，闭门读书，当时称为博洽。后兼通直散骑常侍，使梁，为阳斐副。耻居斐下，自负才地，呼斐为阳子，语辄折之。还，卒于路。子拯，位太子仆、武德郡守。

子侃弟子植，位冀州别驾。走马从禽，发挂木而死。子珪。

子聿弟子约。五岁丧父，不肯食肉。后丧母，居丧哀毁骨立。人云："崔九作孝，风吹即倒。"禫月，兄子度死，又百日不入房。长八尺余，姿神俊异，潜观梁使刘孝仪，宾从见者骇目。武定中，为平原公开府祭酒。与兄子赡俱诣晋阳，寄居佛寺。赡长于子约二岁，每退朝久立，子约冯几对之，仪望俱华，俨然相映。诸沙门窃窥之，以为二天人也。乾明中，为考功郎。病且卒，谓赡曰："自诸兄殁而门业颓替，居家大唯吾与尔。命之修短，曾何足悲。汝能免之，吾不馁矣。"

休弟赜，字敬礼，位太子舍人。卒，赠乐安太守。妻，乐安王长女晋宁公主也，贞烈有德行。

子愍，字长谦，幼聪敏。济州刺史卢尚之欲以长女妻之，休子悛为长谦求尚之次女，曰："家道多由妇人，欲令姊妹为妯娌。"尚之感其义，于是同日成婚。休诫诸子曰："汝等宜皆一体，勿作同堂意。若不用吾言，鬼神不享汝祭祀。"休亡，枕中有书，如平生所诫，诸子奉焉。长谦与休第二子仲文同年而月长,其家谓之大二、小二。长谦少与太原王延业俱为著作佐郎,监典校书。后为青州司马,贼围城二百日,长谦读书不废,凡手抄八千余纸,天文、律历、医方、卜相、风角、鸟言,靡不开解。晚颇以酒为损。迁司徒谘议,修起居注,加金紫光禄大夫。后兼散骑常侍,使梁。将行,谓人曰:"我厄在吴国,忌在酉年,今恐不免。"及还,未入境,卒。年二十八。赠南青州刺史。

遹兄通。

通字宁祖,亦有名于时。为慕容垂尚书左丞、范阳昌黎二郡太守。

通曾孙延寿,冀州主簿。轻财好施,甚收乡曲誉。

延寿子隆宗,简率友悌,居丧以孝闻。位兰陵、燕二郡太守。仁信待物,检慎至诚,故见重于时。卒,赠齐州刺史,谥曰孝。

子敬保,冀州仪同府从事中郎。卒,赠冀州刺史。

敬保子子恒,位鲁郡太守,早卒。

子恒弟子字、子升,武定中,连元瑾事伏法。

遹宗人模,字思范,琰兄霸之后也。父遵,慕容垂少府卿。模仕宋为荥阳太守。神麚中,平滑台,归降,后赐爵武城男。模长者笃厚,不营荣利,虽为崔浩轻侮,而不为浩屈。与崔颐相亲,往来如一家。

始模在南,妻张氏有二子,仲智、季柔。模至京师,赐妻金氏,生子幼度。仲智等以父隔远,乃聚货规赎归之。其母张曰:"汝父志怀无决,必不能来。"行人以贿至都,模果顾念幼度等,指谓行人曰:"何忍舍此辈,致为刑辱。当为尔取一人,使名位不减我。"乃授以申谟,宋东郡太守也,神麚中被执,赐妻,生子灵度。申谟闻此,乃弃妻子走还江外。灵度刑为阉人。

初,真君末,模兄协子邪利为宋鲁郡太守,以郡降。赐爵临淄子,拜广宁太守,卒。邪利二子,怀顺、次恩,仍居宋青州。怀顺以父入魏,故不仕。及魏克青州,怀顺迎邪利丧还青州云。

王宪字显则,北海剧人也。其先姓田,秦始皇灭齐,田氏称王家子孙，因以为氏。仍居海岱。祖猛，仕苻坚，位丞相。父休，河东太守。宪幼孤，随伯父永在邺。苻丕称尊号，复以永为丞相。永为慕容永所杀，宪匿于清河人家。皇始中，乃归魏。道武见之，曰："此王猛孙也。"厚礼待之，以为本州中正，领选曹事，兼掌门下。太武即位，迁廷尉卿。出为上谷太守，赐爵高唐子。清身率下，风化大行。寻拜外都大官，复移中都。历任二曹，断狱称旨。进爵剧县侯。出为并州刺史，又进北海公。境内清肃。及还京师，以宪年老，特赐锦绣布帛，珍羞醴膳。天安初，卒，年八十九。谥曰康。子崇袭。

崇弟嶷，字道长。孝文初，为南部尚书，在任十四年。时南州多事，讼者填门。嶷性儒缓不断，终日昏昏。李欣、邓宗庆等，号为明察，而二人终见诛戮。余十数人或出或免，唯嶷卒得自保。时人语曰："实疾实昏，终得保存。"后封华山公，入为内都大官，卒。子祖念袭爵。

祖念弟云，字罗汉，颇有风尚，位南兖州刺史。坐受所部荆山戍主杜虔财，又取官绢，因染遂有割易，御史纠劾。会赦免。卒官，赠豫州刺史，谥文昭。长子昕。

昕字元景，少笃学，能诵书，日以中叠举手极上为率。与太原王延业俱诣魏安丰王延明，延明叹美之。太尉、汝南王悦辟为骑兵参军。旧事，王出则骑兵武服持刀陪从。昕耻之，未尝肯依行列。悦好逸游，或驰骋信宿，昕辄弃还。悦乃令骑兵在前，手为驱策。昕舍辔高拱，任马所之。左右言其诞慢。悦曰："府望唯在此贤，不可责也。"悦数散钱于地，令诸佐争拾之，昕独不拾。悦又散银钱以目昕，乃取其一。悦与府僚饮酒，起自移床，人争进手，昕独执板却立。悦作色曰："我帝孙，帝子，帝弟，帝叔，今亲起舆床，卿何偃蹇？"对曰："元景位望微劣，不足使殿下式瞻仪形，安敢以亲王僚寀，从厮养之役。"悦谢焉。坐上皆引满酣畅，昕先起，卧于闲室，频召不至。悦乃自诣呼之，曰："怀其才而忽府主，可谓仁乎？"昕曰："商辛沈湎，其亡也忽诸。府主自忽傲，僚佐敢任其咎？"悦大笑而去。

后除著作佐郎。以兵乱渐起，将避地海隅。侍中李琰之、黄门侍郎王遵业惜其名士，不容外任，奏除尚书右外兵郎中。出为光州长史，故免河阴之难。迁东莱太守。于时年凶，人多相食，昕勤恤人隐，多所全济。昕少时与河间邢邵俱为元罗宾友，及守东莱，邵举室就之。郡人以邵是邢杲从弟，会兵将执之。昕以射蔽伏其上，呼曰："欲执子才，当先执我。"邵乃免。

太昌初，还洛。吏部尚书李神俊奏言："比因多故，常侍遂无员限。今以王元景等为常侍，定限八员。"加金紫光禄大夫。武帝或时祖露，与近臣戏狎，每见昕，即正冠而敛容焉。昕体素甚肥，遭丧后，遂终身羸瘠。杨愔重其德素，以为人之师表。

元象元年，兼散骑常侍，聘梁，魏收为副，并为朝廷所重。使还，高隆之求货不得，讽宪台劾昕、收在江东大将商人市易，并坐禁止。齐文襄营救之。累迁秘书监。

昕雅好清言，词无浅俗。在东莱时，获杀其同行侣者，诘之未服。昕谓曰："彼物故不归，卿无恙而反，何以自明？"邢邵后见文襄，说此言以为笑乐。昕闻之，诣邵曰："卿不识造化。"还谓人曰："子才应死，我骂之极深。"顷之，以被谤，左迁阳平太守。在郡有称绩。文襄谓人曰："王元景殊获我力，由吾数戏之，其在吏事，遂为良二千石。"

齐文宣践阼，拜七兵尚书。以参议礼，封宜君县男。尝有鲜卑聚语，崔昂戏问昕曰："颇解此不？"昕曰："楼罗，楼罗，实自难解。时唱染干，似道我辈。"

文宣以昕疏诞，非济世才，骂曰"好门户，恶人身！"又有谮之者，云："王元景每嗟水运不应遂绝。"帝愈怒，乃下诏曰："元景本自庸才，素无勋行，早沾缨绂，遂履清途。发自畿邦，超居詹事。俄佩龙文之剑，仍启带砺之书。语其器分，何因到此？诚宜清心励己，少酬万一。尚书百揆之本，庶务攸归。元景与夺任情，威福在己，能使直而为枉，曲反成弦。害政损公，名义安在？伪赏宾郎之味，好咏轻薄之篇，自谓模拟伦楚，曲尽风制。推此为长，余何足取。此而不绳，后将焉肃？在身官爵，宜从削夺。"于是徙幽州为百姓。昕任运穷通，不改其操。未几，征还，奉敕送萧庄于梁为主。除银青光禄大夫，判祠部尚书。

帝怒临漳令嵇晔及舍人李文师，以晔赐薛丰洛，文师赐崔士顺为奴。郑子默私诱昕曰："自古无朝士作奴。"昕曰："箕子为之奴，何言无也？"子默遂以昕言启文宣，仍曰："王元景比陛下于纣。"杨愔微为解之，帝谓愔曰："王元景是尔博士，尔语皆元景所教。"帝后与朝臣醋饮，昕称疾不至。帝遣骑执之，见其方摇膝吟咏，遂斩于御前，投尸漳水。天统末，追赠吏部尚书。有文集二十卷。

子凯嗣。卒于燕郡太守。

昕母清河崔氏，学识有风训。生九子，皆风流酝籍，世号王氏九龙。昕弟晖、昭、晞、皓最知名。

晖字元旭，少与昕齐名，兼多术艺。卒于中书舍人，赠兖州刺史。

昭字仲亮，少好儒术，又颇以武艺自许。性敦笃，以友悌知名。卒于考功郎中。

晞字叔朗，小名沙弥。幼而孝谨，淹雅有器度。好学不倦，美容仪，有风则。魏末，随母兄东适海隅，与邢子良游处。子良爱其清悟，与其在洛两兄书曰："贤弟弥郎，意识深远，旷达不羁。简于造次，言必诣理。吟咏情性，丽绝当时。恐足下方难为兄，不暇虑其不进也。"

魏永安初，第二兄晖聘梁，启晞释褐，除员外散骑侍郎，征署广平王开府功曹史。晞愿养母，竟不受署。母终后，仍属迁邺，遨游巩、洛，悦其山水。与范阳卢元明、巨鹿魏季景结侣同契，往天陵山，浩然有终焉之志。

及西魏将独孤信入洛，署为开府记室。晞称先被犬伤，因笃，不赴。有故人疑其所伤非犭，书劝令赴。晞复书曰："辱告存念，见令起疾。循复眷旨，似疑理所伤未必是犭。吾岂愿其必犭？但理契无疑耳。就足下疑之，亦有过说。足下既疑其非犭，亦可疑其是犭，其疑半矣。若疑其是犭而营护，虽非犭亦无损。疑其非犭而不疗，傥是犭则难救。然则过疗则致万全，过不疗或至于死。若王晞无可惜也,则不足取。既是取之,便是可惜。奈何夺其万全,任其或死!且将军威德所被,飚飞雾袭,方掩八绂,岂在一介?若必从隗始,先须济其生灵。足下何不从容为将军言也?"于是方得见宽。俄而信返,晞遂归邺。

齐神武访朝廷子弟忠孝谨密者,令与诸子游。晞与清河崔赡、顿丘李度、范阳卢正通首应此选。文襄时为大将军,握晞等手曰:"我弟并向成长,志识未定,近善狎恶,不能不移。吾弟不负义方,卿禄位常亚吾弟,若苟使回邪,致相违误,罪及门族,非止一身。"晞随神武到晋阳,补中外府功曹参军,带常山公演友。

齐天保初,行太原郡事。及文宣昏逸,常山王数谏。帝疑王假辞于晞,欲加大辟。王私谓晞曰:"博士,明日当作一条事,为欲相活,亦图自全,宜深体勿怪。"乃于众中杖晞二十。帝寻发怒,闻晞得杖,以故不杀,晞鞭钳配甲坊。居三年,王又固谏争,大被殴挞,闭口不食。太后极忧之。帝谓左右曰:"傥小儿死,奈我老母何!"于是每问王疾,谓曰:"努力强食,当以王晞还汝。"乃释晞令往。王抱晞曰:"吾气息惙然,恐不复相见!"晞流涕曰:"天道神明,岂令殿下遂毙此舍。至尊亲为人兄,尊为人主,安可与计?殿下不食,太后亦不食,殿下纵不自惜。不惜太后乎?"言未卒,王强坐而饭。晞由是得免徒,还为王友。

王复录尚书事。新除官者必诣王谢职,去必辞。晞言于王曰:"受爵天朝,拜恩私第,自古以为干纪。朝廷文武,出入辞谢,宜一约绝。主上颙颙,赖殿下扶翼。"王深纳焉。常从容谓晞曰:"主上起居不恒,卿耳目所具,吾岂可以前逢一怒,遂尔结舌。卿宜为撰谏草,吾当伺便极谏。"晞遂条十余事以呈,因切谏王曰:"今朝廷乃尔,欲学介子匹夫,轻一朝之命,狂药令人不自觉,刀箭岂复识亲疏?一旦祸出理外,将奈殿下家业何!奈皇太后何!乞且将顺,日慎一日。"王嘘欷不自胜,曰:"乃至是乎!"明日见晞,曰:"吾长夜九思,今便息意。"便命火对晞焚之。后王承间苦谏,遂致忤旨。帝使力士反接伏,白刃注颈,骂曰:"小子何知,欲以吏才非我!是谁教汝?"王曰:

"天下噤口,除臣谁敢有言?"帝催遣捶楚,乱杖数十。会醉卧得解。尔后亵黩之好,遍于宗戚,所往留连,俾昼作夜;唯常山邸多无适而去。

及帝崩,济南嗣立。王谓晞曰:"一人垂拱,吾曹亦保优闲。"因言:"朝廷宽仁慈恕,真守文良主。"晞曰:"天保享祚,东宫委一胡人。今卒览万机,驾驭雄杰。如圣德幼冲,未堪多难,而使他姓出纳诏命,必权有所归。殿下虽欲守藩职,其可得也?假令得遂冲退,自审家祚得保灵长不?"王默然,思念久之,曰:"何以处我?"晞曰:"周公抱成王朝诸侯,摄政七年,然后复子明辟。幸有故事,惟殿下虑之。"王曰:"我安敢自拟周公?"晞曰:"殿下今日地望,欲避周公得邪?"王不答。帝临发,敕王从驾,除晞并州长史。

及王至邺,诛杨、燕等。诏以王为大丞相、都督中外诸军事,督摄文武还并州。及至,延晞谓曰:"不早用卿言,使群小弄权,几至倾覆。今君侧虽获暂清,终当何以处我?"晞曰:"殿下将往时地位,犹可以名教出处。今日事势,遂关天时,非复人理所及。"有顷,奏赵郡王睿为左长史,晞为司马。每夜载入,昼则不与语,以晞儒缓,恐不允武将之意。后进晞密室,曰:"比工侯诸贵每见煎迫,言我违天不祥,恐当或有变起,吾当欲以正法绳之。"晞曰:"朝廷比者疏远亲戚,宁思骨血之重。殿下仓卒所行,非复人臣之事。芒刺在背,交戟入颈,上下相疑,何由可久?且天道不恒。亏盈迭至,神机变化,肸晞斯集。虽执谦挹,粃糠神器,便是违上玄之意,坠先人之基。"王曰:"卿何敢须发非所宜言!须致卿于法。"晞曰:"窃谓天时人事,同无异揆,是以冒犯雷霆,不惮斧钺。今日得披肚胆,抑亦神明攸赞。"王曰:"拯难匡时,方俟圣哲,吾何敢私议,幸勿多言。"录有诏,以丞相任重,普进府僚一班,晞以司马领吏部郎中。丞相从事中郎陆杳将出使,临别,握晞手曰:"相王功格区宇,天下乐推,歌谣满道,物无异望。杳等伏隶,愿披赤心。而忽奉外使,无由面尽短诚,寸心谨以仰白。"晞寻述杳言。王曰:"若内外咸有异望,赵彦深朝夕左右,何因都无所论?自以卿意试密与言之。"晞以事隙问彦深。曰:"我比亦惊此音谣,每欲陈闻,则口禁心战。弟既发论,吾亦欲昧死一披肝胆。"因亦同劝。是时诸王公将相日敦请,四方岳牧表陈符命。乾明元年八月,昭帝践阼。九月,除晞散骑常侍,仍领兼吏部郎中。

后因奏事罢,帝从容曰:"比日何为自同外客,略不可见? 自今假非局司,但有所怀,随宜作一牒,候少隙即径进也。"因敕尚书阳休之、鸿胪卿崔劼等三人,每日本职务罢,并入东廊。共举录历代废礼坠乐,职司废置,朝飨异同,舆服增损,或道德高俊,久在沈沦,或巧言眩俗,妖邪害政,爰及田市舟车、征税通塞、婚葬仪轨、贵贱等衰,有不便于时而古今行用不已者,或自古利用而当今毁弃者,悉令详思,以渐条奏。未待顿备,遇忆续闻。朝晡给典御食,毕景听还。

时百官请建东官,敕未许,每令晞就东堂监视太子冠服,导引趋拜。寻拜为太子太傅。晞以局司奉玺授皇太子。太子释奠,又兼中庶子。帝谓曰:"今既当剧职,不得寻常舒慢也。"

帝将北征,敕问:"比何所闻?"晞曰:"道路传言,车驾将行。"帝曰:"库莫奚南侵,我未经亲戎,因此聊欲习武。"晞曰:"銮驾巡狩,为复何尔? 若轻有征战,恐天下失望。"帝曰:"此懦夫常虑,吾自当临时斟酌。"帝使齐帅裴泽、主书蔡晖伺察群下,好相诬枉,朝士呼为裴、蔡。时二人奏"车驾北征后,阳休之、王晞数与诸人游宴,不以公事在怀。"帝杖休之、晞胫各四十。帝斩人于前,问晞曰:"此人合死不?"晞曰:"罪实合死,但恨其不得死地。臣闻刑人于市,与众弃之,殿廷非杀戮之所。"帝改容曰:"自今当为王公改之。"

帝欲以晞为侍中,苦辞不受。或劝晞勿自疏,晞曰:"我少年以来,阅要人多矣。充诎少时,鲜不败绩。且性实疏缓,不堪时务。人主恩私,何由可保? 万一披猖,求退无地。非不爱作热官,但思之烂熟耳。"百官尝赐射,晞中的,当得绢,为不书箭,有司不与。晞陶陶然曰:"我今段可谓武有余文不足矣。"晞无子,帝将赐之妾,使小黄门就宅宣旨,皇后相闻晞妻。晞令妻答,妻终不言,晞以手撩胸而爱。帝闻之笑。

孝昭崩,晞哀慕殆不自胜,因以羸败。武成本忿其儒缓,由是弥嫌之,因奏事,大被诃叱,而雅步晏然。历东徐州刺史、秘书监。武平初,迁大鸿胪,加仪同三司,监修起居注,待诏文林馆。

性闲澹寡欲,虽王事鞅掌,而雅操不移。在并州,虽戎马填闾,未尝以世务为累。良辰美景,啸咏遨游,登临山水,以谈谑为事,人士谓之“方外司马”。诣晋祠,赋诗曰:“日落应归去,鱼鸟见留连。”忽有相王使召,晞不时至。明日,丞相西阁祭酒卢思道谓晞曰:“昨被召已朱颜,得无以鱼鸟致怪?”晞缓笑曰:“昨晚陶然,颇以酒浆被责。卿辈亦是留连之一物,岂直在鱼鸟而已征?”

及晋阳陷败,与同志避周兵东北走。山路险迥,惧有土贼,而晞温酒服膏,曾不一废。每不肯疾去,行侣尤之,晞曰:“莫尤我,我行事若不悔,久作三公矣。”齐亡,周武帝以晞为仪同大将军、太子谏议大夫。隋开皇元年,卒于洛阳,年七十一。赠仪同三司、曹州刺史。

皓字季高,少立名行,为士友所称。遭母忧,居丧有至性。儒缓亦同诸兄。尝从文宣北征,乘赤马,且蒙霜气,遂不复识。自言失马,虞候为求觅不得。须臾日出,马体霜尽,系在幕前,方云:“我马尚在。”为司徒掾,在府听午鼓,蹀躞待去。群僚嘲之曰:“王七思归何太疾?”季高曰:“大鹏始欲举,燕雀何啾唧?”嘲者曰:“谁家屋当头,铺首浪游逸。”于是喧笑,季高不复得言。大宁初,兼散骑常侍、聘陈使主。天统末,修国史。寻除通直散骑常侍。卒,赠郢州刺史。子伯,奉朝请,待诏文林馆。

皓弟晔,字季炎,卒于沧州司马。

封懿字处德,勃海蓨人也。曾祖释,晋东夷校尉。父放,慕容晔吏部尚书。兄孚,慕容超太尉。

懿有才器,能属文,与孚虽器行有长短,而名位略齐。仕慕容宝,位中书令、户部尚书。宝败,归魏,除给事黄门侍郎、都坐大官、章安子。道武引见,问以慕容旧事,懿应对疏慢,废黜还家。明元初,复征拜都坐大官,进爵为侯。卒官。懿撰《燕书》,颇行于世。

子玄之,坐与司马国璠、温楷等谋乱,伏诛。临刑,明元谓曰:

“终不令绝汝种也，将宥汝一子。”玄之以弟虔之子磨奴字君明早孤，乞全其命。乃杀玄之四子，赦磨奴，刑为宦人。崔浩之诛也，太武谓磨奴曰：“汝本应全，所以致刑者，由浩也。”后为中曹监，使张掖，赐爵富城子。卒于怀州刺史，赠勃海公，谥曰定。经族子叔念为后。

回字叔念，孝文赐名焉，慕容晔太尉奕之后也。父鉴。初，磨奴既以回为后，请于献文，赠鉴宁远将军、沧水太守。回袭磨奴爵富城子。宣武时，累迁安州刺史。山人愿朴，父子宾旅同寝一室。回下车，勒令别处，其俗遂改。明帝时，为瀛州刺史。时大乘寇乱之后，加以水潦，表求振恤，免其兵调，州内赖之。历度支、都官二尚书、冀州大中正。

荥阳郑云谄事长秋卿刘腾，货紫缬四百匹，得为安州刺史。除书旦出，晚往诣回，坐未定，问回：“安州兴生，何事为便？”回曰：“卿荷国宠灵，位至方伯，虽不能拔园葵，去织妇，宜思方略以济百姓，如何见造问兴生乎？封回不为高贾，何以相示？”云惭失色。转七兵尚书，领御史中尉，劾奏尚书右仆射元钦与从兄丽妻崔氏奸通，时人称之。后为殿中尚书、右光禄大夫。庄帝初，遇害河阴。赠司空公，谥曰孝宣。长子隆之。

隆之字祖裔，小名皮，宽和有度量。延昌中，道人法庆作乱冀州，自号大乘，众五万人。隆之以开府中兵参军与大都督元遥讨之，获法庆，赐爵武城子。累迁河内太守。未到郡，属尔朱兆入洛，庄帝幽崩，隆之以父遇害，常怀报雪，因持节东归，图为义举。遂与高乾等夜袭冀州，克之，乃推为刺史。及齐神武自晋阳东出，隆之遣子子绘随高乾奉迎于滏口。

中兴初，拜吏部尚书。韩陵之役，留隆之镇邺城。未几，征为侍中，封安德郡公。于时朝议以尔朱荣宜配食明帝庙庭。隆之议曰：“荣为人臣，亲行杀逆，岂有害人之母而与子对食之理？”以参议麟趾阁新制，又赠其妻祖氏范阳郡君。隆之表以先爵富城子及武城子转授弟子孝琬等，朝廷嘉而从之。后为斛斯椿等所构，逃归乡里，齐神武召赴晋阳。

魏孝静立，除吏部尚书，寻加侍中。元象初，除冀州刺史，加开府，累迁尚书右仆射。及北豫州刺史高仲密将叛，阴招冀州豪望为内应。诏隆之驰驿慰抚，遂得安静。隆之首参神武经略，奇谋皆密以启闻，手书削藁，罕知于外。卒于齐州刺史，赠司徒。神武以追荣未尽，复启赠太保，谥宣懿。神武后至冀州北境，次交津，追忆隆之，顾冀州行事司马子如，言其德美，为之流涕。令以太牢就祭。

隆之历事五帝，以谨素见知。凡四为侍中，再为吏部尚书，一为仆射，四为冀州刺史。每临冀部，州中旧齿咸曰："我封公复来。"其得物情如此。子子绘嗣。

子绘字仲藻，小名搔。性和理，有器局。释褐秘书郎，累迁平阳太守，加散骑常侍。晋州北界霍山旧号千里径者，山坂高峻，每大军往来，士马劳苦。子绘请于旧径东谷别开一路。神武从之，仍令子绘修开，旬日而就。征补大行台吏部郎中。神武崩，秘未发丧，文襄以子绘为勃海太守，执其手曰："诚知未允勋臣官望，但须镇抚。且衣锦昼游，古人所贵，宜善加经略，不劳习常太守向州参也。"仍听收集部曲一千人。大宁三年，为都官尚书。高归彦作逆，命子绘参赞军事。贼平，敕子绘权行州事。征拜仪同三司、尚书右仆射。卒，谥曰简。子宝盖袭。

子绘弟子绣，位霍州刺史。陈将吴明彻侵淮南，子绣城陷，送扬州。齐亡后，逃归。终于通州刺史。子绣外貌儒雅，而使气难犯。兄女婿司空娄定远为瀛州刺史，子绣为勃海太守。定远过之，对妻及诸女谑集言戏，微有亵慢。子绣鸣鼓集众将攻之，定远免冠拜谢，久之乃释。

隆之弟兴之，字祖胄。经明行修，恬素清静。位瀛冀二州刺史、平北府长史。所历有当官誉。卒，以隆之佐命功，赠殿中尚书、雍州刺史，谥曰文。

子孝琬，字士茜，七岁而孤，为隆之鞠养，慈爱甚笃，隆之启以父爵富城子授焉。位东宫洗马。卒，赠太府少卿。孝琬性恬静，颇好文咏。太子少师邢邵、七兵尚书王昕并先达高才,与孝琬年位悬隔,晚相逢遇,分好遂深。孝琬灵榇言归,二人送于郊外,悲哭凄恸,有感路人。

孝琬弟孝琰,字士光,少修饬,学尚有风仪。位秘书丞、散骑常侍、聘陈使主,在道遥授中书侍郎。还,坐受魏收嘱,牒其门客从行事发,付南都狱,决鞭二百,除名。后除并省吏部郎中、南阳王友,赴晋阳典机密。

和士开母丧。托附者咸往奔哭。邺中富商丁邹、严兴等并为义孝,有一士人亦在哭限。孝琰入吊,出谓人曰:"严兴之南,丁邹之北,有一朝士,号叫甚哀。"闻者传之。士开知而大怒。其后会黄门郎李瑰奏南阳王绰骄恣,士开因谮之曰:"孝琰从绰出外,乘其副马,舍离部伍,别行戏语。"时孝琰女为范阳王妃,为礼事,因假入辞,帝遂决马鞭一百放出,又遣高阿那肱重决五十,几死。还邺,在集书省上下。自此沈废。士开死后,为通直散骑常侍。后与周和好,以为聘周使副。

祖珽辅政,奏入文林馆撰御览。孝琰文笔不高,但以风流自立,善谈戏,威仪闲雅,容止进退,人皆慕之。以祖珽好自矜大,佞之云:"是衣冠宰相,异于余人。"近习闻之,大以为恨。寻以本官兼尚书右丞。其所弹射,多承意旨。时有道人昙献者,为皇太后所幸,赏赐隆厚,车服过度。又乞为沙门统,后主意不许,但太后欲之,遂得居任。然后主常憾焉。因僧尼他事,诉者辞引昙献,上令有司推劾。孝琰案其受贿,致于极法,其家珍异悉以没官。由是正授左丞,仍奏门下事。

性颇简傲,不谐时俗,意遇渐高,弥自矜诞,举动舒迟,无所降屈,识者鄙之。与崔季舒等以正谏同死。子君确、君静二人徙北边,少子君严、君赞下蚕室。南安败,君确等二人皆坐死。

兴之弟延之,字祖业,少明辩,有世用。封郏城子,位青州刺史,多所受纳。后行晋州事。沙苑之败,延之弃州北走,以隆之故,免其死。卒,赠尚书左仆射、司徒公,谥文恭。子纂嗣。

鉴长子琳,字彦宝,位中书侍郎。与侍中、南平王冯诞等议定律令,有识者称之。历位太尉长史、司宗下大夫、南夏青二州刺史、光禄大夫。琳弟子肃。

肃字元邕,博涉经史。太傅崔光见而赏焉。位尚书左中兵郎中。性恭俭,不妄交游,唯与崔勔、勔从兄鸿尤相亲善。所制文章多亡失,存者十余卷。

懿从兄子恺,字思悌,奕之孙也。父劝,慕容垂侍中、太常卿。恺位给事黄门侍郎、散骑常侍。后入代都,名出懿子玄之右。俱坐司马氏事死。恺妻,卢玄女也。恺子伯达,弃母及妻李氏南奔河表,改婚房氏。献文末,伯达子休杰内入。祖母卢犹存,垂百岁矣,而李已死。休杰位冀州咸阳王府咨议参军。

回族叔轨,字广度。好学,通览经传。与光禄大夫武邑孙惠蔚同志友善。惠蔚每推轨曰:“封生之于经义,吾所弗如者多矣。”颇自修洁,仪容甚伟。或曰:“学士不事修饰,此贤何独如此?”轨闻,笑曰:“君子整其衣冠,尊其瞻视,何必蓬头垢面而后为贤。”言者惭退。

以兼员外散骑常侍衔命高丽。高丽王云恃其偏远,称疾不亲受诏。轨正色诘之,喻以大义,云乃北面受旨。使还,转考功郎中,除本郡中正。勃海太守崔休为吏部郎中,以己考事干轨。轨曰:“法者天下之事,不可以旧君故,亏之也。”休叹其守正。轨在台中,称为儒雅。除国子博士,假通直散骑常侍,慰劳汾州山胡。

司空、清河王怿表修明堂、辟雍,诏百僚集议。轨议曰:

《周官匠人》职云:夏后氏世室,殷人重屋,周人明堂,五室,九阶,四户,八窗。郑玄曰:“或举宗庙,或举王寝,或举明堂,互文以见同制。”然则三代明堂,其制一也。案周与夏、殷,损益不同,至于明堂,因而弗革,明五室之义,得天数矣。是以郑玄又曰:“五室者,象五行也。”然则九阶者法九土,四户者达四时,八窗者通八风,诚不易之大范,有国之恒式。若其上圆下方以则天地,通水环宫以节观者,茅盖白盛为之质饰,赤缀白缀为之户牖,皆典籍所载,制度之明义也。

　　秦焚灭五典,非毁三代,变更先圣,不依旧宪。故《吕氏·月令》见九室之义,大戴之《礼》著十二堂之文。汉承秦法,亦未能改,东西二京,俱为九室。是以《黄图》、《白武通》、蔡邕、应邵等咸称九室以象九州,十二堂以象十二辰。夫室以祭天,堂以布政。依行而祭,故室不过五;依时布政,故堂不逾四。州之与辰,非所可法。九与十二,厥用安在?今圣朝欲尊道训人,备礼化物,宜则五室,以为永制。至如庙学之嫌,台沼之杂,袁准之徒已论正矣。

　　后卒于廷尉少卿。赠济州刺史。

　　初,轨深为郭祚所知,祚常谓子景尚曰:"封轨、高绰二人,并干国之才,必应远至。吾平生不妄进举,而每荐此二人,非直为国进贤,亦为汝等之津梁。"其见重如此。轨既以方直自来,高绰亦以风概立名。高肇拜司徒,绰送迎往来,轨竟不诣。绰顾不见轨,乃遽归曰:"吾一生自谓无忝规矩,今日举措不如封生远矣。"轨以务德慎言,修身之本,奸回谗佞,世之巨害,乃为《务德》、《慎言》、《远佞》、《防奸》四戒。文多不载。

　　长子伟伯,字君良,博学有才思。弱冠,除太学博士。每朝廷大议,伟伯参焉。雅为太保崔光、仆射游肇所知赏。太尉、清河王怿辟参军事。怿亲为《孝经解诂》,命伟伯为难例九条,皆发起隐漏。伟伯又讨论《礼》、《传》、《诗》、《易》疑事数十条,儒者咸称之。时朝廷将经始明堂,广集儒学,议其制度,九五之论,久而不定。伟伯乃搜检经、纬,上《明堂图说》六卷。又撰《封氏本录》六卷。

　　正光末,尚书仆射萧宝夤为关西行台,引为行台郎。及宝夤为逆,伟伯与南平王固潜结关中豪右韦子粲等,谋举义兵。事发,见杀。永安中,赠瀛州刺史,听一子出身,无子,转授弟翼。翼弟述。

　　述字君义,有干用。天平中,为三公郎中。时增损旧事,为《麟趾新格》,其名法科条皆述所删定。齐受禅,累迁大理卿。河清三年,敕与录尚书赵彦深、仆射魏收、尚书杨休之、国子祭酒马敬德等议定律令，历位度支、五兵、殿中三尚书。

述久为法官，明解律令。议断平允，深为时人所称。而厚积财产，一无分馈，虽至亲密友，贫病困笃，亦绝于拯济。朝野物论甚鄙之。外貌方整，而不免请竭，回避进趣，颇致嗤骇。前妻河内司马氏。一息为娶陇西李士元女，大输财聘。及将成礼，犹竞悬违。述忽取所供养像，对士元打像为誓。士元笑曰："封公何处常得应急像，须誓便用？"一息娶范阳卢庄之女，述又经府诉云："送骡乃嫌脚跛，评田则云咸薄，铜器又嫌古废。"皆为吝啬所及，每致纷纭。

子元茜，位太子舍人。

述弟询，字景文，窥涉经史，以清素自持。位尚书左丞、济南太守，历官皆有干局才具，临郡甚著声绩。隋开皇中卒。

论曰：崔逞文学器识，当年之俊，忽微虑远，俱以为灾。休立身有本，当礼著称。长儒才望之美，祸因骄物，虽有周公之才，犹且为累，况未足谕其高下，能无及乎？赡词韵温雅，风神秀发，固人望也。王宪名公之孙，老见优异。元景昆季履道，标映人伦，美哉！对回克光家世，隆之勤劳霸业，子绘实隆堂构，可谓载德者矣。君义聚敛啬吝，无乃鄙哉！

北史卷二五
列传第一三

古弼　张黎　刘洁　丘堆
娥清　伊馛　乙瓌　周几
豆代田　车伊洛　王洛儿
车路头　卢鲁元　陈建
来大干　宿石　万安国
周观　尉拨　陆真　吕洛拔
薛彪子　尉元　慕容白曜
和其奴　苟颓　宇文福

古弼，代人也。少忠谨，善骑射。初为猎郎，门下奏事，以敏正称。明元嘉其直而有用，赐名曰笔。后改名弼，言其有辅佐才也。令典西部，与刘洁等分缉机要，敷奏百揆。

太武即位，以功拜立节将军，赐爵灵寿侯。历位侍中、吏部尚书，典南部奏事。后征冯弘。弘将奔高丽，高丽救军至，弘乃随之，令妇人被甲居中，其精卒及高丽陈兵于外。弼部将高苟子击贼军，弼酒醉，拔刀止之，故弘得东奔。太武大怒，黜为广夏门卒。寻复为侍中，与尚书李顺使凉州。赐爵建兴公，镇长安，甚有威名。及议征凉州，弼与顺咸言凉州乏水草，不宜行，帝不从。既克姑臧，微嫌之，以其有将略，弗之责。

宋将裴方明克仇池，立杨玄庶子保炽。于是假弼节，督陇右诸军讨仇池，平之。未几，诸氏复推杨文德为主，围仇池。弼攻解其围，文德走汉川。时东道将皮豹子闻仇池围解，议欲还军。弼使谓曰："若其班师，寇众复至，后举为难。不出秋冬，南寇必来，以逸待劳，百胜之策也。"豹子乃止。太武闻之曰："弼言长策也。制有南秦，弼谋多矣。"

景穆总摄万机，征为东宫四辅，与宜都王穆寿并参政事。迁尚书令。弼虽事秋殷凑，而读书不辍。端谨慎密，口不言禁中事。功名等于张黎，而廉不及也。

上谷人上书，言苑囿过度，人无田业，宜减太半，以赐贫者。弼入欲陈奏，遇帝与给事中刘树棋，志不听事。弼侍坐良久，不获申闻。乃起，于帝前捽树头，掣下床，以手搏其耳，以拳殴其背，曰："朝廷不理，实尔之罪！"帝失容，放棋曰："不听奏事，过在朕。树何罪？置之！"弼具状以闻。帝奇弼公直，皆可其奏，以与百姓。弼曰："为臣逞志忓君前者，非无罪也。"乃诣公车，免冠徒跣，自劾请罪。帝召之，谓曰："卿其冠履。召闻筑社之役，蹇蹶而筑之，端冕而事之，神与之福。然则卿有何罪？自今以后，苟利社稷，益国便人者，虽复颠沛造次，卿则为之，无所顾也。"

太武大阅，将校猎于河西，弼留守。诏以肥马给骑人，弼命给弱者。太武大怒曰："尖头奴敢裁量朕也！朕还台，先斩此奴！"弼头尖，帝常名之曰"笔头"，时人呼为"笔公"。属官惧诛。弼告之曰："吾谓事君使田猎不过盘游，其罪小也。不备不虞，使戎寇恣逸，其罪大也。今北狄孔炽，南虏未灭，狡焉之志，窥伺边境，是吾忧也。故选肥马备军实，为不虞之远虑。苟使国家有利，吾宁避死乎？明主可以理干，此自吾罪。"帝闻而叹曰："有臣如此，国之宝也。"赐衣一袭，马二匹，鹿十头。后车驾田于山北，获麋鹿数千头，诏尚书发车牛五十乘运之。帝寻谓从者曰："笔公必不与我，汝辈不如马运之速。"遂还。行百余里而弼表至,曰:"今秋谷悬黄,麻菽布野,猪鹿窃食,鸟雁侵费,风波所耗,朝夕参倍。乞赐矜缓,使得收载。"帝谓左右曰:"笔公果如朕卜,可谓社稷之臣。"

初,杨难当之来也,诏弼悉送其子弟于京师。杨玄少子文德,以黄金三十斤赂弼。弼受金留文德,而遇之无礼,文德亡入宋。太武以其正直,有战功,弗加罪责。太武崩,吴王立,以弼为司徒。文成即位,与张黎并坐议不合旨,俱免。有怨谤之言,其家人告巫蛊,俱伏法。时人冤之。

张黎,雁门平原人也。善书计,道武知待之。明元器其忠亮,赐爵广平公,管综机要。太武以其功旧,任以辅弼,除大司农卿。军国大议,黎常与焉。以征赫连定功,进号征北大将军,与乐安王范、济南公崔徽镇长安。清约公平,甚著声称,代下之日,家无余财。太武征凉州,蠕蠕吴提乘虚入寇,黎与司空长孙道生拒击走之。景穆初总百揆,黎与崔浩等辅政,忠于奉上,非公事不言,诏赐浩、黎布帛各千匹,以褒旧勋。吴王余立,以黎为太尉。后文成即位,与古弼俱诛。

刘洁,长乐信都人也。昭成时,慕容氏献女,洁祖父生为公主家臣,乃随入魏。赐以妻妾,生子堤,位乐陵太守,封信都男。卒。

洁袭堤爵。数从征讨,进爵会稽公。后与永安侯魏勤及功劳将军元屈等击吐京叛胡,为其所执,送赫连屈丐。洁声气不挠,呼其字而与之言,神色自若。屈丐壮而释之。后得还国。典东部事。明元寝疾,太武监国,洁与古弼等选侍东宫,对综机要。

太武即位,奇其有柱石用,委以大任。及议军国,朝臣咸推其能。迁尚书令,改为钜鹿公。车驾西伐,洁为前锋。沮渠牧犍弟董来距战于城南,洁信卜者之言,以日辰不协,击鼓却阵,故董来得入城。太武微嫌之。洁久在枢密,恃宠自专,帝心稍不平。

时议伐蠕蠕,洁言不如广农积谷,以待其来,群臣皆从其议。帝决行,乃从崔浩议。既出,与诸将期会鹿浑谷,而洁恨其计不用,欲沮诸将,乃矫诏更期,诸将不至。时虏众大乱,景穆欲击之,洁执不可。停鹿浑谷六日,诸将犹不集,贼已远遁,追至石水,不及而还。师次漠中,粮尽,士卒多死。洁阴使人惊军,劝帝弃军轻还,帝不从。洁以军行无功,奏归罪于崔浩。帝曰:"诸将后期,及贼不击,罪在诸将,岂在于浩?"又洁矫诏事遂发,舆驾至五原,收洁幽之。

太武之征也,洁私谓亲人曰:"若军出无功,车驾不返,即吾当立乐平王。"洁又使右丞张嵩求图谶,问:"刘氏应王,继国家后,我审有名姓不?"嵩对曰:"有姓而无名。"穷验款引,搜嵩家,果得谶书。洁与南康公秋邻及嵩等皆夷三族,死者百余人。洁既居势要,内外惮之,侧目而视。籍其家,财产钜万。太武追忿,言则切齿。

丘堆,代人也。美容仪。初以忠谨入侍。明元即位,拾遗左右,稍迁散骑常侍。太武监国临朝,堆与太尉穆观等为右弼。及即位,赐爵临淮公,位太仆。

与宗正娥清略地关右,而宜城王奚斤表留堆,合军与赫连昌相拒。斤进击赫连定,留堆守辎重。斤为定禽,堆闻而弃甲走长安。帝大怒,遣西平公安颉斩堆。

娥清,代人也。少有将略,累著战功,稍迁给事黄门侍郎。明元南巡,幸邺,以清为中领军将军,与宋兵将军周几等度河,略地至湖陆,以功赐爵须昌侯。与几等遂镇枋头。太武初,乃还京师,进为东平公。

后从平统万,遂与奚斤讨赫连昌,至安定。及昌弟定西走,斤追之。清欲寻水往,斤不从,遂与斤俱为定禽。克平凉,乃得还。后与古弼等东讨冯弘,以不急战,弘奔高丽,槛车征,黜为门卒而卒于家。

子延,赐爵南平公。

伊馛，代人也。少勇健，走及奔马，善射，力曳牛却行。神䴥初，擢为侍郎，转三郎，赐爵汾阳子。太武将讨凉州，议者咸以无水草谏，唯司徒崔浩劝行。群臣出后，馛曰："凉州若无水草，何得为国？宜从浩言。"帝善之。及克凉州，大会于姑臧，帝谓群臣曰："崔公智计有余，吾亦不复奇之。正奇馛弓马士，所见能与崔同耳。"顾谓浩曰："馛智力如此，终至公相。"浩曰："何必读书，然后为学。卫青、霍去病亦不读书而致公辅。"帝欲以馛为尚书，封郡公。馛以尚书务殷，公爵至重，辞之；中、秘二省，多诸文士，请参其次。帝贤之，遂拜秘书监，赐爵河南公。拜司空，清约自守，为政举大纲而已，不为苛碎。

大安二年，领太子太保。三年与司徒陆丽等并平尚书事。薨。子兰袭爵，位库部尚书。卒。

子盆生，骁勇有胆气，累有战功，遂为名将。以勋赐爵平城子。为西道都督，战殁。赠雍州刺史。

乙瓌，代人也。其先世统部落。太武时，瓌父匹知遣瓌入贡，帝留之。瓌善骑射，手格猛兽。尚太武女上谷公主，除驸马都尉，赐爵西平公。从驾南征，都督前锋诸军事，勇冠三军。后进爵为王，又为西道都将。薨，年二十九，赠太尉公，谥曰恭。子乾归袭爵。

乾归有气干，颇习书疏，尤好兵法。尚景穆女安乐公主，除驸马都尉、侍中。献文初，为秦州刺史，有惠政。孝文即位，为中道都将。卒，谥曰康。

子海，字怀仁，位散骑侍郎。卒，谥曰孝。

海子瑗，字雅珍，尚孝文女淮阳公主，除驸马都尉，累迁西兖州刺史。天平元年，举兵应樊子鹄，战败死。

周几，代人也。少以善射为猎郎。明元即位，为左部尚书，以军功封交趾侯。太武以几有智勇，遣镇河南，威信著于外境。几常嫌奚斤等绥抚关中失和，每至言论，形于声色，斤等惮焉。进号宋兵将军,率洛州刺史于栗碑以万人袭陕城,卒于军,军人无不叹惜之。归葬京师。谥曰桓。子步袭爵。

豆代田,代人也。明元时,以善骑射为内细射。后攻武牢,诏代田登楼射贼,矢不虚发。以功迁内三郎。从讨赫连昌,乘胜追贼,入其宫门。门闭,代田逾宫而出。太武壮之,拜勇武将军。后从讨平凉,破赫连定,得奚斤等,以定妻赐之。诏斤膝行授酒于代田。敕斤曰:"全尔身命者,代田功也。"以从讨和龙战功,封长广公。卒于统万镇大将。赠长广王,谥曰恭。子周求袭爵。

车伊洛,焉耆胡也。世为东境部落帅,恒修职贡。延和中,授平西将军,封前部王。伊洛规欲归阙,为沮渠无讳断路,伊洛连战破之。无讳卒,伊洛前后遣使招喻其子乾寿等,及其户五百余家,送之京师。又率部众二千余人伐高昌,讨破焉耆东关七城。正平二年,伊洛朝京师,拜都官尚书,将军、王如故。卒,谥康王,葬礼依卢鲁元故事。子歇袭爵。

王洛儿,京兆人也。明元在东宫,以善骑射给事帐下,谨愿未尝有过。明元尝猎于灅南,冰陷没马。洛儿投水奉帝出,殆将冻死。帝解衣赐之,自是恩宠日隆。天赐末,帝避难居外,洛儿晨夜侍卫,恭勤发于至诚。元绍之逆,帝左右唯洛儿与车路头。昼居山岭,夜还洛儿家。洛儿邻人李道潜相奉给,晨复还山。众庶颇知,喜而相告。绍闻,收道斩之。洛儿犹冒难往返京都,通问于大臣,大臣遂出奉迎,百姓奔赴。明元还宫,社稷获全,洛儿有功焉。

明元即位,拜散骑常侍,赐爵新息公,加直意将军,又追赠其父为列侯,赐僮隶五十户。卒,赠太尉、建平王。赐温明秘器,载以辒辌车,使殿中卫士为之导从,亲临哀恸者数四焉。乃鸠其妻周氏,与合葬。子长城袭爵。

车路头，代人也。少以忠厚选给东宫，为帐下帅。天赐末，明元出于外，路头随侍竭力。及即位，封宣城公、忠意将军。帝性明察，群臣多以职事遇谴，至有杖罚，故路头优游不任事。性无害，每评狱处理，常献宽恕之议，以此见重于朝，帝亦敬纳之。卒，明元亲临哀恸，赠太保、宣城王，谥曰忠贞。丧礼一依安城王叔孙俊故事。陪葬金陵。子眷袭爵。

卢鲁元，昌黎徒河人也。曾祖副鸠，仕慕容氏，为尚书令、临泽公。祖、父并至大官。鲁元宽和有雅度，明元时，选为通直郎，以忠谨给侍东宫，太武亲爱之。即位，以为中书侍郎，宠待弥渥。而鲁元益加谨肃，帝愈亲待之。内外大臣，莫不敬惮。性多容纳，善与人交，好掩人过扬人美，由是公卿咸亲附之。以工书有文才，累迁中书监，领秘书事。赐爵襄城公，赠其父为信都侯。

从征赫连昌，太武亲追击，入其城门，鲁元随帝出入。是日微鲁元，几至危殆。从迁太保、录尚书事。帝贵异之，临幸其第，不出旬日。欲其居近，易往来，乃赐甲第于宫门南。衣食车马皆乘舆之副。

真君三年，驾幸阴山，鲁元以疾不从。侍臣问疾，医药传驿，相属于路。及薨，帝甚悼惜之，还临其丧，哭之哀恸。东西二宫，命太官日送奠，晨昏哭临，讫则备奏钟鼓伎乐。舆驾比葬三临之。丧礼依安城王叔孙俊故事而赗送有加。赠襄城王，谥曰孝。葬于崞山，为建碑阙。自魏兴，贵臣恩宠，无与为比。

子统袭爵，以父任，侍东宫，太武以元舅阳平王杜超女南安长公主所生妻之。车驾亲自临送，太官设供具，赏赉千计。文成即位，典选部、主客二曹。卒，赠襄城王，谥曰景。无子。

弟弥娥袭。卒，赠襄城王，谥曰恭。

鲁元少子内，给侍东宫。景穆深昵之，常与卧起，同衣食。父子有宠两宫，势倾天下。内性宽厚，有父风，而恭慎不及。正平初，宫臣伏诛。太武以鲁元故，唯杀内而厚抚其兄弟。

陈建，代人也。以善骑射擢为三郎，迁下大夫、内行长。太武讨山胡白龙，轻之，单将骑数十，每自登山。白龙伏壮士，出不意，帝坠马，几至不测。建以身捍贼，奋击，杀数人，被十余疮。帝壮之，赐别户二十。文成初，出为幽州刺史，假秦郡公。帝以建贪暴懦弱，遣使就州罚杖五十。

孝文初，征为尚书右仆射，加侍中，进爵赵郡公。建与晋阳侯元仙德、长乐王穆亮、平原王陆睿密表启南伐，帝嘉之。迁司徒，进爵魏郡王。帝与文明太后频幸建第，赐建妻于后庭。薨，子念生袭。有罪，爵除。

来大干，代人也。父初真，从道武避难叱候山，参创业功。官至后将军，武原侯，与在八议。

大干骁果善骑射。永兴初，袭爵，位中散。至于朝贺之日，大干常著御铠，盘马殿庭，朝臣莫不嗟叹。迁内三郎、幢将，典宿卫禁旅。大干用法严明，上下齐肃。尝从明元校猎，见兽在高岩上，持槊直前刺之，应手而死。帝嘉其勇壮。

太武践阼，与襄城公卢鲁元等七人俱为常侍，常持仗侍卫，昼夜不离左右。累从征伐，以战功赐爵庐陵公，镇云中，兼统白道军事。太武以其壮勇，数有战功，兼悉北境险要，诏使巡抚六镇，以防寇虏。经略布置，甚得事宜。

后吐京胡反，以大干为都将，讨平之。在吐京卒。丧还，停于平城南。太武出游还，见而问之，左右以对，帝悼叹者良久。诏听其丧入殡城内。赠司空，谥庄公。子丘颓袭爵，降为晋兴侯。

宿石，朔方人，赫连屈丐弟文陈之曾孙也。天兴中，文陈父子归魏，道武嘉之，以宗女妻焉，拜上将军。祖若豆根，明元时赐姓宿氏，袭上将军。父沓干，从太武征平凉有功，赐爵汉安男。后从讨蠕蠕，战没。

石年十三袭爵，擢为中散，迁内行令。从于苑中游猎，石走马引前,道峻马倒,殒绝,久之乃苏。由是御马得制。文成嘉之,赐以绵帛、骏马,改爵义阳子。又常从猎,文成亲欲射猛兽。石叩马谏,引帝至高原上。后猛兽腾跃杀人。褒美其忠,许后有犯罪,宥而勿坐,赐骏马一匹。尚上谷公主,拜驸马都尉。位吏部尚书,进爵太山公,为北征中道都大将。卒,追赠太原王,谥康,葬礼依卢鲁元故事。太和初,子倪袭爵。

万安国,代人也。世为酋帅。父振,尚高阳长公主,拜驸马都尉,位长安镇将,爵冯翊公。安国少明敏,以国甥复尚河南公主,拜驸马都尉。献文特亲宠之,与同卧起。拜大司马、大将军,封安城王。安国先与神部长奚买奴不平,承明初,矫诏杀买奴于苑中。孝文闻之,大怒,遂赐死,年二十三。子翼袭王爵。

有嵇根者,世为纥奚部帅。皇始初,率部归魏,尚昭成女。生子拔,位尚书令。拔尚华阴公主,生子敬。元绍之逆也,主有功,超授敬大司马,封长乐王。薨,子护袭,拜外都大官。根事迹遗落,故略附云。

周观,代人也。骁勇有膂力。太武以军功赐爵金城公,位高平镇将。善抚士卒,号有威名。后拜内都大官,出为秦州刺史。抚驭失和,部人薛永宗聚众汾曲以叛。观讨永宗,为流矢所中。太武幸蒲坂,观闻帝至,惊怖而起,疮重遂卒。帝怒,绝其爵云。

尉拨,代人也。父那,濮阳太守。拨为太学生,募从兖州刺史罗忸击贼于陈、汝,有功,赐爵介休男。讨和龙,击吐谷浑,皆有军功,进爵为子。累迁杏城镇将,大得人和。文成以拨清平有惠绩,赐以衣服。献文即位,为北征都将。南攻悬瓠。进爵安城侯,位北豫州刺史。卒,谥敬侯。

陆真,代人也。父洛侯,秦州刺史。

真少善骑射。太武以真膂力过人,拜内三郎。真君中,从讨蠕蠕,以功赐爵关内侯。后攻悬瓠,登楼临射城中,弦不虚发。从太武至江,还攻盱台,真功居多。文成即位,进爵都昌侯,位选部尚书。后拜长安镇将。时初置长蛇镇,真率众筑城未讫,而氐豪仇傉檀等反叛。真击平之,卒城长蛇而还。东平王道符反于长安,以真为长安镇将,赐爵河南公。长安平兵人素伏其威信,及至,皆怗然安静。在镇数年,甚著威称。卒,谥曰烈。

子延,字契胡提,颇有气干。袭爵河南公,例降,改封汝阳侯。位怀朔镇大将、太仆卿。受使绥慰秀容,为牧子所害。

吕洛拔,代人也。曾祖渴侯,昭成时率户五千归魏。父匹知,太武时为西部长,封荥阳公。洛拔以壮勇知名。文成末,为平原镇都将。随尉元攻宋将张永,大败之,赐爵成武侯。卒。

长子文祖,献文以其勋臣子,补龙牧曹奏事中散。以牧产不滋,坐徙武川镇,后文祖以旧语译注皇诰,辞义通辩,为外都曹奏事中散。后坐事伏法。

薛彪子,代人也。祖达头,自姚苌时率部落归魏。道武赐爵聊城侯,待以上客礼,赐妻郑氏。卒,赠冀州刺史,谥曰悼。父野睹,并、太二州刺史,封河东公,有声称。卒,谥曰简。

彪子姿貌壮伟,明断有父风。为内行长,典奉诸曹事。当官正直,内外惮之。及文明太后临朝,出为枋头镇将。素刚简,为近臣所嫉,因小过,黜为镇门士。及献文南巡,次山阳,彪子拜诉于路,复除枋头镇将。累迁开府、徐州刺史,在州甚多惠政,百姓便之。沛郡太守邵安、下邳太守张攀,咸以赃污,彪子案之于法。安等遣子弟上书,诬彪子南通贼虏。孝文曰:"此妄矣。"推案果虚。卒,谥曰文。子琡。

琡字昙珍,形貌瑰伟。少以干用为典客令。每引见,仪望甚美。宣武谓曰:"卿风度峻整,姿貌秀异,后当升进,何以处官?"琡答曰:

“宗庙之礼，不敢不敬；朝廷之事，不敢不忠。自此之外，非庸臣所及。”

正光中，行洛阳令，部内肃然。时以久旱，京师见囚悉召集于都亭，理问冤滞。洛阳狱唯有三人。孝明嘉之，赐缣百匹。琡本附元叉，叉废，忧惧，由是政教废弛，坐免官。李神轨有宠于灵太后，琡复事之。

累迁吏部郎中。先是，吏部尚书崔亮奏立停年格，不简人才，专问劳旧。琡乃上书曰：“臣闻锦縠虽轻，不委之以学割；瑚琏任重，岂寄之以弱力。若使选曹唯取年劳，不简贤否，使义均行雁，次若贯鱼，勘簿呼名，一吏足矣。数人而用，何谓铨衡？今黎元之命系于守长。若其得人，则苏息有地；任非其器，为患更深。请郡县之职，吏部先尽择才，并学通古今晓达政职者，以应其选。不拘入职远近，年勋多少。其积劳之中，有才堪牧人者，自在先用之限。其余不堪者，既壮藉其力，岂容老而弃之，将佐丞尉去人稍远，小小当否，未为多失，宜依次补叙，以酬其劳。”书奏，不报。后因引见，复陈之曰：“今四方初定，务在养人。臣请依汉氏更立四科，令三公宰贵各荐时贤，以补郡县。明立条格，防其阿党之端。庶令涂炭之余，戴仰有地。”诏下公卿议之，事亦寝。

元天穆讨邢杲，以琡为行台尚书。军次东郡，时元颢已据鄷城，邢杲又逼历下，天穆议其所先。议者咸以杲盛，宜先经略。唯琡以杲为聚众无名，虽强犹贼；元颢皇室昵亲，来称义举，自河阴之役，人情骇怨，今有际会，易生感动。待颢事决，然后回师。天穆以群情所愿，遂先讨杲。杲降，军还至定陶，天穆留琡行西兖州事。寻为元颢所陷。颢执琡自随。尔朱荣破颢，天穆谓琡曰：“不用君言，乃至于此！”天平初，拜七兵尚书。齐神武引为丞相府长史，军国之事，多所关知。琡亦推诚尽节，屡进忠说。神武大举西伐，将度蒲津。琡谏曰：“西贼连年饥馑，故冒死来入陕州。但宜置兵诸道，勿与野战。比及来年麦秋，人应饿死，宝炬、黑獭自然归降。愿无渡河。”侯景亦曰：“今举兵极大，万不一捷，卒难收敛。不如分为二军，相继而进，前军若胜，后军合力；前军若败，后军承之。"神武皆弗纳，遂有沙苑之败。

后范阳卢仲礼反，琡与诸军讨平之。转殷州刺史。为政严酷，吏人苦之。后历位度支、殿中二尚书。天保元年，卒于兼尚书右仆射。临终，敕其子敛以时服，逾月便葬，不听干求赠官。自制丧车，不加雕饰，但用麻为旐苏，绳纲络而已。明器等物，并不令置。

琡久在省闼，明闲簿领，当官剖断，敏速如流。然天性险忌，情义不笃，外若方格，内实浮动。受纳货贿，曲理舞法，深文刻薄，多所伤害。人士畏恶之。魏东平王元匡妾张氏，淫逸放恣。琡初与奸通，后纳以为妇。惑其谗言，遂弃前妻于氏，不认其子允。家人内忿，竞相告列，深为世所讥鄙。赠开府仪同三司、尚书左仆射、清州刺史。谥曰威恭。子允嗣。

尉元字苟仁，代人也。世为豪宗。父目斤，勇略闻于当时，位中山太守。元以善射称，为羽林中郎，以匦懈见知。稍迁驾部给事中，赐爵富城男。和平中，迁北部尚书，进爵太昌侯。天安元年，薛安都以徐州内附，献文以元为持节、都督东道诸军事，与城阳公孔伯恭赴之。宋兖州刺史毕众敬遣东平太守章仇树归款，元并纳之，遂长驱而进。宋遣将张永、沈攸之等屯于磵。安都出城见元。元依朝旨，授其徐州刺史，遣中书侍郎高闾、李璨等与安都俱还入城。别令孔伯恭抚安内外，然后元入彭城。元以永仍据险要，乃命安都与璨等同守，身率精锐，扬兵于外，分击吕梁，绝其粮运。永遂捐城夜遁。于是遣高闾与张谠对为东徐州刺史；李璨与毕众敬对为东兖州刺史。拜元开府、都督、徐州刺史、淮阳公。

太和初，征为内都大官。既而出为使持节、镇西大将军、开府、统万镇都将，甚得夷人之心。三年，进爵淮阳王，以旧老见礼，听乘步挽，杖于朝。齐高帝既立，多遣间谍，扇动新人，不逞之徒，所在蜂起。以元威名夙振，使总率诸军以讨之。东南清晏，远近怗然。入为侍中、都曹尚书。迁尚书令，进位司徒。

十年，例降庶姓王爵，封山阳郡公。其年，频表以老乞身，诏许之。元诣阙谢老，引见于庭，命升殿劳宴，赐玄冠、素服。又诏曰："前司徒山阳郡公尉元、前大鸿胪卿新泰伯游明根，并元亨利贞，明允诚素，位显台宿，归老私第。可谓知始知卒，希世之贤也。公以八十之年，宜处三老之重；卿以七十之龄，可充五更之选。"于是养三老、五更于明堂，国老、庶老于阶下。孝文再拜三老。亲袒割牲，执爵而馈；于五更行肃拜之礼；赐国老、庶老衣服有差。既而元言曰："自天地分判，五行施则，人之所崇，莫重于孝顺。然五孝六顺，天下之所先，愿陛下重之，以化四方。臣既年衰，不究远趣，心耳所及，敢不尽诚。"帝曰："孝顺之道，天地之经。今承三老明言，铭之于怀。"明根言曰："夫至孝通灵，至顺感幽，故诗云：'孝悌之至，通于神明，光于四海。'如此则孝顺之道，无所不格。愿陛下念之，以济黎庶。臣年志朽弊，识见昧然，在于愚虑，不敢不尽。"帝曰："五更助三老以言至范，敷展德音。当克己复礼，以行来授。"礼毕，乃赐步挽一乘。诏曰："夫尊老尚更，列圣同致；钦年敬德，绵哲齐轨。朕虽道谢玄风，识昧睿则，然仰禀先诲，企遵猷旨。故推老以德，立更以元，父焉斯彰，兄焉斯显矣。前司徒公元、前鸿胪卿明根，并以汁德悬车，懿量归老，故尊老以三，事更以五。虽老、更非官，耄耋闲禄，然况事既高，宜加殊养。三老可给上公禄，五更可食元卿俸。供食之味，亦同其例。"

十七年，元疾笃，帝亲省疾。薨，谥景桓公，葬以殊礼，给羽葆鼓吹，假黄钺，班剑四十人。子翊袭爵。迁洛，以山阳在畿内，改为博陵郡公。卒于恒州刺史，谥曰顺。

慕容白曜，慕容晃之玄孙也。父琚，历官以廉清著称，赐爵高都侯。终尚书左丞，谥曰简。

白曜少为中书吏，以敦直给事宫中。袭爵，稍迁北部尚书。文成崩，与乙浑共执朝政，迁尚书右仆射，进爵南乡公。

宋徐州刺史薛安都、兖州刺史毕众敬并以城内附，诏镇南大将军尉元、镇东将军孔伯恭赴之。而宋东平太守申纂屯无盐，并州刺史房崇吉屯斗城，遏绝王使。皇兴初，加白曜使持节、督诸军事、征南大将军，进爵上党公。屯碻磝，为诸军后继。白曜攻纂于无盐，拔其东郭。纂遁，遣兵追执之。回攻斗城。肥城戍主闻军至，弃城遁走，获粟三十万石。又下袭破糜沟、垣苗二戍，得粟十余万斛。由是粮充足。先是，淮阳公皮豹子再征垣苗不克，白曜一旬内频拔四城，威震齐土。献文下诏褒美之。斗城不降，白曜纵兵陵城，杀数百人，崇吉夜遁。白曜抚其人，百姓怀之。获崇吉母妻，待之以礼。宋遣将吴喜公欲寇彭城，镇南大将军尉元请济师，献文诏白曜赴之。白曜到瑕丘，遇患，因停。会崇吉与从弟法寿盗宋盘阳城以赎母妻。白曜遣将军长孙观等率骑入自马耳关赴之。观至盘阳，诸县悉降。白曜自瑕丘进攻历城。二年，崔道固及兖州刺史梁邹守将刘休宾并面缚而降。白曜皆释之，送道固、休宾及其僚属于京师。后乃徙二城人望于下馆，朝廷置平齐郡怀宁、归安二县以居之。自余悉为奴婢，分赐百官。白曜虽在军旅，而接待人物，宽和有礼。所获崇吉母妻、申纂妇女，皆别营安置，不令士卒喧杂。及进克东阳，擒沈文秀。凡获仓粟八十五万斛。始末三年，筑围攻击，虽士卒死伤，无多怨叛。三齐欣然，安堵乐业。克城之日，以沈文秀抗倨不为之拜，忿而挝挞，唯此见讥。以功拜开府仪同三司、都督、青州刺史，进爵济南王。

初，乙浑专权，白曜颇所挟附，后缘此追以为责。四年，见诛，云谋反叛，时论冤之。

白曜少子真安，年十一，闻父被执，将自杀。家人止之曰："轻重未可知。"真安曰："王位高功重，若小罪，终不至此。我不忍见父之死。"遂自缢。太和中，著作佐郎成淹上表理白曜，孝文览表嘉愍之。

白曜弟子契，轻薄无检。太和初，以名家子擢为中散，迁宰官中散。南安王桢有贪暴之响，遣中散闾文祖诣长安察之。文祖受桢金宝之赂，为桢隐而不言。事发，太后引见群臣，谓曰："前论贪清，皆云克修。文祖时亦在中，后竟犯法。以此言之，人心信不可知。"孝文曰："卿等自审不胜贪心者，听辞位归第。"契进曰："小人之心无定，而帝王之法有常。以无恒之心奉有常之法，非所克堪。乞垂退免。"帝曰："契若知心不可常，即知贪之恶矣，何为求退？"迁宰官令，赐爵定陶男。后卒于都督、朔州刺史，谥曰克。

初，慕容氏破后，种族仍繁。天赐末，颇忌而诛之。时有免者，不敢复姓，皆以兴为氏。延昌末，诏复旧姓。而其子女先入掖庭者，犹号慕容，特多于他族。

和其奴，代人也。少有操行，善射御。初为三郎。文成初，封平昌公，累迁尚书左仆射。又与河东王闾毗、太宰常英等并平尚书事。在官慎法，不受私请。迁司空，加侍中。文成崩，乙浑与林金闾擅杀尚书杨保年等。时殿中尚书元郁率殿中宿卫士欲加兵于浑。浑惧，归咎于金闾，执以付郁。时其奴以金闾罪恶未分，出之为定州刺史。皇兴元年，长安镇将东平王道符反，诏其奴讨之，未至而道符败。军还，薨，内外叹惜之。赠平昌王，谥曰宣。子受袭爵。

苟颓，代人也。本姓若干。父洛拔，内行长。

颓厚重寡言，少严毅清直，武力过人。擢为中散，小心谨敬。太武至江，赐爵建德男。累迁司卫监、洛州刺史，抑强扶弱，山蛮畏威，不敢为寇。太和中，历位侍中、都曹尚书，进爵河南公。

颓方正好直言，虽文明太后生杀不允，颓亦言至恳切。李惠、李欣之诛，颓并致谏。迁司空，进爵河东王。以旧老，听乘步挽，杖于朝。大驾行幸三川，颓留守京师。沙门法秀谋反，颓率禁旅收掩毕获，内外晏然。薨，谥僖王。

长子恺，袭爵河东王，例降为公。

宇文福，其先南单于之远属也。世为拥部大人。祖活拔，仕慕容垂为唐郡内史、辽东公。道武之平慕容氏，活拔入魏，为第一客。

福少骁果，有膂力。太和中，累迁都牧给事。及迁洛，敕福检牧马所。福规石济以西,河内以东,拒黄河南北千里为牧地,今之马场是也。及徙代移杂畜牧于其所,福善于将养,并无损耗。孝文嘉之。寻补司卫监。后以勋封襄乐县男,历位太仆卿、都官尚书、营州大中正、瀛州刺史。性忠清,在公严毅,以信御人,甚得声誉。后除都督怀朔沃野武川三镇诸军事、怀朔镇将。至镇卒,谥曰贞惠。

子延,字庆寿,体貌魁岸,眉目疏朗。位员外散骑侍郎。以父老,诏听随侍在瀛州。属大乘祆党突入州城,延率奴客逆战,身被重疮。贼纵火烧斋阁,福时在内,延突火入,抱福出外,支体灼烂,鬓发尽焦。于是勒众与贼苦战,贼乃散走,以此见称。累迁直寝。与万俟丑奴战,没。

论曰:古弼谋军经国,有柱石之量;张黎诚谨廉方,以勋旧见重。并纤介之间,一朝陨覆。宥及十世,乃徒言耳。刘洁咎之徒也。丘堆败以亡身。娥清、伊馛俱以材力见用,而馛以谋猷取异,其殆优乎。乙瓌之骁猛,周几之智勇,代田之骑射,其位遇岂徒然也。车伊洛宅心自远,岂常戒乎。王洛儿、车路头、卢鲁元、陈建、来大干、宿石,或诚发丁衷,竭节危难;或忠存卫主,义足感人,苟非志烈,亦何能若此。宜其生受恩遇,殁尽哀荣。至如安国,以至覆亡,害盈之义也。周观、尉拨、陆真、吕洛拔等,咸以勇毅自进,而观竟致贬黜,异夫数子者矣。薛彪子世载强正,昙珍克盛家声,美矣乎!魏之诸将,罕方面之绩,尉元以宽雅之风,膺将帅之任,威名远被,位极公老,自致乞言之地,无乃近代之一人欤!白曜出专薄伐,席卷三齐,考绩图劳,固不细矣。而功名难处,追猜婴戮。宥贤议勤,未闻于斯日也。和其奴之贞正。苟颓之刚直,宇文福之气干,咸亦有用之士乎!

北史卷二六
列传第一四

宋隐　许彦　刁雍　辛绍先
韦阆　杜铨

　　宋隐字处默，西河介休人也。曾祖奭，祖活，父恭，世仕慕容氏，位并通显。慕容俊徙邺，恭始家于广平列人焉。

　　隐性至孝，专精好学。仕慕容重，位本州别驾。道武平中山，拜隐尚书吏部郎，积迁行台右丞，领选。以老病乞骸骨，不许。寻以母丧归列人，既葬被征，乃弃妻子匿于长乐，数年而卒。临终，谓其子经曰：“汝等苟能入顺父兄，出悌乡党，仕郡幸而至功曹史，以忠清奉之，足矣。不劳远诣台阁，恐汝不能富贵，徒延门户累耳。若忘吾言，是死若父也。使鬼有知，吾不归食矣。”

　　隐弟宣，字道茂，与范阳卢玄、勃海高允、博陵崔建、从子愔俱被征，拜中书博士。后拜侍郎、行司徒校尉。卒，谥曰简侯。

　　宣子谟，字乾仁，袭爵，卒于辽西太守。子鸾袭爵，位东莞太守。

　　銮弟琼，字普贤，以孝称。母曾病，季秋月思瓜。琼梦想见之，求而遂获，时人异之。卒于家。

　　愔历中书博士、员外散骑常侍，使江南。爵列人子。卒于广平太守。长子显袭爵。显无子，养弟子弁为后。

　　弁字义和。父叔珍，娶赵郡李敷妹，因敷事而死。弁至京师，见尚书李冲，因言论移日。冲异之，退曰：“此人一日千里，王佐才也。”显卒，弁袭爵。弁与李彪州里，迭相祗好。彪为秘书丞，请为著作佐郎。迁尚书殿中郎中。孝文曾因朝会次，历访政道。弁年少官微，自下而对，声姿清亮，进止可观。帝称善者久之。因是大被知遇，赐名为弁，意取弁和献玉，楚王不知宝之也。

迁中书侍郎，兼员外散骑常侍，使齐。齐司徒萧子良、秘书丞王融等皆称美之，以为志气謇谔不逮李彪，而体韵和雅，举止闲邃过之。转散骑侍郎。时散骑位在中书之右。孝文曾论江左事，问弁在南兴亡之数。弁以为萧氏父子无大功于天下，既以逆取，不能顺守，必不能贻厥孙谋，保有南海。若物惮其威，身免为幸。后车驾南征，以弁为司徒司马、东道副将。军人有盗马鞘者，斩而徇，于是三军震惧，莫敢犯法。

黄门郎崔光荐弁自代，帝不许，亦赏光知人。未几，以弁兼司徒左长史。时大选内外群官，并定四海士族，弁专参铨量之任，事多称旨。然好言人之阴短。高门大族意所不便者，弁因毁之；至于旧族沦滞而人非可忌者，又申达之。弁又为本州大中正，姓族多所降抑，颇为时人所怨。迁散骑常侍，寻迁右卫将军、领黄门。弁屡自陈让，帝曰："吾为相知者，卿亦不可有辞。岂得专守一官，不助朕为政！且常侍者，黄门之庶兄，领军者，三卫之假摄，不足空存推让，以弃大委。"其被知遇如此。

孝文北都之选，李冲多所参预，颇抑宋氏。弁恨冲而与李彪交结，雅相知重。及彪之抗冲，冲谓彪曰："尔如狗耳！为人所嗾。"及冲劾彪，不至大罪，弁之力也。彪除名，弁大相嗟慨，密图申复。

孝文在汝南不豫，大渐，旬余日不见侍臣，左右唯彭城王勰等数人而已。小瘳，乃引见门下及宗室长幼诸人。入者未能皆致悲泣，惟弁与司徒司马张海嘘欷流涕，由是益重之。车驾征马圈，留弁以本官兼祠部尚书，摄七兵事。及行，执其手曰："国之大事，在祀与戎，故令卿绾摄二曹。"弁顿首辞谢。

弁劬劳王事，恩遇亚于李冲。帝每称弁可为吏部尚书，及崩，遗诏以弁为之。与咸阳王禧等六人辅政，而弁先卒。年三十八。赠瀛州刺史，谥曰贞顺。

弁性好矜伐，自许膏腴。孝文以郭祚晋魏名门，从容谓弁曰：“卿固当推郭祚之门。”弁笑曰：“臣家未肯推祚。”帝曰：“卿自汉、魏以来，既无高官，又无俊秀，何得不推？”弁曰：“臣清素自立，要尔不推。”侍臣出后，帝谓彭城王勰曰：“弁人身自不恶，乃复欲以门户自矜，殊为可怪。”

长子维，字伯绪，袭父爵。为给事中。坐谄事高肇，出为益州龙骧府长史，辞疾不行。太尉、清河王怿辅政，以维名臣子，荐为通直郎，辟其弟纪行参军。灵太后临政，委任元乂，恃宠骄盈，怿每以公理裁断。又甚忿恨，思害怿，遂与维作计，以富贵许之。维见乂宠势日隆，乃告司染都尉韩文殊父子谋逆立怿。怿被录禁中。文殊父子惧而逃遁。鞫无反状，以文殊亡走，悬处大辟。置怿于宫西别馆，禁兵守之。维应反坐，又言于太后，欲开将来告者之路，乃黜为燕州昌平郡守，纪为秦州大羌令。

维及纪颇涉经史，而浮薄无行。怿尊亲懿望，朝野瞻属，维受怿眷赏而无状构间，天下士人莫不怪忿而贱薄之。及乂杀怿，专断朝政，以维兄弟前者告怿，征维为散骑侍郎，纪为太学博士、领侍御史。又甚昵之。维超迁通直常侍，又除洛州刺史，纪超迁尚书郎。纪字仲烈。

初，弁谓族弟世景，言“维疏险而纪识慧不足，终必败吾业。”世景以为不尔。至是果然。闻者以为知子莫若父。尚书令李崇、左仆射郭祚、右仆射游肇每云：“伯绪凶疏，终败宋氏，幸得杀身耳。”论者以为有征。后除营州刺史。灵太后反政，以乂党除名，遂还乡里。寻追其前诬告清河王事，于邺赐死。

子春卿早亡，弟纪以次子钦仁嗣。钦仁，武定末为太尉祭酒。

纪，明帝末为北道行台，卒晋阳。子钦道。

钦道仕齐，历位中山太守。长于抚接，然好察细事。其州府佐吏使人间者，先酬钱然后敢食。临莅处称为严整。寻征为黄门侍郎，又令在东宫教太子吏事。时郑子默以文学见知，亦被亲宠。钦道本文法吏，不甚谙识古今，凡有疑事，必询子默。二人幸于两宫，虽诸王贵臣莫敢不敬惮。钦道又迁秘书监，仍带黄门侍郎。乾明初，迁侍中，与杨愔同诛。赠吏部尚书、赵州刺史。

弁族弟颖，字文贤，位魏郡太守。纳货刘腾，腾言之，以为凉州刺史。颖前妻刘氏亡后十五年，颖梦见之。拜曰："新妇今被处分为高崇妻，故来辞君。"泫然涕流。颖且见崇，言之。崇后数日而卒。

颖族弟鸿贵，为定州平北府参军。送戍兵于荆州，坐取兵绢四百匹，兵欲告之，乃斩兵十人。又疏凡不达见令，律有枭首罪，乃生断兵手，以水浇之，然后斩决。寻坐伏法。时人哀兵之苦，笑鸿贵之愚。弁族弟翻。

翻字飞鸟，少有操行，世人刚断许之。孝庄时，除司徒左长史、河南尹。

初，翻为河阴令，顺阳公主家奴为劫，摄而不送，翻将兵围主宅，执主婿冯穆，步驱向县。时正炎暑，立之日中，流汗沾地。县旧有大枷，时人号曰弥尾青。及翻为县，主吏请焚之。翻曰："置南墙下，以待豪右。"未几，有内监杨小驹诣县请事，辞色不逊，翻命取尾青以锁之。小驹既免，入诉于宣武。宣武大怒，敕河南尹推之，翻具自陈状。诏曰："卿故违朝法，岂不欲作威以买名？"翻对曰："造者非臣，买名者亦宜非臣。所以留者，非敢施于百姓，欲待凶暴之徒如驹者耳。"于是威振京师。

及为洛阳，迄于河南尹，畏惮权势，更相承接，故当世之名大致减损。卒官，赠侍中、卫将军、相州刺史。孝武初，重赠骠骑大将军、仪同三司、尚书左仆射、雍州刺史，谥曰贞烈。

翻弟毓，字道和，敦笃有志行。卒于太中大夫。子世良。

世良字元友。年十五，便有胆气。后随伯父翻在南兖州，屡有战功。行台、临淮王彧与语，奇之。魏朝以尔朱荣有不臣迹，帝将图之，密令彧将兵赴洛。彧在梁郡，称疾，假世良都督，令还南兖发兵以听期。世良请简见兵三千骑，五日必到洛阳，并陈三策，彧皆不能从。

寻为殿中侍御史，诣河北括户，大获浮惰。还见汲郡城旁多骸骨，移书州郡，悉令收瘗。其夜甘雨滂沱。河内太守田怙赃货百万，世良检按之，未竟，遇赦而还。孝庄劳之曰："知卿所括得丁，倍于本帐。若官人皆如此用心，便是更出一天下也。"其后迁殿中。世良奏殿中主齐会之事，请改付余曹。帝曰："卿意不欲亲庖厨邪？宜付右兵，以为永式。"河州刺史梁景睿，枹罕羌首，恃远不敬，其贺正使人，频年称疾。秦州刺史侯莫陈悦受其赠遗，常为送表。世良并奏科其罪。帝嘉之，谓长孙承业曰："宋郎中实有家风，甚可重也。"后拜清河太守。

世良才识闲明，尤善政术。在郡未几，声问甚高。阳平郡移掩劫盗三十余人，世良讯其情状，唯送十二人，余皆放之。阳平太守魏明朗大怒云："辄放吾贼！"及推问，送者皆实，放者皆非。明朗大服。郡东南有曲堤，成公一姓阻而居之，群盗多萃于此。人为之语曰："宁度东吴会稽，不历成公曲堤。"世良施八条之制，盗奔他境。人又谣曰："曲堤虽险贼何益，但有宋公自屏迹。"齐天保初，大赦，郡无一囚，率群吏拜诏而已。狱内租生，桃树蓬蒿亦满。每日牙门虚寂，无复诉讼者，谓之神门。其冬，醴泉出于界内。及代至，倾城祖道。有老人丁金刚者，泣而前谢曰："老人年九十，记三十五政。府君非唯善政，清亦彻底。今失贤者，人何以济？"莫不攀辕涕泣。

后卒于东郡太守，赠信州刺史。世良强学好，属文，撰《字略》五篇、《宋氏别录》十卷。

子伯宗，位侍御史。性清退好学，多所撰述。至齐亡，不徙职，遂不入仕。隋大业初，卒于家。世良弟世轨。

世轨幼自修整，好法律。天保初，历尚书三公、二千石、都官郎中，兼并州长史。执狱宽平，多所全济。为都官郎中，有囚事枉，将送，垂致法，世轨遣骑追止之，切奏其状，遂免。

稍迁廷尉少卿。洛州人聚结欲劫河桥，吏捕案之，连诸元徒党千七百人。崔昂为廷尉，以为反，数年不断。及世轨为少卿，判其事为劫，唯杀魁首，余从坐悉舍焉。大理正苏珍之以平干知名，寺中语曰："决定嫌疑苏珍之，视表见里宋世轨。"时人以为寺中二绝。南台囚到廷尉，世轨多雪之，仍移摄御史，将问其滥状。中尉毕义云不送，移往复不止。世轨遂上书极言义云酷擅。文宣引见二人，亲敕世轨曰："我知台欺寺久，卿能执理抗衡，但守此心，勿虑不富贵。"敕义云曰："卿比所为诚合死，以志在疾恶，故且一恕。"仍顾谓朝臣曰："此二人并我骨鲠臣也。"及卒，廷尉、御史诸系囚皆哭曰："宋廷尉死，我等岂有生路！"赠光州刺史，谥曰平。无子，世良以第五子朝基嗣。翻弟世景。

世景少自修立，事亲以孝闻。与弟道玙下帷读诵，博览群言，尤精经义。族兄弁甚重之。举秀才上第。再迁彭城王勰开府法曹行参军。勰爱其才学，雅相器敬。孝文甚嘉异之。迁司徒法曹行参军。世景明刑理，著律令，裁决疑狱，剖判如流。转尚书祠部郎。彭城王勰每称曰："宋世景精微，尚书仆射才也。"台中疑事，右仆射游肇常以委之。世景既才长从政，加之夙勤不息，兼领数曹，深著称绩。左仆射源怀引为行台郎。巡察州镇，十有余所，黜陟赏罚，莫不咸允。迁七镇，别置诸戍，明设亭候，以备不虞。怀大相委重，还，荐之宣武，以为不减李冲。帝曰："朕亦闻之。"

后为伏波将军，行荥阳太守。郑氏豪横，号为难制。济州刺史郑尚弟远庆，先为苑陵令，多所受纳，百姓患之。而世景下车，召而诫之。远庆行意自若，世景绳之以法。远庆惧，弃官亡走。于是属县畏威，莫不改肃。终日坐于厅事，未尝寝息。人间之事，巨细必知，发奸擿伏，有若神明。尝有一吏，休满还郡，食人鸡豚。又有一干，受人一帽，又食二鸡。世景叱而告之，吏、干叩头伏罪。于是上下震悚，莫敢犯禁。

坐弟道玙事除名。世景友于之性，过绝于人，及道玙死，哭之，酸感行路。岁余，母丧，遂不胜哀而卒。世景曾撰《晋书》，竟未得就。

遗腹子季儒，位太学博士。曾至谯、宋间，为文吊嵇康，甚有理致。后夜寝室坏，压而殒，时人悼伤惜之。

道玙少而敏俊，自太学博士转京兆王愉法曹行参军。坐愉反得罪。作诗及挽歌词寄之朋亲，以见冤痛。道玙又曾赠著作郎张始均诗,其末章云:“子深怀璧忧,余有当门病。”道玙既不免难,始均亦遇世祸,时咸怪之。

道玙从孙孝王,学涉,亦好缉缀文藻。形貌矬陋而好臧否人物,时论甚疾之。为北平王文学。求入文林馆不遂,因非毁朝士,撰《朝士别录》二十卷。会周武灭齐,改为《关东风俗传》,更广闻见,勒成三十卷以上之。言多妄谬。篇第冗杂,无著述体。周大象末,预尉迥事,诛死。

许彦字道谟,高阳新城人也。祖茂,仕慕容氏高阳太守。彦少孤贫,好读书,从沙门法睿受《易》。太武征令卜筮,频验,遂在左右,参与谋议。彦质厚慎密,与人言,不及内事,帝以此益亲待之。赐爵武昌公,拜相州刺史。在州受纳,多违法度,诏书切让之,然以彦腹心近臣,弗之罪也。卒,谥宣公。

子熙袭。熙卒,子安仁袭。安仁卒,子元康袭,降爵为侯。

熙弟宗之,历位殿中尚书、定州刺史,封颍川公。受敕讨丁零,既平,宗之因循郡县,求取不节。深泽人马超毁谤宗之,宗之怒,殴杀超。超家人告状,宗之上超谤讪朝政。文成闻之曰:“此必宗之惧罪诬超。”案验果然,遂斩于都市。

元康弟护,州主簿。子恂,字伯礼,颇有业尚,闺门雍睦,三世同居,吏部尚书李神俊常称其家风。位司徒谘议参军,修起居注,拜太中大夫。卒,赠吏部尚书、冀州刺史。恂弟惇。

惇字季良。清识敏速,达于从政。位司徒主簿,以明断见知,时人号为“入铁主簿”。稍迁阳平太守。时迁都于邺,阳平为畿郡,军国责办,赋敛无准;又勋贵属请,朝夕征求。惇并御之以道,咸以无怨,政为天下第一。特加赏异,图形于阙,诏颂天下。历魏尹、齐梁二州刺史,政并有治声。迁大司农。会王思政入据颍城,王师出讨,惇常督,军无乏绝。引洧水灌城,惇之策也。迁殿中尚书。惇美须,下垂至带,省中号“长鬣公”。齐文宣尝因酒酣,提惇须称美,以刀截之,唯留一握。惇惧,因不复敢长,人又号“齐须公”。历御史中丞、胶州刺史、司农大理二卿。再为度支尚书、太子少保、少师、光禄大夫、开府仪同三司、尚书右仆射、特进，赐爵万年县子，食下邳郡干。惇年老，致仕于家。三年，卒。

惇少纯直，晚更浮动。齐朝体式，本州大中正以京官为之。乾明中，邢邵为中书监，德望甚高。惇与邵竞中正，遂凭附宋钦道，出邵为刺史，朝议甚鄙薄之。虽久处朝行，历官清显，与邢邵、魏收、阳休之、崔劼、徐之才比肩同列，诸人或谈说经史，或吟咏诗赋，更相嘲戏，欣笑满堂，惇不好剧谈，又无学术，或坐杜口，或隐几而睡，不为胜流所重。

子文纪，武平末，度支郎中。

文纪弟文经，勤学方雅，身无择行，口无戏言。武平末，殿中侍御史。隋开皇初，侍御史、兼通直散骑常侍、聘陈使副、主爵侍郎。卒于相州长史。

惇兄逊，字仲让，有干局。乾明中，平原太守。卒，赠信州刺史。逊子文高，司徒掾。

刁雍字淑和，勃海饶安人也。曾祖协，从晋元帝度江，居京口，位尚书令。父畅，晋右卫将军。初，晋相刘裕微时，负社钱三万，违时不还，畅兄逵执而征焉。及诛桓玄，以嫌，先诛刁氏。雍与畅故吏遂奔姚兴，为太子中庶子。

及姚泓灭，与司马休之等归魏，请于南境自效。明元假雍建威将军。雍遂于河、济间招集流散，传檄边境。雍弟弥，时亦率众入京口，亲共讨裕。裕频遣兵破之。明元南幸邺，雍朝于行宫。明元问曰：“缚刘裕者，于卿亲疏？”雍曰：“伯父。”帝笑曰：“刘裕父子当应惮卿。”于是假雍镇东将军、青州刺史、东光侯，使别立义军。又诏雍令随机立效。雍于是招集谯、梁、彭、沛人五千余家，置二十七营，迁镇济阴。迁徐州刺史，赐爵东安伯。

后除薄骨律镇将。雍以西土乏雨，表求凿渠，溉公私田。又奉诏以高平、安定、统万及薄骨律等四镇，出车牛五千乘运屯谷五十万斛付沃野,以供军粮。道多深沙,车牛艰阻,求于牵屯山河水之次造船水运。又以所绾边表,常惧不虞,造城储谷,置兵备守。诏皆从之。诏即名此城为刁公城,以旌功焉。皇兴中,雍与陇西王源贺及中书监高允等并以耆年特见优礼,锡雍几杖,剑履上殿,月致珍羞焉。

雍性宽柔,好尚文典,手不释书。明敏多智,凡所为诗、赋、论、颂并诸杂文百有余篇。又泛施爱士,恬静寡欲。笃信佛道,著《教诫》二十余篇以训子孙。太和八年,卒,年九十五,谥曰简。子遵。

遵字奉国,袭爵。遵少不拘小节,长更修改。太和中,例降为侯。尝经笃疾,几死,见有神明救之,言福门子当享长年。后卒于洛州刺史,谥曰惠侯。

子楷,早卒。楷子冲。

冲字文朗。十三而孤,孝慕过人。其祖母司空高允女,聪明妇人也。哀其早孤,抚养尤笃。冲免丧后,便志学他方,高氏泣涕留之,冲终不止。虽家世贵达,及从师于外,自同诸生。于时学制,诸生悉日直监厨,冲虽有仆隶,不令代己,身自炊爨。每师受之际,发志精专,不舍昼夜,殆忘寒暑,学通诸经,偏修郑说。阴阳、图纬、算数、天文、风气之书莫不关综,当世服其精博。刺史郭祚闻其盛名,访以疑义,冲应机解辩,无不祛其久惑。后太守范阳卢尚之、刺史河东裴桓并征冲为功曹主薄。非所好也,受署而已,不关事务,唯以讲学为心。四方学徒就其受业者,岁有数百。

冲虽儒生,而执心壮烈,不畏强御。延昌中,帝舅司徒高肇擅恣威权,冲乃抗表极言其事。辞旨恳直,文义忠愤,太傅、清河王怿览而叹息。

先是,冲曾祖雍作《行孝论》以诫子孙,称古之葬者,衣之以薪,不封不树。后世圣人,易之以棺椁。至秦以后,生则不能致养,死则厚葬过度。及于末世,至蓬蒢裹尸,倮而葬者。确而为论,并非折衷。既知二者之失,岂宜同之?当令所存者,棺厚不过三寸,高不过三尺。弗用缯彩,敛以时服。辒车止用白布为幔,不加画饰,名为清素车。又去挽歌、方相并明器杂物。及冲祖遵将卒,敕其子孙,令奉雍遗旨。河南尹丞张普惠谓为太俭,贻书于冲叔整,令与通学议之。冲乃致书国学诸儒,以论其事,学官竟不能答。

神麚末,冲以嫡传祖爵东安侯。京兆王继为司空也,并以高选频辟记室参军。明帝将亲释奠,于是国子助教韩神固与诸儒诣国子祭酒崔光、吏部尚书甄琛,举其才学,奏而征焉。

及卒,国子博士高凉及范阳卢道侃、卢景裕等复上状陈冲业行,议奏谥曰安宪先生,祭以太牢。子钦,字志儒,早亡。

楷弟整,字景智。少有大度,颇涉书史。太和十五年,为奉朝请。孝文都洛,亲自临选,除司空法曹参军。累迁黄门郎。普泰初,假征东大将军、沧冀瀛三州刺史、大都督。寻加车骑将军、右光禄大夫。遂逢本乡贼乱,奉母客于齐州。既而母卒。母即高允之女。崔光、崔亮皆经允接待。是以凉燠之际,光等每致拜焉。天平四年,卒于邺,赠司空公,谥曰文献。整解音律,轻财好施,交结名胜,声酒自娱。然贪而好色,为议者所贬。子柔。

柔字子温。少好学,留心仪礼,性强记,至于氏族内外,皆所谙悉。居母丧以孝闻。初为魏宣武挽郎,解巾司空行参军。齐天保初,累迁国子博士。中书令魏收撰魏史,启柔等同其事。柔性专固,自是所闻,收常嫌惮。

又参议律令。时议者以为五等爵邑承袭,无嫡子,立嫡孙。无嫡孙,立嫡子弟。无嫡子弟,立嫡孙弟。柔以为无嫡孙,应立嫡曾孙,不应立嫡子弟。议曰:

案《礼》,立嫡以长,故谓长子为嫡子。嫡子死,以嫡子之子为嫡孙,死则曾、玄亦然。然则嫡子之名本为传重。故《丧服》曰:"庶子不为长子三年,不继祖与祢也。"《礼》:"公仪仲子之丧,檀弓曰:'我未之前闻也。'‘仲子舍其孙而立其子,何也?'子服伯子曰:'仲子亦犹行古之道也。昔者文王舍伯邑考而立武王发,微子舍其孙腯而立其弟衍。'"郑注曰:"仲子为亲者讳耳,立子非也。文王之立武王,权也。微子嫡子死,立弟衍,殷礼也。""子游问诸孔子,孔子曰:'不,立孙。'"注:商以嫡子死,立嫡子之母弟;周以嫡子死,立嫡子之子为嫡孙。故《春秋公羊》之义,嫡子有孙而死,质家亲亲先立弟,文家尊尊先立孙。《丧服》云:"为父后者,为出母无服。"《小记》云:"祖父卒而后为祖母后者,三年。"为母无服,丧者不祭故也。为祖母三年者,大宗传重故也。今议以嫡孙死而立嫡子母弟。嫡子母弟者,则为父后矣。嫡子母弟本非承嫡,以无嫡,故得为父后,则嫡孙之弟,理亦应得为父后,则是父卒然后为祖后者服斩。既得为祖服斩,而不得为传重,未之闻也。若用商家亲亲之义,本不应嫡子而立嫡孙。若从周家尊尊之文,岂宜舍其孙而立其弟?或文或质,愚用惑焉。

《小记》云:"嫡妇为舅姑后者,则舅姑为之小功。"注云:"谓夫有废疾、他故,若死无子,不受重者。小功,庶妇之服。凡父母于子,舅姑于妇,将不传重于嫡,及将所传重者非嫡,服之皆如众子庶妇也。"言死无子者,谓绝世。无子,非谓无嫡子。如其子,焉得云无后?夫虽废疾无子,妇犹以嫡为名。嫡名既在,而欲废其子者如礼何?礼有损益,革代相沿。必谓宗嫡可得变者,则为后服斩亦宜有因而改。"

七年,卒。柔在史馆未久,勒成之际,志在偏党。《魏书》中与其内外通亲者,并虚美过实,为时论所讥。

整弟宣,字季达。以功封高城县侯,历位都官尚书、卫大将军、沧州刺史。卒,赠太尉公,谥曰武。

刁氏世有荣贵,而门风不甚修洁,为时所鄙。

雍族孙双,字子山。高祖薮。晋齐郡太守。薮因晋乱,居青州之乐安。至双始归本乡。

双少好学,兼涉文史,雅为中山王英所知赏。位西河太守。为政清简,吏人安悦。及中山王熙起兵诛元叉,事败,熙弟略投命于只。只藏护周年。时购略甚切,略惧,求送出境。双曰:"会有一死,所难遇耳。今遭知己,视死如归,愿不以为虑。"略复苦求南转,双乃遣从子昌送达江左。灵太后反政，知略因双获济，征拜光禄大夫。时略姊饶安主，刁宣妻也，频诉灵太后，乞征略还。廷乃以徐州所获俘江革、祖暅二人易之。以双与略有旧，乃令至境迎接。

明帝末，除西兖州刺史。时贼盗蜂起，州人张桃弓等招聚亡命，公行劫掠。双至境，先遣使谕桃弓，陈示祸福，桃弓即随使归罪，双舍而不问。后有盗发之处，令桃弓追捕，咸悉禽获，于是州境清肃。孝庄初，行济州刺史，以功封曲城乡男。孝武初，迁骠骑大将军、左光禄大夫。兴和三年，卒，赠车骑大将军、仪同三司、齐州刺史，谥曰清穆。

辛绍先，陇西狄道人也。五世祖怡，晋幽州刺史。父深，仕西凉为骠骑将军。及凉后主歆与沮渠蒙逊战于蓼泉，军败，失马，深以所乘授歆，而身死于难，以义烈见称西土。

凉州平，绍先内徙，家于晋阳。明敏有识量，与广平游明根、范阳卢度世、同郡李承昭等甚相友。有至性，丁父忧，三年口不甘味，头不栉沐，发遂落尽，故常著垂裙皂帽。自中书博士转神部令。

皇兴中，薛安都在彭城归魏。时朝廷欲绥安初附，以绍先为下邳太守。为政不甚皦察，举其大纲而已，唯教人为产御贼之备。及宋将陈显达、萧道成、萧顺之来寇，道成谓顺之曰："辛绍先未易侵也，宜共慎之。"于是不历郡境，径屯吕梁。卒于郡，赠并州刺史、晋阳侯，谥曰惠。

子凤达，耽道乐古，有长者之名。卒于京兆王子推国常侍。

凤达子祥，字万福。举司州秀才，再迁司空主簿。咸阳王禧妃，即祥妻之妹也。及禧构逆，亲知多罹尘谤，祥独萧然不预。转并州平北府司马。有白壁还兵药道显，被诬为贼，官属咸疑之。祥曰："道显面有悲色。察狱以色，其此之谓乎！"苦执申之。月余，别获真贼。后除郢州龙骧府长史，带义阳太守。白早生之反也，梁遣来援，因此缘淮镇戍，相继降没。唯祥坚城固守。梁又遣将胡武城、陶平虏，于州南金山之上，连营侵逼。祥出其不意，袭之，贼大崩，禽平

虏，斩武城，以送京师。州境获全。论功方有赏授，而刺史娄悦耻勋
出其下，间之执政，事竟不行。胡贼刘龙驹作逆华州，除祥安定王燮
虏府长史，仍为别将，与讨胡使薛和灭之。卒，赠南青州刺史。

祥弟少雍，字季和，少聪颖，有孝行，尤为祖父绍先所爱。绍先
性嗜羊肝，常呼少雍共食，及绍先卒，少雍终身不食肝。性仁厚，有
礼义，门内之法，为时所重。稍迁司空、高阳王雍田曹参军。少雍清
正，不惮强御，积年久讼，造次决之。请托路绝，时称贤明。正始中，
诏百官各举所知，高阳王雍及吏部郎中李宪俱以少雍为举首。卒于
给事中。

少雍妻王氏，有德义。少雍与从子怀仁兄弟同居。怀仁等事之
甚谨，闺门礼让，人无间焉。士大夫以此称美。

子元桓，武定中，仪同府司马。

元桓弟士逊，太师开府功曹参军。

凤达弟穆，字叔宗，举茂才，东雍州别驾。初随父在下邳，与彭
城陈敬文友善。敬文弟敬武，少为沙门，从师远学，经久不返。敬文
病临卒，以杂绫二十匹托穆与敬武。穆久不得见，经二十年，始于洛
阳见敬武，以物还之，封题如故。世称廉信。历东荆州司马，转长史，
带义阳太守，领戍。雅有恤人之志。再转汝阳太守。遇水潦人饥，
上表请轻租赋。帝从之，遂敕汝阳一郡，听以小绢为调。除平原相。
征为征虏将军、太中大夫，未发，卒于郡。赠后将军、幽州刺史。

子子馥，字元颖，早有学行，累迁平原相。父子并为此郡，吏人
怀安之。元颢入洛，子馥不从。庄帝反政，封三门县男。天平中，除
太尉府司马。白山连接三齐，瑕丘数州之界，多有贼盗。子馥受使
检覆，因辩山谷要害宜立镇戍之所。又诸州豪右，在山鼓铸，奸党多
依之，又得密造兵仗。上表请破罢诸冶，朝廷善而从之。后卒于清
河太守。子馥以《三传》经同说异遂总为一部，传注并出，校比短长。
会亡，未就。

韦阆字友观，京兆杜陵人也。世为三辅冠族。祖楷，晋长乐清

河二郡太守。父遐，慕容垂大长秋卿。阆少有器望，遇慕容氏政乱，避地蓟城。太武初，征拜咸阳太守，转武都太守。卒郡。

子范，试守华山郡，赐爵高平男。卒。

范子俊，字颖超，早有学。少孤，事祖母以孝闻。性温和廉让，为州里所称。太和中，袭爵。历位都水使者。宣武崩，领军于忠矫擅威刑，俊与左仆射郭祚昏嫁，故亦同时遇害。临终，诉枉于尚书元钦，钦知而不敢申理。俊叹曰："吾一生为善，未蒙善报；常不为恶，今为恶终。悠悠苍天，抱直无诉！"时人咸怨伤焉。熙平元年，追赠洛州刺史，谥曰贞。子粲。

子粲字晖茂。齐王萧宝夤为雍州刺史，引为府主簿，转录事参军。及宝夤反，子粲与弟子爽执志不从，相率逃免。雍州平，赐爵长安子。普泰中，累迁中书侍郎。孝武帝入关，子粲历行台左丞、南汾州刺史。少弟道谐为镇城都督。元象中，齐神武命将出讨，子粲及道谐俱被获，送于晋阳。子粲累迁南兖州刺史。齐天保初，封西魏县男。后卒于豫州刺史，谥曰忠。子粲兄弟十三人，并有孝行，居父丧，毁瘠过礼。既葬，庐于墓侧，负土成坟。弟荣亮最知名。

荣亮字子昱。博学有文才，德行仁孝，为时所重。历谏议大夫、卫大将军。卒，赠河州刺史。子纲，字世纪，有操行，才学见称，领袖本州，调为中正。开皇中，位赵州长史。有子文宗、文□，并知名。

阆从叔道福。父罢，为苻坚丞相王猛所器重，以女妻焉。仕坚为东海太守。坚灭，奔江左，仕宋为秦州刺史。

道福有志略，仕宋位盱眙、南沛二郡太守，领镇北府录事参军。与徐州刺史薛安都谋拥州内附，赐爵高密侯，因家彭城。卒，赠兖州刺史，谥曰简。

子欣宗，以归国勋，别赐爵杜县侯。历位太中大夫、行幽州事。卒，赠南兖州刺史，谥曰简。

阆从子崇，字洪基。父肃，字道寿，随刘义真度江，位豫州刺史。

崇年十岁，父卒，母郑氏携以入魏，因寓居河、洛。少为舅兖州刺史郑羲所器赏。位司徒从事中郎。孝文纳其女为充华嫔，除南颍川太守。不好发擿细事，恒云："何用小察，以伤大道？"吏人感之，郡中大安。帝闻而嘉赏，赐帛二百匹。迁洛，以崇为司州中正。寻除咸阳王禧开府从事中郎，复为河南邑中正。崇频居衡品，以平直见称。出为乡郡太守，更满应代，吏人诣阙乞留，复延三年。后卒。

子猷之，释褐奉朝请，转给事中、步兵校尉，稍迁前、后将军，太中大夫，卒。

猷之弟休之，贞和自守，未尝言行忤物。历位给事中、河南邑中正、安西将军、光禄大夫。卒。子道建、道儒。

阆族弟珍，字灵智，孝文赐名焉。父子尚，字文叔。位乐安王良安西府从事中郎。卒，赠雍州刺史。

珍少有志操，历位尚书南部郎。孝文初，蛮首桓诞归款，朝廷思安边之略，以诞为东荆州刺史，令珍为使，与诞招慰蛮左。珍至桐柏山，穷淮源，宣扬恩泽，莫不怀附。淮源旧有祠堂，恋俗恒用人祭之。珍乃晓告曰："天地明灵，即人之父母，岂有父母，甘子肉味？自今宜悉以酒脯代用。"群蛮从约，自此而改。凡所招降七万余户，置郡县而还。以奉使称旨。赐爵霸城子。

后以军功，进爵为侯。累迁显武将军、郢州刺史。所在有声绩，朝廷嘉之，迁龙骧将军，赐骅骝二匹，帛五十匹，谷三百斛。珍乃召集州内孤贫者，谓曰："天子谓我能抚绥卿等，故赐以谷帛，吾何敢独当。"遂以所赐，悉分与之。

寻转荆州刺史。与尚书卢阳乌征赭阳，为齐将垣历生、蔡道恭所败，免归乡里。临别。谓阳乌曰："主上圣明，志吞吴会。用兵机要，在于上流。若有事荆楚，恐老夫复不得停耳。"后车驾征邓沔，复起珍为中军大将军、彭城王勰长史。邓沔既平，试守鲁阳郡。孝文复南伐，路经珍郡，加中坚将军，正太守。珍从至清水，帝曰："朕顷戎车再驾，卿恒翼务中军。今日之举，说欲引卿同行，但三鸦险要，非卿无以守也。"因敕还。及孝文崩于行宫，秘匿而还，至珍郡，始发大讳。

还，除中散大夫，寻加镇远将军、太尉谘议参军。卒，赠本将军、青州刺史，谥曰懿。

长子缵，字遵彦。年十三，补中书学生。聪敏明辩，为博士李彪所称。再迁侍御中散。孝文每与德学沙门谈论往复，缵掌缀录，无所遗漏，颇见知赏。累迁长兼尚书左丞。寿春内附，尚书令王肃出镇扬州，请缵行，为州长史。加平远将军，带梁郡太守。肃薨，敕缵行州事。任城王澄代肃为州，复启缵为长史。澄出征之后，梁将姜庆真乘虚攻袭，遂据外郭。虽寻克复，缵坐免官。卒。

缵弟彧，字遵庆，亦有学识。解褐奉朝请，稍迁平远将军、东豫州刺史。绥怀蛮左，颇得其心。蛮酋田益宗子鲁生、鲁贤先叛父南入，数为寇掠。自彧至州，鲁生等咸笺启修敬，不复为害。彧以蛮俗不识礼仪，乃立太学，选诸郡生徒于州总教。又于城北置崇武馆以习武焉。州境清肃。罢还，遇大将军、京兆王继西征，请为长史。寻以本官兼尚书，为豳、夏行台，以功封阴盘县男。卒，赠抚军将军、雍州刺史，谥曰文。

子彪袭。孝庄末，为蓝田太守，因仕关西。

彪弟融，以军功赐爵长安伯。稍迁大司马开府司马。融娶司农卿赵郡李瑾女，疑其妻与章武王景哲奸通，乃刺杀之。惧，亦自杀。

弟胐，字遵显，少有志业。年十八，辟州主簿。时属岁俭，胐以家粟造粥，以饲饥人，所活甚众。解褐太学博士。稍迁右军将军。为荆、郢和籴大使。南郢州刺史田夷启称胐父珍往任荆州，恩洽夷夏，乞胐充南道别将，领荆州骁勇，共为腹背。诏从之。未几，行南荆州事。迁东徐州刺史。梁遣其郢州刺史田粗憘率众来寇，胐于石羊岗破斩之，以功封杜县子。卒于侍中、雍州刺史，谥曰宣。

长子鸿，字道衍，颇有干用，累迁中书舍人。天平三年，坐漏泄，赐死于家。

杜铨字士衡，京兆人，晋征南将军预五世孙也。祖胄，苻坚太尉长史。父嶷，慕容垂秘书监，仍侨居赵郡。

铨学涉，有长者风，与卢玄、高允等同被征为中书博士。初，密太后父豹丧在濮阳,太武欲令迎葬于邺,谓司徒崔浩曰:"天下诸杜,何处望高? 朕今方改葬外祖,意欲取杜中长老一人,以为宗正,令营护凶事。"浩曰:"京兆为美。中书博士杜铨,其家今在赵郡,是杜预后,于今为诸杜最。"密召见,铨器貌瑰雅,太武感悦,谓浩曰:"此真吾所欲也。"以为宗正,令与杜超子道生送豹丧枢,致葬邺南。铨遂与超如亲。超谓铨曰:"既是宗近,何缘侨居赵郡?"乃延引同属魏郡。再迁中书侍郎,赐爵新丰侯。卒,赠相州刺史、魏县侯,谥曰宣。

子振,字季元。举秀才,卒于中书博士。

振子遇,字庆期,位尚书起部郎。窃官材瓦起立私宅,清论鄙之。卒于河东太守,赠都官尚书、豫州刺史,谥曰惠。

铨族孙景,字宣明,学通经史。州府交辟,不就。

景子裕,字庆延,虽官非贵仕,而文学相传。仕齐,位止乐陵令。齐亡,退居教授,终于家。

子正玄,字知礼,少传家业,耽志经史。隋开皇十五年,举秀才,试策高第。曹司以策过左仆射杨素,怒曰:"周孔更生,尚不得为秀才,刺史何忽妄举此人? 可附下考。"乃以策抵地,不视。时海内唯正玄一人应秀才,余常贡者,随例铨注讫,正玄独不得进止。曹司以选期将尽,重以启素。素志在试退正玄,乃手题使拟司马相如《上林赋》、王褒《圣主得贤臣颂》、班固《燕然山铭》、张载《剑阁铭》、《白鹦鹉赋》,曰:"我不能为君住宿,可至未时令就。"正玄及时并了。素读数遍,大惊曰:"诚好秀才!"命曹司录奏。属吏部选期已过,注色令还。期年重集,素谓曹司曰:"秀才杜正玄至。"又试《官人有奇器》□并立成,文不加点。素大嗟之,命吏部优叙。曹司以拟长宁王记室参军。时素情背曹官,及见,曰:"小王不尽其才也。"晋王广方镇扬州,妙选府僚,乃以正玄为晋王府参军。后豫章王镇扬州,又为豫章王记室。卒。

正玄弟正藏,字为善,亦好学,善属文。开皇十六年,举秀才。时苏威监选,试拟贾谊《过秦论》及《尚书汤誓》、《匠人箴》、《连理树赋》、《几赋》、《弓铭》，应时并就，又无点窜。时射策甲第者合奏，曹司难为别奏，抑为乙科。正藏诉屈，威怒，改为丙第，授纯州行参军。迁梁郡下邑县正。大业中，与刘炫同以学业该通，应诏被举。时正藏弟正仪贡充进士，正伦为秀才，兄弟三人同时应命，当世嗟美之。著作郎王劭奏追修史，司隶大夫薛道衡奏拟从事，并以见任且放还。九年，从驾征辽，为夫余道行军长史。还至涿郡，卒。

正藏为文迅速，有如宿构。曾令数人并执纸笔，各题一文，正藏口授俱成，皆有文理。为当时所异。又为《文轨》二十卷，论为文体则，甚有条贯。后生宝而行之，多资以解褐，大行于世，谓之《杜家新书》云。

论曰：宋隐操行贞白，遗略荣名，宣、愔并保退素，咸见征辟，可谓德门者矣。义和以才度见知，迹参顾命，拔萃出类，当有以哉！无子之叹，岂徒羊舌！宗祀不亡，盖其幸也。翻刚鲠自立，猛而断务。世良昆季，雅有家风。道谟卜筮取达，季良累于学浅。刁雍才识恢远，著声立事，礼遇优隆，世有人爵，堂构之义也。辛、韦不殒门风。杜铨所在为重。正玄难兄难弟，信为美哉！

北史卷二七
列传第一五

屈遵　张蒲　谷浑　公孙表
张济　李先　贾彝　窦瑾
李䜣　韩延之　袁式
毛脩之　唐和　寇赞　郦范
韩秀　尧暄　柳崇

　　屈遵字子度，昌黎徒何人也。博学多才艺。幕容垂以为博陆令。道武南伐，博陵太守申永南奔河外，高阳太守崔宏东走海滨。属城长吏，率多逃窜，遵独归道武。道武素闻其名，拜中书令。中原既平，赐爵下蔡子。卒。

　　子须袭爵。除长乐太守，进爵信都侯。卒，赠昌黎公，谥曰恭。

　　须长子恒，字长生，沈粹有局量。历位尚书右仆射，加侍中。以破平凉功，赐爵济北公。太武委以大政，车驾出征，常居中留镇。与襄城公卢鲁元俱赐甲第。真君四年，坠马卒。时帝幸阴山，景穆遣使乘传奏状。帝甚悼惜之，谓使人曰：“汝等杀朕良臣，何用乘马？”遂令步归。赠征西大将军，谥曰成公。

　　子道赐袭爵。道赐善骑射，机辩有辞气，太武甚器之。位尚书右仆射，加侍中。卒，谥曰哀公。

　　子拔袭爵。帝追思其父祖，年十四，以为南部大人。时太武南伐,禽守将胡盛之以付拔,酒醉不觉,盛之逃。太武令斩之。将伏锧,帝怆然曰:"若鬼有知,长生问其子孙,朕将何以应?"乃赦拔。后献文以其功臣子,拜营州刺史。

张蒲字玄则,河内修武人也。本名谟。父攀,仕慕容垂,位兵部尚书,以清方称。

蒲少有父风,仕慕容宝为尚书左丞。道武定中山,宝官司叙用,多降品秩。帝既素闻蒲名,仍拜尚书左丞。明元即位,为内都大官,赐爵泰昌子。参决庶狱,私谒不行。后改为寿张子。太武即位,以蒲清贫,妻子衣食不给,乃以为相州刺史。扶弱抑强,进善黜恶,风化大行。卒于官,吏人痛惜之。蒲在谋臣之列,屡出为将,朝廷论之,常以为称首。赠平东将军、广平公,谥曰文恭。子昭袭。以军功进爵修武侯,位幽州刺史,以善政见称。

谷浑字元冲,昌黎人也。父衮,弯弓三百斤,勇冠一时。仕慕容垂,位广武将军。

浑少有父风,任侠好气,晚乃折节受经业,被服类儒者。道武时,以善隶书为内侍左右。太武时,累迁侍中、仪曹尚书,赐爵濮阳公。浑正直有操行,性不苟合。然爱重旧故,不以富贵骄人。时人以此称之。在官廉直,为太武所器重,以浑子孙年十五以上,悉补中书学生。卒,谥曰文宣。

子阐,字崇基,袭爵。位外都大官。卒,谥曰简公。

子洪,字元孙,位尚书,赐爵荥阳公。性贪奢,仆妾衣服锦绮。时献文舅李峻等初至,官给衣服,洪辄截没。为有司所纠,并穷其前后赃罪,伏法。

子颖,位太府少卿。卒,赠营州刺史,谥曰贞。

子士恢,字绍达,位鸿胪少卿,封元城县侯。太后嬖幸郑俨,惧绍达间构于帝,因言次,以绍达为州。绍达耽宠,不愿出。太后诬其罪,杀之。

浑曾孙楷。楷有干局，稍迁奉车都尉。眇一目，性甚严忍，前后奉使皆以酷暴为名，时人号曰“瞎武”。累迁城门校尉，卒。

公孙表字玄元，燕郡广阳人也。为慕容冲尚书郎。慕容垂破长子，从入中山。慕容宝走，乃归，为博士。初，道武以慕容垂诸子分据势要，权柄推移，遂至亡灭，表诣阙上《韩非书》二十卷，道武称善。明元初，赐爵固安子。河西饥胡刘武反于上党，诏表讨之。为胡所败，帝深衔之。

太常七年，宋武帝殂。时议取河南侵地，以奚斤为都督，以表为吴兵将军、广州刺史。表既克滑台，遂围武牢。车驾次汲郡。始昌子苏坦、太史令王亮奏表置军武牢东，不得形便之地，故令贼不时灭。明元雅好术数，又积前忿，及攻武牢，士卒多伤，乃使人夜就帐中缢杀之。以贼未退，秘而不宣。

初，表与勃海封恺友善，后为子求恺从女，恺不许，表甚衔之。及封氏为司马国璠所逮，帝以旧族，欲原之，表证其罪，乃诛封氏。表外和内忌，时人以此薄之。表本与王亮同营署，及其出也，轻侮亮，故及于死。

第二子轨，字元庆。明元时，为中书郎。出从征讨，补诸军司马。太武平赫连昌，引诸将帅入其府藏，各令任意取金玉。诸将取之盈怀，轨独不取。帝把手亲探金赐之，谓曰：“卿临财廉，朕所以增赐者，欲显廉于众人。”后兼大鸿胪，持节拜立氏杨玄为南秦王。及境，玄不郊迎，轨数玄无蕃臣礼。玄惧，诣郊受命。使还称旨，拜尚书，赐爵燕郡公，出为武牢镇将。初，太武将北征，发驴以运粮，使轨部调雍州。轨令驴主皆加绢一匹，乃与受之。百姓语曰：“驴无强弱，辅脊自壮。”众共嗤之。坐征还。卒。

轨既死，帝谓崔浩曰：“吾过上党，父老皆曰：公孙轨为将，受货纵贼，使至今余奸不除，轨之罪也。其初来，单马执鞭；及去，从车百两。载物而南，丁零渠帅，乘山骂轨。轨怒，取骂轨者之母，以矛刺其阴而死之，曰：‘何以生此逆子！’从下倒劈，分磔四支于山树上。

是忍行不忍之事。轨幸而早死，至今在者，吾必族诛之。"

轨终得娶封氏，生子睿，字叔文。位仪曹长，赐爵阳平公。时献文于苑内立殿，敕中秘群官制名。睿奏曰："臣闻至尊至贵，莫崇于帝王；天人挹损，莫大于谦光。臣愚以为宜曰崇光。"奏可。卒于南部尚书，谥曰宣。

睿妻，崔浩弟女也。生子良，字遵伯，聪明好学。为尚书左丞，为孝文所知遇。良弟衡，字道津。良推爵让之，仕至司直。良以别功，赐爵昌平子。子崇基袭。

轨弟质，字元直，有经义，为中书学生，稍迁博士。太武征凉州，留宜都王穆寿辅景穆。时蠕蠕乘虚犯塞，京师震恐。寿雅信任质，为谋主。质性好卜筮，卜筮者咸云必不来，故不设备。由质，几败国。后屡进谠言，超迁尚书。卒，赠广阳侯，谥曰恭。

第二子邃，字文庆，位南部尚书，封襄平伯，出为青州刺史。以邃在公遗迹可纪，下诏褒述。卒官。孝文在邺宫，为之举哀。时百度唯新，青州佐史疑为邃服，诏曰："专古也，理与今违；专今也，太乖曩义。当斟酌两途，商量得失，人吏之情亦不可苟顺也。主簿，云近代相承服斩，过葬便可如故。自余无服，大成寥落，可准诸境内之人，为齐衰三月。"子同始袭爵，卒于给事中。

邃、睿为从父兄弟。睿才器小优，又封氏之男，崔氏之婿；邃母雁门李氏，地望悬隔。钜鹿太守祖季真多识北方人物，每云："士大夫当须好婚亲。二公孙同堂兄弟耳，吉凶会集，便有士庶之异。"

张济字士度，西河人也。父千秋，慕容永骁骑将军。永灭，来奔。道武善之，拜建节将军，赐爵成纪侯。

济涉猎书传，清辩善仪容。道武爱之，与公孙表等俱为行人，拜散骑侍郎，袭爵。

先是，晋雍州刺史杨佺期乞师于常山王遵以御姚兴。帝遣济为遵从事，即报之。济自襄阳还，帝问济江南事。济曰："司马昌明死，子德宗代立，君弱臣强，全无纲纪。佺期问臣：'魏初伐中山，几十万

众?'臣答:'四十余万。'佺期曰:'魏被甲戎马,可有几匹?'臣答:
'中军精骑十余万,外军无数。'佺期曰:'以此讨羌,岂不灭也!'又
曰:'魏定中山,徙几户于北?'臣答:'七万余家。'佺期曰:'都何
城?'臣答:'都平城。'佺期曰:'有此大众,何用城为!'又曰:'魏帝
欲为久都平城?将移也?'臣答:'非所知也。'佺期闻朝廷不都山东,
貌有喜色,曰:'洛城救援,仰恃于魏,若获保全,当必厚报。如为羌
所乘,宁使魏取。'"道武嘉其辞,厚赏其使,许救洛阳。后以累使称
旨,拜胜兵将军。卒,子多罗袭爵,坐事除。

　　李先字容仁,中山卢奴人。少好学,善占相术。慕容永迎为谋
主,劝永据长子城。仕永,位秘书监。永灭,徙中山。皇始初,先于
井陉归。道武问先曰:"卿何国人?祖父及身悉历何官?"先曰:"臣
本赵郡平棘人。大父重,晋平阳太守、大将军右司马。父悫,石季龙
乐安太守、左中郎将。臣,苻丕左主客郎,慕容永秘书监、高密侯。"
车驾还代,以先为尚书右中兵郎。再迁博士、定州大中正。帝问先:
"何者最善,可以益人神智?"先曰:"唯有经书,三皇、五帝政化之
典,可以补王者神智。"又问:"朕欲集天下书籍,如何?"对曰:"主之
所好,集亦不难。"帝于是班制天下,经籍稍集。

　　太武讨姚兴于柴壁也,问计于先。对曰:"兵以正合,战以奇胜。
闻姚兴欲屯兵天渡,利其粮道。及其到前,遣奇兵先邀天渡,柴壁左
右严设伏兵,备其表里,兴欲进不得,住又乏粮。夫高者为敌所栖,
深者为敌所因,兵法所忌,而兴居之,可不战而取。"帝从其计,兴果
败归。

　　明元即位,问左右:"旧臣中谁为先帝所亲信?"新息公王洛儿
曰:"有李先者,为先帝所知。"俄而召先,读韩子《连珠论》二十二
篇,《太公兵法》十一事。诏有司曰:"先所知者,皆军国大事,自今常
宿于内。"赐先绢彩及御马一匹,拜安东将军、寿春侯,赐隶户二十
二。卒于内都大官,年九十五。诏赐金缕命服一袭,赠定州刺史、中
山公,谥曰文懿。子国袭爵。

国子凤，中书博士。

凤子预，字元恺。太和初，历秘书令、齐郡王友、征西大将军长史，带冯翊太守。府解，罢郡，遂居长安。羡古人飧玉法，乃采访蓝田，躬往攻掘，得若环璧杂器形者，大小百余。颇有粗黑者，亦箧盛以还。至而观之，皆光润可玩。预乃椎七十枚为屑食之，余多惠人。后预及闻者更求玉于故处，皆无所见。冯翊公源怀弟得其玉，琢为器佩，皆鲜明可宝。预服经年，云有效验。而世事寝食，皆不禁节，又加好酒损志。及疾笃，谓妻子曰："吾酒色不绝，自致于死，非药过也。然吾尸体必当有异，勿速殡，令后人知飧服之妙。"时七月中旬，长安毒热，预停尸四宿，而体色不变。其妻常氏，以玉珠二枚含之，口闭，常谓曰："君自云飧玉有神验，何不受含？"言讫，齿启纳珠。因嘘其口，都无秽气。举敛于棺，坚直不倾委。死时有遗玉屑数升，囊盛纳诸棺中。

先少子皎。天兴中，密问先曰："子孙永为魏臣，将复事他姓邪？"先曰："国家政化长远，不可纪极。"皎为寇谦之弟子，遂服气绝粒数十年，隐于恒山。年九十余，颜如少童。一旦，沐浴冠带，家人异之，俄而坐卒。道士咸称其得尸解仙道。

皎孙义徽。太和中，以儒学博通，有才华，补清河王怿府记室。笺书表疏，文不加点，清典赡速，当世称之。又为怿撰《舆地图》及《显忠录》。性好《老》《庄》，甚嗤释教。灵太后临朝，属有沙门惠怜以咒水饮人，云能愈疾，百姓奔凑，日以千数。义徽白怿，称其妖妄。因令义徽草奏以谏，太后纳其言。元乂恶怿，徙义徽都水使者。俄而怿被害，因弃官隐于大房山。

少子兰，以纯孝著闻，不受辟召。孝昌中，旌表门闾。

正光中，文宣王亶嗣位，思义徽雅正惇笃，荐其孙景儒，位至奉车都尉。自皇始至齐受禅，百五十岁。先之所言，有明征焉。

景儒子昭徽，博涉稽古，脱略不羁，明人称其为播郎，因以字行于燕、赵焉。善谈论，有宏辩，属文任气，不拘常则。志好隐逸，慕葛洪之为人。寻师访道，不远千里。遇高尚则倾盖如旧，见庸识虽王公蔑如。初为道士，中年应诏举，为高唐尉。大业中，将妻子隐于嵩山，号黄冠子。有文集十卷，为学者所称。

　　贾彝字彦伦，本武威姑臧人也。六世祖敷，魏幽州刺史、广川都亭侯，子孙因家焉。父为苻坚钜鹿太守，坐讪谤系狱。彝年十岁，诣长安讼父获申。远近叹之，佥曰："此子英英，贾谊之后，莫之与京。"

　　弱冠，为慕容垂辽西王农记室参军。道武先闻其名，常遣使者求彝于垂，垂弥增器敬。垂遣其太子宝来寇，大败于参合，执彝及其从兄代郡太守润等。道武即位，拜尚书左丞，参预国政。天赐末，彝请诣温阳疗疾，为叛胡所掠，送于姚兴。积数年遁归，又为赫连屈丐所执，拜秘书监，卒。太武平赫连昌，子秀迎其尸枢，葬于代南。

　　秀位中庶子，赐爵阳都男，本州大中正。献文即位，进爵阳都子。时丞相乙浑妻庶姓，而求公主之号，屡言于秀，秀默然。后因公事，就第见浑。浑夫妻同坐，厉色曰："尔管摄职事，无所不从。我请公主，不应，何意？"秀慷慨大言对曰："公主之称，王姬之号，尊宠之极，非庶族所宜。秀宁就死于今朝，不取笑于后日。"浑左右莫不失色，为之振惧，秀神色自若。浑夫妻默然含忿。他日，乃书太医给事杨惠富臂，作"老奴官悭"字，令以示秀。浑每欲伺隙陷之。会浑伏诛，遂免难。

　　时秀与中书令勃海高允俱以儒旧重于时，皆选拟方岳，以询访被留，各听长子出为郡。秀固让不受，许之。自始及终，历奉五帝，虽不至大官，常当机要。廉清俭约，不营资产。年七十三，遇疾，诏给医药，赐几杖。时朝廷举动及大事不决，每遣尚书、高平公李敷就第访决。卒，赠冀州刺史、武邑公，谥曰简。

　　子俊，字异邻。袭爵，位荆州刺史，依例降爵为伯。先是，上洛置荆州，后改为洛州，在重山，人不知学，俊表置学官。在州五载，清靖寡事，为吏人所安。卒，赠兖州刺史。子叔休袭爵。

　　润曾孙祯，字叔愿，学涉经史，居丧以孝闻。太和中，以中书博士副中书侍郎高聪使江左。还，以母老患，辄在家定省，坐免官。后为司徒谘议参军、通直散骑常侍,加冠军将军。卒,赠齐州刺史。

祯兄子景俊,亦以学识知名,为京兆王愉府外兵参军。愉起逆于冀州,将授其官,不受,死之。赠河东太守,谥曰贞。

景俊弟景舆,清峻鲠正,为州主簿,遂栖迟不仕。后葛荣陷冀州,称疾不拜。景舆每扪膝而言曰:"吾不负汝。"以不拜荣也。

窦瑾字道瑜,顿丘卫国人,自云汉司空融之后也。高祖成,顿丘太守,因家焉。瑾少以文学知名,自中书博士为中书侍郎,赐爵繁阳子。参军国谋,屡有功,进爵卫国侯,转四部尚书。初定三秦,人犹去就,拜长安镇将、毗陵公。在镇八年,甚著威惠。征为殿中都官尚书。太武亲待之,赏赐甚厚。从征盖吴,吴平,留瑾镇长安。还京复为殿中、都官,典左右执法。太武叹曰:"国之良辅,毗陵公之谓矣。"出为冀州刺史,清约冲素,著称当时。还为内都大官。

兴光初,瑾女婿郁林公司马弥陀以选尚临泾公主,瑾教弥陀辞。托有诽谤咒诅之言,与弥陀同诛,唯少子遵逃匿得免。

遵善楷篆,北京诸碑及台殿楼观宫门题署多遵书。位濮阳太守,多所受纳。其子僧演奸通人妇,为部人贾邈告,坐免。后以善书拜库部令,卒官。

李䜣字元盛,小名真奴,范阳人也。曾祖产,产子绩,二世知名于慕容氏。父崇,冯跋吏部尚书、石城太守。车驾至和龙,崇率十余郡归降,太武甚礼之,呼曰李公。为北幽州刺史、固定侯。卒,谥曰襄侯。

䜣母贱,为诸兄所轻。崇曰:"此子之生,相者言贵,吾每观,或未可知。"遂使入都为中书学生。太武幸中书学,见而异之,指谓从者曰:"此小儿终效用于朕之子孙。"因识昑之。帝舅阳平王杜超有女,将许贵戚,帝曰:"李䜣后必官达,益人门户,可以妻之。"遂劝成婚。南人李哲常言䜣必当贵达。杜超之死也,帝亲哭三日。䜣以超女婿,得在丧位出入,帝指谓左右曰:"观此人举动,岂不异于众也?

必为朕家干事臣。"䜣聪敏机辩,强记明察。初,李灵为文成博士,诏崔浩选中书学生器业优者为助教。浩举其弟子箱子与卢度世、李敷三人应之。给事高谠子祐、尚书段霸儿侄等以为浩阿党其亲戚,言于景穆。以浩为不平,闻之于太武。太武意在䜣,曰:"云何不取幽州刺史李崇老翁儿?"浩对曰:"前亦言䜣合选,但以其先行在外,故不取之。"帝曰:"可待䜣还,箱子等罢之。"遂除中书助教、博士,入授文成经。

文成即位,䜣以旧恩亲宠,迁仪曹尚书,领中秘书,赐爵扶风公。赠其母孙氏为容城君。帝顾群臣曰:"朕始学之岁,情未能专;既总万机,温习靡暇。是故儒道实有阙焉。岂惟予咎,抑亦师傅之不勤。所以爵赏仍隆,盖不遗旧也。"䜣免冠拜谢。出为相州刺史。为政清简,百姓称之。䜣上疏求于州郡各立学官,使士望之流,衣冠之胄,就而受业。其经艺通明者,上王府。书奏,献文从之。以䜣政为诸州之最,加赐衣服。

自是遂有骄矜自得之志,受纳人财物,商胡珍宝。兵人告言。尚书李敷与䜣少长相好,每左右之。或有劝以奏闻,敷不许。献文闻䜣罪状,槛车征䜣,拷劾抵罪。敷兄弟将见疏斥,有司讽以中旨嫌敷兄弟之意,令䜣告列敷等隐罪,可得自全。䜣深所不欲,且弗之知也,乃谓其女婿裴攸曰:"吾与李敷,族世虽远,情如一家。在事既有此劝,昨来引簪自刺,以带自绞,而不能致绝。且亦不知其事。"攸曰:"何为为他死?敷兄弟事崝可知。有冯兰者,先为敷杀,其家切恨之。但呼兰弟问之,足可知委。"䜣从其言。又赵郡范檦具列敷兄弟事状,有司以闻,敷坐得罪。诏列䜣贪冒应死,以纠李敷兄弟,故免。百鞭髡刑,配为厮役。

䜣之废也,平寿侯张谠见䜣,与语,奇之,谓人曰:"此佳士也,终不久屈。"未几而复为太仓尚书,摄南部事。用范檦陈策计,令千里之外,户别转运,诣仓输之。使所在委滞,停延岁月。百姓竞以货赂,各求在前,于是远近大为困弊。道路群议曰:"畜聚敛之人,未若盗臣。"䜣弟左军将军璞谓䜣曰:"范檦善能降人以色,假人以辞,未

闻德义之言,但有势利之说。听其言也甘,察其行也贼,所谓谄谀谗
慝,贪冒奸佞。不早绝之,后悔无及。"䜣不从,弥信之,腹心事皆以
告标。䜣既宠于献文,参决军国大议,兼典选举,权倾内外,百僚莫
不曲节以事之。标以无功起家拜卢奴令。

献文崩,䜣迁司空,进爵范阳公,出为侍中、镇南大将军、开府
仪同三司、徐州刺史。范标知文明太后之忿䜣,又知内外疾之,太和
元年,希旨告䜣外叛。文明太后征䜣至京师,言其叛状。䜣曰:"无
之。"引标证䜣。䜣言:"尔妄云知我,吾又何言!虽然,尔不顾余之
厚德,而忍为此,不仁甚矣。"标曰:"公德于标,何若李敷之德于公?
公昔忍于敷,标今敢不忍公乎?"䜣慨然曰:"吾不用璞言,自贻伊
戚,万悔于心,何嗟及矣!"遂见诛。

璞字季直,性惇厚,多识人物。赐爵宜阳侯,太常卿。

韩延之字显宗,南阳堵阳人,魏司徒暨之后也。仕晋,位建威将
军、荆州从事,转平西府录事参军。晋将刘裕伐司马休之,未至江
陵,密与延之书招。延之报书,辞甚激厉,曰:"刘裕足下:海内之
人,谁不见足下此心,而复欲欺诳国士!"其不屈如此。事见《南史·
宋本纪》。延之以裕父名翘,字显宗,于是己字显宗,名子为翘,盖示
不臣刘氏也。后奔姚兴。

泰常二年,与司马文思等俱入魏。明元以延之为武牢镇将,赐
爵鲁阳侯。

初,延之曾来往柏谷坞,省鲁宗之墓,有终焉之志。因谓子孙
云:"河洛三代所都,朝廷必有居此者。我死,不劳向北代葬也,即可
就此。"子从其言,遂葬宗之墓次。延之后五十余年而孝文徙都,其
孙数家即居于祖墓之北柏谷坞。

袁式字季祖,陈郡阳夏人,汉司徒滂之后,父深,晋侍中。

式在南,历武陵王遵谘议参军。及刘裕执权,式归姚兴。及姚
泓灭,归魏,为上客,赐爵阳夏子。与司徒崔浩一面,便尽国士之交。

时朝仪典章悉出于浩,浩以式博于故事,每所草创,恒顾访之。性长者,虽羁旅飘泊,而清贫守度,不失士节。时人甚敬重之,皆呼曰袁谘议。至延和二年,卫大将军、乐安王范为雍州刺史,诏式与中书侍郎高允俱为从事中郎。辞而获免。

式沈靖乐道,周览书传,至于诂训《仓》、《雅》,偏所留怀。作《字释》未就。以太安二年卒,赠豫州刺史,谥肃侯。

子济袭父爵,位魏郡太守,政有清称。加宁远将军。及宋王刘昶开府,召为谘议参军。

毛脩之字敬文,荥阳阳武人也。世仕晋。刘裕之平关中,留子义真镇长安,以修之为司马。及义真败,修之没统万。太武平赫连昌,获之。使领吴兵,以功拜吴兵将军。修之能为南人饮食,手自煎调,多所适意。太武亲待之,累迁尚书,赐爵南郡公,常在太官主进御膳。

从讨和龙,时诸军攻城,行宫人少,宋故将朱修之为云中将军,欲率吴兵为逆,因入和龙,冀浮海南归。以告修之,不听,乃止。是日无修之,大变几作。修之遂奔冯弘。修之又以军功,迁特进、抚军大将军,位次崔浩下。

浩以其中国旧门,虽不博洽,犹涉猎书传,与共论说之。次及陈寿《三国志》,云"有古良史风,其所著述,文义典正,班史以来无及寿者"。修之曰:"昔在蜀中,闻长老言,寿曾为诸葛亮门下书佐,得挞百下,故其论武侯云:应变非其所长。"浩乃与论曰:"承祚之评亮,乃有故义过美之誉,非挟恨之言。夫亮之相备,英雄奋发之时,君臣相得,鱼水为喻。而不能与曹氏争天下,委弃荆州,退入巴蜀,守穷崎岖之地,僭号边夷之间,此策之下者。可以赵他为偶,而以管、萧之亚匹,不亦过乎!且亮既据蜀,弗量势力,严威切法,控勒蜀人,欲以边夷之众,抗衡上国。出兵陇右,再攻祁山,一攻陈仓,疏迟失会,摧衄而反。后入秦川,更求野战。魏人知其意,以不战屈之。智穷势尽,发病而死。由是言之,岂合古之善将,见可知难乎?"修之谓浩言为然。后卒于外都大官,谥恭公。

脩之在南有四子,唯子法仁入魏。文成初,为金部尚书,袭爵,转殿中尚书。法仁言声壮大,至于军旅田狩,唱呼处分,振于山谷。卒,赠征东大将军、南郡王,谥曰威。

朱脩之者,仕宋为司徒从事中郎。守滑台,为安颉所禽。太武善其固守,以宗室女妻之,以为云中镇将。后奔冯弘。弘送之江南。

颉之克滑,宋陈留太守严棱戍仓垣。及山阳公奚斤军至棱川,棱率文武五百人诣斤降。明元嘉其诚款,赐爵郏阳侯,假荆州刺史。随驾南讨,还为上客。及太武践阼,以归化之功,除中山太守,有清廉称。卒于家。子幼玉袭。棱旧书有传,今附之云。脩之在宋显达,事并具《南史》。

唐和字幼起,晋西冥安人也。父繇,以凉土丧乱,推凉武昭王霸于河右。及凉亡,和与兄契携其甥武昭王孙宝,避难伊吾。招集人众二千余家,臣于蠕蠕。蠕蠕以契为伊吾王。经二十年,和与契遣使降魏,为蠕蠕所逼,遂拥部至高昌。蠕蠕遣部帅阿若讨和,至白力城。和先攻高宁。契与阿若战没,和收余众,奔前部国。时沮渠安周屯横截城,和攻拔之,斩安周兄子树,又克高宁、白力二城。遣使表状。太武嘉之,屡赐之玺书。后和与前部王车伊洛破安周。太武使周公万度归讨焉耆,诏和与伊洛率所领赴度归,喻下柳驴以东六城。因共击波居罗城,拔之。后同征龟兹,度归令和镇焉耆。时柳驴戍主乙真伽将叛,和径入其城,禽斩乙真伽。由是西域克平,和有力焉。

正平元年,和诣阙。太武优宠之,待以为上客。文成以和归诚先朝,封酒泉公。太安中,为济州刺史,甚有称绩。征为内都大官。评决狱讼,不加捶楚,察疑获实者甚多,世以是称之。卒,赠征西大将军、太常卿、酒泉王,谥曰宣。

子钦,字孟真,位陕州刺史。降爵为侯。卒,子景宣袭爵。卒于东郡太守。

契子玄达,性果毅,有父风。与叔父和归阙,俱为上客,封晋昌公。献文时,位华州刺史。太和十六年,降为侯。子崇,字继祖,袭爵。

　　寇赞字奉国,上谷人也,因难徙冯翊万年。父修之,字延期,苻坚东莱太守。赞弟谦,有道术,太武敬重之,故追赠修之安西将军、秦州刺史、冯翊公。赐命服,谥曰哀公。诏秦、雍二州为立碑墓。又赠修之母为冯翊夫人,及宗从追赠太守、县令、侯、子、男者十六人,其临职者七郡、五县。

　　赞少以清洁知名。身长八尺,姿容严嶷,非礼不动。苻坚仆射韦华,州里高达,虽年时有异,恒以风味相待。华为冯翊太守,召为功曹。后除襄邑令。姚泓灭,秦、雍人千余家推赞为主,归魏。拜河南郡太守。其后秦、雍人来奔河南、荥阳、河内者,户至万数,拜赞南雍州刺史、轵县侯,于洛阳立雍之郡县以抚之。由是流人襁负,自远而至,参倍于前。进赞爵河南公,加安南将军,领南蛮校尉,仍刺史。分洛、豫二州之侨郡以益之。虽位高爵重,接待不倦。

　　初,赞之未贵,尝从相者唐文相。文曰:“君额上黑子入帻,位当至方伯,封公。”及其贵也,文以百姓礼拜谒曰:“明公忆畴昔言乎?”延文坐曰:“往时卿言杜琼不得官长,人咸谓不然。及琼为盩厔令,卿犹言相中不见,而琼果以暴疾,未拜而终。昔魏舒见主人儿死,自知己必至公。吾恒以卿言琼之验,亦复不息此望也。”乃赐文衣服良马。

　　赞在州十七年,甚收公私之誉。年老,求致仕。卒,遗令薄葬,敛以时服。太武悼惜之,谥曰宣穆。子元宝袭爵。

　　元宝弟臻,字仙胜。年十二,遭父忧,居丧以孝称。轻财好士。献文末,为中川太守。时冯熙为洛州刺史,政号贪虐,仙胜微能附之,甚得其意。后为弘农太守。坐受纳,为御史所弹,遂废,卒于家。

　　子祖训,顺阳太守。祖训弟祖礼。兄弟并孝友敦穆,白首同居。父母亡虽久,犹于平生所处堂宇,备设帏帐几杖,以时节开堂列拜,垂涕陈荐，若宗庙焉。吉凶之事，必先启告，远出行反亦如之。

祖礼，宣武末为河州刺史。在任数年，遇却铁忽反，又为城人诣都列其贪状十六条。会赦免，久之，兼廷尉卿，又兼尚书。畏避势家，承颜候色，不能有所执据。后蛮反于三鸦，为都督追讨，战殁。赠卫大将军、七兵尚书、雍州刺史、昌平男。祖礼弟俊。

俊字祖俊。性宽雅，幼有识量，好学强记。性又廉恕，不以财利为心。家人曾卖物与人，而利得绢一匹。俊于后知之，乃曰："得财失行，吾所不取。"访主还之。以选为孝文帝挽郎，除奉朝请。大乘贼起，燕、赵扰乱，俊参护军事东讨，以功授员外散骑侍郎。累迁司空府主簿。时灵太后临朝，减食禄官十分之一，造永宁佛寺，令俊典之。资费巨万，主吏不能欺隐。寺成，又极壮丽。灵太后嘉之，除左军将军。孝昌中，朝议以国用不足，乃置盐池都将，秩比上郡。前后居职者多有侵隐，乃以俊为之，仍主簿。

永安初，华州人史底与司徒杨椿讼田。长史以椿势贵，皆言椿直，欲以田给椿。俊曰："史底穷人，杨公横夺其地，若欲损不足以给有余，见使雷同，未敢闻命。"遂以地还史底。孝庄帝后知之，嘉俊守正不挠，拜司马；其附椿者咸责焉。

二年，出为梁州刺史。人俗荒犷，多为盗贼。俊乃令郡县为立庠序，劝其耕桑，敦以礼让。数年之中，风俗顿革。梁遣其将曹琰之镇魏兴，继日板筑。琰之屡扰疆场，边人患之。俊遣长史杜林道攻克其城，并禽琰之。琰之即梁大将景宗之季弟也。于是梁人惧焉。属魏室多故，州又僻远，梁人知无外援，遂大兵顿魏兴，志图攻取。俊抚厉将士，人思效命。梁人知其得众心也，弗之敢逼。俊在州清苦，不事产业，其子等并徒步而还，吏人送俊，留连于道，久之乃得出界。

大统三年，东魏授俊洛州刺史，俊因此乃谋归阙。五年，将家及亲属四百口入关，拜秘书监。时军国草创，坟典散逸，俊始选置令史，抄集经籍，四部群书，稍得周备。加镇东将军，封安西县男。十七年，加散骑常侍，遂称笃疾，不复朝觐。恭帝三年，赐姓若口引氏。

孝闵帝践阼，进爵为子。武成元年，进骠骑大将军、开府仪同三司。

俊年齿虽高，而志识未衰，教授子孙，必先典礼。明帝尚儒重德，特钦赏之，数加恩赐，思与相见。俊不得已，乃入朝，帝与同席而坐，顾访洛阳故事。俊身长八尺，须鬓皓然，容止端详，音韵清朗。帝与之谈论，不觉屡为之前膝。及俊辞还，帝亲执其手，曰："公年德俱尊，朕所钦尚。乞言之事，所望于公。宜数相见，以慰虚想。"以御舆令于帝前乘出。顾谓左右曰："如此事，唯积善者可以致之。何止见重于今，亦将传之万古。"时人咸以为荣。卒年八十二。武帝叹惜之，赠本官，加冀定瀛三州诸军事、冀州刺史，谥曰元。

俊笃于仁义，期功之中有孤幼者，衣食丰约，并与之同。少为司徒崔光所知，光命其子励与俊结友。俊每造光，常清谈移日。小宗伯卢辨以俊业行俱崇，待以师友之礼，每有闲暇，辄诣俊谳语弥日。恒谓人曰："不见西安君，烦忧不遣。"其为通人所敬重如此。

子奉，位至仪同大将军。居丧哀毁。位仪同大将军，掌朝、布宪，为典祀下大夫，小纳言，濩泽郡公。

郦范字世则，范阳涿鹿人也。祖绍，慕容宝濮阳太守，以郡迎降，道武授兖州监军。父嵩，天水太守。范，太武时，给事东宫。太武践阼，追录先朝旧勋，赐爵永宁男。以奉礼郎奉迁太武、景穆神主于太庙，进爵为子。为征南大将军慕容白曜司马。及定三齐，范多进策，白曜皆用其谋，遂表为青州刺史。进爵为侯，加冠军将军。还为尚书右丞。

后除平东将军、青州刺史，假范阳公。范前解州还京也，夜梦阴毛拂踝。他日说之。时齐人有占梦者史武进云："公豪盛于齐下矣。使君临抚东秦，道光海岱，必当重牧全齐，再禄营丘矣。"范笑答曰："吾将为卿必验此梦。"果如言。时镇将元伊利表范与外贼交通。孝文诏范曰："镇将伊利表卿造船市玉，与外贼交通，规陷卿罪，窥觎州任。有司推验，虚实自显，有罪者今伏其辜矣。卿其明为算略，勿复怀疑。"还朝，卒京师。谥曰穆。子道元。

道元字善长。初袭爵永宁侯，例降为伯。御史中尉李彪以道元执法清刻，自太傅掾引为书侍御史。彪为仆射李冲所奏，道元以属官坐免。景明中，为冀州镇东府长史。刺史于劲，顺皇后父也，西讨关中，亦不至州，道元行事三年。为政严酷，吏人畏之，奸盗逃于他境。后试守鲁阳郡，道元表立黉序，崇劝学教。诏曰："鲁阳本以蛮人，不立大学。今可听之，以成良守文翁之化。"道元在郡，山蛮伏其威名，不敢为寇。延昌中，为东荆州刺史，威猛为政，如在冀州。蛮人诣阙讼其刻峻，请前刺史寇祖礼。及以遣戍兵七十人送道元还京，二人并坐免官。

后为河南尹。明帝以沃野、怀朔、薄骨律、武川、抚冥、柔玄、怀荒、御夷诸镇并改为州，其郡、县、戍名，令准古城邑。诏道元持节兼黄门侍郎，驰驿与大都督李崇筹宜置立，裁减法留。会诸镇叛，不果而还。

孝昌初，梁遣将攻扬州，刺史元法僧又于彭城反叛。诏道元持节、兼侍中、摄行台尚书，节度诸军，依仆射李平故事。梁军至涡阳，败退。道元追讨，多有斩获。

后除御史中尉。道元素有严猛之称，权豪始颇惮之。而不能有所纠正，声望更损，司州牧、汝南王悦嬖近左右丘念，常与卧起。及选州官，多由于念。念常匿悦第，时还其家，道元密访知，收念付狱。悦启灵太后，请全念身，有敕赦之。道元遂尽其命，因以劾悦。

时雍州刺史萧宝夤反状稍露，侍中、城阳王徽素忌道元，因讽朝廷，遣为关右大使。宝夤虑道元图己，遣其行台郎中郭子帙围道元于阴盘驿亭。亭在岗上，常食岗下之井。既被围，穿井十余丈不得水。水尽力屈，贼遂逾墙而入。道元与其弟道□二子俱被害。道元瞋目叱贼，厉声而死。宝夤犹遣敛其父子，殡于长安城东。事平，丧还，赠吏部尚书、冀州刺史、安定县男。

道元好学，历览奇书，撰注《水经》四十卷，《本志》十三篇。又为《七聘》及诸文皆行于世。然兄弟不能笃睦，又多嫌忌，时论薄之。子孝友袭。

　　道元第四弟道慎，字善季，涉历史传，有干局。位正平太守，有能名。迁长乐相。卒，赠平州刺史。

　　道慎弟道约，字善礼，朴质迟钝，颇爱琴书。性多造请，好以荣利干谒，乞丐不已，多为人所笑弄。坎壈于世，不免饥寒。晚历东莱、鲁阳二郡太守。为政清静，吏人安之。

　　范弟道峻子恽，字幼和。好学有文才，尤长吏干。举秀才，射策高第。历位尚书外兵郎。行台长孙承业引为行台郎。恽颇兼武用，恒以功名自许。每进计于承业，多见纳用。以功赏魏昌县子。恽在军启求减身官爵，为父请赠，诏授征虏将军、安州刺史。

　　恽后与唐州刺史崔元珍固守平阳，尔朱荣称兵赴阙，恽与元珍不从，为荣行台郎中樊子鹄陷城，被害。所作文章，颇行于世。撰慕容氏书，不成。子怀则，司空长流参军。

　　韩秀字白武，昌黎人也。祖宰，慕容俊谒者仆射。父景，皇始初归魏，拜宣威将军，骑都尉。

　　秀历位尚书郎，赐爵遂昌子。文成称秀聪敏清辩，才任喉舌，遂命出纳王言，并掌机密。行幸游猎，随侍左右。献文即位，转给事中，参征南慕容白曜军事。

　　延兴中，尚书奏以敦煌一镇，介远西北，寇贼路冲，虑或不固，欲移就凉州。群臣会议，佥以为然。秀独曰："此蹙国之事，非辟土之宜。愚谓敦煌之立，其来已久，虽邻强寇，而兵人素习，循常置戍，足以自全。若徙就姑臧，虑人怀异意，或贪留重迁，情不愿徙，脱引寇内侵，深为国患。且舍远就近，遥防有阙。一旦废罢，是启戎心，则夷狄交构，互相来往。关右荒扰，烽警不息，边役烦兴，艰难方甚。"乃从秀议。后为平东将军、青州刺史。卒，子务袭爵。

　　务字道世，性端谨，有吏干。为定州平北长史，颇有受纳，为御史中尉李平所劾。付廷尉，会赦免。后除龙骧将军、郢州刺史。务献七宝床、象牙席。诏曰："昔晋武帝焚雉头裘，朕常嘉之。今务所献，亦此之流也。奇丽之物，有乖风素，可付其家人。"后以诈表破贼，免官。久之，拜太中大夫，进号左将军，卒。

尧暄字辟邪，上党长子人也。本名钟葵，后赐名暄。祖僧赖，道武平中山，与赵郡吕含首来归国。暄聪了，美容貌。为千人军将。太武以其恭谨，擢为中散。后兼北部尚书。于时始立三长，暄为东道十三州使，更比户籍，赐独车一乘，厩马四匹。暄前后从征及出使检案三十许度，皆有克己奉公之称。赏赐衣服、彩绢、奴婢等物，赐爵平阳伯。及改置百官，授太仆卿，转大司农。卒于平城，孝文为之举哀，赠相州刺史。初，暄至徐州，见州城楼观，嫌其华盛，乃令往往毁彻，由是，后更损落。及孝文幸彭城，闻之，曰："暄犹可追斩。"

暄长子洪袭爵。洪子杰，字永寿。元象中，开府仪同三司、乐城县公。

洪弟遵，位临洮太守。卒，谥曰思。

遵弟荣，位员外散骑侍郎。

子雄，字休武，少骁果，轻财重气。位燕州刺史、平城县伯。随尔朱兆与齐神武战，败于广阿，率所部据定州归神武。其从兄杰为兆沧州刺史，亦遣使降。神武以其兄弟俱有诚款，使杰便为行瀛州事。使雄代杰为瀛州刺史，进爵为公。时禁网疏阔，官司相与聚敛。唯雄义然后取，接下以恩，甚为吏人所怀。

魏孝武帝入关，雄为大都督，随高昂破贺拔胜于穰城，仍除豫州刺史。元洪威据颍川叛，叛人赵继宗杀颍川太守邵招，据乐口，北应洪威。雄讨之，继宗败走。城内因雄之出，据州引西魏。雄复与行台侯景讨平之。

梁将李洪芝、王当伯袭破平乡城，雄并禽之。又破梁司州刺史陈庆之，复围南荆州。东救未至，雄陷其城。梁以元庆和为魏王，侵扰南境，雄大破之于南顿。寻与行台侯景破梁楚城。豫州人上书，更乞雄为刺史，复行豫州事。

颍州长史贺若统执刺史田迅，据州降西魏。诏雄与广州刺史赵育、扬州刺史是宝，随行台任祥攻之。西魏将怡锋败祥等，育、宝各还,据城降敌,雄收散卒,保大梁。周文帝遣其右丞韦孝宽等攻豫州,雄都督程多宝降之。执刺史冯邕,并雄家属及部下妻子数千口,欲送长安。至乐口,雄外兵参军王恒伽、都督赫连俊等从大梁邀之,斩多宝,收雄家口还大梁。雄别破乐口,禽丞伯,进讨县瓠。复以雄行豫州事。西魏以是宝为扬州刺史,据项城,义州刺史韩显据南顿。雄一日拔其二城,禽显及长史岳,宝遁走。加骠骑大将军、仪同三司,仍随侯景平鲁阳,复除豫州刺史。

雄虽武将,性质宽厚,为政举其大纲而已。在边十年,屡有功绩。爱人物,多所施与,亦以此称。兴和四年,卒于邺,赠司徒,谥曰武恭。子师嗣。

柳崇字僧生,河东解人也。七世祖轨,晋廷尉卿。崇方雅有器量,身长八尺,美须明目,兼有学行。举秀才,射策高第。解褐太尉主薄,转尚书右外兵郎中。于时河东、河北二郡争境。其间有盐池之饶,虞坂之便,守宰百姓皆恐外割,公私朋竞,纷嚣台府。孝文乃遣崇检断,上下息讼。属荆、郢新附,南寇窥扰,又诏崇持节与州郡经略,加慰喻。还,迁太子洗马、本郡中正。

累迁河中大守。崇初届郡,郡人张明失马,疑执十余人。崇见之,不问贼事,人别借以温颜,更问其亲老存不,农业多少,而微察其辞色。即获真贼吕穆等二人,余皆放遣。郡中畏服,境内怙然。卒于官,赠岐州刺史,谥曰穆。崇所制文章,寇乱遗失。

长子庆和,性沉静,不竞于时。位给事中、本郡中正,卒。庆和弟楷,字士则。身长八尺,善草书,颇涉文史。位抚军司马。

论曰:屈遵学艺知机。恒乃局量受委。张蒲、谷浑文武为用,人世仍显,不亦善事? 公孙表初则一介见知,终以轻薄致戾。轨始受探金之赏,末陷财利之嫌,鲜克有终,固不虚也。张济使于四方,有延誉之美。李先学术嘉谋,荷遇三世。贾彝早播时誉。秀则不畏强御。窦瑾、李诉时曰良干。瑾以片言疑似,诉以凤故猜嫌,而婴合门之戮，良可悲也。韩延之忠于所事，有国士之烈。袁式取遇崔公，以博雅而重。修之晚著诚款。唐和万里慕义。寇赞诚信见嘉。郦范智器而达。道元遭命，有衔须之风。韩秀议边，得驭远之算。尧暄聪察致位，礼加存没。柳崇素业有资，器行仍世。盛矣乎！

北史卷二八
列传第一六

陆俟　源贺　刘尼　薛提

陆俟，代人也。曾祖干，祖引，世领部落。父突，道武初帅部人从征伐，数有战功，位离石镇将、上党太守、关内侯。

俟少聪慧。明元践祚，袭关内侯，位给事中，典选部、兰台事，当官无所挠。太武征赫连昌，诏俟督诸军镇以备蠕蠕。与西平公安颉攻克武牢，赐爵建邺公，拜冀州刺史。时考州郡，唯俟与河内太守丘陈为天下第一。转武牢镇大将。平凉休屠金崖、羌狄子玉等叛，复转为安定镇大将，追讨崖等，皆获之。

迁怀荒镇大将。未期，诸高车莫弗讫惧俟严急，请前镇将郎孤。太武许之。征俟，至京朝见，言不过周年，孤身必败，高车必叛。帝疑不实，切责之，以公归第。明年，诸莫弗果杀孤以叛。帝闻之大惊，召俟问其故。俟曰："夫高车之俗，上下无礼，无礼之人，难为其上。臣苍以威严，节之宪网，欲渐加训导，使知分限。而恶直丑正，实繁有徒，故讼臣无恩，称孤之美。孤获还镇，欣其名誉，必加恩于百姓，讥臣为失，专欲以宽惠临之，仁恕待之。无礼之人，易生陵傲，不过期年，无复上下。既无上下，然后收之以威，则人怀怨懟。怨懟既多，败乱彰矣。"帝叹曰："卿身乃短，虑何长也！"即日复除散骑常侍。

帝征蠕蠕，破凉州，常随驾别督辎重。又与高凉王那复渡河南略地。仍迁长安镇大将。与高凉王那击盖吴于杏城，获吴二叔。诸将欲送京师，俟独不许，曰："若不斩吴，恐长安之变未已。一身藏窜，非其亲信，谁能获之？若停十万众追一人，非上策也。不如私许吴叔，免其妻子，使自追吴。"诸将咸曰："今获其二叔，唯吴一人，何所复至？"俟曰："诸君不见毒蛇乎？不断其头，犹能为害。况除腹心之疾，而曰必遗其类，可乎？"遂舍吴二叔，与之期。及期，吴叔不至，诸将皆咎俟。俟曰："此未得其便耳，必不背也。"后数日，果斩吴以至，皆如其言。俟之明略独决，皆此类也。迁内都大官。

安定卢水刘超等叛，太武以俟威恩被关中，诏以本官加都督秦、雍诸军，镇长安。帝曰："超等恃险，不顺王命，朕若以重兵与卿，则超等必合为一；若以轻兵与卿，则不制矣。今使卿以方略定之。"于是俟单马之镇。既至，申扬威信，示以成败，超犹无降意。俟乃率其帐下见超。超使人逆曰："三百人以外，当以弓马相待；三百人以内，当以酒食相供。"乃将二百骑诣超。超备甚严，遂纵酒，尽醉而还。后伪猎，诣超。与士卒约曰："今会发机，当以醉为限。"俟乃诈醉，上马大呼，斩超首。士卒应声纵击，遂平之。帝大悦，征拜外都大官。文成践祚，以子丽有定策勋，进爵东平王。薨，年六十七，谥成王。有子十二人。

长子馥，多智，有父风。文成见而悦之，谓朝臣口："吾常叹其父智过其躯，是复逾于父矣！"少为内都下大夫。奉上接下，行止取与，每能逆晓人意。与其从事者无不爱之。

兴安初，赐爵聊城侯。出为相州刺史，假长广公。为政清平，抑强扶弱。州中有德宿老名望素重者，以友礼待之，询之政事，责以方略，如此者十人，号曰十善。又简取诸县强门百余人以为假子，诱接殷勤，赐以衣服，令各归家为耳目，于是发奸擿伏，事无不验。百姓以为神明，无敢劫盗者。在州七年，家至贫约。征为散骑常侍，百姓乞留馥者千余人。献文不许，谓群臣曰："馥之善政，虽古人何以加之。"赐绢五百匹，奴婢十口。馥之代还也，吏人大敛布帛以遗之，馥皆不受，人亦不取，于是以此物起佛寺焉，因名长广公寺。后袭父，改封建安王。

时宋司州刺史常珍奇以悬瓠内附，新人犹怀去就。馥衔旨抚慰,诸有陷军为奴婢者,馥皆免之。百姓欣悦,人情乃定。车驾讨蠕蠕,诏馥为选部尚书,录留台事。

及献文将禅位于京兆王子推,任城王云、陇西王源贺并固谏。馥抗言曰:"皇太子圣德承基,四海瞻望,不可横议,干国之纪。臣请刎颈殿庭,有死无贰。"久之,帝乃解。诏曰:"馥直臣也,其能保吾子乎?"遂以馥为太保,与太尉源贺持节奉皇帝玺绂传位于孝文。延兴四年薨,赠以本官,谥曰贞王。馥有六子,琇、凯知名。

琇字伯琳,馥第五子也。母赫连氏,身长七尺九寸,甚有妇德。馥有以爵传琇之意。琇年九岁,馥谓之曰:"汝祖东平王有十二子,我为嫡长,承袭家业。今已年老,属汝幼冲,讵堪为陆氏宗首乎?"琇对曰:"苟非斗力,何患童幼!"馥奇之,遂立琇为世子。馥薨,袭爵。琇沈毅少言,雅好读书。以功臣子孙,为侍御长,累迁祠部尚书、司州大中正。会从兄睿事,免官。

景明初,试守河内郡。咸阳王禧谋反,令子昙和等先据河内。琇闻禧反,斩昙和首。时以琇不先送昙和,禧败始斩,责其通情,征诣廷尉。少卿崔振穷罪状,案琇大逆。陆宗大小,咸见收捕。会将赦,先毙于狱。琇弟凯仍上书诉冤,宣武诏复征爵,子景祚袭。

凯字智君,谨重好学。位太子庶子、给事黄门侍郎。凯在枢要十余年,以忠厚见称。后遇患,频上书乞骸骨。除正平太守,在郡七年,号为良吏。

初,孝文将议革变旧风,大臣并有难色;又每引刘芳、郭祚等,常与规谋,共论政事。而国戚谓遂疏己,怏怏有不平之色。帝乃令凯私喻之曰:"至尊但欲广知前事,直当问其古式耳。终无宠彼而疏国戚旧人意。"乃稍解。及兄琇陷罪,凯亦被收,遇赦乃免。凯痛兄之死,哭无时节,目几失明,诉冤不已。至正始初,宣武复琇官爵。凯大喜,置酒集诸亲曰:"吾所以数年之中抱病忍死者,顾门计耳,今愿已遂。"以其年卒,赠龙骧将军、南青州刺史,谥曰惠。

长子昕,字道晖,与弟恭之并有时誉。洛阳令贾祯见其兄弟,叹曰:"仆以老年,更睹双璧。"又尝兄弟共候黄门郎孙惠蔚。谓诸宾曰："不意二陆,复在坐隅。吾德谢张公,无以延誉。"昈位尚书右户、三公郎,坐事免。后除伏波将军。卒,赠冠军、恒州刺史。昈拟《急就篇》为《悟蒙章》,及《七诱》、《十醉》,章表数十篇。昈与恭之晚不和睦,为时所鄙。子元规位尚书郎。元规子拨,阴阳律历,多所通解,位并州长流参军。

恭之字季顺,有操尚,位东荆州刺史。赠吏部尚书,谥曰懿。恭之所著文章诗赋凡千余篇。子晔,字仁崇,笃志文学,《齐律》序则仁崇之词。位终通直散骑常侍。弟宽,字仁惠,太子中舍人,待诏文林馆。宽兄弟并有才品,议者称为三武。

馥弟归,位东宫舍人、驾部校尉。子珍,夏州刺史,赠太仆卿,谥曰静。

珍子旭,性雅澹,好《易》、纬候之学,撰《五星要决》及《两仪真图》,颇得其指要。太和中,征拜中书博士,稍迁散骑常侍。知天下将乱,遂隐于太行山,屡征不起。卒后,赠并、汾、恒、肆四州刺史。子腾。

腾字显圣,少慷慨有大节。从尔朱荣平葛荣,以功赐爵清河县伯。稍迁通直散骑常侍。及孝武西迁,时使青州,遂留邺,为阳城郡守。

大统九年,大军东讨阳城,被执。周文帝释而与语,腾盛论东州人物,又叙述时事,辞理抑扬。周文叹曰:"卿真不背本也!"即拜帐内大都督。未几,除太子庶子,迁武卫将军。腾既为周文所知,思欲立功,不愿内职。

及安康贼黄众宝等作乱,攻围东梁州。城中粮尽,诏腾率军大破之。军还,拜龙州刺史。使通江由路,直出南秦。周文谓曰:"此是卿取柱国之日。"既解所服金带赐之。州人李广嗣、李武等赁据岩险,历政不能制。腾密令多造飞梯,夜袭破之,执广嗣等于鼓下。其党有任公忻,围逼州城,请免广嗣及武,即散兵请罪。腾谓将士曰:"吾不杀广嗣等,可谓堕军实而长寇雠。"即斩广嗣及武,以首示之。于是出兵奋击,尽获之。进位骠骑大将军、开府仪同三司,转江州刺史，进爵上庸县公。陵州木笼獠恃险，每行抄劫，诏腾讨之。獠因山为城，攻之未可拔。腾遂于城下多设声乐及诸杂伎，示无战心。诸贼果弃其兵仗，或携妻子临城观乐。腾知其无备，遂纵兵讨击，尽杀破之。

周明帝初，陵、眉等八州夷夏并反，攻破郡县，腾率兵讨平之。及齐公宪作镇于蜀，以腾为隆州刺史，令宪入蜀兵马镇防，皆委腾统摄。赵公招代宪，复请留之。迁隆州总管，领刺史。

保定二年，资州石盘人反，杀郡守，据险自守，州军不能制。腾率军讨击，尽破斩之。而蛮子反，所在蜂起，山路险阻，难得掩袭。遂量山川形势，随便开道。蛮獠畏威，承风请服。所开之路，多得古铭，并是诸葛亮、桓温旧道。是年，铁山獠抄断内江路，使驿不通。腾乃进军讨之，一日下其三城，招纳降附者三万户。

帝以腾母在齐，未令东讨。适有其亲属自齐还朝者，晋公护奏令告腾云：“齐已诛公母兄。”盖欲发其怒也。腾乃发哀泣血，志在复雠。四年，齐公宪与晋公护东征，请驾为副。赵公招时在蜀，复欲留之。晋公护与招书，于是令腾驰传还朝，副宪东伐。

天和初，信州蛮、蜒据江硖反叛，连结二千余里，又诏腾讨之。腾沿江南而下，军至汤口，分道奋击，所向摧破。乃筑京观，以旌武功。涪陵郡守兰休祖又阻兵为乱，方二千余里。复诏腾讨之，巴蜀悉定，诏令树碑纪功绩焉。腾自在龙州至是，前后破平诸贼，凡赏得奴婢八百口，马牛称是。

四年，迁江陵总管。陈遣其将章昭达围江陵，卫王直闻有陈寇，遣大将军赵闿、李迁哲等率步骑赴之，并受腾节度。时迁哲等守外城，陈将程文季、雷道勤夜来掩袭，迁哲等惊乱，不能抗御。腾夜遣开门奋击，大破之。陈人奔溃，道勤中流矢而毙。陈人决龙川宁朔堤，引水灌江陵城。腾亲率将士，战于西堤，破之，陈人乃遁。加位柱国，进爵上庸郡公。

建德二年，征拜大司空，寻出为泾州总管。宣政元年冬，薨于京师，赠太尉公，谥曰定。子玄嗣。

玄字士鉴，腾入关时，年七岁。仕齐为奉朝请、成平县令。齐平，武帝见玄，特加劳勉，即拜地官府都上士。大象末，为隋文帝相府内兵参军。

玄弟融，字士倾，最知名，少历显职。大象末，位至大将军、定陵县公。

弟丽，少以忠谨，入侍左右，太武特亲昵之。举动审慎，初无愆失。赐爵章安子，稍迁南部尚书。

太武崩，南安王余立。既而为常侍宗爱等所杀，百僚忧惶，莫知所立。丽首建大议，与殿中尚书长孙渴侯、尚书源贺、羽林中郎刘尼奉迎文成于苑中而立之。社稷获安，丽之谋也。由是受心膂之任，在朝者无出其右。兴安初，封平原王，丽频让，不听，乃启以让父。文成曰："朕为天下主，岂不能得二王封卿父子也？"以其父俟为东平王。丽寻迁侍中、抚军大将军、司徒公，复其子孙，赐妻妃号。丽以优宠既频，固辞不受，帝益重之。领太子太傅。丽好学爱士，常以讲习为业。甚孝，遭父忧，毁瘠过礼。

和平六年，文成崩。先是，丽疗疾于代郡温泉，闻凶欲赴。左右止之曰："宫车晏驾，土德望素重，奸臣若疾人誉，虑有不测之祸。"丽曰："安有闻君父之丧，方虑祸难！"便驰赴。初，乙弗浑悖傲，每为不法，丽数诤之，由是见忌，害之。谥曰简王，陪葬金陵。孝文追录先朝功臣，以丽配飨庙庭。

丽二妻，长曰杜氏，次张氏。长子定国，杜氏所生，次睿，张氏所出。定国在襁抱，文成幸其第，诏养宫内。至于游止，常与献文同处。年六岁，为中庶子。及献文践祚，拜散骑常侍，赐封东郡王。定国以承父爵，辞，不许。又以父爵让弟睿，乃听之。俄迁侍中、仪曹尚书，转殿中尚书。前后大驾征巡，擢为行台，录都曹事，超迁司空。定国特恩，不循法度，延兴五年，坐事免官爵为兵。太和初，复除侍中、镇南将军、秦益二州刺史，复王爵。八年，薨于州。赠以本官，谥曰庄王。

子昕之，字庆始，风望端雅。袭爵，例降为公。尚献文女常山公主，拜驸马都尉，历通直郎。景明中，以从叔琇罪，免官。寻以主婿，除通直散骑常侍。历兖、青二州刺史，并有政绩。转安北将军、相州刺史。卒，赠镇东将军、冀州刺史，谥曰惠。

初，定国娶河东柳氏，生子安保。后娶范阳卢度世女，生昕之。二室俱为旧族，而嫡妾不分。定国亡后，两子争袭父爵。仆射李冲有宠于时，与度世子伯源婚亲相好，冲遂左右助之，昕之由是承爵，尚主，职位赫弈。安保沉废贫贱，不免饥寒。昕之容貌柔谨，孝文以其主婿，特垂昵眷。宣武时，年未四十，频抚三藩，当世以此荣之。昕之卒后，母卢悼念，伤过而亡。公主奉姑有孝称。神龟初，与穆氏琅邪长公主并为女侍中。又性不妒忌，以昕之无子，为纳妾媵，而皆育女。公主有三女，无男，以昕之从兄希道第四子子彰为后。

子彰字明远，本名士沈。年十六出后，事公主尽礼。丞相、高阳王雍常言曰："常山妹虽无男，以子彰为儿，乃过自生矣。"正光中，袭爵东郡公，累迁给事黄门侍郎。子彰妻即咸阳王禧女。禧诛，养于彭城王第，庄帝亲之，略同诸姊。建义初，尔朱荣欲循旧事，庶姓封王，由是封子彰濮阳郡王。寻而诏罢，仍复先爵。

天平中，拜卫将军、颍州刺史，以母忧去职。元象中，以本将军除齐州刺史，又加骠骑将军，行怀州事，转北豫州刺史，仍除徐州刺史，将军并如故。一年历三州，当世荣之。还朝，除卫大将军、右光禄大夫，行瀛州事。寻拜侍中，复行沧州事。进号骠骑大将军，行冀州事。除侍读，兼七兵尚书，行青州事。子彰初为州，以聚敛为事，晚节修改，自行青、冀、沧、瀛，甚有时誉。加以虚己纳物，人士敬爱之。除中书监。卒，赠开府仪同三司，谥曰文宣。

子彰崇好道术，曾婴重病，药中须桑螵蛸，子彰不忍害物，遂不服焉，其仁如此。教训六子，雅有法度。子印。

印字云驹，少机悟，美风神。好学不倦，博览群书，《五经》多通大义。善属文，甚为河间邢邵所赏。邵又与子彰交游，尝谓子彰曰："吾以卿老蚌遂出明珠，意欲为群拜纪可乎？"由是名誉日高，雅为缙绅所推许。起家员外散骑侍郎，历文襄大将军主簿、中书舍人、兼中书侍郎，以本职兼太子洗马。自梁、魏通和，岁有交聘，卬每兼官谯接。在席赋诗，卬必先成，虽未能尽工，以敏速见美。

除中书侍郎，修国史。以父忧去职。居丧尽礼，哀毁骨立，诏以本官起。文襄时镇邺，嘉其至行，亲诣门以慰勉之。卬母，魏上庸公主，初封蓝田，高明妇人也，甚有志操。卬昆季六人，并主所出，故邢邵常谓人云："蓝田生玉，固不虚矣。"主教训诸子，皆以义方，虽创巨痛深，出于天性，然动依礼度，亦母氏之训焉。卬兄弟相率庐于墓侧，负土成坟。朝廷所嗟尚，发诏褒扬，改其所居里为孝终里。服竟，当袭，不忍嗣侯。使迄未应受。

齐天保初，常山王荐卬器干，文宣面授给事黄门侍郎。迁吏部郎中。上洛王思宗为清都尹，辟为邑中正，食贝丘县干。遭母丧，哀慕毁悴，殆不胜丧，遂至沈笃，顿伏床枕，又成风疾。第五弟抟遇疾，临终，谓其兄弟曰："大兄尪病如此，性至慈爱，抟之死日，必不得使大兄知之，哭泣声必不可闻彻，致有感动。"家人至于祖载，方始告之。卬闻而悲痛，一恸便绝。年四十八。

卬自在朝行，笃慎周密，不说人短，不伐己长，言论清远，有人伦鉴裁，朝野甚悲惜之。赠卫将军、青州刺史，谥曰文。所著文章十四卷，行于世。齐之郊庙诸歌，多卬所制。

子乂，字旦，袭爵始平侯。又聪敏博学，有文才，年十九举司州秀才。历秘书郎、南阳王文学、通直散骑侍郎，待诏文林馆。兼散骑侍郎，迎陈使。还，兼中书舍人，加通直散骑常侍。乂于《五经》最精熟，馆中谓之"石经"。人为之语曰："《五经》无对有陆乂。"

卬第二弟骏，字云骧。自中书舍人历黄门侍郎、散骑常侍，卒于东广州刺史。

骏弟杳，字云迈，亦历中书舍人、黄门、常侍，假仪同三司、秦州刺史。武平中，为寇所围，经百余日，就加开府仪同三司。城中多疫疠，死者过半，人无异心。遇疾卒。及城陷，陈将吴明彻以杳有善政，吏人所怀，启陈主，还其尸，家累赀物无所犯。赠开府仪同三司、尚书仆射。子玄卿，位尚书膳部郎。

杳弟骞,字云仪,亦历中书舍人、黄门、常侍。武平末,吏部郎中。

骞弟抟,字云征,好学有行检,卒于著作佐郎。

抟弟彦师,字云房,少以行检称。及长好学,解属文。魏襄城王元旭引为参军事,以父艰去职。哀毁殆不胜丧,与兄印庐于墓次,乡人重之,皆就墓侧存问,晦朔之际,车马不绝。中书令河间邢邵表荐之。未报,彭城王浟为司州牧,召补主簿。后历中外府东阁祭酒。兄印当袭父始平侯,以彦师昆弟中最幼,表让封焉,彦师固辞而止。世称友悌孝义,总萃一门。为中书舍人、通直散骑侍郎。每陈使至,必高选主客,彦师所接对者,前后六辈。历中书、黄门侍郎。后以不阿宦者,遇谮,出为中山太守,有惠政。数年,征为吏部郎中、散骑常侍,又拜银青光禄大夫,假仪同三司,行郑州刺史,寻除给事黄门侍郎。武平末,车驾如晋阳,北平王镇邺,委彦师留台机密,以重慎见知。

周武帝平齐,授彦师下大夫,转少纳言,赐爵临水县男。及隋文为丞相,彦师遇疾,请假还邺。尉迟迥将为乱,彦师知之,遂将妻子潜归长安。文帝嘉之,授内史下大夫,拜上仪同。及帝受禅,拜尚书左丞,进爵为子。彦师素多病,未几,以务剧病动,乞解所职,有诏听以本官就第。岁余,转吏部侍郎。隋承周制,官无清浊,彦师在职,凡所任人,颇甄别于士庶,论者美之。后复以病出为汾州刺史,卒官。

睿字思弼,年十余,袭爵抚军大将军、平原王。沈雅好学,折节下士。年未二十,时人便以宰辅许之。娶东徐州刺史博陵崔鉴女,时孝文尚未改北人姓,鉴谓所亲云:"平原王才度不恶,但恨其姓名殊为重复。"睿婚,自东徐还经邺,见李彪,甚敬悦之,仍与趣京,以为馆客。后为北征都督,击蠕蠕,大破之。迁侍中、都曹尚书。时蠕蠕又犯塞,诏睿讨之,追至石碛,禽其帅赤阿突等数百人。还,加散骑常侍,迁尚书左仆射,领北部尚书。

十六年,降五等之爵,以丽勋著前朝,封睿钜鹿郡公。寻为使持节、镇北大将军、尚书令、卫将军，讨蠕蠕，大破之而还。以母忧解。孝文将有南伐之事，以本官起授征南将军。睿固辞，请终情礼，敕有司敦喻不许。复除使持节、都督恒州刺史，行尚书令。时车驾南征，上表谏，帝不从。睿又表请车驾还代，亲临太师冯熙葬，坐削夺都督三州诸军事。寻进号征北大将军。以有顺迁之表，加邑四百户。

时穆泰为定州刺史，以疾病，请恒州自效，乃以睿为定州刺史。未发，遂与泰等同谋构逆，赐死狱中。听免孥戮，徙其妻子于辽西。

睿长子希道，字洪度。有风貌，美须髯，历览经史，颇有文致。初拜中散，迁通直郎。坐父事，徙于辽西。于后得还，从征自效，以军功赐爵淮阳男，拜谏议大夫。累迁前将军、郢州刺史。希道善于驭边，甚有威略。转平西将军、泾州刺史，卒官，赠抚军将军、定州刺史。

希道有六子：士懋字元伟。天平中，以其曾祖丽有翼戴之勋，诏特复钜鹿郡公，令士懋袭。位营州刺史。士懋弟士宗，字仲彦，尚书左外兵郎中。士宗弟士述，字幼文，符玺郎中。建义初，并于河阴遇害。士述弟士沈，出继从叔昕之。士沈弟士廉，字季修，建州平北府长史。永安末，尔朱世隆攻陷州城，见害。士廉弟士佩，字季伟，武定中，安东将军、司州从事。

希道弟希悦，尚书外兵郎中。

丽季弟骐驎，侍御中散，转侍御史。太和初，新平太守。

子高贵，孝昌中，兖州镇东府法曹参军。

高贵子操，字仲志，高简有风格，早以学业知名，雅好文。操仕魏，兼散骑常侍，聘梁。使还，为廷尉卿。齐文襄为世子，甚好色，崔季舒为掌媒焉。薛氏寔书妻元氏有色，迎入欲通之。元氏正辞，且哭。世子使季舒送付廷尉罪之。操曰："廷尉守天子法，须知罪状。"世子怒，召操，命刀环筑之，更令科罪。操终不挠，乃口责之。后徙御史中丞。天保中，卒于殿中尚书。子孔璋，武平中，卒于高阳太守。

高贵弟孟远，位奉朝请。

孟远子概之，位司农卿。

概之子爽，字开明。少聪敏，年九岁就学，日诵二千余言。齐尚书仆射杨遵彦见而异之曰："陆氏世有人焉。"仕齐，位中书侍郎。齐灭，周武帝闻其名，与阳休之、袁叔德等俱征入关。诸人多将辎重，爽独载数千卷书。至长安，授宣纳上士。隋文帝受禅，频迁太子洗马，与左庶子宇文恺等撰《东宫典记》七十卷。朝廷以其博学有口辩，陈人至境，常令迎劳。卒官，赠上仪同、宣州刺史。

子法言，敏学有家风，释褐承奉郎。初，爽之为洗马，常奏文帝云："皇太子诸子未有嘉名，请依《春秋》之义，更立名字。"上从之。及太子废，上追怒爽曰："我孙制名，宁不自解？陆爽乃尔多事！扇惑于勇，亦由此人。其身虽故，子孙并宜屏黜，终身不齿。"法言竟坐除名。

源贺，西平乐都人，私署河西王秃发傉檀之子也。傉檀为乞伏炽盘所灭，贺自乐都奔魏。贺伟容貌，善风仪。太武素闻其名，及见，器其机辩，赐爵西平侯。谓曰："卿与朕同源，因事分姓，今可为源氏。"从击叛胡白龙，又讨吐京胡，皆先登陷阵。以功进号平西将军。

太武征凉州，以为乡导，问攻战之计。贺曰："姑臧外有四部鲜卑，各为之援，然皆臣祖父旧人。臣原军前宣国威信，必相率请降。外援既服，然后攻其孤城，拔之如反掌耳。"帝曰："善。"乃遣贺招慰，下三万余落。及围姑臧，由是无外虑，故得专力攻之。凉州平，以功进爵西平公。又从征蠕蠕，击五城吐京胡，讨盖吴诸贼，皆有功，拜散骑常侍。从驾临江，为前锋大将，善抚士卒，加有料敌制胜之谋。贺为人雄果，每遇强寇，辄自奋击，帝深诫之。贺本名破羌，是役也，帝谓曰："人之立名，宜保其实，何可滥也？"赐名贺焉。拜殿中尚书。

南安王余为宗爱所杀，贺部勒禁兵，静遏外内，与南部尚书陆丽决议定策，翼戴文成。令丽与刘尼驰诣苑中奉迎，贺营中为内应。俄而丽抱文成，单骑而至。及即位，贺有力焉。以定策勋，进爵西平王。及班赐百僚，敕贺任意取之，辞以江南未宾，漠北不款，府库不宜致匮。固使取之，唯取戎马一疋。

时断狱多滥，贺上书曰："案律，谋反之家，其子孙虽养他族，追还就戮，所以绝罪人之类，彰大逆之辜。其为劫贼应诛者，兄弟子侄在远道隔关津皆不坐。窃惟先朝制律之意，以不同谋，非绝类之罪，故特垂不死之诏。若年十三已下，家人首恶，计所不及。臣愚以为可原其命，没入官。"帝纳之。

出为冀州刺史，改封陇西王。既受除，上书曰："臣闻人之所宝，莫宝于生命。德之厚者，莫厚于宥死。然犯死之罪，难以尽恕，权其轻重，有可矜恤。今勍寇游魂于北，狡贼负险于南，其在疆场，犹须戍防。臣愚以为自非大逆、赤手杀人之罪，其坐赃及盗与过误之愆应入死者，皆可原命，谪守边境。是则已断之体，更受生成之恩。徭役之家，渐蒙休息之惠。刑措之化，庶几在兹。"帝嘉纳之。已后入死者，皆恕死徙边。久之，帝谓群臣曰："昔源贺劝朕，宥诸死刑，徙充北藩诸戍。自尔至今，一岁所活，殊为不少。济命之理既多，边戍之兵有益。苟人人如贺，朕临天下，复何忧哉！"群臣咸曰："非忠臣不能进此计，非圣明不能纳此言。"

贺之临州，鞫狱以情，徭役简省，清约宽裕，甚得人心。时武邑郡奸人石华告沙门道可与贺谋反，有司以闻。文成曰："贺保无此。"乃精加讯检，华果引诬。乃遣使慰勉之。帝顾左右曰："贺忠诚，尚致诬谤，其不若是者，可无慎乎！"时考殿最，贺政为上第，赐衣马器物，班宣天下。

后征拜太尉。蠕蠕寇边，贺从驾讨破之。及献文将传位于京兆王子推时，贺都督诸军事屯漠南，乃驰传征贺。贺至，正色固执不可。即诏持节奉皇帝玺绶以授孝文。是岁，河西叛，敕遣贺讨之，多所降破。贺依古今兵法及先儒耆旧说，略采至要，为十二陈图，上之，献文览而嘉焉。

又都督三道诸军屯漠南。时每岁秋冬，遣军三道并出，以备北寇，至春中乃班归。贺以劳役京都，又非御边长计，乃上言，请募诸州镇有武勇者三万人，复其徭赋，厚加振恤，分为三部。二镇之间筑城,城置万人,给强弩十二床,武卫三百乘。弩一床给牛六头,武卫一乘给牛二头。多造马枪及诸器械,使武略大将二人以镇抚之。冬则讲武,春则种植,并戍并耕,则兵未劳而有盈蓄矣。又于白道南三处立仓,运近州镇租粟以充之。足食足兵,以备不虞,于事为便。不可岁常举众。事寝不报。

上书称病乞骸骨,至于再三,乃许之。朝有大议,皆就询访,又给衣药珍羞。太和元年二月,疗疾于温汤。孝文、文明太后遣使屡问消息,太医视疾。患笃,还于京师。乃遗令诸子曰:“吾顷以老患辞事,不悟天慈降恩,爵逮于汝。汝其毋傲吝,毋荒怠,毋奢越,毋嫉妒。疑思问,言思审,行思恭,服思度。遏恶扬善,亲贤远佞,目观必真,耳属必正,忠勤以事君,清约以临己。吾终之后,所葬,时服单椟,足申孝心,苇灵明器,一无用也。”三年,薨,赠侍中、太尉、陇西王印绶,谥曰宣王。赐辒辌车及命服、温明秘器,陪葬金陵。

长子延,性谨厚,少好学,位侍御中散,赐爵广武子。卒,赠凉州刺史,广武侯,谥曰简。子鳞袭。

延弟思礼,后赐名怀,谦恭宽雅有大度。文成末,为侍御中散。父贺辞老,诏受父爵。后持节督诸军屯于漠南,蠕蠕甚惮之。还,除殿中尚书,出为长安镇将、雍州刺史。清俭有惠政,善抚恤,劫盗息止。复拜殿中尚书,加侍中,参都曹事。又督诸军征蠕蠕,六道大将,咸受节度。迁尚书令,参议律令。后例降为公。除司州刺史。又从驾南征,加卫大将军,领中军事。以母忧去职,赐帛三百匹,谷一千石。车驾幸代,诏使者吊慰。

景明二年,除尚书左仆射,加位特进。时诏以奸吏犯罪,每多逃遁,肆眚乃出,并皆释然。自今犯罪,不问轻重,藏窜者,悉皆远流。若永避不出,兄弟代徙。怀乃奏曰:“谨案条制,逃吏不在赦限。窃惟圣朝之恩,事异前宥,诸流徙在路,尚蒙旋返,况有未发,而仍遣边戍?案守宰犯罪,逃走者众,禄润既优,尚有兹失,及蒙恩宥,卒然得还。今独苦此等,恐非均一之法。”书奏,门下以成式既班,驳奏不许。怀重奏曰:“臣以为法贵经通,政尚简要,刑宪之设,所以网罗罪人，苟理之所备，不在繁典。伏寻条例制，勋品已下，罪发逃亡，遇恩不宥。虽欲抑绝奸途，匪为通式。谨按事条，侵官败法，专据流外，岂九品已上，人皆贞白也？其诸州守宰，职任清流，至有贪浊，事发逃窜，而遇恩免罪；勋品以下，独求斯例。如此，则宽纵上流，法切于下，育物有差，惠罚不等。又谋逆滔天，经恩尚免，吏犯微罪，独不蒙赦，使大宥之经不通，开生之路致壅，进违古典，退乖今律。臣少践天官，老荷枢要，每见诉讼，出入嗟苦，辄率愚见，以为宜停。"书奏，宣武纳之。

其年，除车骑大将军、凉州大中正。怀又表曰："昔世祖升遐，南安在位，出拜东庙，为贼臣宗爱所贼。时高宗避难，龙潜苑中，宗爱异图，神位未立。先臣贺与长孙渴侯、陆丽等奉迎高宗，纂徽宝命。丽以扶负圣躬，亲所见识，蒙授抚军、司徒公、平原王。兴安二年，追论定策之勋，进先臣爵西平王。皇兴季年，显祖将传大位于京兆王，先臣时都督诸将屯于武川，被征诣京，特见顾问。先臣固执不可，显祖久乃许之，遂命先臣持节授皇帝玺绶于高祖。至太和十六年，丽息睿状秘书，称其亡父与先臣援立高宗，朝廷追录，封睿钜鹿郡开国公。臣时丁艰草土，不容及例。至二十年，除臣雍州刺史。临发奉辞，面奏先帝，申先臣旧勋。时蒙敕旨，但赴所临，寻当别判。至二十一年，车驾幸雍，臣复陈闻。时蒙敕旨，征还当授。自宫车晏驾，遂尔不申。窃惟先臣，远则援立高宗，宝历不坠。近则陈力显祖，神器有归。如斯之勋，超世之事也。丽以父功，而获山河之赏。臣有家勋，不沾茅土之锡。得否相悬，请垂裁处。"诏曰："宿老元臣，云如所诉，访之史官，颇亦言此。可依授北冯翊郡开国公，食邑九百户。"

又诏为使持节，加侍中、行台，巡行北边六镇，恒、燕、朔三州，赈给贫乏，兼采风谣，考论殿最，事之得失，先决后闻。自京师迁洛，边朔遥远，加以连年旱俭，百姓困弊。怀衔命抚导，存恤有方，便宜运转，有无通济。时后父于劲势倾朝野，劲兄子祚与怀宿昔通婚，时为沃野镇将，颇有受纳。将入镇，祚郊迎道左，怀不与相闻，即劾祚免官。怀朔镇将元尼须与怀少旧，亦贪秽狼籍。置酒请怀，曰："命之长短，由卿之口，岂可不相宽贷？"怀曰："今日之集，乃是源怀与故人饮酒之坐，非鞫狱之所也。明日公庭，始为使人检镇将罪状之处。"尼须挥泪而已，无以对之。既而怀表劾尼须。其奉公不挠，皆此类也。时百姓为豪强陵压，积年枉滞，一朝见申者，日有百数。所上事宜，便于北边者，凡三十余条，皆见嘉纳。

正始元年九月，有告蠕蠕率十二万骑，六道并进，欲直趣沃野、怀朔，南寇恒、代。诏怀以本官加使持节、侍中，出据北蕃，指授规略，随须征发，诸所处分，皆以便宜从事。又诏怀子直寝征随怀北行。诏赐马一匹、细铠一具、御槊一枚。怀拜受既讫，乃于其庭，跨鞍执槊，跃马大呼。顾谓宾客曰："气力虽衰，尚得如此。蠕蠕虽畏壮轻老，我亦未便可欺。今奉庙胜之规，总骁捍之众，足以擒其酋帅，献俘阙下耳。"时年六十一。怀至云中，蠕蠕亡遁。旋至恒、代，乃案视诸镇左右要害之地，可以筑城置戍之处，皆量其高下，揣其厚簿，及储粮积仗之宜，犬牙相救之势，凡表五十八条，宣武并从之。卒，赠司徒公，谥曰惠。

怀性宽简，不好烦碎。恒语人曰："为政贵当举纲，何必须大子细也。如为屋，但外望高显，楹栋平正，足矣。斧斤不平，非屋病也。"性不饮酒，而喜以饮人。好接宾客，雅善音律，虽在白首，至宴居之暇，常自操丝竹。

子子邕，字灵和。少好文雅，笃志于学，推诚待士，士多归之。累迁夏州刺史。时沃野镇人破六韩拔陵首为反乱，统万逆徒，寇害应接。子邕婴城自守，城中粮尽，煮马皮而食之。子邕善绥抚，无有离贰。以饥馑转切，欲自出求粮，留子延伯据守。僚属佥云，未若弃城俱去，更展规略。子邕泣请于众曰："吾世荷国恩，此是吾死地，更欲何求！"遂自率赢弱向东夏运粮。延伯与将士送出城，哭而拜辞，三军莫不呜咽。子邕为朔方胡帅曹阿各拔所邀，力屈被执。乃密遣人赍书间行与城中云："大军在近，汝其奉忠，勿移其操。"子邕虽被囚束，雅为胡人所敬，常以百姓礼事之。子邕为陈安危祸福之端，劝阿各拔令降。将从之，未果而死。拔弟桑生代总部众，竟随子邕降。时北海王颢为大行台,子邕具陈诸贼可灭状。颢给子邕兵,令其先出。时东夏合境反叛,所在屯结,子邕转战而前,九旬之中,凡数十战,乃平东夏。征税租粟,运粮统万,于是二夏渐宁。

及萧宝寅等为贼所败,关右骚扰,时子邕新平黑城,遂率士马并夏州募义人,鼓行南出。贼帅康维摩守锯谷,断绝甄棠桥,子邕与战,大破之,禽维摩。又攻破贼帅契官斤于杨氏堡。出自西夏,至于东夏,转战千里。至是,朝廷始得委问。除兼行台尚书。复破贼帅纥单步胡提于曲沃,明帝玺书劳勉之。子邕在白水郡破贼率宿勤明达子阿非军,多所斩获。除给事黄门侍郎,封乐平县公。

以葛荣久逼信都,诏子邕为北讨都督。时相州刺史、安乐王鉴据邺反,敕子邕与都督李神轨先讨平之。改封阳平县公。遂与裴衍发邺,讨葛荣。而信都城陷,除子邕冀州刺史,与裴衍俱进。子邕战败而殁,赠司空,谥曰庄穆。

子邕弟子恭,字灵顺,聪敏好学。稍迁尚书北主客郎,摄南主客事。时梁亡人许周自云梁给事黄门侍郎,朝士咸共信待。子恭奏以为真伪难辨,请下徐、扬二州密访。周果以罪归阙,诈假职位,如子恭所疑。河州羌却铁忽反,诏子恭为行台讨之。子恭示以威恩,两旬间悉降。朝廷嘉之。

正光元年,为行台左丞,巡北边。转为起部郎中。明堂、辟雍并未建就,子恭上书,求加经综,书奏,从之。稍迁豫州刺史。频以军功,加镇南将军,兼尚书行台。元颢之入洛也,加子恭车骑将军,子恭不敢拒之,而频遣间使参庄帝动静。未几,颢败,车驾还洛,录前后征讨功,封临颍县侯,侍中。尔朱荣之死也,世隆、度律断据河桥,诏子恭为都督以讨之。寻而太府卿李苗夜烧河桥,世隆退走,以子恭兼尚书仆射,为大行台、大都督。节闵帝初,以预定策勋,封临汝县子。

永熙中,入为吏部尚书。以子恭前在豫州战功,追赏襄城县男。又论子恭余效,封新城县子,子恭寻表请转授第五子文盛,许之。天平初,除中书监。三年,拜魏尹,又为齐神武王军司。卒,赠司空公,谥曰文献。子彪。

　　彪字文宗，学涉机警，少有名誉。魏永安中，以功赐爵临颖县伯。天平四年，为凉州大中正。及齐文襄摄选，沙汰台郎，以文宗为尚书祠部郎中。皇建二年，累迁泾州刺史。文宗以恩待物，甚得边境之和，为邻人所钦服，前政被抄掠者，多被放遣。累迁秦州刺史，乘传之府，特给后部鼓吹。时李贞聘陈，陈主云：“齐朝还遣源泾州来在瓜步，真可谓通和矣。”

　　武平三年，授秘书监。陈将吴明彻寇淮南，历阳、瓜步相寻失守。赵彦深于起居省密访文宗讨捍之计。文宗曰：“国家待遇淮南，失之同于蒿箭。以为宜以淮南委之王琳。琳于县颅，不肯北面事之明矣。”彦深曰：“弟此良图。但以口舌争来十日，已是不见从。时事如此，安可尽言！”因相顾流涕。及齐平，与阳休之等十八人入京，授仪同大将军、司成下大夫。隋开皇中，拜莒州刺史。遇病去官，卒。

　　文宗以贵族子弟升朝列，才识敏赡，以干局见知。然好游贵要之门，时论以为善附会。

　　师字践言，少知名，明辩有识悟，尤以吏事自许。仕齐为尚书左外兵郎中，又摄祠部。后属孟夏，以龙见请雩。时高阿那肱为录尚书事，谓为真龙出见，大惊喜，问龙所在，云：“作何颜色？”师整容云：“此是龙星初见，依礼当雩祭郊坛，非谓真龙别有所降。”阿那肱忿然作色曰：“汉儿多事，强知星宿。”祭事不行。师出，窃叹曰：“国家大事，在祀与戎，礼既废也，其能久乎？齐亡无日矣！”寻周武帝平齐，授司赋上士。

　　隋文帝受禅，累迁尚书左丞，以明干著称。时蜀王秀颇违法度，乃以师为益州总管司马。俄而秀被征，秀恐京师有变，将谢病。师数劝之，不可违命。秀乃作色曰：“此我家事，何预卿也？”师垂涕苦谏，秀乃从征。秀发后，州官属多相连坐，师以此获免。后加仪同三司。

　　炀帝即位，拜大理少卿。帝在显仁宫，敕宫外卫士，不得辄离所守。有一主帅，私令卫士出外，帝付大理。师据法奏徒。帝令斩之。

师奏曰："若陛下初便杀之，自可不关文墨，既付有司，义归恒典。脱宿卫近侍者更有此犯，将何以加之？"帝乃止。师居职强明，有口辩，而无廉平之称。卒于刑部侍郎。

子恭弟纂，字灵秀，位太府少卿。遇害河阴，赠定州刺史。子雄。

雄字世略，少宽厚，美姿容。初仕魏，历位秘书郎。在周，以伐齐功，封朔方公，历冀、平二州刺史，检校徐州总管。及尉迟迥作乱，时雄家累在相州，迥潜以书诱之，雄卒不顾。隋文帝遗书慰勉之。迥遣其将毕义绪据兰陵，席毗陷昌虑下邑，雄遣众悉平之。陈人见中原多故，遣其将陈纪、萧摩诃、任蛮奴、周罗睺、樊毅等侵江北，自江陵东距寿阳，人多应之，攻陷城镇。雄与吴州总管于顗等击走之，悉复故地。进位上大将军，拜徐州总管，迁朔州总管。

平陈之役，从秦王俊出信州道。陈平，以功进位上柱国，赐子崇爵端氏县伯，褒为安化县伯，复镇朔方。后岁，上表乞骸骨，征还京师，卒于家。

子嵩嗣，大业中，为尚书虞部郎，讨北海贼，力战死之，赠正议大夫。

刘尼，代人也。曾祖敦，有功于道武，为方面大人。父娄，为冠军将军。尼勇果善射，太武见而善之，拜羽林中郎，赐爵昌国子。宗爱既杀南安王余于东庙，秘之，唯尼知状。尼劝爱立文成。爱自以负罪于景穆，闻而惊曰："君大痴人！皇孙若立，岂忘正平时事乎？"尼曰："若尔，立谁？"爱曰："待还宫，擢诸王子贤者而立之。"尼惧其有变，密以状告殿中尚书源贺。时与尼俱典兵宿卫，仍共南部尚书陆丽谋，密奉皇孙。于是，贺与尚书长孙渴侯严兵守卫，尼与丽迎文成于苑中。丽抱文成于马上，入于京城。尼驰还东庙，大呼曰："宗爱杀南安王，大逆不道。皇孙已登大位。有诏，宿卫之士，皆可还宫。"众咸唱万岁。贺及渴侯登执宗爱、贾周等，勒兵而入，奉文成于宫门外，入登永安殿。以尼为内行长，封东安公。

寻迁尚书右仆射，为定州刺史。在州清慎，然率多酒醉。文成末,为司徒。献文即位,以尼有大功于先朝,特加尊重,赐别户四十。皇兴四年,车驾北征,帝亲誓众,而尼昏醉,兵陈不整。帝以其功重,特恕之,免官而已。延兴四年薨,子社生袭。

薛提,太原人,皇始中,补太学生,拜侍御史,累迁晋王丕卫兵将军、冀州刺史,封太原公。有政绩,征拜侍中,摄都曹事。太武崩,秘不发丧,尚书左仆射兰延、侍中和延等议,以皇孙幼冲,宜立长君,征秦王翰置之密室。提曰:"皇孙有世嫡之重,人望所系,春秋虽少,令问闻于天下。废所宜立而更别求,必有不可。"延等未决,中常侍宗爱知其谋,矫皇后令,征提等入,杀之。文成即位,以提有谋立之诚,诏提弟浮子袭先爵太原公,有司奏降为侯。

论曰:陆俟以智识见称,馥乃不替风范,雅杖名节,自立功名,其传芳铭典,岂徒然也?丽忠国奉主,郁为梁栋,资忠履义,赴难如归,世载克昌,名不虚得。睿、琇以沈雅显达,何末亦披猖?子彰令终之美,家声孔振。卬及彦师俱以孝为本,出处之誉,并可作范人伦。爽学业有闻,亦人誉也。源贺堂堂,非徒武节,观其翼佐文成,廷抑禅让,殆乎社稷之臣。怀干略兼举,出内驰誉,继迹贤孝,不堕先业。子邕功立夏方,身亡冀野。彪著名齐朝。师、雄官成隋代,美矣。刘尼忠国,岂徒骁猛之用?薛提正议忠谋,见害奸阉,痛乎!

北史卷二九
列传第一七

司马休之　司马楚之　刘昶
萧宝夤　萧正表　萧祗
萧退　萧泰　萧㧑　萧圆肃
萧大圜

　　司马休之字季豫,河内温人,晋宣帝季弟谯王进之后也。晋度江之后,进子孙袭封谯工。至休之父恬,为镇北将军、青兖二州刺史。天兴五年,休之为荆州刺史,被桓玄逼逐,遂奔慕容德。及玄诛,还建业,复为荆州刺史。

　　休之颇得江汉人心。其子文思继其兄尚之为谯王,谋图刘裕。裕执送休之,令为其所。休之表废文思,并与裕书陈谢。神瑞中,裕收休之子文宝、兄子文祖并杀之,乃讨休之。休之与鲁宗之及宗之子轨起兵讨裕,兵败,遂与子文思及宗之奔姚兴。裕灭姚泓,休之与文思及晋河间王子道赐等数百人皆将妻子降长孙嵩。卒,赠征西大将军、右光禄大夫、始平公,谥曰声。

　　文思与淮南公国璠、池阳子道赐不平,而伪亲之。国璠性疏直,因醉欲外叛,文思告之,皆坐诛。以文思为廷尉,赐爵郁林公。文思善于其职,听断,百姓不得匿其情。进爵谯王,位怀荒镇将,薨。

　　司马楚之字德秀,晋宣弟太常馗之八世孙也。父荣期,晋益州刺史,为其参军杨承祖所杀。楚之时年十七,送父丧还丹杨。会刘裕诛夷司马氏,叔父宣期、兄贞之并遇害。楚之乃逃,匿诸沙门中,济江至汝、颍间。楚之少有英气,能折节待士。及宋受禅,规欲报复,收众据长社,归之者常万余人。宋武深惮之,遣刺客沐谦图害楚之。楚之待谦甚厚。谦夜诈疾,知楚之必来,欲因杀之。楚之闻谦病,果自赍汤药往省之。谦感其意,出匕首于席下,以状告,遂委身以事之。其推诚信物,得士心,皆此类也。

　　明元末,山阳公奚斤略地河南,楚之遣使请降,授荆州刺史。奚斤既平河南,以楚之所率人户,分置汝南、汝阳、南顿、新蔡四郡,以益豫州。

　　太武初,楚之遣妻子内居于邺。寻征入朝,授安南大将军,封琅邪王,以拒宋师。赐前后部鼓吹。破宋将到彦之别军于长社。又与冠军安颉攻拔滑台,禽宋将朱修之、李元德及东郡太守申谟,俘万余人。上疏求更进讨,太武以兵久劳,不从,以散骑常侍征还。宋将裴方明、胡崇之寇仇池,楚之与淮南公皮豹子等督关中诸军击走方明,禽崇之,仇池平而还。车驾征蠕蠕,楚之与济阴公卢中山等督运以继大军。时镇北将军封沓亡入蠕蠕,说令击楚之以绝粮运。蠕蠕乃遣觇楚之军,截驴耳而去。有告失驴耳者,楚之曰:“必觇贼截之为验耳,贼将至矣。”乃伐柳为城,灌水令冻,城立而贼至,不可攻逼,乃走散。太武闻而嘉之。寻拜假节、侍中、镇西大将军、开府仪同三司、云中镇大将、朔州刺史。在边二十余年,以清俭著闻。及薨,赠征南大将军,领护西戎校尉、扬州刺史,谥贞王,陪葬金陵。长子宝胤,与楚之同入魏,拜中书博士、雁门太守,卒。

　　楚之后尚诸王女河内公主。生子金龙,字荣则,少有父风,后袭爵,拜侍中、镇西大将军、开府、云中镇大将、朔州刺史、吏部尚书。薨,赠司空公,谥康王。金龙初纳太尉、陇西王源贺女,生子延宗,次纂,次悦。后娶沮渠氏,生子徽亮,即河西王沮渠牧犍女,太武妹武威公主所生也,有宠于文明太后,故以徽亮袭。例降为公,坐连穆泰罪,失爵,卒。

悦字庆宗,历位豫州刺史。时有汝南上蔡董毛奴者,赍钱五千,死于道路。郡县人疑张堤为劫,又于堤家得钱五千,堤惧掠,自诬言杀。至州,悦观色,疑其不实。引见毛奴兄灵之,谓曰:"杀人取钱,当时狼狈,应有所遗,得何物?"灵之曰:"唯得一刀削。"悦取视之,曰:"此非里巷所为也。"乃召州内刀匠示之。有郭门前曰:"此刀削,门手所作,去岁卖与郭人董及祖。"悦收及祖诘之,及祖款引。灵之又于及祖身上得毛奴所衣皂襦,及祖伏法。悦察狱,多此类也。

俄与镇南将军元英攻克义阳,诏改梁司州为郢州,以悦为刺史。改为豫州刺史,论前勋,封渔阳子。永平元年,城人白早生谋为叛,遂斩悦首送梁。诏扬州移购悦首,赠青州刺史,谥曰庄子。子朏袭。

朏尚宣武妹华阳公主,拜附马都尉、员外散骑常侍。卒,赠沧州刺史。子鸿,字庆云,性粗武。袭爵,位都水使者,坐通西魏,赐死。子孝政袭。齐受禅,例降。朏弟裔。

裔字遵胤,少孤,有志操。起家司徒府参军事,后为员外散骑常侍。大统三年,大军复弘农,乃于温城送款归西魏。六年,授北徐州刺史。八年,入朝。周文帝嘉之,特蒙赏劳。顷之,河内有四千余家归附,并裔之乡旧,乃命领河内郡守,令安集流人。十五年,周文令山东立义诸将等能率众入关者,并加重赏。裔领户千室先至,周文欲以封裔。裔辞曰:"立义之士,远归皇化者,皆是其诚心内发,岂裔能率之乎?今以封裔,便是卖义士以求荣。"周文善而从之。授帅都督,拜其妻元为襄城郡公主。

孝周孝闵帝践祚,除巴州刺史,进使持节、骠骑大将军、开府仪同三司,进爵琅邪县伯。四年,为御正中大夫,进爵为公。大军东讨,裔与少师杨㧑守轵关,即授怀州刺史。天和初,随上庸公陆腾讨信州反蛮冉令贤等。裔自开州道入,先遣使宣示祸福,群蛮率服。历信、潼二州刺史。六年,征拜大将军,除西宁州刺史,未及部,卒于京师。

裔性清约，不事生产，所得俸禄，并散之亲戚，身死之日，家无余财，宅宇卑陋，丧庭无所，诏为起祠堂焉。赠本官，加泗州刺史，谥曰定。子侃嗣。

侃字道迁，少果勇，未弱冠，便从戎旅。位乐安郡守，以军功，加骠骑大将军、开府仪同三司。迁兖州刺史，未之部，卒。赠本官，加豫州刺史，谥曰惠。子运嗣。

金龙弟跃，字宝龙，尚赵郡公主，拜驸马都尉。代兄为云中镇将，拜朔州刺史，假安北将军、河内公。表求罢河西苑封，丐人垦殖。有司执奏，此苑麋鹿所聚，太官取给，若丐人，惧有所阙。跃固请，孝文从之。还为祠部尚书、大鸿胪卿、颍川王师，卒。楚之父子相继镇云中，朔土服其威德。

司马氏、桓玄、刘裕之际归北者，又有司马景之、叔璠、天助，位并崇显。

景之字洪略，晋汝南王亮之后。明元时归阙，赐爵苍梧公，加征南大将军。清直有节操。卒，赠汝南王。子师子袭爵。景之兄准，字巨之，以泰常末归魏，封新安公。除广宁太守，改密陵侯。卒，子安国袭爵。

叔璠，晋安平献王孚之后。父昙之，晋河间王。桓玄、刘裕之际，叔璠与兄国璠奔慕容超。后投姚泓。泓灭，奔屈丐。统万平，兄弟俱入魏，国璠赐爵淮南公，叔璠赐爵丹杨侯。

天助，自云晋骠骑将军元显之子。归阙，封东海公，历青、兖二州刺史。

刘昶字休道，宋文帝子也。在宋封义阳王，位徐州刺史。及废主子业立，疑昶有异志。昶和平六年，遂委母妻，携妾吴氏，间行降魏。朝廷嘉重之，尚武邑公主，拜侍中、征南将军、驸马都尉，封丹杨王。岁余，主薨，更尚建兴长公主。

皇兴中，宋明帝使至，献文诏昶与书，为兄弟式。宋明帝不答，责昶，以母为其国妾，宜如《春秋》荀蒂对楚称外臣之礼。寻敕昶更为书。辞曰："臣若改书,事为二敬;犹修往文,彼所不纳。请停今答。"朝廷从之。拜外都坐大官。公主复薨,更尚平阳长公主。

昶好犬马,爱武事。入魏历纪,犹布衣皂冠,同凶素之服。然呵骂僮仆,音杂夷夏。虽在公坐,诸王每侮弄之,或戾手啮臂,至于痛伤,笑呼之声,闻于御听。孝文每优假之,不以怪问。至于陈奏本国事故,语及征役,则敛容涕泗,悲动左右。而天性褊躁,喜怒不恒,每至威忿,楚扑特苦,引待南士,礼多不足。缘此,人怀畏避。

太和初,转内都坐大官。及齐初,诏昶与诸将南伐,路经徐州,哭拜其母旧堂,哀感从者。乃遍循故居,处处陨涕,左右亦莫不酸鼻。及至军所,将临阵,四面拜诸将士,自陈家国灭亡,蒙朝廷慈覆,辞理切至,声气激扬,涕泗横流,三军咸为感叹。后昶恐水雨方降,表请还师,从之。

又加仪同三司,领仪曹尚书。于时改革朝仪,诏昶与蒋少游专主其事。昶条上旧式,略不遗忘。孝文临宣文堂,引武兴王杨集始入宴,诏昶曰:"集始,边方之酋,不足以当诸侯之礼。但王者不遗小国之臣,故劳公卿于此。"又为中书监。开建五等,封昶齐郡公,加宋王之号。

十七年,孝文临经武殿,大议南伐,语及刘、萧篡夺之事,昶每悲泣不已。帝亦为之流涕,礼之弥崇。十八年,除使持节、都督吴越楚彭城诸军事、大将军、开府,镇徐州。昶频表辞大将军,诏不许。及发,帝亲饯之,命百僚赋诗赠昶,又以其文集一部赐昶。帝因以所制文笔示之曰:"时契胜残,事钟文业,虽则不学,欲罢不能。脱思一见,故以相示,虽无足味,聊复为一笑耳。"其重昶如是。自昶背彭城,至是久矣,昔齐宇山池,并尚存立,昶更修缮,还处其中。不能绥边怀物,抚接义故,而闺门喧猥,内外奸杂,旧吏莫不慨叹。预营墓于彭城西南,与三公主同茔而异穴。发石累之,坟崩,压杀十余人。后复移改,公私费害。

十九年,昶朝京师。孝文临光极堂大选,曰:"国家昔在恒代,随时制宜,非通世之长法。或言,唯能是寄,不必拘门。朕以为不然,何者？清浊同流，混齐一等，君子小人，名品无别，此殊为不可。我今八族以上，士人品第有九；九品之外，小人之官，复有七等。若苟有其人，可起家为三公。正恐贤才难得，不可止为一人，混我典制。故令班镜九流，使千载之后，我得仿像唐、虞，卿等依希元、凯。"及论大将军，帝曰："刘昶即其人也。"后给班剑二十人。薨于彭城，孝文为之举哀，给温明秘器，赠假黄钺、太傅，领扬州刺史，加以殊礼，备九锡，给前后部羽葆鼓吹，依晋琅邪王琅仙故事，谥曰明。

昶嫡子承绪，主所生也。少而尪疾，尚孝文妹彭城公主，为驸马都尉，先昶卒。承绪子晖，字重昌，为世子，袭封。尚宣武第二姊兰陵长公主。主严妒，晖尝私幸主侍婢，有身，主笞杀之，剖其孕子，节解，以草装实婢腹，裸以示晖。晖遂忿憾，疏薄公主。公主姊因入听讲，言其故于灵太后。太后敕清河王怿穷其事。怿与高阳王雍、广平王怀奏其不和状，请离婚，削除封位，太后从之。公主在宫内周岁，雍等屡请听复旧义。太后流涕送公主，诫令谨敕。正光初，晖又私淫张、陈二氏女。公主更不检忌，主姑陈留公主共将扇奖，与晖复致忿诤。晖推主坠床，手脚殴蹋，主遂伤胎。晖惧罪逃逸。灵太后召清河王怿决其事，二家女髡笞付宫，兄弟皆坐鞭刑，徙配敦煌为兵。主因伤致薨，太后亲临恸哭，举哀太极东堂。出葬城西，太后亲送数里，尽哀而还。后执晖于河内温县，幽于司州，将加死刑，会赦，免。后复其官爵，迁征虏将军、中散大夫，卒，家遂衰顿。

萧宝夤字智亮，齐明帝第六子，废主宝卷之母弟也。在齐封建安王。及和帝立，改封鄱阳王。

梁武克建业，以兵守之，将加害焉。其家阉人颜文智与左右麻拱、黄神密计，穿墙夜出宝夤。具小船于江岸，脱本衣服，着乌布襦，腰系千许钱，潜赴江畔，蹀屐徒步，脚无全皮。防守者至明追之，宝夤假为钓者，随流上下十余里，追者不疑。待散，乃度西岸。遂委命投华文荣。文荣与其从天龙、惠连等三人，弃家，将宝夤遁匿山涧，赁驴乘之，昼伏宵行。景明二年，至寿春东城戍。戍主杜元伦推检，知实萧氏子,以礼延待,驰告扬州刺史、任成王澄。澄以车马侍卫迎之。时年十六,徒步憔悴,见者以为掠卖生口也。澄待以客礼。乃请丧君斩衰之服,澄遣人晓示情礼,以丧兄之制,给其齐衰,宝夤从命。澄率官僚赴吊。宝夤居处有礼,不饮酒食肉,辍笑简言,一同极哀之节。寿春多其故义,皆受慰唁。唯不见夏侯一族,以其同梁故也。改日造澄,澄深器重之。

及至京师,宣武礼之甚重。伏诉阙下,请兵南伐,虽遇暴风大雨,终不暂移。是年,梁江州刺史陈伯之与其长史褚胄等自寿春归降,请军立效。帝谓伯之所陈,时不可失,以宝夤恳诚,除使持节、都督、东扬州刺史、镇东将军、丹杨郡公、齐王,配兵一万,令据东城,待秋冬大举。宝夤明当拜命,其夜恸哭。至晨,备礼策授,赐车马什物,事从丰厚,犹不及刘昶之优隆也。又任其募天下壮勇,得数千人,以文智三人等为积弩将军,文荣等三人为强弩将军,并为军主。宝夤虽少羁寓,而志性雅重,过期犹绝酒肉,惨悴形色,蔬食粗衣,未尝嬉笑。及被命当南伐,贵要多相凭托,门庭宾客若市,而书记相寻,宝夤接对报复,不失其理。

止始元年,宝夤行达汝阴,东城已陷,遂停寿春之栖贤寺。逢梁将姜庆真内侵,围逼寿春,宝夤率众力战,破走之。宝夤勇冠诸军,闻见者莫不壮之。还,改封梁郡公。及中山王英南伐,宝夤又表求征。与英频破梁军,乘胜攻钟离。淮水泛溢,宝夤与英狼狈引退,士卒死没者十四五。有司奏处以极法。诏恕死,免官削爵还第。

寻尚南阳长公主。公主有妇德,事宝夤尽雍和之礼,虽好合而敬事不替。宝夤每入室,公主必立以待之,相遇如宾,自非太妃疾笃,未曾归休。宝夤器性温顺,自处以礼,奉敬公主,内外谐穆。清河王怿亲而重之。

永平四年,卢昶克梁朐山戍,以琅邪戍主傅文骥守之。梁师攻文骥,昶督众军救之。诏宝夤为使持节、假安南将军,别将长驱往赴,受昶节度。宝夤受诏,泣涕横流,哽咽良久。后昶军败,唯宝夤全师而还。

延昌初，除瀛州刺史，复其齐王，迁冀州刺史。及大乘贼起，宝夤遣军讨之，频为贼破。台军至，乃灭之。灵太后临朝，还京师。

梁将康绚于浮山堰淮以灌扬、徐。除宝夤使持节、都督东讨军事、镇东将军以讨之，复封梁郡公。熙平初，梁堰既成，淮水将为扬、徐之患，宝夤乃于堰上流更凿新渠，水乃小减。乃遣壮士千余人夜度淮，烧其竹木营聚，破其三垒，火数日不灭。又分遣将破梁将垣孟孙、张僧副等于淮北。仍度淮南，焚梁徐州刺史张豹子等十一营。及还京师，为殿中尚书。宝夤之在淮堰，梁武寓书招诱之。宝夤表送其书，陈其忿毒之意。志存雪复，屡请居边。

神龟中，为都督、徐州刺史、车骑大将军。乃起学馆于清东，朔望引见士姓子弟，接以恩颜，与论经义。勤于听理，吏人爱之。

正光二年，征为尚书左仆射。善于吏职，甚有声名。四年，上表曰：

窃惟文武之名，在人之极地。德行之称，为生之最首。忠贞之美，立朝之誉。仁义之号，处身之端。自非职惟九官，任当四岳，授曰尔谐，让称俞往，将何以克厌大名，允兹令问。自比以来，官罔高卑，人无贵贱，皆饰辞假说，用相褒举。求者不能量其多少，与者不能核其是非，遂使冠履相贸，名实皆爽。谓之考功，事同泛陟，纷纷漫漫，焉可胜言。又在京之官，积年一考。其中或所事之主，迁移数四。或所奉之君，身亡废绝。虽当时文薄，记其殿最，日久月遥，散落都尽。累年之后，方求追访，无不苟相悦附，共为唇齿，饰垢掩疵，妄加丹素，趣令得阶而已，无所顾惜。贤达君子，未免斯患。中庸已降，夫复何论！官以求成，身以请立，上下相蒙，莫斯为甚。

又勤恤人隐，咸归守令，阙任非轻，所责实重。然及其考课，悉以六载为约，既而限满代还，复经六年而叙。是则岁周十二，始得一阶。于东西两省，文武闲职，公府散佐，无事冗官，或数旬方应一直，或朔望止于暂朝，及其考日，更得四年为限。是则一纪之中，便登三级。彼以实劳剧任，而迁贵之路至难。此以散位虚名,而升陟之方甚易。何内外之相县,令厚薄之若此!

孟子曰:"仁义忠信,天爵也。公卿大夫,人爵也。古之人,修其天爵而人爵从之。"故虽文质异时,洿隆殊世,莫不宝兹名器,不以假人。是以赏罚之科,恒自持也。乃至周之蔼蔼,五叔无官。汉之察察,馆陶徒请。诚以赏罚一差,则无以惩劝。至公暂替,则觊觎相欺。故至慎至惜,殷勤若此。况乎亲非肺腑,才乖秀逸,或充单介之使,始无汗马之劳。或说兴利之规,终县十一之润。皆虚张无功,妄指赢益,坐获数阶之官,藉成通显之贵。于是巧诈萌生,伪辩锋出,役万虑以求荣,开百方而逐利。抑之则其流已往,引之则有何纪极!

夫琴瑟在于必和,更张求其适调。去者既不可追,来者犹或宜改。案《周官》:太宰之职,岁终,则令官府各正所司,受其会计,听其事致而诏于王。三岁,则大计群吏之政而诛赏之。愚谓今可粗依其准。见居官者,每岁终,本曹皆明辨在官日月,具核才行能否,审其实用,而注其上下,游辞宕说,一无取焉。列上尚书,覆其合否。如此纰缪,即正而罚之,不得方复推诘委下,容其进退。既定其优劣,善恶交分,经奏之后,考功曹别书于黄纸、油帛。一通则本曹尚书与令仆印署,留于门下;一通则以侍中黄门印署,掌在尚书。严加缄密,不得开视。考绩之日,然后对共裁量。其外内考格,裁非庸管,乞求博议,以为画一。若殊谋异策,事关废兴,退迩所谈,物无异议者,自可临时斟酌,匪拘恒例。至如援流引比之诉,贪荣求级之请,如不限以关键,肆其傍通,则蔓草难除,涓流遂积,秽我彝章,挠兹大典,谓宜明加禁断,以全至化。

诏付外博议,以为永式。竟无所改。

时梁武弟子西丰侯正德来降,宝夤表曰:"正德既不亲亲,安能亲人。脱包此凶丑,置之列位,百官是象,其何诛焉?臣衅结祸深,痛缠骨髓,日暮途遥,报复无日,岂区区一竖哉!但才虽庸近,职居献替,愚衷寸抱,敢不申陈。"正德既至京师,朝廷待之尤薄,岁余,还叛。

初，秦州城人薛伯珍、刘庆、杜迁等反，执刺史李彦，推莫折大提为首，自称秦王。大提寻死，其第四子念生窃号天子，年曰天建。置官僚，以息阿胡为太子，其兄阿倪为西河王，弟天生为高阳王，伯珍为东郡王，安保为平阳王。天生率众出陇东，遂寇雍州，屯于黑水。朝廷甚忧之，除宝夤开府、西道行台，为大都督，西征。明帝幸明堂以饯之。宝夤与大都督崔延伯击天生，大破之，追奔至小陇。进讨高平贼帅万俟丑奴于安定，更有负捷。

时有天水人吕伯度兄弟始共念生同逆，后与兄众保于显亲，聚众讨念生，战败，奔于胡琛。琛以伯度为大都督、秦王，资其士马，还征秦州。大破念生将杜粲于成纪，又破其金城王莫折普贤于永洛城，遂至显亲。念生率众身自拒战，又大败。伯度乃背胡琛，遣其兄子忻和率骑东引大军。念生事迫，乃诈降于宝夤。朝廷嘉伯度立义之功，授泾州刺史、平秦郡公。而大都督元修义、高聿停军陇口，久不西进，念生复反，伯度为丑奴所杀。故贼势更甚，宝夤不能制。

孝昌二年，除宝夤侍中、骠骑大将军、仪同三司、假大将军、尚书令，给前后部鼓吹。宝夤初自黑水，终至平凉，与贼相对，年年攻击，贼亦惮之。关中保全，宝夤之力。三年正月，除司空公。出师既久，兵将疲弊，是月大败，还雍州。有司处宝夤死罪，诏恕为编户。四月，除征西将军、雍州刺史、开府、西讨大都督，自关以西，皆受节度。九月，念生为其常山王杜粲所杀，合门皆尽。粲降宝夤。十月，除尚书令，复其旧封。

时山东、关西，寇贼充斥，王师屡北，人情沮丧。宝夤自以出师累年，糜费尤广，一旦覆败，虑见猜责，内不自安。朝廷颇亦疑阻。及遣御史中尉郦道元为关中大使，宝夤谓密欲取己，将有异图，问河东柳楷。楷曰："大王齐明帝子，天下所属，今日之举，实允人望。且谣言：'鸾生十子九子殇，一子不殇关中乱。'武王有乱臣十人，乱者理也，大王当理关中，何所疑虑？"道元行达阴盘驿，宝夤密遣其将郭子恢等攻杀之，而诈收道元尸，表言白贼所害。遂反，僭举大号，大赦其部内,称隆绪元年,立百官。诏尚书仆射、行台长孙承业讨之。时北地毛鸿宾与其兄遐纪率乡义,将讨宝夤。宝夤遣其将侯终德往攻遐。终德还图宝夤,军至白门,宝夤始觉。与终德战,败,携公主及其少子与部下百余骑从后门出,遂奔万俟丑奴。丑奴以宝夤为太傅。

尔朱天光遣贺拔岳等破丑奴于安定,追禽丑奴及宝夤,并送京师。诏置阊阖门外街中,京师士女聚观,凡经三日。吏部尚书李神俊、黄门侍郎高道穆并与宝夤素旧,二人相与左右,言于庄帝,云其逆迹事在前朝,冀将救免。会应诏王道习时自外至,庄帝问道习在外所闻,道习曰:"唯闻陛下欲不杀萧宝夤。人云李尚书、高黄门与宝夤周款,并居得言之地,必能全之。"道习因曰:"若谓宝夤逆在前朝,便将恕之;败在长安,为丑奴太傅,岂非陛下御历之日?贼臣不翦,法欲安施?"帝然其言,乃于太仆驼牛署赐死。将刑,神俊携酒就之叙故旧,因对之下泣。宝夤夷然自持,了不忧惧,唯称推天委命,恨不终臣节。公主携男女就宝夤诀别,恸哭极哀,宝夤亦色貌不改。

宝夤三子皆公主所生,并凡劣。长子烈,复尚明帝妹建德公主,拜驸马都尉,坐宝夤反,伏法。次子权与小子凯射戏,凯矢激,中之,死。凯妻,长孙承业女也,轻薄无礼,公主数加罪责。凯窃衔恨,妻复惑说之。天平中,凯遣奴害公主。乃斩凯于东市,妻枭首,家遂灭。宝夤兄子赞。

赞字德文,本名综。初,梁武灭齐,齐废主东昏侯宝卷宫人吴氏始孕,匿不言,及生赞,梁武以为己子,封豫章王。及长,学涉有才思。其母告之以实,赞昼则谈谑,夜则衔悲涕泣。有济阴苗文宠、安定梁话,赞曲加礼接,割血自誓,布以心腹,宠、话感其情义,深相然诺。会元法僧以彭城叛入梁,梁武命赞都督江北诸军事,镇彭城。时明帝遣安丰王延明、临淮王彧讨之,赞与宠、话夜奔延明。

孝昌元年秋,届于洛阳。陛见后,就馆举哀,追服三载。宝夤时在关西,遣使观察,问其形貌,敛眉悲感。朝廷赏赐丰渥,礼遇隆厚,授司空，封高平郡公、丹杨王。及宝夤反，赞怖，欲奔白鹿山，至河桥，为北中所执。朝议明其不相干预，仍蒙慰免。

建义初，转司徒，迁太尉，尚帝姊寿阳长公主，拜驸马都尉。出为都督齐州刺史、骠骑大将军、开府仪同三司。宝夤见禽，赞拜表请宝夤命。

尔朱兆入洛，为城人赵洛周所逐。公主被录送京，尔朱世隆欲相陵逼，公主守操被害。赞既弃州，为沙门，潜诣长白山，未几，至阳平，病卒。赞机辩，文义颇有可观，而轻薄俶傥，犹有父风。普泰初，迎其丧，以王礼与公主合葬嵩山。元象初，吴人盗其丧还江东，梁武犹以为子，祔葬萧氏墓焉。赞，江南有子，在魏无后。

萧正表字公仪，梁武帝弟临川王宏之子也。在梁封山阴县侯，位北徐州刺史，镇钟离。正表长七尺九寸，虽质貌丰美，而性理短暗。

初，梁武未有子，以正表兄西丰侯正德为子。及自有子，正德归本，私怀忿憾，以正光三年，背梁奔魏。魏朝以其人才庸劣，不礼焉。寻逃归梁，梁武不之罪，封为临贺王。

侯景将济江，知正德有恨，密与交通，许推为主，正德以船迎之。景度，攻扬州。正表闻正德为侯景所推，盘桓不赴援。景寻以正表为南兖州刺史，封南郡王。正表遂于欧阳立栅，断梁援军。南兖州刺史南康王萧会理遣兵击破之。正表走还钟离，以武定七年，据州内属，封兰陵郡王。寻除侍中、太子太保、开府仪同三司。薨，赠司空公，谥曰昭烈。子广寿。

萧祗字敬式，梁武帝弟南平王伟之子也。少聪敏，美容仪。在梁封定襄县侯，位东扬州刺史。于时江左承平，政宽人慢，祗独莅以严切，梁武悦之，迁北兖州刺史。

太清二年，侯景围建业，祗闻台城失守，遂来奔，以武定七年至邺。齐文襄令魏收、邢邵与相接对。历位太子少傅，领平阳王师，封清河郡公。

齐天保初，授右光禄大夫，领国子祭酒。时梁元帝平侯景，复与齐通好，文宣欲放祗等还南。俄而西魏克江陵，遂留邺。卒，赠中书监、车骑大将军、扬州刺史。

子放，字希逸，随祗至邺。祗卒，放居丧以孝闻。所居庐室前，有二慈鸟来集，各据一树为巢，自午以前，驯庭饮啄；午后更不下树。每临时舒翅悲鸣，全似哀泣。家人则之，未尝有阙。时以为至孝之感　服阕，袭爵。武平中，待诏文林馆。放性好文咏，颇善丹青，因此在宫中披览书史及近世诗赋，监画工作屏风等杂物。见知，遂被眷待。累迁太子中庶子、散骑常侍。

萧退，梁武帝弟司空、鄱阳王恢之子也。退在梁封湘潭侯，位青州刺史。建业陷，与从兄祗俱入东魏。齐天保中，位金紫光禄大夫，卒。子慨，深沉有体表，好学，善草隶书，南士中称为长者。历著作佐郎，待诏文林馆。卒于司徒从事中郎。

萧泰字世怡，亦恢之子也。在梁封丰城侯，位谯州刺史。侯景袭而陷之，因被执，寻逃至江陵。梁元帝平侯景，以泰为兼太常卿、桂阳内史。未至郡，属于谨平江陵，遂随兄修佐郢州。及修卒，即以泰为刺史。湘州刺史王琳袭泰，泰以州输琳。时陈武帝执政，征为侍中，不就。乃奔齐，为永州刺史。保定四年，大将军权景宣略地河南，泰遂归西魏。以名犯周文帝讳，称字焉。拜开府仪同三司，封义兴郡公，授蔡州刺史。政存简惠，深为吏人所安。卒官，子宝嗣。

宝字季珍，美风仪，善谈笑，未弱冠，名重一时。隋文帝辅政，引为丞相府典签。开皇中，至吏部侍郎。后坐太子勇事诛，时人冤之。

萧捴字智遐，梁武帝弟安成王秀之子也。性温裕，有仪表，在梁封永丰县侯。东魏遣李谐、卢元明使梁，梁武帝以捴辞令可观，令兼中书侍郎，受币于宾馆。历黄门侍郎，累迁巴西、梓潼二郡守。及侯景作乱，武陵王纪称尊号。时宗室在蜀，唯扐一人，封扐秦郡王。纪率众东下，以扐为尚书令、征西大将军、都督、益州刺史，守成都。又令梁州刺史杨乾运守潼州。

周文帝知蜀兵寡弱，遣大将军尉迟迥总众讨之。迥入剑阁，长驱至成都。扐见兵不满万人，而仓库空竭，于是率文武于益州城北，共迥升坛歃血立盟，以城归魏。授侍中、开府仪同三司，封归善县公。周闵帝践阼，进爵黄台郡公。

武成中，明帝令诸文儒于麟趾殿校定经史，仍撰《世谱》，扐亦豫焉。寻以母老，兼有疾疹，请在外著书，诏许之。

保定元年，授礼部中大夫，又以归款功，别赐食多陵县五百户，收其租赋。三年，出为上州刺史。为政以礼让为本，尝至元日，狱中囚系，悉放归家，听三日然后赴狱。主者争之，扐曰："昔王长、虞延，见称前史。吾虽寡德，窃怀景行。以之获罪，弥所甘心。"诸囚荷恩，并依限而至，吏人称其惠化。秩满向还，部人季漆等三百余人上表，乞留更两载。诏虽不许，甚嘉美之。及扐入朝，属置露门学，武帝以扐与唐瑾、元伟、王褒等四人，俱为文学博士。扐以母老，表请归养私门，帝弗许。寻以母忧去职。历少保、少傅，改封蔡阳郡公。卒，武帝举哀于正武殿，赠使持节、大将军、大都督、少傅、益州刺史，谥曰襄。扐善草隶，书名亚王褒，算数医方，咸亦留意，所著诗赋杂文数万言，颇行于世。

子济，字德成，少仁厚，颇好属文。为东中郎将，从扐入朝。周孝闵帝践阼，除中外府记室，后至蒲阳郡守。

萧圆肃字明恭，梁武帝之孙，武陵王纪之子也。风度淹雅，敏而好学。纪称尊号，封宜都王，除侍中。纪下峡，令圆肃副萧扐守成都。及尉迟迥至，与扐俱降。授开府仪同三司、侍中，封安化县公。

周明帝初，进棘城郡公，以归款勋，别赐食思君县五百户，收其租赋。后拜咸阳郡守，甚有政绩。寻改授太子少傅，作《少傅箴》。太子见而悦之，致书劳问。改授丰州刺史，寻进位上开府仪同大将军，历司宗中大夫、洛州刺史,进位大将军。

隋开皇初,授贝州刺史,以母老请归就养,许之,卒于家。有文集十卷,又撰时人诗笔为《文海》四十卷、《广堪》十卷、《淮海离乱志》四卷,行于世。

萧大圜字仁显,梁简文帝第二十子也。幼而聪敏,年四岁,能诵《三都赋》及《孝经》、《论语》,七岁居母丧,便有成人性。梁大宝元年,封乐梁郡王,丹杨尹。属侯景杀简文,大圜潜遁获免。景平,归建业。时丧乱之后,无所依,乃寓居善觉佛寺。人有以告王僧辩,乃给船饩,得往江陵。梁元帝见之甚悦,赐以越衫胡带,改封晋熙郡王,除琅邪、彭城二郡太守。时大圜兄汝南王大封等犹未通谒。元帝性忌刻,甚恨望之,乃使大圜召之。大圜即日晓谕,两兄相继出谒,元帝乃安之。大圜恐谗诉生,乃屏绝人事,门客左右,不过三两人,不妄游狎,兄姊间,止笺疏而已。恒以读《诗》、《礼》、《书》、《易》为事。元帝尝自问《五经》要事数十条,大圜词约指明,应答无滞。帝其叹美之,因曰:“昔河间好学,尔既有之,临淄好文,尔亦兼之。然有东平为善,弥高前载。”及于谨军至,元帝乃令大封充使请和,大圜副焉,其实质也。出至军所。信宿,元帝降。

魏恭帝二年,大圜至长安,周文帝以客礼待之。保定二年,大封为晋陵县公,大圜始宁县公。寻加大圜车骑大将军、仪同三司。俄而开麟趾殿,招集学士,大圜预焉。《梁武帝集》四十卷、《简文集》九十卷各止一本,江陵平后,并藏秘阁。大圜入麟趾,方得见之,乃手写二集,一年并毕,识者称叹之。大圜深信因果,心安闲放,尝云:

拂衣褰裳,无吞舟之漏网;挂冠县节,虑我志之未从。傥获展禽之免,有美慈明之进,如蒙北叟之放,实胜济南之征。其故何哉?夫间阎者有优游之美,朝廷者有簪佩之累,盖由来久矣。留侯追踪于松子,陶朱成术于辛文,良有以焉。况乎智不逸群,行不高物,而欲辛苦一生,何其僻也。

岂如知足知止,萧然无累,北山之北,弃绝人间,南山之南，超逾世网。面修原而带流水，倚郊甸而枕平皋。筑蜗舍于丛林，构环堵于幽薄。近瞻烟雾，远睇风云。藉纤草以荫长松，结幽兰而援芳桂。仰翔禽于百仞，俯泳鳞于千寻。果园在后，开窗以临花卉；蔬圃居前，坐檐而看灌圳。二顷以供饘粥，十亩以给丝麻。侍儿五三，可充纴织；家僮数四，足代耕耘。沽酪牧羊，协潘生之志；畜鸡种黍，应庄叟之言。获菽寻泛氏之书，露葵征尹君之录。烹羔豚而介春酒，迎伏腊而候岁时。披良书，采至赜，歌纂纂，唱乌乌。可以娱神，可以散虑。有朋自远，扬榷古今；田畯相过，剧谈稼穑。斯亦足矣，乐不可支，永保性命，何畏忧责。

岂若蹩足入绊，申颈就羁。游帝王之门，趋宰衡之势。不知飘尘之少选，宁觉年祀之斯。须万物营营，靡存其意；天道昧昧，安可问哉？

嗟乎！人生若浮，朝露宁俟。长绳系景，实所愿言。执烛夜游，惊其迅迈。百年几何，擎跽曲拳。四时如流，俯眉蹙足。出处无成，语默奚当。非直丘明所耻，抑亦宣尼耻之。

建德四年，除滕王逌友。逌尝问大圜曰："吾闻湘东王作《梁史》，有之乎？余传乃可抑扬，帝纪奚若？隐则非实，记则攘羊。"对曰："言之妄也。如使有之，亦不足怪。昔汉明为《世祖纪》，章帝为《显宗纪》，殷鉴不远，足为成例。且君子之过，如日月之蚀，彰于四海，安得而隐之？盖子为父隐，直在其中，讳国之恶，抑又礼也。"逌乃大笑。后大军拔晋州，或问大圜："师遂克不？"对曰："高欢昔以晋州肇基伪迹，今本既拔矣，能无亡乎？所谓君以此始，必以此终。"居数月，齐氏果灭。闻者以为知言。隋开皇初，拜内史侍郎，卒于西河郡守。撰《梁旧事》三十卷、《寓记》三卷、《士丧仪注》五卷、《要决》两卷，并文集二十卷。大封位开府仪同三司、陈州刺史。

论曰：诸司马以乱亡归命，楚之最可称乎！其余碌碌，未足论也。而以往代遗绪，并当位遇，可谓幸矣。刘昶猜疑惧祸，萧赞亡破之余，并潜骸窜影，委命上国，俱称晓了，盛当位遇。虽有枕戈之志，终无鞭墓之成。昶诸子狂疏，丧其家业。宝夤背恩亡义，枭镜其心。萧赞临边脱身，晚去雠贼，宠禄顿臻，颠狈旋至，信吉凶之相倚也。梁氏云季，子弟奔亡。正表动不由仁，胡颜之甚。祇、退、泰、拐、圆肃、大圜等虽羁旅异国，而终享荣名，非素有镃基，怀文抱质，亦何能至于此也。方武陵拥众东下，任拐以萧何之事。君臣之道既笃，家国之情亦隆。金石不足比其心，河水不足明其誓。及魏安之至城下，旬日而智力俱竭，委金汤而不守，举庸蜀而来王。若乃见机而作，诚有之矣。守节没齿，则未可焉。

北史卷三〇
列传第一八

卢玄　卢柔　卢观　卢同
卢诞

　　卢玄字子真,范阳涿人也。曾祖谌,晋司空刘琨从事中郎。祖偃、父邈,并仕慕容氏。偃为营丘太守,邈为范阳太守,皆以儒雅称。

　　神䴥四年,太武辟召天下儒俊,以玄为首。授中书博士,迁侍郎,本州大中正。使冯弘,称臣请附。外兄司徒崔浩每与言辄叹曰:"对子真,使我怀古之情更深。"浩大欲齐整人伦,分明姓族。玄曰:"创制立事,各有其时,乐为此者,讵几人也? 宜三思。"浩当时虽无以异之,竟于不纳。浩败,颇亦由此。

　　后赐爵固安子,散骑常侍。使宋。宋文帝与之言,嘉叹良久,曰:"中郎,卿曾祖也!"还,遇疾,归乡卒,赠平东将军、幽州刺史、固安侯,谥曰宣。

　　子度世,字子迁。幼聪达,有计数。为中书学生,应选东宫。弱冠,与从兄遐俱以学行为时流所重。遐特为崔浩所敬,位至尚书、光禄大夫、范阳子。

　　度世后以崔浩事,弃官逃于高阳郑罴家,罴匿之。使者囚罴长子,将加捶楚。罴诫之曰:"君子杀身以成仁,汝虽死勿言。"子奉父命,遂被拷掠,乃至火爇其体,因以物故,卒无所言。度世后令弟娶罴妹,以报其恩。太武临江,宋文使其殿上将军黄延年至。帝问曰:"卢度世坐与崔浩亲通,逃命江表,应已至彼。"延年对曰:"都下无闻,当必不至。"帝诏东宫赦度世宗族逃亡籍没者,度世乃出。拜中书侍郎,袭爵。

兴安初,兼太常卿,立保太后父辽西献王庙,进爵为侯。后除散骑侍郎,使宋,应对宋侍中柳元景失衷。还,被禁劾,经年乃释。除济州刺史,州接边境,将士数相侵掠,度世乃禁勒所统,还其俘虏,二境以宁。后坐事免。寻除青州刺史,未拜,卒,谥曰惠。四子,伯源、敏、昶、尚之。

初,玄有五子,唯度世嫡,余皆别生。崔浩之难,其庶兄弟恒欲害之,度世常深忿恨。及度世有子,每诫绝妾孽,以防后患。至伯源兄弟,婢妾生子,虽形貌相类,皆不举接。为识者所非。

伯源小名阳乌,性温雅寡欲,有祖父风。敦尚学业,闺门和睦。袭侯爵,降为伯。累加秘书监、本州大中正。时孝文帝将立冯后,先问伯源。请更简卜。帝曰:"以先后之侄,朕意已定。"伯源曰:"虽奉敕如此,然臣心实有未尽。"及朝臣集议,执意如前。冯诞有盛宠,深以为恨,伯源不以介怀。及孝文议伐齐,伯源表以为万乘亲戎,转运难继。诏虽不从,而优答之。寻以齐武帝殂,停师。

时泾州羌叛,残破城邑。伯源以步骑六千号三万,徐行而进。未经三旬,贼众逃散。降者数万口,唯枭首恶,余悉不问。诏兼侍中。初,伯源年十四,尝诣长安。将还,饯送者五十余人,别于渭北。有相者扶风人王遐曰:"诸君皆不如此卢郎,虽位不副实,然得声名甚盛,望逾公辅。后二十余年,当制命关右,愿不相忘。"此行也,相者年过八十,诣军门请见,言叙平生。未几,守仪曹尚书。

及齐雍州刺史曹武请降,乃以伯源为使持节、安南将军,督前锋诸军,径赴樊、邓。辞以儒生不行军事,帝不许。伯源曰:"臣恐曹武为周鲂耳。陛下宜审之。"武果伪降。伯源乃进攻赭阳,师败,坐免官爵。寻遭母忧。服阕,兼太尉长史。后为徐州京兆王愉兼长史。愉时年少,事无巨细,多决于伯源。伯源以诚信御物,甚得东南人和。南徐州刺史沈陵密谋叛,伯源屡有表闻,朝廷不纳,陵果逃叛。陵之余党,伯源皆抚而赦之,唯归罪于陵,由是众心乃安。

景明初,卒于秘书监,年四十八,赠幽州刺史,复本爵固安伯。
谥曰懿。

初,谌父志,法钟繇书,子孙传业,累世有能名。至邈以上,兼善
草迹。伯源习家法,代京宫殿,多其所题。白马公崔宏亦善书,世传
卫瓘体。魏初工书者,崔、卢二门。伯源与李冲特相友善,冲重伯源
门风,伯源私冲才官,故结为婚姻,往来亲密。至于伯源荷孝文意
遇,颇亦由冲。伯源有八子。

长子道将,字祖业。应袭父爵而让第八弟道舒,诏不许。道将
引清河王国常侍韩子熙让弟采鲁阳男之例,诏乃许之。道将涉猎经
史,风气謇谔,颇有文才,为一家后来之冠,诸父并敬惮之。彭城王
勰、任城王澄皆虚衿相待。勰为中军大将军,辟行参军。累迁燕郡
太守。道将下车表乐毅、霍原之墓,为之立祠。优礼儒生,历劝学业,
敦课农桑,垦田岁倍。卒于司徒司马,赠太常卿,谥曰献。所为文笔
数十篇。

子怀祖,太学博士、员外散骑侍郎,卒。子庄,少有美名,位都水
使者,卒官。

怀祖弟怀仁,字子友,涉学有辞。性恬静,萧然有闲雅致。历太
尉记室、弘农郡守,不之任,卜居陈留界。所著诗赋铭颂二万余言,
撰《中表实录》二十卷。怀仁有行检,善与人交。与琅邪王衍、陇西
李寿之情好相得。常语衍云:"昔太丘道广,许劭知而不顾。嵇生峭
立,钟会遇而绝言。吾处季、孟之间,去其太甚。"衍以为然。

子彦卿,有学尚,仕隋位御史。撰《后魏纪》三十卷。贞观中,位
石门令、东宫学士。

道将弟道亮,字仲业,隐居不仕。子思道。

思道字子行,聪爽俊辩,通侻不羁。年十六,中山刘松为人作碑
铭,以示思道,思道读之,多所不解。乃感激读书,师事河间邢子才。
后复为文示松,松不能甚解。乃喟然叹曰:"学之有益,岂徒然哉!"
因就魏收借异书。数年间,才学兼著。然不持操行,好轻侮人物。齐
天保中,魏史成,思道多所非毁,由是前后再被笞辱,因而落泊不

调。

后左仆射杨遵彦荐之于朝,解褐司空行参军、长兼员外散骑侍郎,直中书省。文宣帝崩,当朝文士各作挽歌十首,择其善者而用之。魏收、阳休之、祖孝徵等不过得一二首,唯思道独有八篇。故时人称为“八米卢郎”。后漏泄省中语,出为丞相西阁祭酒。历太子舍人、司徒录事参军。每居官,多被谴辱。后以擅用库钱,免归家。尝于蓟北,怅然感慨,为五言诗见意,世以为工。后为给事黄门侍郎,待诏文林馆。

周武帝平齐,授仪同三司,追赴长安。与同辈阳休之等数人作《听蝉鸣篇》。思道所为,词意清切,为时人所重。新野庾信遍览诸同作者,而深叹美之。未几,母疾,还乡。遇同郡祖英伯及从兄昌期等举兵作乱,思道预焉。柱国宇文神举讨平之。思道罪当斩,已在死中。神举素闻其名,引出,令作露布。援笔立成,文不加点。神举嘉而宥之。后除掌教上士。

隋文帝为丞相,迁武阳太守。位下,不得志,为《孤鸿赋》以寄其情。其序曰:

余志学之岁,自乡里游京师,便见识知音,历受群公之眷。年登弱冠,甫就朝列,谈者过误,遂窃虚名。通人杨令君、邢特进以下,皆分庭致敬,倒屣相接,翦拂吹嘘,长其光价。而才本驽拙,性实疏懒,势利货殖,淡然不营,虽笼绊朝市,且三十载,而独往之心,未始去怀抱也。

摄生舛和,有少气疾。分符坐啸,作守东原。洪河之湄,沃野弥望,嚣务既屏,鱼鸟为邻。有离群之鸿,为罗者所获,野人驯养,贡之于余。置诸池庭,朝夕赏玩,既用销忧,兼以轻疾。大易称“鸿渐于陆”,羽仪盛也。扬子曰“鸿飞冥冥”,骞翥高也。《淮南子》云“东归碣石”,违溽暑也。平子赋“南翔衡阳”,避祁寒也。若其雅步清音,远心高韵,鸧鸾已降,罕见其俦。而铩翮墙阴,偶影独立,嚌喋粃稗,鸡鹜为伍,不亦伤乎。余五十之年,忽焉已至,永言身事,慨然多绪,乃为之赋,聊以自慰云。

开皇初,以母老,表请解职,优诏许之。思道恃才地,多所陵轹,由是官途沦滞。既而又著《劳生论》,指切当世。岁余,奉诏郊劳陈使。顷之,遭母忧。未几,起为散骑侍郎,参内史侍郎事。于时,议置六卿,将除大理。思道上奏曰:"省有驾部,寺留太仆。省有刑部,寺除大理。斯则重畜产而贱刑名,诚为不可。"又陈殿庭非杖罚之所,朝臣犯笞罪,请以赎论。上悉嘉纳之。是岁,卒于京师。上甚惜之,遣使吊祭焉。集二十卷,行于世。子赤松,大业中,位河东县长。

道亮弟道裕,字宁祖。少以学尚知名,风仪兼美。尚献文女乐浪长公主,拜驸马都尉。历位中书侍郎、太子中庶子、幽州大中正。卒于泾州刺史,谥曰文。

道裕弟道虔,字庆祖。粗闲经史,兼通算术。尚孝文女济南长公主。拜驸马都尉。公主骄淫,声秽遐迩,无疾暴薨,时云道虔所害。宣武秘其事,不苦穷之。后灵太后追主薨事,黜道虔,令终身不仕。道虔外生李彧,尚庄帝姊丰亭公主,因相藉托,永安中,除辅国将军、通直常侍。以议历勋,赐爵临淄伯。天平中,历都官尚书、本州大中正,幽州刺史,加卫大将军。卒官,赠尚书右仆射、司空公、瀛州刺史,谥曰文恭。

道虔好《礼》学,难齐尚书令王俭《丧服集记》七十余条。为尚书同僚于草屋下设鸡黍之膳,谈者以为高。昧旦将上省,必见其弟然后去。奴在马上弹琵琶,道虔闻之,杖奴一百。公主二子,昌寓、昌仁,昌寓不慧,昌仁早卒。道虔又娶司马氏,有子昌裕。后司马氏见出,更娉元氏,甚聪悟,常升高座讲《老子》。道虔从弟元明隔纱帷以听焉。元氏生二子,昌期、昌衡,昌衡最知名。

昌衡字子均,小字龙子。沈靖有才识,风神澹雅,容止可法。博涉经史,工草行书。从弟思道,小字释奴,宗中称英妙,昌衡与之俱被推重。故幽州语曰:"卢家千里,释奴、龙子。"

仕魏,兼太尉外兵参军。齐受禅,历平恩令。右仆射祖孝征荐为尚书金部郎。孝征每曰:"吾用卢子均为尚书郎,自谓无愧幽明。"始天保中,尚书王昕以雅谈获罪,诸弟尚守而不坠。自兹以后,此道浸微。昌衡与顿丘李若、彭城刘珉、河南陆彦师、陇西辛德源、王循并为后进风流之士。后兼散骑侍郎，迎劳周使。周武平齐，授司玉中士，与大宗伯斛斯征修《礼令》。

隋开皇初，拜尚书祠部侍郎。文帝尝大集群下，令自陈功，人皆竞进，昌衡独无所言。左仆射高颎目而异之。陈使贺彻、周濆相继来聘，朝廷每令昌衡接对之。未几，出为徐州总管长史，甚有能名。吏部尚书苏威考之曰："德为世表，行为士则。"论之者以为美谈。常行至浚仪，所乘马为人牛所触致死。牛主陈谢，求还价直。昌衡谓曰："六畜相触，自关常理，此岂人情也，君何谢焉？"拒而不受。性宽厚不校，皆此类也。转寿州总管长史，宇文述甚敬之，委以州务。岁余，迁金州刺史。

仁寿中，奉诏持节为河南道巡省大使。及还，以奉使称旨，授仪同三司，赐物二百段。昌衡自以年在县车，上表乞骸骨，优诏不许。大业初，征为太子左庶子，行诣洛阳，道卒。子宝素、宝胤。

道虔弟道侃，字希祖，沈雅有学尚，位州主簿，卒。以弟道约子正达为后。

道侃弟道和，字叔雍，兄弟之中，人望最下。位冀州中军府中兵参军，卒。子景猷，弘农太守。景猷子士彦，有风概，隋开皇中，为蜀王秀属。以秀所为不轨，辞疾，终于家。

道和弟道约，字季恭，位司徒属、幽州大中正。兴和末，除卫大将军、兖州刺史，在州颇得人和。卒，赠仪同三司、幽州刺史。

子正通，少有令誉，位开府谘议，卒。妻谢氏，与正通弟正思淫乱，为御史所劾，人士疾之。正思弟正山子公顺，早以文学见知，为符玺郎，待诏文林馆。正思兄弟以齐太后舅氏，武平中，并得优赠。

道约弟道舒，字幼安，袭父爵，位中书侍郎，卒。子熙裕袭。熙裕清虚守道，有古人风，为亲表所敬。

伯源弟敏，字仲通，小字洪崖，少有大量。孝文器之，纳其女为嫔。位仪曹郎，早卒，赠威远将军、范阳太守，谥曰靖。五子。

长义僖，字远庆，早有学尚，识度沈雅。年九岁丧父，便有至性，少为仆射李冲所叹美。起家秘书郎，累迁冠军将军、中散大夫，以母忧去职。幽州刺史王诵与之交款，每与故旧李神俊等书曰："卢冠军在此，时复惠存，辄连数日，得以咨询政道。"其见重若此。后拜征虏将军、太中大夫，散秩多年，澹然自得。李神俊观其干谒当途，义僖曰："既学先王之道，贵行先王之志，保得苟求富贵也？"孝昌中，除散骑常侍。时灵太后临朝，黄门侍郎李神轨势倾朝野，求结婚姻。义僖虑其必败，拒而不许。王诵谓义僖曰："昔人不以一女易五男，卿易之也？"义僖曰："所以不从，正为此耳。从，恐祸大而连速。"诵乃握义僖手曰："我闻有命，不敢以告人。"遂适他族。临婚之夕，灵太后遣中常侍服景就家敕停，内外惶怖，义僖夷然自若。普泰中，除都官尚书、骠骑大将军、左光禄大夫。

义僖宽和畏慎，不妄交款。性清俭，不营财利。少时，幽州频遭水旱，先有数万石谷贷人，义僖以年谷不熟，乃燔其契，州间悦其恩德。虽居显位，每至困乏，麦饭蔬食，怡然甘之。卒，赠大将军、仪同三司、瀛州刺史，谥曰孝简。

子逊之，清靖寡欲，位太尉记室参军。义僖四弟，并远不逮兄也。

敏弟昶，字叔达，小字师颜，学涉经史，早有时誉。太和中，兼员外散骑常侍，使于齐。孝文诏昶曰："密迩江扬，不早当晚，会是朕物。卿等欲言便言，无相疑难。"又敕副使王清石曰："卿莫以南人语致疑卢昶。若彼先有知识，欲见但见，须论即论。昶正宽柔君子，无多文才，或主客命卿作诗，莫以昶不作，便罢也。凡使人以和为贵，勿相矜夸，见于色貌。"及至彼，遇齐明立，孝文南讨，昶兄伯源为别道将。而齐明以朝廷加兵，遂酷遇之。昶等本非骨鲠，大怖，泪汗横流。齐明以腐米臭鱼荤豆供之。而谒者张思宁，辞气謇愕，遂以壮烈死于馆中。昶还，孝文责之曰："衔命之礼，有死无辱，虽流放海隅，犹宜抱节致殒。卿不能长缨羁首，已是可恨。乃俯眉饮啄，自同犬马。有生必死，修短几何？卿若杀身成名，贻之竹素，何如甘彼刍菽，以辱君父。纵不能远惭苏武，宁不近愧思宁！"遂见罢黜。

景明初,除中书侍郎,迁给事黄门侍郎、本州大中正、散骑常侍,兼尚书。时洛阳县获白鼠,昶奏,以为案《瑞典》,外镇刺史二千石令长不祗上命,刻暴,百姓怨嗟,则白鼠至。因陈时政,多所劝诫。诏书褒美其意。转侍中,又兼吏部尚书,寻即正,仍侍中。昶守职而已,无所激扬,与侍中元晖等更相朋附,为宣武所宠,时人鄙之。

出为徐州刺史。昶既儒生,本少将略,又羊社子燮为昶司马,专任戎事,掩昶耳目,将士怨之。朐山戍主傅文骥粮樵俱罄,以城降梁。昶见城降,先走退,诸军相寻奔遁。遇大寒,军人冻死及落手足者太半。自魏经略江右,唯中山王英败于钟离,昶于朐山失利,最为甚焉。宣武遣黄门甄琛驰驿锁昶,穷其败状,诏以免官论。自余将统以下,悉听依赦复任。未几,拜太常卿,仍除雍州刺史,进号镇西将军,加散骑常侍。卒官,谥曰穆。

昶宽和矜恕,善于绥怀。其在徐州,戍兵有疾,亲自检恤,至番兵年满不归,容充后役,终昶一政,然后始还,人庶称之。

子元聿,字仲训,无他才能。尚孝文女义阳长公主,拜驸马都尉。位太尉司马、光禄大夫。卒,赠中书监。子士晟,仪同开府掾。

元聿第五弟元明,字幼章。涉历群书,兼有文义,风彩闲润,进退可观。永安初,长兼尚书令、临淮王彧钦爱之。及彧开府,引为兼属,仍领部曲。孝武登祚,以郎任行礼,封城阳县子,迁中书侍郎。永熙末,居洛东缑山,乃作《幽居赋》焉。于时,元明友人王由居颍川,忽梦由携酒就之言别,赋诗为赠。及明,忆其诗十字,云:"自兹一去后,市朝不复游。"元明叹曰:"由性不狎俗,旅寄人间,乃有今梦,诗复如此,必有他故。"经三日,果闻由为乱兵所害。寻其亡日,乃是发梦之夜。天平中,兼吏部郎中,副李谐使梁,南人称之。还,拜尚书右丞,转散骑常侍,监起居。积年在史馆,了不措意。又兼黄门郎、本州大中正。

元明善自标置,不妄交游,饮酒赋诗,遇兴忘返。性好玄理,作史子杂论数十篇,诸文别有集录。少时,常从乡还洛,途遇相州刺史、中山王熙。熙,博识之士,见而叹曰:"卢郎有如此风神,唯须诵

《离骚》，饮美酒，自为佳器。"遂留之数日，赠帛及马而别。元明凡三娶，次妻郑氏与元明兄子士启淫污，元明不能离绝。又好以世地自矜，时论以此贬之。

元明弟元绰，字幼绪，凶粗好酒，曾于妇氏饮宴，小有不平，手刃其客。位辅国将军、司徒司马，赠骠骑大将军、吏部尚书、幽州刺史，谥曰宣。

昶弟尚之，字季儒，小字羡夏。亦以儒素见重，位司徒左长史、前将军、济州刺史、光禄大夫。

长子文甫，字元祐，涉历文史，有名誉于时。位司空行参军。

文甫弟文翼，字仲祐，少甚轻躁，晚颇改节。以军功赐爵范阳子，位太中大夫。

文翼弟文符，字叔伟，性通率，位通直散骑侍郎。子潜。

潜容貌瑰伟，善言谈，少有成人志尚。累迁大将军府中兵参军，机事强济，为文襄所知，言其终可大用。王思政见获于颍川，文襄重其才识。潜常从容白文襄："思政不能死节，何足可重？"文襄谓左右曰："我有卢潜，便是更得一王思政。"

天保中，除左户郎中。坐讥议《魏书》，与王松年、李庶等俱被禁止。会清河王岳救江陵，特赦潜为岳行台郎。还，历中书、黄门侍郎。为奴诬告谋反，文宣明之，以奴付潜，潜不之责。黄门郑子默奏潜从清河王岳南讨，岳令潜说梁将侯瑱，大纳瑱赂遗，还不奏闻。文宣杖潜一百，仍截其须，潜颜色不变。历魏尹丞、司州别驾、江州刺史，所在有善政。

孝昭作相，以潜为扬州道行台左丞。先是，梁将王琳拥其主萧庄归寿阳，朝廷以琳为扬州刺史，敕潜与琳为南讨经略。后除行台尚书、仪同三司。王琳锐意图南，潜以为时事未可，由是与琳有隙，更相表列。武成追琳入邺，除潜扬州刺史，领行台尚书。潜在淮南十三年，大树风绩，为陈人所惮。陈主与其边将书云："卢潜犹在，卿宜深备之。"文宣初平淮南，给复十年，年满后，逮天统、武平中，征税颇杂。又高元海执政，断渔猎，人家无以自资。诸商胡负官责息者,宦者陈德信纵其妄注淮南富家,令州县征责;又敕送突厥马数千匹于扬州管内,令土豪贵买之,钱直始入,便出敕括江、淮间马并送官厩。由是百姓骚扰,切齿嗟怨。潜随事抚慰,兼行权略,故得宁靖。

武平三年,征为五兵尚书。扬州吏人以潜断酒肉,笃信释氏,大设僧会,以香花缘道流涕送之。潜叹曰:"正恐不久复来耳!"至邺未几,复为扬州道行台尚书。

四年,陈将吴明彻来寇,领军封辅相赴援。陈兵及岘,辅相不从,潜固争不得,忧愤发病,卧幕下,果败。陈人遂围寿阳,壅肥陂,以水灌之。诏王长春为南讨都督。长春军次河南,多给兵士粮,便鸣角欲引,而贱籴其米;及顿兵,更贵粜其米。乃之虏景和拥众十万于淮北,不进。寿阳城中青黑龙升天,城寻陷。潜及行台仆射王贵显、特进巴陵王王琳、扶风王可朱浑孝裕、武卫将军奚永乐、仪同索景和、仁州刺史郦伯伟、霍州刺史封子绣、泰州刺史高子植、行台左丞李骕骓等督将五十八,军士一万皆没焉。陈人杀王琳,余皆囚于东冶。陈主欲知齐之虚实,乃出潜,曰:"囚本属幽州,于河北最小,口有五十万,落陈者,唯与郦伯伟二人耳。"

时李骕骓将逃归,并要潜。潜曰:"我此头面,何可诳人?吾少时,相者云:没在吴越地。死生已定,弟其行也。"因寄书与弟士邃曰:"吾梦汝以某月某日得患,某月某日渐损。"皆如其言。既而叹曰:"寿阳陷,吾欲以颈血溅城而死,佛教不听自杀,故苟苒偷生,今可死矣!"于是闭气而绝。其家购尸归葬,赠开府仪同三司、尚书左仆射、兖州刺史。无子,以弟士邃子元孝嗣。

潜雅性贞固。祖珽常要潜陷仁州刺史刘逖,许以高位。潜曰:"如此事,吾不为也。"行台慕容恃德常所推重,有疾,谓其子曰:"卢尚书教我为人,有如昆弟。我死,持上骒马与之。"其子以他马往。恃德柩出门自停,不可动,巫祝以为恃德声怒曰:"何不与卢尚书我所骑骒马?"共子遽奉命,柩乃行。潜以马价为营福事。其为时重如此。士邃字子淹,少为崔昂所知。昂云:"此昆季足为后生之俊,但恨其俱不读书耳。"位尚书左右丞、吏部郎中、中山太守带定州长史。齐亡后，卒。

度世之为济州也，魏初平升城。无盐房崇吉母傅，度世继外祖母兄之子妇也，兖州刺史申纂妻贾氏，崇吉之姑女也，皆亡破，老病憔悴。而度世推计中表，致其供恤。每觐见傅氏，跪问起居，随时奉送衣被食物；亦存赈贾氏，供其服膳。青州既陷，诸崔坠落，多所收赎。及伯源、昶等，并循父风。远亲疏属，叙为尊行长者，莫不毕拜致敬。闺门之礼。为世所推。谦退简约，不与世竞。父母亡后，同居共财，自祖至孙，家内百口。在洛时，有饥年，无以自赡，然尊卑怡穆，丰俭同之。亲从昆季，常旦省诸父，出坐别室，暮乃入内。朝府之外，不妄交游。其相勖以礼，如此。又一门三主，当世以为荣。伯源兄弟亡，及道将卒后，家风衰损。子孙多有非法，帏薄混秽，为时所鄙。

度世从祖弟神宝，位中书博士。孝文为弟高阳王雍纳其女为妃。

初，玄从祖兄溥，慕容宝之末，统摄乡部屯海滨，杀其乡姻诸祖十余人，称征北大将军、幽州刺史，攻掠郡县。天兴中，讨禽之。

溥玄孙洪，字曾孙，太和中，位中书博士，乐陵、阳平二郡太守，幽州中正。洪三子。长子崇，少立美名，有识者许之以远大，卒于骠骑府法曹参军。崇子柔。

柔字子刚。少孤，为叔母所养，抚视甚于其子。柔尽心温清，亦同己亲，亲族叹重之。性聪敏好学，未冠解属文，但口吃，不能持论。颇使酒诞节，为世所讥。司徒、临淮王彧见而器之，以女妻焉。

及魏孝武与齐神武有隙，诏贺拔胜出牧荆州，柔谓因此可著功绩，遂从胜之荆州。以柔为大行台郎中，掌书记，军之机务，柔多预之。及胜为太保，以柔为掾。孝武后召胜引兵赴洛，胜以问柔。柔曰："高欢托晋阳之甲，意实难知。公宜席卷赴都，与决胜负，存没以之，此忠之上策也。若北阻鲁阳，南并旧楚，东连兖、豫，西接关中，带甲十万，观衅而动，亦中策也。举三荆之地，通款梁国，可以庇身，功名去矣，策之下者。"胜轻柔年少，笑而不应。

及孝武西迁，东魏遣侯景袭穰。胜败，遂南奔梁，柔亦从之。胜频表梁武帝，求归关中。梁武帝览表，嘉其辞彩，既知柔所制，因遣舍人劳问，并遗缣锦。后与胜俱还，行至襄阳。齐神武惧胜西入，遣侯景以轻骑邀之。胜及柔惧，乃弃船山行，赢粮冒险，经数百里。时属秋霖，徒侣冻馁者，太半至于死。

大统二年，至长安，封容城县男。周文帝引为行台郎中，除从事中郎，与郎中苏绰掌机密。时沙苑之役，大军屡捷，汝、颍之间，多举义来附，书翰往反，日百余牒，柔随机报答，皆合事宜。进爵为子。累迁中书侍郎，兼著作，撰起居注。后为黄门侍郎。周文知其贫，解衣赐之。后迁中书监。

周孝闵帝践阼，拜小内史大夫，进位开府仪同三司，卒于位。所作诗、颂、碑、铭、檄、表、启行于世者数十篇。子恺嗣。

恺字长仁。性孝友，神情颖悟，涉猎经史，有当世干能，颇解属文。周齐王宪引为记室。从宪伐齐，说齐柏社镇下之。迁小吏部大夫。时染工王神欢者，以赂自进，冢宰宇文护擢为计部下大夫。恺谏曰："古者，登高能赋，可为大夫。求贤审官，理须详慎。今神欢出自染工，更无殊异，徒以家富自通，遂与缙绅并列。实恐鹈翼之刺，闻之外境。"护竟寝其事。转内史下大夫。武帝在云阳宫，敕诸屯简老牛，欲以享士。恺谏曰："昔田子方赎老马，君子以为美谈。向奉明敕，欲以老牛享士，有亏仁政。"帝美其言而止。转礼部大夫，为聘陈使副。先是，行人多从其国礼，及恺为使，一依本朝，陈人莫能屈。建德四年，李穆攻拔轵关、柏崖二镇，命恺作露布。帝读大悦曰："卢恺文章大进，荀景茜故是令君之子。"大象元年，拜东都吏部大夫。

隋开皇初，加上仪同三司，除尚书吏部侍郎。进爵为侯，仍摄尚书左丞。每有敷奏，侃然正色，虽逢喜怒，不改其常。加散骑常侍。八年，上亲考百僚，以恺为上，固让不敢受。文帝曰："当仁不让，何愧之有？皆在朕心，无劳饰让。"

　　岁余，拜礼部尚书，摄吏部尚书事。会国子博士何妥与右仆射苏威不平，奏威阴事，恺坐与相连。宪司奏恺曰："房恭懿者，尉迟迥之党，不当仕进，威、恺一人，曲相荐达，累转海州刺史。吏部预选者甚多，恺不即授官，皆注色而遣。威之从父弟彻、肃二人，并以乡正征诣吏部。彻文状后至，而先任用。肃左足挛蹇，才用无算，恺以威故，授朝请郎。恺之朋党，事甚明白。"上大怒曰："恺敢将天官，以为私惠！"恺免冠顿首曰："皇太子将以通事舍人苏夔为舍人。夔，威之子，臣以夔未当迁，固启而止。臣若与威有私，岂当如此？"上曰："威子，朝廷共知，卿乃固执，以微身幸。至所不知，便行朋附。奸臣之行也。"于是除名，卒于家。

　　自周氏以降，选无清浊。及恺摄吏部，与薛道衡、陆彦师等甄别士流，故涉党固之谮，遂及于此。

　　崇弟仲义，字小黑，知名于世，位员外散骑侍郎、幽州刺史。崇兄弟官虽不达，婚姻常与玄家齐等。洪弟光宗，位尚书郎。光宗子观。

　　观字伯举。少好学，有俊才，举秀才，射策甲科。除太学博士、著作佐郎。与太常少卿李神俊、光禄大夫王诵等在尚书上省，撰定朝仪。迁尚书仪曹郎中。孝昌元年卒。

　　观弟仲宣，小名金。才学优洽，乃逾于观，但文体颇细。兄弟俱以文章显，论者美之。位太尉属。魏孝庄帝初，遇害河阴。及兄观并无子，文集莫为撰次，罕有存者。仲宣弟叔彪。

　　叔彪少机悟，豪率轻侠，好奇策，慕诸葛亮之为人。为贺拔胜荆州开府长史，胜不用其计，弃城奔梁。叔彪归本县，筑室临陂，优游自适。齐文襄降辟书，辞疾不到。天保初，复征，不得已，布裙露车至邺。杨愔往候之，以为司徒谘议，辞疾不受。孝昭即位，召为中庶子，问以世事。叔彪劝讨关西，画地陈兵势，请立重镇于平阳，与彼蒲州相对，深沟高垒，运粮实之。帝深纳之。又愿自居平阳，成此谋略。帝命元文遥与叔彪参谋，撰《平西策》一卷。未几，帝崩，事寝。

武成即位,拜仪同三司,判都官尚书,出为金州刺史,迁太子詹事。

叔彪在乡时,有粟千石,每至春夏,乡人无食者,令自载取。至秋,任还其价而不计。岁岁常得倍余。既在朝通贵,自以年老,儿子又多,遂营一大屋,曰:"歌于斯,哭于斯。"魏收常来诣之,访以洛京旧事,不待食而起,云:"难为子费。"叔彪留之,良久食至,但有粟餐葵菜,木碗盛之,片脯而已。所将仆从,亦尽设食,一与此同。

齐灭,归范阳。遭乱城陷,与族弟士邃皆以寒馁毙。周将宇文神举以二人有名德,收而葬之。

洪从弟附伯,附伯弟侍伯,并有学识。附伯位沧州平东府长史,侍伯南岐州刺史。侍伯从弟文伟。

文伟字休族。父敞,位议郎,后以文伟勋,赠幽州刺史。文伟少孤,有志尚,颇涉经史。州辟主簿。年三十八,始举秀才,除本州平北府长流参军。说刺史裴俊案旧迹修督亢陂,溉田万余顷,人赖其利。俊修立之功,多以委之。文伟既善于营理,兼展私力,家素贫俭,因此致富。及北方将乱,文伟积稻谷于范阳城,时经荒俭,多所振赡,弥为乡里所归。及韩楼据蓟城,文伟率乡闾守范阳。楼平,以功封大夏县男,除范阳太守。

庄帝崩,文伟与幽州刺史刘灵助同谋起义。灵助克瀛州,留文伟行州事,自率兵赴定州,为尔朱荣将侯深所败。文伟走还本郡,仍与高乾兄弟相影响。属神武至信都,文伟遣子怀道奉启陈谢。中兴初,除安州刺史,不之官,寻转幽州刺史。安州刺史卢胄亦从灵助举兵,灵助败,因据幽州降尔朱兆,兆仍以为刺史,据城不下,文伟不得入。后除青州刺史。

文伟轻财爱客,善于抚接,好为小惠,是以所在颇得人情。经纪生资,常若不足,致财积聚,承候宠要,饷遗不绝。卒,赠司徒公、尚书右仆射,谥曰孝威。

子恭道,性温良,颇有文学。位范阳郡太守,有德惠。先文伟卒。赠度支尚书,谥曰定。

子询祖,袭祖爵大夏男。有术学,文辞华美,为后生之俊。举秀才,至邺。赵郡李祖勋尝宴诸文士,齐文宣使小黄门敕祖勋母曰:"蠕蠕既破,何无贺表?"使者待之。诸宾皆为表,询祖俄顷便成。其词云:"昔十万横行,樊将军请而受屈;五千深入,李都尉降而不归。"时重其工。后朝廷大迁除,同日催拜。询祖立于东止车门外,为二十余人作表,文不加点,辞理可观。询祖初袭爵,有宿德朝士谓曰:"大夏初成",询祖应声曰:"且得燕雀相贺。"

天保末,为筑长城子使。自负其才,内怀怏怏,遂毁容服如贱役者以见杨愔。愔曰:"故旧皆有所縻,唯大夏未加处分。"询祖厉声曰:"是谁之咎?"既至役所,作《筑长城赋》以寄其意。其略曰:"板则紫柏,杵则木瓜,何斯材而斯用也?草则离离靡靡,缘冈而殖。但使十步而有一芳,余亦何辞间于荆棘。"

邢邵常戏曰:"卿小年才学富盛,戴角者无上齿,恐卿不寿。"对曰:"询祖初闻此言,实怀惕惧。见丈人苍苍在鬓,差以自安。"邵其重其敏赡。既有口辩,好臧否人物。众共嫉之,言其淫于从妹。宗人思道谓曰:"大夏何为招四海议?"询祖曰:"骨肉还相残,何况执玉帛者万国。"与思道俱为北州人俊,魏收扬誉思道而以询祖为不及。询祖谓人曰:"见未能高飞者,借其羽毛;知逸势冲天者,翦其翅翮。"既诸谤毁日至,素论皆薄其为人。长广太守邢子广曰:"询祖有规检祢衡,思道无冰棱文举。"后颇折节。历太子舍人、司徒记室,卒。有文集十卷,皆遗逸。

恭道弟怀道,性轻率好酒,颇有慕尚。既家预义举,神武亲待之。卒于乌苏镇城都督。

怀道弟宗道,性粗率,动作狂侠,位南营州刺史。尝于晋阳置酒,宾游满座,中书舍人马士达目其弹箜篌女妓,云手甚纤素,宗道即以遗之。士达固辞,宗道便命其家人,将解其腕,士达不得已而受之。将赴营州,于督亢城坡,大集乡人,杀牛聚会。有一旧门人,醉言疏失,宗道令沈之于水。后坐酷滥除名。玄族子辅,字显光,本州别驾。子同。

同字叔伦，身长八尺，容貌魁伟，善于处世。太和中，起家北海王详国常侍。熙平初，累迁尚书左丞。时相州刺史奚康生征百姓岁调，皆长七八十尺，以邀忧公之誉，部内患之。同于岁禄，官给长绢。同乃举案康生度外征调。书奏，诏科康生罪，兼褒同在公之绩。明帝世，朝政稍稀，人多窃冒军功。同阅吏部勋书，因加检核，得窃阶者三百余人。乃表言：

窃见吏部勋簿，多皆改换，乃校中兵奏案，并复乖舛。愚谓罪虽恩免，犹须刊定。请遣一都令史，与令仆省事各一人，总集吏部、中兵二局勋簿，对句奏案。若名级相应者，即于黄素楷书大字，具件阶级数，令本曹尚书以朱印印之。明造两通，一关吏部，一留兵局，与奏案对掌。进则防揩洗之伪，退则无改易之理。

从前以来，勋书上省，唯列姓名，不载本属。致令窃滥之徒，轻为苟且。今请征职白身，具列本州郡县三长之所。其实官正职者，亦列官名曹别录历。皆仰本军印记其上，然后印缝，各上所司。统将、都督，并皆印记，然后列上行台。行台关太尉。太尉检练精实，乃始关刺。省重究括，然后奏中。奏出之日，黄素朱印，关付吏部。

顷来，非但偷阶冒名，改换勋簿而已，或一阶再取，或易名受级，凡如此者，其人不少。良由吏部无法，防塞失方。何者？吏部加阶之后，簿不注记，缘此之故，易生侥幸。自今叙阶之后，名簿具注，加补日月，尚书印记，然后付曹，郎中别作抄目，迁代相付。此制一行，差止奸罔。

诏从之。同又奏曰：

臣伏思黄素勋簿，政可粗止奸伪，然在军虚诈，犹未可尽。请自今在军阅簿之日，行台、军司、监军、都督各明立文案，处处记之。斩首成一阶以上，即令给券。其券，一纸之上，当中大书，起行台、统军位号，勋人甲乙。斩三贼及被伤成阶以上，亦具书于券，各尽一行，当行竖裂。其券，前后皆起年号日月，破

某处阵,某官某勋,印记为验。一支付勋人,一支付行台。记至
京,即送门下,别函守录。

又自迁都以来,戎车屡捷,所以征勋转多,叙不可尽者,良
由岁久生奸,积年长伪,巧吏阶缘,偷增遂甚。请自今为始,诸
有勋簿已经奏赏者,即广下远近,云某处勋判,咸令知闻。立格
酬叙,以三年为断。其职人及出身,限内悉令铨除。实官及外
号,随才加授。庶使酬勤速申,立效者劝,事不经久,侥幸易息。
或遭穷难,州无中正者,不在此限。

又勋簿之法,征还之日,即应申送。然顷来,行台、督将至
京始造,或一年二岁,方上勋书。奸伪之原,实自由此。于今以
后,军还之日,便通勋簿,不听隔月。

诏复依行。

元叉之废灵太后也,相州刺史、中山王熙起兵于邺。败之。叉
以同为持节兼黄门侍郎慰劳使,乃就州刑熙。还,授正黄门。同善
事在位,为叉所亲,戮熙之日,深穷党与,以希叉旨,论者非之。同兄
琇,少多大言,常云公侯可致。至此,始为都水使者。同启求回身二
阶以加琇。琇遂除安州刺史,论者称之。

营州城人就德兴谋反,除同度支尚书,持节使营州慰劳,听以
便宜从事。同乃遣贼家口三十人,并免家奴为良,赍书喻之。德兴
乃降,安辑其人而还。德兴复反,诏同为幽州刺史,兼尚书行台,慰
劳之。同虑德兴难信,勒众而往,为德兴所击,大败而还。

灵太后反政,以同叉党,除名。庄帝践祚,诏复本秩,除都官尚
书,复兼七兵。以前慰劳德兴功,封章武县伯,正除七兵。转殿中。
普泰初,除侍中,进号骠骑将军、左光禄大夫。同时久病,牵强启乞
仪同。初同之为黄门也,与节闵帝俱在门下,同异其为人,素相款
托。帝以恩旧,许之,除仪同三司。永熙初,薨,赠尚书右仆射。四
子,长子斐嗣。

斐字子章,性残忍,以强断知名。齐文襄引为大将军府刑狱参
军,谓云:"狂简,斐然成章,非嘉名字也。"天保中,稍迁尚书左丞,

别典京畿诏狱。酷滥非人情所为，无问事之大小，拷掠过度，于大棒车辐下死者非一。或严冬至寒，置囚于冰雪之上。或盛夏酷热，暴之日下。枉陷人致死者，前后百数人。伺察官人罪失，动即奏闻。朝士见之，莫不重迹屏气，皆目之为校事。斐扬扬得志，言必自矜。后以谤史事，与李庶俱病鞭杖，死狱中。斐弟筠，青州中从事。

同兄静，好学有风度，饮酒至数斗不乱。终于太常丞。大统初，赠太仆卿、平州刺史。静子景裕。

景裕字仲孺，小字白头。少敏，专经为学。居拒马河，将一老婢作食，妻子不自随从。又避地大宁山，不营世事。居无二业，唯在注解。其叔父同职居显要，而景裕止于园舍，情均效野。谦恭守道，贞素自得，由是世号居士。

节闵初，除国子博士，参议正声，甚见亲遇，待以不臣之礼。永熙初，以例解。天平中，还乡里。与邢子才、魏季景、魏收、邢昕等同征赴邺，景裕寓托僧寺，讲听不已。未几，归本郡。

河间邢摩纳与景裕从兄仲礼据乡作逆，逼其同反，以应西魏。齐神武命都督贺拔仁讨平之。闻景裕经明行著，驿马特征。既而舍之，使教诸子，在馆十日一归家，随以鼎食。景裕风仪言行，雅见嗟赏。

先是，景裕注《周易》、《尚书》、《孝经》、《论语》、《礼记》、《老子》，其《毛诗》、《春秋左氏》未讫。齐文襄入相，于第开讲，招延时俊，令景裕解所注《易》。景裕理义精微，吐发闲雅。时有问难，或相诋诃，大声厉色，言至不逊。而景裕神彩俨然，风诵如一，从容往复，无际可寻，由是士君子嗟美之。

初，元颢入洛，以为中书郎。普泰中，复除国子博士。进退其间，未曾有得失之色。性清静，淡于荣利，弊衣粗食，恬然自安，终日端严，如对宾客。

兴和中，补齐王开府属，卒于晋阳。神武悼惜之。

景裕虽不聚徒教授，所注《易》大行于世。又好释氏，通其大义。天竺胡沙门道悕，每译诸经论，辄托景裕为之序。景裕之败也，系晋阳狱,至心诵经,枷锁自脱。是时,又有人负罪当死,梦沙门教讲经,觉时如所梦,谓诵千遍,临刑刀折。主者以闻,赦之。此经遂行,号曰《高王观世音》。景裕弟辩。

辩字景宣,少好学,博通经籍。正光初,举秀才,为太学博士。以《大戴礼》未有解诂,辩乃注之。其兄景裕为当时硕儒,谓辩曰:“昔侍中注《小戴》,今汝注《大戴》,庶纂前修矣。”

节闵帝立,除中书舍人。属齐神武起兵信都,既破尔朱氏,遂鼓行指洛。节闵遣辩持节劳之于邺。神武令辩见其所奉中兴主,辩抗节不从。神武怒曰:“我举大义,诛群丑,车驾在此,谁遣尔来?”辩抗言酬答,守节不挠。神武异之,舍而不遣。

孝武即位,以辩为广平王赞师。永熙二年,平等浮屠成,孝武会万僧于寺。石佛低举其头,终日乃止。帝礼拜之。辩曰:“石立社移,自古有此,陛下何怪。”

及帝入关,事起仓卒,辩不及至家,单马而从。或问辩曰:“得辞家不?”辩曰:“门外之道,以义断恩,复何辞也。”孝武至长安,封范阳县公。历位给事黄门侍郎,领著作,加本州大中正。周文帝以辩有儒术,甚礼之,朝廷大议,常召顾问。迁太子少保,领国子祭酒。赵青雀之乱,魏太子出居渭北,辩时随从,亦不告家人。其执志敢决,皆此类也。寻除太常卿、太子少傅,转少师,魏太子及诸王等皆行束修之礼,受业于辩,进爵范阳郡公。

自孝武西迁,朝仪湮坠,于时朝廷宪章、乘舆法服、金石律吕、晷刻浑仪,皆令辩因时制宜。皆合轨度,多依古礼。性强记默识,能断大事,凡所创制,处之不疑。加骠骑大将军、开府仪同三司,累迁尚书令。及建六官,为师氏中大夫。

明帝即位,迁小宗伯,进位大将军。帝尝与诸公幸其第,儒者荣之。出为宜州刺史,以患不之部。卒,谥曰献,配食文帝庙庭。子慎嗣,位复州刺史。慎弟诠,性趫捷,善骑射,位仪同三司。隋开皇初,以辩前代名德,追封沈国公。

初,周文欲行《周官》,命苏绰专掌其事。未几而绰卒,乃令辩成之。于是依《周礼》建六官，革汉、魏之法。以魏恭帝三年，始命行之。六卿之外，置太师、太傅、太保各一人，是曰三孤。时未建东宫，其太子官员，改创未毕。寻又改典命为大司礼，置中大夫。自兹厥后，世有损益。武成元年，增御正四人，位上大夫。保定四年，改宗伯为纳言，礼部为司宗，大司礼为礼部，大司乐为乐部。五年，左右武伯各置大夫一人。以建德元年，改置宿卫官员。二年，省六府诸司中大夫以下官，府置四司，以下大夫为官之长，士贰之。是岁，又增改东宫官员。三年，初置太子谏议大夫，员四人，文学十人。皇弟、皇子友，员各二人，学士六人。四年，又改置宿卫官员。其司武、司卫之类，皆后所增改。太子正宫尹之属，亦后所创置。而典章散灭，弗可复知。宣帝嗣位，事不师古，官员班品，随情变革。至如初置四辅官，及六府诸司复置中大夫，并御正、内史增置上大夫等，则今载于外史。余则朝出夕改，莫能详录。

于时，虽行《周礼》，内外众职，又兼用秦、汉等官，今略举其名号及命数，附之于左。其纪传内更有余官而于此不载者，亦史之阙文也。

柱国、大将军，建德四年增置上柱国、上大将军也，正九命。

骠骑大将军、开府仪同三司，建德四年改为开府仪同大将军，仍增上开府仪同大将军；车骑大将军、仪同三司，建德四年，改为仪同大将军，仍增上仪同大将军；雍州牧，九命。

骠骑大将军、右光禄大夫，车骑将军、左光禄大夫，户三万以上州刺史，正八命。

征东、征南、征西、征北等将军，右金紫光禄大夫；中军、镇军、抚军等将军，左金紫光禄大夫；大都督；户二万以上州刺史；京兆尹，八命。

平东、平西、平南、平北等将军，右银青光禄大夫；前、右、左、后等将军，左银青光禄大夫；帅都督；柱国大将军府长史、司马、司录；户一万以上州刺史，正七命。

冠军将军、太中大夫；辅国将军、中散大夫；都督；户五千以上州刺史,户一万五千以上郡守,七命。

镇远将军、谏议大夫;建忠将军、诚议大夫;别将;开府长史、司马、司录;户不满五千以下州刺史;户一万以上郡守,正六命。

中坚将军、右中郎将;宁朔将军、左中郎将;仪同府、正八命州长史、司马、司录;户五千以上郡守;大呼药,六命。

宁远将军、右员外常侍;扬烈将军、左员外常侍;统军;骠骑车骑将军府、八命州长史、司马、司录;柱国大将军府中郎、掾、属;户一千以上郡守;长安、万年县令,正五命。

伏波将军、奉车都尉;轻车将军、奉骑都尉;四征中镇抚将军府、正七命州长史、司马、司录;开府府中郎、掾、属;户不满一千以下郡守;户七千以上县令;正八命州呼药,五命。

宣威将军、武贲给事;明威将军、冗从给事;仪同府中郎、掾、属;柱国大将军府列曹参军;四平前右左后将军府、七命州长史、司马、司录;正八命州别驾;户四千以上县令;八命州呼药,正四命。

襄威将军、给事中;厉威将军、奉朝请;军主;开府列曹参军;冠军辅国将军府、正六命州长史,司马、司录;正七命州别驾;正八命州中从事;七命郡丞;户二千以上县令;正七命州呼药,四命。

威烈将军、右员外侍郎;讨寇将军、左员外侍郎;幢主;仪同府、正八命州列曹参军;柱国大将军府参军;镇远建忠中坚宁朔将军府长史、司马;正六命州别驾;正七命州中从事;正六命郡丞;户五百以上县令;七命州呼药,正三命。

荡寇将军、武骑常侍,荡难将军、武骑侍郎;开府参军;骠骑车骑将军府、八命州列曹参军;宁远扬烈伏波轻车将军府长史;正六命州中从事;六命郡丞;户不满五百以下县令,戍主,正六命州呼药,三命。

殄寇将军、强弩司马;殄难将军、积弩司马;四征中镇抚将军府、正七命州列曹参军;正五命郡丞,正二命。

扫寇将军、武骑司马;扫难将军、武威司马;四平前右左后将军府、七命州列曹参军;五命郡丞,戍副,二命。

旷野将军、殿中司马;横野将军、员外司马;冠军辅国将军府、正六命州列曹参军,正一命。

武威将军、淮海都尉;武牙将军、山林都尉;镇远建忠中坚宁朔宁远扬烈伏波轻车将军府列曹参军,一命。

周制:封郡县五等爵者,皆加开国。授柱国大将军、开府、仪同者,并加使持节、大都督。其开府又加骠骑大将军、侍中。其仪同又加车骑大将军、散骑常侍。其授总管、刺史,则加使持节、诸军事。以此为常。大象元年,诏总管、刺史及行兵者,加持节,余悉罢之。辩所制定之后,又有改革。今粗附之云。辩弟光。

光字景仁。性温谨,博览群书,精于《三礼》,善阴阳,解钟律,又好玄言。孝昌初,释褐司空府参军事。及魏孝武西迁,光于山东立义,遥授晋州刺史。大统六年,携家西入,除丞相府记室参军,赐爵范阳县伯。俄拜行台郎中,专掌书记,改封安息县伯。历位京兆郡守、侍中、开府仪同三司、匠师中大夫,进爵燕郡公、虞州刺史,行陕州总管府长史,卒官。周武帝少尝受业于光,故赠赙有加恒典,赠少傅,谥曰简。

光性崇佛道,至诚信敬。常从周文狩于檀台山,时猎围既合,帝遥指山上谓群公曰:"公等有所见不?"咸曰:"无所见。"光独曰:"见一桑门。"帝曰:"是也。"即解围而还。令光于桑门立处造浮图。掘基一丈,得瓦钵锡杖各一,帝称叹,因立寺焉。及为京兆,而郡舍先是数有妖怪,前后郡将,无敢居者。光曰:"吉凶由人,妖不妄作。"遂入居之。未几,光所乘马忽升厅事,登床,南首而立;食器无故自破。光并不以介怀,其精诚守正如此。注《道德经章句》行于世。子贲。

贲字子征。略涉书记,颇解钟律。在周,袭爵燕郡公,历位鲁阳太守、太子少宫尹、仪同三司、司武上士。时隋文帝为大司马,贲知帝非常人,深自推结。宣帝嗣位,加开府。及文帝被顾托,群情未一,引贲置左右。帝将之东第,百官皆不知所去,帝潜令贲部伍仗卫,因召公卿而谓曰:"欲富贵者当相随来!"往往偶语,欲有去就。贲严兵而至,众莫敢动。出崇阳门至东宫,门者拒不内,贲谕之不去,瞋目叱之，门者遂却。既而帝得入，贲恒典宿卫，承间进说以应天顺人之事，帝从之。及受禅，命贲清宫，因典宿卫。贲乃奏改周旗帜，更为嘉名，其青龙、驺虞、朱雀、玄武、千秋、万岁之旗，皆贲所创也。寻拜散骑常侍，兼太子左庶子、左领军将军。

及高颎、苏威共掌朝政，贲甚不平。时柱国刘昉被疏忌，贲讽昉及上柱国元谐、李询、华州刺史张宾等谋黜颎、威，五人相与辅政。又以晋王上之爱子，谋行废立。复私谓皇太子曰：“贲将数谒殿下，恐为上谴，愿察区区之心。”谋泄，昉等委罪于宾、贲。公卿奏二人坐当死，帝以龙潜之旧，不忍加诛，并除名。宾未几卒。

岁余，贲复爵位，检校太常卿。以古乐宫县七八，损益不同，历代通儒，议无定准，乃上表曰：“殷人以上，通用五音。周武克殷，得鹑火天驷之应，其音用七。汉兴，加应钟，故十六枚而在一虡。郑玄注《周礼》，“二八十六为虡”，此则七八之义，其来远矣。然世有沿革，用舍不同。至周武帝复改县七，以林钟为宫。夫乐者，政之本也，故移风易俗，莫善于乐，是以吴札观而辩兴亡。然则乐也者，所以动天地，感鬼神，情发于声，安危斯应。周武以林钟为宫，盖将亡之征也。且林钟之管，即黄钟下生之义。黄钟，君也，而生于臣，明于皇朝九五之应。又阴者臣也，而居君位，更显国家登极之详。斯实冥数相符，非关人事。臣闻五帝不相沿乐，三王不相袭礼，此盖随时改制而不失雅正者也。”帝竟从之，改七县八，黄钟为宫。诏贲与仪同杨庆和刊定周、齐音律。

未几，历郧、虢、怀三州刺史。在怀州，决沁水东注，名曰利人渠，又派入温县，名曰温润渠，以溉舄卤，人赖其利。后为齐州刺史，榷官米而自粜，坐除名。

后从幸洛阳，帝从容谓曰：“我始为大司马，及总百揆，频繁左右，与卿足为恩旧。卿若无过，位与高颎齐。坐与凶人交构，由是废黜。言念畴昔之恩，复处牧伯之位，何乃不思报效，以至于此！吾不忍杀卿，是屈法申私耳。”贲俯伏陈谢。诏复本官。后数日，对诏失旨，又自叙功绩，有怨言。帝大怒，谓群臣曰：“吾将与贲一州，观此，不可复用。"

后皇太子为其言曰:"此辈并有佐命功,虽性行轻险,诚不可弃。"帝曰:"我抑屈之,全其命民。微刘昉、郑译及贲、柳裘、皇甫绩等,则我不至此。然此等皆反覆子也。当周宣帝时,以无赖得幸。及帝大渐,颜之仪等请以赵王辅政,此辈行诈,顾命于我。我将为政,又欲乱之,故昉谋大逆于前,译为巫蛊于后。如贲之例,皆不满志,任之则不逊,致之则怨,自难信也,非我弃之。众人见此,或有窃议,谓我薄于功臣,斯不然矣。"苏威进曰:"汉光武欲全功臣,皆以列侯奉朝请,至尊仁育,复用此道以安之。"上曰:"然。"遂废,卒于家。

勇字季礼,景裕从弟也。父璧,魏下邳太守。勇初与景裕俱在学,其叔同曰:"白头必以文通,季礼当以武达。兴吾门者,二子也。"幽州反者仆骨邢以勇为本郡范阳王,时年十八。后葛荣又以勇为燕王。齐神武起兵,卢文伟召之,不应。

尔朱氏灭,乃赴晋阳。神武署丞相主簿。属山西霜俭,运山东租输,皆令实载,违者罪之,令勇典其事。乡郡公主虚僦千余车,勇劾之。公主诉于神武,而勇守法不亏。神武谓郭秀曰:"卢勇懔懔,有不可犯色,真公人也。方当委之大事,岂止纳租而已。"

后行洛州事。元象初,官车围广州,未拔,行台侯景闻西魏救兵将至,集诸将议之。勇请进观形势,于是率百骑,各拢一马,至大骢山,知西魏将李景和将至,勇乃多置幡旗于树头,分骑为数十队,鸣角直前,禽西魏仪同程华,斩仪同王征蛮而还。

再迁扬州刺史,镇宜阳。叛人韩木兰、陈忻等常为边患,勇大破之。启求入朝,神武赐勇书曰:"吾委卿扬州,安枕高卧,无西南之虑矣。表启宜停,当使汉儿之中,无在卿前者。"卒,年三十二。勇有马五百匹,私造甲仗,遗启尽献之。赠司空、冀州刺史,谥武贞。

诞本名恭祖。曾祖晏,博学,善隶书,有名于世,仕慕容氏,位给事黄门侍郎,营丘、成周二郡守。祖寿,太子洗马,慕容氏灭,入魏为鲁郡守。

父叔仁，年十八，州辟主簿，举秀才，除员外郎。以亲老，乃辞归就养。父母既没，哀毁六年，躬营坟垅，遂有终焉之志。景明中，被征入洛，授武贲中郎将，非其好也。寻除镇远将军、通直散骑常侍，并称疾不朝。乃出为幽州司马，又辞归乡里。当时咸称其高尚焉。

诞于度世为族弟。幼而通亮，博学，有词彩。郡辟功曹，州举秀才，不行。起家侍御史，累迁辅国大将军、太中大夫、幽州别驾、北豫州都督府长史。时刺史高仲密以州归西魏，遣大将军李远率军赴援，诞与文武二千余人奉候大军。以功授镇东将军、金紫光禄大夫，封固安县伯。寻加散骑侍郎，拜给事黄门侍郎。

魏帝诏曰："经师易求，人师难得。朕诸儿稍长，欲令卿为师。"于是亲幸晋王第，敕晋王以下皆拜之于帝前，因赐名曰诞。加征东将军、散骑常侍。周文帝又以诞儒宗学府，为当世所推，乃拜国子祭酒，进车骑大将军、仪同三司。恭帝二年，除秘书监，后以疾卒。

论曰：卢玄绪业著闻，首应旌命，子孙继迹，为世盛门。其文武功烈殆无足纪，而见重于时，声高冠带，盖德业儒素有过人者。伯源兄弟亦有二方之风流，雅道家声，诸子不逮。思道一代俊伟，而宦途寥落，虽曰穷通，抑亦不护细行之所致乎！潜及昌衡，雅素之纪，家风克嗣，堂构无亏。子刚使酒诞节，盖亦明珠之类。长仁谏说可重，一箦而倾，惜矣！伯举、仲宣，文雅俱劭。叔彪志尚宏远，任侠好谋。文伟望重地华，早有志尚，间关夷险之际，终遇英雄之主，虽礼秩未弘，亦为佐命之一也。询祖辞情艳发，早著声名，负其才地，肆情矜矫，位遇未闻，弱年夭逝。若得终介眉寿，通塞未可量焉。叔伦质器洪厚，卷舒兼济。子章残忍为志，咎之徒也。景裕兄弟，雅业可宗，虽择木异邦，而立名俱劭。辩损益成务，其殆优乎。勇虽文武异趣，各其美也。贾二三其德，虽取悦于报己，而移之在我，亦安能其骂人。见遗末路，尚何足怪？诞不殒儒业，亦足称云。